五螺旋视角下区域战略性新兴产业创新发展研究

李 燕 著

中国财经出版传媒集团
中国财政经济出版社

图书在版编目（CIP）数据

五螺旋视角下区域战略性新兴产业创新发展研究/李燕著. --北京：中国财政经济出版社，2021.8

ISBN 978-7-5223-0587-5

Ⅰ.①五… Ⅱ.①李… Ⅲ.①新兴产业-产业发展-研究-中国 Ⅳ.①F279.244.4

中国版本图书馆CIP数据核字（2021）第108638号

责任编辑：彭 波　　　　责任印制：史大鹏

封面设计：卜建辰　　　　责任校对：胡永立

中国财政经济出版社 出版

URL：http://www.cfeph.cn

E-mail：cfeph@cfeph.cn

社址：北京市海淀区阜成路甲28号 邮政编码：100142

营销中心电话：010-88191522

天猫网店：中国财政经济出版社旗舰店

网址：https://zgczjjcbs.tmall.com

北京财经印刷厂印刷 各地新华书店经销

成品尺寸：185mm×260mm 16开 31.25印张 691 000字

2021年8月第1版 2021年8月北京第1次印刷

定价：168.00元

ISBN 978-7-5223-0587-5

（图书出现印装问题，本社负责调换，电话：010-88190548）

本社质量投诉电话：010-88190744

打击盗版举报热线：010-88191661 QQ：2242791300

前　言

知识作为一种资源，是一个国家经济发展、社会进步和可持续发展的“起飞坪”。通过对知识进行创新、组合，先后产生了三种创新模型——“三螺旋模型”“四螺旋模型”和“五螺旋模型”。三种模型的关注点各不相同，三螺旋模型也被称为“产学研/官产学”模型，其强调大学、产业、政府三个“螺旋”的交织。而四螺旋在“三螺旋模型”的基础上，增加了“公众”作为第四条螺旋，所以其强调“基于媒体和文化的公众”以及“社会”的概念。五螺旋模型则增加了“自然环境”作为第五条螺旋，所以其强调自然环境也应该被概念化为一个驱动。

目前，对于创新与战略性新兴产业的研究主要从“三螺旋模型”展开，研究政府、大学、产业政策导致的创新会如何影响战略性新兴产业的发展。但是随着经济的发展和社会的进步，三螺旋的局限性日益显露。一方面，随着在线社交网络（Online Social Network）和在线开放式创新社区（Online Open Innovation Communities）（又称为Web 2.0社会媒体）等虚拟社会沟通交流网络和服务的兴起，我们无法忽略由于大众、媒体活动而导致的创新。另一方面，全球变暖、臭氧层破坏、酸雨、淡水资源危机、能源短缺等生态环境问题日益严峻，我们在研究战略性新兴产业的创新发展时也应该考虑到自然环境问题。由于缺少对社会环境和自然环境的关注，我们现阶段的研究不能仅仅局限于“三螺旋模型”。通过对三种模型进行比较，我们发现五螺旋强调了在21世纪“社会生态型升级”的必要性，更能全面反映目前指导战略性新兴产业发展的价值观和社会现实。

所以笔者拟基于五螺旋的创新框架，分析不同因素对节能环保、新一代信息技术产业、生物产业、高端装备制造产业、新能源产业、新材料产业、新能源汽车产业七大战略性新兴产业创新绩效的影响。

本书共14章，除了第一章绪论和第十四章结论及政策建议之外，主要内容可以分为两部分:“现状描述”与“实证研究”。

“现状描述”部分包括第二章至第六章的内容，分别从5个方面对本书研究的各种主体进行了现状分析，包括:战略性新兴产业经济层面发展现状（第二章)、战略性新兴产业创新发展现状（第三章)、战略性新兴产业中的“三螺旋”因素分析（第四章)、战略性新兴产业中的“四螺旋”因素测度（第五章）和战略性新兴产业中的“五螺旋”因素研究（第六章)。该部分有助于对于本书研究的各种主体有更全面的了解，对战略性新兴产业的发展状况有更丰富的认识。

“实证研究”部分包括第七章至第十三章的内容，具体有四螺旋因素对微观企业创新的影响（第七章）、五螺旋因素影响省级创新（第八章）、五螺旋因素影响微观企业创新（战略性新兴产业内部，第九章；战略性新兴产业 VS 传统产业，第十章）、两种五螺旋因素影响微观企业创新（第十一章）、四螺旋五螺旋因素共同影响微观企业创新（第十二章）以及三四五螺旋对创新的共同作用机制（第十三章）。该部分是对战略性新兴产业发展过程中存在的各种影响因素与影响主体之间可能存在的关系进行考察，以便识别各种因素对于战略性新兴企业以及传统企业创新的作用效果及作用机制，从而为相关政策的制定提供依据。

本书的出版得到了国家社科基金的支持，在此表示感谢。

影响七大战略性新兴产业创新绩效的因素有很多，由于作者水平有限，本书只能择其概要加以探索，不足之处恳请读者批评指正，以继续推动这方面的研究。

李　燕

2021 年 5 月

目　录

第一章　绪　论

一、研究背景

一个国家或地区要想实现经济竞争力提升、社会进步和可持续发展，知识是成功的关键。知识作为一种资源，通过创新、组合，产生特定的“知识模型”或“创新模式”，从而为社会所用。根据整理，学术史上先后产生了3种创新模式（见图1.1）。

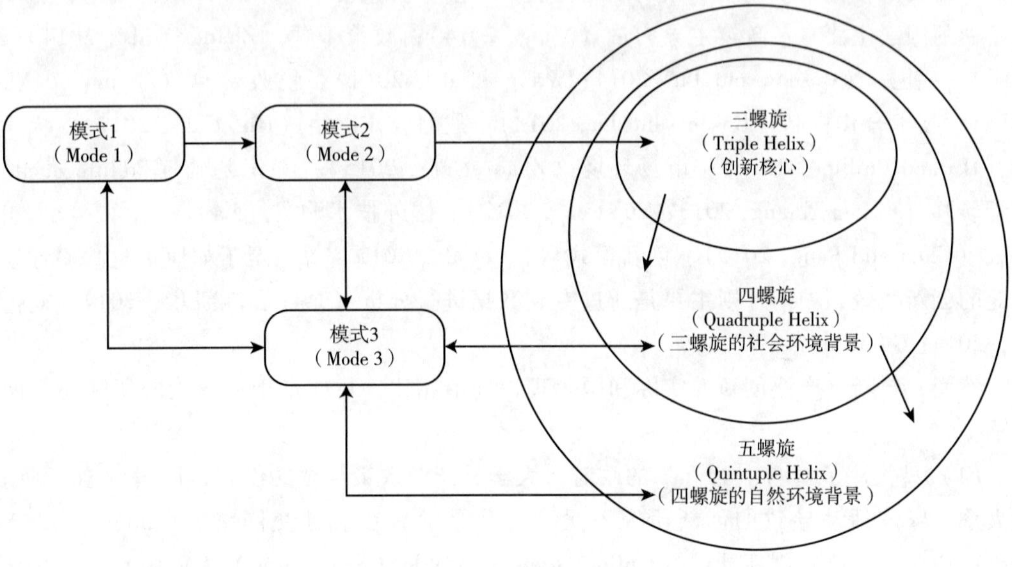

图1.1　学术史上创新模型的演化：从三螺旋到五螺旋

其中，模式1关注大学研究在早期“线性创新模型”中的重要作用；模式2关注知识应用和以知识为基础的问题解决方法；模式3扩展和延伸了“模式1”和“模式2”的知识创造系统，强调知识和创新不同模式的共存和协同进化，包含知识创造、传播和使用的“创新网络”“知识集群”等。

与以上模式相匹配的是从创新“三螺旋”到“五螺旋”的变化。三螺旋模型被视为创新的“核心模型”，强调大学、产业、政府三个“螺旋”的交织，一般被称为“产学研/官产学”模型。四螺旋是三螺旋的扩展，由Carayannis等提出（2009，2010），增加了“公众”作为第四条螺旋，强调“基于媒体和文化的公众”以及“民众社会”的概念。五螺旋模型（Barth TD，2011）增加了“自然环境”作为五螺旋，强调自然环境也应该被概念化为一个驱动，推进未来先进知识产品与创新体系的发展。

从目前对战略性新兴产业创新研究的相关成果看，主要是从“三螺旋”模型展开的。武建龙和王宏起（2014）认为，战略性新兴产业的定位决定了该类产业的创新呈现“突破式创新多”，强调多个主体协同推动促进“国内自主创新”的特点。相对于传统的国家创新体系理论，以“官产学（研）”为核心的三螺旋模型更适合分析新兴产业的创新过程。

目前国内的研究对影响战略性新兴产业发展的产学研各方面因素都有所涉及，例如，区域内的大学（申俊喜，2012）、科研机构（孙早和宋炜，2012）、企业（肖兴志和谢理，2011；吴绍波，2013）、地方政府（李奎和陈丽佳，2012；尹猛基，2014；张治河等，2014）、关系到三者关系的中介服务机构（李煜华等，2014）、创新平台（陈莎莉，2012；李扬和沈志渔，2010；姜义平，2012；陈莎莉等，2012；王少永等，2014）以及协同创新能力的评价（康健和胡祖光，2014；陈芳和眭纪刚，2016）等。

国外论文中很少提到“新兴产业”（emerging industry）的概念，更多的是使用“新兴技术”（emerging technology）的提法。但即使有所区别，国外学者也普遍认为产学研合作能力对需要颠覆性技术创新引领的战略性新兴产业十分重要（Best，2014）。其中，影响产业发展的因素主要有：政策主导力量（Yang，2014）；政策干预（Zhang et al.，2014），包括示范、补贴（Gosens and Lu，2014；Wang et al.，2014）、税收优惠（Guan and Yam，2015）；技术合作机制（Gosens and Lu，2013）；战略合作网络（Hu et al.，2012）；大学研究（Hu and Phillips，2011）；市场环境（Zhao et al.，2015）；知识基础（Pollitte et al.）、知识转移（Liu and Liang，2013；Yu et al.，2012）、国外技术购买（Jia et al.，2014）、组织形式（Chen and Pang，2010）、创新模式（Ru et al.，2012）等。至于如何衡量战略性新兴产业的创新绩效，国内外则主要是通过专利数据进行分析（余江和陈凯华，2012；刘艳梅等，2014；Guerzoni M，2014）。

然而，与新兴产业创新的实际和国际理论前沿相比，目前基于三螺旋的研究还有两大缺陷：

（1）只关注了“自上而下”的政府、大学、产业政策导致的创新，而对“自下而上”的大众、媒体活动导致的创新研究不足。尤其是随着在线社交网络（Online Social Network）和在线开放式创新社区（Online Open Innovation Communities）（又称为 Web 2.0 社会媒体）等虚拟社会沟通交流网络和服务的兴起，这种忽略更显得与时代脱节。

（2）在过去 10～15 年，可持续发展为导向的创新和技术研究日益受到重视，但这种研究与战略性新兴产业结合的还不多。但其实，我们目前正在面临的空气污染和微污染物（Gleick，2013）排放、水资源大范围短缺、自然资源迅速枯竭、能源供应安全和能源匮乏（IEA，2011）、极端事件的发生（洪水，地震）等自然环境问题都会极大地影响战略性新兴产业的创新导向及创新过程。

也就是说，社会环境和自然环境的变化促使我们对战略性新兴产业创新过程的研究不能仅局限于“三螺旋”模型。从创新模型的比较来看，三螺旋明确了高等教育对于创新的重要性，强调经济中的知识生产和创新，与当时“知识经济”的概念相协调。四螺旋主要肯定了“知识社会”和“知识民主”对知识生产和创新的作用。而五螺旋则进一步强调在 21 世纪“社会生态型升级”的必要性。

相比较来看，五螺旋更能全面反映目前指导战略性新兴产业发展的价值观和社会现实，所以本书拟基于五螺旋的创新框架，去分析不同因素对七大战略性新兴产业创新绩效的影响。并且，为了区分创新的不同阶段，在以往用专利衡量的基础上，加入论文和微观上市公司创新表现衡量两种方法。希望我们这种借鉴国际最新理论成果，分地区、分产业、分创新阶段的研究能更好地辅助“十三五”期间促进战略性新兴产业发展的科学决策，使相关产业更好发展。

二、内容安排

本书共 14 章内容，除了第一章绪论和第十四章结论之外，主要内容可以分为两个部分：“现状描述”与“实证研究”。其主要逻辑是首先要了解本书要研究的各种主体，对其现状进行深入的探讨，然后对主体之间可能存在的关系进行实证研究。

图 1.2 和 1.3 分别对两个部分的内容进行了可视化展示。

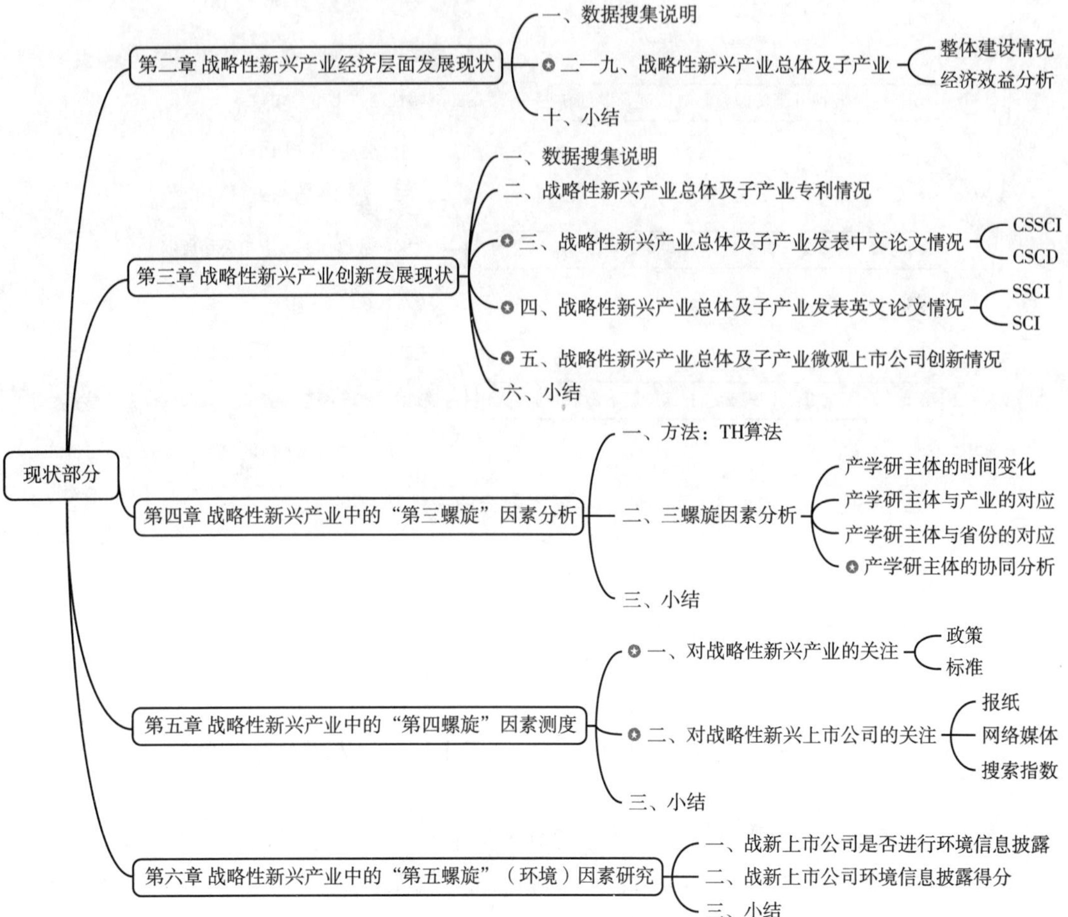

图 1.2　本书的“现状描述”部分的安排及难点问题

注：标星星的为研究难点问题。

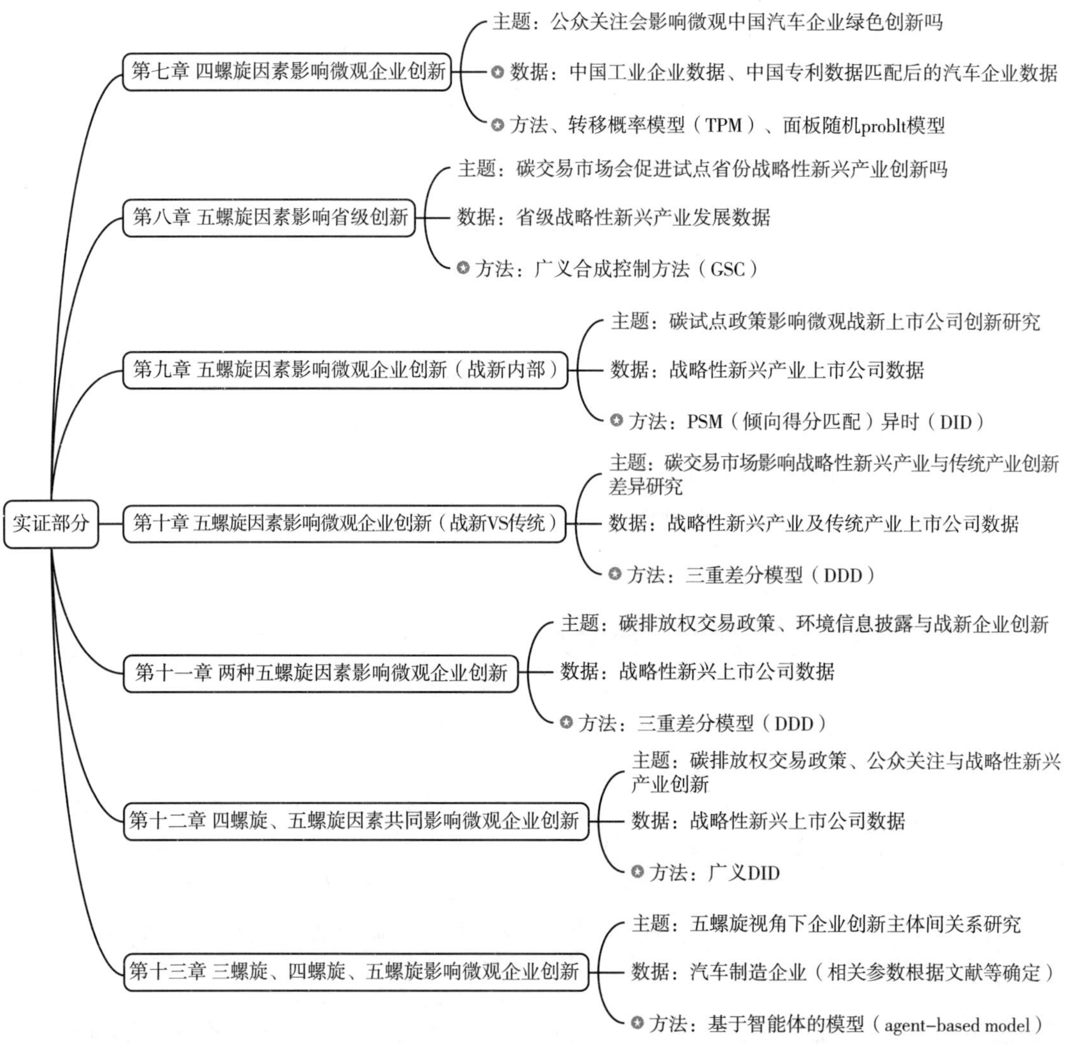

图 1.3　本书的“实证”部分的安排及难点问题

三、研究重点、难点

（一）战略性新兴产业与国民行业分类的匹配与数据搜集

目前国家层面制度的战略性新兴产业的分类标准有三种，分别是：国家工信部发布的《战略性新兴产业分类目录》、国家统计局制定的《战略性新兴产业分类》（2012 版和 2018 版）和国家发改委编制的《战略性新兴产业重点产品和服务指导目录》。

这三种标准中，国家工信部标准和国家发改委标准对战略性新兴产业的划分较为详细，具体到了产品层面，但数据获取也更为困难，采用这两种标准对战略性新兴产业进行测算目前还难以实现。而国家统计局标准实现了将战略性新兴产业的小类与《国民经济行业分类》的小类相衔接，在数据的可获得性方面具有明显的优势，更适合现阶段的统计分析。

为此我们将国家统计局制定的《战略性新兴产业分类》（2012 版和 2018 版）分别与各个版本的国民行业分类目录（2017 版、2011 版、2002 版）进行对应（具体见第二章表 2.1），并进行数据搜集工作。考虑到数据可得性以及与国家发布的战略性新兴专利数据（只到 2016 年）的标准一致，我们最终采用了《2012 版战略性新兴产业分类》进行数据搜集。但这个标准将战略性新兴产业划分为 30 个大类，102 个中类，311 个小类，数据搜集和处理工作量很大。

（二）战略性新兴创新数据的搜集

我们通过专利数据、论文数据来描述战略性新兴产业层面的创新状况，用战略性新兴上市公司的相关指标来代表微观层面的创新状况。其中，专利数据有国家发布的《战略性新兴产业发明专利统计分析报告》，微观层面的战略性新兴上市公司数据也比较容易获得。但是，难点在于论文层面的分析。

在论文方面，国内外一般用 SCI 论文数据作为基础研究能力的指标。但考虑到我国的实际，我们认为可以用“SCI + 中国科技论文数据库论文 CSCD”作为自然科学方面基础研究的度量。同时，社会科学方面的理论创新也是基础研究的重要方面，因此用“SSCI + CSSCI”论文作为社会科学方面基础研究的度量。

不过，在用哪些关键词作为搜索词条方面，却是个难点问题。我们首先阅读了大量文献和书籍，发现存在两个问题：（1）现有研究主要针对某一个具体产业或产业子类，并未找到从论文层面对整个战略性新兴产业进行分析的文献；（2）在关键词定义方面，主要还是基于笔者本人的主观判断，缺少一个统一的标准。在综合分析各种情况后，我们决定从国家制定的各类战略性新兴发展规划中（一般会给出产业重点发展方向等）提取关键词作为各战略性新兴产业的搜索标准。

（三）战略性新兴产业三螺旋协同的分析

三螺旋是指“产学研”，需要分别提取出高校、研究机构和企业三主体的数据，并使用三螺旋算法（TH 算法）进行计算。

这里面的难点在于巨大的数据量。历年在中文的 CSSCI 和 CSCD 数据库以及英文的 SCI 和 SSCI 数据库发表的关于战略性新兴产业的文章数量巨大。而我们要在这大量的数据中，分别去定位“只有高校发表的文章”“只有研究机构发表的文章”“只有企业发表的文章”“高校和研究机构共同发表的文章”“高校和企业共同发表的文章”“研究机构和企业共同发表的文章”“高校、研究机构和企业共同发表的文章”这 7 种情况，而这 7 种情况要在不同的中英文数据库中、针对不同的战略性新兴产业以及 2011 ~ 2019 年不同的年份之间分别去进行对应（具体见第四章）。

（四）第四、五螺旋因素的测度

在申报选题时，对于产业创新因素的探讨主要还是集中于传统的三螺旋模型。对于作为第四螺旋的“公众关注”，以及第五螺旋的“环境因素”如何测度对于原来只研究创新的笔者来说是个很大的挑战。

后来，在阅读大量文献及学习各种数据挖掘、大数据分析以及环境分析的方法后，我们爬取了“百度指数”作为最初公众关注的代表，后来又通过对上市公司年报的大数据分析，爬取计算了传统报纸行业及网络媒体行业对战略性新兴上市公司的报道数据。在产业层面，我们主要用国家及各部委发布的各类标准、政策作为关注的度量。

对于“第五螺旋”环境因素方面，则是更大的挑战。笔者原来对环境领域没有任何的接触，为了能对环境因素有更深的认识，笔者在过去的几年学习了环境效率测度、生态足迹、能值分析等一系列环境因素的测度方法，并撰写了相关文章。在本书中，主要使用了环境效率测度、分解以及计算影子价格和排放潜力的方法来描述国家层面和省份级层面的环境影响。不过需要说明的是，在后面的实证环节，考虑到主要是微观层面的分析，因此主要用最近非常热点的碳市场交易试点政策以及环境信息披露作为五螺旋的度量。

（五）实证部分研究方法的选择

在实证部分的7章内容中，由于研究对象的不同特征，我们分别有针对性地选择了面板随机 Probit 模型、广义合成控制（GSC）、PSM－异时 DID、三重差分、广义 DID 以及智能体模型（agent－based model）。这中间使用到的软件主要是 Stata 16 和 R。在研究方法的选择和使用上，我们花费了大量心思，力求能正确地使用，并保证研究结果的稳健性。

四、创新点

（1）在思想上，提出了五螺旋视角下的战略性新兴产业协同创新能力研究。

在传统三螺旋研究视角的基础上，引入“在线社会网络”和“自然环境约束”的两重螺旋，强调“社会公众”和“可持续发展”的作用，紧跟国际前沿，并且更加符合我国战略性新兴产业的定位和发展实际。

（2）在服务实践上，测度了战略性新兴产业经济层面和创新层面的发展现状。

通过将国家统计局的《战略性新兴产业分类》与国民行业分类目录进行对应，分别从产业园区建设、规模以上工业企业发展以及上市公司经济效益方面测度了七大战略性新兴产业的经济发展现状以及省域分布。另外，通过专利、中英文论文发表以及相关战略性新兴上市公司创新绩效等方面测度了七大战略性新兴产业的创新发展现状，并识别了高校、企业、研究机构的不同作用。

这些基础性工作，有助于全面把握“十二五”和“十三五”期间我国战略性新兴及其各子产业的发展脉络，为“十四五”国家及各地区制定相关政策提供了针对性依据。

（3）学术观点上，识别了五螺旋因素在不同战略性新兴产业的作用差异。

在不同的战略性新兴产业内部，以及战略性新兴产业与传统产业之间，五螺旋因素的作用并不相同。并且，螺旋三、螺旋四、螺旋五因素之间还存在动态反馈机制。因此，本书借由 PSM - 异时 DID、广义 DID、三重差分（DDD）、广义合成控制（GSC）、智能体模型等不同方法来识别在不同产业的五螺旋因素作用差异，以发现对每个产业发展起显著作用的因素，有助于地区采取更有针对性的措施促进相关产业发展。

第二章 战略性新兴产业经济层面发展现状

自2010年国务院颁布《国务院关于加快培育和发展战略性新兴产业的决定》以来，特别是在“十二五”和“十三五”期间相继发布《“十二五”国家战略性新兴产业发展规划》和《“十三五”国家战略性新兴产业发展规划》之后，各部门对战略性新兴产业在政策引导、市场培育、资金融通、组织协调等方面的支持力度逐渐加强并趋于合理化，战略性新兴产业的发展也取得了显著成效，产业规模不断扩大，发展质量不断提升，成为供给侧结构性改革的关键领域和经济发展的新支柱。

一、数据搜集说明

本章重点对战略性新兴产业的经济发展现状进行详细阐述，数据来源主要有三个：战略性新兴产业专业知识服务系统、《中国工业统计年鉴》以及国泰安数据库。

战略性新兴产业专业知识服务系统提供了有关战略性新兴产业总体建设情况的数据，主要包括产业园区和重点企业的培育与建设情况。产业园区建设情况主要公布了包括产业领域分布、园区类型分布以及园区批准年份和批准单位的分布数据等，企业建设情况主要公布了包括企业所属产业领域分布以及注册地分布数据等。

中宏产业数据库以及《中国工业统计年鉴》为本章提供了规模以上工业企业经济效益数据。我们将国家统计局制定的《战略性新兴产业分类》（2012版和2018版）分别与各个版本的国民行业分类目录（2017版、2011版和2002版）进行匹配，并进行数据搜集工作。考虑到数据可得性以及与国家发布的战略性新兴专利数据（只到2016年）的标准一致，我们最终采用了《2012版战略性新兴产业分类》进行数据搜集。

国泰安数据库为本书提供了战略性新兴产业上市公司的主要经济效益数据。本部分对战略性新兴产业专业知识服务系统提供的战略性新兴产业上市公司名单进行归类整理，并与国泰安数据库中的上市公司数据进行匹配，从而对属于战略性新兴产业的上市公司进行经济效益分析和比较。

二、战略性新兴产业整体发展情况

本节从战略性新兴产业整体建设概况及其整体经济效益分析两大角度对战略性新兴产

业整体情况进行介绍。

在整体建设概况方面主要分析了产业园区建设和重点企业建设状况，其中，产业园建设方面统计整理出产业园区领域分布、类型分布、批准年份分布以及批准单位分布的情况，重点企业建设方面重点分析了重点企业领域分布。该部分基础数据主要来自“战略性新兴产业专业知识服务系统”，并经由笔者进行整理得到。

战略性新兴产业整体经济效益从规模以上工业企业经济效益和上市公司经济效益两个角度进行分析，在规模以上工业企业经济效益方面统计了2012～2016年战略性新兴产业规模以上工业企业主营业务收入和利润总额两方面的年际变动和产业排名情况。该部分基础数据主要来自“中宏产业数据库”，并经由笔者根据战略性新兴产业分类标准与国民行业分类进行匹配后整理得到。

在上市公司经济效益方面对比了2010～2019年七大战略性新兴产业上市公司在营业收入和利润两方面的总值和均值的年际波动状况和产业对比情况。基础数据主要来自国泰安数据库并经由笔者与战略性新兴产业匹配后整理得到。

（一）战略性新兴产业整体建设概况

（1）产业园区领域分布。

根据产业园区主导产业的所属领域，绘制产业园区领域分布图。如图2.1所示，新材料产业的产业园区数量最多，达到1466个；其次为高端装备制造产业和生物产业，数量分别为1296个和1177个；新一代信息技术产业和数字创意产业的产业园区数量分别为646个和625个；新能源产业和新能源汽车产业的产业园区数量较少，分别为327个和275个；数量最少的是节能环保产业，其产业园区的数量为105个。

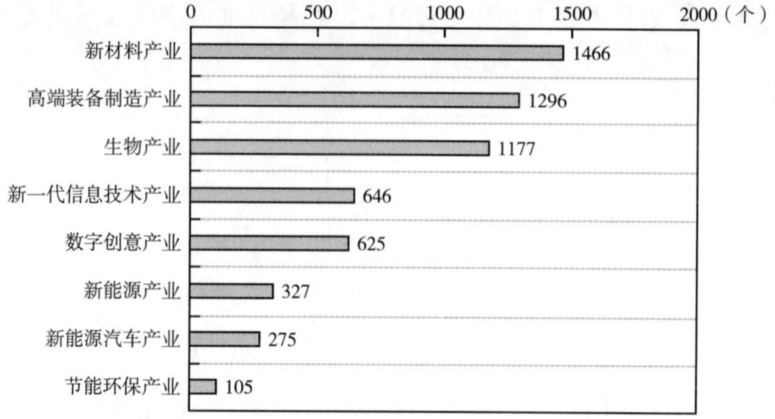

图2.1 产业园区领域分布

（2）产业园区类型分布。

战略性新兴产业的产业园区可分为八大类别，分别是经济技术开发区、工业园区、高新技术产业开发区、海关特殊监管区、产业聚集区、边境/跨境经济合作区、示范园区和其他类型开发区。根据图 2.2 可知，经济技术开发区数量最多，达到 1220 个，占比 47.97%；其次是工业园区，数量为 596 个，占比 23.44%；高新技术产业开发区、其他类型开发区、海关特殊监管区、产业聚集区的数量分别为 292 个、159 个、134 个和 105 个，分别占比 11.48%、6.25%、5.27% 和 4.13%；边境/跨境经济合作区和示范园区的数量较少，分别为 20 个和 17 个，各自占比仅为 0.79% 和 0.67%。

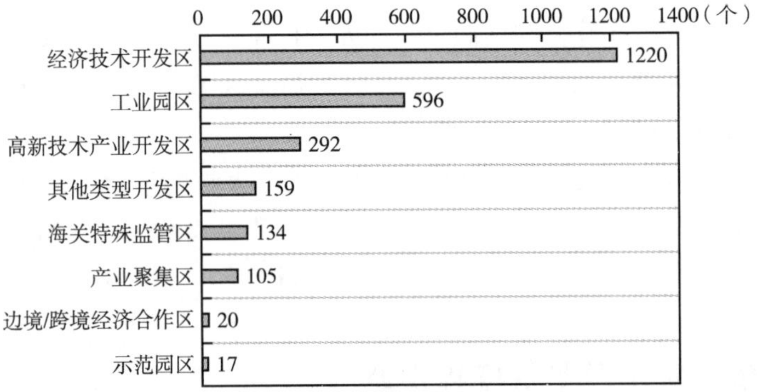

图 2.2　产业园区类型分布

（3）产业园区批准年份分布。

产业园区批准年份分布如图 2.3 所示，各年产业园区的批准数量整体呈上升趋势。从单个年份来看，2006 年产业园区的批准数量最多，达到 596 个，占比 23.36%，远远高于其他年份；1992 年、2010 年、2011 年、2012 年、2013 年和 2015 年的批准数量较多，分别为 169 个、260 个、179 个、274 个、113 个和 109 个；其余年份的产业园区批准数量都少于 100 个，1987 年没有批准产业园区。从阶段上看，1984～1991 年批准的产业园区数量较少，共为 58 个，合计占比 2.27%；1992～2002 年批准的产业园区数量为 551 个，合

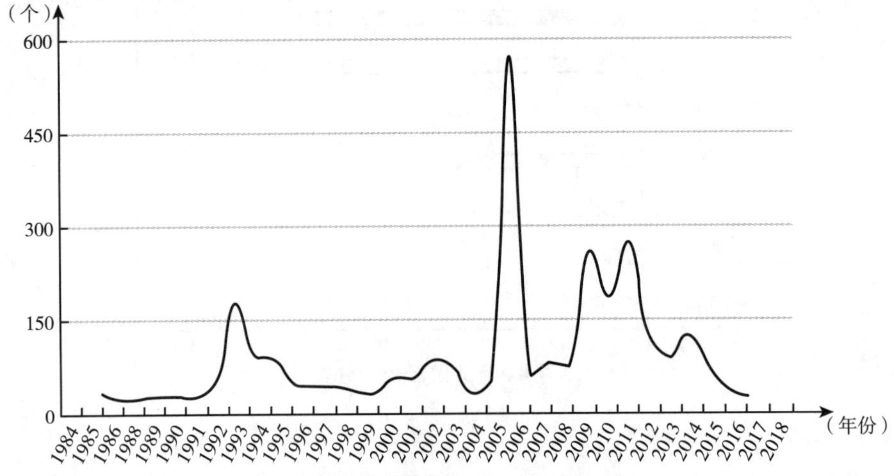

图 2.3　产业园区批准年份分布

计占比 21.60%；2003～2018 年批准的产业园区数量较多，共有 1942 个，合计占比 76.13%。总体来说，1984～2002 年产业园区批准数量的走势相对平稳，2003～2018 年产业园区批准数量的波动较大，产业园区的批准年份主要集中在 2003～2018 年。值得注意的是，在 2010 年政府颁布《国务院关于加快培育和发展战略性新兴产业的决定》后的几年，产业园区的批准数量均较多。

（4）产业园区批准单位分布。

产业园区的批准单位有国务院、各省级人民政府和自治区，客观反映了产业园区的建设级别。根据图 2.4，在各个批准单位中，国务院批准的产业园区数量最多，达到 560 个，占比 21.95%。除国务院以外的批准单位（即省级人民政府和自治区）批准的产业园区数量合计为 1991 个，占比 78.05%。其中，河北省、山东省、河南省、四川省、湖南省、江苏省和广东省人民政府批准的产业园区数量均超过 100 个，分别为 138 个、136 个、131 个、116 个、109 个、103 个和 102 个；安徽省、湖北省、浙江省、江西省、黑龙江省、福建省、云南省、辽宁省、甘肃省、贵州省人民政府及内蒙古自治区和新疆维吾尔自治区批准的产业园区数量也均超过 50 个；西藏自治区和海南省人民政府批准的产业园区数量均少于 10 个，分别只有 4 个和 2 个。

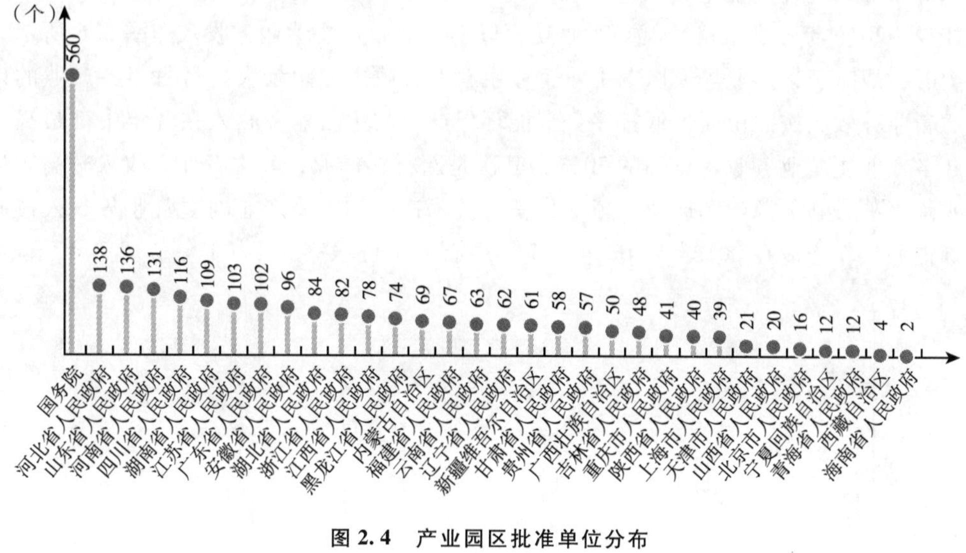

图 2.4　产业园区批准单位分布

（5）重点企业领域分布。

战略性新兴产业重点企业领域分布如图 2.5 所示。新一代信息技术产业中的重点企业数量最多，有 195 个，占比 37.64%；其次为相关服务业，包含重点企业 169 个，占比 32.63%；高端装备制造产业和新材料产业中的重点企业数量较多，分别为 73 个和 61 个；新能源产业和生物产业包含的重点企业数量较少，分别为 9 个和 5 个；节能环保产业和数字创意产业包含的重点企业数量相等且最少，都为 3 个。

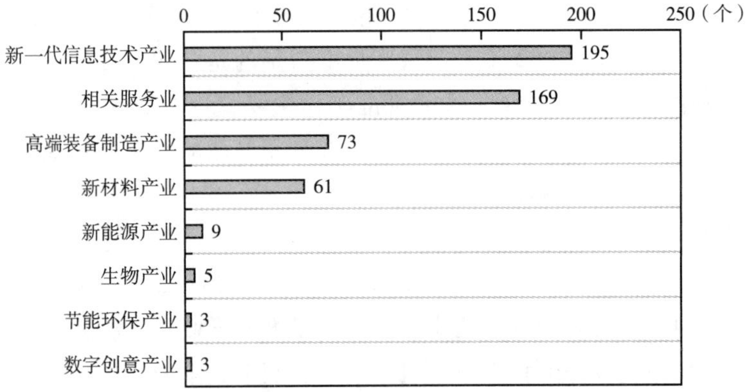

图 2.5　重点企业领域分布

（二）战略性新兴产业整体经济效益分析

1. 规模以上工业企业经济效益分析

（1）规模以上工业企业主营业务收入。

2012～2016 年各类战略性新兴产业规模以上工业企业主营业务收入如图 2.6 所示。从年份上看，战略新兴产业规模以上工业企业主营业务收入差距较大。将每年各产业的该类企业主营业务收入按照由高到低排序：节能环保产业的主营业务收入在各年中都最高，约占每年各产业主营业务收入总和的 50%；其次是新材料产业，其主营业务收入较高，远远超过平均水平；新能源汽车产业、新一代信息技术产业和生物产业的主营业务收入彼此接近，新能源汽车产业在 2012～2016 年的 5 年中有 4 年位居第 3，有 1 年位居第 4；新一代

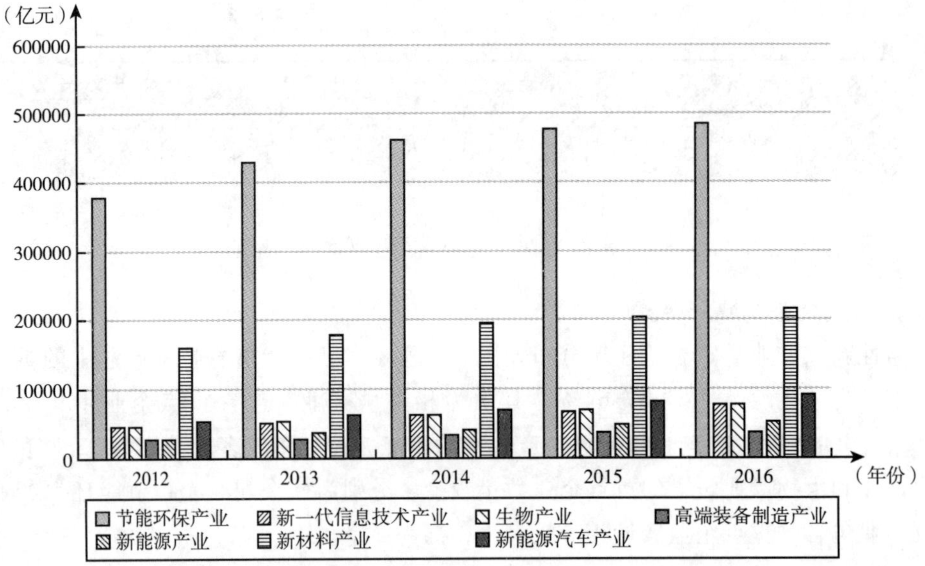

图 2.6　战略性新兴产业规模以上工业企业主营业务收入

信息技术产业5年中有4年位居第4，有1年位居第3；生物产业一直位列第5；高端装备制造产业和新能源产业的主营业务收入最低且相差很小，2012~2014年高端装备制造产业的主营业务收入高于新能源产业，2015年和2016年新能源产业的主营业务收入高于高端装备制造产业。

从产业上看，2012~2016年，新材料产业和节能环保产业规模以上工业企业主营业务收入呈现波动上升的趋势。其中，新材料产业2016年的主营业务收入最高，达到255607.46亿元，2012年的主营业务收入最低，为214247.83亿元，年均增长率4.51%；节能环保产业2014年的主营业务收入最高，达到480847.39亿元，2012年的主营业务收入最低，为430190.42亿元，年均增长率1.53%。除上述产业外的5个产业规模以上工业企业主营业务收入在5年间都呈现出逐年上升的趋势。其中，新能源汽车产业的主营业务收入由2012年的66550.89亿元上升至2016年的102590.61亿元，年均增长率为11.43%；新能源产业的主营业务收入由2012年的24354.37亿元上升至2016年的36398.81亿元，年均增长率为10.57%；生物产业的主营业务收入由2012年的62385.43亿元上升至2016年的92063.01亿元，年均增长率为10.22%；新一代信息技术产业的主营业务收入由2012年的69072.42亿元上升至2016年的98746.60亿元，年均增长率为9.35%；高端装备制造产业的主营业务收入由2012年的25410.09亿元上升至2016年的34444.69亿元，年均增长率为7.90%。综上所述，5年间各类战略性新兴产业规模以上工业企业主营业务收入走势相对平稳，总体上都有所上升。

（2）规模以上工业企业利润总额。

2012~2016年各战略性新兴产业规模以上工业企业利润总额如图2.7所示。从年份上看，各战略新兴产业规模以上工业企业利润总额差距较大，将其按照由高到低排列，2014~2016年得到的顺序相同，为：节能环保产业、新材料产业、新能源汽车产业、生物产业、

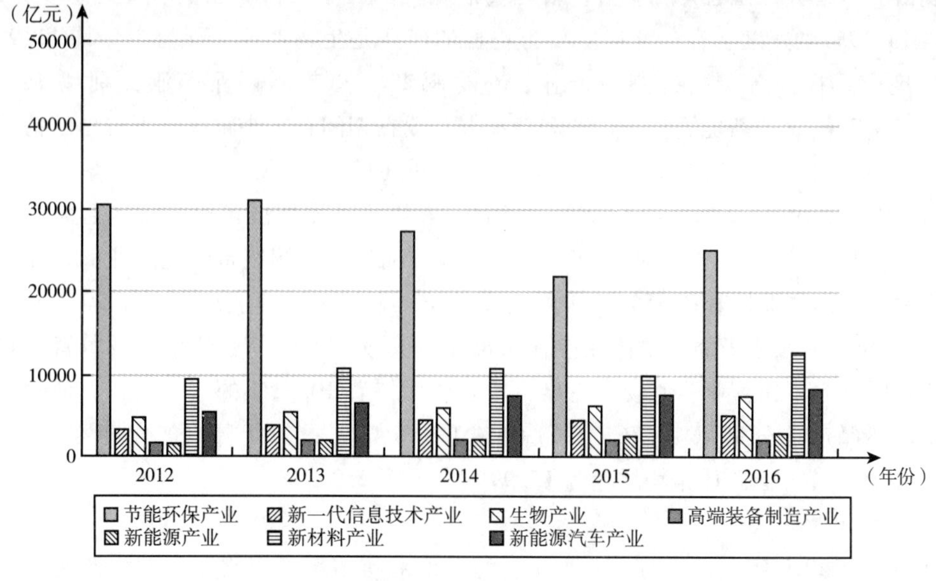

图2.7 战略性新兴产业规模以上工业企业利润总额

新一代信息技术产业、新能源产业和高端装备制造产业。其中，节能环保产业的该类企业利润总额远远高于其他产业；新能源产业和高端装备制造产业的该类企业利润总额较低且彼此相差很小。与上述3年相比，2012年和2013年的排列顺序稍有不同，不同之处在于高端装备制造产业为第6位，新能源产业为第7位，其余产业位次不变。

从产业上看，2012～2016年，节能环保产业规模以上工业企业利润总额呈现波动下降的趋势。其2013年的利润总额最高，达到30957.00亿元，2016年的利润总额最低，为24893.43亿元，年均增长率－5.08%。新材料产业规模以上工业企业利润总额5年间呈现出波动上升的趋势。其2016年的利润总额最高，达到12678.25亿元，2012年的利润总额最低，为9407.62亿元，年均增长率7.74%。除上述产业外的5个产业规模以上工业企业利润总额5年间都呈现出逐年上升的趋势。其中，新能源产业的利润总额由2012年的1603.89亿元上升至2016年的2906.85亿元，年均增长率为16.03%；新一代信息技术产业的利润总额由2012年的3217.67亿元上升至2016年的5089.68亿元，年均增长率为12.15%；生物产业的利润总额由2012年的4709.71亿元上升至2016年的7433.17亿元，年均增长率为12.08%；新能源汽车产业的利润总额由2012年的5449.39亿元上升至2016年的8373.12亿元，年均增长率为11.34%；高端装备制造产业的利润总额由2012年的1776.47亿元上升至2016年的2144.67亿元，年均增长率为4.82%。综上所述，5年间各类战略性新兴产业规模以上工业企业利润总额走势相对平稳。除节能环保产业外，其余产业规模以上工业企业利润总额总体上都有所上升。

2. 上市公司经济效益分析

（1）营业收入。

从2010～2019年上市公司七大产业营业收入总值对比情况可以得到，七大产业总体都呈现出上升趋势。在七大产业中，新一代信息技术产业的营业总值一直处于领先地位，以年均14.39%的速度上升；紧接着较为明显的产业是生物产业，保持着年均11.98%的增长速度；同样，高端装备制造产业、新材料产业和节能环保产业分别以10.76%、14.52%和17.60%；新能源汽车产业和新能源产业在期间存在小幅度上下波动的情况，总体上分别以年均18.90%和6.91%的速度整体上升（见图2.8）。

从2010～2019年上市公司七大产业营业收入均值对比情况可以看出，七大产业营业均值总体上升，但存在一定的波动变化情况。具体而言，高端装备制造产业的营业收入均值较为领先，总体保持着7.55%的年均速度增长；紧接着是新能源产业在2011年、2012年和2014年略有小幅下降，整体保持着3.89%的速度上升；新一代信息技术营业均值在七大产业中排名不如营业总值较为突出，但总体保持着10.51%的速度增长；新材料、生物和节能环保产业分别以10.76%、14.35%和－5.03%；新能源汽车产业在2012年和2019年略有下降，但总体年均增速为15.99%（见图2.9）。

（2）利润。

从2010～2019年上市公司七大产业利润总值对比情况可以得到，七大产业总体呈现出先上升后下降的趋势。在七大产业中，生物产业的利润总值在2017年以前保持以年均

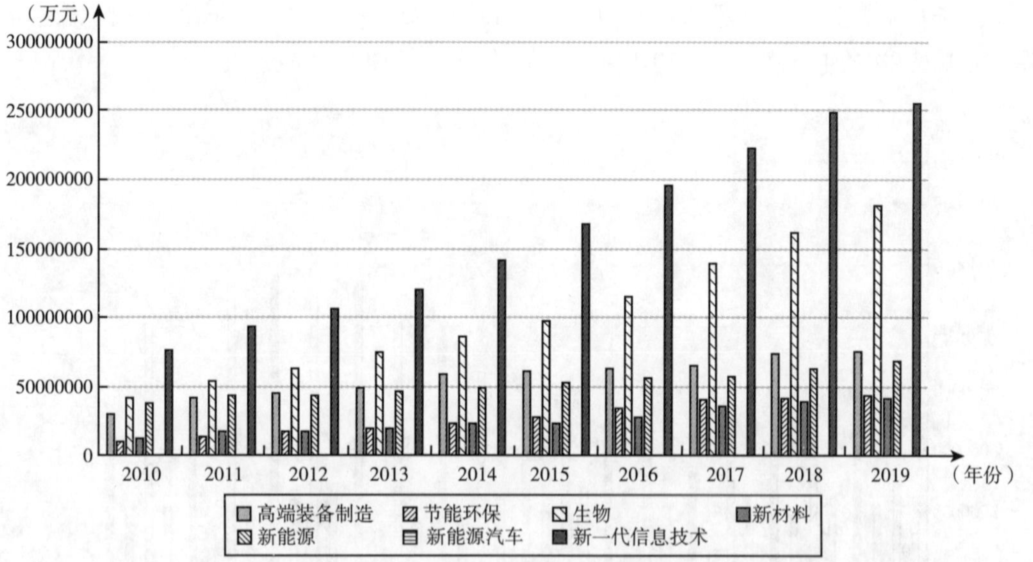

图 2.8　2010～2019 年上市公司七大产业营业收入总值对比图

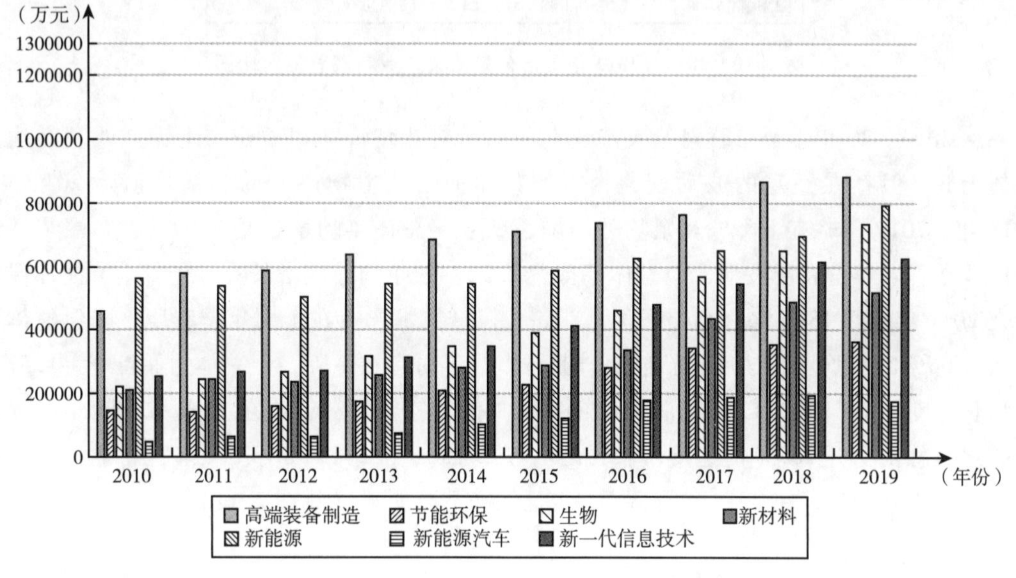

图 2.9　2010～2019 年上市公司七大产业营业收入均值对比图

18.82%的速度逐年上升，之后开始下降；紧接着较为明显的是新一代信息技术产业，在2017年保持着年均18.88%的增长速度，之后开始下降；同样，高端装备制造产业变化趋势相同，2017年以前保持着12.51%的年均速度上升，后期下降；节能环保产业变化趋势也大体相同，但在2018年以98.89%的速度骤降，之后在2019年267%的速度回升；新材料产业在2012～2015年均有小幅下降，之后在2016年以289%的速度上升，之后2018年、2019年下降，2019年下降明显，达到－5亿元；新能源产业在2012年、2013年下降，在2014年以251%大幅度回升，之后又有所下降，在2019年有所回升；新能源汽车产业与新能源产业变化趋势基本类似，在 2012 年、2013 年、2015 年略有下降，之后下降，尤其是 2018 年下降明显，2019 年为 -10 亿元（见图 2.10）。

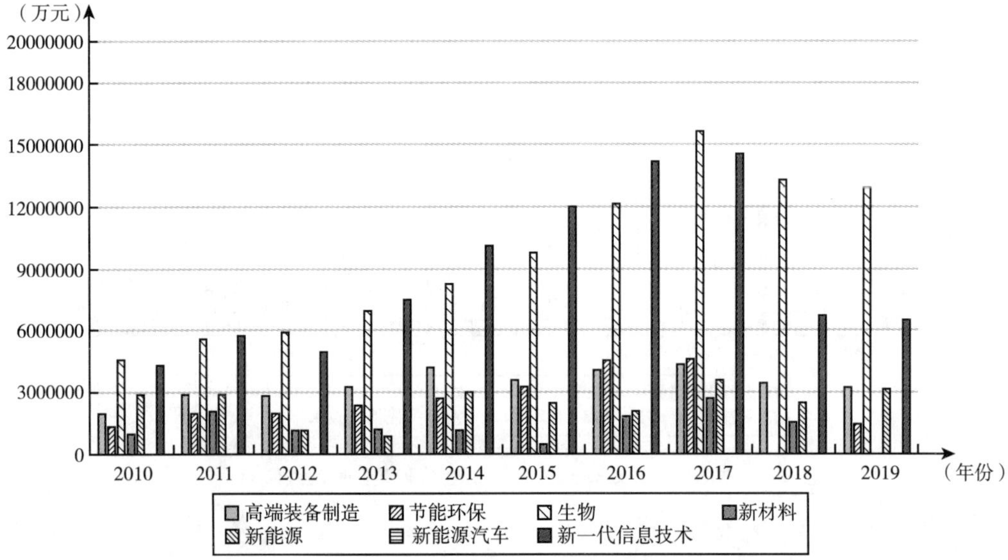

图 2.10　2010 ~ 2019 年上市公司七大产业利润总值对比图

从 2010 ~ 2019 年上市公司七大产业利润均值对比情况可以看出，七大产业利润均值总体上升，但存在一定的波动变化情况。具体而言，生物产业的利润均值除 2012 年、2018 年、2019 年略有下降外其余均处于增长状态，总体年均增长是 9.08%；高端装备制造产业在不同年份有所波动，但总体保持着 2.22% 的年均速度增长；紧接着是节能环保产业在 2011 年和 2018 年略有小幅下降；新一代信息技术产业在个别年份有所下降但整体保持着 1.06% 的年均增长速度；新能源产业在多数年份存在下降，但总体上保持着 -1.57% 的增长速度下降，至 2019 年利润均值超过了 2 亿元；新材料产业在 2012 ~ 2015 年持续下降，之后急剧上升 289% 的速度增长，之后在 2018 年和 2019 年有所下降；新能源汽车产业在前期均有下降，在 2018 年骤降至 -4 亿元，下降明显（见图 2.11）。

三、节能环保产业及其子产业发展情况

（一）节能环保产业及其子产业整体建设情况

（1）产业园区类型分布。

节能环保产业的产业园区可以分为五大类，分别是经济技术开发区、高新技术产业开发区、工业园区、产业聚集区和其他类型开发区。根据图 2.12，经济技术开发区数量最多，为 51 个，占比 49%；高新技术产业开发区和工业园区数量次之，分别为 25

个、20个，占比24%、19.2%；其他类型开发区和产业聚集区数量较少，只有7个、1个。

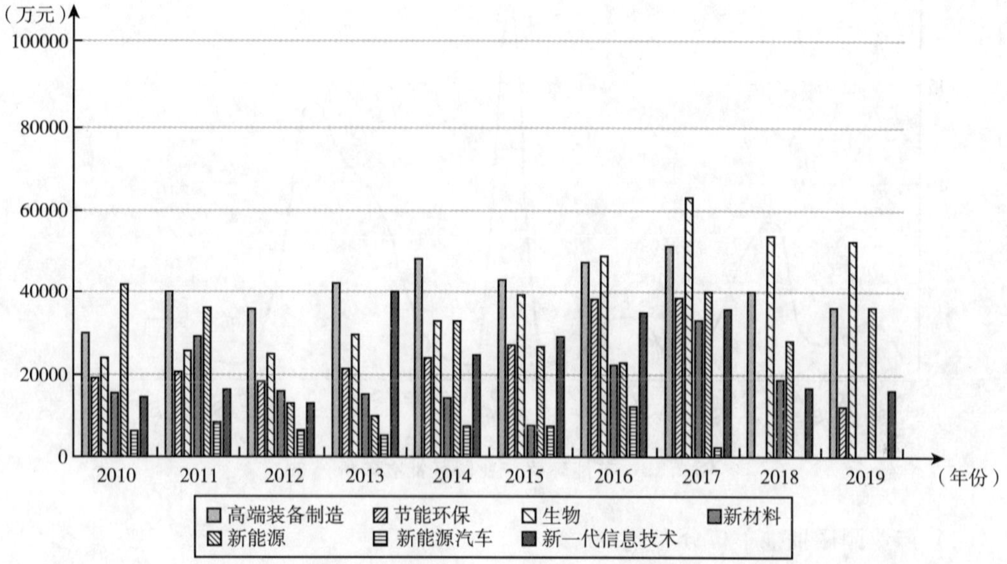

图2.11　2010～2019年上市公司七大产业利润均值对比图

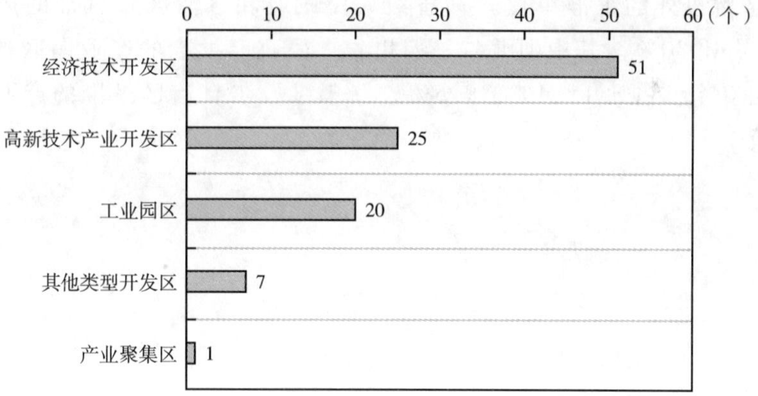

图2.12　节能环保产业园区类型分布

（2）产业园区批准年份分布。

从图2.13可以看出，节能环保型产业园区批准数量的年际波动比较大，1988～2017年产业园区的批准数量在1994年、2006年和2012年达到了三个极值。从单个年份来看，2006年的产业园区批准数量最多，达到19个，占比18.1%；2012年、2011年、2010年、1994年、1995年、2013年的产业园区批准数量次之，分别是14个、11个，9个、8个、6个、5个高于平均水平，分别占比13.3%、10.5%、8.6%、7.6%、5.7%、4.8%；其余年份批准数量均比较少，低于平均水平。

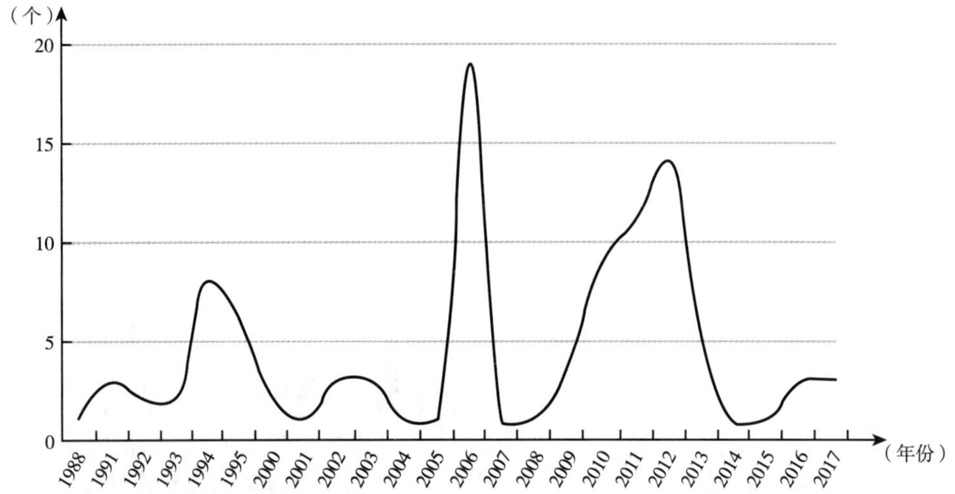

图 2.13　节能环保产业园区批准年份分布

(3) 产业园区批准单位分布。

节能环保产业园区的批准单位有国务院、各省级人民政府和自治区。由图 2.14 可知，在各个批准单位中，国务院批准的产业园区数量最多，达到 21 个，占比 20%。除国务院以外的批准单位（即省级人民政府和自治区）批准的产业园区数量合计 84 个，占比 80%。其中河北省、四川省人民政府批准的产业园区数量较多，分别是 12 个、10 个，占比 11.4%、9.5%，新疆维吾尔自治区批准的产业园区数量最少，只有 1 个。

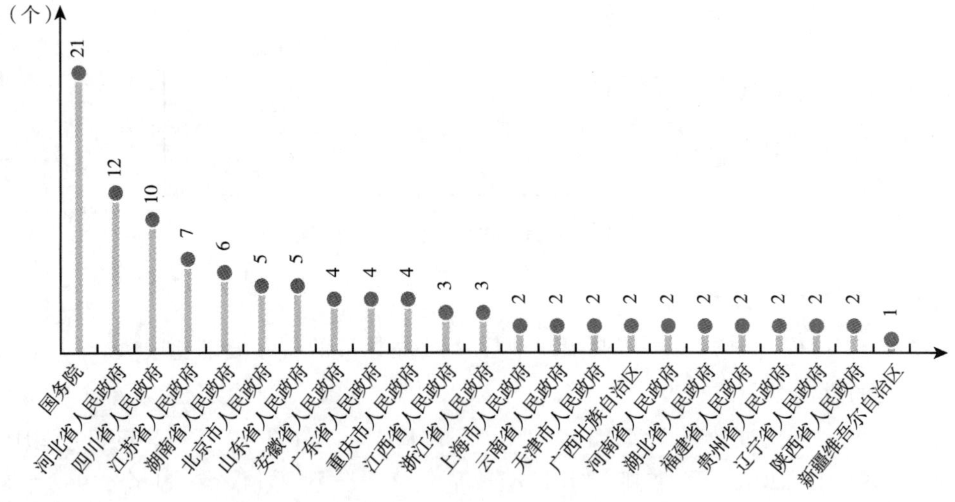

图 2.14　节能环保产业园区批准单位分布

（二）节能环保产业及其子产业经济效益分析

1. 规模以上工业企业经济效益分析

（1）规模以上工业企业主营业务收入。

2012～2016 年各节能环保产业拥有的规模以上工业企业主营业务收入如图 2.15 所示，本章从年份和产业两个方面对此进行分析。

从年份上看，各节能环保产业拥有的规模以上工业企业主营业务收入差距较大。2012～2016 年，每年各产业拥有的规模以上工业企业主营业务收入按照由多到少进行排列得出的顺序都相同，为：资源循环利用产业、高效节能产业和先进环保产业。其中，资源循环利用产业规模以上工业企业主营业务收入最多，远远超过其他产业，其规模以上工业企业主营业务收入约占每年总数的八成；先进环保产业拥有的规模以上工业企业主营业务收入较少。

从产业上看，2012～2016 年，资源循环利用产业拥有的规模以上工业企业主营业务收入呈现出先上升后下降的趋势，其中 2014 年拥有的数量最多，有 413600.43 亿元，2012 年拥有的数量最少，有 378720.92 亿元，年均增长率为 0.26%。除上述产业外的 2 个产业拥有的规模以上工业企业主营业务收入在 5 年间都呈现出逐年上升的趋势。其中，高效节能产业拥有的规模以上工业企业主营业务收入由 2012 年的 45595.46 亿元上升至 2016 年的 62981.60 亿元，年均增长率为 8.41%；先进环保产业拥有的规模以上工业企业主营业务收入由 2012 年的 5874.02 亿元上升至 2016 年的 11433.56 亿元，年均增长率为 18.12%。综上所述，5 年间各类节能环保产业拥有的规模以上工业企业主营业务收入走势相对平稳且总体上都有所上升，各年的数量差距较小。

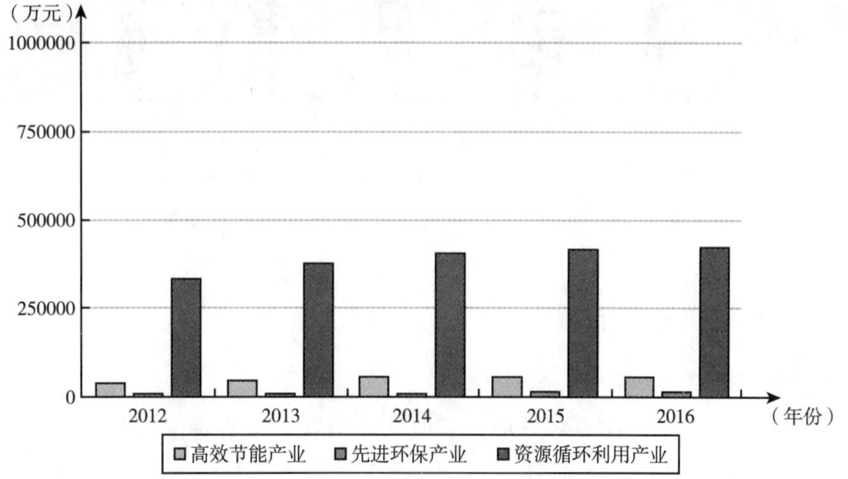

图 2.15　节能环保产业规模以上工业企业主营业务收入

（2）规模以上工业企业利润总额。

2012～2016 年各节能环保产业拥有的规模以上工业企业单位数如图 2.16 所示，本章从年份和产业两方面对此进行分析。

从年份上看，各节能环保产业拥有的规模以上工业企业利润总额差距较大。2012～2016 年，每年各产业拥有的规模以上工业企业利润总额按照由多到少进行排列得出的顺序都相同，为：资源循环利用产业、高效节能产业和先进环保产业。其中，资源循环利用产业其拥有的规模以上工业企业利润总额约占每年总数的八成；先进环保产业拥有的该类企业数量较少。

从产业上看，2012～2016 年，资源循环利用产业拥有的规模以上工业企业利润总额呈现出先下降后上升的趋势，2012 年拥有的总额最多，有 27030.29 亿元，2015 年拥有的总额最少，有 17350.54 亿元，年均增长率为 -7.20%。除上述产业外的 2 个产业拥有的规模以上工业企业利润总额在 5 年间都呈现出逐年上升的趋势。其中，高效节能产业拥有的利润总额由 2012 年的 3209.03 亿元上升至 2016 年的 3974.71 亿元，年均增长率为 5.50%；先进环保产业拥有的利润总额由 2012 年的 422.64 亿元上升至 2016 年的 873.80 亿元，年均增长率为 19.91%。综上所述，5 年间各类节能环保产业拥有的规模以上工业企业利润总额走势相对平稳且总体上都有所上升，各年的数量差距较小。

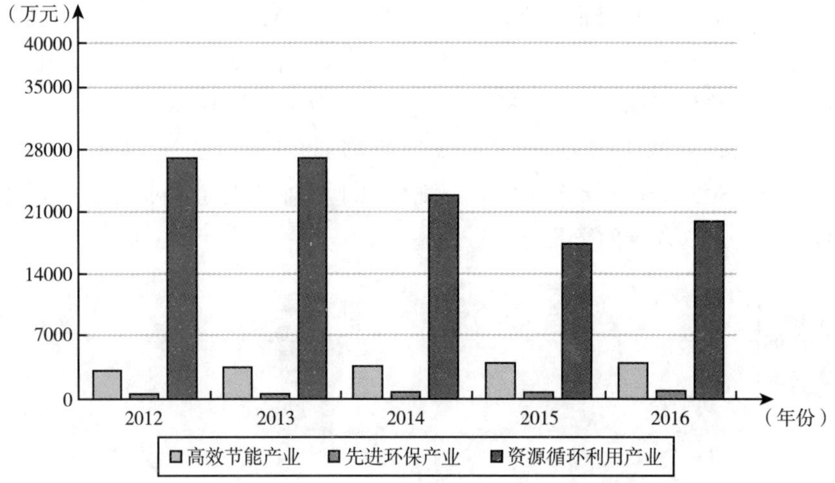

图 2.16　节能环保产业规模以上工业企业利润总额

2. 上市公司经济效益分析

（1）营业收入。

2010～2019 年节能环保产业各方向营业收入总值和平均值对比如图 2.17 和图 2.18 所示，总体上节能环保产业不同方向营业收入总额差异较大，整体各方向营业收入值呈上升趋势。

具体来看，从营业总值对比上可以看出，先进环保方向的营业总值一直处于领先地位，年均营业总额超过 1432 亿元，总体上在此期间保持着 20.35% 的年均增长速度上升；紧接着高效节能方向上的营业总值总体呈上升趋势，整体保持着 12.86% 的年均增速；在三个方向中，资源循环利用方向营业收入总值较少，除 2019 年略有下降外，整体年均增速为 37.58%。

考虑到各产业方向上公司数量得到 2010～2019 年节能环保产业各方向营业收入平均值的变化，与总值存在较大的差异。营业均值最高的是资源循环方向，整体上升趋势明显，在 2018 年达到营业收入均值最高点，年均增速为 27.53%；高效节能方向呈现总体增长趋势，总体年均速度为 6.12%；先进环保产业增长趋势也尤为显著，以年均 14.26% 的速度至 2019 年排在第二位。

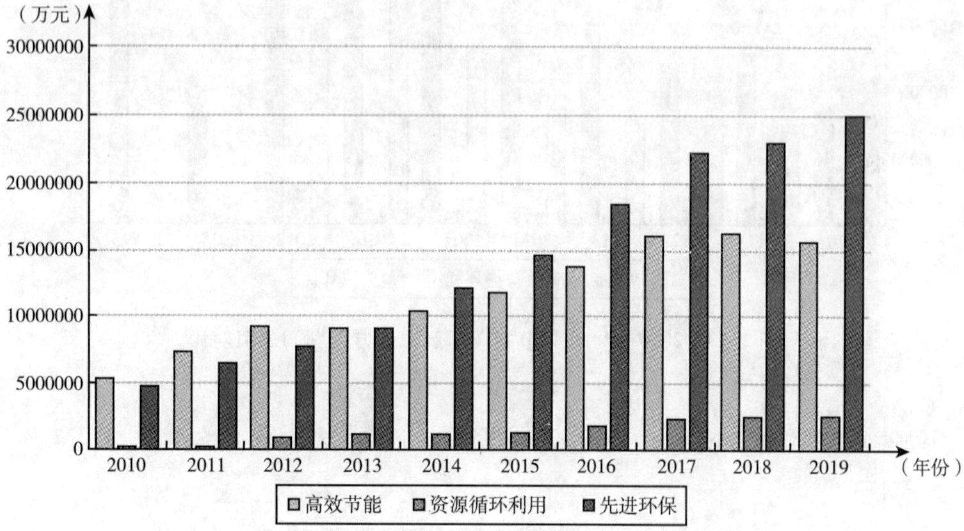

图 2.17 2010～2019 年节能环保产业各方向营业收入总值对比

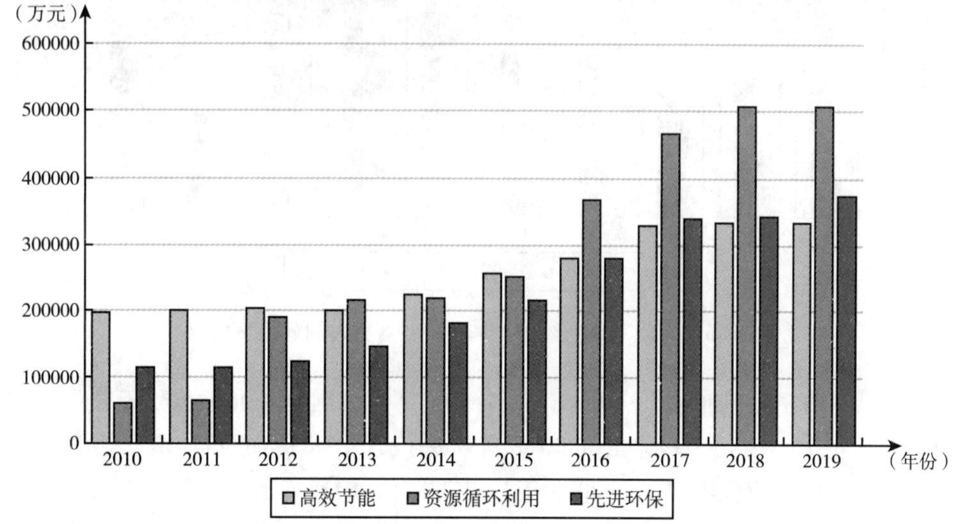

图 2.18 2010～2019 年节能环保产业各方向营业收入均值对比

(2) 利润。

2010～2019 年节能环保产业各方向利润总值和平均值对比如图 2.19 和图 2.20 所示，总体上节能环保产业不同方向利润总额差异较大，各方向利润值年际波动明显，在 2018 年、2019 年下降明显，利润总值和均值差异较大。

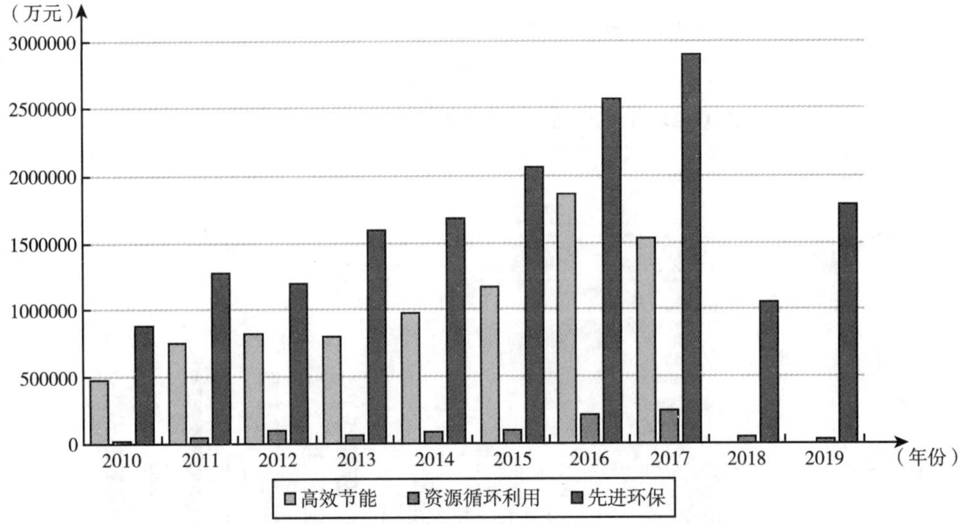

图 2.19 2010～2019 年节能环保产业各方向利润总值对比

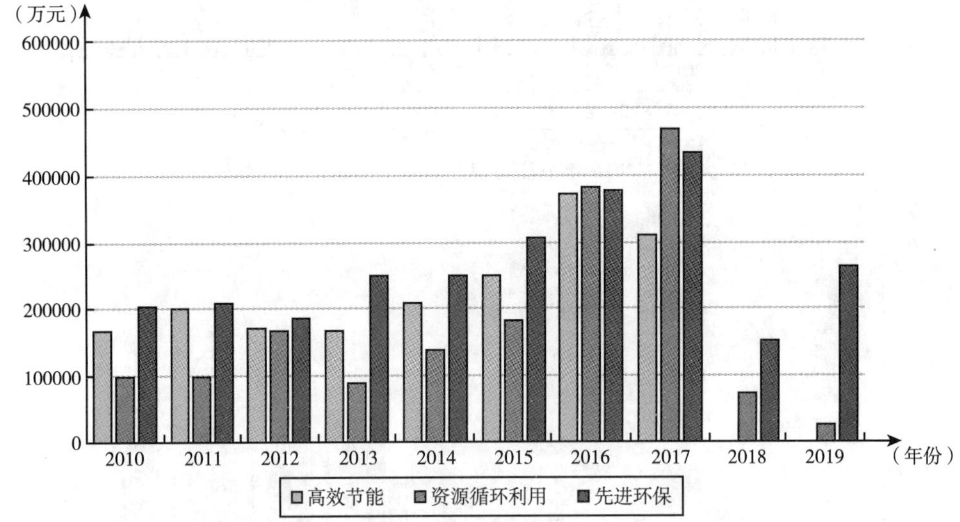

图 2.20 2010～2019 年节能环保产业各方向利润均值对比

具体来看，在利润总值对比上可以看出，先进环保方向的利润总值处于领先地位，年均营业总额超过 167 亿元，总体上在 2017 年前保持着 18.83% 的年均增长速度上升，在 2018 年以 64.42% 的速度骤降，在 2019 年又以 72.32% 的速度上升；紧接着高效节能方向上的利润总值在 2017 年前总体上呈上升趋势，2018 年以 166.75% 下降至 -2 亿，在 2019

年略有回升但仍为 -7000 万元；在三个方向中，资源循环利用方向利润总值较少，除 2018 年、2019 年下降外，整体年均增速为 41.34%。

考虑到各产业方向上公司数量得到 2010～2019 年节能环保产业各方向利润均值的变化，与总值存在较大的差异。资源循环方向整体波动较大，前 3 年保持上升趋势，2013 年出现短暂下降后，2014 年开始上升，至 2017 年达到期间最大值，2018 年以 84.28% 的速度骤降，2019 年又开始回升，总体上年均增长速度为 -12.92%；高效节能方向在 2016 年以前基本呈现总体增长趋势，2017 年开始下降，2018 年、2019 年下降明显，下降幅度分别达到了 166.76% 和 62.35%；先进环保产业期间波动也尤为显著，2017 年以前以年均 8.76% 的速度增长，后 2018 年下降并于 2019 年开始上升。

四、新一代信息技术产业及其子产业发展情况

（一）新一代信息技术产业及其子产业整体建设情况

（1）产业园区类型分布。

新一代信息技术产业园区类型分布如图 2.21 所示。其中，经济技术开发区数量最多，达到 251 个，占比 39.16%；其次是高新技术产业开发区，数量为 146 个，占比 22.78%；工业园区和海关特殊监管区域的数量较多，分别为 109 个和 87 个，分别占比 17.00% 和 13.57%；其他类型开发区和产业聚集区的数量较少，分别为 38 个和 8 个，分别占比 5.93% 和 1.24%；示范园区和边境/跨境经济合作区的数量最少，都为 1 个，各自占比 0.16%。

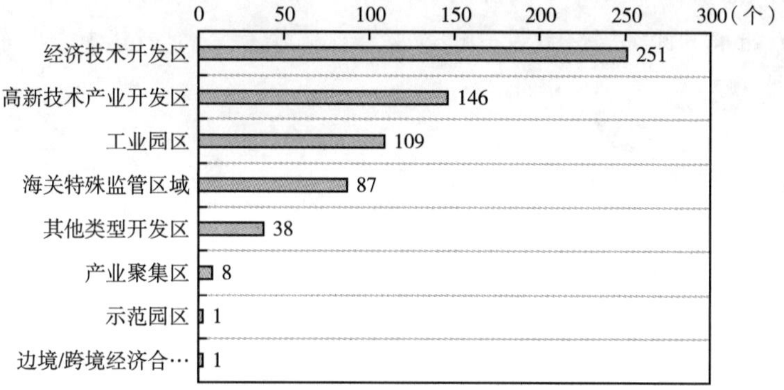

图 2.21　新一代信息技术产业园区类型分布

（2）产业园区批准年份分布。

新一代信息技术产业园区批准年份分布如图 2.22 所示。从单个年份来看，2006 年此类园区的批准数量最多，达到 159 个，占比 24.61%，远远高于其他年份；1992 年、2010 年、2011 年、2012 年和 2015 年的批准数量较多，分别为 47 个、46 个、36 个、61 个和 45 个；其余年份此类园区的批准数量都少于 30 个，1986 年、1987 年和 2004 年未批准此类

园区。从阶段上看，1984～1991 年批准的此类园区数量较少但整体分布呈上升趋势，这一阶段共计批准 41 个，合计占比 6. 35%；1992～2002 年批准的数量整体分布呈下降趋势，这一阶段共计批准 146 个，合计占比 22. 60%；2003～2018 年批准的数量较多但波动较大，这一阶段共计批准 459 个，合计占比 71. 05%。总体来看，新一代信息技术产业园区的批准年份主要集中在 2003～2018 年。

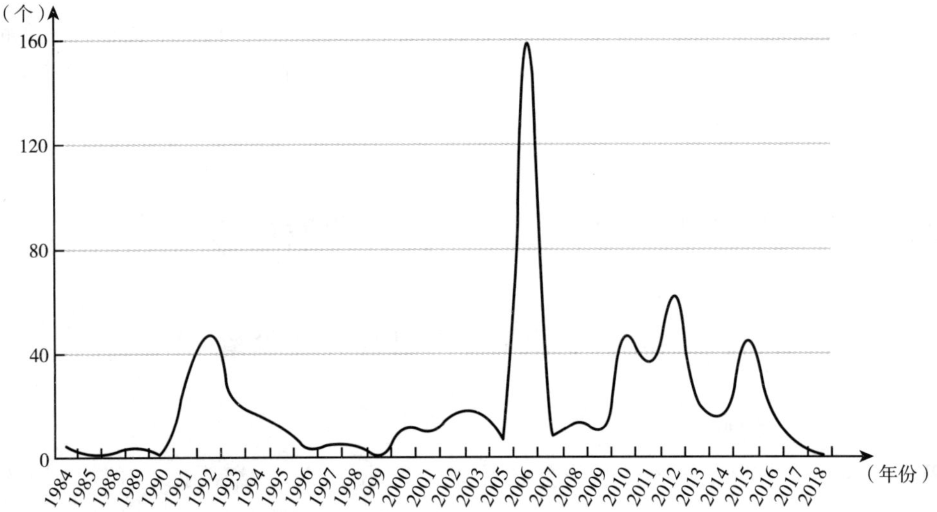

图 2. 22　新一代信息技术产业园区批准年份分布

（3）产业园区批准单位分布。

新一代信息技术产业园区批准单位分布如图 2. 23 所示。在各个批准单位中，国务院批准的此类园区数量最多，有 263 个，占比 40. 71%。除国务院外的各批准单位（即省级人民政府和自治区）批准的此类园区数量分布较密集且都少于 50 个。其中，广东省和安徽省人

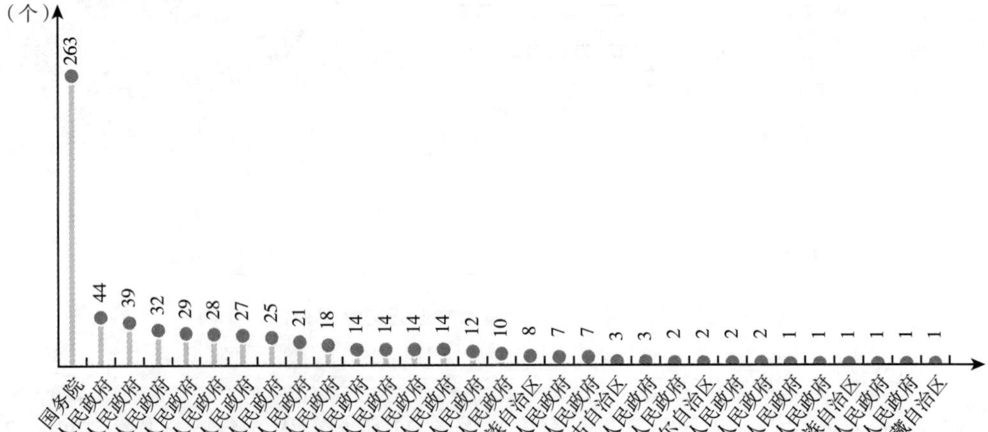

图 2. 23　新一代信息技术产业园区批准单位分布

民政府批准的此类园区数量较多，分别为 44 个和 39 个；云南省、吉林省、山西省和海南省人民政府以及宁夏回族自治区和西藏自治区批准的此类园区数量最少，都只有 1 个。

（二）新一代信息技术产业及其子产业经济效益分析

1. 规模以上工业企业经济效益分析

（1）规模以上工业企业主营业务收入。

2012～2016 年各类新一代信息技术产业拥有的规模以上工业企业主营业务收入如图 2.24 所示，本章从年份和产业两个方面对此进行分析。

从年份上看，各类新一代信息技术产业拥有的规模以上工业主营业务收入差距较大。2012～2013 年，每年各产业拥有的规模以上工业企业主营业务收入按照由多到少进行排列得出的顺序都相同，为：基础电子元器件及器材制造产业、高端计算机制造产业、通信设备制造产业、广播电视设备及数字视听产品制造产业、集成电路产业和高端电子设备和仪器制造产业。其中，基础电子元器件及器材制造产业和高端计算机制造产业拥有的规模以上工业企业主营业务收入最多，远远超过其他产业，尤其是基础电子元器件及器材制造产业，其拥有的主营业务收入约占每年总数的三成；广播电视设备及数字视听产品制造产业、集成电路产业和高端电子设备和仪器制造产业拥有的主营业务收入较少，且分布密集，彼此相差较小。与前 2 年相比，2014 年的不同之处在于，高端计算机制造产业和通信设备制造产业的位次互换，高端计算机制造由原来的第 2 位下降至第 3 位，通信装备制造产业由第 3 位上升至第 2 位，其余产业的位次不变。

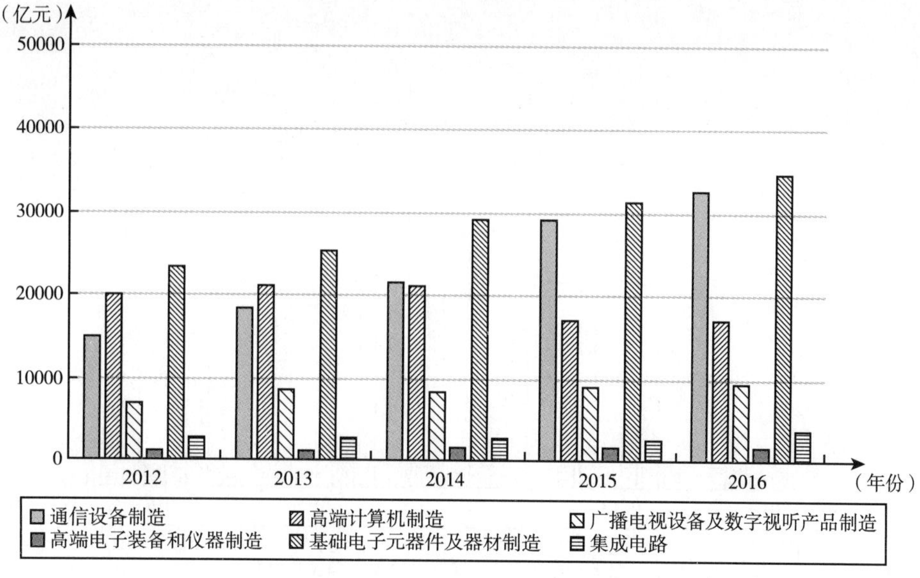

图 2.24　新一代信息技术产业规模以上工业企业主营业务收入

从产业上看，2012 ~ 2016 年，高端计算机制造产业和广播电视设备及数字视听产品制造产业拥有的规模以上工业企业主营业务收入呈现出先上升后下降再上升的趋势。高端计算机制造产业 2013 年主营业务收入最多，有 21060.78 亿元，2015 年主营业务收入最少，有 16876.22 亿元，年均增长率为 -4.01%。广播电视设备及数字视听产品制造产业 2016 年主营业务收入最多，有 9432.00 亿元，2012 年主营业务收入最少，为 6805.50 亿元，年均增长率为 8.50%。除上述产业外的 4 个产业拥有的主营业务收入在 5 年间都呈现出逐年上升的趋势。其中，通信设备制造产业拥有的主营业务收入由 2012 年的 14983.75 亿元上升至 2016 年的 32555.67 亿元，年均增长率为 21.41%；高端电子设备和仪器制造产业主营业务收入由 2012 年的 1127.14 亿元上升至 2016 年的 1598.67 亿元，年均增长率为 9.13%；基础电子元器件及器材制造产业主营业务收入由 2012 年的 23549.36 亿元上升至 2016 年的 34684.22 亿元，年均增长率为 10.16%；集成电路产业主营业务收入由 2012 年的 2491.16 亿元上升至 2016 年的 3400.62 亿元，年均增长率为 8.09%。综上所述，5 年间各类新一代信息技术产业拥有的规模以上工业企业主营业务收入走势相对平稳且总体上都有所上升，各年的数量差距较小。

（2）规模以上工业企业利润总额。

2012 ~ 2016 年各类新一代信息技术产业拥有的规模以上工业企业利润总额如图 2.25 所示，本章从年份和产业两方面对此进行分析。

从年份上看，各类新一代信息技术产业拥有的规模以上工业企业利润总额差距较大。2012 ~ 2016 年，每年各产业拥有的规模以上工业企业利润总额按照由多到少进行排列得出的顺序都相同，为：基础电子元器件及器材制造产业、通信设备制造产业、高端计算机制造产业、广播电视设备及数字视听产品制造产业、集成电路产业和高端电子设备和仪器制造产业。其中，基础电子元器件及器材制造产业和通信设备制造产业拥有的规模以上工业

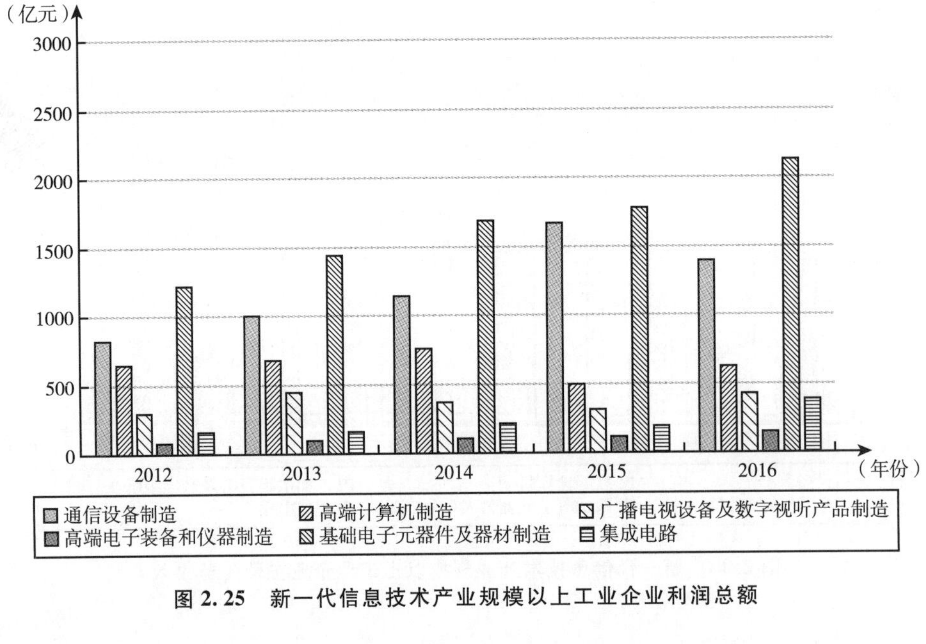

图 2.25 新一代信息技术产业规模以上工业企业利润总额

企业利润总额最多，远远超过其他产业，尤其是基础电子元器件及器材制造产业，其拥有的规模以上工业企业利润总额约占每年总数的四成；广播电视设备及数字视听产品制造产业、集成电路产业和高端电子设备和仪器制造产业拥有的规模以上工业企业利润总额较少，且分布密集，彼此相差较小。

从产业上看，2012~2016年，通信设备制造产业拥有的规模以上工业企业利润总额呈现出先上升后下降的趋势，2015年利润总额最多，有1669.21亿元，2012年利润总额最少，有816.97亿元，年均增长率为14.36%。而基础电子元器件及器材制造产业企业利润总额呈现出逐年上升的趋势，2016年利润总额最多，为2131.23亿元，2012年利润总额最少，为1215.59亿元，年均增长率为15.07%。除上述产业外的4个产业拥有的利润总额在5年间都呈现出先上升再下降再上升的趋势。其中，高端计算机制造产业2014年利润总额最多，为747.21亿元，2015年拥有的利润总额最少，为488.51亿元，年均增长率为-1.39%；广播电视设备及数字视听产品制造产业2012年利润总额最低，为291.52亿元，2013年利润总额最高，为448.52亿元，年均增长率为9.63%。高端电子设备和仪器制造产业2016年利润总额最多为138.90亿元，2012年利润总额最低为84.40亿元，年均增长率为13.23%。集成电路产业2012年利润总额最低为157.25亿元，2016年最高为384.76亿元，年均增长率为25.07%。综上所述，5年间各类新一代信息技术产业拥有的规模以上工业企业利润总额走势相对平稳且总体上都有所上升，各年的数量差距较小。

2. 上市公司经济效益分析

（1）营业收入。

2010~2019年新一代信息技术产业各方向营业收入总值和平均值对比如图2.26和图2.27所示，总体上新一代信息技术产业不同方向营业收入总额差异较大，整体各方向营业收入总值呈上升趋势。

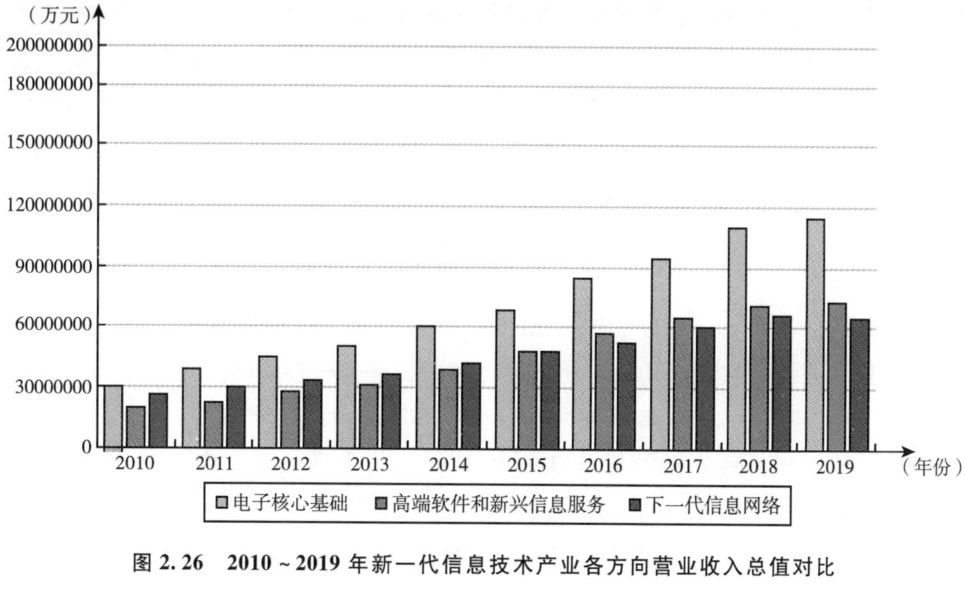

图2.26　2010~2019年新一代信息技术产业各方向营业收入总值对比

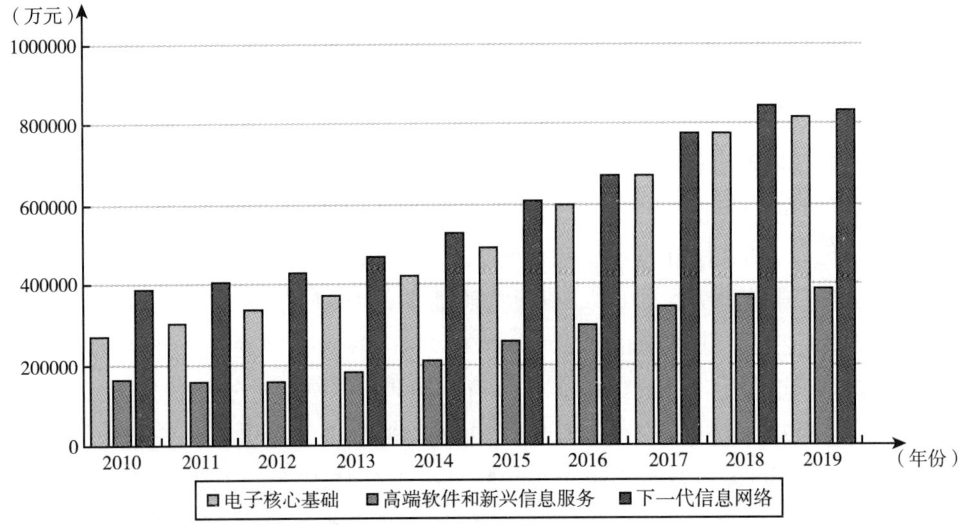

图 2.27 2010～2019 年新一代信息技术产业各方向营业收入均值对比

具体来看，在营业总值对比上可以看出，电子核心基础方向的营业总值一直处于领先地位，年均营业总额超过 6978 亿元，总体上保持着 16.17% 的年均增长速度上升；高端软件和新兴信息服务和下一代信息网络方向整体波动趋势相似，分别为 15.82% 和 10.68% 的年均速度增长。

考虑到各产业方向上公司数量得到 2010～2019 年新一代信息技术产业各方向营业收入平均值的变化，总体上升趋势、波动趋势相同。电子核心基础、高端软件和新兴信息服务和下一代信息网络方向总体分别以 13.12%、10.12% 和 8.85% 的年均速度增长。

（2）利润。

2010～2019 年新一代信息技术产业各方向利润总值和平均值对比如图 2.28 和图 2.29 所示，总体上新一代信息技术产业不同方向利润总额差异较大。

2010～2019 年新一代信息技术产业各方向利润总值各方向总体波动较大。电子核心基础方向波动较大，在 2017 年以前上升趋势明显，2018 年出现短暂下降，2019 年又开始回升，整体年均增长速度为 11.02%；高端软件和新兴信息服务方向在 2016 年以前上升显著，自 2017 年开始持续下降，2019 年超过了 -43 亿元，年均增速为 -186.60%；下一代信息网络方向在 2017 年上升，之后下降，2019 年达到了 366 亿元，年均增速为 10.85%。

考虑到各产业方向上公司数量得到 2010～2019 年新一代信息技术产业各方向利润均值的变化，具体来看，在利润均值对比上可以看出，电子核心基础方向波动较大，在 2017 年以前下降趋势明显，2018 年出现短暂下降，2019 年又开始回升，年均增长速度为 8.11%；高端软件和新兴信息服务方向在 2016 年以前上升显著，自 2017 年开始持续下降，2019 年超过了 -2000 万元，整体年均增速为 -182.34%；下一代信息网络方向在 2017 年上升明显，之后下降，2019 年达到了 4000 万元，年均增速为 9.02%。

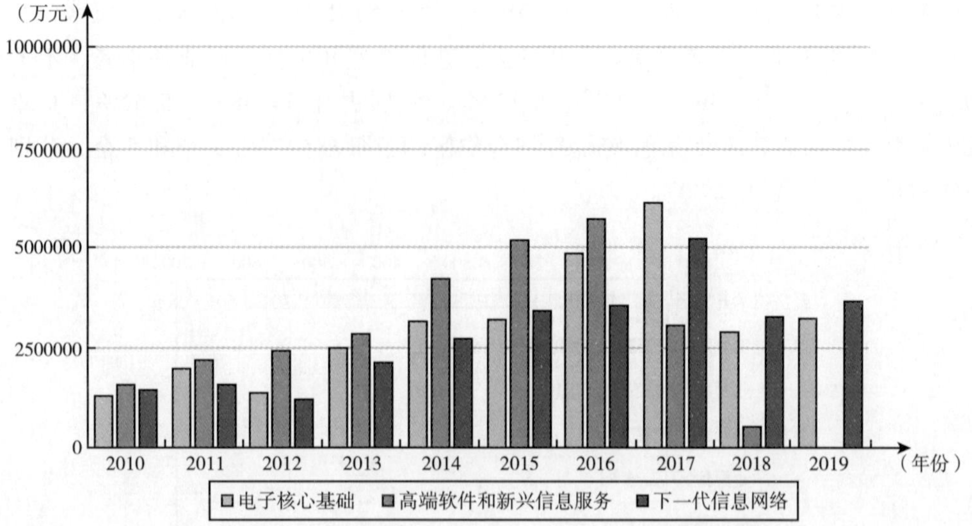

图 2.28　2010～2019 年新一代信息技术产业各方向利润总值对比

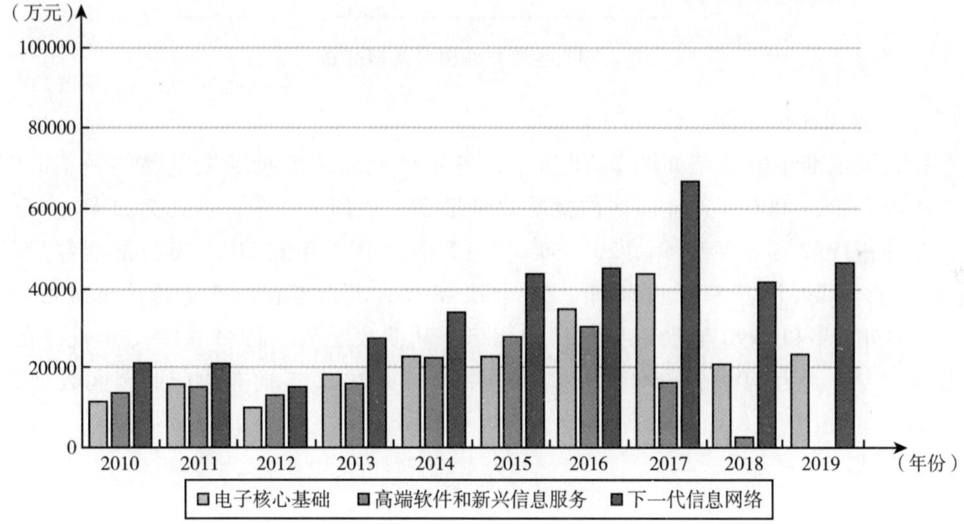

图 2.29　2010～2019 年新一代信息技术产业各方向利润均值对比

五、生物产业及其子产业发展情况

（一）生物产业及其子产业整体建设情况

（1）产业园区类型分布。

产业园区可分为八大类别，分别是经济技术开发区、工业园区、高新技术产业开发区、海关特殊监管区、产业聚集区、边境/跨境经济合作区、示范园区和其他类型开发区。

其中，经济技术开发区数量最多，达到601个，占比51.11%；其次是工业园区，数量为300个，占比25.51%；高新技术产业开发区、其他类型开发区、产业聚集区、示范园区的数量分别为135个、59个、55个和12个，分别占比11.48%、5.02%、4.68%和1.02%；海关特殊监管区和边境/跨境经济合作区的数量较少，为9个和5个，分别占比0.77%和0.43%（见图2.30）。

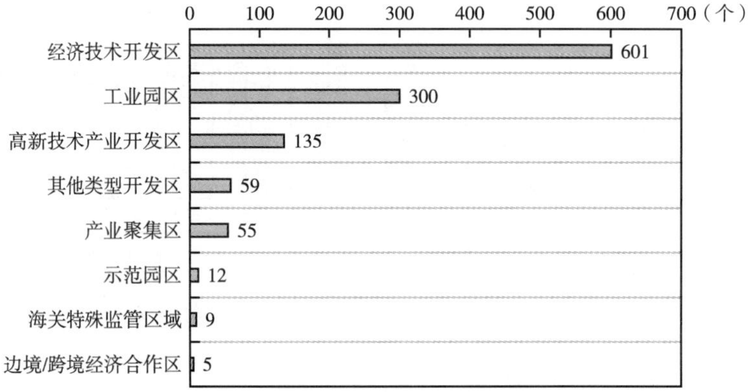

图2.30 生物产业园区类型分布

（2）产业园区批准年份分布。

产业园区批准年份分布如图2.31所示，各年产业园区的批准数量整体呈上升趋势。从单个年份来看，2006年产业园区的批准数量最多，达到270个，占比22.94%，远远高于其他年份；1992年、2010年、2011年、2012年、2013年和2015年的批准数量较多，分别为70个、129个、75个、138个、58个和48个；其余年份的产业园区批准数量都少于45个，1987年和1990年没有批准产业园区。从阶段上看，1984~1991年批准的产业园区数量较少，共为31个，合计占比2.63%；1992~2002年批准的产业园区数量为248

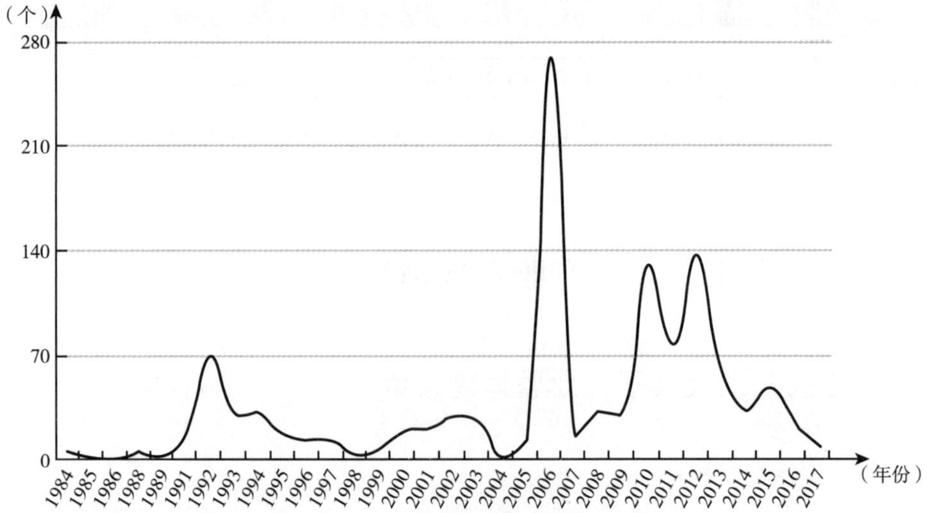

图2.31 生物产业园区批准年份分布

个，合计占比 21.07%；2003～2017 年批准的产业园区数量较多，共有 898 个，合计占比 76.30%。总体来说，1984～2002 年产业园区批准数量的走势相对平稳，2003～2017 年产业园区批准数量的波动较大，产业园区的批准年份主要集中在 2003～2017 年。

（3）产业园区批准单位分布。

产业园区的批准单位有国务院、各省级人民政府和自治区。在各个批准单位中，国务院批准的产业园区数量最多，达到 191 个，占比 16.39%。除国务院以外的批准单位（即省级人民政府和自治区）批准的产业园区数量合计 1991 个，占比 83.61%。其中，河南省、山东省、湖南省、黑龙江省、河北省、四川省和湖北省人民政府批准的产业园区数量较多，分别为 72 个、71 个、66 个、65 个、63 个、62 个和 57 个；山西省人民政府和北京市人民政府批准的产业园区数量最少，分别只有 8 个和 6 个（见图 2.32）。

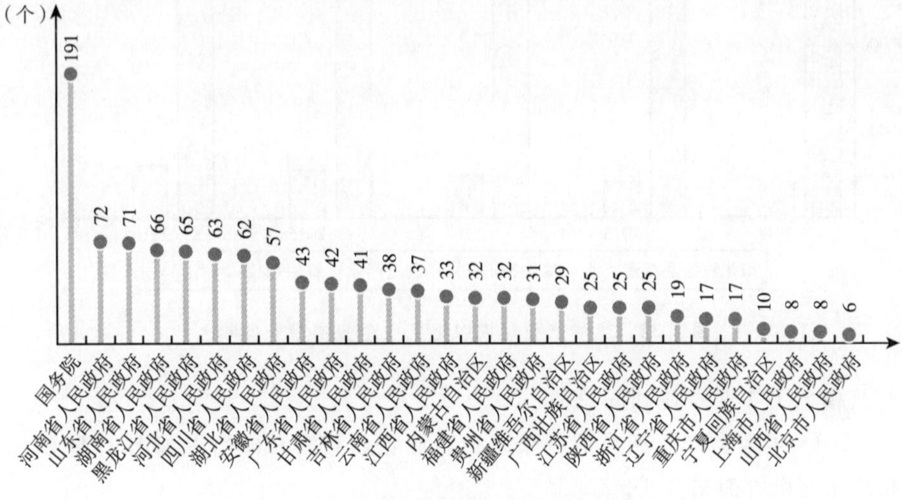

图 2.32 生物产业园区批准单位分布

（二）生物产业及其子产业经济效益分析

1. 规模以上工业企业经济效益分析

（1）规模以上工业企业主营业务收入。

2012～2016 年生物产业拥有的规模以上工业企业主营业务收入情况如图 2.33 所示，我们从年份和产业两个方面来分析。

从年份上来看，生物制品制造产业、生物工程设备制造产业以及生物技术应用产业的规模以上工业企业主营业务收入均呈现逐年上涨的趋势。其中，生物制品制造产业规模以上工业企业主营业务收入 2012 年最低为 54394 亿元，2016 年最高为 79493 亿元，年均增长率为 9.9%；生物工程设备制造产业规模以上工业企业主营业务收入从 2012 年的 7738 亿元增加到 2016 年的 12042 亿元，年均增长率为 11.7%；生物技术应用产业从 2012 年的 252 亿元增加到 2016 年的 526 亿元，年均增长率为 20.2%。综上所述，5 年间，生物产业拥有的规模以上工业企业主营业务收入平稳增长。

从产业上来看，2012～2016 年各个生物产业规模以上工业企业主营业务收入差距较大，从多到少排列依次是生物制品制造产业、生物工程设备制造产业、生物技术应用产业。其中，生物制品制造产业所占比重最大，远远超过其他两个产业，达到八成以上，生物技术应用产业所占比重最小。

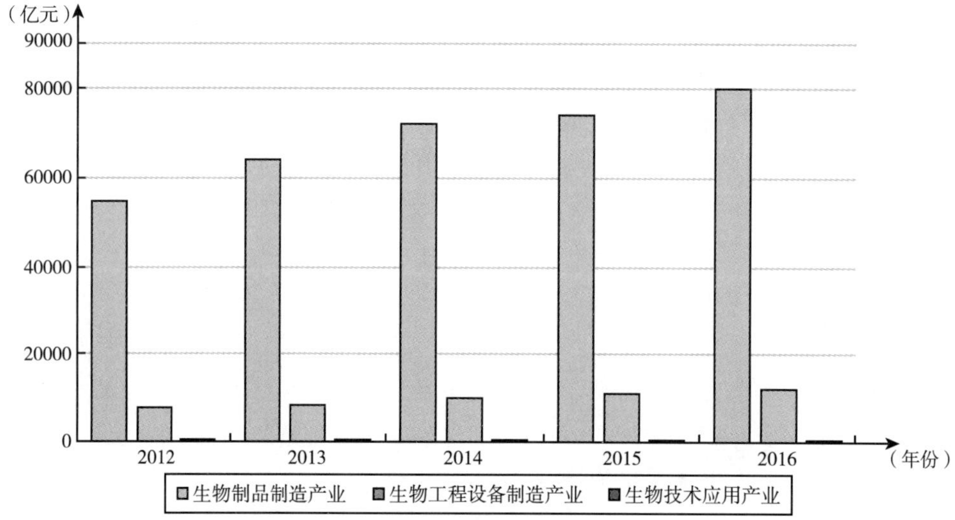

图 2.33　生物产业规模以上工业企业主营业务收入

（2）规模以上工业企业利润总额。

2012～2016 年生物产业拥有的规模以上工业企业利润总额情况如图 2.34 所示，我们从年份和产业两个方面来分析。

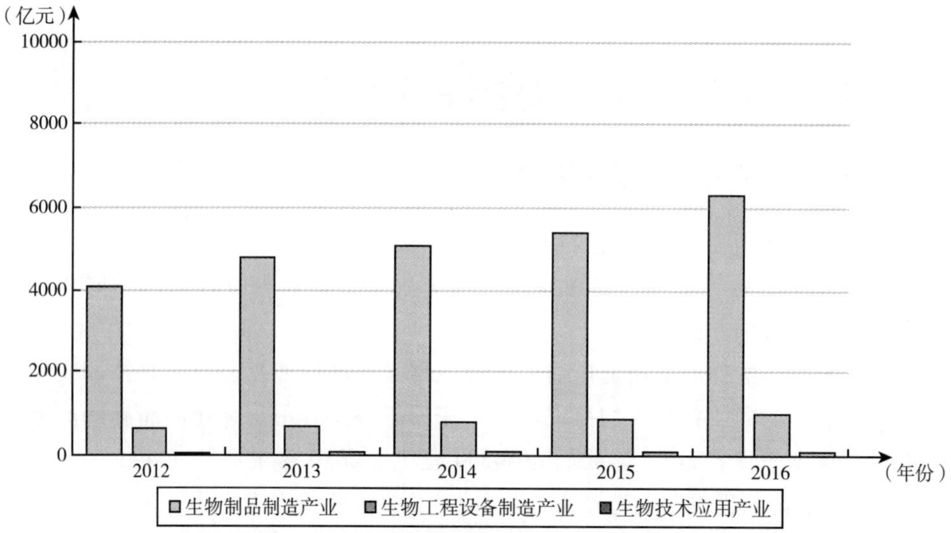

图 2.34　生物产业规模以上工业企业利润总额

从年份来看，2012～2016 年各个生物产业的规模以上工业企业利润总额呈逐年上升的趋势。其中，生物制品制造产业的规模以上工业企业利润总额从 2012 年的 4064 亿元上升到 2016 年的 6328 亿元，年均增长率为 11.8%；生物工程设备制造产业的规模以上工业企业利润总额从 2012 年的 616 亿元上升到 2016 年的 1031 亿元，年均增长率为 13.7%；生物技术应用产业的规模以上工业企业利润总额从 2012 年的 29 亿元增长到 2016 年的 72 亿元，年均增长率为 25.5%。总体来看，5 年间，生物产业的规模以上工业企业利润总额逐年上升且年均增长率比较客观。

从产业来看，各个生物产业拥有的规模以上工业企业利润总额差距比较大，2012～2016 年，每年生物产业拥有的规模以上工业企业利润总额按照由多到少进行排列得出的顺序都相同，为：生物制品制造产业、生物工程设备制造产业、生物技术应用产业。其中，生物制品制造产业的规模以上工业企业利润总额所占比重最大，远远超过其他两个产业，所占比重超过八成，其余两个产业所占比重较小，利润总额的差距相对较小。

2. 上市公司经济效益分析

（1）营业收入。

2010～2019 年生物产业各方向营业收入总值和平均值对比如图 2.35 和图 2.36 所示，总体上生物产业不同方向营业收入总额差异较大，整体各方向营业收入值呈上升趋势。

具体来看，在营业总值对比上可以看出，生物医药方向的营业总值一直处于领先地位，年均营业总额超过 8249 亿元，总体上在此期间保持着 16.79% 的年均增长速度上升；紧接着生物医学工程方向上的营业总值总体上呈上升趋势，整体保持着 23.70% 的年均增速；在四个方向中，生物农业和生物制造方向营业收入总值相对较少，年均整体增速分别为 7.79% 和 19.54%。

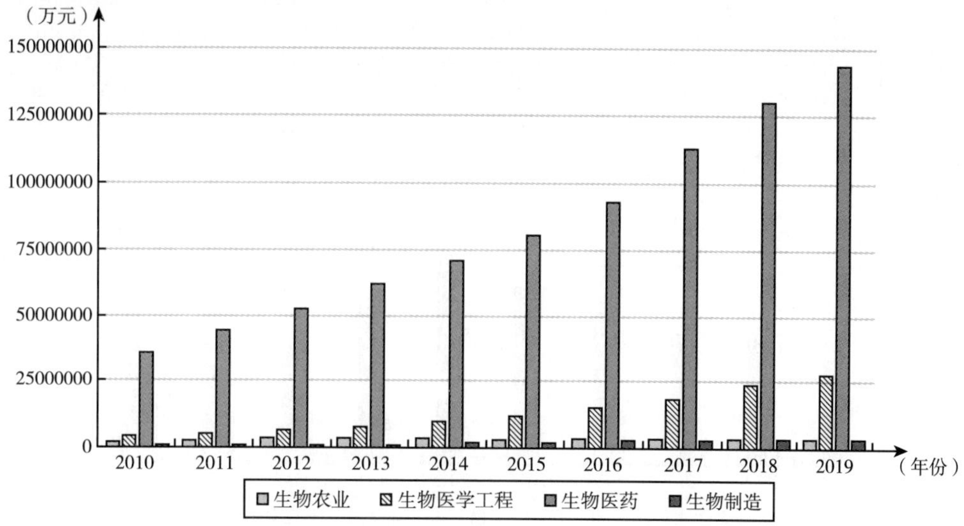

图 2.35　2010～2019 年生物产业各方向营业收入总值对比

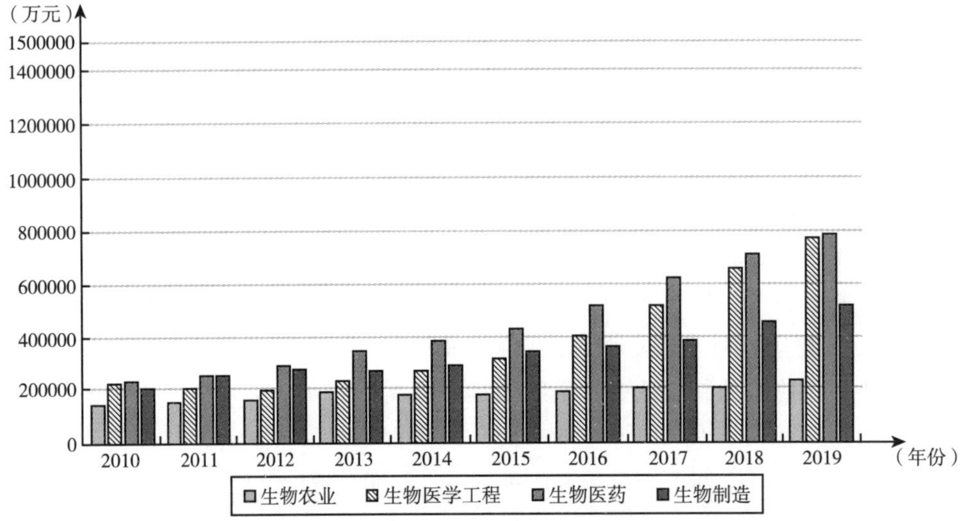

图 2.36　2010～2019 年生物产业各方向营业收入均值对比

考虑到各产业方向上公司数量得到 2010～2019 年生物产业各方向营业收入平均值的变化，与总值存在较大的差异，四个方向在营业均值变动上整体波动趋势相似。营业均值最高的是生物医药方向，整体上升趋势明显，年均增速为 14.77%；生物医学工程方向总体上升，总体年均速度为 14.87%；生物制作和生物农业分别以年均 10.68% 和 5.49% 的速度增长。

（2）利润。

2010～2019 年生物产业各方向利润总值和平均值对比如图 2.37 和图 2.38 所示，总体上生物产业不同方向利润额差异较大。

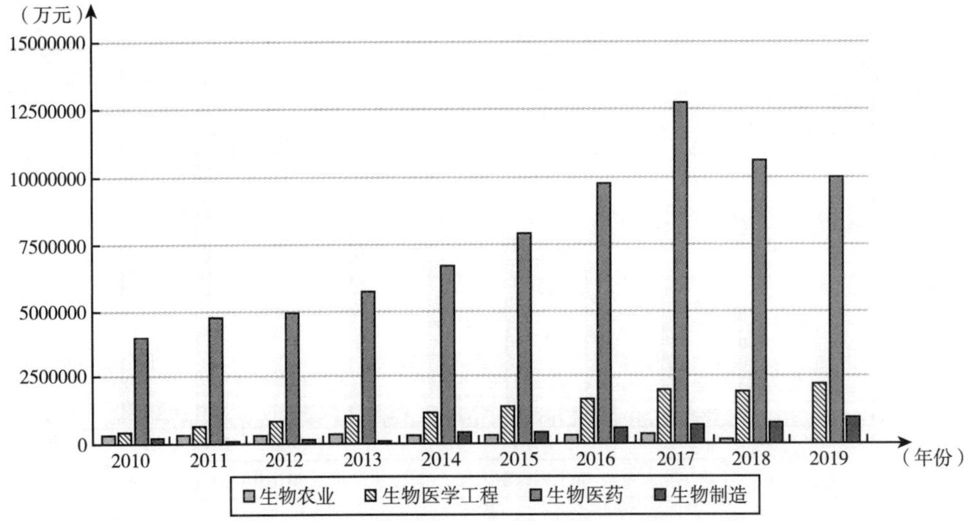

图 2.37　2010～2019 年生物产业各方向利润总值对比

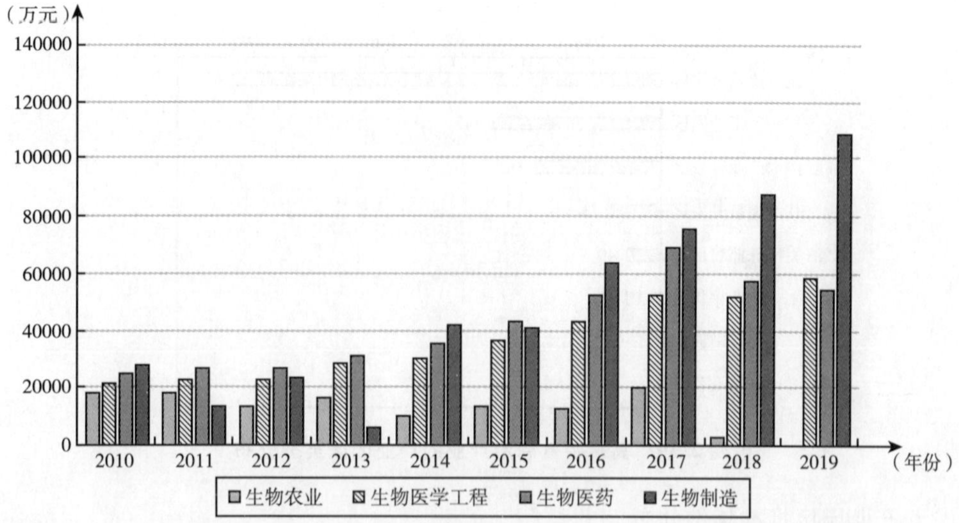

图 2.38　2010～2019 年生物产业各方向利润均值对比

具体来看，生物医药方向的利润总额一直处于领先地位，2017 年以前保持着 18.39% 的年均增长速度上升，2018 年、2019 年开始下降；紧接着生物医学工程方向上的利润总值总体上呈上升趋势，整体保持着 20.23% 的年均增速；在四个方向中，生物农业年均整体增速分别为 -177.67%，总体呈现下降趋势；生物制造方向整体变动较为稳定，年均增速为 25.83%。

考虑到各产业方向上公司数量得到 2010～2019 年生物产业各方向利润均值的变化，与总值存在较大的差异，四个方向在利润均值变动上整体波动趋势相似。利润均值最高的是生物制造方向，整体上升趋势明显，年均增速为 16.51%；生物医学工程的总体年均速度分别为 11.65%；生物医药以年均 9.02% 的速度略有下降；生物农业总体较少，整体呈现下降趋势，年均增速为 -176.01%。

六、高端装备制造产业及其子产业发展情况

（一）高端装备制造产业及其子产业整体建设情况

（1）产业园区类型分布。

高端装备制造产业园区类型分布如图 2.39 所示。其中，经济技术开发区数量最多且远远多于其他类型的产业园区，达到 619 个，占比 50.70%；工业园区和高新技术产业开发区的数量较多，分别为 243 个和 181 个，分别占比 19.90% 和 14.82%；其他类型开发区、海关特殊监管区域和产业聚集区的数量较少，分别为 73 个、49 个和 48 个，分别占比 5.98%、4.01% 和 3.93%；示范园区和边境/跨境经济合作区的数量最少，都为 4 个，各自占比 0.33%。

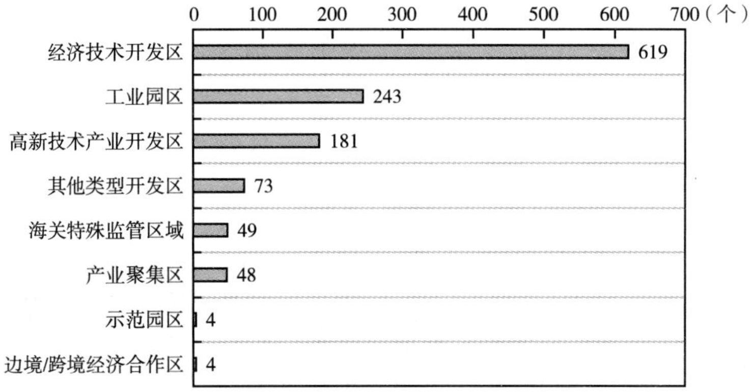

图 2.39　高端装备制造产业的产业园区类型分布

（2）产业园区批准年份分布。

高端装备制造产业园区批准年份分布如图 2.40 所示。从单个年份来看，2006 年此类园区的批准数量最多，为 315 个，占比 24.31%，远远超过其他年份；1992 年、2010 年、2011 年和 2012 年的批准数量较多，分别为 93 个、124 个、101 个和 117 个；1987 年没有批准此类园区。从阶段上看，1984～1991 年批准的高端装备制造产业园区数量较少但走势相对平稳，这一阶段共计批准 25 个，合计占比 1.93%；1992～2002 年批准的数量整体分布呈下降趋势，这一阶段共计批准 323 个，合计占比 24.92%；2003～2018 年批准的数量较多但波动较大，这一阶段共计批准 948 个，合计占比 73.15%。总体来看，高端装备制造产业园区的批准年份主要集中在 2003～2018 年。

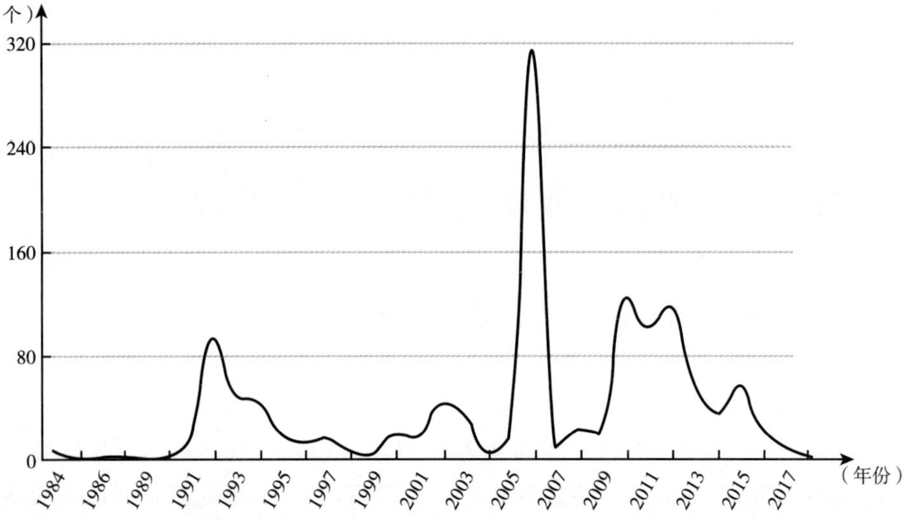

图 2.40　高端装备制造产业园区批准年份分布

（3）产业园区批准单位分布。

高端装备制造产业园区批准单位分布如图 2.41 所示。在各个批准单位中，国务院批准的此类园区数量最多，为289个，占比22.30%。除国务院外的批准单位（即省级人民政府和自治区）批准的此类园区数量共计1007个，占比77.70%。其中，河北省和山东省人民政府批准的此类园区数量较多，分别为111个和100个；北京市、宁夏回族自治区、青海省和西藏自治区人民政府批准的此类园区数量较少，分别为8个、7个、2个和1个。

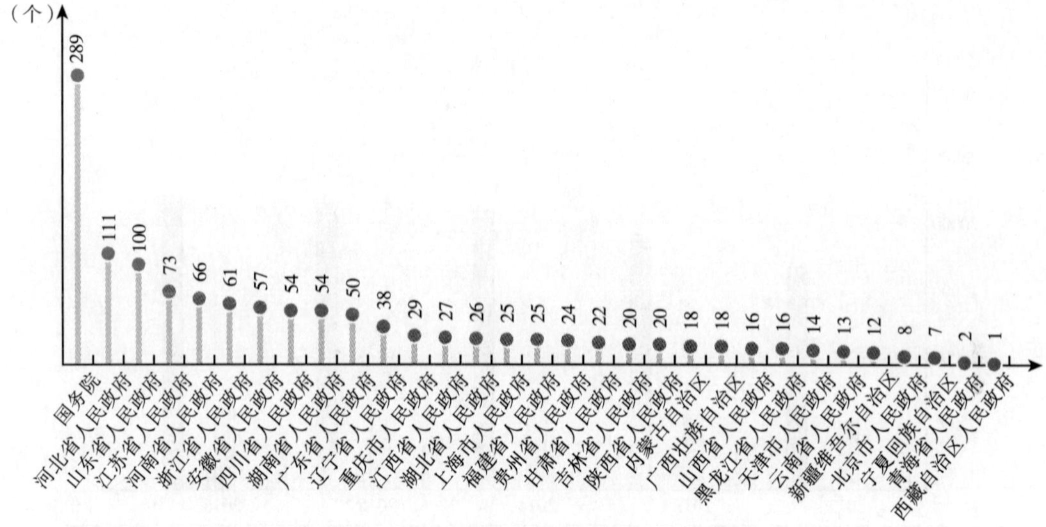

图2.41 高端装备制造产业园区批准单位分布

（二）高端装备产业及其子产业经济效益分析

1. 规模以上工业企业经济效益分析

（1）规模以上工业企业主营业务收入。

2012～2016年各类高端装备制造产业规模以上工业企业主营业务收入如图2.42所示。从年份上看，各高端装备制造产业规模以上工业企业主营业务收入相差较大。将每年各产业的该类企业主营业务收入按照由高到低进行排列，2012～2016年得到的顺序都相同，为：智能制造装备产业、轨道交通装备产业、航空装备产业、卫星及应用产业和海洋工程装备产业。其中，智能制造装备产业的主营业务收入远远超过其他产业，约占每年各产业主营业务收入总和的65%；轨道交通装备产业的主营业务收入较高；卫星及应用产业和海洋工程装备产业的主营业务收入较低，彼此数额相差较小。

从产业上看，2012～2016年，海洋工程装备产业规模以上工业企业主营业务收入呈现先上升后下降的趋势。其2013年的主营业务收入最高，达到832.41亿元，2012年的主营业务收入最低，为648.13亿元，年均增长率4.72%。除上述产业外的4个产业主营业务收入5年间都呈现逐年上升的趋势。其中，卫星及应用产业的主营业务收入由2012年的758.93亿元上升至2016年的1338.62亿元，年均增长率为15.24%；航空装备产业的主营业务收入由2012年的2558.69亿元上升至2016年的4188.37亿元，年均增长率为

13.11%；智能制造装备产业的主营业务收入由2012年的16578.05亿元上升至2016年的22076.97亿元，年均增长率为7.42%；轨道交通装备产业的主营业务收入由2012年的4866.29亿元上升至2016年的6061.30亿元，年均增长率为5.64%。综上所述，5年间各类高端装备制造产业规模以上工业企业主营业务收入走势相对平稳，且总体上都有所上升。

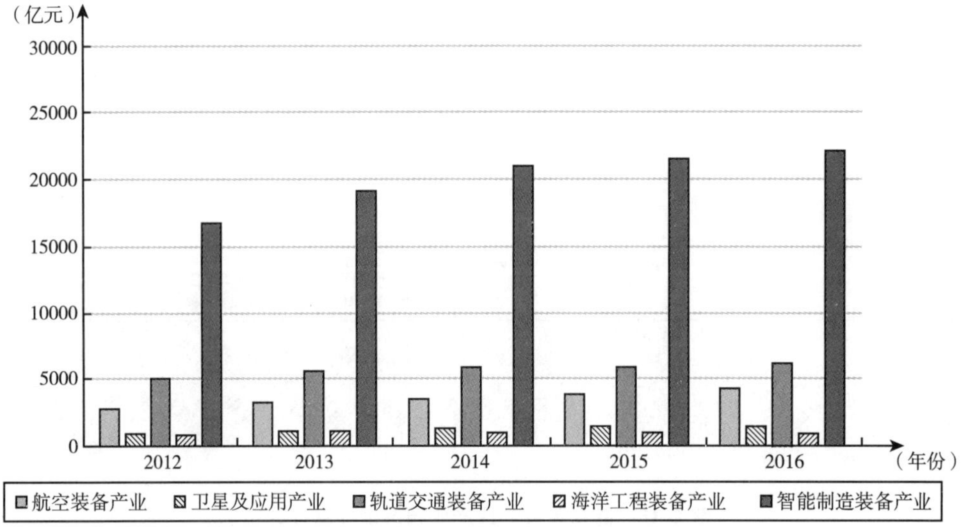

图2.42　高端装备制造产业规模以上工业企业主营业务收入

（2）规模以上工业企业利润总额。

2012～2016年各类高端装备制造产业规模以上工业企业利润总额如图2.43所示。从年份上看，各高端装备制造产业规模以上工业企业利润总额相差较大。将每年各产业的该类企业利润总额按照由高到低进行排列，2012～2016年得到的顺序都相同，为：智能制造装备产业、轨道交通装备产业、航空装备产业、卫星及应用产业和海洋工程装备产业。其中，智能制造装备产业的利润总额远远高于其他产业，约占每年各产业利润总额之和的65%；轨道交通装备产业的利润总额较高；卫星及应用产业和海洋工程装备产业的利润总额较低，彼此数额相差较小。

从产业上看，2012～2016年，海洋工程装备产业规模以上工业企业利润总额呈现先上升后下降的趋势。其2013年的利润总额最高，达到39.19亿元，2015年的利润总额最低，为－11.30亿元，年均增长率－24.83%。智能制造装备产业和轨道交通装备产业的该类企业利润总额5年间呈现波动上升的趋势。其中，智能制造装备产业2015年的利润总额最高，达到1364.15亿元，2012年的利润总额最低，为1158.76亿元，年均增长率4.07%；轨道交通装备产业2016年的利润总额最高，达到439.54亿元，2012年的利润总额最低，为387.44亿元，年均增长率3.20%。航空装备产业和卫星及应用产业的该类企业利润总额5年间呈现逐年上升的趋势。其中，航空装备产业的利润总额由2012年的138.17亿元上升至2016年的248.50亿元，年均增长率为15.81%；卫星及应用产业的利润总额由

2012 年的 56.34 亿元上升至 2016 年的 85.95 亿元，年均增长率为 11.14%。综上所述，5 年间各类高端装备制造产业规模以上工业企业利润总额走势相对平稳。海洋工程装备产业规模以上工业企业利润总额总体上有所下降，其余产业规模以上工业企业利润总额总体上都有所上升。

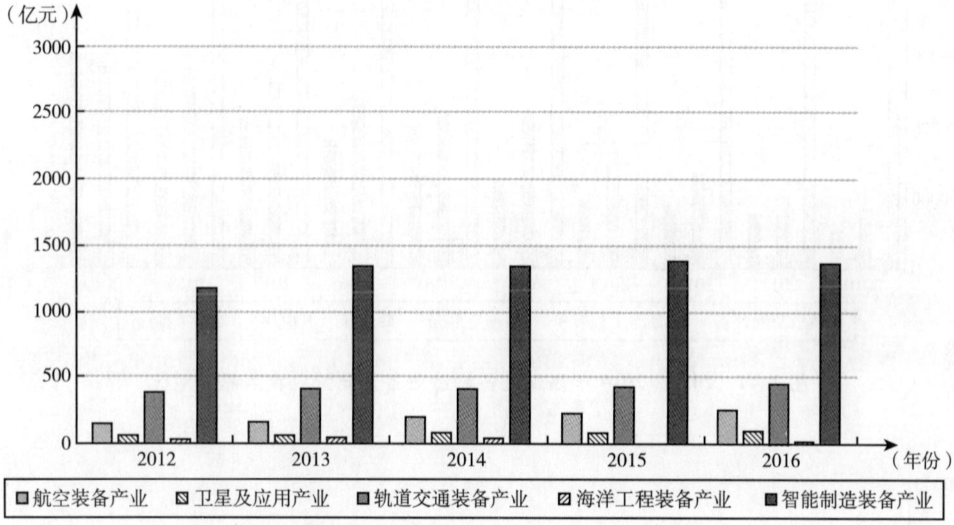

图 2.43 高端装备制造产业规模以上工业企业利润总额

2. 上市公司经济效益分析

（1）营业收入。

2010～2019 年高端装备制造业各方向营业收入总值和平均值对比如图 2.44 和图 2.45 所示，总体上高端装备制造业不同方向营业收入总额差异较大，各方向营业收入值波动明显。

具体来看，从营业总值对比上可以看出，轨道交通装备方向的营业总值一直处于领先地位，年均营业总额超过 2290 亿元，虽然在 2016 年略有下降，但是总体上保持着 7.11% 的年均增长速度上升；航空装备方向上的营业总值总体上位于五大方向上的第二名，整体保持着 14.60% 的年均增速；紧接着营业总值较为显著的是智能制造方向，年均增速为 21.79%，其中在 2013 年、2014 年增速尤为明显，分别达到了 22.31% 和 31.90%；海洋工程装备和卫星及其应用营业总额较少，变动较小，年均增速分别为 8.69% 和 12.89%。

考虑到各产业方向上公司数量得到 2010～2019 年高端装备制造业各方向营业收入平均值的变化，与总值存在较大的差异。营业均值最高的是海洋工程装备方向，2016 年、2017 年略有下降但整体上呈现上升趋势，年均增速为 6.51%；第二个较为明显的是轨道交通装备方向，总体增长趋势较为稳定，年均增速为 5.29%；航空装备方向的均值变动总体上仍为上升趋势，年均增速为 14.60%；在均值方面较小的就是卫星及其应用及智能制造方向，年均增速分别为 11.23% 和 15.47%。

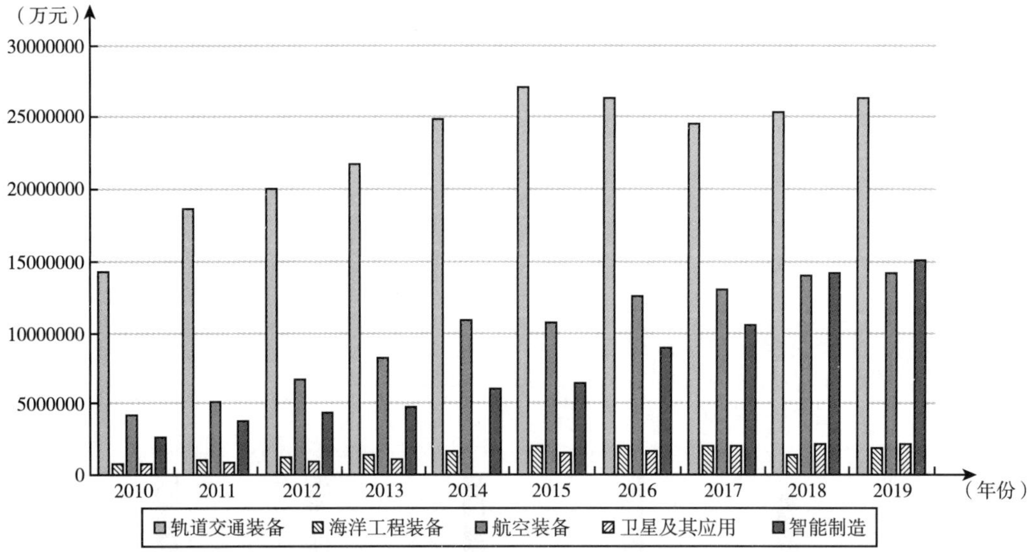

图 2.44　2010～2019 年高端装备制造业各方向营业收入总值对比

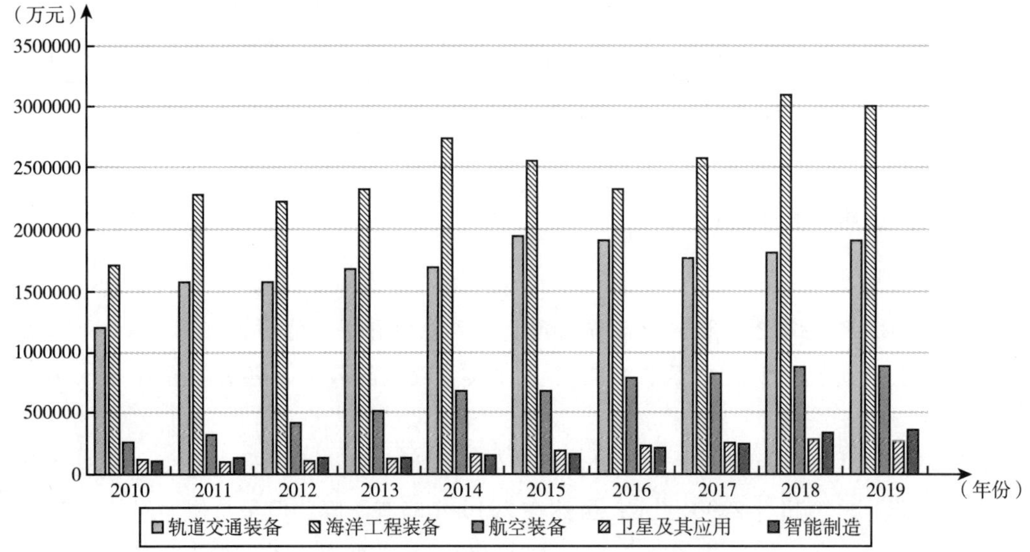

图 2.45　2010～2019 年高端装备制造业各方向营业收入均值对比

（2）利润。

2010～2019 年高端装备制造业各方向利润总值和平均值对比如图 2.46 和图 2.47 所示，总体上高端装备制造业不同方向利润总额差异较大，各方向利润值波动明显，利润总值和均值差异较大。

具体来看，从利润总值对比上可以看出，轨道交通装备方向的利润总值除 2011 年外其余年份一直处于领先地位，年均利润总额超过 144 亿元，虽然在 2017 年、2018 年分别以 4.53%、35.42% 大幅度下降，但在 2019 年以 44.36% 的速度上升至第一位；紧接着是海洋工程方向，整体上波动较大，前几年基本稳定，在 2015 年以 58.77% 的速度骤降；航

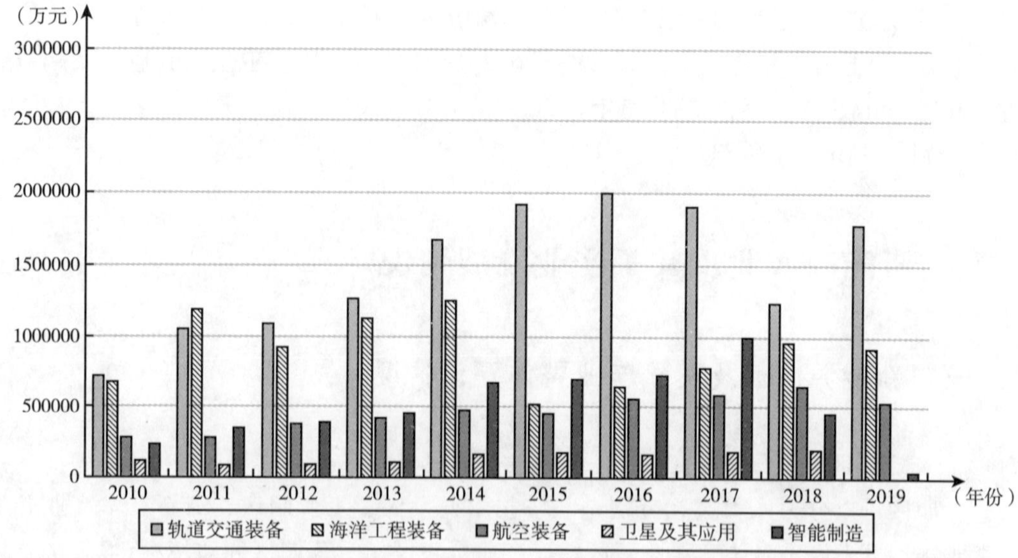

图 2.46 2010～2019 年高端装备制造业各方向利润总值对比

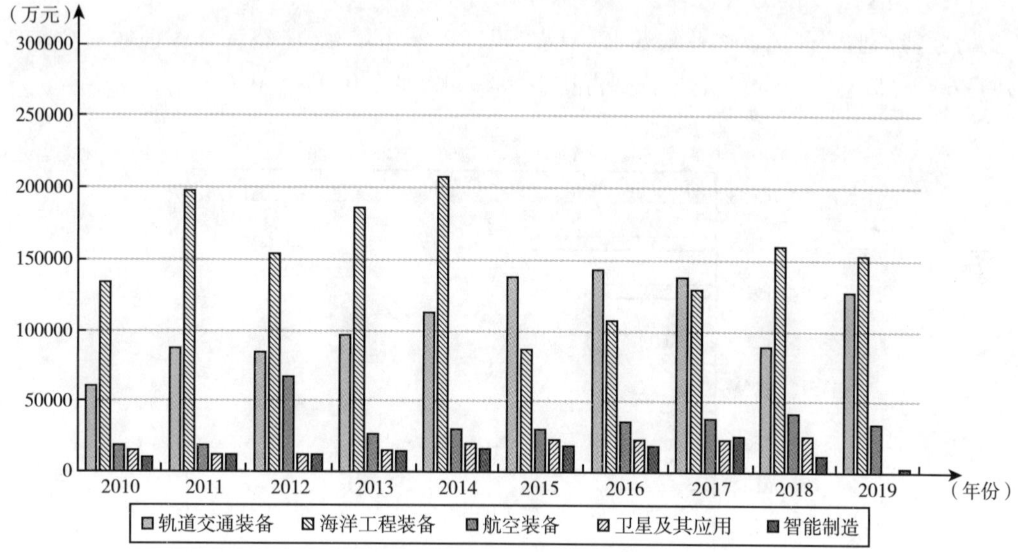

图 2.47 2010～2019 年高端装备制造业各方向利润均值对比

空装备方向整体波动较小，在 2014 年以前基本保持增长趋势，在 2015 年出现短暂下降后，之后的四年间以年均以 6.72% 的速度缓慢增长；智能制造方向前八年保持着年均 21.62% 的速度增长，2018 年、2019 年分别以 53.59%、92.30% 的速度持续骤降达到 -10 亿；卫星以及应用方向总体稳定，2019 年出现负值，利润总额超过 -10 亿元。

考虑到各产业方向上公司数量得到 2010～2019 年高端装备制造业各方向利润均值的变化，与总值存在较大的差异。前期利润均值最高的是海洋工程装备方向，前期一直处于领先地位，2015 年以 58.77% 的速度骤降，在 2016 年、2017 年逐渐回升，并在 2019 年达到利润均值第一；第二个较为明显的是轨道交通装备方向，前期增长趋势明显年均增速

15.76%，之后在2017年、2018年下降明显，2019年开始上升；航空装备方向的均值变动总体上为上升趋势，年均增速为7.69%，在2019年略有下降；卫星及其应用及智能制造方向利润均值较小，前期都较为稳定，但在2018年、2019年均出现了负增长，最终在2019年分别为-10亿元和833万元。

七、新能源产业及其子产业发展情况

（一）新能源产业及其子产业整体建设情况

（1）产业园区类型分布。

产业园区可以分为八大类，分别是经济技术开发区、工业园区、高新技术产业开发区、其他类型开发区、海关特殊监管区域、产业聚集区、示范园区和边境/跨境经济合作区。其中，经济技术开发区数量最多，达到178个，占比55%；工业园区、高新技术开发区以及其他类型开发区的数量较多，分别为70个、43个、18个，分别占比22%、13%、6%；海关特殊监管区域、产业聚集区、示范园区以及边境/跨境经济合作区数量比较少，分别是6个、5个、3个、2个，分别占比1.8%、1.5%、0.9%、0.6%（见图2.48）。

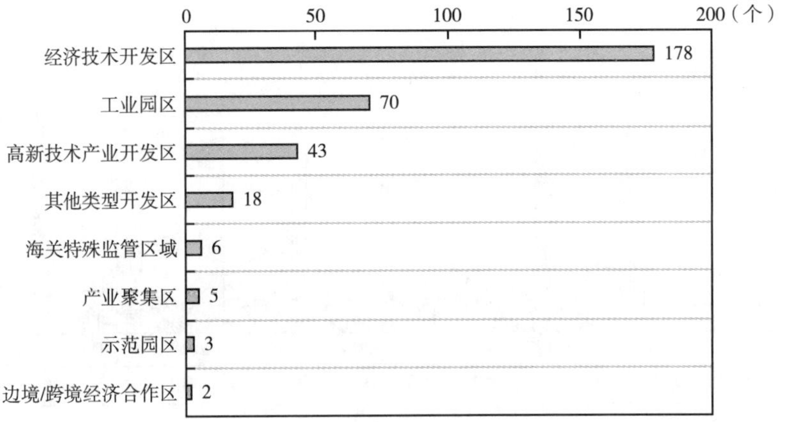

图2.48 新能源产业园区类型分布

（2）产业园区批准年份分布。

产业园区批准年份分布如图2.49所示，各年产业园区的数量整体上呈上升趋势。从单个年份来看2006年产业园区批准数量最多，达到65个，占比19.9%，远高于平均水平12.6个。2012年、2010年、1992年、2011年、2015年、2013年、1993年、2014年的批准数量较多，均高于平均水平分别为48个、30个、26个、20个、17个、16个、13个、13个，占比分别为14.7%、9.2%、8%、6.1%、5.2%、4.9%、4%、4%。1998年、2004年、1996年、2003年、1991年、1995年、1999年产业园区的批准数量比较少。从

图 2.49 可以看出，1991～2005 年的产业园区批准数量的波动比较少，2005 年开始波动变大，产业园区的批准数量主要集中于 2006～2013 年。

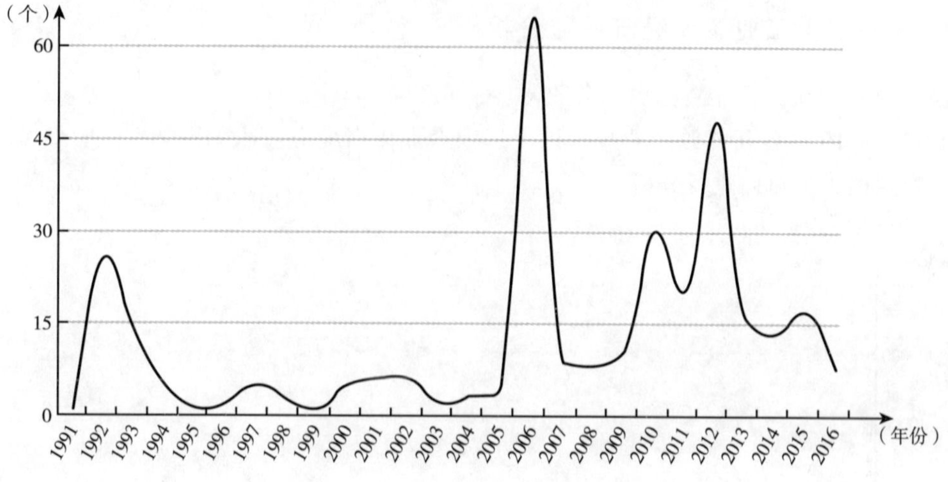

图 2.49　新能源产业园区批准年份分布

（3）产业园区批准单位分布。

产业园区的批准单位有国务院、各省级人民政府和自治区。在各个批准单位中，国务院批准的产业园区数量最多，达到 69 个，占比 21.1%。除国务院以外的批准单位（即省级人民政府和自治区）批准的产业园区数量合计 258 个，占比 78.9%。其中，江苏、四川、河北、山东、内蒙古、云南省政府批准的产业园区数量比较多，分别是 27 个、20 个、20 个、17 个、16 个，占比分别是 8.3%、6.1%、6.1%、5.2%、4.9%；北京、重庆、海南以及西藏数量较少，只有 2 个、2 个、1 个、1 个（见图 2.50）。

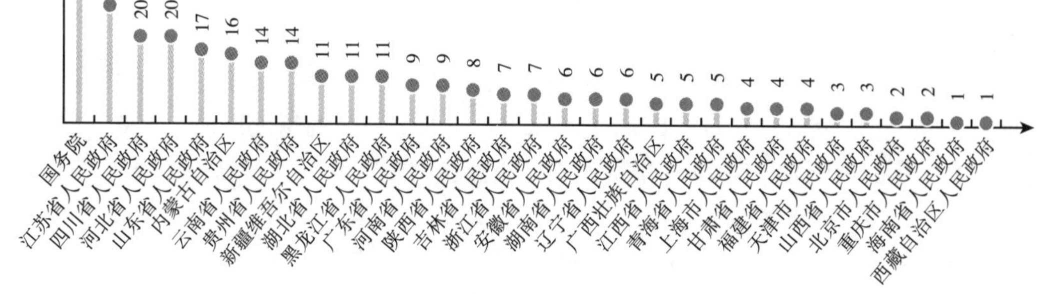

图 2.50　新能源产业园区批准单位分布

(二) 新能源产业及其子产业经济效益分析

1. 规模以上工业企业经济效益分析

(1) 规模以上工业企业主营业务收入。

2012~2016 年各新能源产业规模以上工业企业主营业务收入如图 2.51 所示，本章从年份和产业两方面对此进行分析。

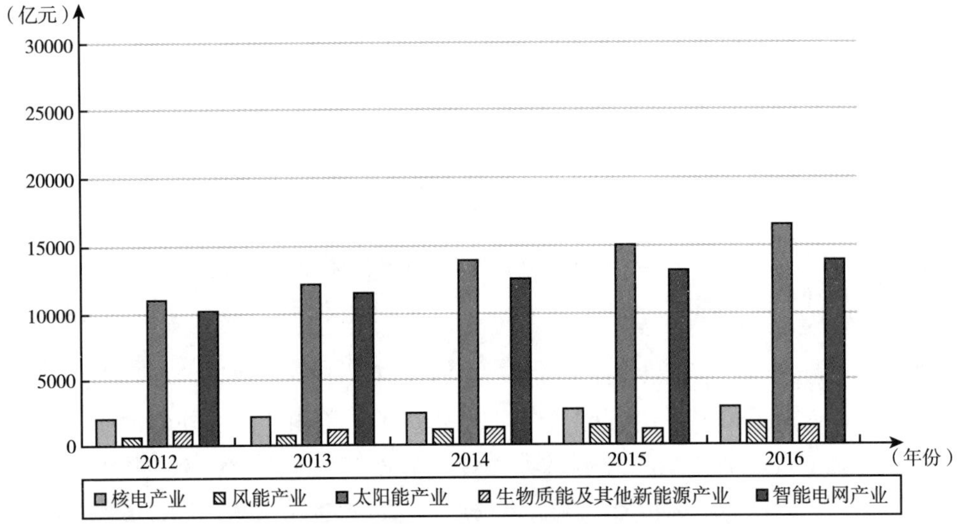

图 2.51 新能源产业规模以上工业企业主营业务收入

从年份上看，各新能源产业规模以上工业企业主营业务收入差距较大。2012~2016 年，每年各产业工业企业主营业务收入排在前三位的产业是相同的，分别为：太阳能产业、智能电网产业和核电产业，其他 2 个产业的数量变化排名在不同年份存在波动。其中，智能电网产业和太阳能产业在五年间一直处于第 1 位和第 2 位，主营业务收入较高，远远超过其他产业；核电产业与前两位数量差别较大，但在 5 年中一直保持着第 3 名的位置；风能产业和生物质能及其他新能源产业工业企业主营业务收入较低，两者业务收入相差较小，且在此期间，风能产业的排名逐渐上升，生物质能及其他新能源产业的排名逐渐下降。

从产业上看，2012~2016 年，生物质能及其他新能源产业的规模以上工业企业主营业务收入呈现出上下波动的变动趋势，其中，2014 年以 0.27% 的速度出现了下降，2015 年又以 9.35% 的速度上升，至 2016 年达到工业企业主营业务收入的最高点，有 1413.34 亿元，2012 年工业主营业务收入最低，为 1032.13 亿元，年均增长率为 8.18%。其余 4 个产业工业企业主营业务收入在 5 年间都呈现出逐年上升的趋势。其中，核电产业工业企业主营业务收入由 2012 年的 1914.03 亿元上升至 2016 年的 2845.87 亿元，年均增长率为 10.42%；太阳能产业工业企业主营业务收入由 2012 年的 10855.38 亿元上升至 2016 年的

16586.9 亿元，年均增长率为 11.18%；风能产业工业企业主营业务收入由 2012 年的 634.22 亿元上升至 2016 年的 1692.15 亿元，年均增长率为 27.81%；智能电网产业工业企业主营业务收入由 2012 年的 9918.61 亿元上升至 2016 年的 13860.47 亿元，年均增长率为 8.73%。综上所述，5 年间除生物质能及其他新能源产业在 2014 年略有波动外，各产业规模以上工业企业主营业务收入走势相对平稳且总体上上升趋势明显。

（2）规模以上工业企业利润总额。

2012～2016 年各新能源产业规模以上工业企业利润总额如图 2.52 所示，本章从年份和产业两个方面对此进行分析。

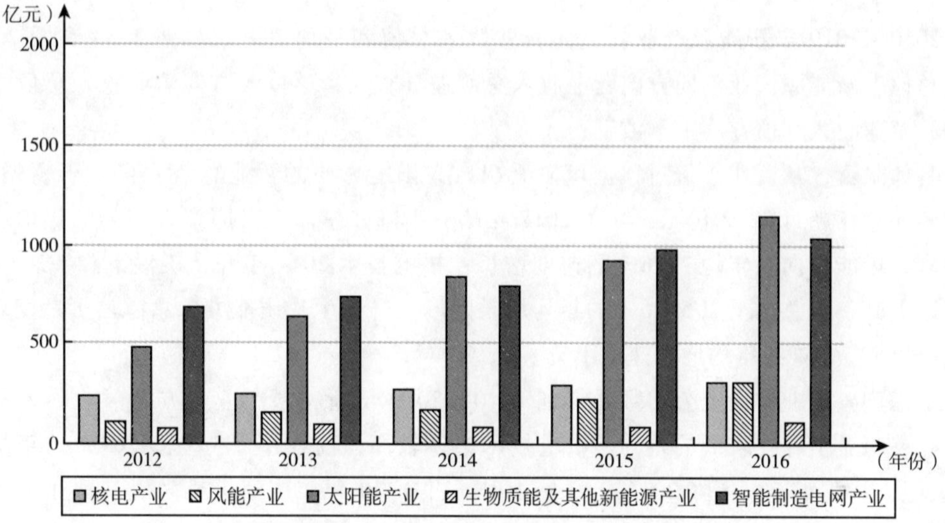

图 2.52　新能源产业规模以上工业企业利润总额

从年份上看，各新能源产业规模以上工业企业利润总额差距较大。2012～2016 年，每年各产业工业企业利润总额排在前两位的产业是相同的，分别为：太阳能产业和智能电网产业，两个产业数量差别不大，但均大大高于其他产业。其中，太阳能产业在 2012 年、2013 年和 2015 年均处于第一名，2014 年和 2016 年处于第二名；智能电网产业 2012 年、2013 年和 2015 年处于第一名；核电产业和风能产业的数量变化排名在不同年份存在波动，彼此利润总额相差较小，核电产业在前四年均保持着第四位的排名，2016 年排名下降为第四位；风能产业前四年排名第四位，至 2016 年排名上升至第三位；生物质能及其他新能源产业利润总额较小，一直处于第五位。

从产业上看，2012～2016 年，生物质能及其他新能源产业的规模以上工业企业利润总额呈现出上下波动的变动趋势，其中，2014 年、2015 年分别以 6.40% 和 1.68% 的速度下降，2016 年又以 25.35% 的速度上升，至 2016 年达到工业企业利润总额的最高点，有 1030.04 亿元，2012 年利润总额最低，为 681.2 亿元，年均增长率为 9.14%。其余 4 个产业工业企业利润总额在 5 年间都呈现出逐年上升的趋势。其中，核电产业工业企业利润总额由 2012 年的 242.46 亿元上升至 2016 年的 310.52 亿元，年均增长率为 6.38%；太阳能产业工业企业利润总额由 2012 年的 485.05 亿元上升至 2016 年的 1140.26 亿元，年均增长率为 23.82%；风能产业工业企业利润总额由 2012 年的 115.94 亿元上升至 2016 年的 313.6 亿元，年均增长率为 28.24%；智能电网产业工业企业利润总额由 2012 年的 681.2 亿元上升至 2016 年的 1030.04 亿元，年均增长率为 10.89%。综上所述，5 年间除生物质能及其他新能源产业存在短暂下降外，各产业规模以上工业企业利润总额走势相对平稳且总体上上升趋势明显。

2. 上市公司经济效益分析

（1）营业收入。

2010～2019 年新能源产业各方向营业收入总值和平均值对比如图 2.53 和图 2.54 所示，总体上新能源产业不同方向营业收入总额差异较大，整体各方向营业收入总值呈上升趋势，营业收入均值存在上下波动。

具体来看，从营业总值对比上可以看出，太阳能方向的营业总值一直处于领先地位，年均营业总额超过 2282 亿元，除了 2017 年略有下降外总体上保持着 7.53% 的年均增长速度上升；风能方向以年均 7.16% 的速度增长；核电技术 2014 年开始缓慢下降，2017 年开始逐渐上升，但总体上以 5.26% 的年均增长速度上升；生物质能方向总体较少，变动基本稳定，以 27.66% 的年均增长速度上升。

考虑到各产业方向上公司数量得到 2010～2019 年新材料产业各方向营业收入平均值的变化，与总值存在较大的差异。核电技术整体较高，前四年保持着 54.64% 的年均增长速度，从 2014 年逐渐下降 2017 年开始上升，并于 2019 年达到了最大值，营业均值超过了 165 亿元；太阳能方向整体上升，年均增速为 3.75%；风能方面整体较为稳定，总体年均速度为 4.53%；生物质能方向总体上升，年均速度为 12.99%。

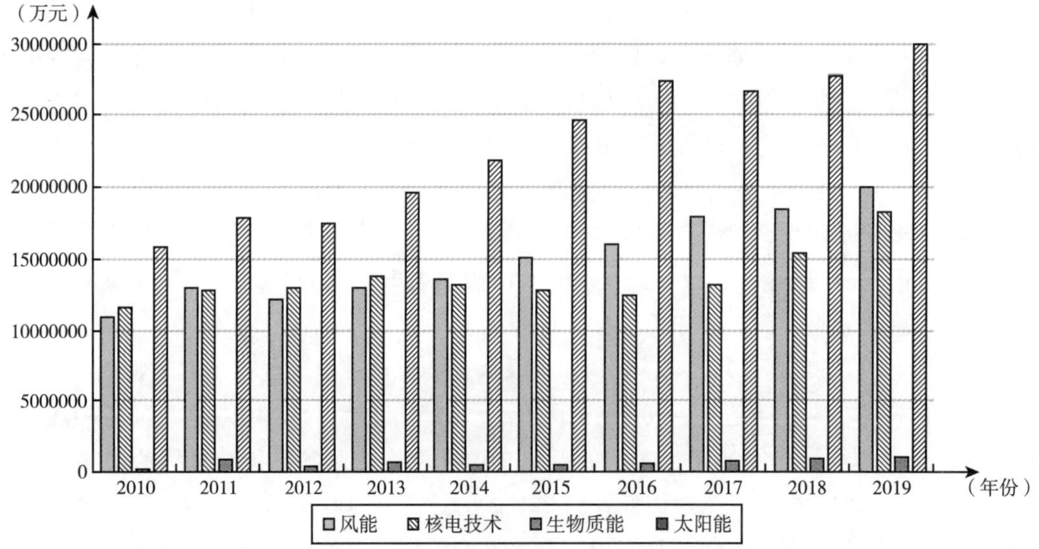

图 2.53　2010～2019 年新能源产业各方向营业收入总值对比

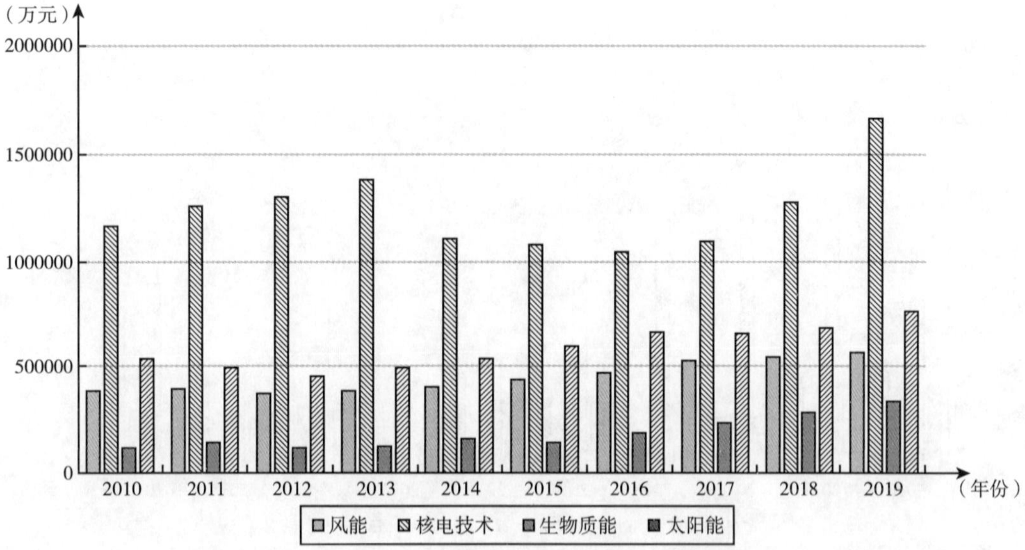

图 2.54　2010～2019 年新能源产业各方向营业收入均值对比

（2）利润。

2010～2019 年新能源产业各方向利润总值和平均值对比如图 2.55 和图 2.56 所示，总体上新能源产业不同方向利润总额差异较大，年际变动明显。

具体来看，从利润总值对比上可以看出，太阳能方向的利润总值一直处于领先地位，前两年保持基本稳定趋势，2012 年、2013 年骤降至负值，2014 年急剧回升，2018 年出现短暂下降之后在 2019 年达到最大值，利润总额超过了 239 亿元；风能方向总体波动较大，2012 年、2013 年出现下降，2014 年出现上升之后又开始下降，在 2019 年出现负值，整体年均增速为 -162.38%；核电技术从总体上看呈现下降趋势，2016 年一度达到负值，年均

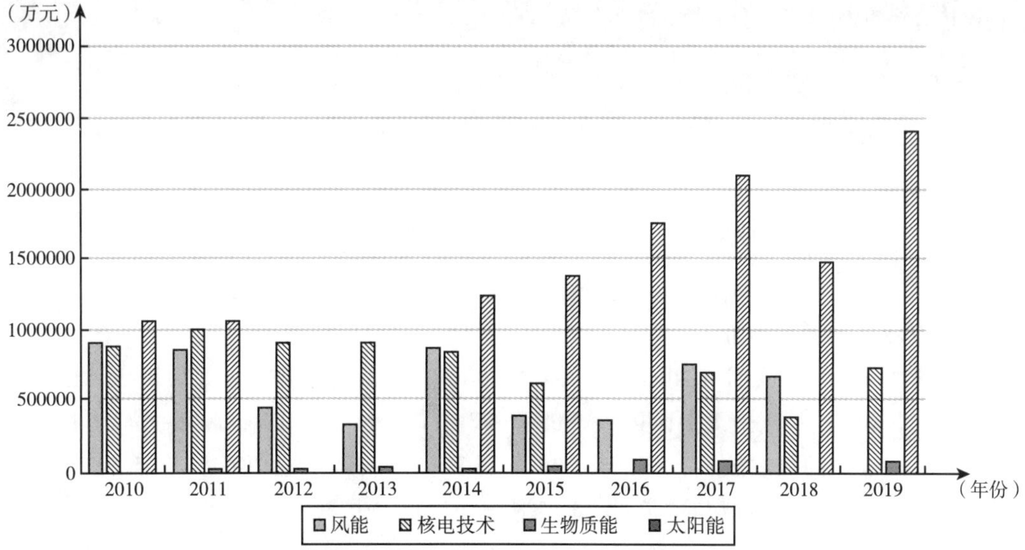

图 2.55　2010～2019 年新能源产业各方向利润总值对比

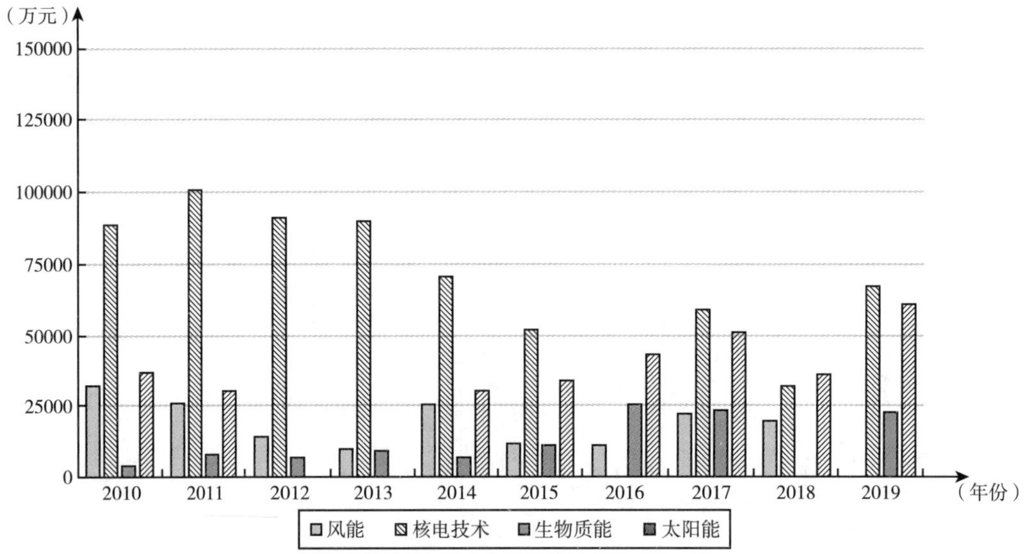

图 2.56　2010～2019 年新能源产业各方向利润均值对比

增速为 -2.05%；生物质能方向总体较少，上下波动明显，2018 年为负值，2019 年回升到超过 6 亿元。

考虑到各产业方向上公司数量得到 2010～2019 年新能源产业各方向利润均值的变化，与总值存在较大的差异。核电技术整体较高，总体呈下降趋势，2016 年甚至跌落负值，2018 年出现短暂下降后，2019 年有所上升，年均增速为 -3.04%；太阳能方向整体上升但整体波动较大，2013 年为负值，之后出现上升，2019 年达到的最大值，利润均值为 5 亿元，整体年均增长速度为 5.70%；风能方面整体呈下降趋势起伏波动较大，2019 年为 -367 万元，整体年均增速为 -160.85%；生物质能方向除了 2018 年骤降至负值外，整体为上升趋势，2019 年利润均值超过 2 亿元，年均增速为 20.67%。

八、新材料产业及其子产业发展情况

（一）新材料产业及其子产业整体建设情况

（1）产业园区类型分布。

新材料产业园区类型分布如图 2.57 所示。其中，经济技术开发区数量最多，达到 749 个，占比 51.23%；其次是工业园区，数量为 402 个，占比 27.50%；高新技术产业开发区和其他类型开发区的数量较多，分别为 139 个和 82 个，分别占比 9.51% 和 5.61%；产业聚集区、海关特殊监管区域和边境/跨境经济合作区的数量较少，分别为 46 个、26 个和 10 个，分别占比 3.14%、1.78% 和 0.68%；数量最少的是示范园区，有 8 个，占比 0.55%。

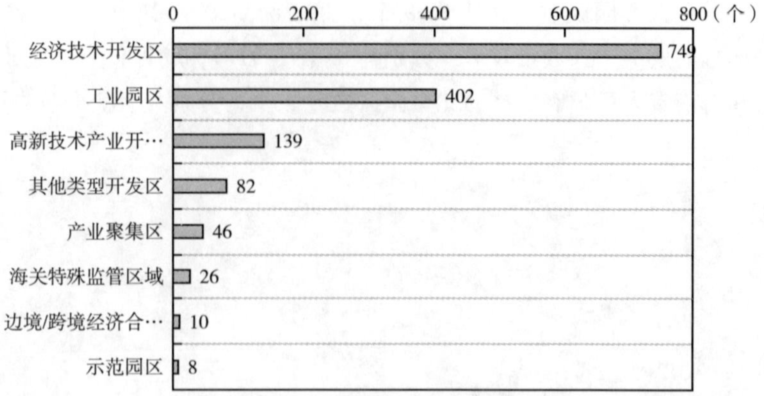

图 2.57　新材料产业园区类型分布

（2）产业园区批准年份分布。

新材料产业园区批准年份分布如图 2.58 所示。从单个年份来看，2006 年此类园区的批准数量最多，有 378 个，占比 25.78%，远远多于其他年份；1992 年、2010 年、2011 年和 2012 年的批准数量较多，分别为 92 个、144 个、109 个和 160 个；1985 年、1986 年、1987 年和 2018 年没有批准此类园区。从阶段上看，1984～1991 年批准的新材料产业园区数量较少但走势相对平稳，这一阶段共计批准 24 个，合计占比 1.64%；1992～2002 年批准的数量整体分布呈下降趋势，这一阶段共计批准 299 个，合计占比 20.39%；2003～2018 年批准的数量较多但波动较大，这一阶段共计批准 1143 个，合计占比 77.97%。总体来看，新材料产业园区的批准年份主要集中在 2003～2018 年。

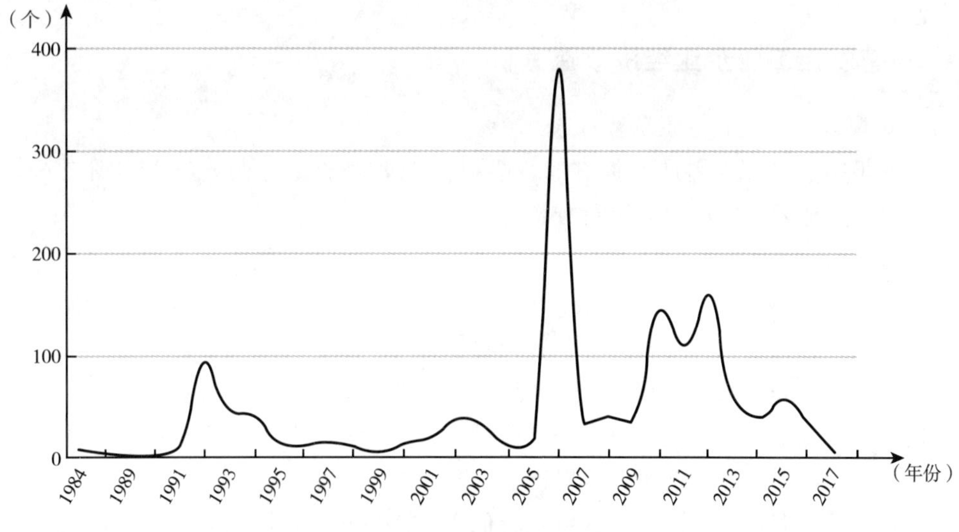

图 2.58　新材料产业园区批准年份分布

（3）产业园区批准单位分布。

新材料产业园区批准单位分布如图 2.59 所示。在各个批准单位中，国务院批准的新材料产业园区数量最多，达到 227 个，占比 15.48%。除国务院外的批准单位（即省级人民政府和自治区）批准的此类园区数量共计1239个，占比84.52%。其中，山东省、河北省和四川省人民政府批准的此类园区数量较多，分别为95个、91个和81个；宁夏回族自治区、北京市人民政府和海南省人民政府批准的此类园区数量较少，分别只有7个、4个和1个。

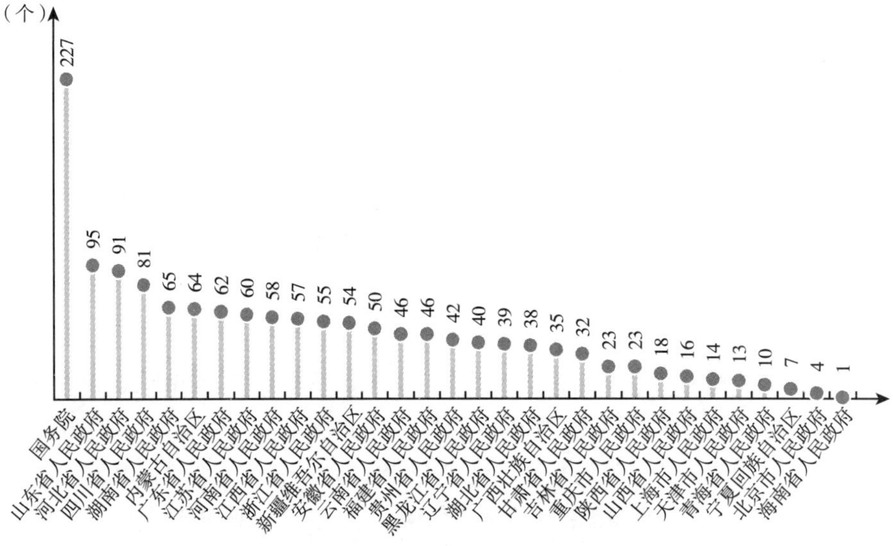

图2.59　新材料产业园区批准单位分布

（二）新材料产业及其子产业经济效益分析

1. 规模以上工业企业经济效益分析

（1）规模以上工业企业主营业务收入。

2012～2016年各新材料产业拥有的规模以上工业企业主营业务收入如图2.60所示，本章从年份和产业两个方面对此进行分析。

从年份上看，各新材料产业拥有的规模以上工业企业主营业务收入差距较大。2012～2016年，每年各产业拥有的规模以上工业企业主营业务收入按照由多到少进行排列得出的顺序都相同，为：先进结构材料产业、新型功能材料产业、高性能复合材料产业、前沿新材料产业。其中，先进结构材料产业和新型功能材料产业规模以上工业企业主营业务收入最高，远远超过其他产业，尤其是先进结构材料产业，其主营业务收入占每年总数超过五成；高性能复合材料产业和前沿新材料产业规模以上工业企业主营业务收入较少；尤其是前沿新材料产业主营业务收入一直保持在较低水平，各年平均收入在41.75亿元，远远小于新型功能材料产业、先进结构材料产业和高性能复合材料产业。

从产业上看，2012～2016年，新型功能材料产业和高性能复合材料产业规模以上工业企业主营业务收入都呈现出逐年上升的趋势。其中，新型功能材料产业由2012年的72581亿元上升至2016年的97369亿元，年均增长率为7.68%；高性能复合材料产业主营业务收入由

2012 年的 16671 亿元上升至 2016 年的 19718 亿元，年均增长率为 5.96%，2014 年增长率最低，仅为 0.47%。先进结构材料产业和前沿新材料产业的规模以上工业企业主营业务收入呈波动趋势。其中，先进结构材料产业 2015 年出现一次下降，降至 134687 亿元，年均增长率为 2.55%。前沿新材料产业 2013 年和 2015 年出现两次下降，2013 年由 2012 年 37 亿元降至 35 亿元，2015 年由 2014 年的 45 亿元降至 42 亿元，这两年增长率都约为 -5.75，前沿新材料产业年均增长率为 6.42%。综上所述，5 年间各类新材料产业拥有的规模以上工业企业主营业务收入走势相对平稳且总体上都有所上升，各年的数量差距较小。

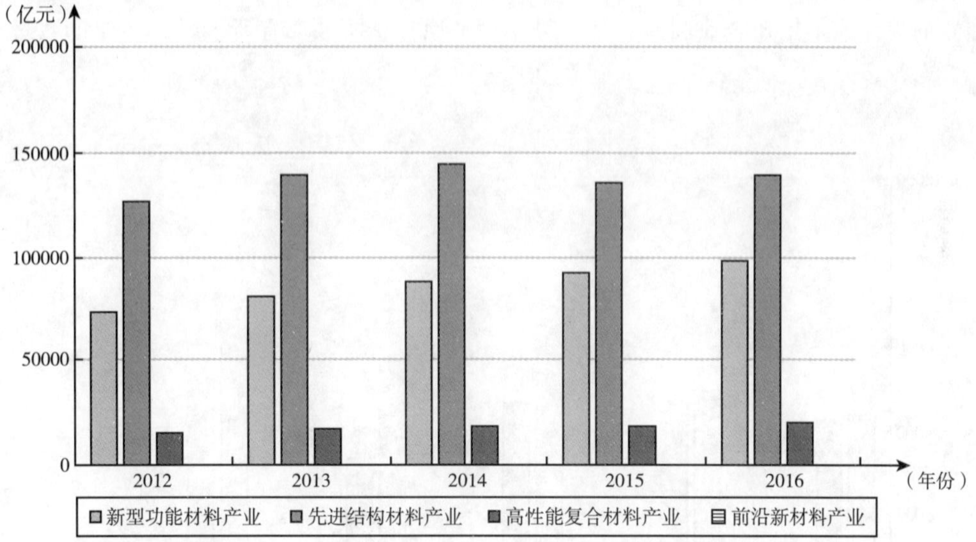

图 2.60 新材料产业规模以上工业企业主营业务收入

（2）规模以上工业企业利润总额。

2012 ~ 2016 年各新材料产业拥有的规模以上工业企业利润总额如图 2.61 所示，本章从年份和产业两个方面对此进行分析。

从年份上看，各新材料产业拥有的规模以上工业企业利润总额差距较大。2012 ~ 2016 年，每年各产业拥有的规模以上工业企业利润总额按照由多到少进行排列得出的顺序都相同，为：新型功能材料产业、先进结构材料产业、高性能复合材料产业、前沿新材料产业。其中，新型功能材料产业和先进结构材料产业规模以上工业企业利润总额最高，远远超过其他产业。新型功能材料产业利润总额约占每年总数的四成，先进结构材料产业约占每年总数三五成，2012 年和 2013 年两者利润总额占总数比相近，2013 ~ 2016 年，新型功能材料产业利润总额占比明显大幅度提升，新型功能材料产业和先进结构材料产业利润总额差距逐渐明显；高性能复合材料产业和前沿新材料产业规模以上工业企业利润总额较少；尤其是前沿新材料产业利润总额一直保持在较低水平，各年平均利润在 2.64 亿元，远远小于新型功能材料产业、先进结构材料产业和高性能复合材料产业。

从产业上看，2012 ~ 2016 年，新型功能材料产业规模以上工业企业利润总额都呈现出逐年上升的趋势。由 2012 年的 4354 亿元上升至 2016 年的 6414 亿元，年均增长率为

10.23%。先进结构材料产业和高性能复合材料产业利润总额在5年间呈现出先降低再增加的趋势。其中，先进结构材料产业2013～2015年逐年递减，2015年利润最低，仅为3336亿元，2016年利润总额大幅增加，达到5182亿元，年均增长率为9.24%；高性能复合材料产业2012～2014年逐年递减，2014年利润最低，仅为763亿元，2015～2016年利润总额大幅增加，达到1077亿元，年均增长率为8.36%。前沿新材料产业的规模以上工业企业利润总额呈波动趋势，2013年和2015年出现两次下降，2013年由2012年2.6亿元降至1.3亿元，2015年由2014年的3.1亿元降至2.5亿元，这两年增长率约为-49.6%和-18.3%，前沿新材料产业利润年均增长率为27.3%。综上所述，5年间各类新材料产业拥有的规模以上工业企业利润总额走势相对平稳且总体上都有所上升，各年的数量差距较小。

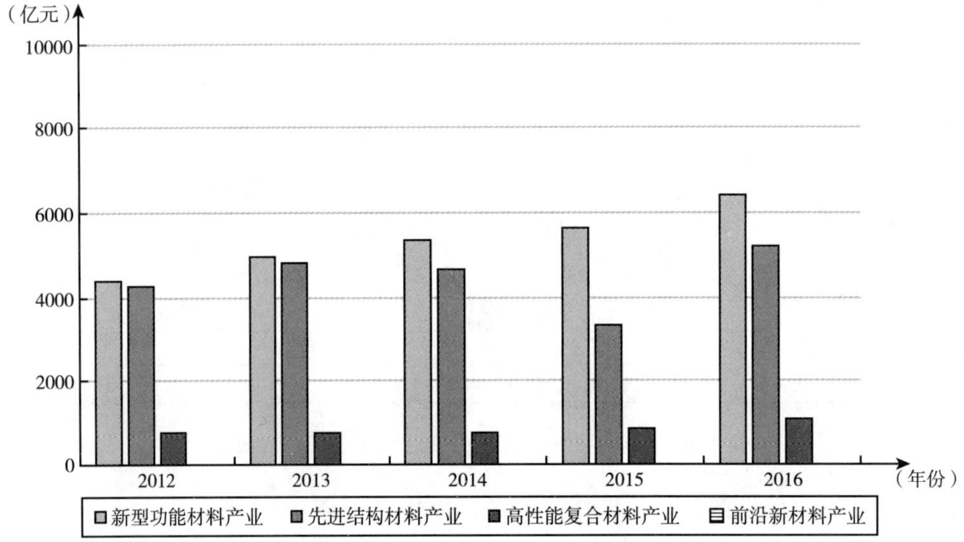

图2.61　新材料产业规模以上工业企业利润总额

2. 上市公司经济效益分析

（1）营业收入。

2010～2019年新材料产业各方向营业收入总值和平均值对比如图2.62和图2.63所示，总体上新材料产业不同方向营业收入总额差异较大，整体各方向营业收入值呈上升趋势。

具体来看，从营业总值对比上可以看出，新型功能材料方向的营业总值一直处于领先地位，年均营业总额超过1419亿元，总体上保持着17.59%的年均增长速度上升；先进结构材料方向以年均9.49%的速度增长；高性能复合材料方向总体以19.00%的年均增长速度上升。

考虑到各产业方向上公司数量得到2010～2019年新材料产业各方向营业收入平均值的变化，与总值存在较大的差异，四个方向在营业均值变动上整体波动趋势相似。高性能复合材料整体上升趋势明显，年均增速为14.94%；先进材料方面在2015年、2016年略有下降，2017 年开始回升，总体年均速度为 5.16%；新型材料方向总体上升，年均速度为 14.39%。

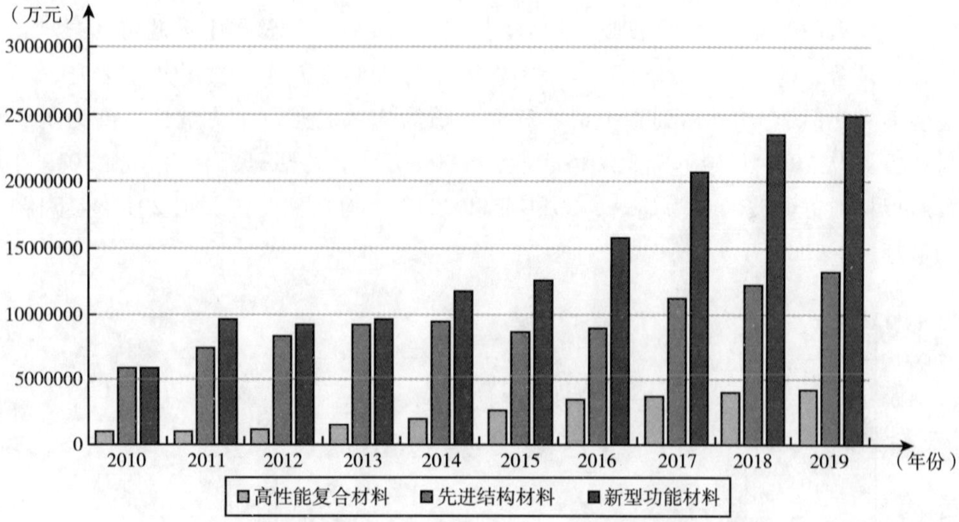

图 2.62 2010 ~ 2019 年新材料产业各方向营业收入总值对比

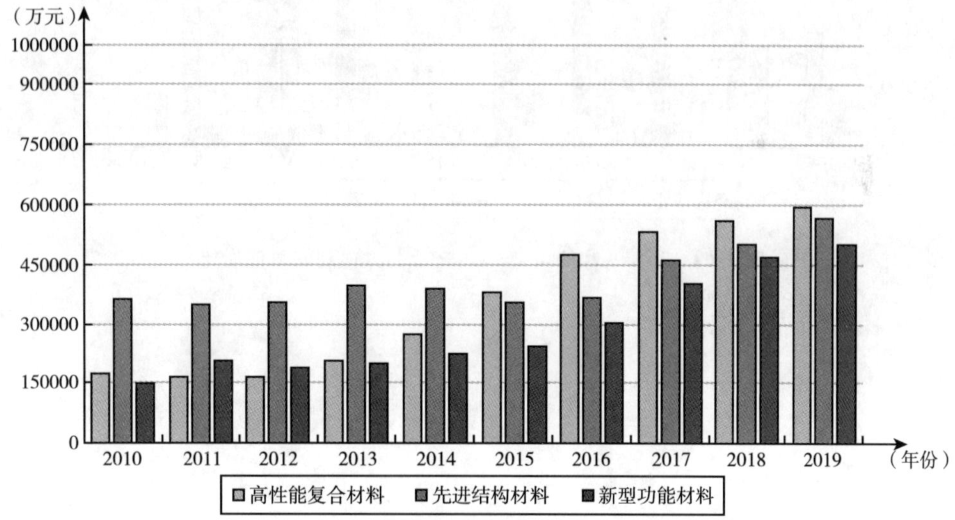

图 2.63 2010 ~ 2019 年新材料产业各方向营业收入均值对比

（2）利润。

2010 ~ 2019 年新材料产业各方向利润总值和平均值对比如图 2.64 和图 2.65 所示，总体上新材料产业不同方向利润额差异较大，整体各方向利润额波动较大。

具体来看，从利润总额对比上可以看出，新型功能材料方向的利润总额一直处于领先地位，但是整体波动较为明显呈现双峰变动，2011 年和 2017 年分别达到最值，2019 年下降超过 21 亿元；先进结构材料前期上升在 2013 年开始下降至 2015 年达到近 -5 亿元，之后开始上升，但在 2018 年、2019 年又出现了下降最后为 -10 亿元；高性能复合材料方向前期下降较为明显，总体上以 15.44% 的年均增长速度上升。

考虑到各产业方向上公司数量得到 2010～2019 年新材料产业各方向利润均值的变化，与总值存在较大的差异，负值出现较为明显。高性能复合材料整体上升趋势明显，但上下波动也较为显著，前三年持续下降，至 2012 年达到 -9000 万元，之后开始上升，2018 年出现短暂下降之后 2019 年达到最大值，利润均值为 3.7 亿元，年均增长速度为 11.20%；先进材料方面从 2013 开始下降，2015 年为 -2000 万元，之后开始回升但在 2019 年略有下降；新型材料方向波动更为显著，2011 年和 2017 年均达到峰值，但 2019 年下降明显，利润均值超过 -4000 万元。

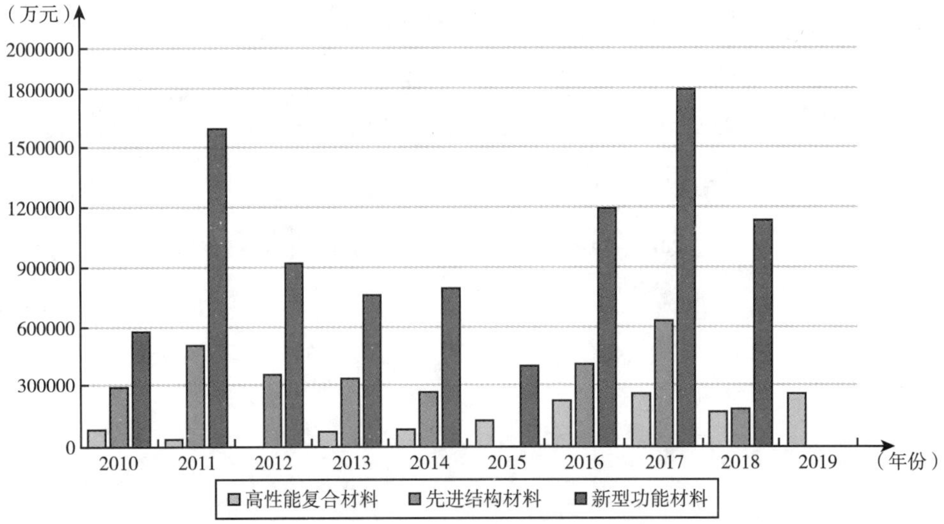

图 2.64　2010～2019 年新材料产业各方向利润总值对比

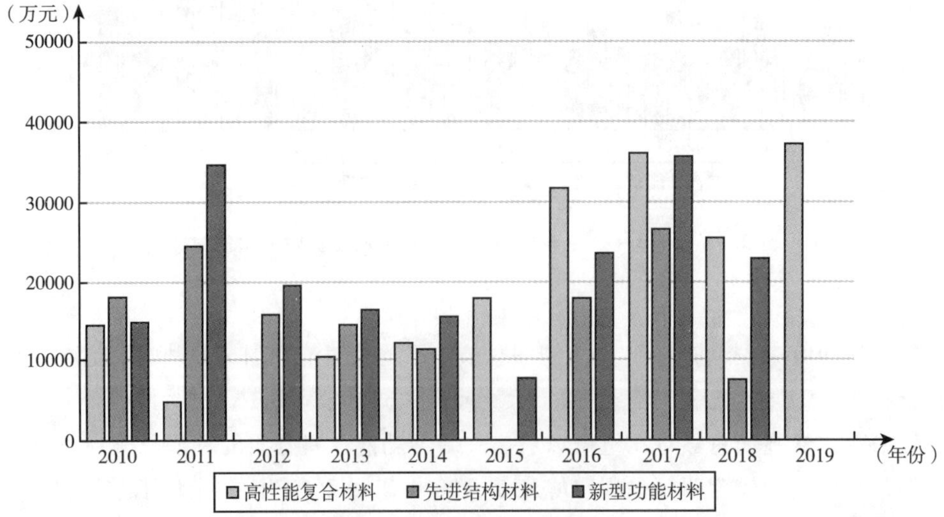

图 2.65　2010～2019 年新材料产业各方向利润均值对比

九、新能源汽车产业及其子产业发展情况

（一）新能源汽车产业及其子产业整体建设情况

（1）产业园区类型分布。

产业园区可分为七大类别，分别是：经济技术开发区、工业园区、高新技术产业开发区、海关特殊监管区、其他类型开发区、产业聚集区、边境/跨境经济合作区。其中，经济技术开发区数量最多，达到168个，占比61.54%；其次是工业园区，数量为46个，占比16.85%；高新技术产业开发区、海关特殊监管区、其他类型开发区、产业聚集区的数量分别为33个、9个、8个和8个，分别占比12.09%、3.30%、2.93%和2.93%；边境/跨境经济合作区数量较少，为1个，占比0.37%（见图2.66）。

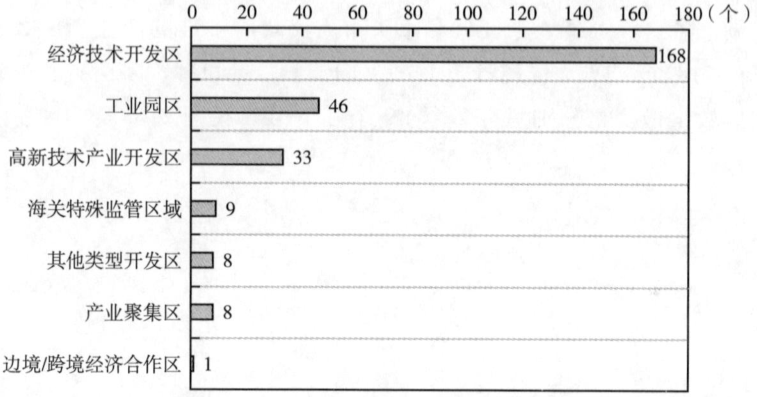

图2.66　新能源汽车产业园区类型分布

（2）产业园区批准年份分布。

产业园区批准年份分布如图2.67所示，各年产业园区的批准数量整体呈上升趋势。从单个年份来看，2006年产业园区的批准数量最多，达到66个，占比24%，远远高于其他年份；1992年、2010年、2011年、2012年和2015年的批准数量较多，分别为26个、32个、14个、17个和15个；其余年份的产业园区批准数量都少于14个，1985年、1986年、1987年、1988年、1989年、1990年和1999年没有批准产业园区。从阶段上看，1984~1991年批准的产业园区数量较少，共为9个，合计占比3.27%；1992~2002年批准的产业园区数量为90个，合计占比32.73%；2003~2017年批准的产业园区数量较多，共有176个，合计占比64%。总体来说，1984~2002年产业园区批准数量的走势相对平稳，2003~2017年产业园区批准数量的波动较大，产业园区的批准年份主要集中在2003~2017年。

（3）产业园区批准单位分布。

产业园区的批准单位有国务院、各省级人民政府和自治区。在各个批准单位中，国务院批准的产业园区数量最多，达到88个，占比32%。除国务院以外的批准单位（即省级

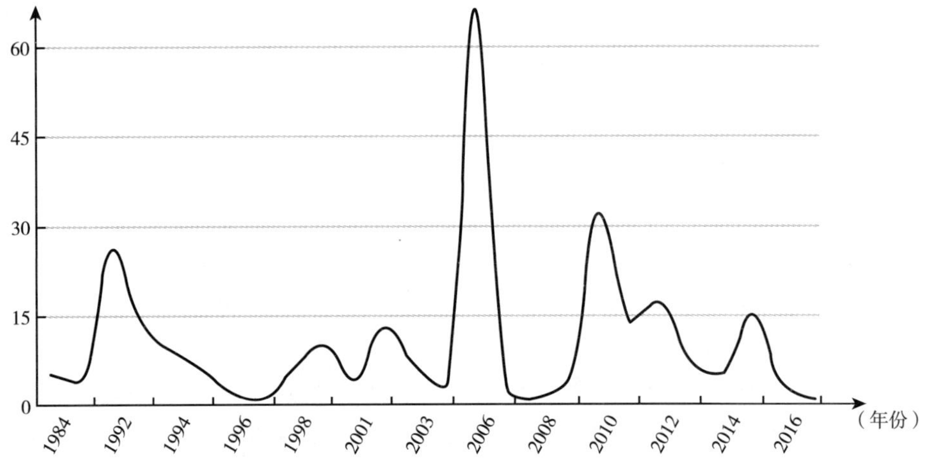

图 2.67　新能源汽车产业园区批准年份分布

人民政府和自治区）批准的产业园区数量合计 187 个，占比 68%。其中，河北省、山东省、安徽省、湖北省、江苏省、浙江省和重庆市人民政府批准的产业园区数量较多，分别为 88 个、21 个、18 个、17 个、15 个、14 个和 13 个；贵州省、陕西省和福建省人民政府批准的产业园区数量最少，分别只有 2 个、2 个和 1 个（见图 2.68）。

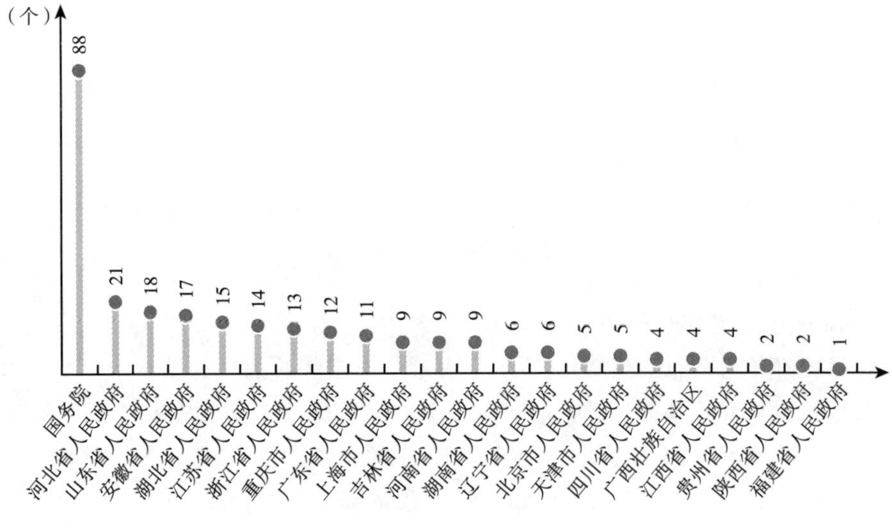

图 2.68　新能源汽车产业园区批准单位分布

（二）新能源汽车产业及其子产业经济效益分析

1. 规模以上工业企业经济效益分析

（1）规模以上工业企业主营业务收入。

2012～2016 年各新能源汽车产业拥有的规模以上工业企业主营业务收入如图 2.69 所

示，本章从年份和产业两个方面对此进行分析。

从年份上看，各新能源汽车产业拥有的规模以上工业企业主营业务收入差距较大。2012～2016年，每年各产业拥有的规模以上工业企业主营业务收入按照由多到少进行排列得出的顺序都相同，为：新能源汽车装置、配件制造、新能源汽车整车制造、新能源汽车相关设施及服务产业。其中，新能源汽车装置、配件制造产业规模以上工业企业主营业务收入最高，远远超过其他产业，尤其是先进结构材料产业，其主营业务收入占每年总数将近五成；新能源汽车整车制造产业规模以上工业企业主营业务收入紧随其后，均值在32837亿元；新能源汽车相关设施及服务产业主营业务收入一直保持在较低水平，各年平均收入在10196亿元，远远小于新能源汽车装置、配件制造、新能源汽车整车制造产业。

从产业上看，2012～2016年，新能源汽车装置、配件制造、新能源汽车整车制造、新能源汽车相关设施及服务产业规模以上工业企业主营业务收入都呈现出逐年上升的趋势。其中，新能源汽车装置、配件制造产业由2012年的33124亿元上升至2016年的51052亿元，年均增长率为11.43%；新能源汽车整车制造产业主营业务收入由2012年的25194亿元上升至2016年的39826亿元，年均增长率为12.38%，2015年增长率最低，仅为0.41%；新能源汽车相关设施及服务产业主营业务收入由2012年的8232亿元上升至2016年的11711亿元，年均增长率为9.33%。综上所述，5年间各类新能源汽车产业拥有的规模以上工业企业主营业务收入走势相对平稳且总体上都有所上升，各年的数量差距较小。

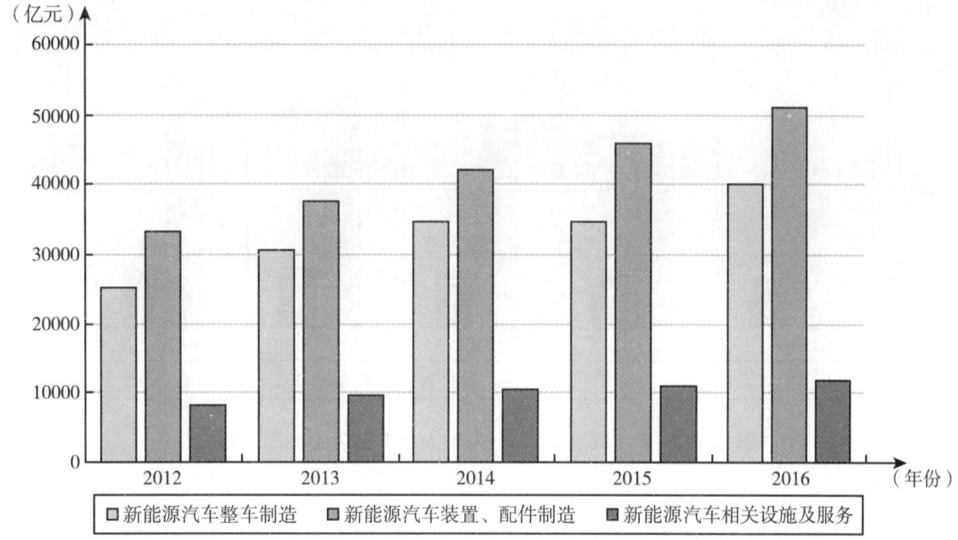

图2.69　新能源汽车产业规模以上工业企业主营业务收入

（2）规模以上工业企业利润总额。

2012～2016年各新能源汽车产业拥有的规模以上工业企业利润总额如图2.70所示，本章从年份和产业两个方面对此进行分析。

从年份上看，各新能源汽车产业拥有的规模以上工业企业利润总额差距较大。2012～

2016 年，每年各产业拥有的规模以上工业企业利润总额按照由多到少进行排列得出的顺序都相同，为：新能源汽车整车制造、新能源汽车装置、配件制造、新能源汽车相关设施及服务产业。其中，新能源汽车整车制造产业规模以上工业企业利润总额最高，占每年总数的四五成；新能源汽车装置、配件制造产业约占每年总数四成，2015 年和 2016 年两者利润总额占总数比相近；新能源汽车相关设施及服务产业规模以上工业企业利润总额较少，一直保持在较低水平，各年平均利润在 811 亿元，占每年总数仅一成左右，远远小于新能源汽车整车制造、新能源汽车装置、配件制造产业。

从产业上看，2012 ~ 2016 年，新能源汽车装置、配件制造、新能源汽车相关设施及服务产业规模以上工业企业利润总额都呈现出逐年上升的趋势，其中，新能源汽车装置、配件制造产业由 2012 年的 2294 亿元上升至 2016 年的 2972 亿元，年均增长率为 12.81%；新能源汽车相关设施及服务产业由 2012 年的 667 亿元上升至 2016 年的 811 亿元，年均增长率为 8.20%。新能源汽车整车制造产业利润总额在 5 年间呈现出波动趋势，2012 ~ 2014 年逐年递增，2015 利润减少至 3471 亿元，2016 年利润总额大幅增加，达到 3745 亿元，年均增长率为 11.41%。综上所述，5 年间各类新能源汽车产业拥有的规模以上工业企业利润总额走势相对平稳且总体上都有所上升，各年的数量差距较小。

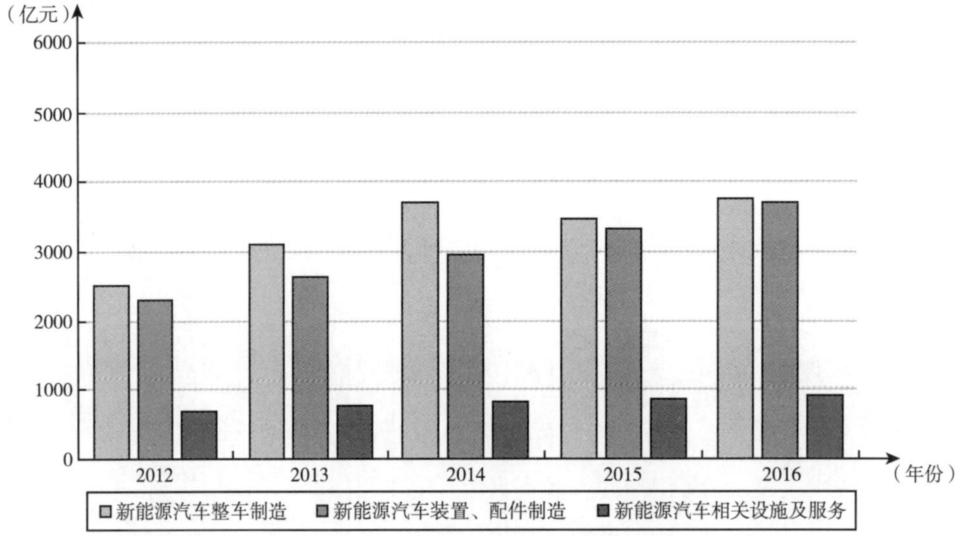

图 2.70　新能源汽车产业规模以上工业企业利润总额

2. 上市公司经济效益分析

（1）营业收入。

2010 ~ 2019 年新能源汽车产业新能源汽车方向营业收入总值和平均值如图 2.71 和图 2.72 所示。营业收入总值总体上呈现上升趋势，2019 年略有下降，年均增长速度为 18.90%，在营业收入均值方面，与总值变动程度基本相同，除 2019 年出现了下降，整体上以 15.99% 的速度增长。

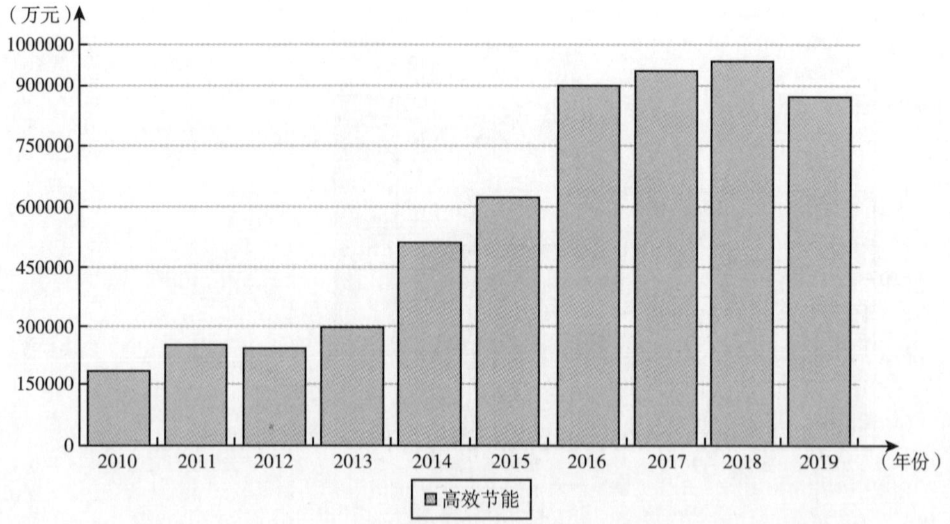

图 2.71　2010～2019 年新能源汽车产业各方向营业收入总值对比

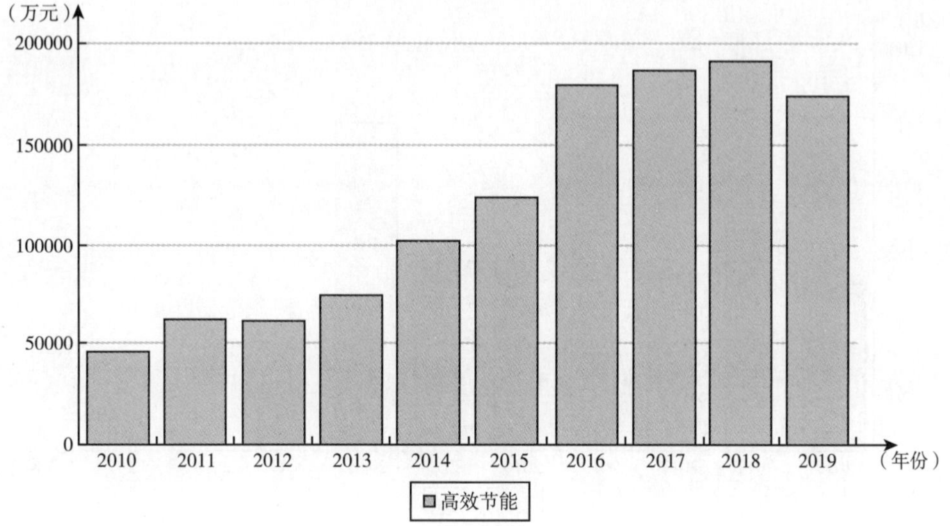

图 2.72　2010～2019 年新能源汽车产业各方向营业收入均值对比

（2）利润。

2010～2019 年新能源汽车产业新能源汽车方向利润总值和平均值如图 2.73 和图 2.74 所示。利润总值总体上波动较为明显，2015 年以前除 2013 年出现了短暂的下降，整体上保持了 11.84%的年均增速，2016 年急剧增加但在 2017 年出现了骤降，之后的 2018 年、2019 年均为负值，超过了 -10 亿元。在利润均值方面，与总值变动程度基本相同，在 2018 年、2019 年出现骤降之后。利润均值下降超过了 -2 亿元。

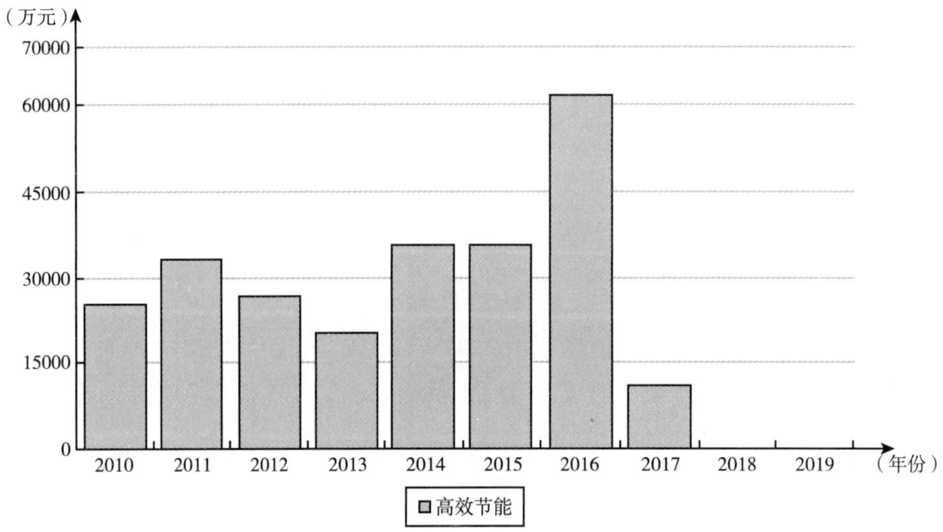

图 2.73　2010～2019 年新能源汽车产业各方向利润总值对比

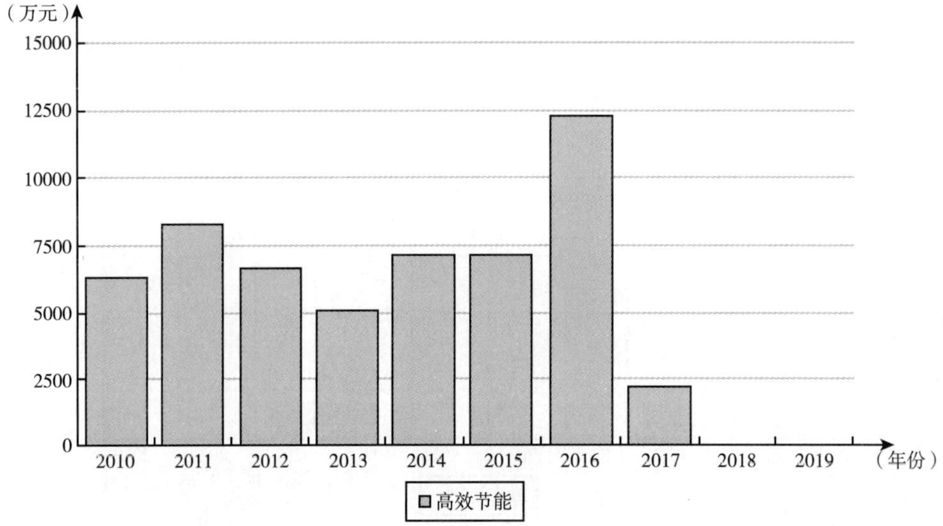

图 2.74　2010～2019 年新能源汽车产业各方向利润均值对比

十、小结

本章从数据搜集说明、战略性新兴产业整体发展情况以及七大产业发展情况三个角度对战略性新兴产业经济层面发展现状进行分析。

第一部分，本章的数据来源主要是战略性新兴产业专业知识服务系统、《中国工业统计年鉴》以及国泰安数据库。

第二部分，在对战略性新兴产业整体发展情况介绍方面，主要从战略性新兴产业整体建设概况及其整体经济效益分析两大角度展开。在整体建设概况方面主要分析了产业园区建设和重点企业建设状况，具体得到以下结论：在产业园区领域分布上，新材料产业的产业园区数量最多，达到 1466 个；其次为高端装备制造产业（1296 个）、生物产业（1177 个）、新一代信息技术产业（646 个）、数字创意产业（625 个）、新能源产业（327 个）、新能源汽车产业（275 个），数量最少的是节能环保产业，其产业园区的数量为 105 个；在产业园区类型分布上，战略性新兴产业的产业园区可分为八大类别，分别是：经济技术开发区、工业园区、高新技术产业开发区、海关特殊监管区、产业聚集区、边境/跨境经济合作区、示范园区和其他类型开发区，其中，经济技术开发区数量最多；在批准年份分布上，各年产业园区的批准数量整体呈上升趋势，特别是在 2010 年政府颁布《国务院关于加快培育和发展战略性新兴产业的决定》后的几年，产业园区的批准数量均较多；在批准单位分布情况上，在各个批准单位中，国务院批准的产业园区数量最多。重点企业建设方面重点分析了其领域分布，新一代信息技术产业中的重点企业数量最多（195 个），然后是相关服务业（169 个）、高端装备制造产业（73 个）、新材料产业（61 个）、新能源产业（9 个）、生物产业（5 个）、节能环保产业和数字创意产业包含的重点企业数量相等且最少，都为 3 个。战略性新兴产业整体经济效益从规模以上工业企业经济效益和上市公司经济效益两个角度进行分析，在规模以上工业企业经济效益方面统计了 2012 ~ 2016 年战略性新兴产业规模以上工业企业主营业务收入以及利润总额两个方面的年际变动和产业排名情况，从年份上看，各战略性新兴产业拥有的规模以上各项指标差距较大，节能环保产业在两个方面经济效益均处于第一位且远远高于其他产业，其他各产业的排名存在年际波动，从产业上看，2012 ~ 2016 年，各产业年际增长趋势不同，增速差异明显；在上市公司经济效益方面，对比了 2010 ~ 2019 年上市公司七大产业在营业收入和利润两个方面的总值和均值的年际波动状况和产业对比情况，各产业在两个指标上的总值和均值的对比上均存在明显差异。

在介绍七大产业发展情况部分，介绍了各产业及其子产业整体建设概况及其整体经济效益这两个方面。从产业园建设方面分析了该产业整体建设概况，七大产业的产业园区的类型分布中经济技术开发区数量最多，具体来看产业园区批准年份分布情况：对于节能环保产业，产业园区批准数量的年际波动比较大；对于新一代信息技术产业，产业园区的批准年份主要集中在 2003 ~ 2018 年；生物产业方面，各年产业园区的批准数量整体呈上升趋势；对于高端装备制造产业，批准年份主要集中在 2003 ~ 2018 年；对于新能源产业，各年产业园区的数量整体上呈上升趋势；新材料产业方面，新材料产业园区的批准年份主要集中在 2003 ~ 2018 年；对于新能源汽车产业，各年产业园区的批准数量整体呈上升趋势。七大产业及其子产业经济效益主要从规模以上工业企业经济效益和上市公司经济效益两个角度进行分析，在规模以上工业企业经济效益方面，统计了 2012 ~ 2016 年七大产业各子产业规模以上工业企业主营业务收入以及利润总额两个方面的年际变动和子产业排名情况，七大产业各子产业在以上两个指标中从年际变化和产业结构两个角度来看均存在明显的差异。在七大产业的上市公司经济效益方面，对比了 2010 ~ 2019 年上市公司子产业在营业收入、利润两大方面的总值和均值的年际波动状况和绝对值对比情况，七大产业下各子产业在以上两个方面的总值和均值均存在明显的年际变动与产业结构波动。

第三章　战略性新兴产业创新发展现状

战略性新兴产业是我国追赶发达国家、应对国际竞争、在产业链分工体系中争抢制高点的重要国家战略，也是我国成为世界创新中心的关键。《“十二五”国家战略性新兴产业发展规划》确定了七大新兴产业及其重点发展方向后，中央及各级地方政府相继出台有关产业政策，包括创新补贴、税收优惠、强化人才培养与引进等政策，极大地激励了企业、高等院校以及科研机构创新的积极性。随着战略性新兴产业的不断推进，逐渐形成以企业为主体、市场为导向、产学研相结合的技术创新体系。

一、数据搜集说明

本章重点对战略性新兴产业的创新现状进行详细阐述，数据来源主要有四个：《战略性新兴产业发明专利统计分析总报告》、中国知网（CNKI）数据库、Web of Science 数据库、国泰安（CSMAR）数据库。

《战略性新兴产业发明专利统计分析总报告》提供了有关战略性新兴产业企业专利数据，包括专利申请总量、发明专利申请量、绿色发明专利授权量以及绿色实用新型专利授权量。

中国知网（CNKI）数据库提供中文论文数据。本部分根据《战略性新兴产业重点产品和服务指导目录》(2013 版、2016 版）确定七大新兴产业发展方向以及选取能够代表其产业特征的主题词作为搜索词，来检索出各个产业的中文社会科学引文索引（CSSCI）发文信息和中国科学引文数据库（CSCD）发文信息。用同样的检索方式，基于英文检索词，Web of Science 数据库提供了各个产业 SCI 论文和 SSCI 发文信息。

国泰安数据库为本章提供了战略性新兴产业上市公司与企业创新有关的基本信息和财务数据。

二、战略性新兴产业专利总体情况

本节从战略性新兴产业专利总体概况及七大战略性新兴产业专利授权情况进行分析，在专利总体概况方面主要分析了全国层面战略性新兴产业专利授权总量、全国层面分产业专利授权情况以及分省战略性新兴产业专利授权总量情况；七大战略性新兴产业专利授权情况包括节能环保产业专利授权情况、新一代信息技术产业专利授权情况、生物产业专利授权情况、高端装备制造业专利授权情况、新能源产业专利授权情况、新材料产业专利授权情况以及新能源汽车产业专利授权情况，从2011～2014年对各个战略性新兴产业各年在各个省份的专利授权量进行统计分析。专利数据主要来自历年《战略性新兴产业发明专利统计分析总报告》。

（一）战略性新兴产业专利总体概况

1. 全国层面战略性新兴产业专利授权总量

根据全国战略性新兴产业各年发明专利授权量情况，绘制发明专利授权时间趋势图。从图3.1可以看出，从2008～2016年随着年份的增加，我国全国战略性新兴产业发明专利授权总量总体来看呈逐年上升趋势。其中，2008～2009年授权总量增长率最高，达到135.66%。2009～2010年增长率最低，仅为－0.83%，呈负增长趋势。除2010年、2013年、2014年增长量较少，大多数年份的增长量较高，增长率均超过20%。

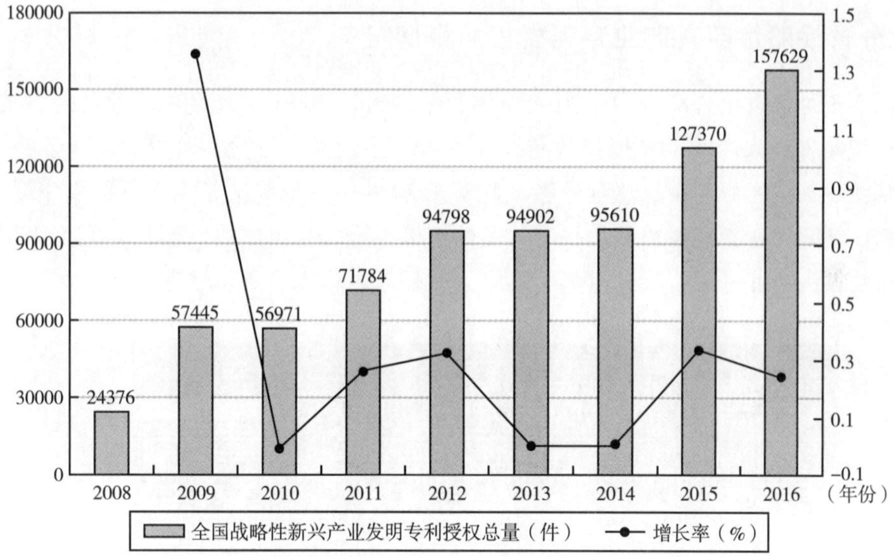

图3.1 全国战略性新兴产业发明专利授权情况

2. 全国层面分产业专利授权情况

我国战略性新兴产业的重点方向包括节能环保、新一代信息技术、生物、高端装备制造、新能源、新材料、新能源汽车七个方面。如图3.2所示，从整体上来看，从2008～2014年随着年份的增加我国七个战略性新兴产业专利授权数量存在差异。横向来看，新一代信息技术产业的专利授权数量最多，全部年份专利数量均过万，节能环保、新材料和生物领域被授权专利数量较多，而新能源汽车领域被授权专利数最少，多数年份数目仅在2000以下。纵向来看，每个战略性新兴产业专利授权总量都呈逐年上升趋势。

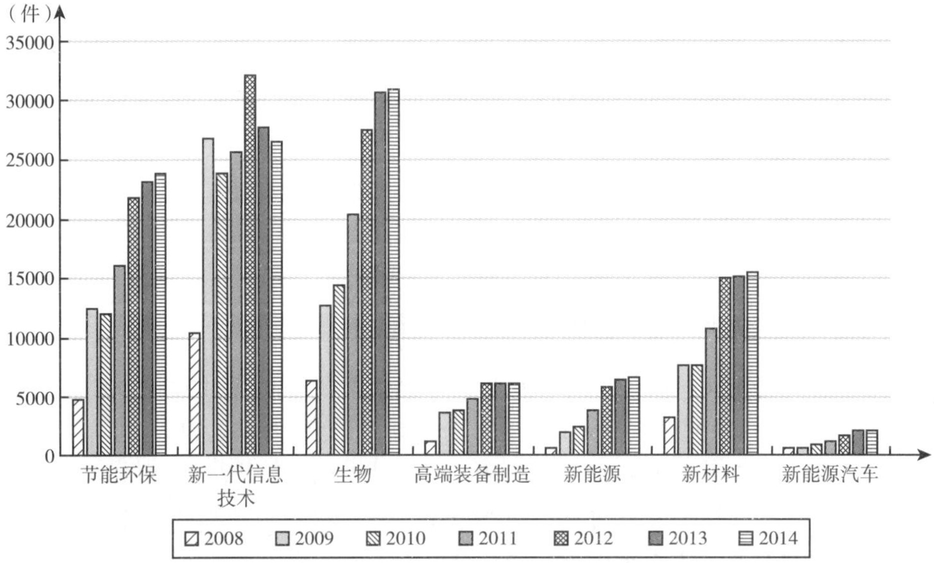

图 3.2　全国层面分产业专利授权情况

3. 分省战略性新兴产业专利授权总量情况

从图 3.3 可以看出，从 2011 ~ 2014 年随着年份的增加我国 31 个省级行政区（港澳台地区除外）战略性新兴产业专利授权数量存在差异。比较各个省份，可以看出，北京、广东、江苏战略性新兴产业专利授权总量较多，北京在 2016 年甚至突破了 7 万件；而宁夏、西藏、青海战略性新兴产业专利授权数量很少，多数年份甚至只有两位数。而从时间上来看，每个省份战略性新兴产业专利授权总量都呈逐年上升趋势，总体的变动趋势差异不大。

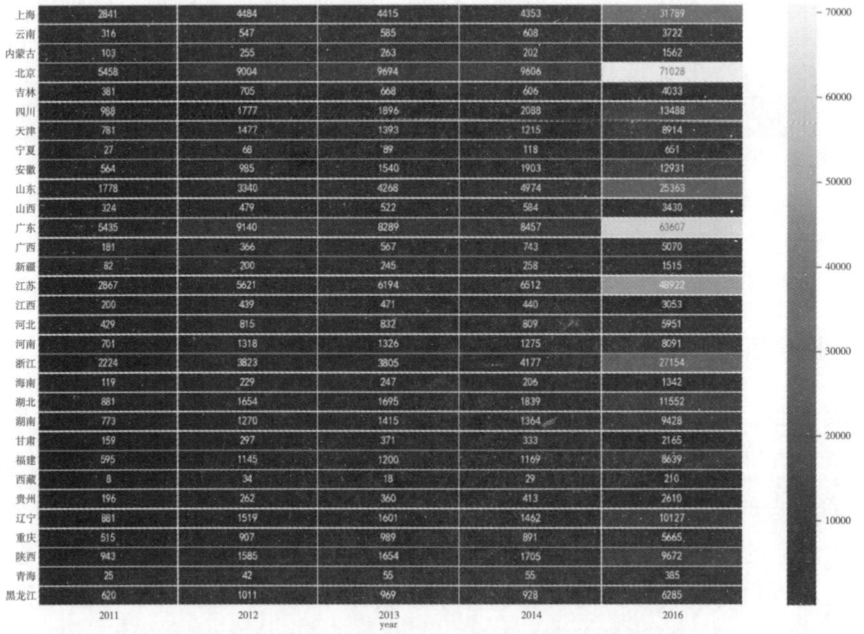

图 3.3　分省战略性新兴产业专利授权总量情况

（二）七大战略性新兴产业专利授权情况

1. 节能环保产业专利授权情况

从图 3.4 可以看出，从 2011 ~2014 年随着年份的增加我国 31 个省级行政区（港澳台地区除外）战略性新兴产业中的节能环保领域专利授权数量存在差异。其中，北京、广东、江苏、浙江和上海被授权专利数量较多，北京市在 2014 年被授权数甚至突破 2000 大关；而内蒙古、宁夏、海南、西藏和青海被授权专利数量很少，全部年份都未突破两位数。从时间上来看大部分省区市节能环保产业专利授权数量都呈逐年上升趋势，但部分省区市如内蒙古、海南、辽宁等在 2014 年出现了数量下降的情况。

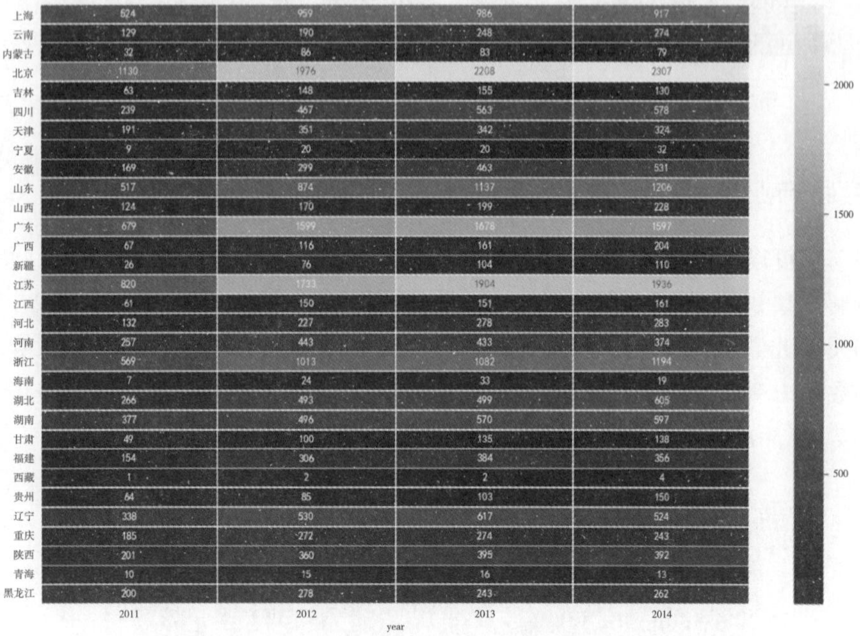

图 3.4 节能环保产业专利授权情况

2. 新一代信息技术产业专利授权情况

从图 3.5 可以看出，从 2011 ~2014 年随着年份的增加我国 31 个省级行政区（港澳台地区除外）战略性新兴产业中的新一代信息技术产业领域专利授权数量存在差异。其中，北京、广东被授权专利数量遥遥领先，上海、江苏、浙江被授权数量较多；而云南、内蒙古、宁夏、新疆、海南、西藏和青海被授权专利数量很少，全部年份被授权数量仅为个位数。从时间上来看，部分省区市的被授权专利数量呈现上升趋势，但多数省区市未呈现出明显的上升下降趋势，存在一定的波动。

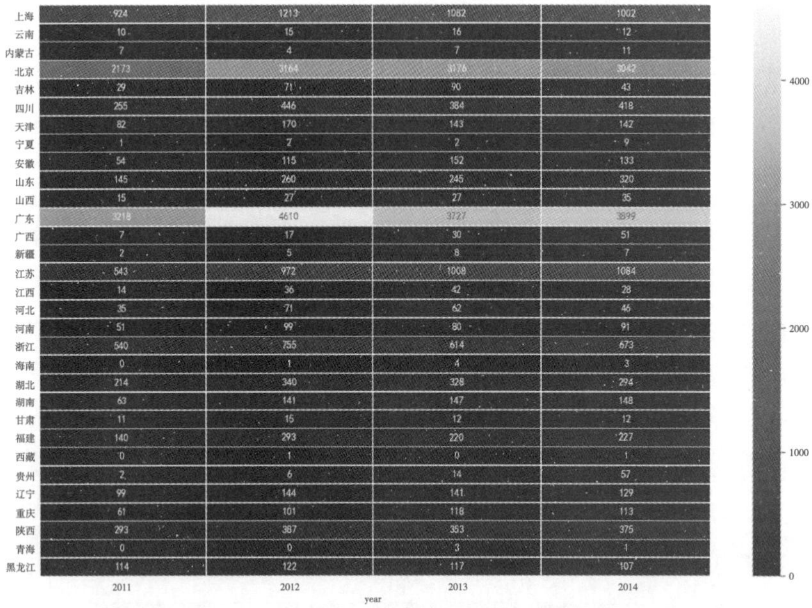

图 3.5　新一代信息技术产业专利授权情况

3. 生物产业专利授权情况

从图 3.6 可以看出，从 2011 ~2014 年随着年份增加我国 31 个省级行政区在生物产业方面的专利授权数量及其变化存在差异。横向来看，北京、上海、山东、广东、江苏、浙江的专利授权数量显著多于其他省区市，而宁夏、西藏、青海各地的专利授权数较少，每年的专利数均未突破三位数。纵向来看，大部分省区市的专利授权数量随年份增加呈现波动上升趋势，部分省区市的专利数量仅呈现波动趋势。

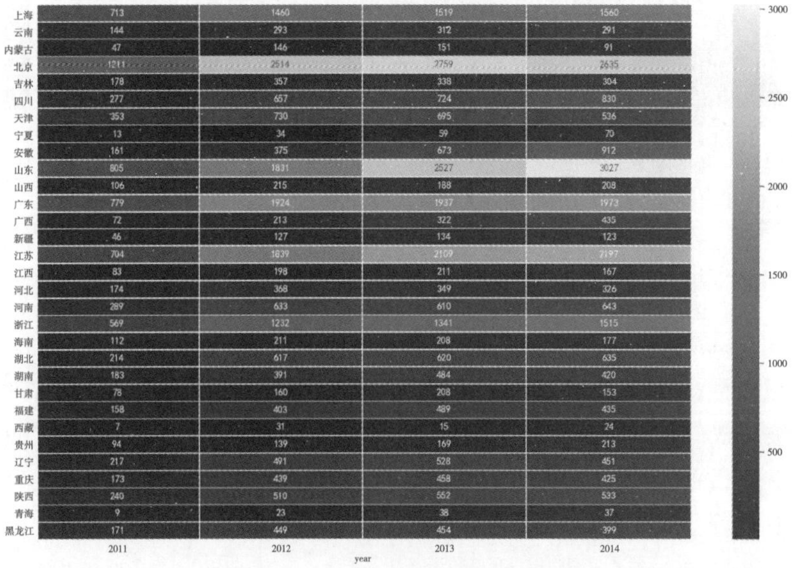

图 3.6　生物产业专利授权情况

4. 高端装备制造业专利授权情况

从图 3.7 可以看出，从 2011 ~ 2014 年随着年份增加我国 31 个省级行政区在高端装备制造产业方面的专利授权数量及其变化存在差异。横向来看，北京、上海、广东、江苏、浙江的专利授权数量显著多于其他省区，而云南、内蒙古、宁夏、广西、新疆、海南、甘肃、西藏、贵州、青海各地的专利授权数较少，许多年份的专利授权数仅为个位数。纵向来看，专利授权数较多的省区的专利授权数量随年份增加呈现波动上升趋势，而专利授权数较少的省区的专利数量仅呈现波动趋势无明显上升或下降趋势。

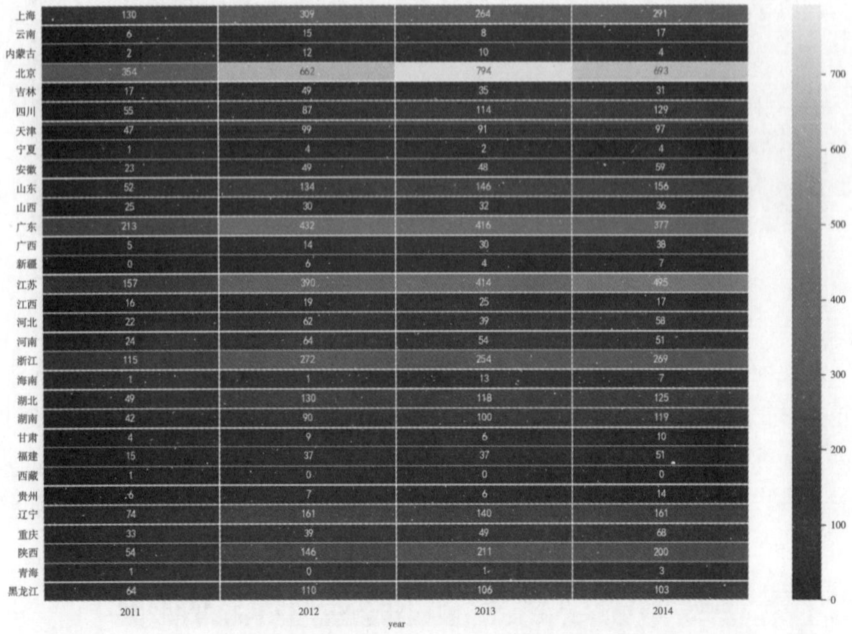

图 3.7 高端装备制造业专利授权情况

5. 新能源产业专利授权情况

从图 3.8 可以看出，从 2011 ~ 2014 年随着年份增加我国 31 个省级行政区在新能源产业方面的专利授权数量及其变化存在差异。横向来看，北京、上海、山东、广东、江苏、浙江的专利授权数量显著多于其他省区市，而宁夏、新疆、海南、西藏、青海各地的专利授权数较少，许多年份的专利授权数仅为个位数。纵向来看，北京、上海、四川、安徽、山东、广东、江苏、浙江等专利授权数较多的省区市的专利授权数量随年份增加呈现波动上升趋势，而专利授权数较少的省区市的专利数量仅呈现波动趋势无明显上升或下降趋势。

6. 新材料产业专利授权情况

从图 3.9 可以看出，从 2011 ~ 2014 年随着年份增加我国 31 个省级行政区在新材料产业方面的专利授权数量及其变化存在差异。横向来看，北京、上海、安徽、山东、广东、江

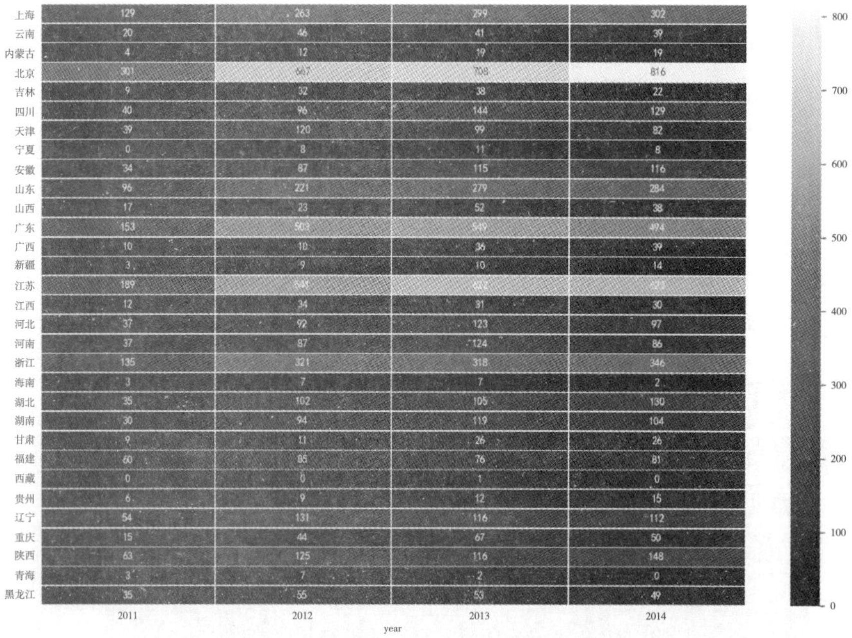

图 3.8　新能源产业专利授权情况

苏、浙江、湖北的专利授权数量显著多于其他省区市，而宁夏、海南、西藏、青海各地的专利授权数较少，许多年份的专利授权数仅为个位数。纵向来看，北京、上海、四川、安徽、山东、广东、江苏、浙江等专利授权数较多的省区市的专利授权数量随年份增加呈现波动上升趋势，而专利授权数较少的省区市的专利数量仅呈现波动趋势无明显上升或下降趋势。

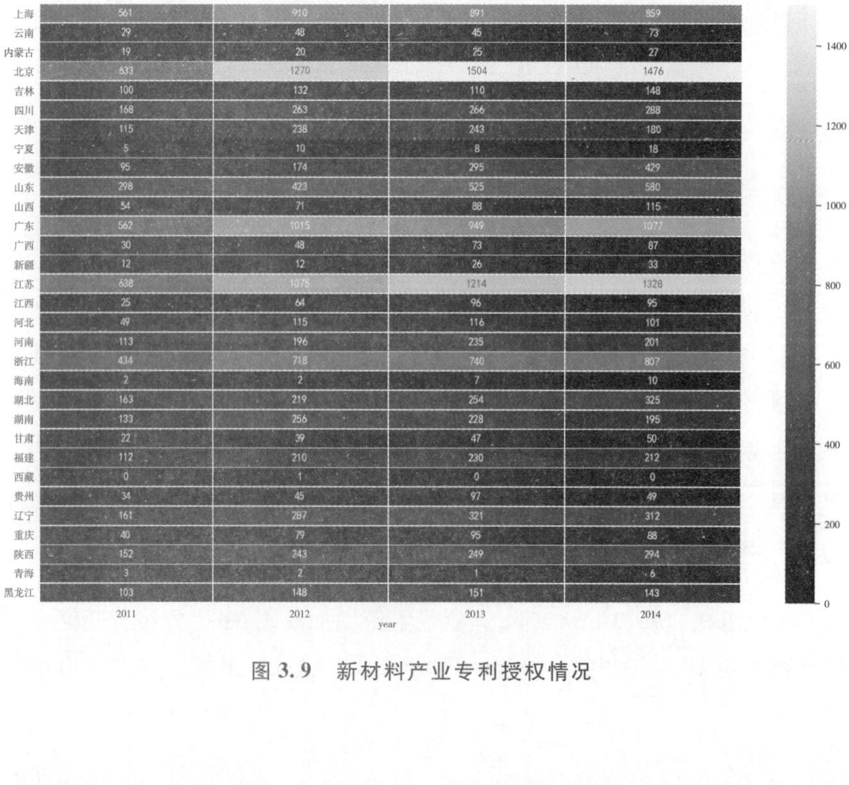

图 3.9　新材料产业专利授权情况

7. 新能源汽车产业专利授权情况

从图3.10可以看出，从2011~2014年随着年份增加我国31个省级行政区在新能源汽车产业方面的专利授权数量及其变化存在差异。横向来看，除北京、上海、安徽、广东、江苏、浙江、湖北、湖南、辽宁、重庆每年均有较多的专利授权数量外，其余地区的专利授权数较少，许多年份的专利授权数仅为个位数。纵向来看，大部分省区市的专利授权数量随年份增加呈现波动上升趋势，而部分专利授权数较少的省区市的专利数量仅呈现波动趋势无明显上升或下降趋势。

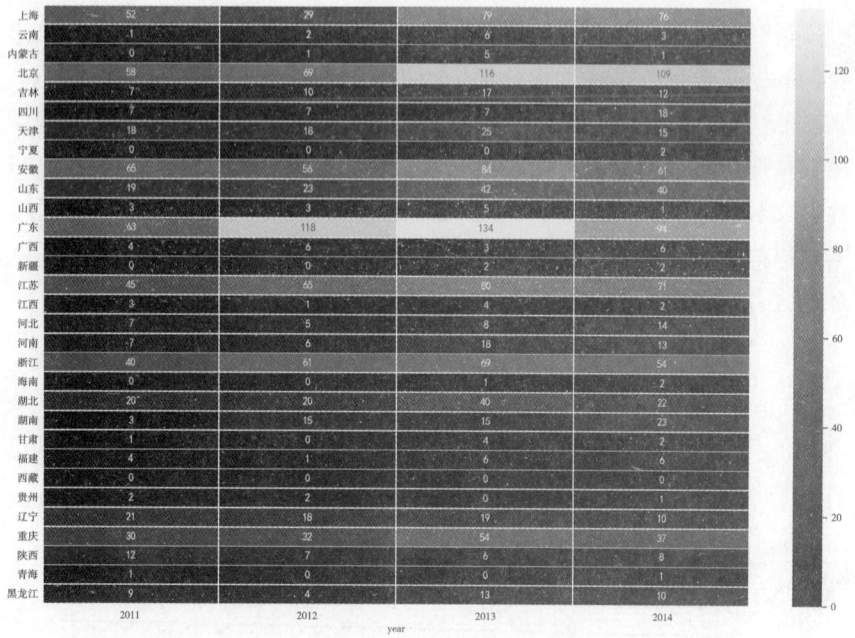

图3.10 新能源汽车产业专利授权情况

三、战略性新兴产业发表中文论文情况

本节从各个战略性新兴产业发表的中文社会科学引文索引（CSSCI）收录论文数量情况和各个战略性新兴产业发表的中国科学引文数据库（CSCD）收录的论文数量的情况进行介绍。在对CSSCI发文量和CSCD发文量情况的介绍中，分别对节能环保产业、新一代信息技术产业、生物产业等战略性新兴产业进行详细分析。以节能环保产业为例，除了对产业2000~2020年各年发文量进行纵向描述，还对34个省级行政区（包括港澳台地区）在该产业的每年的发文量进行横向对比，通过三维立体图生动准确地描述了各个省区市每年在节能环保产业科研实力和科研成果，有助于直观体现出每个省区市对于该产业研究兴

趣随时间变化情况以及社会科学基础与自然科学基础的对比情况。除了对各个产业的整体发文进行分析外，还对每个产业的重要发展方向的发文情况也同样进行详细解读。该部分原始数据主要来自中国知网（CNKI）数据库，经笔者按相关关键词搜索后整理得到。

（一）各产业发表 CSSCI 情况

1. 节能环保产业

如图 3.11 所示，从整体上来看，2009～2020 年，我国 34 个省级行政区在节能环保产业被收入中国科学引文数据库的论文数量及其变化存在差异。横向来看，北京市的节能环保产业被收入的论文数量最多，大部分年份的论文数量在三位数；上海、四川、天津、山东、广东、江苏、浙江、湖北、湖南地区的节能环保产业被收入的论文数量较多，大部分年份的论文数量能达到两位数；而内蒙古、宁夏、山西、新疆、海南、西藏、贵州、青海各地每年的论文数量较少且部分年份的论文数量为零，港澳台地区在 12 年间被收入的论文数量为零。纵向来看，部分沿海和内陆发达地区的论文数量随着年份增加呈波动上升趋势，而其余地区各个年份的论文数量无明显的波动。

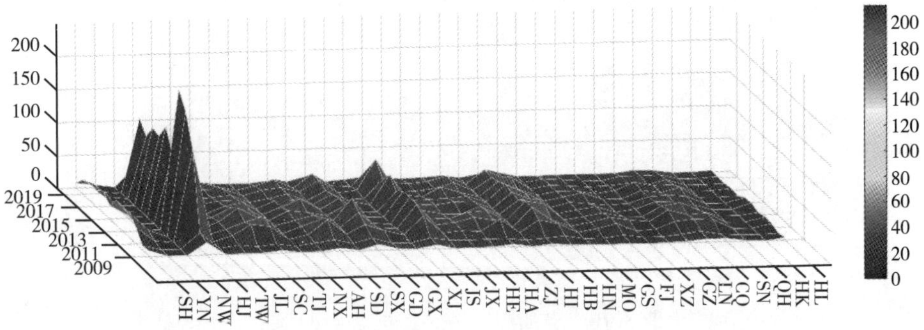

图 3.11　节能环保产业整体发文情况

2. 新一代信息技术产业

如图 3.12 所示，从整体上来看，2009～2020 年，我国 34 个省级行政区在新一代信息技术产业被收入中文科学引文索引数据库（CSSCI）的论文数量及其变化存在差异。横向来看，云南、内蒙古、宁夏、安徽、新疆、海南、西藏、青海以及港澳台地区每年的论文数量较少，甚至大部分年份的论文数量为零，然而北京、上海、山东、广东、江苏、浙江、湖北、陕西地区的新一代信息技术产业被收入的论文数量较多，基本上每年的论文数量都能达到 10 篇以上，北京在 2017 年和 2018 年甚至被收入 300 多篇论文。纵向来看，小部分地区各个年份的论文数量波动幅度较小，大部分地区论文数量逐年增加，尤其是 2017～2019 年三年论文数量增加较多。

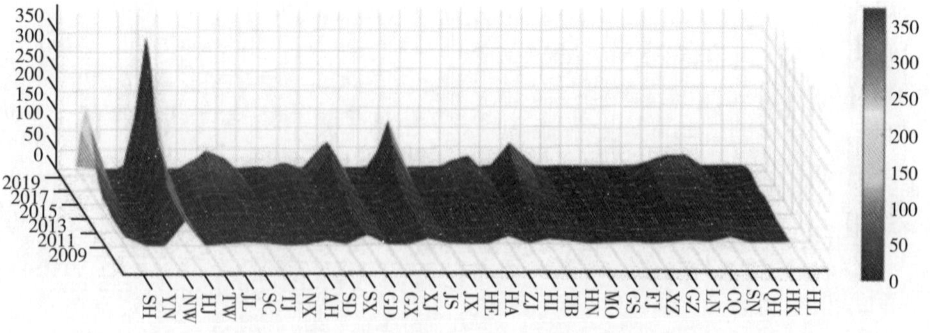

图 3.12　新一代信息技术产业整体发文情况

3. 生物产业

如图 3.13 所示，从整体上来看，2010～2020 年我国 34 个省级行政区在生物产业被收入中国科学引文数据库（CSSCI）的论文数量及其变化存在差异。横向来看，北京和江苏的生物产业被收入的论文数量较多，基本上每年的论文数量都能达到两位数，而云南、内蒙古、吉林、宁夏、安徽、新疆、海南、甘肃、西藏、贵州、青海以及港澳台地区每年的论文数量较少且部分年份的论文数量为零。纵向来看，部分沿海和内陆发达地区的论文数量随着年份增加呈波动上升趋势，而其余地区各个年份的论文数量无明显的波动。

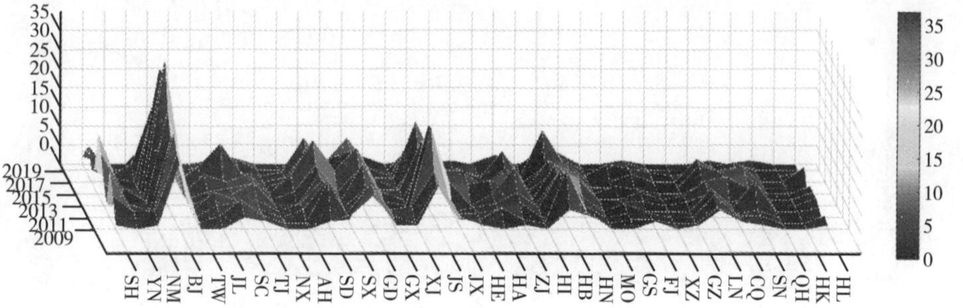

图 3.13　生物产业方向发文情况

4. 高端装备制造业

如图 3.14 所示，从整体上来看，2009～2020 年，我国 34 个省级行政区在高端装备制造业被收入中文科学引文索引数据库（CSSCI）的论文数量及其变化存在差异。横向来看，北京、上海、广东、江苏、浙江、湖北、陕西等省区市的高端装备制造业被收入的论文数量较多，基本上每年的论文数量都能达到两位数，而内蒙古、宁夏、新疆、海南、西藏、青海以及港澳台等地区每年的论文数量较少且部分年份的论文数量为零。纵向来看，大部分沿海和内陆发达地区的论文数量随着年份增加呈波动上升趋势，而其余地区各个年份的论文数量的波动幅度较小。

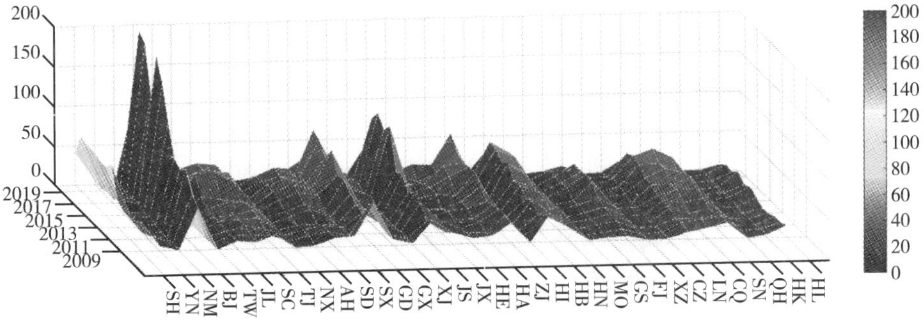

图 3.14　高端装备制造业整体发文情况

5. 新能源产业

如图 3.15 所示，从整体上来看，2009～2020 年，我国 34 个省级行政区在新能源产业被收入中国科学引文数据库（CSSCI）的论文数量及其变化存在差异。横向比较来看，北京市的新能源产业被收入的论文数量最多，除 2020 年外其余年份每年的论文数量都能达到两位数，甚至有的年份被收入的论文数量超过半百；而云南、内蒙古、台湾、宁夏、安徽、山西、广西、新疆、海南、澳门、西藏、贵州、青海、香港各地区每年的论文数量较少且部分年份的论文数量为零。纵向比较来看，部分沿海和内陆发达地区的论文数量随着年份增加呈波动上升趋势，而其余地区各个年份的论文数量波动幅度较小且无明显的波动规律。

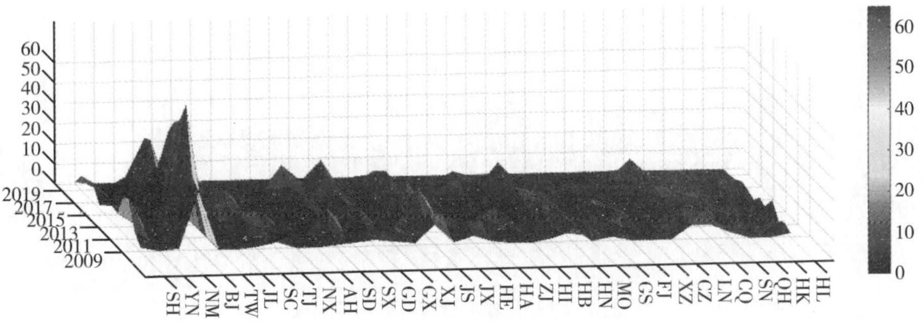

图 3.15　新能源产业整体发文情况

6. 新材料产业

如图 3.16 所示，从整体上来看，2009～2020 年，我国 34 个省级行政区在新材料产业被收入中文科学引文索引数据库（CSSCI）的论文数量及其变化存在差异。横向来看，大部分地区被收入的论文数量较少，大部分年份的论文数量为 0～2 篇，但是北京的新材料产业被收入的论文数量较多，2014 年甚至被收入 7 篇。纵向来看，大部分地区的论文数量随年份变化未显示出明显的上升或下降趋势，并且波动幅度也比较小，只有北京、四川、江苏存在一定程度的波动。

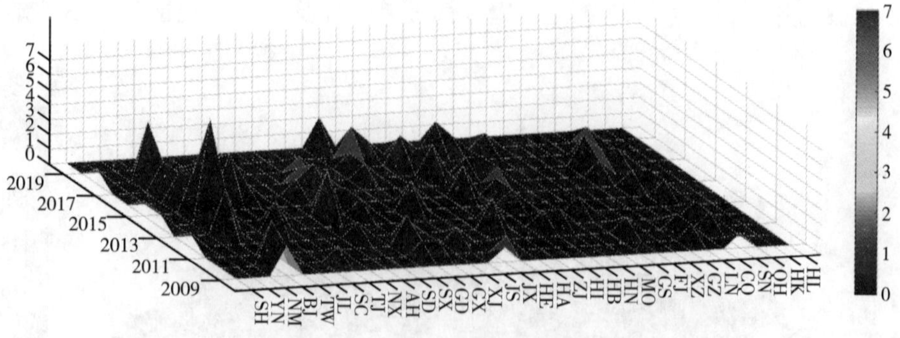

图 3.16　新材料产业整体发文情况

7. 新能源汽车产业

如图 3.17 所示，从整体上来看，2009～2020 年，我国 34 个省级行政区在新能源汽车产业被收入中国科学引文数据库（CSSCI）的论文数量及其变化存在差异。横向比较来看，北京市的新能源汽车产业被收入的论文数量显著多于其他地区，上海市次之；而云南、内蒙古、台湾、宁夏、安徽、新疆、江西、河北、海南、澳门、西藏、贵州、青海、香港各地区每年的论文数量较少，除了部分区域个别年份有 1～2 篇论文外其余年份未有收入中国科学引文数据库的论文。纵向比较来看，大部分地区的论文数量随年份变化未显示出明显的上升或下降趋势，除北京市外，其余地区各个年份的论文数量波动幅度较小且无明显的波动规律。

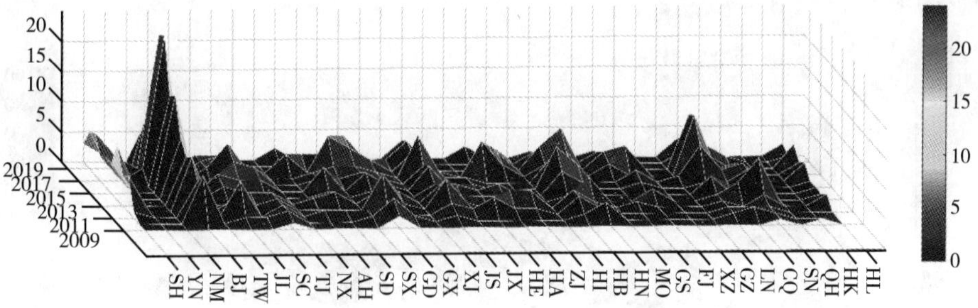

图 3.17　新能源汽车产业整体发文情况

8. 相关服务产业

如图 3.18 所示，从整体上来看，2009～2020 年，我国 34 个省级行政区在相关服务方面被收入中文科学引文索引数据库（CSSCI）的论文数量及其变化存在差异。横向来看，北京、上海、广东、江苏、湖北等地区的相关服务业被收入的论文数量较多，尤其是北京，在大部分地区论文数量是个位数时，基本上每年的论文数量都能达到两位数，而云南、内蒙古、宁夏、新疆、青海、贵州以及港澳台地区每年的论文数量较少且部分年份的论文数量为零。纵向来看，除了云南、台湾、新疆、澳门、西藏、青海、香港等地区论文数量无明显波动外，其余地区均有一定程度的波动，并且大部分地区呈现出波动下降的趋势。

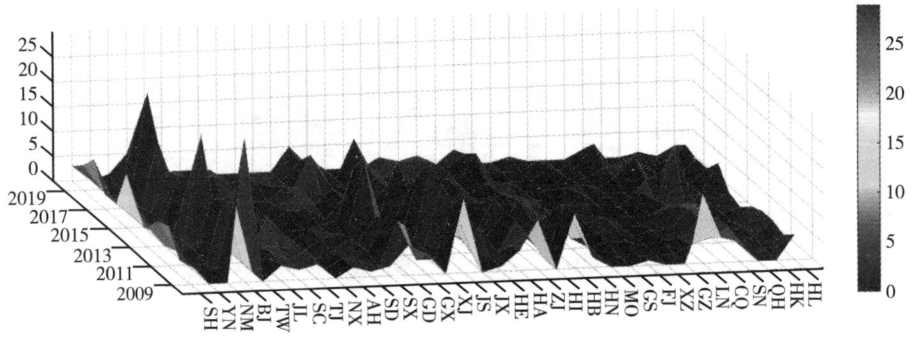

图 3.18　相关服务产业整体发文情况

9. 数字创意产业

如图 3.19 所示，从整体上来看，2009 ~ 2020 年，我国 34 个省级行政区在数字创意产业被收入中国科学引文数据库的论文数量及其变化存在差异。横向比较来看，北京论文数量显著多于其他地区，每年的论文数量都能达到两位数；上海、江苏次之；而云南、内蒙古、台湾、宁夏、新疆、海南、澳门、西藏、青海、香港各地区每年的论文数量较少且部分年份的论文数量为零。纵向比较来看，大部分沿海和内陆发达地区的论文数量随着年份增加呈波动上升趋势，且论文数量普遍在 2020 年有所下降，其余地区各个年份的论文数量无明显的波动。

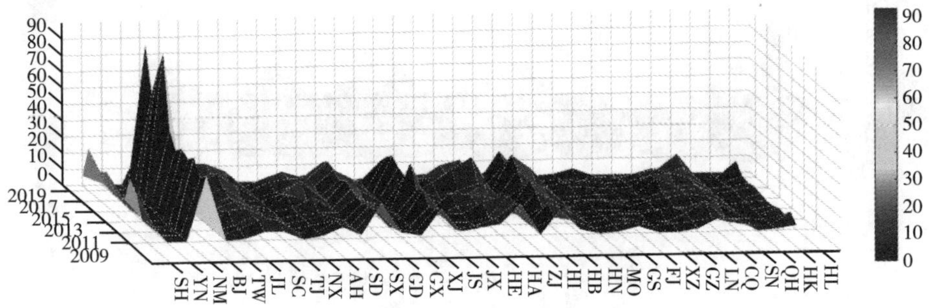

图 3.19　数字创意产业整体发文情况

（二）各产业发表 CSCD 情况

1. 节能环保产业

根据图 3.20，从整体上来看，2009 ~ 2020 年，我国 34 个省级行政区在节能环保产业被收入中国科学引文数据库的论文数量及其变化存在差异。横向来看，北京、上海、广东、山东、天津、浙江、湖北、陕西、江苏地区的节能环保产业被收入的论文数量较多，基本每年的论文数量都能达到两位数，而云南、内蒙古、宁夏、西藏、海南、青海以及港澳台地区的每年的论文数量较少，且部分年数的论文数量为零。纵向来看，大部分沿海和内陆发达地区的论文数量随着年份增加呈波动上升趋势，而其余地区各个年份的论文数量无明显的波动。

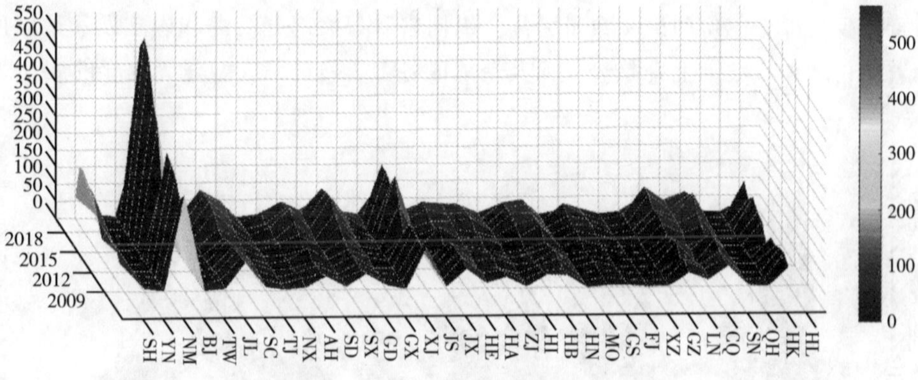

图 3.20　节能环保产业整体发文情况

2. 新一代信息技术产业

根据图 3.21，从整体上来看，2009～2020 年，我国 34 个省级行政区在新一代信息技术领域被收入中国科学引文数据库的论文数量及其变化存在差异。比较各省级行政区可知，北京被收入论文数量遥遥领先，且基本在 150～250 的区间移动；上海、广东、江苏、浙江、辽宁、重庆、陕西地区的新一代信息技术产业被收入的论文数量较多，基本上每年的论文数量都能达到两位数，其中江苏在某些年份达到了三位数，而云南、内蒙古、宁夏、新疆、海南、甘肃、西藏、青海以及港澳台地区每年的论文数量较少且部分年份的论文数量为零。同时，每个地区的不同年份也表现出差异。沿海和内陆发达地区的论文数量较多且呈一定的上升趋势，而其余地区各个年份的论文数量较少，总体来看波动较小。

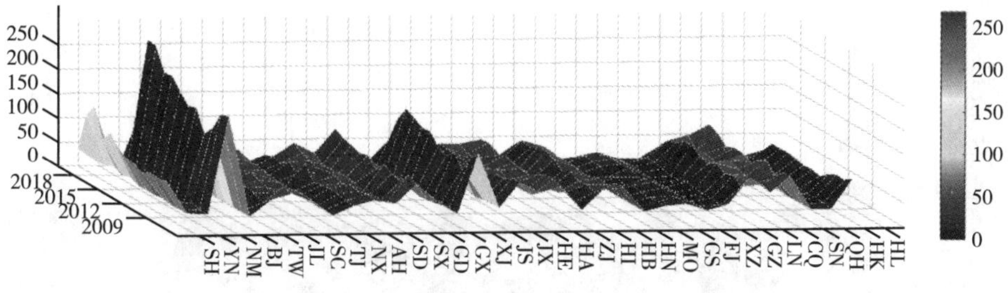

图 3.21　新一代信息技术产业整体发文情况

3. 生物产业

根据图 3.22，从整体上来看，2009～2020 年，我国 34 个省级行政区在生物产业被收入中国科学引文数据库的论文数量及其变化存在差异。横向来看，北京、上海、四川、山东、广东、江苏、浙江、辽宁、重庆地区的生物产业被收入的论文数量较多，基本上每年的论文数量都能达到两位数，而云南、内蒙古、宁夏、安徽、青海以及港澳台地区每年的论文数量较少且部分年份的论文数量为零。纵向来看，大部分沿海和内陆发达地区的论文数量随着年份增加呈波动上升趋势，而其余地区各个年份的论文数量无明显的波动。

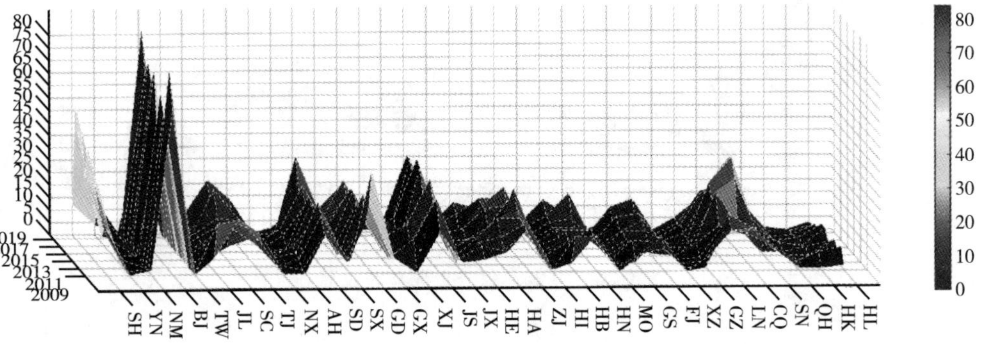

图 3.22　生物产业方向发文情况

4. 高端装备制造业

根据图 3.23，从整体上来看，2009～2020 年，我国 34 个省级行政区在高端装备制造业领域被收入中国科学引文数据库的论文数量及其变化存在差异。横向来看，北京被收入论文数量遥遥领先，上海、四川、广东、江苏地区的被收入的论文数量较多，基本上每年的论文数量都能达到三位数，而云南、内蒙古、宁夏、新疆、海南、西藏、贵州、青海以及港澳台地区每年的论文数量较少且部分年份的论文数量为零。纵向来看，上海、北京、四川、广东、江西这类沿海或内陆发达地区的论文数量呈一定的上升趋势，而其余地区各个年份的论文总体来看波动较小。

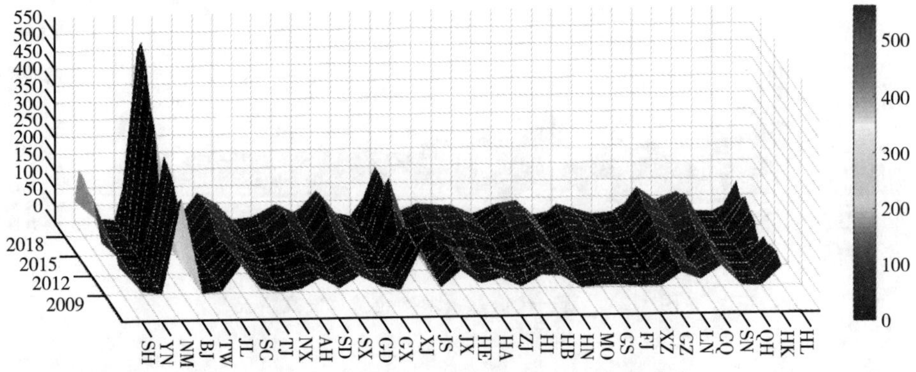

图 3.23　高端装备制造业整体发文情况

5. 新能源产业

根据图 3.24，从整体上来看，2009 ~ 2020 年，我国 34 个省级行政区在生物产业被收入中国科学引文数据库的论文数量及其变化存在差异。横向来看，北京、上海、广东、浙江、湖南、辽宁、重庆、陕西、江苏地区的生物产业被收入的论文数量较多，基本每年的论文数量都能达到两位数，而内蒙古、宁夏、西藏、青海、贵州以及港澳台地区的每年的论文数量较少，且部分年份的论文数量为零。纵向来看，大部分沿海和内陆发达地区的论文数量随着年份增加呈波动上升趋势，而其余地区各个年份的论文数量无明显的波动。

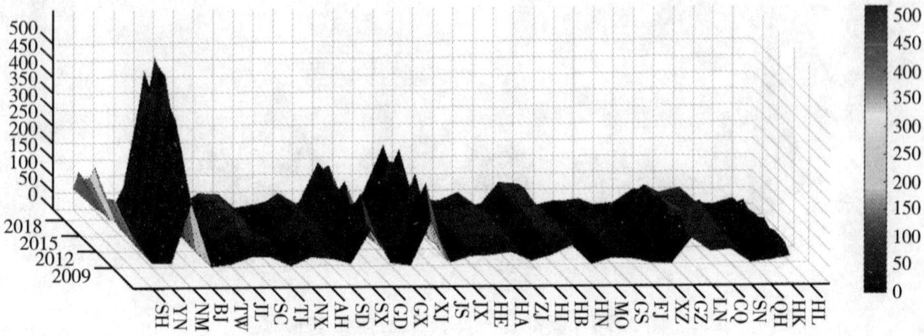

图 3.24 新能源产业整体发文情况

6. 新材料产业

根据图 3.25，从整体上来看，2009 ~ 2020 年，我国 34 个省级行政区在新材料产业被收入中国科学引文数据库的论文数量及其变化存在差异。横向来看，北京被收入论文数量遥遥领先；上海、四川、广东和江苏地区的生物产业被收入的论文数量较多，其中江苏在某些年份达到了三位数，而内蒙古、宁夏、新疆、海南、西藏、青海以及港澳台地区每年的论文数量较少且部分年份的论文数量为零。纵向来看，大部分地区的论文数量随年份变化未显示出明显的上升或下降趋势，波动幅度较小。

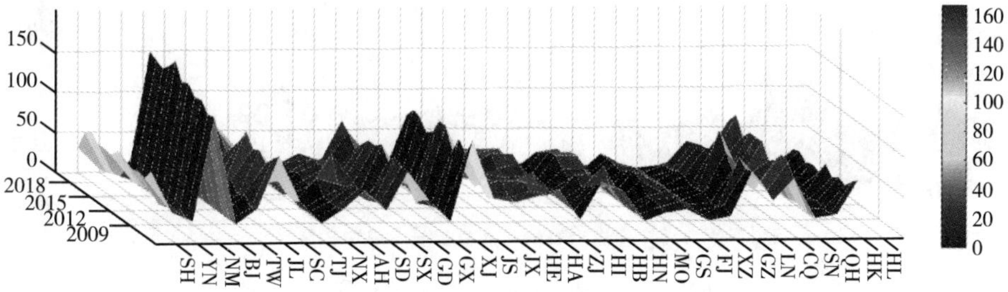

图 3.25 新材料产业整体发文情况

7. 新能源汽车行业

根据图 3.26，从整体上来看，2009～2020 年，我国 34 个省级行政区在新能源汽车产业被收入中国科学引文数据库的论文数量及其变化存在差异。横向来看，北京、上海、广东、湖南、辽宁、重庆地区的生物产业被收入的论文数量较多。而其余地区每年的论文数量较少且部分年份的论文数量为零。纵向来看，北京、上海的论文数量随着年份增加呈波动上升趋势，而其余地区各个年份的论文数量无明显的波动或者有较大幅度的波动。

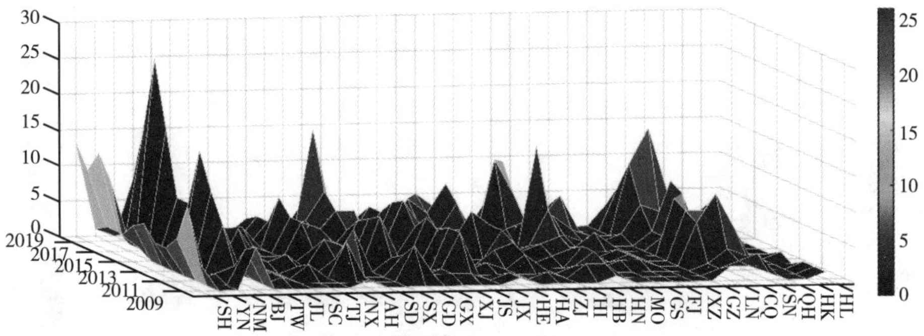

图 3.26　新能源汽车产业整体发文情况

8. 相关服务行业

根据图 3.27，从整体上来看，我国在相关服务领域被收入中国科学引文数据库的论文数量显著少于其他战略性新兴产业，34 个省级行政区的多数年份被收入论文数量为 0。横向来看，除北京被收入论文数量有部分年份接近 10 篇，大部分区域被收入中国科学引文数据库的论文数量都较少，多数年份未有收入中国科学引文数据库的论文。纵向来看，大部分地区的论文数量随年份变化未显示出明显的上升或下降趋势，波动幅度较小。

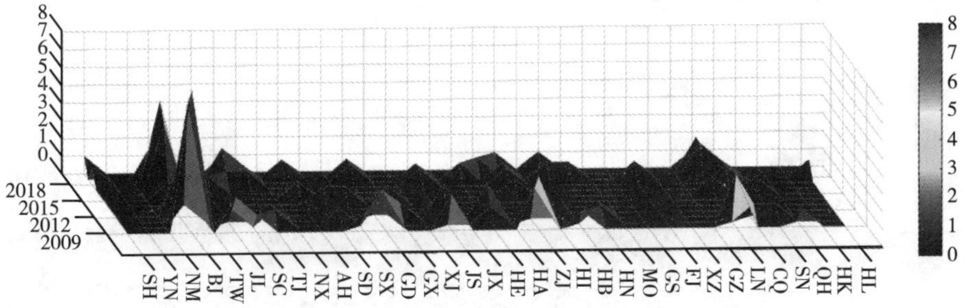

图 3.27　相关服务行业整体发文情况

9. 数字创意产业

根据图 3.28，从整体上来看，2009~2020 年，我国 34 个省级行政区在生物产业被收入中国科学引文数据库的论文数量及其变化存在差异。横向来看，北京、上海、四川、山东、广东、江苏、辽宁地区的数字创意产业被收入的论文数量较多，基本上每年的论文数量都能达到两位数，而内蒙古、宁夏、西藏、青海以及港澳台地区每年的论文数量较少且部分年份的论文数量为零。纵向来看，大部分地区的论文数量随着年份增加无明显变化趋势，均有不同程度的波动。

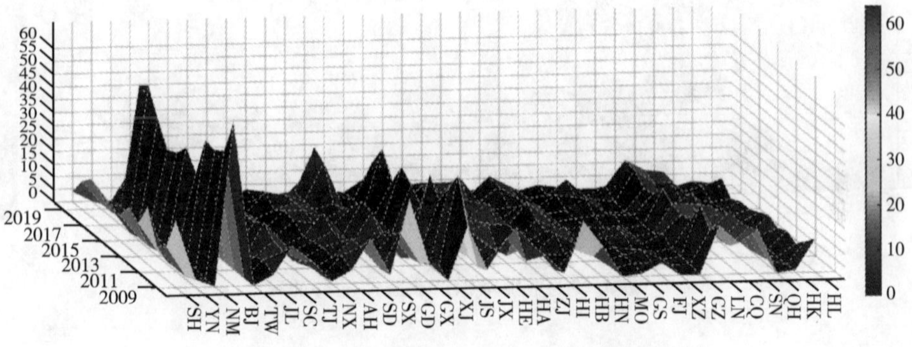

图 3.28 数字创意产业整体发文情况

四、战略性新兴产业发表英文论文情况

本节从各个战略性新兴产业发表的社会科学引文索引（SSCI）收录的论文数量情况和各个战略性新兴产业发表的科学引文索引（SCI）收录的论文数量的情况进行介绍。在对 SSCI 发文量和 SCI 发文量情况的介绍中，分别对节能环保产业、生物产业、高端装备制造业等战略性新兴产业进行详细分析。除了对每个产业 2000~2020 年各年 SSCI 发文量和 SCI 发文量进行纵向描述外，还对 34 个省级行政区在各个产业的每年的 SSCI 发文量和 SCI 发文量进行横向对比，通过三维立体图生动准确地描述了各个省区市每年在相应产业科研实力和科研成果，有助于直观体现出每个省区对于某个产业研究兴趣随时间变化情况以及社会科学基础与自然科学基础的对比情况。该部分原始数据主要来自 Web of Science 数据库，经笔者按相关关键词搜索后整理得到。

（一）各产业发表 SSCI 情况

1. 节能环保产业

根据图 3.29，从整体上来看，2000~2020 年，我国 29 个省级行政区在节能环保产业被收入 SSCI 数据库的论文数量及其变化存在差异。横向来看，北京、上海、四川、天津、安徽、山东、广东、江苏、浙江、辽宁以及湖北地区的节能环保产业被收入的论文数量相对较多，20 年来被收录的论文总量超过了两位数，且北京的论文总量居于最高，而云南、山西、广西、宁夏、西藏、贵州、新疆以及青海地区每年的论文数量较少，被收录的论文总量不超过 5 篇。纵向来看，大部分沿海和内陆发达地区的论文数量随着年份增加呈波动上升趋势，而其余地区各个年份的论文数量无明显的波动。

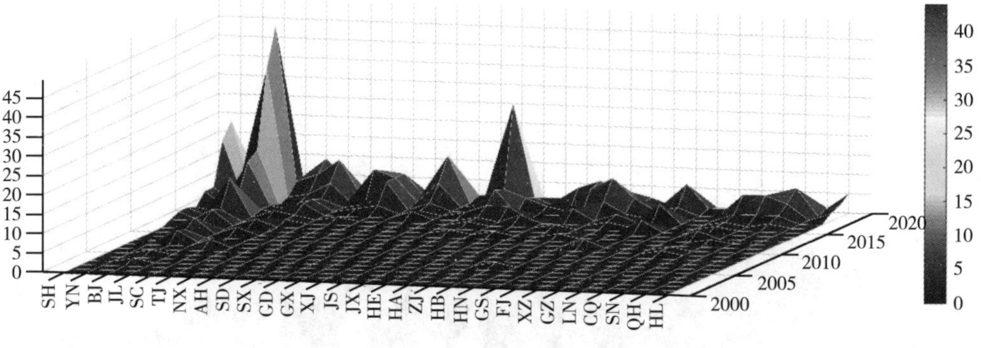

图 3.29　节能环保产业整体发文情况

2. 新一代信息技术产业

根据图 3.30，从整体上来看，2000～2020 年，我国 31 个省级行政区在新一代信息技术产业被收入 SSCI 数据库的论文数量及其变化存在差异。横向来看，收录的 31 个省级行政区论文数量基本都存在部分年份论文数量为零的情况，其中，北京、上海、四川、山东、广东、江苏、浙江、湖北、辽宁、陕西地区的新一代信息技术产业被收入的论文数量较多，基本上在 2009 年之后的论文数量每年能达到两位数，而云南、内蒙古、宁夏、新疆、海南、山西、西藏、贵州、青海地区每年的论文数量较少且很多年份的论文数量为零。纵向来看，大部分沿海和内陆发达地区的论文数量随着年份增加呈波动上升趋势，而其余地区各个年份的论文数量无明显的波动。

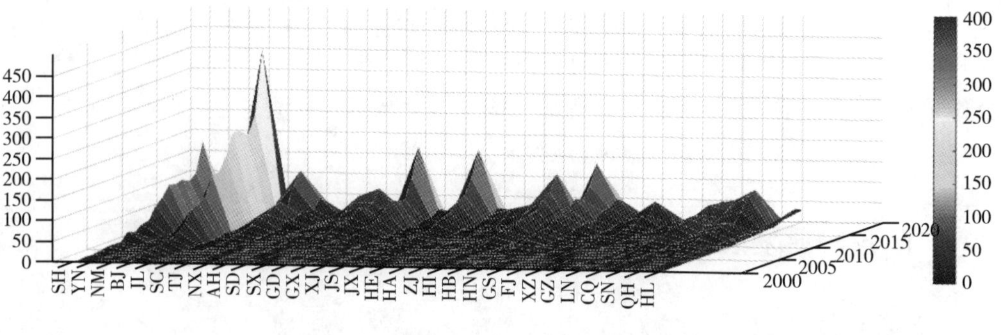

图 3.30　新一代信息技术产业整体发文情况

3. 生物产业

根据图 3.31，从整体上来看，2000～2020 年，我国 20 个省级行政区在生物产业被收入 SSCI 数据库的论文数量及其变化存在差异。横向来看，北京、浙江、上海、山东地区的生物产业被收入的论文数量相对较多，20 年来论文总数量都超过 5 篇，而云南、吉林、海南、湖南、甘肃、福建地区论文数量少，20 年间论文数量总和仅为 1 篇，总体来说，生物产业被收入 SSCI 论文数据库的论文数量处于较低水平。纵向来看，近 20 年期间，这 20 个地区的 SSCI 论文收录数量均在较多年份中出现空白，并且各个年份的论文数量无明显的波动。

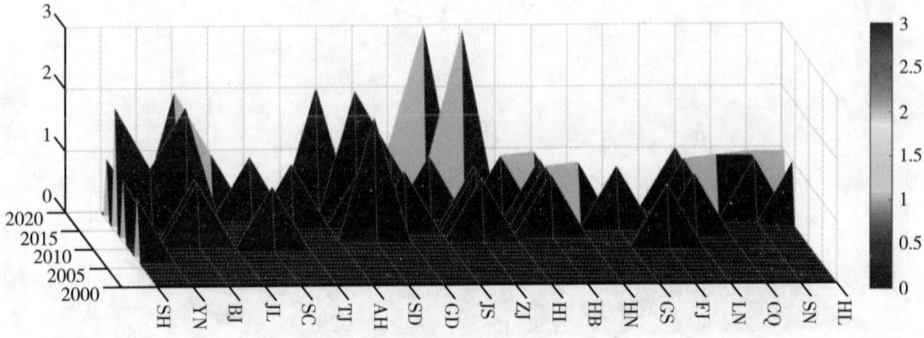

图 3.31 生物产业整体发文情况

4. 高端装备制造业

根据图 3.32，从整体上来看，2000～2020 年，我国 29 个省级行政区在高端装备制造业产业被收入 SSCI 数据库的论文数量及其变化存在差异。横向来看，北京、上海、广东、江苏以及湖北地区的高端装备制造业产业被收入的论文数量相对较多，基本每年都有论文被收至 SSCI 数据库，且北京的论文总量居于最高，远超于其他地区，内蒙古、海南、江西、青海、广西及贵州等地区的每年的论文数量较少，在大部分年份中被收录的论文数量为 0。纵向来看，大部分沿海和内陆发达地区的论文数量随着年份增加呈波动上升趋势，而其余地区各个年份的论文数量无明显的波动。

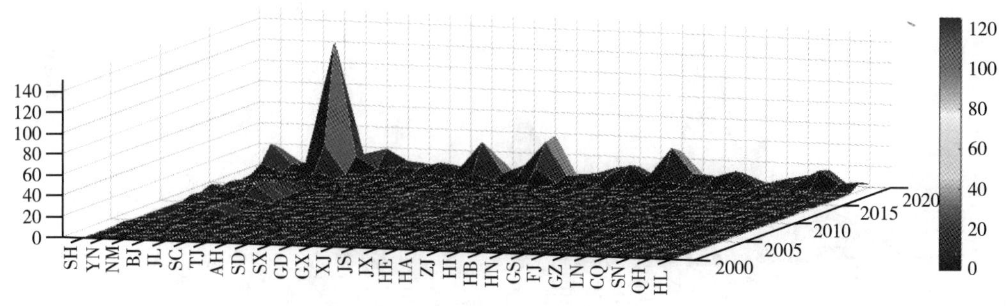

图 3.32 高端装备制造业整体发文情况

5. 新能源产业

根据图 3. 33，从整体上来看，2000 ~ 2020 年，我国 32 个省级行政区在新能源产业被收入 SSCI 数据库的论文数量及其变化存在差异。横向来看，上海、北京、四川、天津、安徽、广东、山东、江苏、浙江、湖北、湖南、浙江、湖北、湖南、黑龙江地区的新能源产业被收入的论文数量显著较多，均为两位数，而云南、宁夏、山西、广西、江西以及青海地区每年的论文数量较少，仅为 1 ~ 2 篇且部分年份的论文数量为零。纵向来看，大部分沿海和内陆发达地区的论文数量随着年份增加呈波动上升趋势，而其余地区各个年份的论文数量无明显的波动。

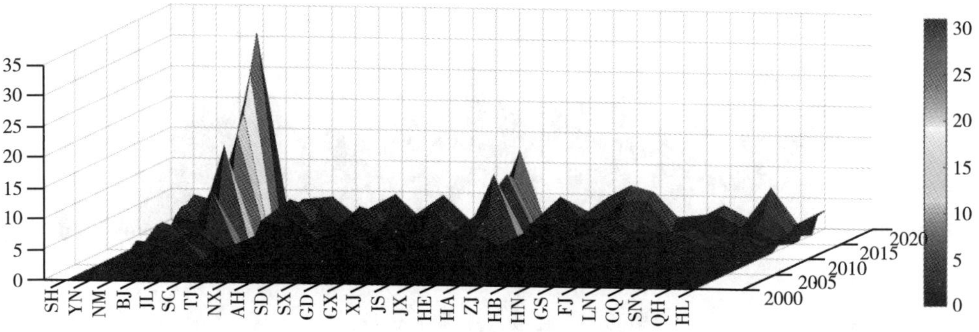

图 3. 33　新能源产业整体发文情况

6. 新能源汽车产业

根据图 3. 34，从整体上来看，2000 ~ 2020 年，我国 32 个省级行政区在新能源汽车产业被收入 SSCI 数据库的论文数量及其变化存在差异。横向来看，北京、江苏地区的新能源汽车产业被收入的论文数量较多，基本上每年的论文数量都能达到两位数，而内蒙古、吉林、河北、河南、甘肃、陕西、青海、黑龙江地区每年的论文数量较少且部分年份的论文数量为零。纵向来看，大部分沿海和内陆发达地区的论文数量随着年份增加呈波动上升趋势，而其余地区各个年份的论文数量无明显的波动。

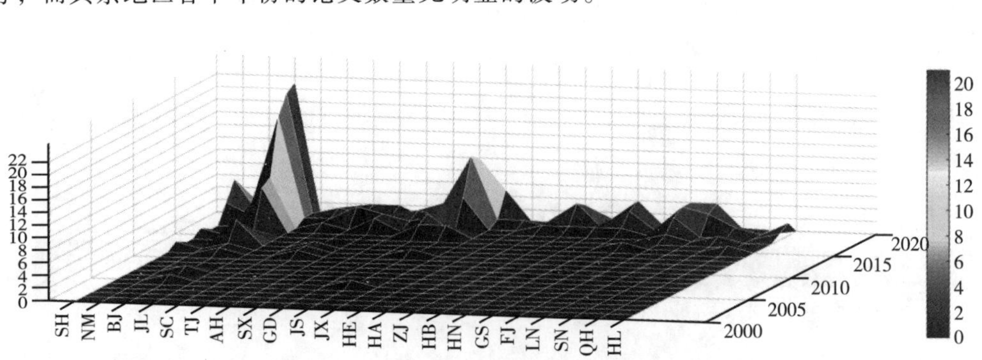

图 3. 34　新能源汽车产业整体发文情况

（二）各产业发表 SCI 情况

1. 节能环保产业

根据图 3.35，从整体上来看，2000～2020 年，我国 32 个省级行政区在节能环保产业被收入 SCI 数据库的论文数量及其变化存在差异。横向来看，北京、上海、天津、山东、广东、江苏、浙江、湖北、辽宁地区的节能环保产业被收入的论文数量较多，基本上每年的论文数量都能达到两位数甚至三位数，而云南、内蒙古、宁夏、新疆、海南、西藏、贵州、青海每年的论文数量较少且部分年份的论文数量为零。纵向来看，大部分沿海和内陆发达地区的论文数量随着年份增加呈波动上升趋势，而其余地区各个年份的论文数量无明显的波动。

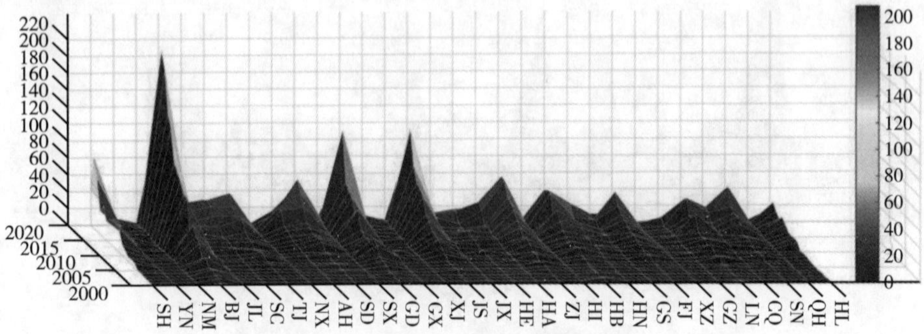

图 3.35 节能环保产业整体发文情况

2. 新一代信息技术产业

根据图 3.36，从整体上来看，2000～2020 年，我国 32 个省级行政区在新一代信息技术产业被收入 SCI 数据库的论文数量及其变化存在差异。横向来看，上海、北京、吉林、四川、天津、安徽、山东、广东、江苏、河南、浙江、湖北、湖南、福建、辽宁、重庆、黑龙江的新一代信息技术产业被收入的论文数量较多；而宁夏、新疆、海南、西藏、青海地区每年的论文数量较少且部分年份的论文数量为零。纵向来看，基本各个地区的论文数量随着年份增加呈波动上升趋势。

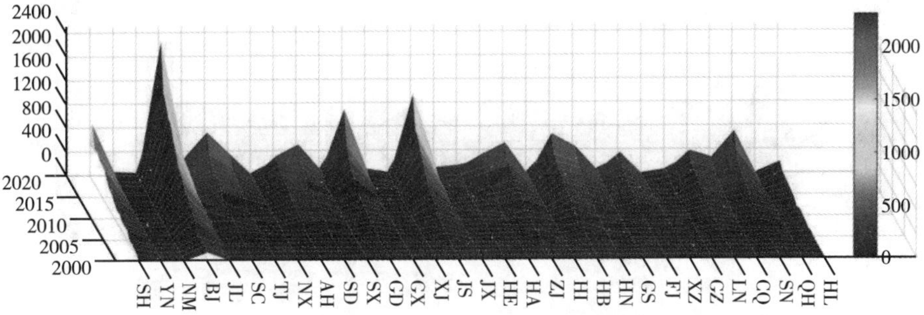

图 3.36 新一代信息技术产业整体发文情况

3. 生物产业

根据图 3.37，从整体上来看，2000 ~ 2020 年，我国 31 个省级行政区被 SCI 数据库收录的生物产业论文数量及其变化存在差异。横向来看，北京、上海、江苏、广东、山东、湖北和浙江地区被收入的生物产业论文数量较多，大部分年份的论文数量达到两位数，甚至三位数；西藏、宁夏、青海、内蒙古、海南、贵州和新疆地区每年的论文数量较少且半数以上年份的论文数量为零。纵向来看，随着年份的增加，绝大部分地区的论文数量呈波动上升趋势，但西藏、宁夏和青海地区各个年份的论文数量无明显波动。

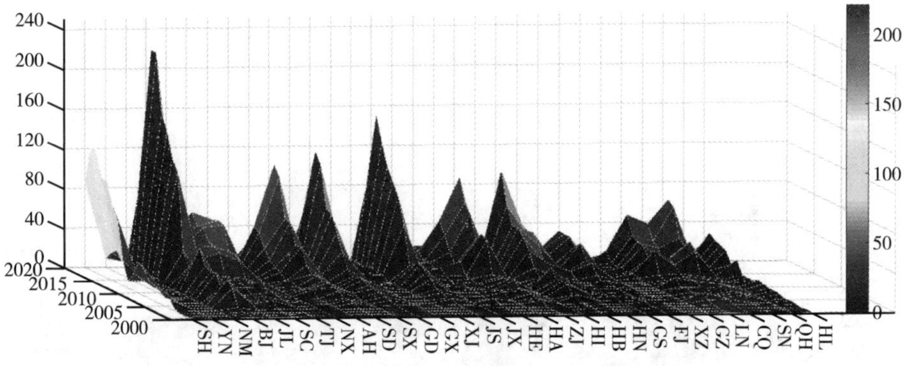

图 3.37　生物产业整体发文情况

4. 高端装备制造业

根据图 3.38，从整体上来看，2000 ~ 2020 年，我国 32 个省级行政区在高端装备制造业被收入 SCI 数据库的论文数量及其变化存在差异。横向来看，北京、上海、四川、山东、广东、江苏、浙江、湖北、陕西、黑龙江地区的高端装备制造业被收入的论文数量较多，基本上每年的论文数量都能达到两位数甚至三位数，而宁夏、海南、西藏、青海每年的论文数量较少且部分年份的论文数量为零。纵向来看，大部分沿海和内陆发达地区的论文数量随着年份增加呈波动上升趋势，而其余地区各个年份的论文数量无明显的波动。

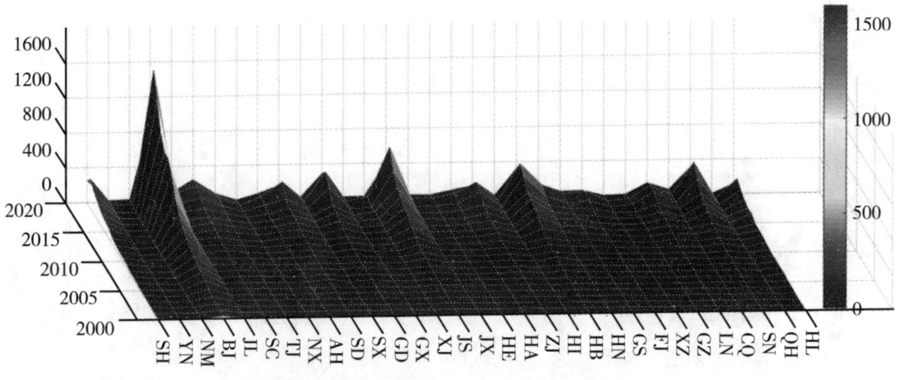

图 3.38　高端装备制造业整体发文情况

5. 新能源产业

根据图 3.39，从整体上来看，2000～2020 年，我国 31 个省级行政区被 SCI 数据库收录的新能源产业论文数量及其变化存在差异。横向来看，北京的论文数量远远超过其他地区，多数年份的论文数量达到三位数，甚至四位数；江苏、上海、广东和湖北的论文数量较多；内蒙古、新疆、贵州、海南、青海、宁夏和西藏的论文数量相对较少，且部分年份的论文数量为零。纵向来看，随着年份的增加，31 个省级行政区的论文数量呈波动上升趋势，但西藏的论文数量增加较少。

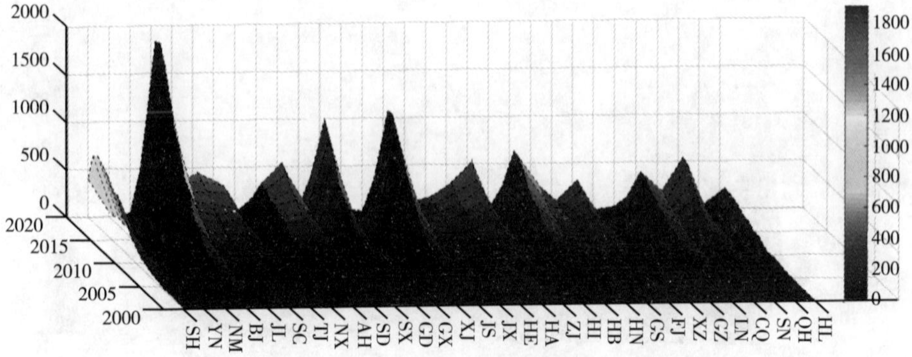

图 3.39　新能源产业整体发文情况

6. 新材料产业

根据图 3.40，从整体上来看，2000～2020 年，我国 32 个省级行政区在新材料产业被收入 SCI 数据库的论文数量及其变化存在差异。横向来看，北京、上海、陕西、四川、江苏、山东、黑龙江、湖北地区的新材料产业被收入的论文数量较多，基本每年的论文数量都能达到两位数，而山西、贵州、云南、内蒙古、青海、宁夏、海南、西藏每年的论文数量较少且部分年份的论文数量为零。纵向来看，大部分沿海和内陆发达地区的论文数量随着年份增加呈波动上升趋势，而其余地区各个年份的论文数量无明显的波动。

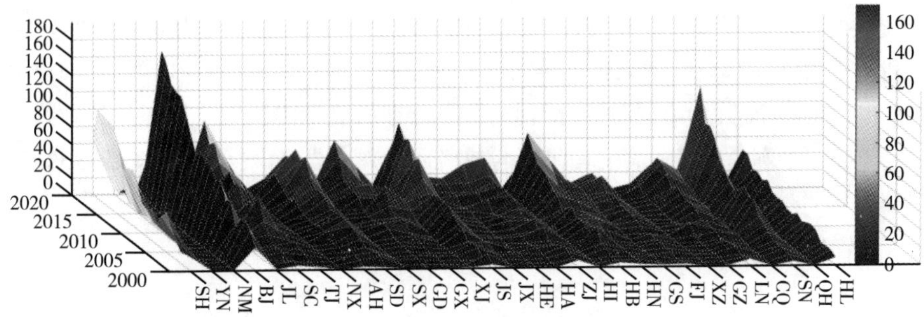

图 3.40　新材料产业整体发文情况

7. 新能源汽车产业

根据图 3.41，从整体上来看，2000～2020 年，我国 31 个省级行政区被 SCI 数据库收录的新能源汽车产业论文数量及其变化存在差异。横向来看，北京的论文数量显著多于其他地区，部分年份的论文数量达到两位数；上海、广东和江苏的论文数量较多；其余地区各年被收录的论文数量都在 10 篇以内，且大部分年份为 0～3 篇，青海、山西、贵州、云南和新疆地区的论文数量较少；内蒙古、宁夏、广西、海南和西藏地区 2000～2020 年未有被 SCI 数据库收录的新能源汽车产业论文。纵向来看，随着年份的增加，部分沿海和内陆发达地区的论文数量呈波动上升趋势，而其余地区各个年份的论文数量无明显波动。

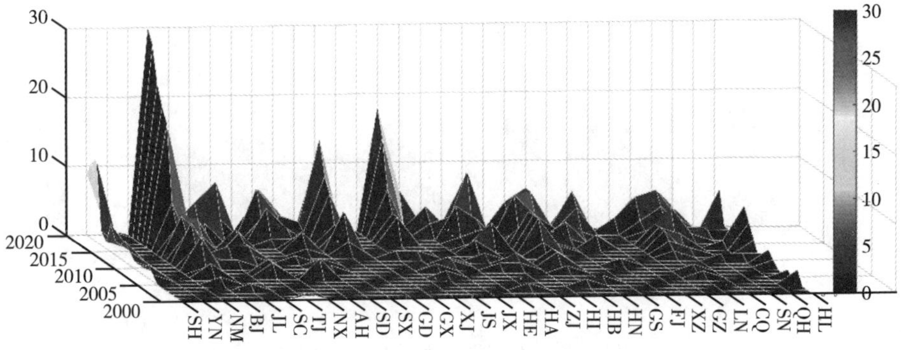

图 3.41　新能源汽车产业整体发文情况

五、战略性新兴微观上市公司创新现状

本节对节能环保产业、新一代信息技术产业、生物产业等七大战略性新兴产业创新情况进行介绍。首先，对各个产业的研发投入进行分析，包括研发投入企业的数量和每个企业研发支出时间变化情况；其次是专利情况，包括所有专利申请总量、发明专利申请量、发明专利授权量、绿色专利授权量、绿色发明专利授权量，对于专利的介绍同样基于上市企业数量和时间变化趋势。研发投入衡量了各个战略性新兴企业的创新努力，而专利情况则是各个企业的创新绩效的体现。其中，发明专利质量较高，绿色专利代表了企业创新方向，体现了企业创新质量。通过对于战略性新兴企业研发投入、专利申请、专利授权和绿色专利情况进行说明，我们可以对于整个战略性新兴产业的创新情况有更加清晰的认识。该部分基础数据主要来自国泰安上市公司专利信息子库，并由笔者与战略性新兴产业上市公司匹配后整理得到。

（一）节能环保产业

1. 研发投入

从图 3.42 中可以看出，除了极少数几个没有研发投入的公司，绝大部分企业的研发投入都有稳步增加的趋势，在共 115 家企业中，2019 年比 2005 年增加的有 102 家，占 92.72%。波动比较明显的有 000598、300156、600187、601158，共 4 家；研发支出降低的有 8 家。

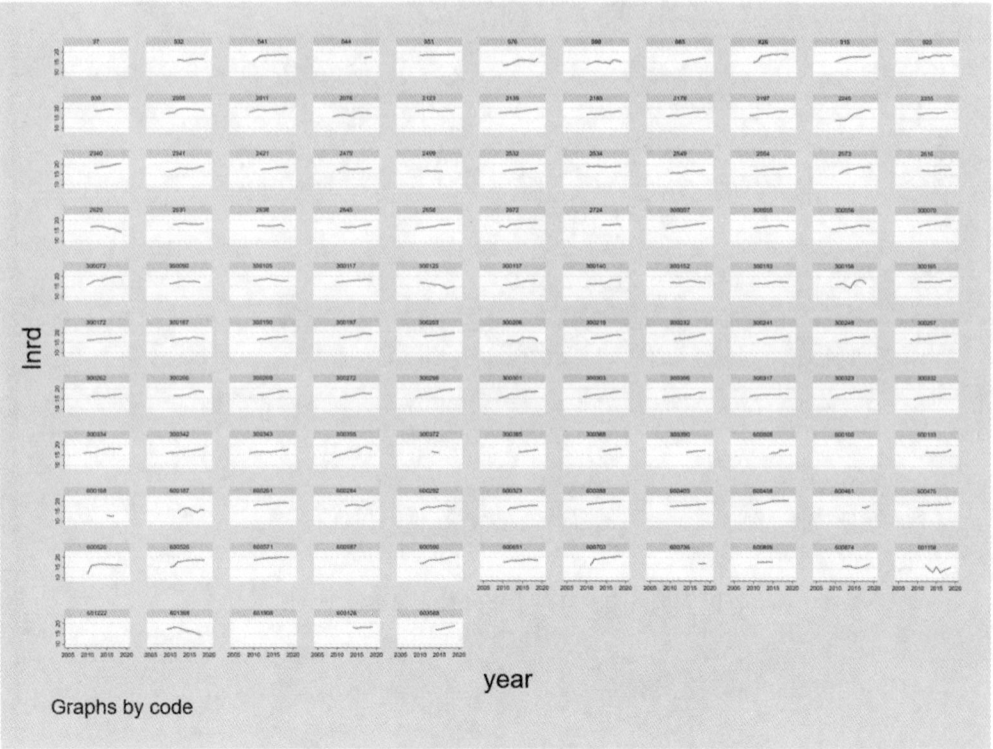

图 3.42 节能环保上市公司研发投入示意图

2. 专利情况

（1）专利申请总量。

从图 3.43 中可以看出，除了极少数几个没有申请专利的公司，绝大部分企业的专利申请总量都有先增加再减少的趋势，在共 115 家企业中，2019 年比 2005 年有减少或者几乎持平的有 51 家，占 47.22%，其中专利申请总量为 0 的有 15 家。绝大多数企业波动比较明显。2019 年比 2005 年增加的有 57 家。

（2）发明专利申请量。

从图 3.44 中可以看出，发明专利申请量的情况和专利申请总量的情况基本一致。除了极少数几个没有申请专利的公司，绝大部分企业的发明专利申请量都有先增加再减少的趋势，在共 115 家企业中，2019 年比 2005 年减少或者几乎持平的有 51 家，占 47.22%，其中发明专利申请量为 0 的有 15 家。绝大多数企业波动比较明显。2019 年比 2005 年增加的有 57 家。

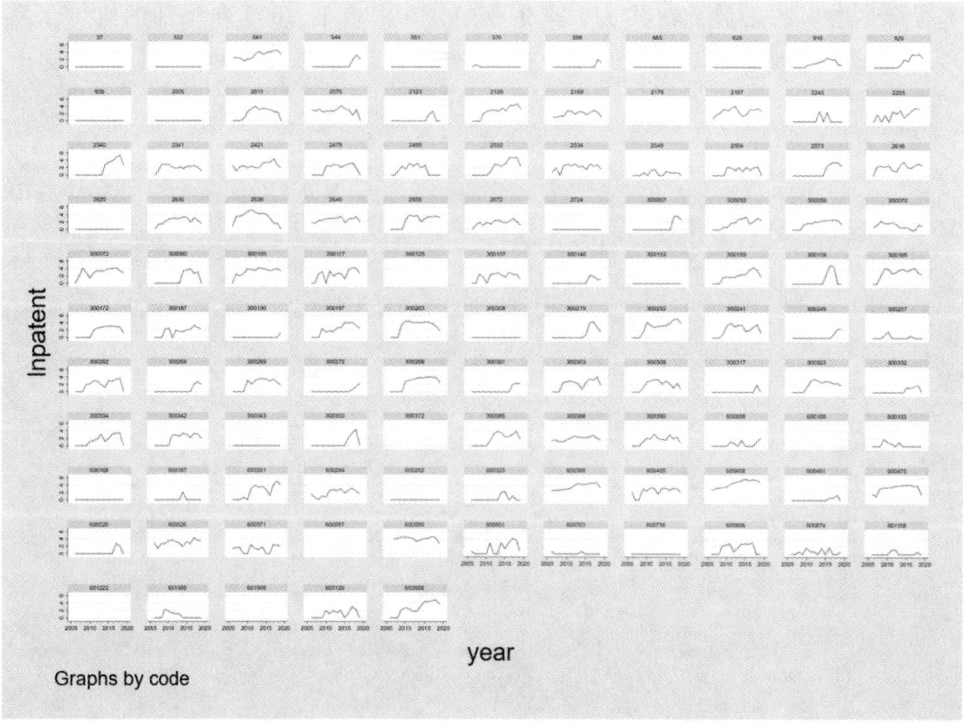

图 3.43　节能环保上市公司专利申请示意图

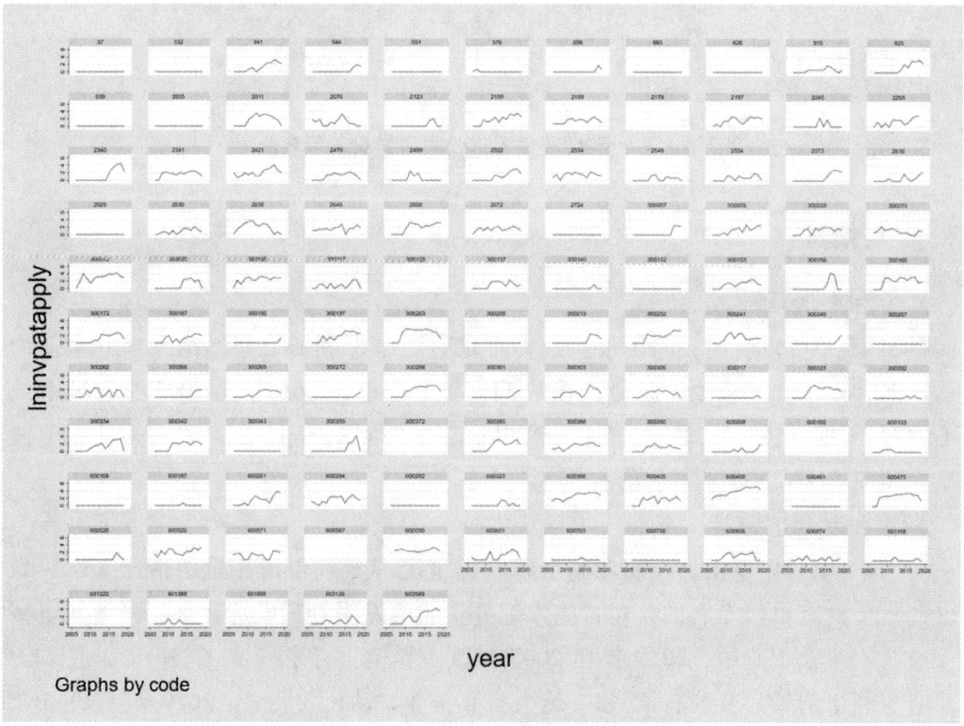

图 3.44　节能环保上市公司发明专利申请示意图

（3）发明专利授权量。

从图 3.45 可以看出，在共 115 家企业中，2005～2009 年发明专利授权量始终维持 0 的有 28 家，占 25.92%。发明专利授权量先上升后下降、波动比较明显的有 000541、002011、002075、002139、002169、002197、002255、002341、002421、002479、002534、002630、002638、002645、002658、002572、002724、300066、300070、300072、300105、300153、300165、300197、300203、200232、300241、300296、3003030、300323、300334、300342、300385、300388、600251、600284、600388、600405、600458、600475、603588，共 41 家。

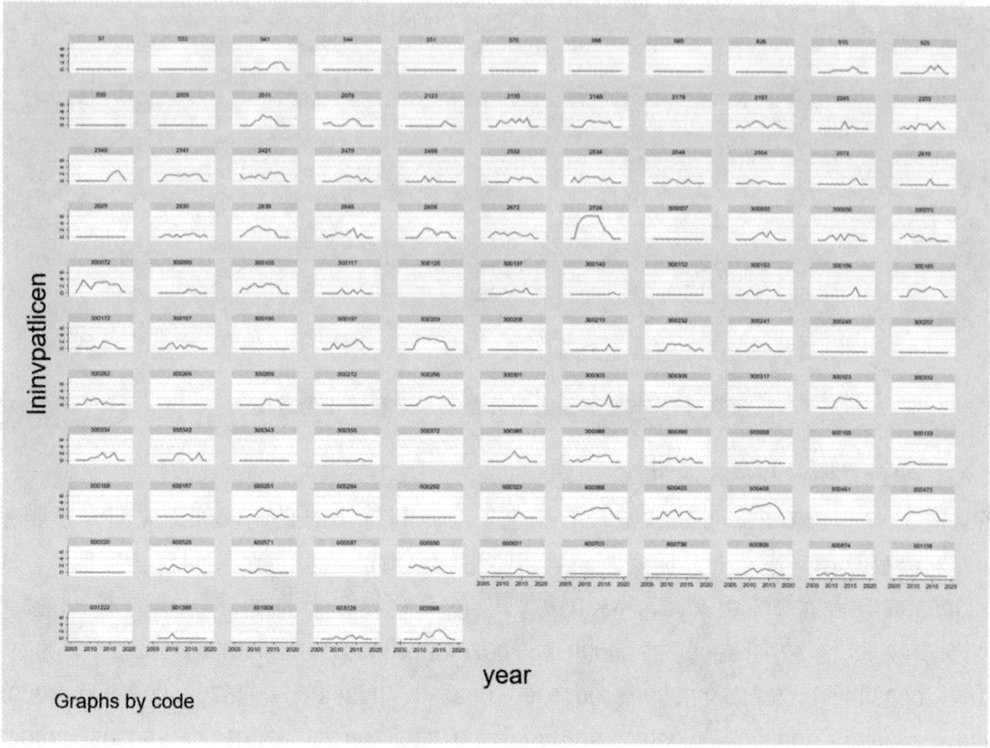

图 3.45　节能环保上市公司发明专利授权示意图

（4）绿色专利授权总量。

从图 3.46 可以看出，除了极少数几个无绿色专利授权的公司，部分企业的绿色专利授权总量都维持在低水平，另一部分企业的绿色专利授权总量在波动上升。在共 115 家企业中，2019 年比 2005 年增加的有 30 家，占 27.52%。绿色专利授权总量始终为 0 的有 43 家，占 39.45%。波动比较明显的有 000939、002011、002123、002534、002638、002672、002724、300070、300072、300153、300187、300219、300241、300262、300303、300388、600458、600475、600526、600590、603126，共 21 家。

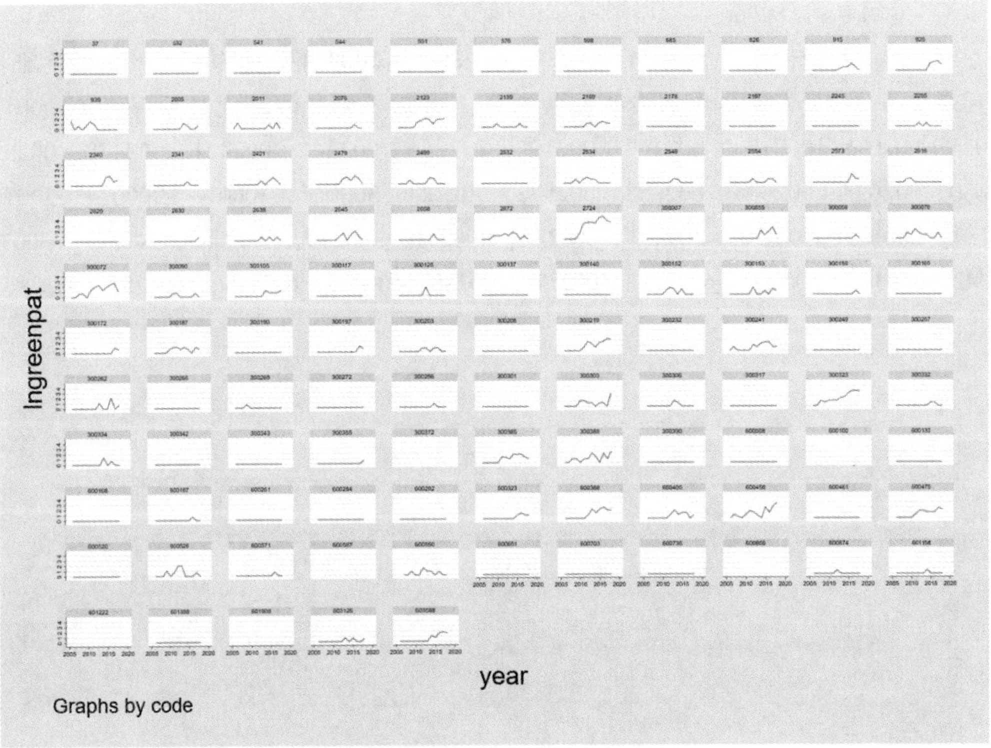

图 3.46 节能环保上市公司绿色专利授权示意图

(5) 绿色发明专利授权总量。

从图 3.47 可以看出，除极少数没有绿色发明专利授权的企业以外，大部分企业绿色发明专利授权总量呈波动上升或者波动后回归初始数值的趋势。在共 115 家企业中，2019 年比 2005 年增加的有 60 家，占 55.05%。绿色专利授权总量始终为 0 的有 25 家，占 22.94%。波动比较明显的有 000939、002005、002011、002076、002123、002139、002169、002340、002421、002499、002630、002638、002645、002672、002724、300055、300070、300072、300090、300105、300117、300152、300153、300187、300203、300219、300241、300262、300303、300334、300385、200388、300390、600388、600405、600458、600475、600526、600590、600874、603126，共 41 家。

(二) 新一代信息技术

1. 研发投入

因为属于新一代信息技术的上市公司很多，所以我们分成 5 个图来显示。

根据图 3.48，除了极少数没有研发投入的公司，绝大部分企业的研发投入都有稳步增加的趋势，在共 378 家企业中，2019 年比 2005 年增加的有 335 家，占 94.23%。波动比较明显的有 000413、002280、002371、600707；研发支出降低的有 21 家。

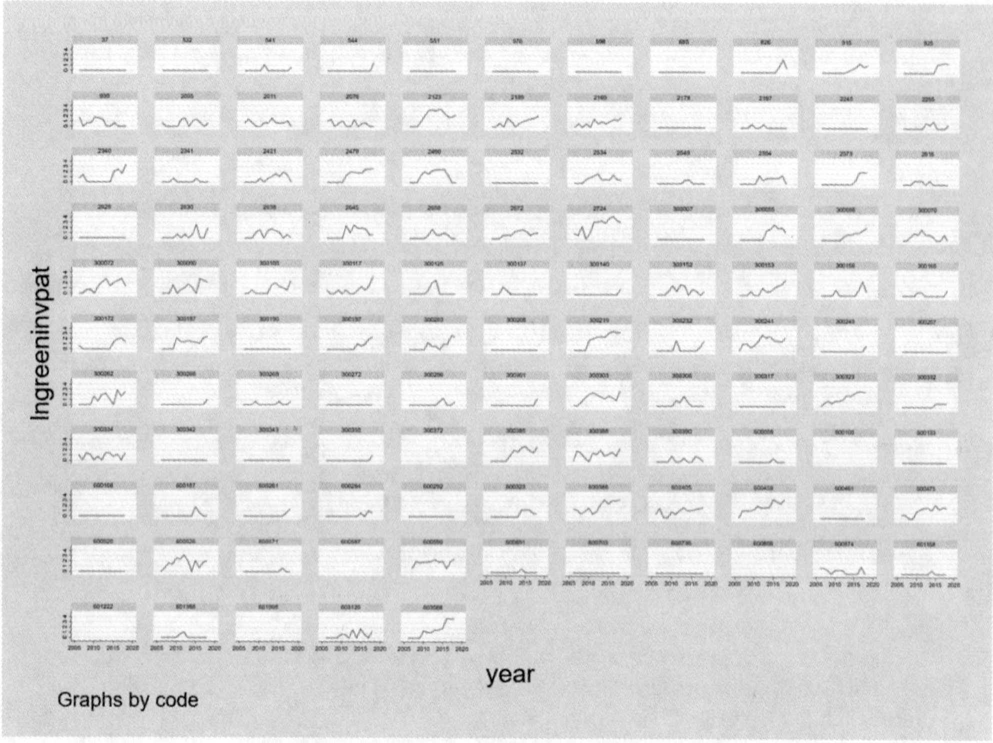

图 3.47　节能环保上市公司绿色发明专利授权示意图

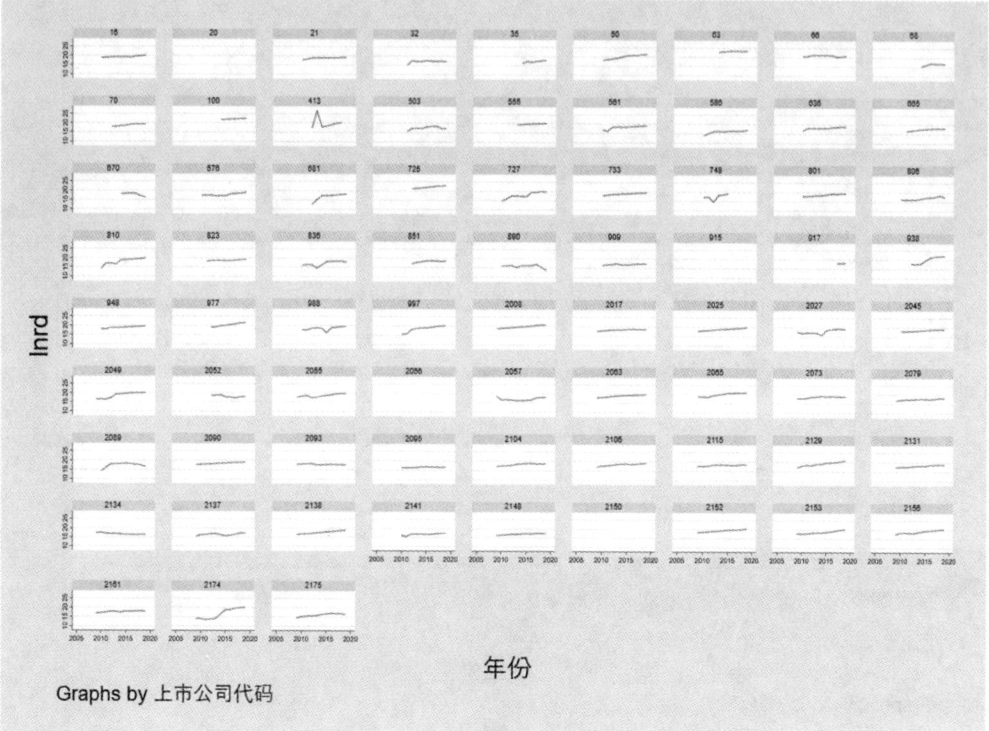

(a)

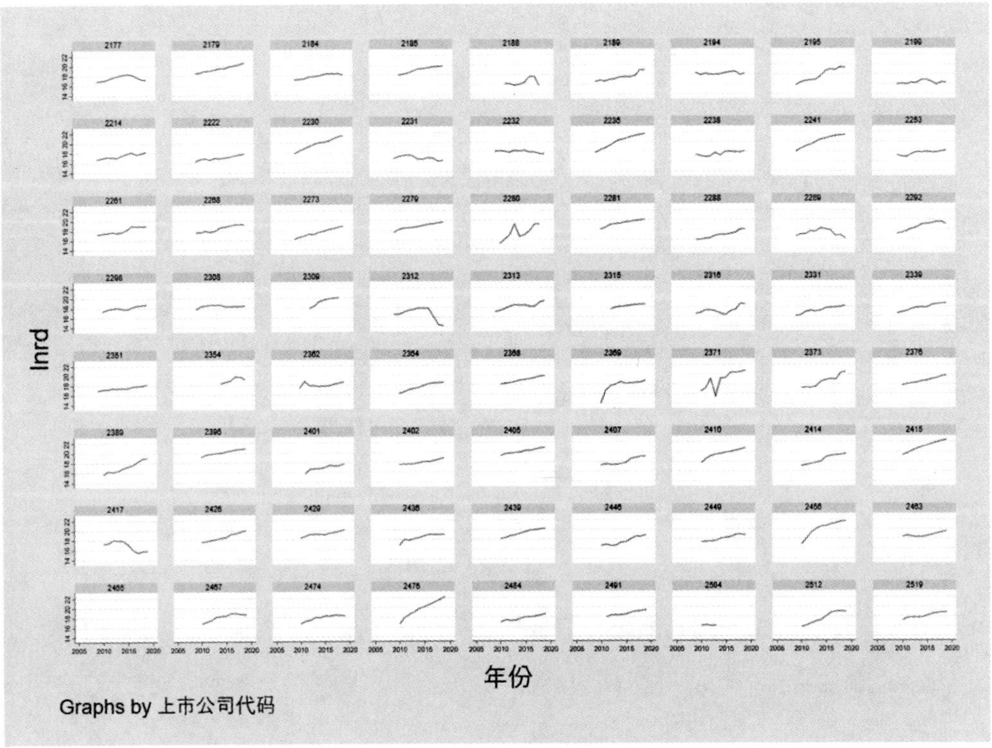

（b）

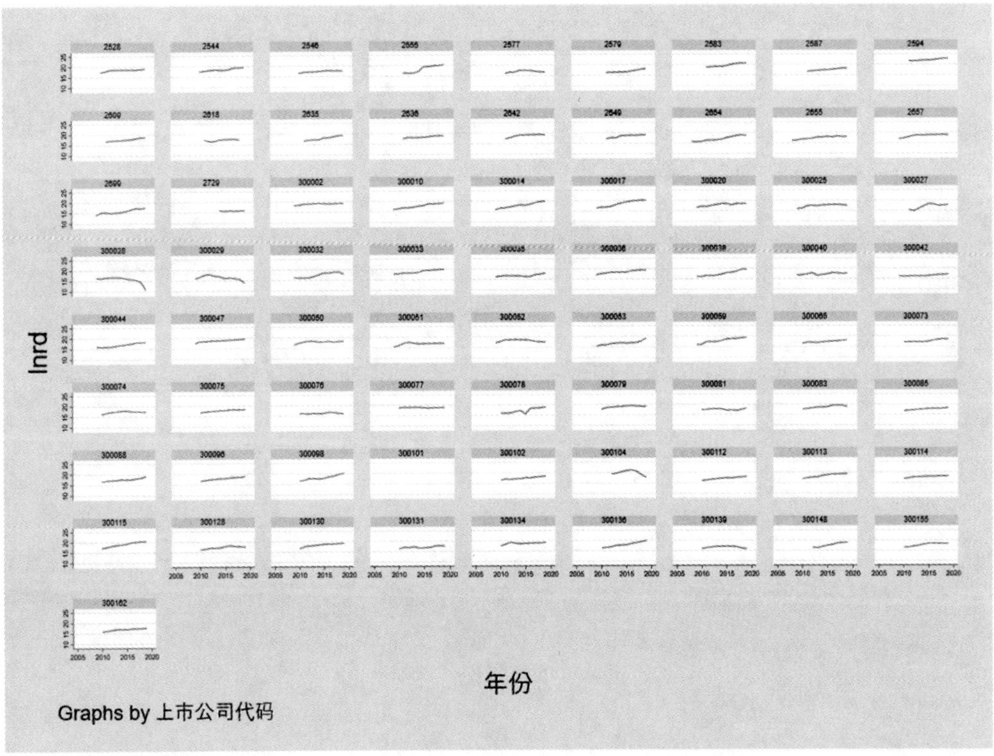

（c）

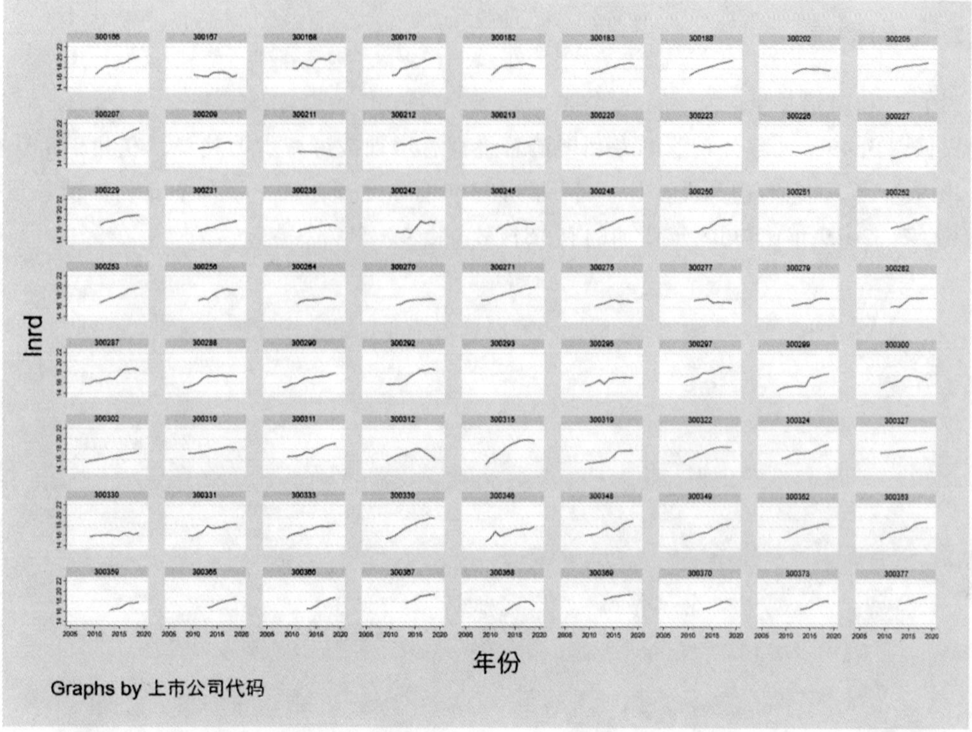

(d)

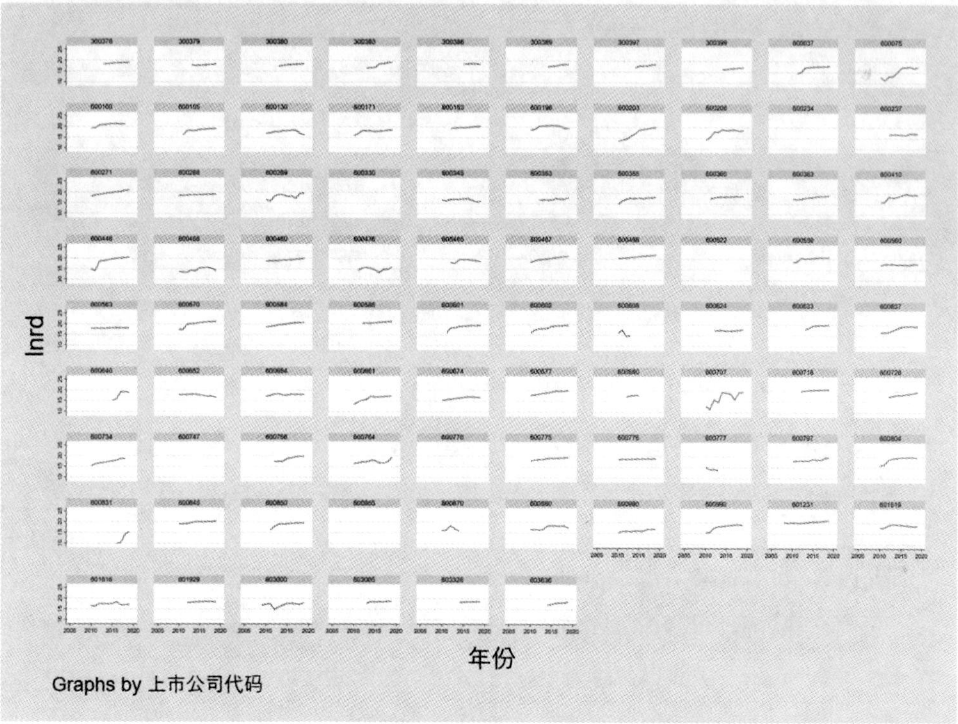

(e)

图 3.48　新一代信息产业上市公司研发投入示意图

2. 专利情况

（1）专利申请总量。

根据图 3.49，大部分企业的专利申请总量都有增加或者减少的趋势，在共 378 家企业中，2019 年比 2005 年减少或者几乎持平的有 186 家，占 50.68%，其中专利申请总量为 0 的有 61 家。2019 年比 2005 年增加的有 181 家，占 49.31%。

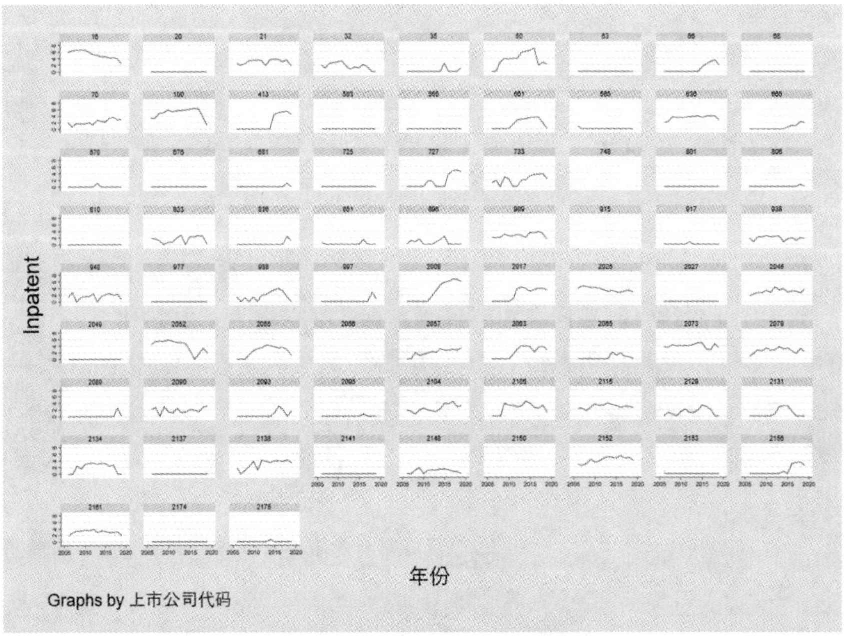

(a)

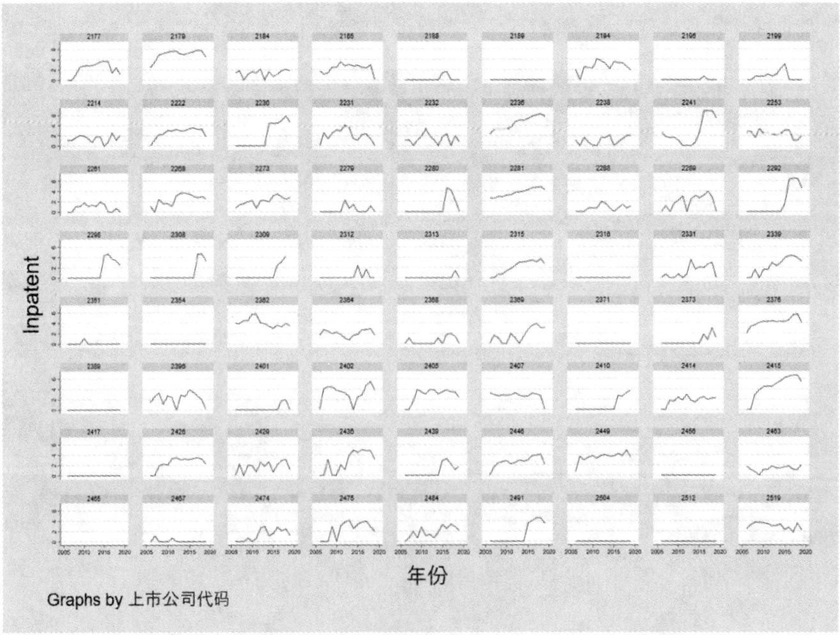

(b)

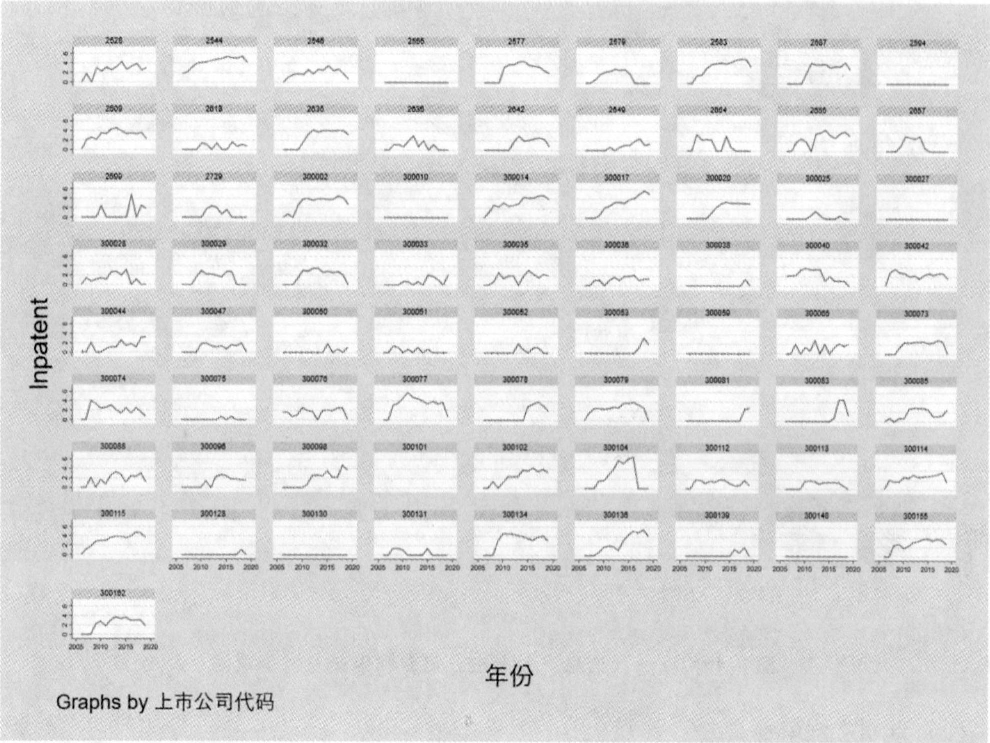

(c)

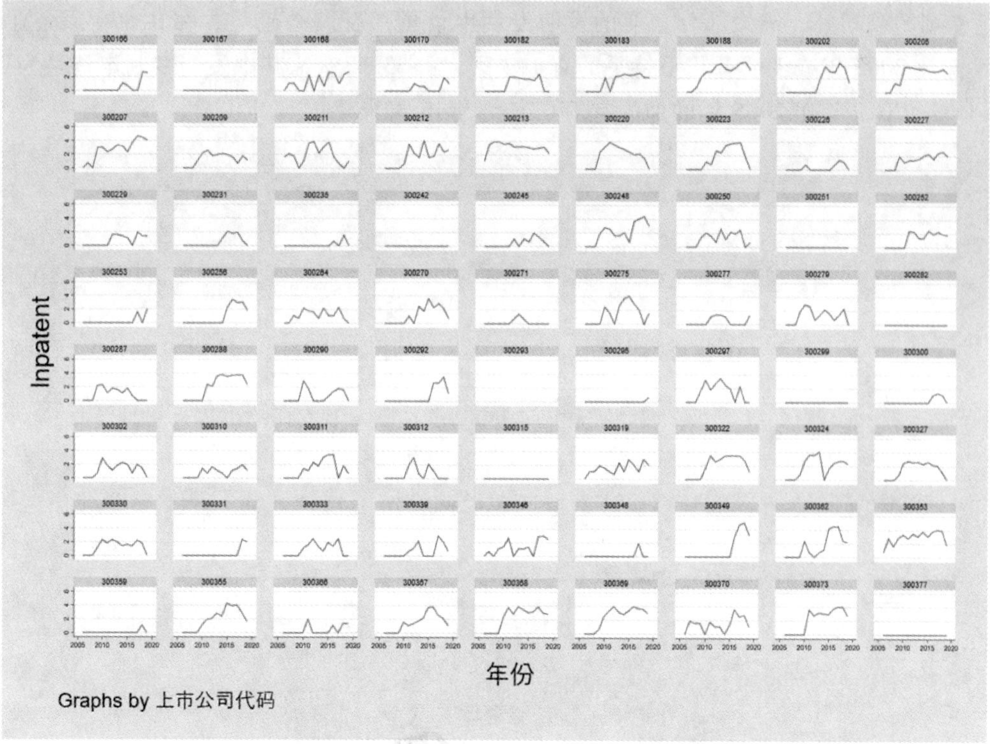

(d)

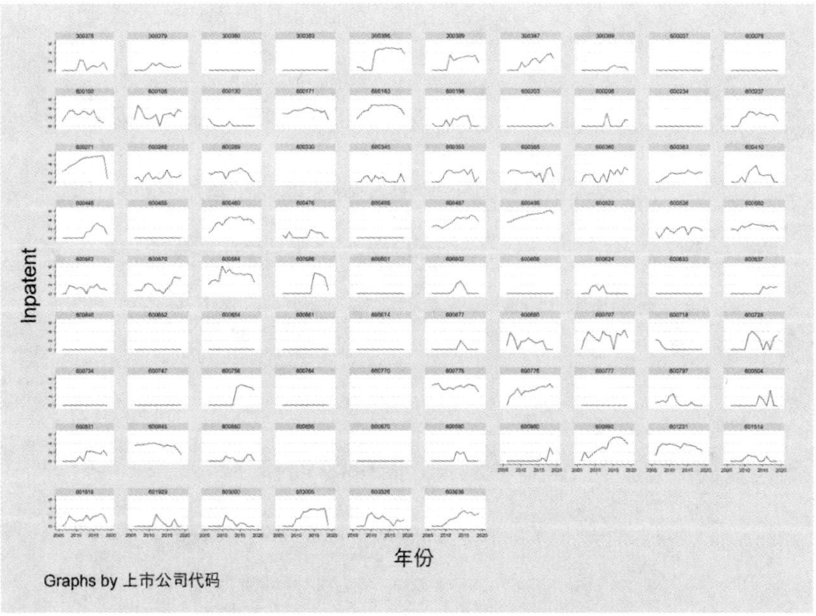

(e)

图 3.49　新一代信息产业上市公司专利申请总量示意图

（2）发明专利申请量。

根据图 3.50，发明专利申请量的情况和专利申请总量的情况基本一致。除了少数没有申请专利的公司外，绝大部分企业的发明专利申请量都有波动趋势，在共 378 家企业中，2019 年比 2005 年减少或者几乎持平的有 197 家，占 53.68%，其中发明专利申请量为 0 的有 61 家。2019 年比 2005 年增加的有 170 家，占 46.32%。

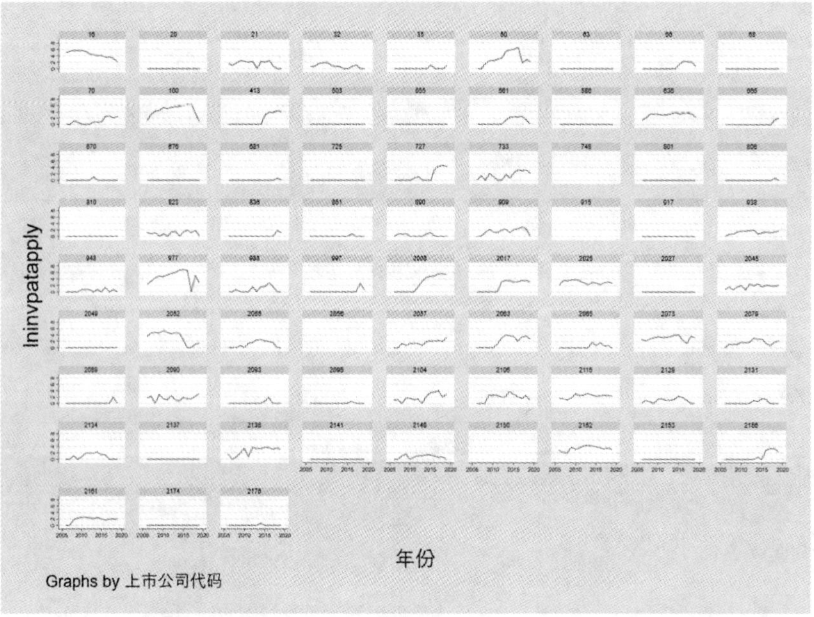

(a)

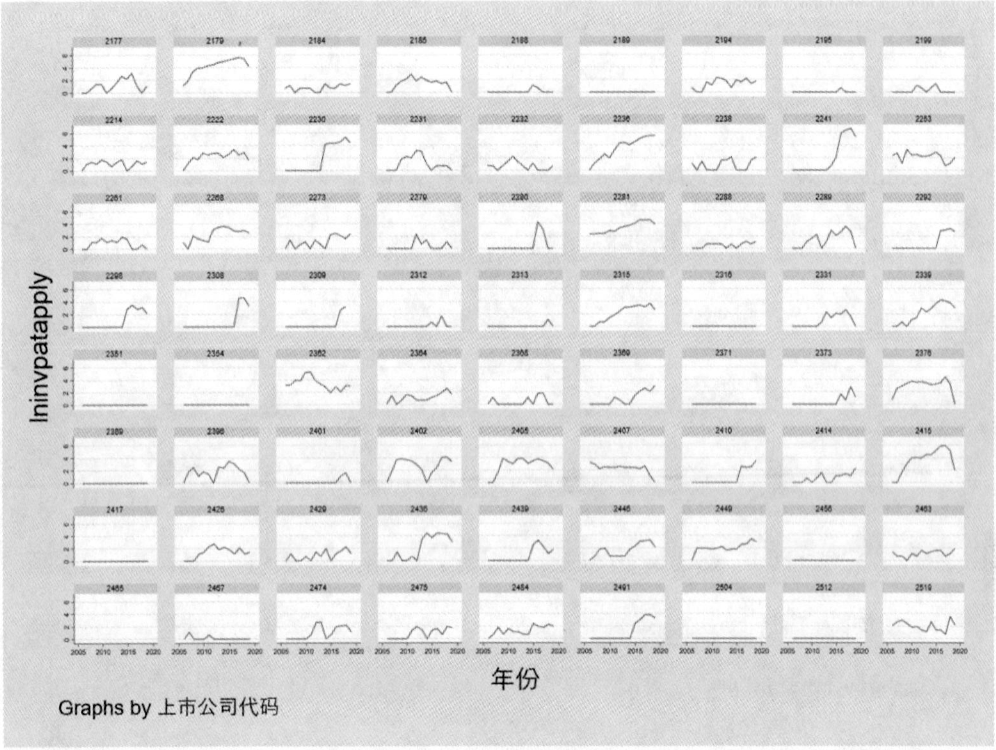
lninvpatapply
年份
Graphs by 上市公司代码

(b)

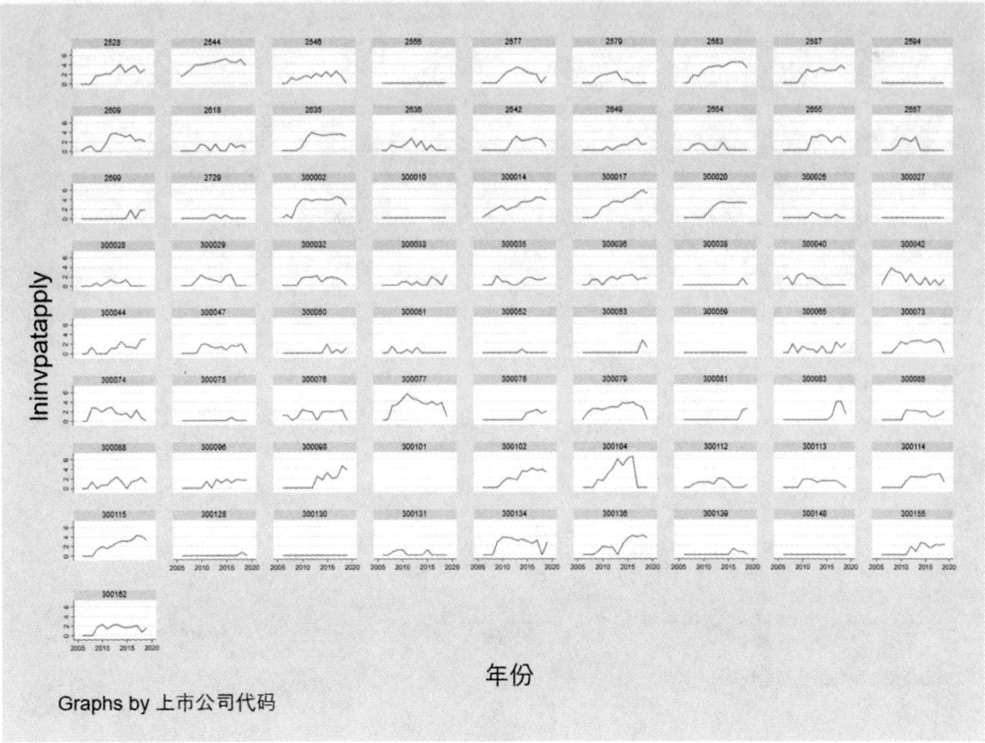
lninvpatapply
年份
Graphs by 上市公司代码

(c)

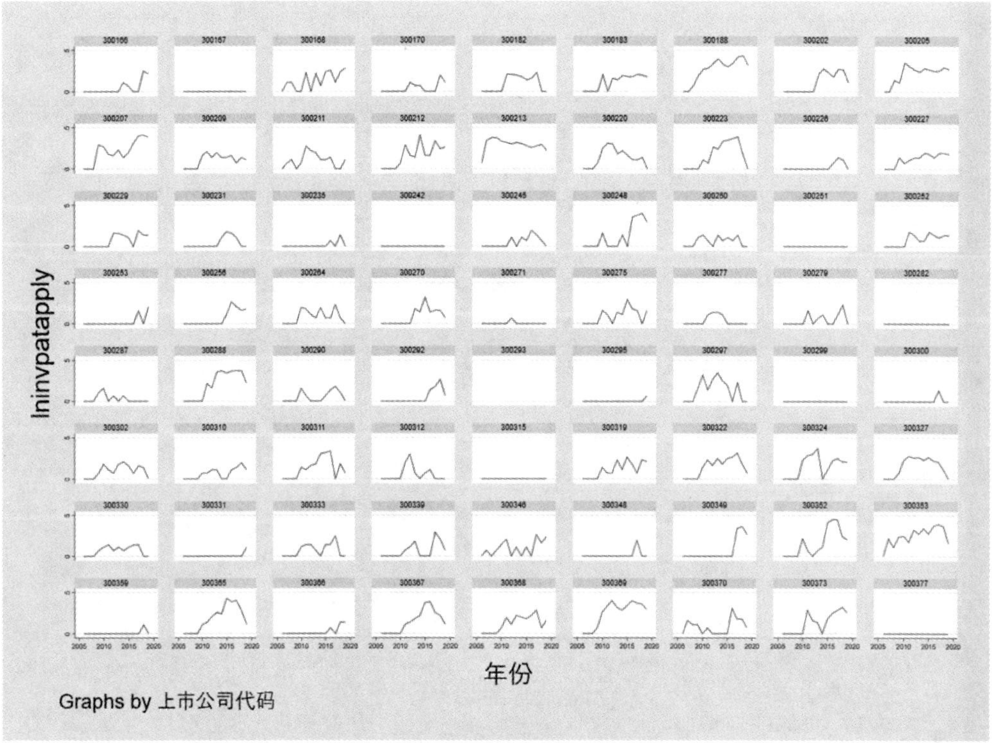

(d)

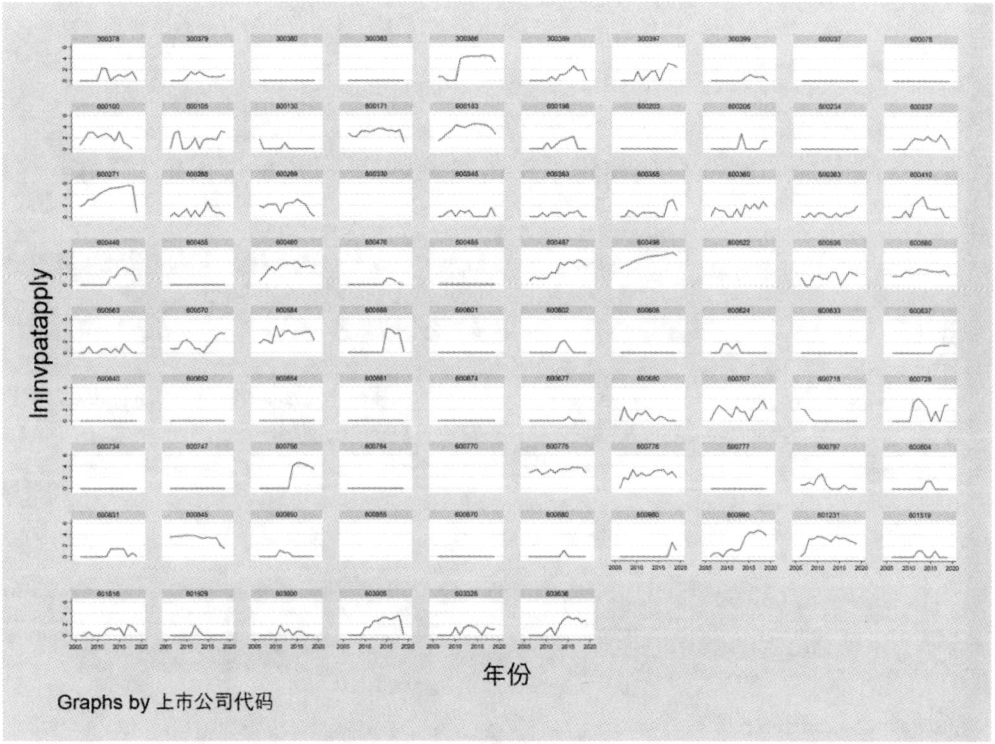

(e)

图 3.50　新一代信息产业上市公司发明专利申请量示意图

（3）发明专利授权量。

根据图 3.51，在共 378 家企业中，除了部分没有发明专利授权量的公司和部分发明专利授权量增加的企业外，绝大部分企业的发明专利授权量都有先增加再减少的趋势，2019 年比 2005 年减少或者几乎持平的有 365 家，占 99.46%，其中发明专利授权量为 0 的有 94 家。2019 年比 2005 年增加的 2 家，分别是 000727、002241。

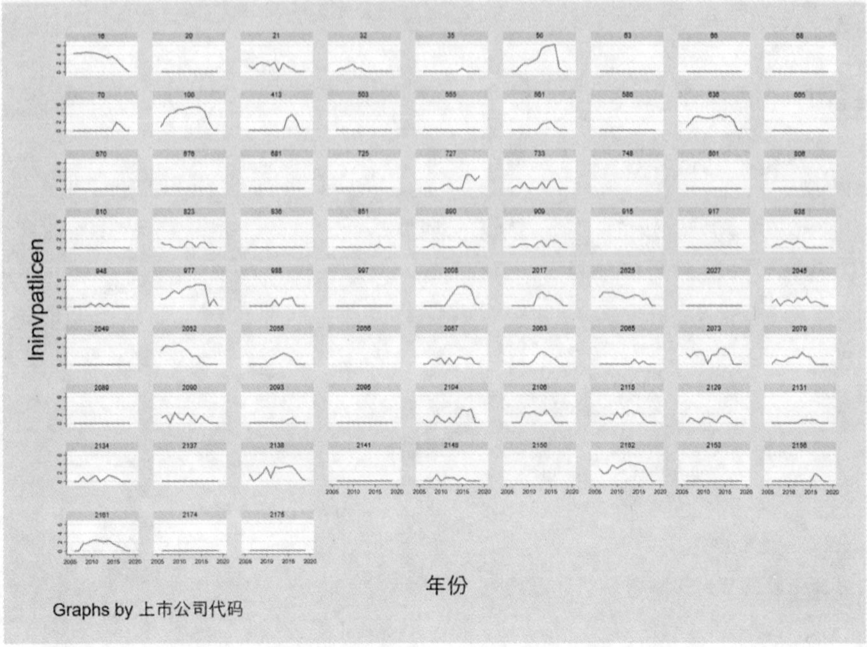

（a）

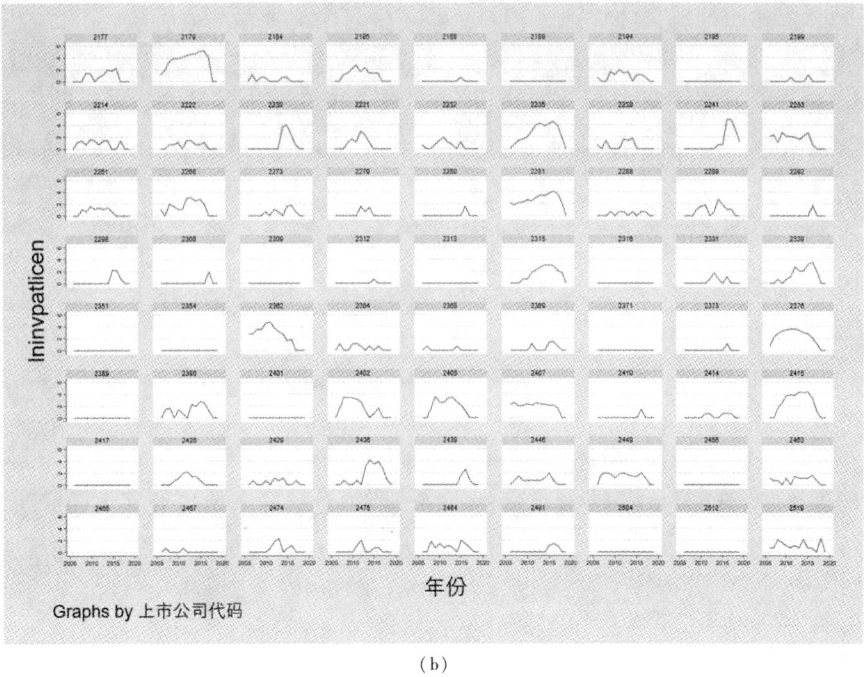

（b）

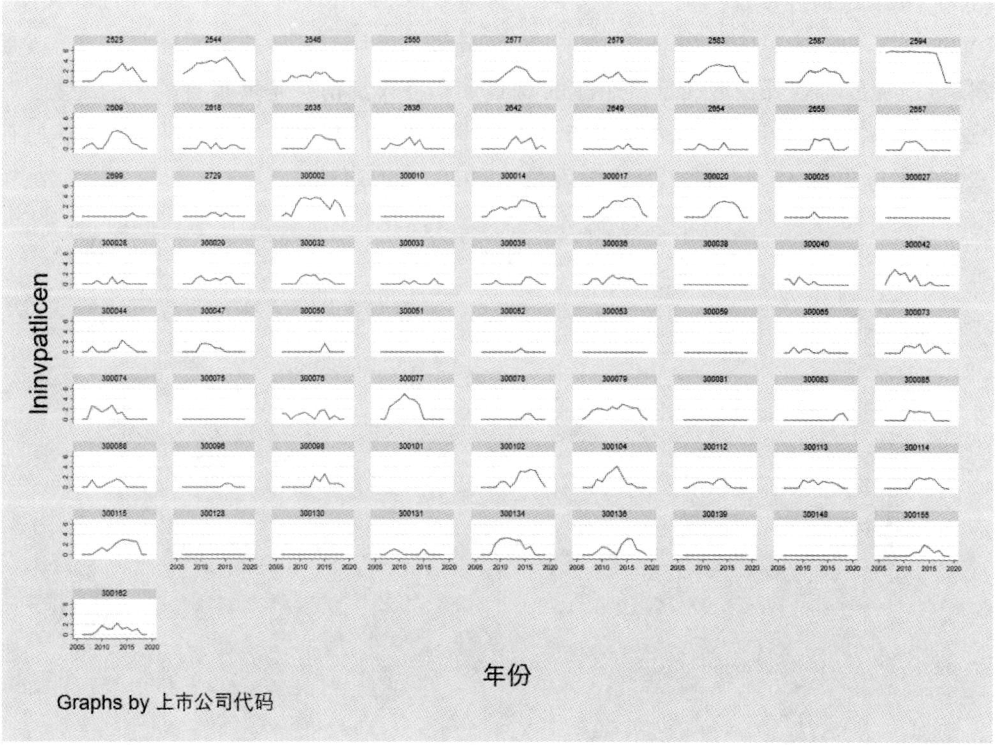
lninvpatlicen
年份
Graphs by 上市公司代码

（c）

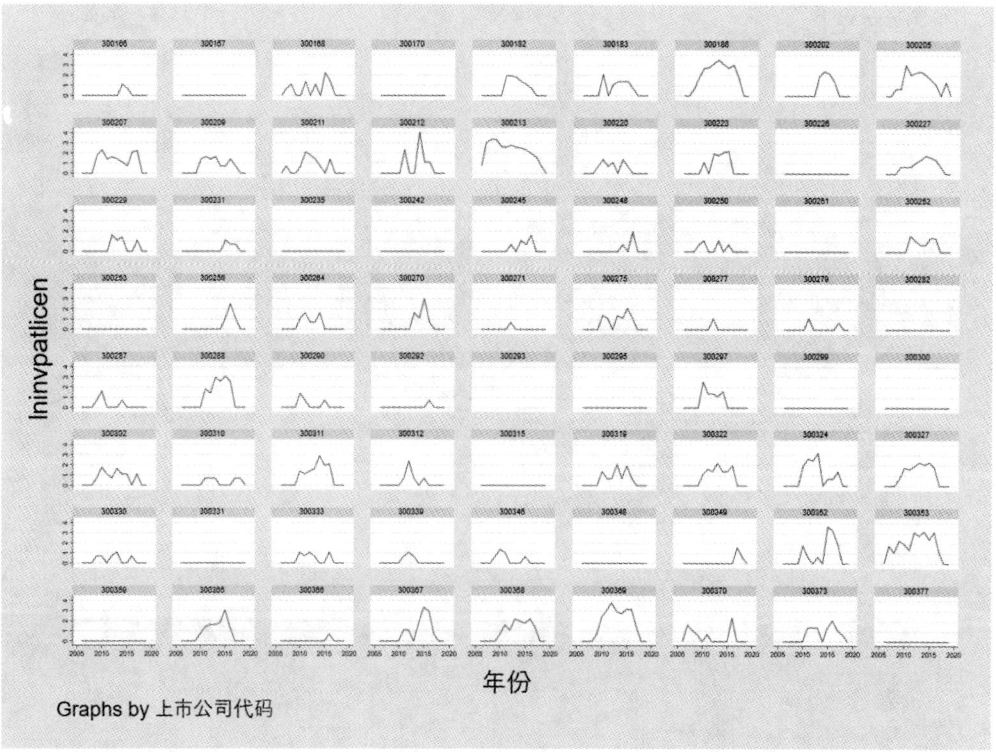
lninvpatlicen
年份
Graphs by 上市公司代码

（d）

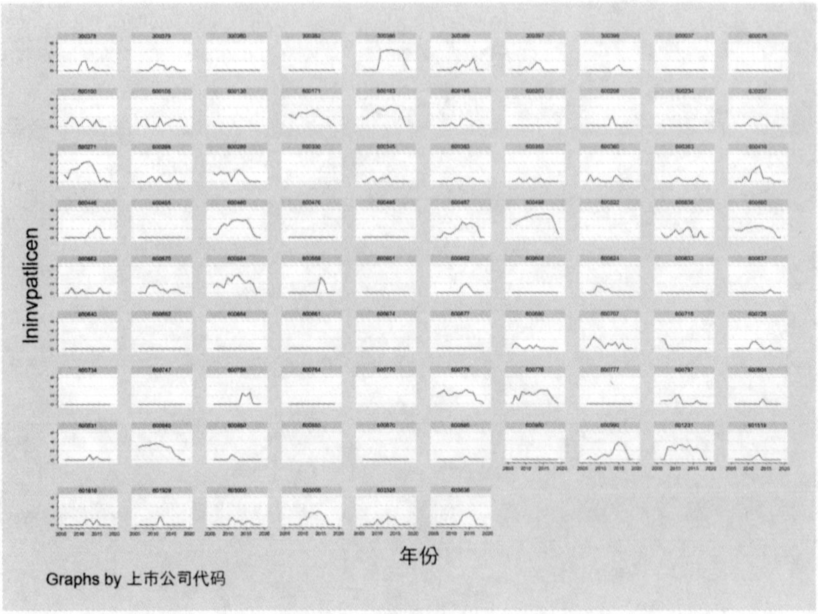

(e)

图 3.51 新一代信息产业上市公司发明专利授权量示意图

(4) 绿色专利授权总量。

根据图 3.52，大部分企业的绿色专利授权总量维持在低水平，小部分企业的绿色专利授权总量在波动上升。在共 378 家企业中，2019 年比 2005 年增加的有 58 家，占 15.8%。2019 年比 2005 年减少或几乎持平的有 292 家，占 79.56%，其中绿色专利授权总量始终为 0 的有 234 家，占 63.76%。

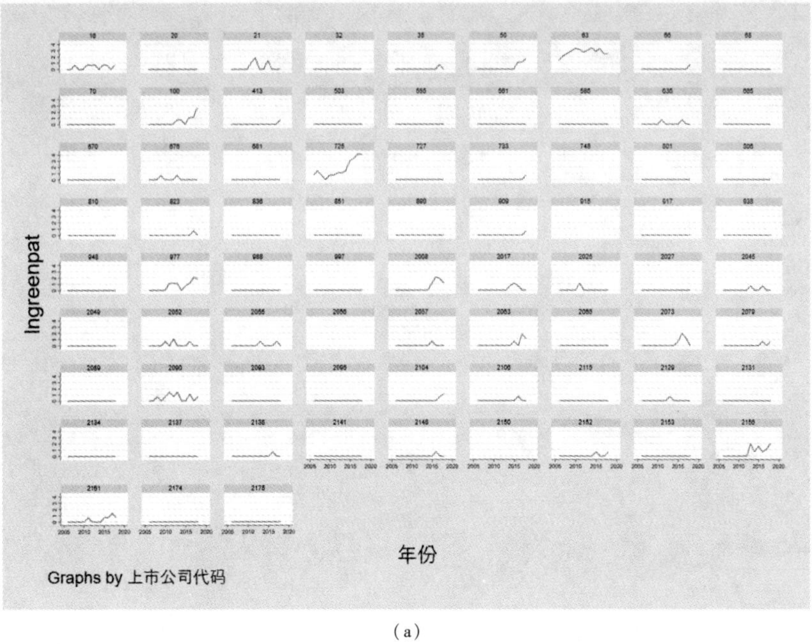

(a)

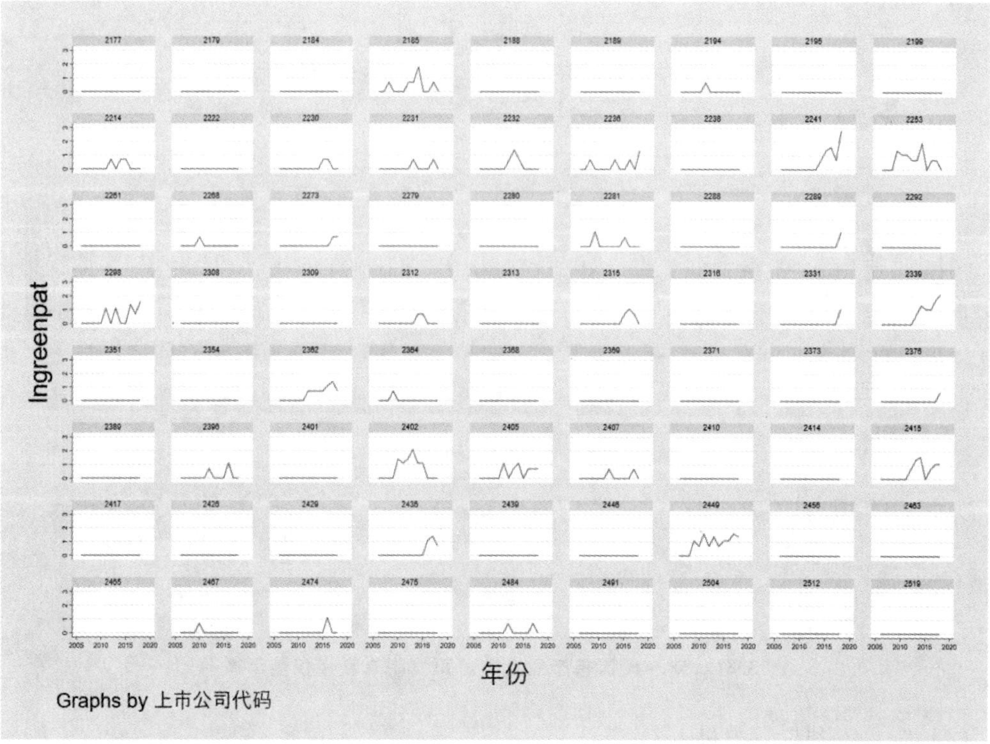
lngreenpat
年份
Graphs by 上市公司代码

(b)

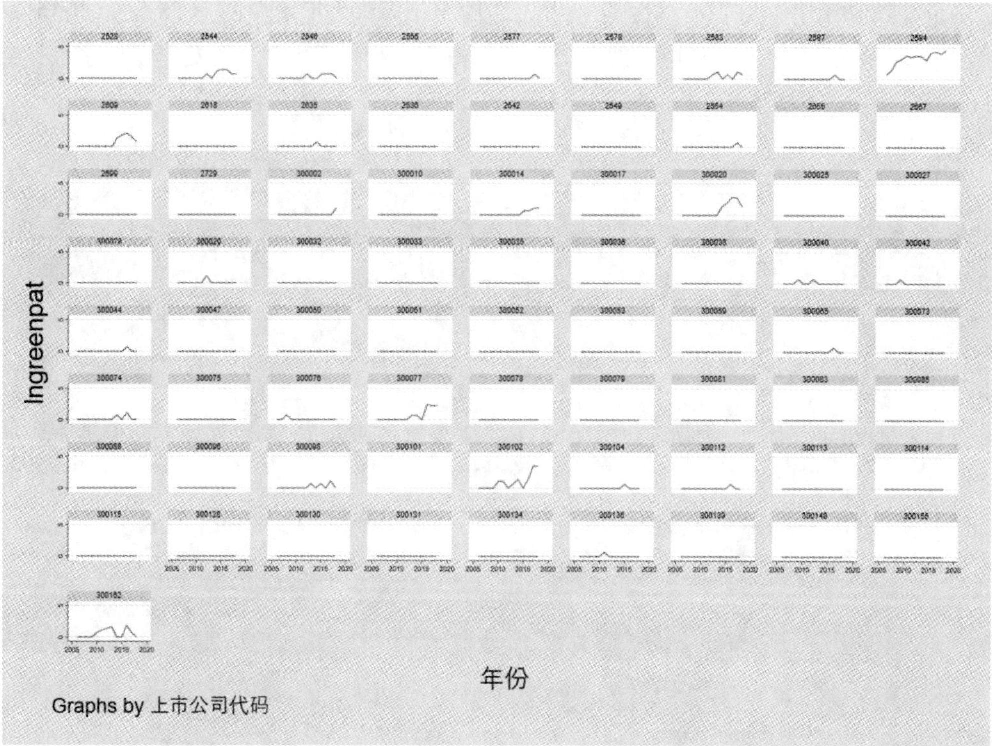
lngreenpat
年份
Graphs by 上市公司代码

(c)

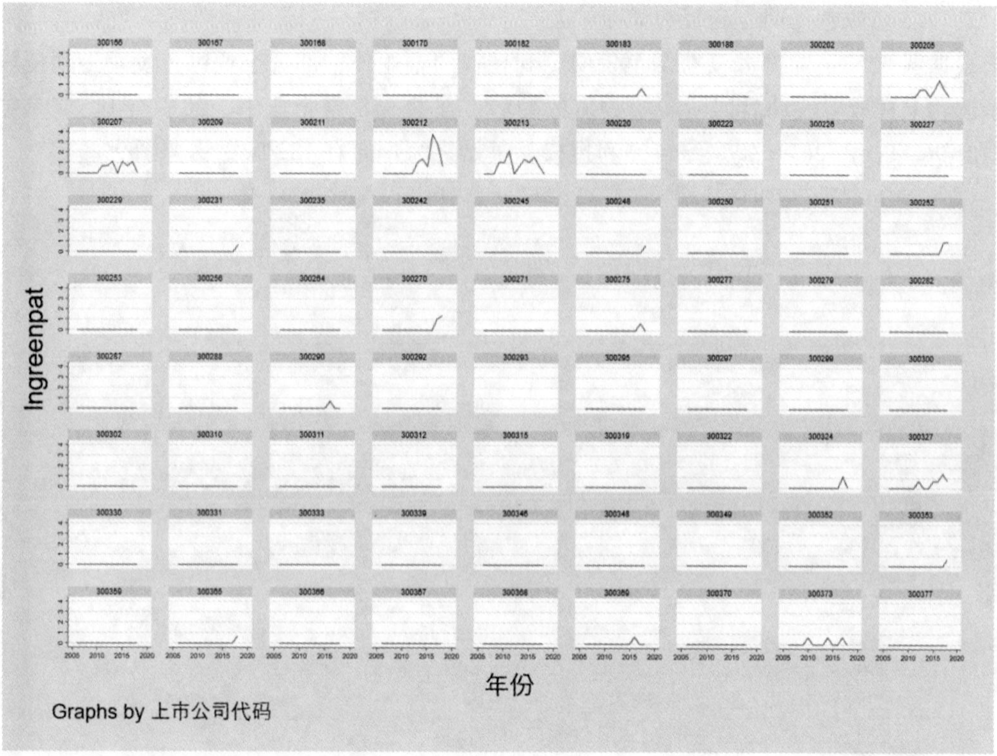

(d)

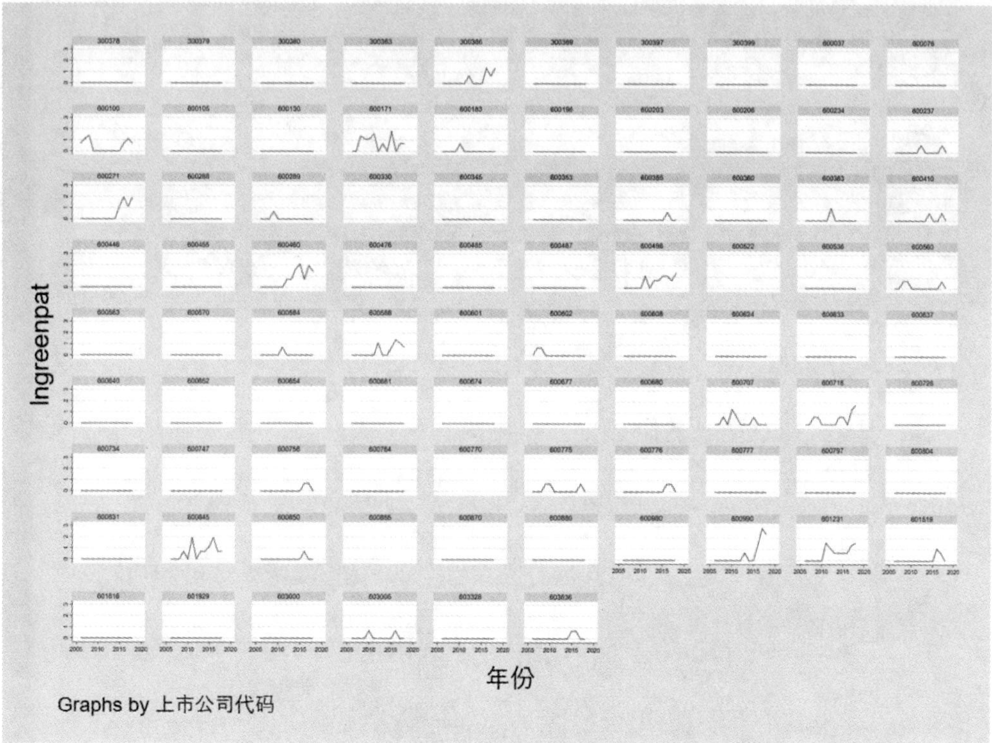

(e)

图 3.52　新一代信息产业上市公司绿色专利授权总量示意图

（5）绿色发明专利授权总量。

根据图 3.53，除部分没有绿色发明专利授权的企业外，部分企业绿色发明专利授权总量呈波动上升或者波动后回归初始数值的趋势。在共 378 家企业中，2019 年比 2005 年增加的有 96 家，占 26.16%。绿色专利授权总量始终为 0 的有 182 家，占 49.59%。

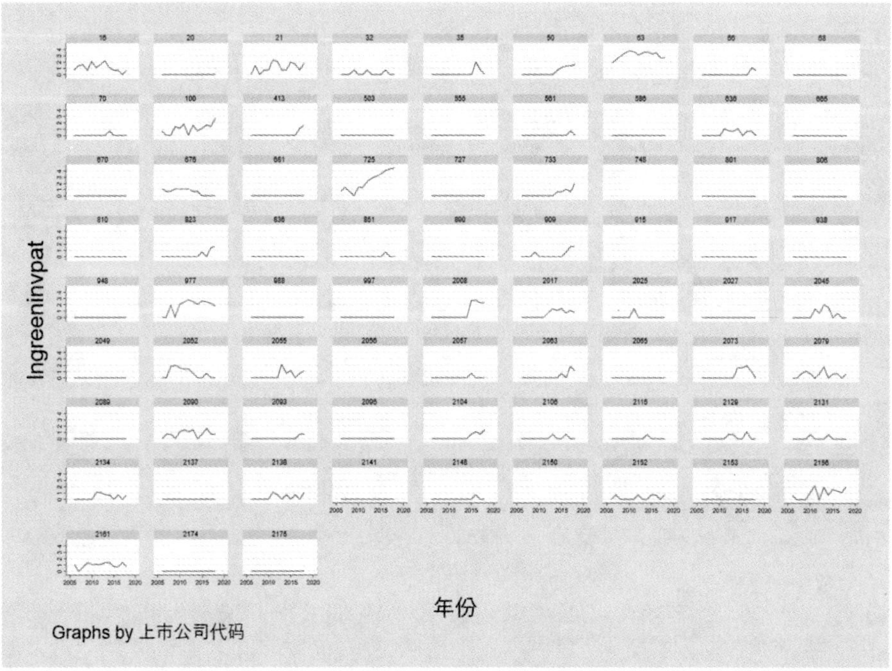

（a）

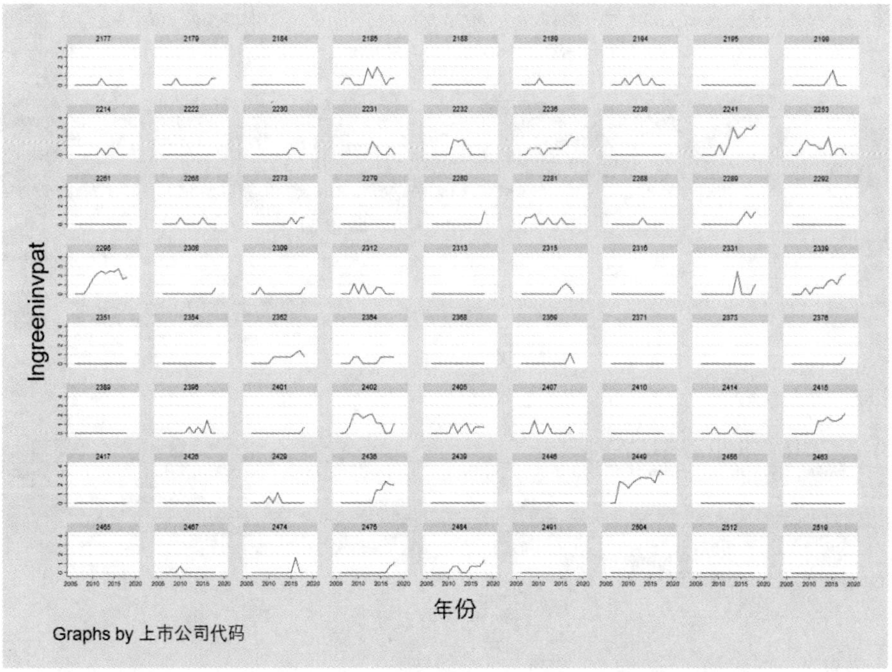

（b）

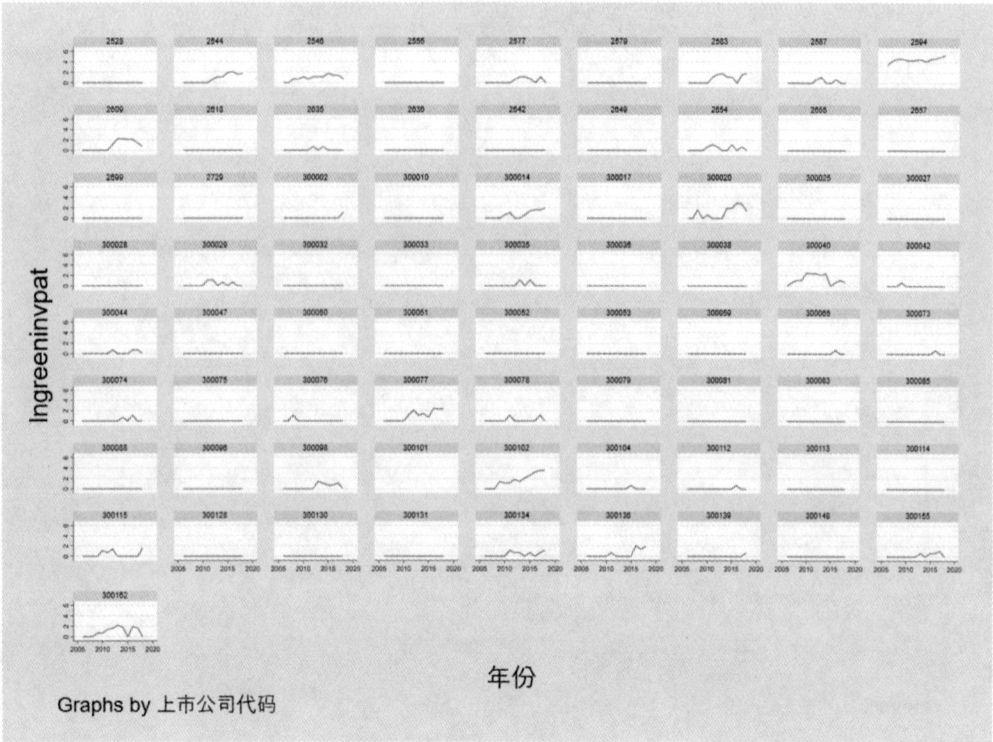
lngreeninvpat
年份
Graphs by 上市公司代码

（c）

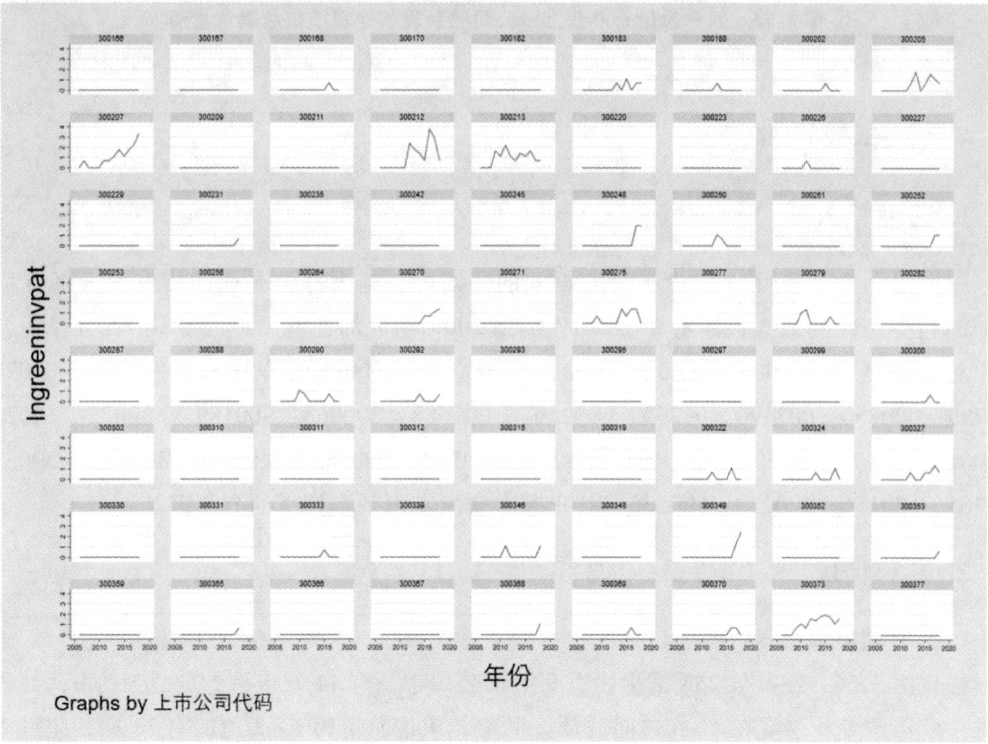
lngreeninvpat
年份
Graphs by 上市公司代码

（d）

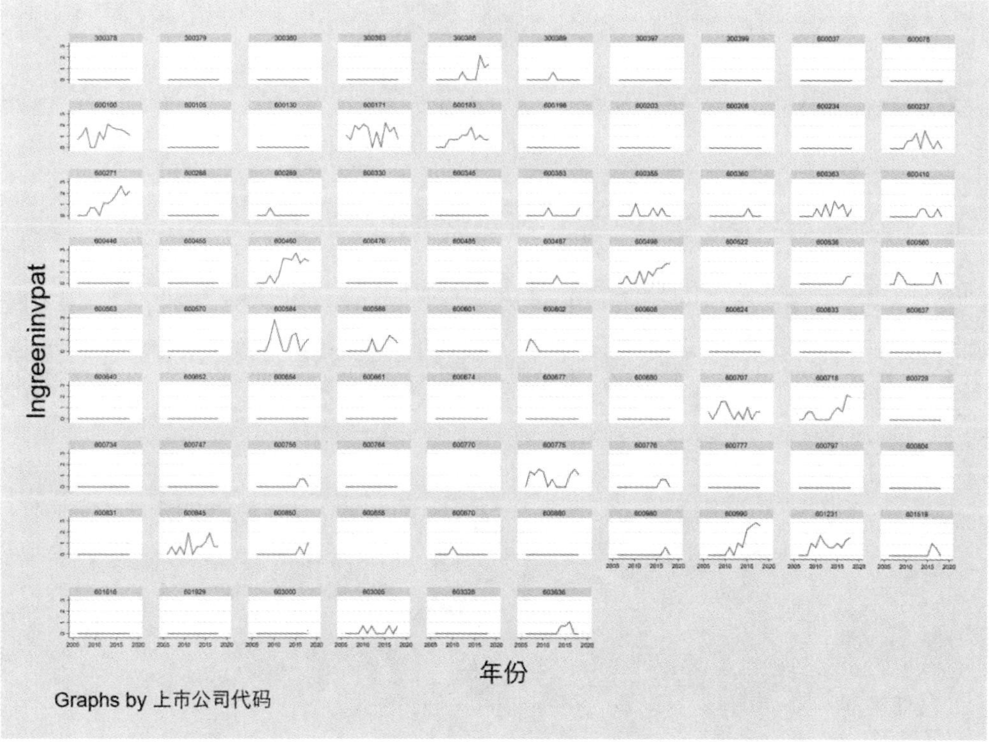

(e)

图 3.53　新一代信息产业上市公司绿色发明专利授权总量示意图

（三）生物产业

1. 研发投入

根据图 3.54，除了 4 家没有研发投入的公司外，绝大部分企业的研发投入都有稳步增加的趋势，在共 233 家企业中，2019 年比 2005 年增加的有 200 家，占 85.837%。波动比较明显的有 000004、000606、000407、000605、000682、000732、000758、000788、000789、000850、002390、002399、002693、002688、300068、300189、600072、600222、600001，共 19 家，研发支出降低的有 000732、000985、002219、300189、300313、300405、600156、600272、600536，共 9 家。研发支出基本持平的有 8 家。

2. 专利情况

（1）专利申请总量。

根据图 3.55，在共计 233 家生物医药上市公司中，有 44 家申请专利总量为 0，其余企业的年度申请专利总量在 0 ~ 6 之间波动。其中，申请总量为 1 ~ 2 项的有 78 家；超过 2 项但不超过 4 项的有 90 家；超过 4 项的有 19 家。

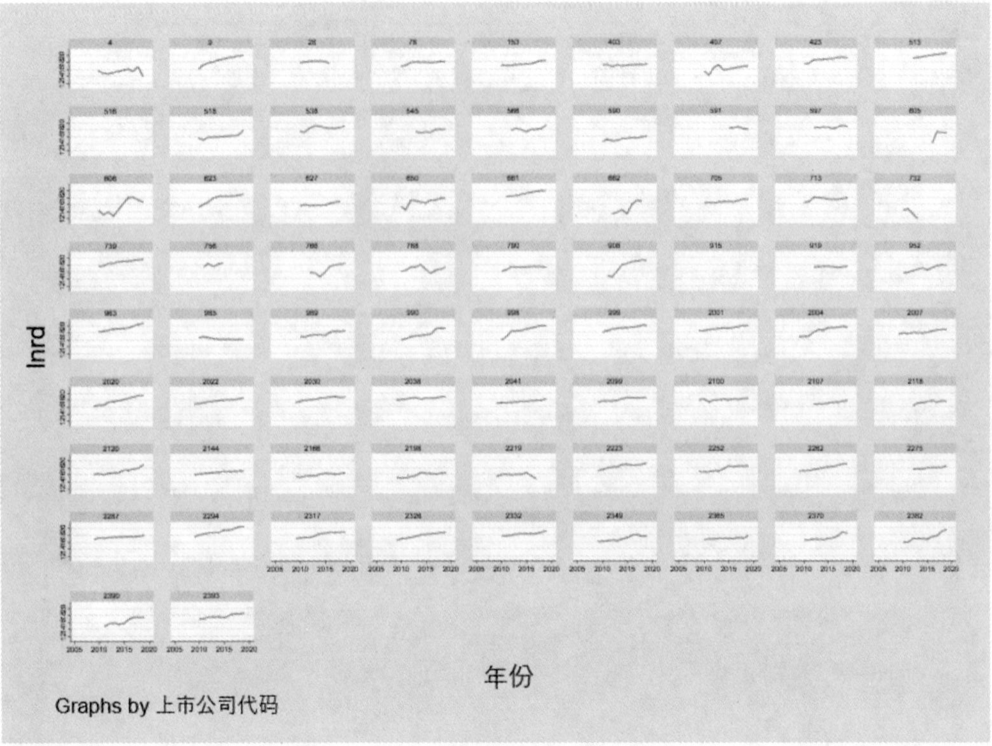

（a）

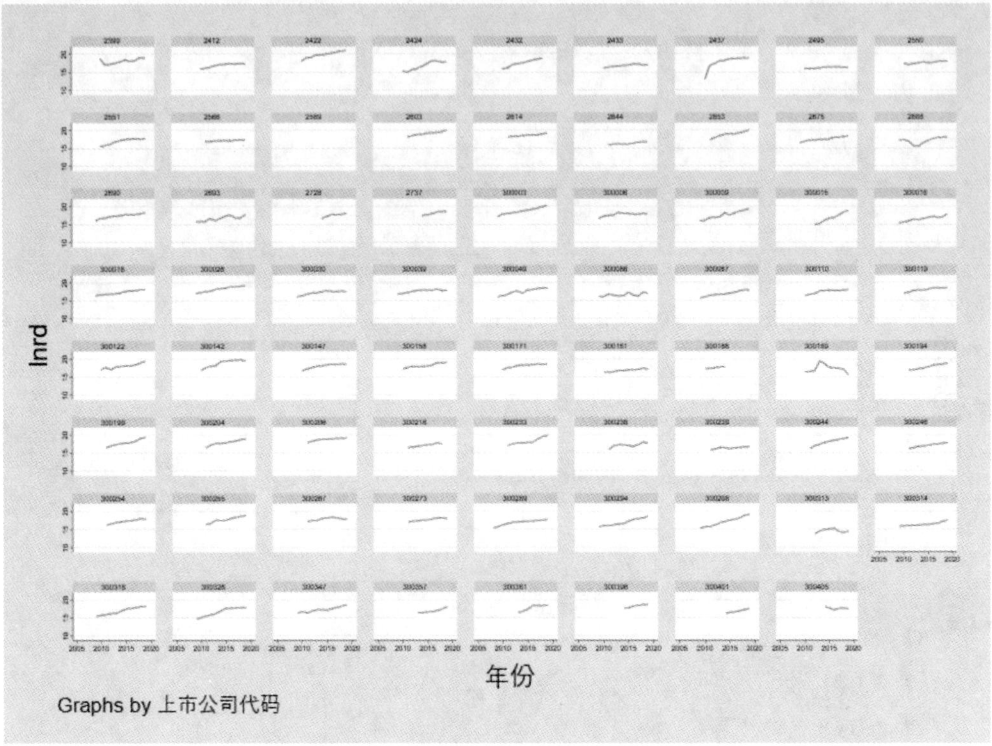

（b）

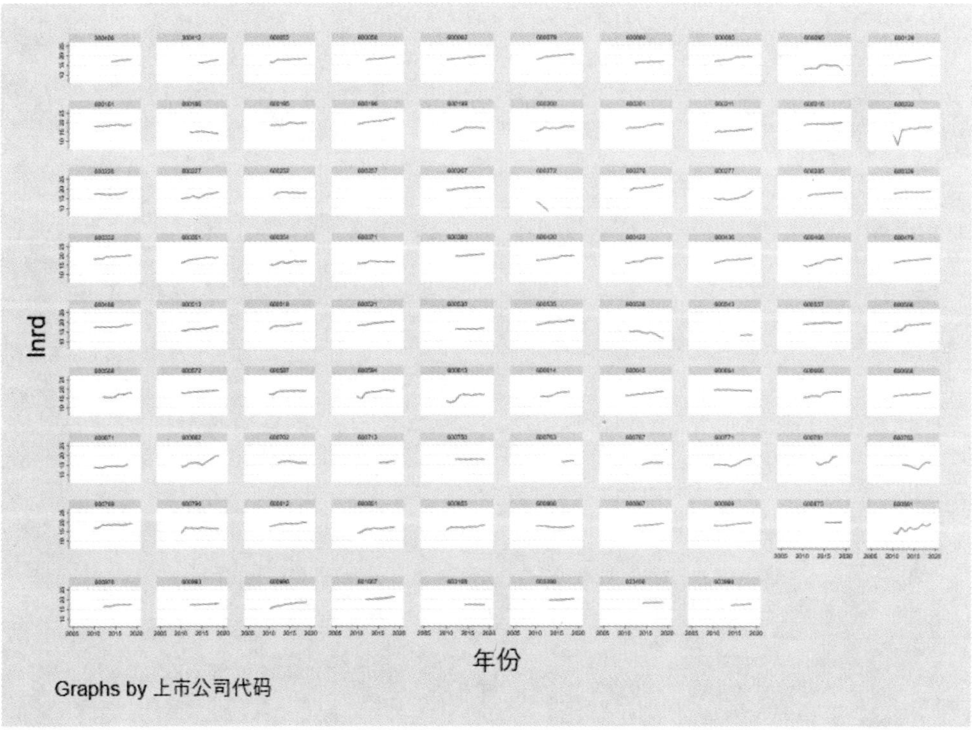

(c)

图 3.54 生物医药产业上市公司研发投入示意图

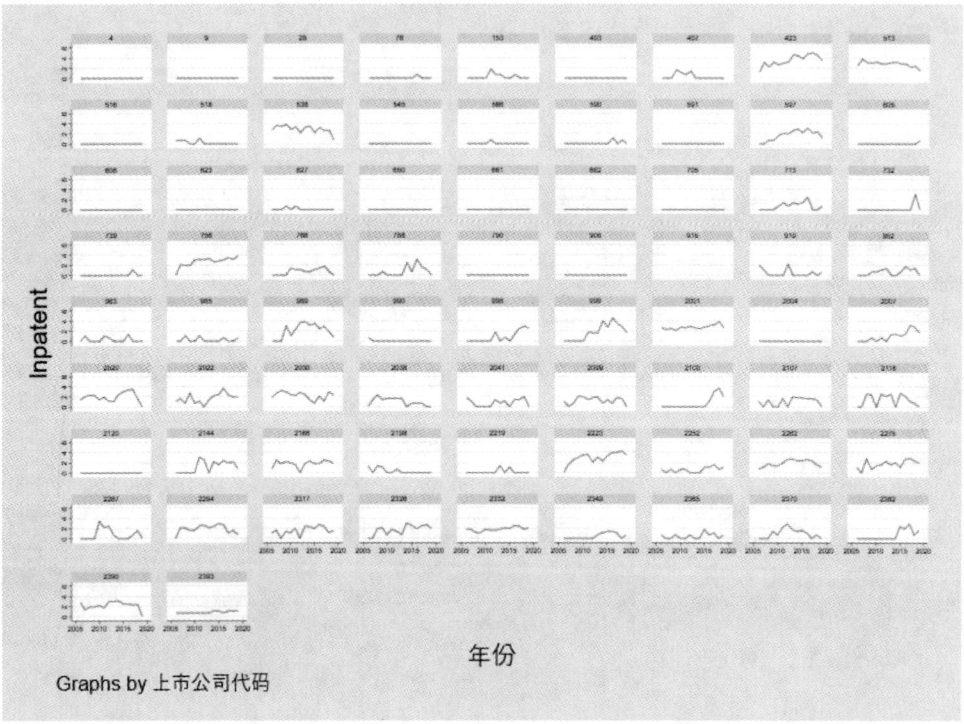

(a)

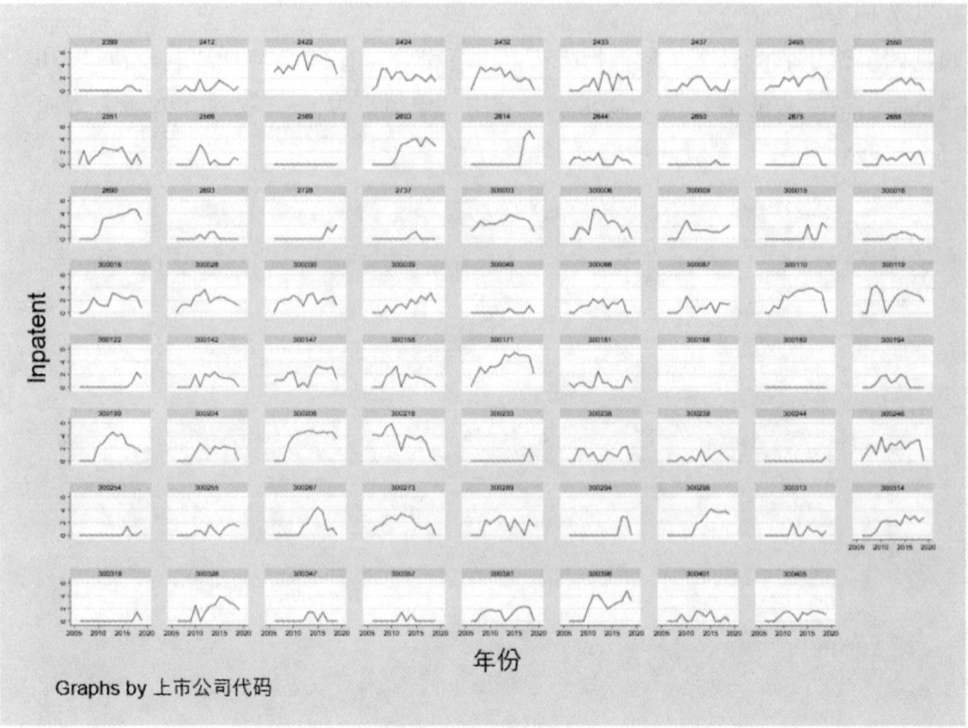

(b)

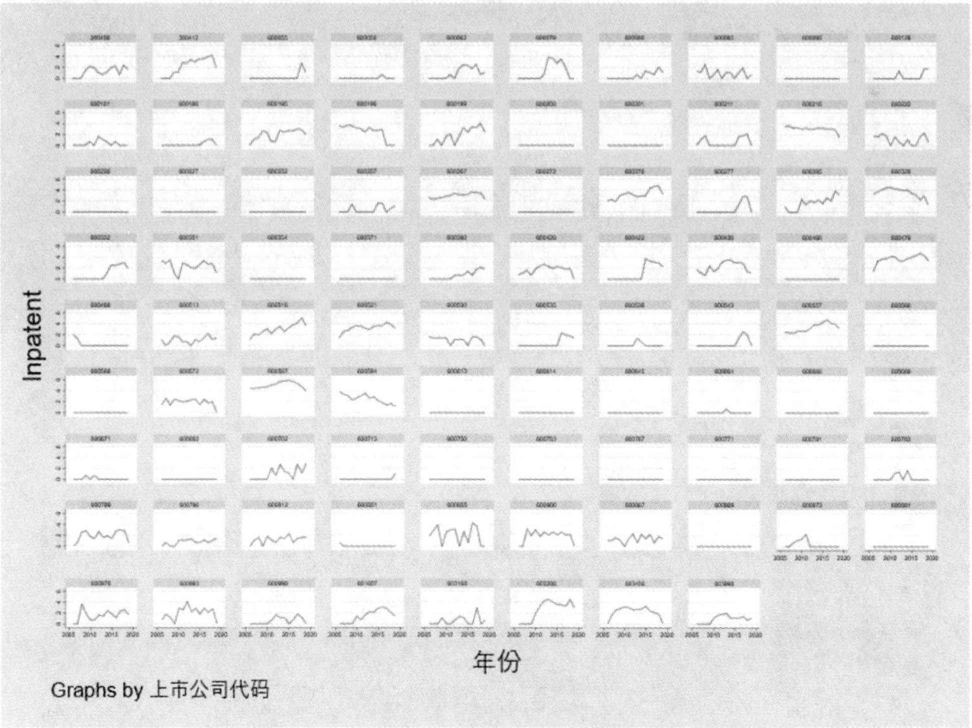

(c)

图 3.55 生物医药产业上市公司专利申请总量示意图

（2）发明专利申请量。

根据图 3.56，在共计 233 家生物医药上市公司中，有 50 家发明专利申请量为 0，其余企业年发明申请专利量在 0 ~ 5 之间波动。其中，申请量为 1 ~ 2 项的有 92 家；超过 2 项但不超过 4 项的有 80 家；超过 4 项的有 12 家。

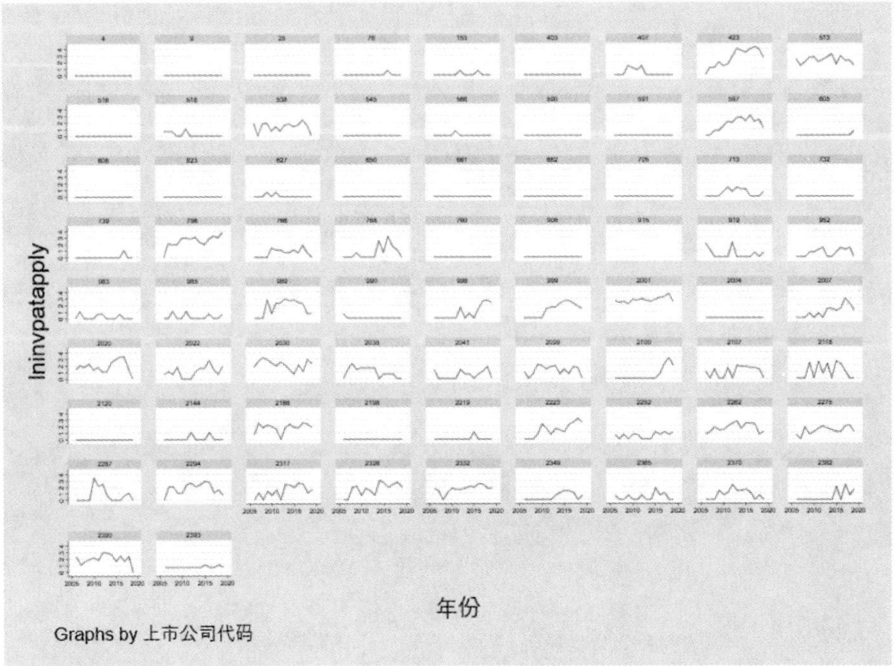

（a）

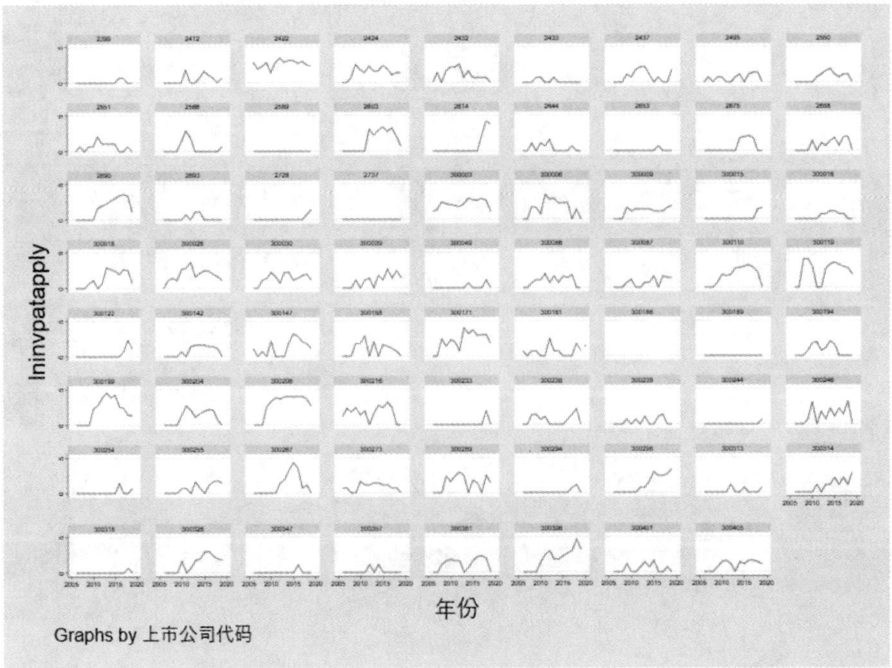

（b）

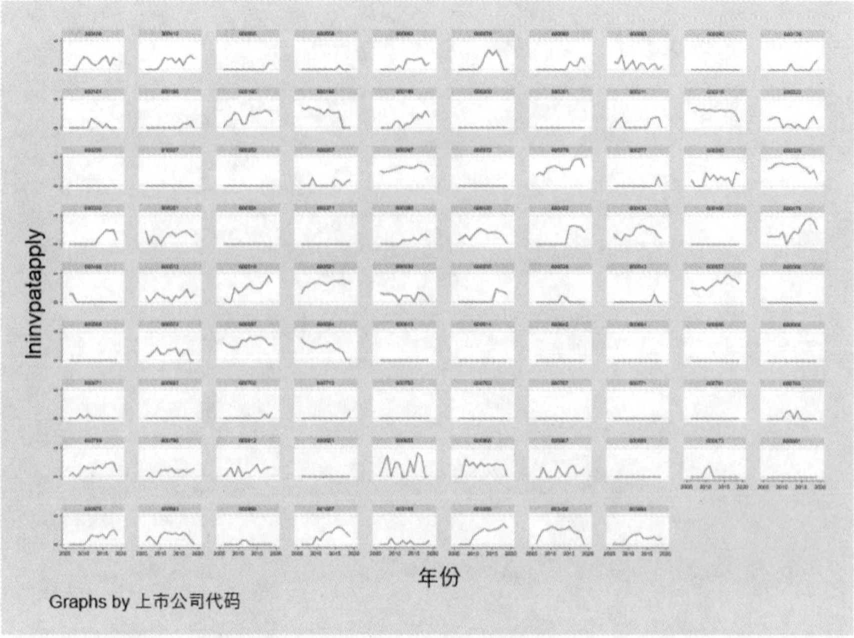

(c)

图 3.56 生物医药产业上市公司发明专利申请量示意图

(3) 发明专利授权量。

根据图 3.57，在共计 233 家生物医药上市公司中，有 70 家发明专利授权量为 0，占 30.04%，整个行业发明专利授权量在 0～4 波动。其中，授权量为 1～2 项的有 103 家，占 44.20%；超过 2 项但少于 4 项的有 58 家；超过 4 项的有 1 家。

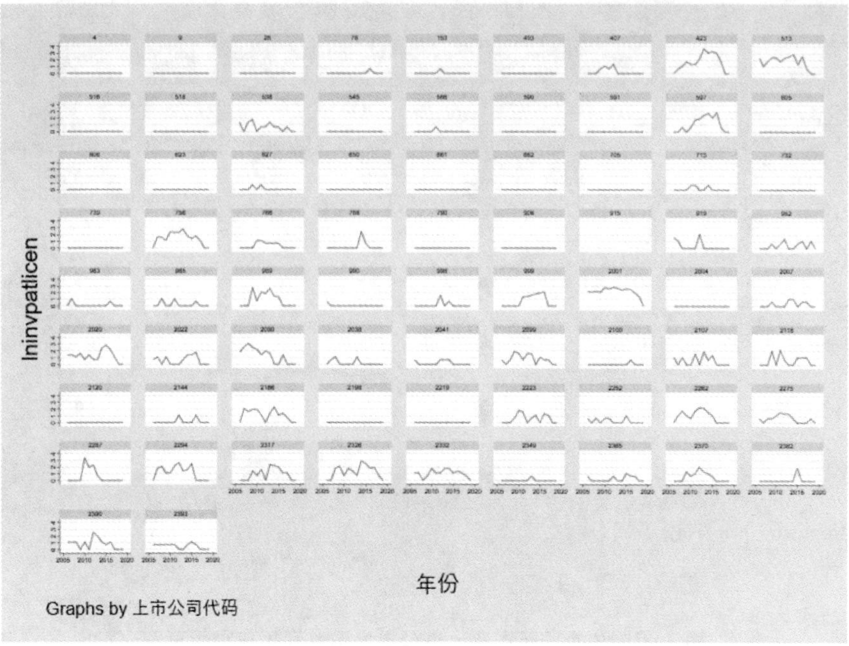

(a)

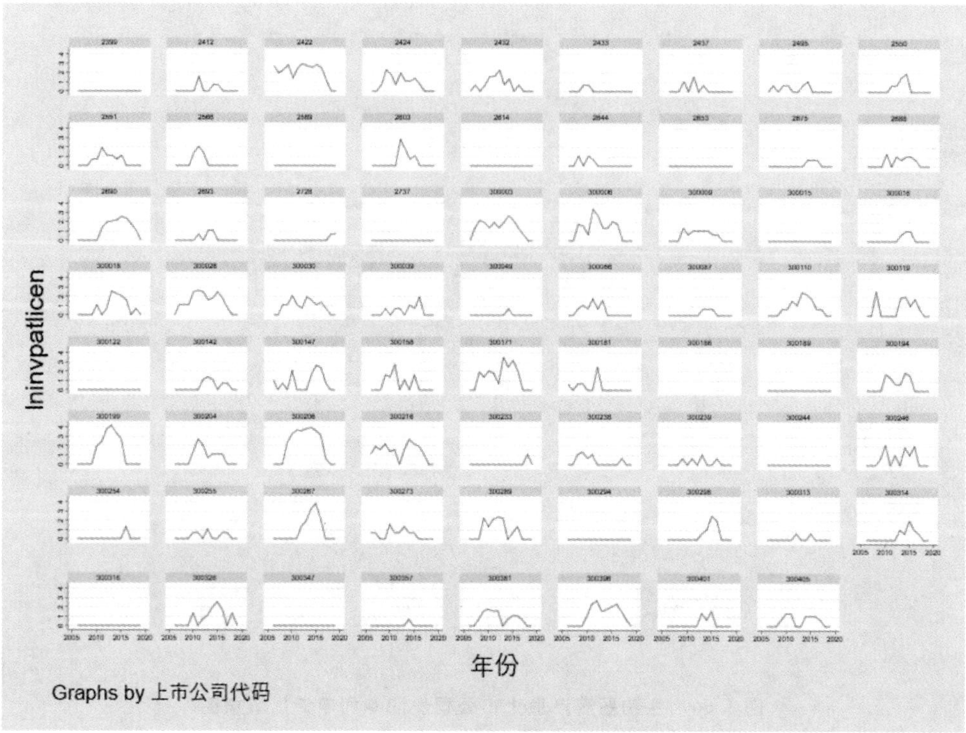

(b)

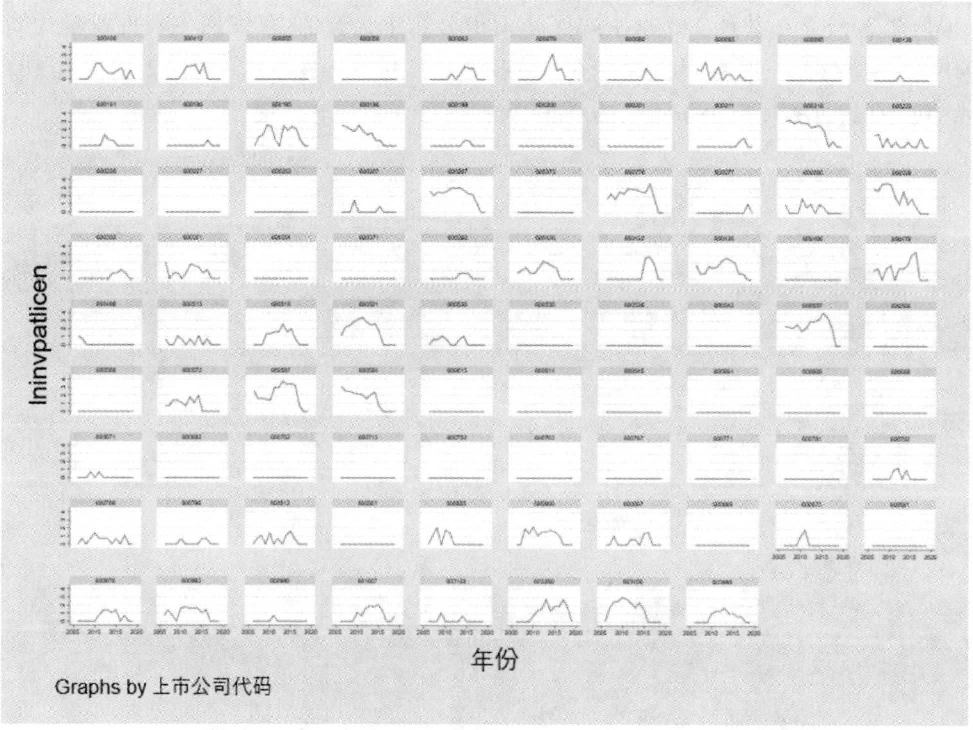

(c)

图 3.57　生物医药产业上市公司发明专利授权量示意图

（4）绿色专利授权总量。

根据图 3.58，在 233 家生物医药上市公司中，有 202 家绿色专利授权总量为 0，占 86.59%，绝大部分公司都不具有绿色专利授权，整个行业绿色专利授权总量维持在 0～2 之间，授权总量少。在小部分拥有绿色专利授权的公司中，授权量不超过 1 项的有 23 家；超过 1 项但不超过 2 项的有 5 家；超过 2 项的有 1 家。

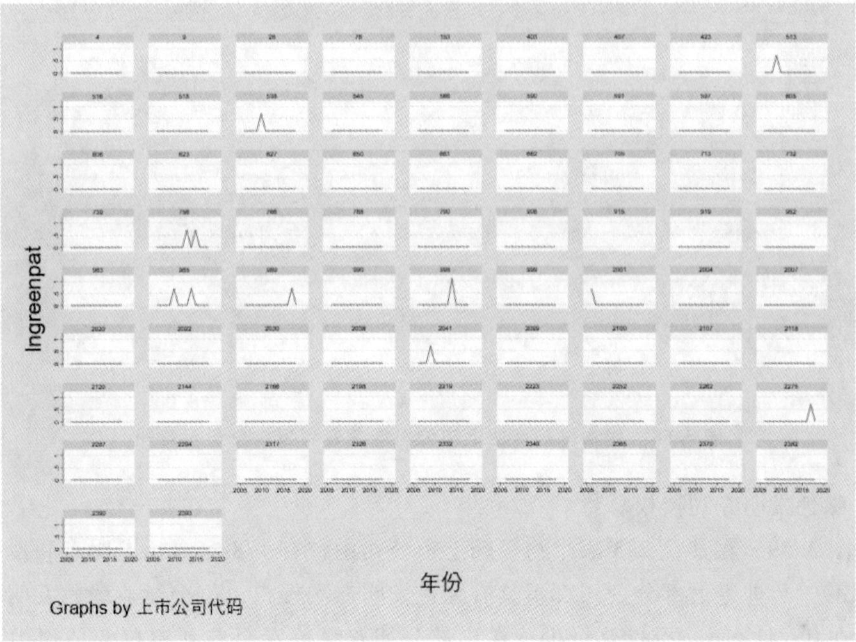

（a）

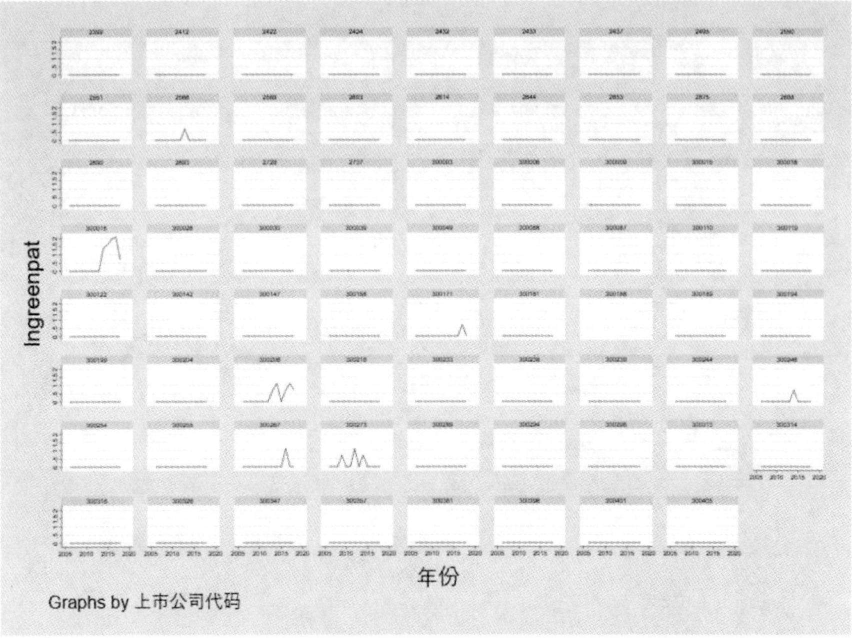

（b）

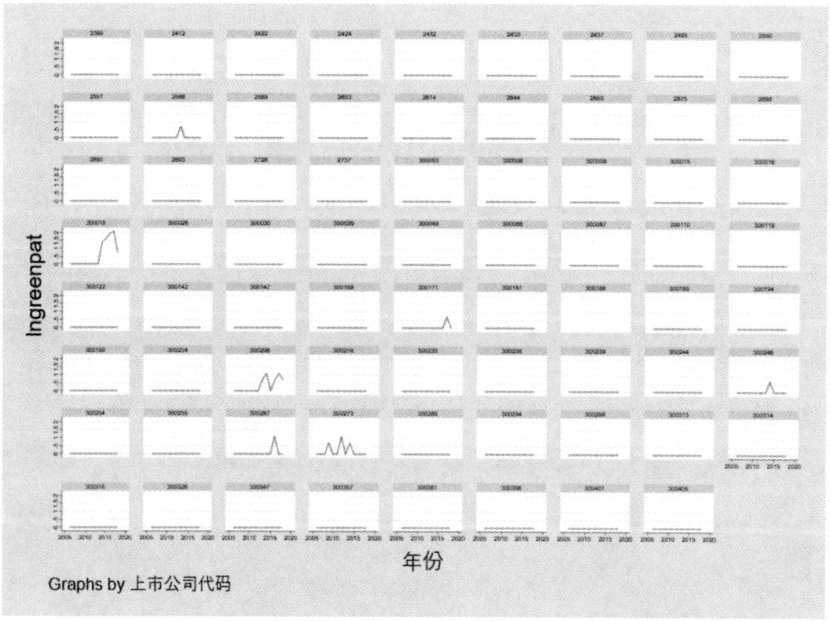

（c）

图 3.58　生物医药产业上市公司绿色专利授权总量示意图

（5）绿色发明专利授权总量。

根据图 3.59，在共计 233 家生物医药上市公司中，有 178 家绿色发明专利授权总量为 0，占 76.39%，即绝大部分公司都不具有绿色发明专利授权，整个行业绿色发明专利授权总量维持在 0～4 之间，授权总量少。在小部分拥有绿色发明专利授权的公司中，授权量不超过 1 项的有 36 家；超过 1 项但不超过 2 项的有 15 家；超过 2 项的有 2 家。

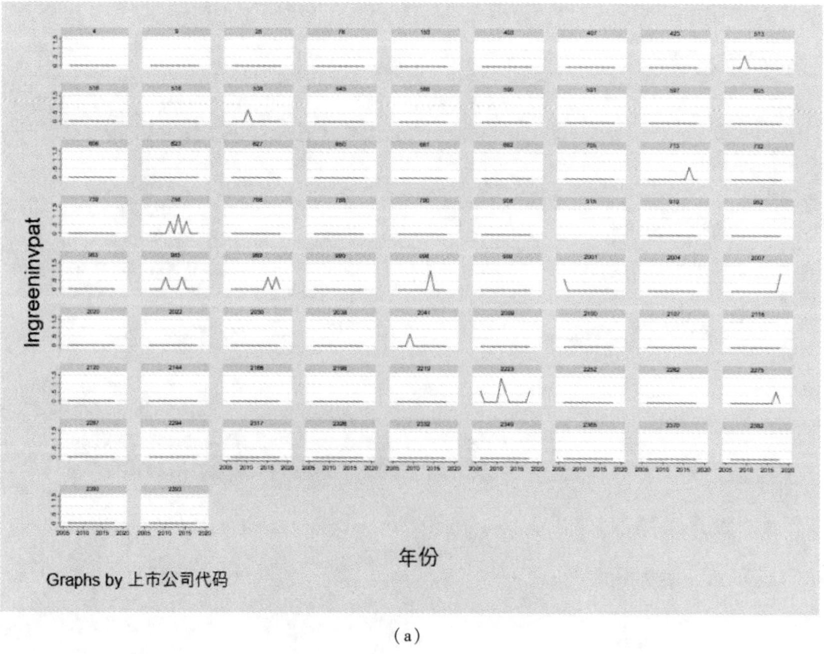

（a）

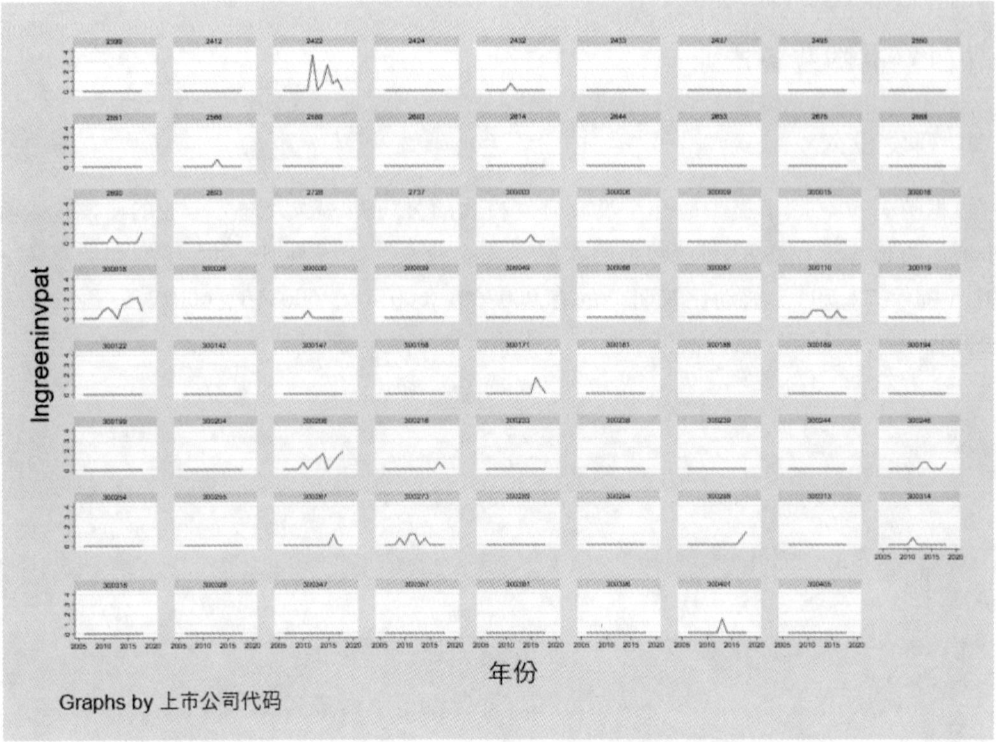

(b)

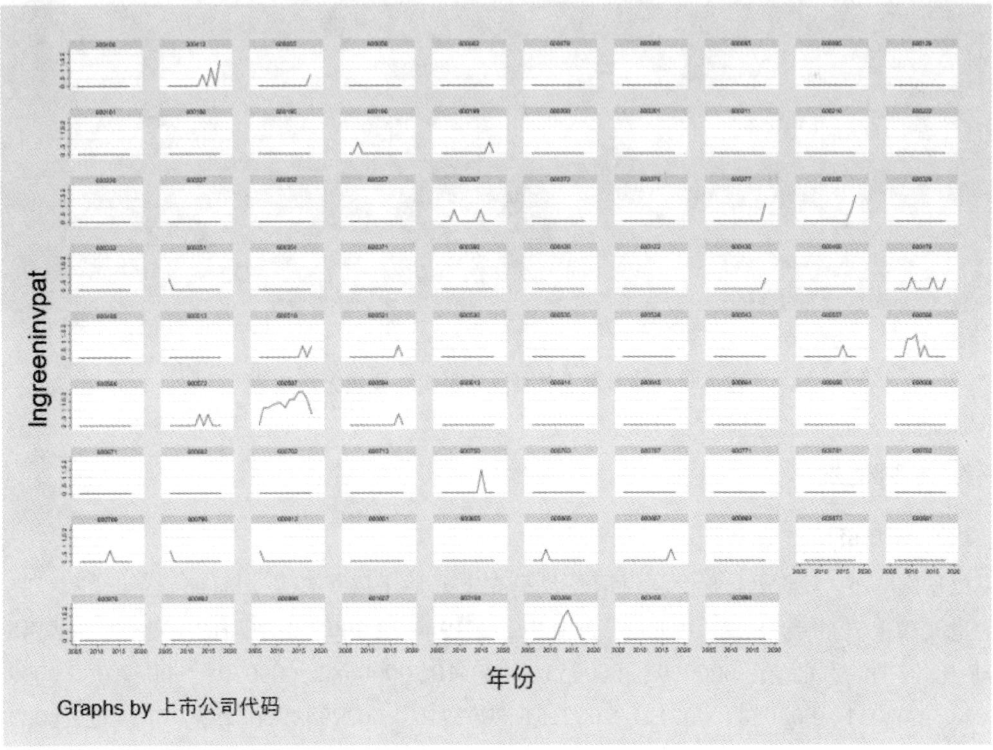

(c)

图 3.59　生物医药产业上市公司绿色发明专利授权总量示意图

（四）高端装备产业

1. 研发投入

根据图 3.60，除了极少数几个没有研发投入的公司外，绝大部分企业的研发投入都有稳步增加的趋势，在共 83（没数据的 4 家）家企业中，2019 年比 2005 年增加的有 72 家，占 91.14%（72/79）。波动比较明显的有 000768、600118、600316、600125；研发支出降低的有 7 家。

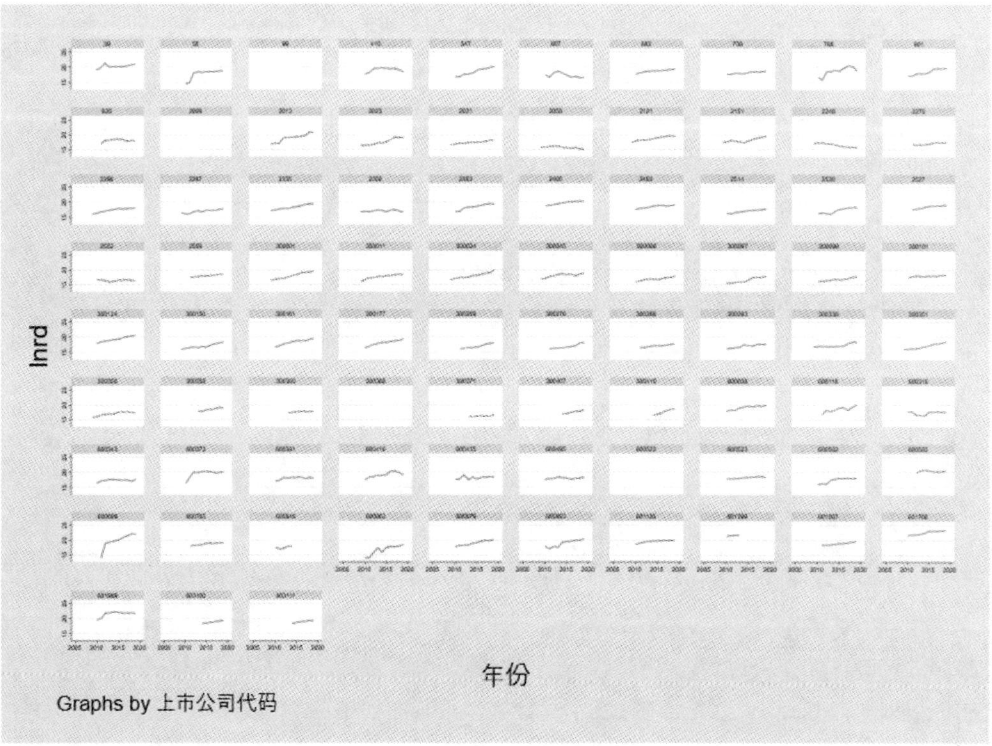

图 3.60　高端装备产业上市公司研发投入示意图

2. 专利情况

（1）专利申请总量。

根据图 3.61，部分企业专利申请总量呈先上升后下降的趋势，而部分企业的专利申请总量呈波动上升的趋势，在共 83 家企业中，2019 年比 2005 年增加的有 36 家，占 45%。波动比较明显的有 000029、000055、000410、000682、000708、000901、000920、002023、002031、002058、002121、002151、002210、002294、002297、002335、002383、002405、002483、002514、002520、002527、002559、300001、300024、300045、300097、300101、300124、300150、300101、300177、300259、300266、300293、300330、300351、

300256、300358、300360、20037、200407、300410、600343、600435、600485、600679、602160、602111，共 50 家；专利申请总量始终为 0 的有 13 家；专利申请总量降低的有 7 家。

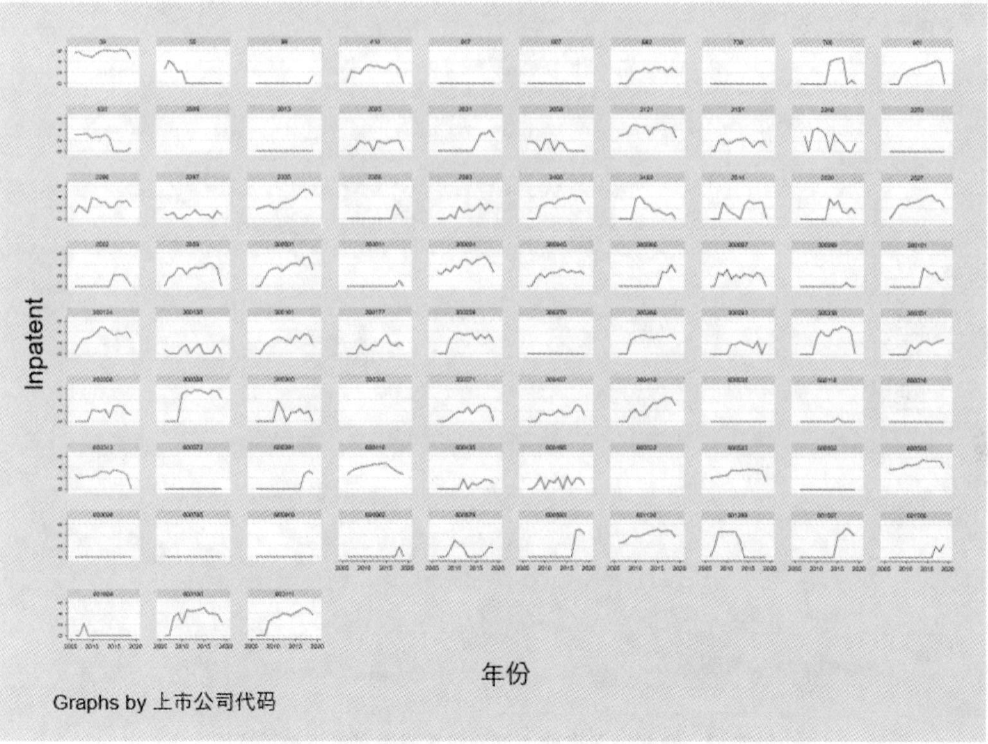

图 3.61　高端装备产业上市公司专利申请总量示意图

（2）发明专利申请量。

根据图 3.62，发明专利申请量的变动情况与专利申请总量的变动情况基本一致，在共 83（没数据 3 家）家企业中，2019 年比 2005 年增加的有 36，占 45%（36/80）。波动比较明显的有 000029、000055、000410、000682、000708、000901、000920、002023、002031、002058、002121、002151、002210、002294、002297、002335、002383、002405、002483、002514、002520、002527、002559、300001、300024、300045、300097、300101、300124、300150、300101、300177、300259、300266、300293、300330、300351、300256、300358、300360、20037、200407、300410、600343、600435、600485、600679、602160、602111，共 50 家；研发支出始终为 0 的有 13 家；发明专利申请量降低的有 7 家。

（3）发明专利授权量。

根据图 3.63，除 24 家没有数据或者没有发明专利授权的企业外，绝大部分企业的发明专利授权量呈先上升后下降的趋势，在共 83 家企业中，2019 年比 2005 年先增加后降低至初始水平的有 46 家，占 57.5%。波动比较明显的有 000029、000055、000410、000682、000708、000901、000920、002023、002058、002121、002151、002210、002294、002297、002335、002383、002405、002483、002514、002520、002527、002559、300001、300024、

300045、300097、300101、300124、300150、300101、300177、300259、300266、300293、300330、300351、300256、300358、300360、20037、200407、300410、600343、600435、600485、600679、602160、602111，共 49 家；发明专利授权量降低的有 8 家。

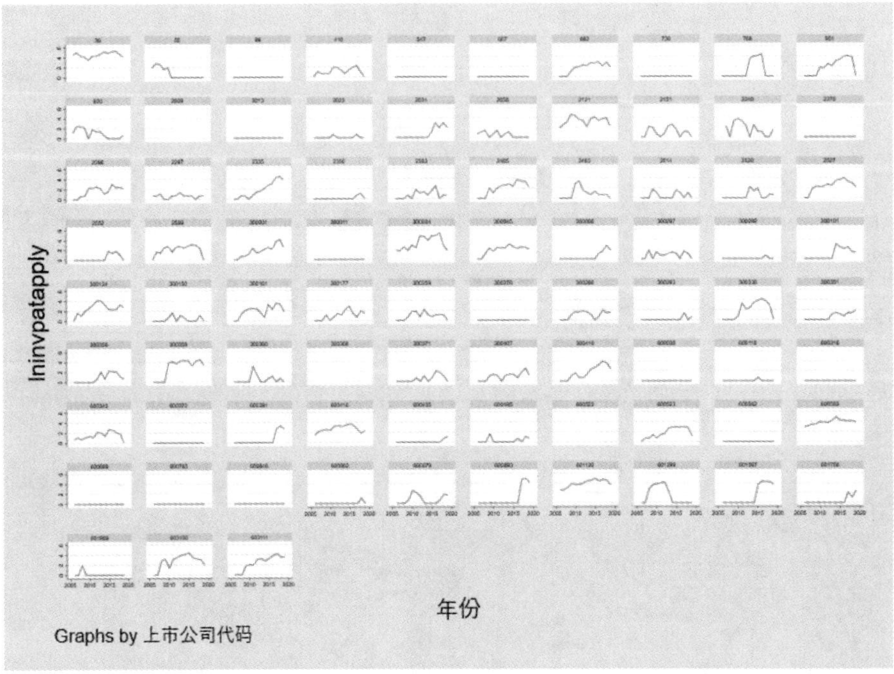

图 3.62　高端装备产业上市公司发明专利申请量示意图

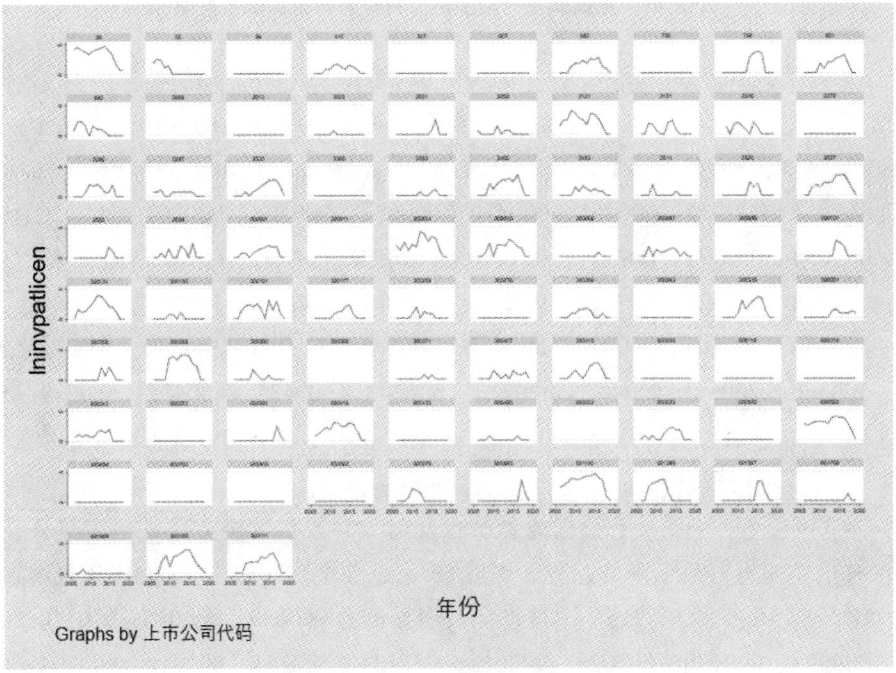

图 3.63　高端装备产业上市公司发明专利授权量示意图

（4）绿色专利授权总量。

根据图 3.64，除 52 家没有数据或者没有绿色专利授权总量的企业外，绝大部分企业的绿色专利授权总量呈上升的趋势，在共 83 家企业中，2019 年比 2005 年增加的有 19 家，占 23.75%。波动比较明显的有 000029、000682、002121、002296、002537、300101、300124、300266、600416、600563、601126、601567、503100、603111，共 14 家。

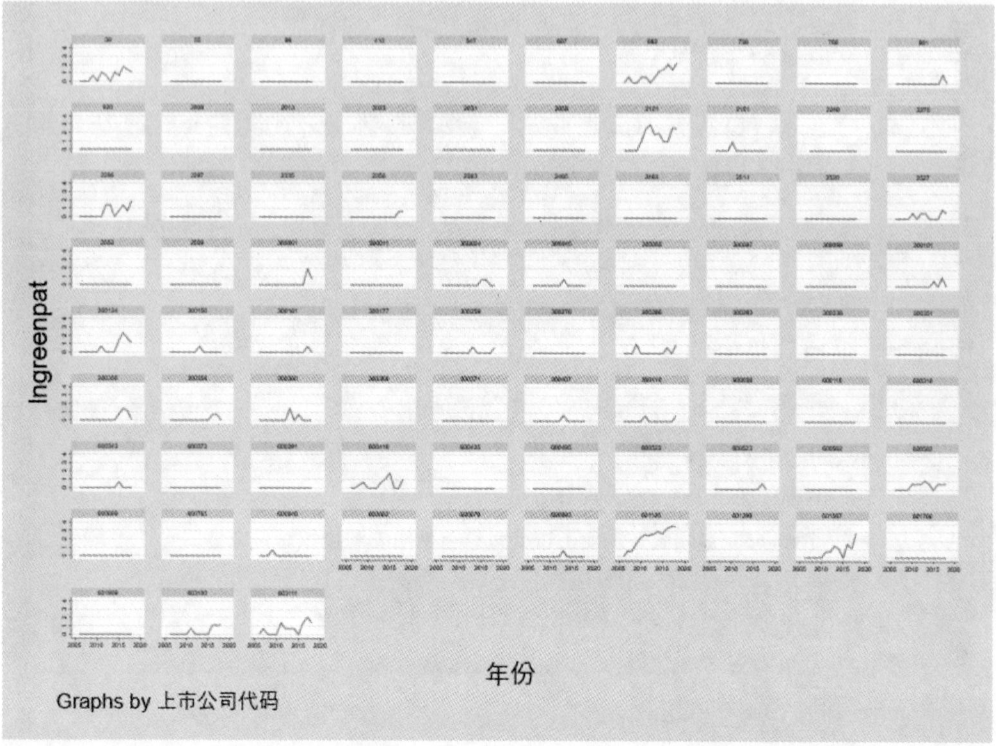

图 3.64　高端装备产业上市公司绿色专利授权总量示意图

（5）绿色发明专利授权总量。

根据图 3.65，除 38 家没有数据或者没有绿色发明专利授权总量的企业外，绝大部分企业的绿色发明专利授权总量呈上升的趋势，在共 83 家企业中，2019 年比 2005 年增加的有 28 家，占 35%。波动比较明显的有 000029、000682、002121、002296、002537、300101、300124、300266、600416、600563、601126、601567、503100、603111，共 14 家。

（五）新能源产业

1. 研发投入

根据图 3.66，除了极少数几个没有研发投入的公司外，绝大部分企业的研发投入都有稳步增加的趋势，在共 115（没有数据的 5 家）家企业中，2019 年比 2005 年增加的有 105 家，占 95.45%。波动比较明显的有 300156、600187、601158；研发支出降低的有 5 家。

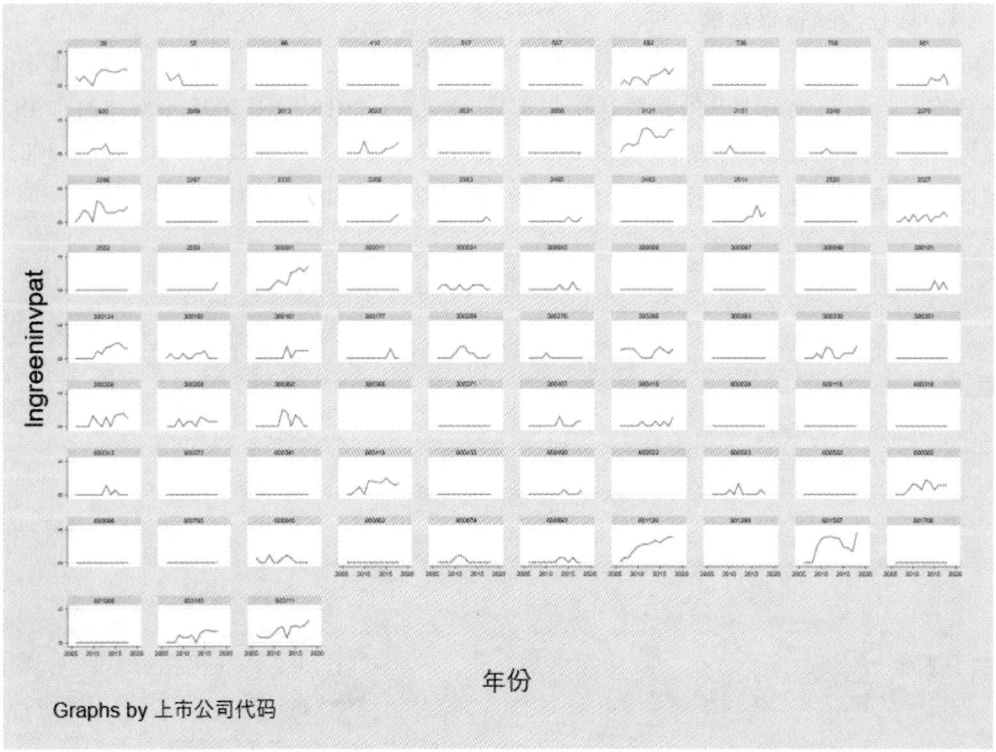

图 3.65 高端装备产业上市公司绿色发明专利授权总量示意图

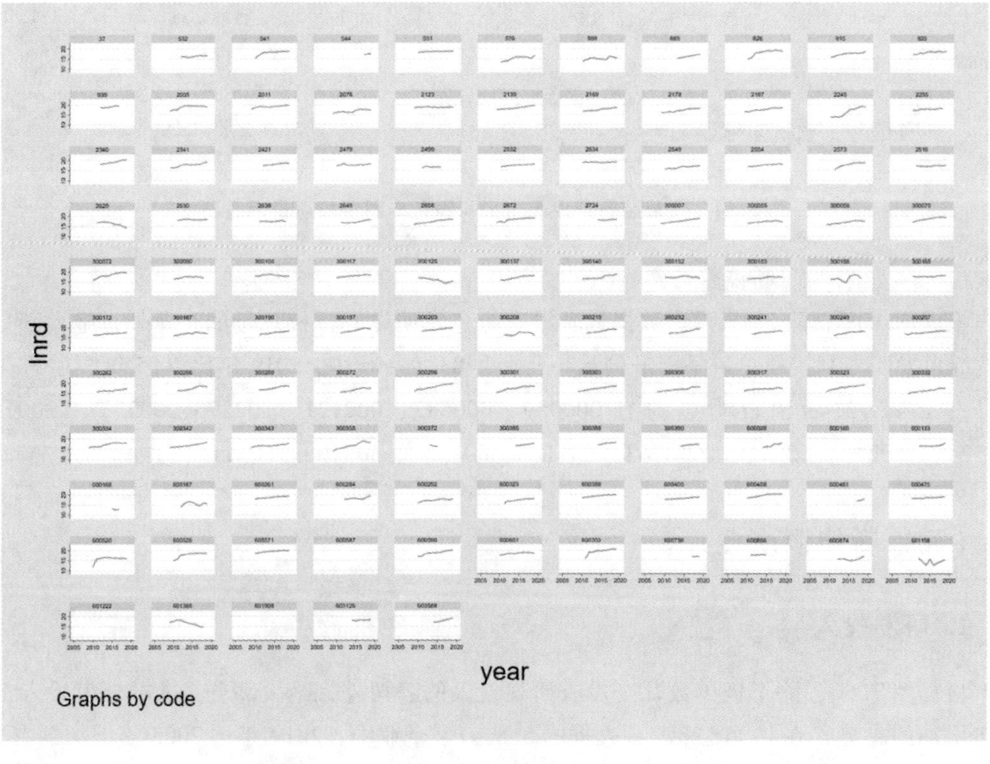

图 3.66 新能源产业上市公司研发投入示意图

2. 专利情况

（1）专利申请总量。

根据图 3.67，除了 22 家没有申请专利或者没有数据的公司外，大部分企业的专利申请总量都有波动上升的趋势，在共 115 家企业中，2019 年比 2005 年增加的有 63 家，占 57.27%。波动比较明显的有 000541、000915、000925、002011、002075、002139、002169、002197、002245、002255、002340、002341、002421、002479、002499、002532、002534、002549、002554、002616、002630、002638、002645、002658、002672、300055、300070、300072、300030、300090、300117、300137、300153、300165、300187、300197、300203、300232、300241、300262、300269、300303、300306、300323、300332、300334、300342、300385、300390、600008、600261、600284、600323、600405、600626、600671、600651、600806、600874、603126、603588，共计 61 家；专利申请总量降低的有 4 家。

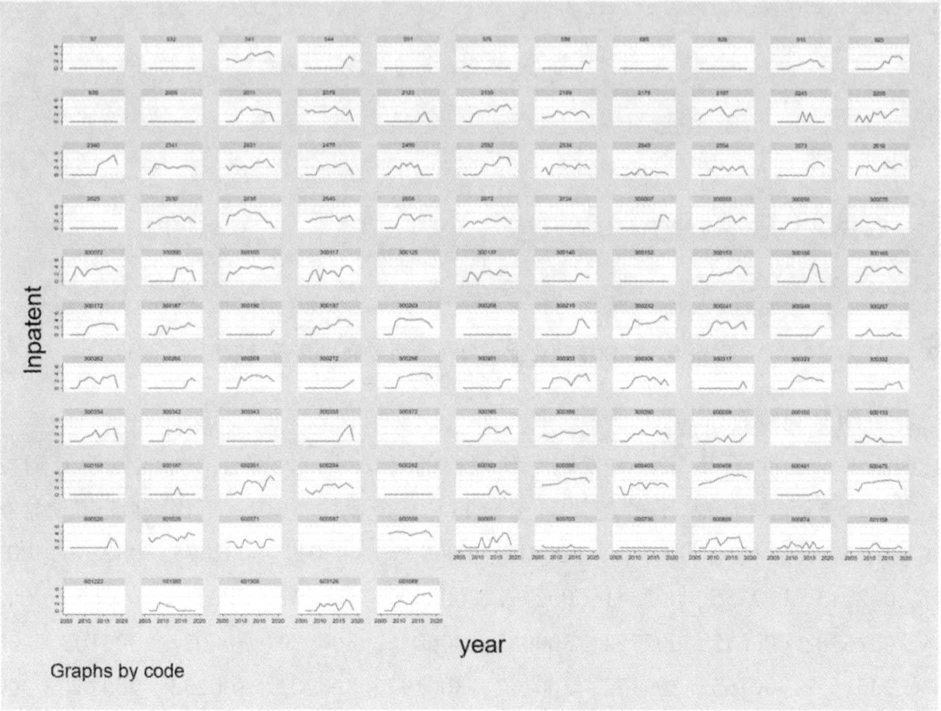

图 3.67 新能源产业上市公司专利申请总量示意图

（2）发明专利申请量。

根据图 3.68，除了 24 家没有发明专利申请的公司外，大部分企业的发明专利申请量都有波动上升的趋势，在共 115 家企业中，2019 年比 2005 年增加的有 54 家，占 49.54%。波动比较明显的有 000541、000915、000925、002011、002075、002139、002169、002197、002245、002255、002340、002341、002421、002479、002499、002532、002534、002549、002554、002616、002630、002638、002645、002658、002672、300055、300070、

300072、300030、300090、300117、300137、300153、300165、300187、300197、300203、300232、300241、300262、300269、300303、300306、300323、300332、300334、300342、300385、300390、600008、600261、600284、600323、600405、600626、600671、600651、600806、600874、603126、603588，共计 61 家；发明专利申请量降低的有 3 家。

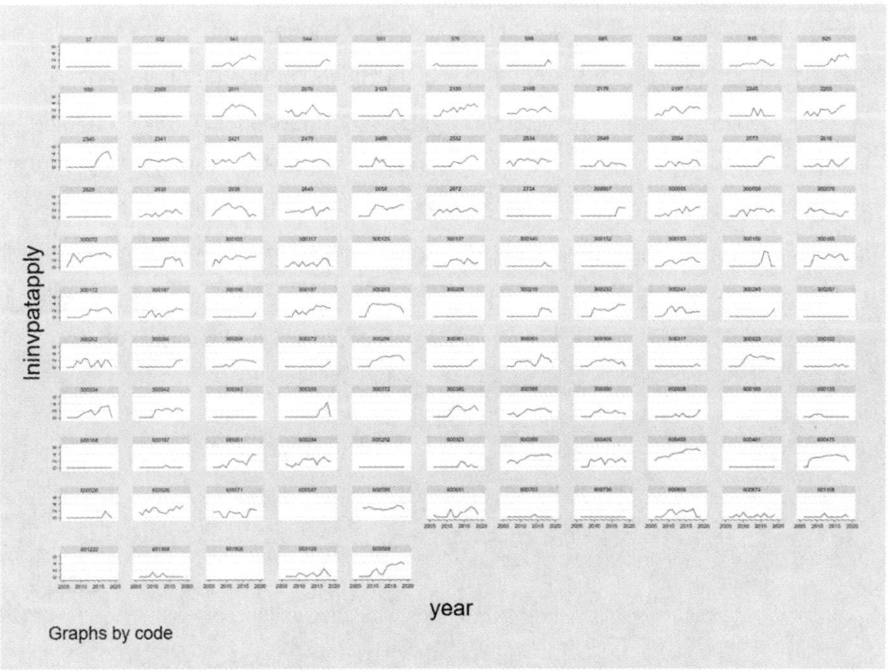

图 3.68　新能源产业上市公司发明专利申请量示意图

（3）发明专利授权量。

根据图 3.69，除了 35 家没有发明专利授权的公司外，大部分企业的发明专利授权量都有先上升后下降至初始水平的趋势，在共 115 家企业中，2019 年比 2005 年增加的有 0 家。波动比较明显的有 000541、000915、000925、002011、002075、002139、002169、002197、002245、002255、002341、002421、002479、002532、002534、002630、002638、002645、002658、002672、002724、300055、300056、300070、300072、300105、300117、300137、300153、300165、300172、300187、300197、300203、300232、300241、300262、300269、300303、300323、300332、300334、300342、300385、300388、300390、600261、600284、600405、600458、600475、600526、600571、600590、600806、600874、603126、603588，共计 58 家；发明专利授权量降低的有 4 家。

（4）绿色专利授权总量。

根据图 3.70，除了 49 家没有绿色专利授权的公司外，部分企业的绿色专利授权总量都有稳步增加的趋势，在共 115 家企业中，2019 年比 2005 年增加的有 26 家，占 23.85%。波动比较明显的有 000939、002011、002123、002169、002534、002638、002645、002672、002724、300070、300072、300153、300187、300219、300241、300262、300303、

300385、300388、600388、600405、600458、600475、600526、600590、603126、603588，共计 27 家；绿色专利授权总量降低的有 1 家。

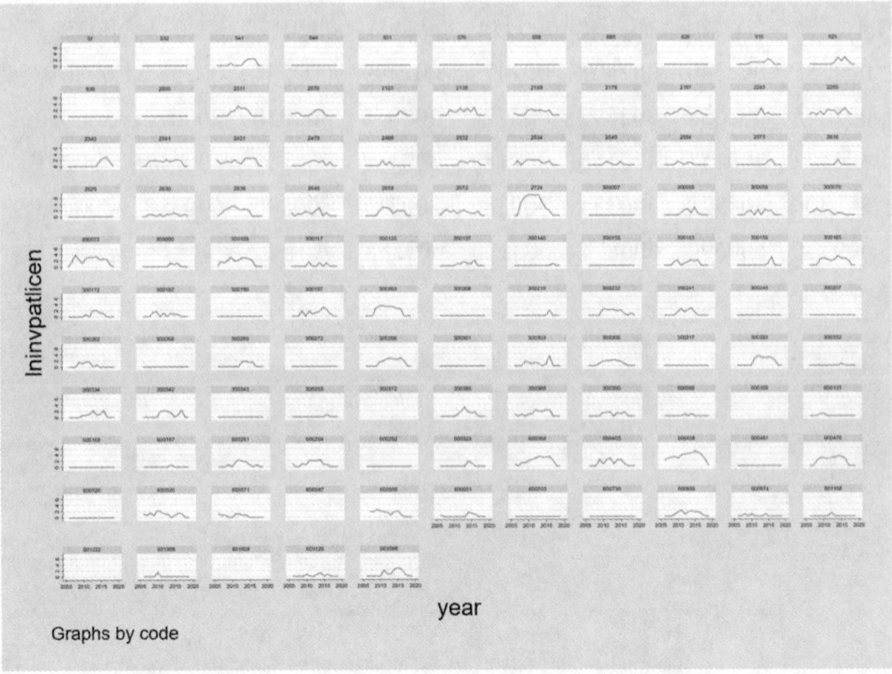

图 3.69　新能源产业上市公司发明专利授权量示意图

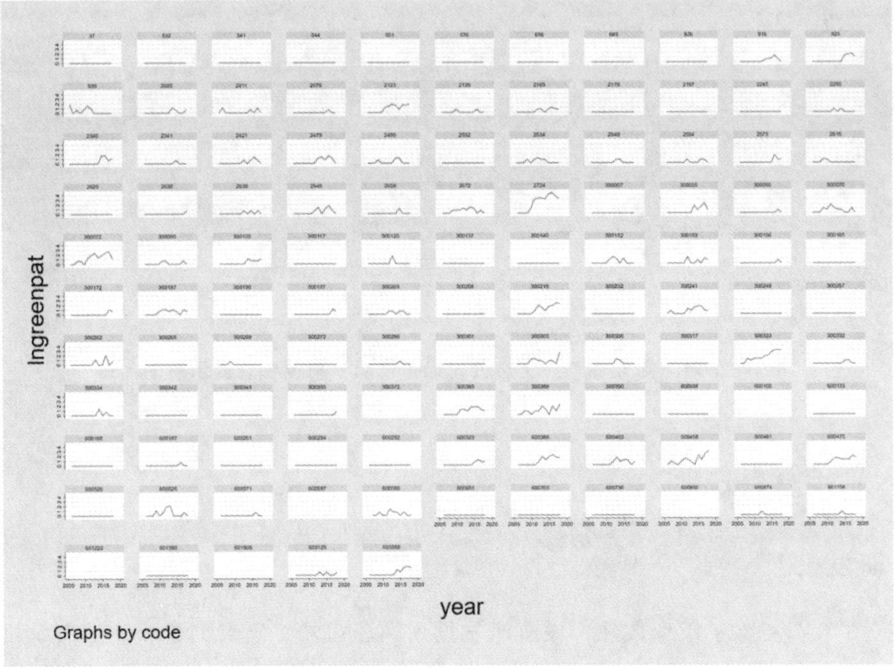

图 3.70　新能源产业上市公司绿色专利授权总量示意图

（5）绿色发明专利授权总量。

根据图 3.71，除了 30 家没有绿色发明专利授权的公司外，大部分企业的绿色发明专利授权总量都有稳步增加的趋势，在共 115 家企业中，2019 年比 2005 年增加的有 58 家，占 52.72%。波动比较明显的有 000939、002005、002011、002076、002123、002139、002169、002255、002340、002421、002479、002499、002534、002554、002616、002630、002638、002645、002658、002672、002724、300055、300070、300072、300090、300105、300117、300152、300153、300156、300187、300197、300203、300219、300241、300262、300303、300306、300323、300334、300385、300388、300390、600388、600405、600458、600475、600526、600590、600874、603126、603588，共计 52 家；绿色发明专利授权总量降低的有 4 家。

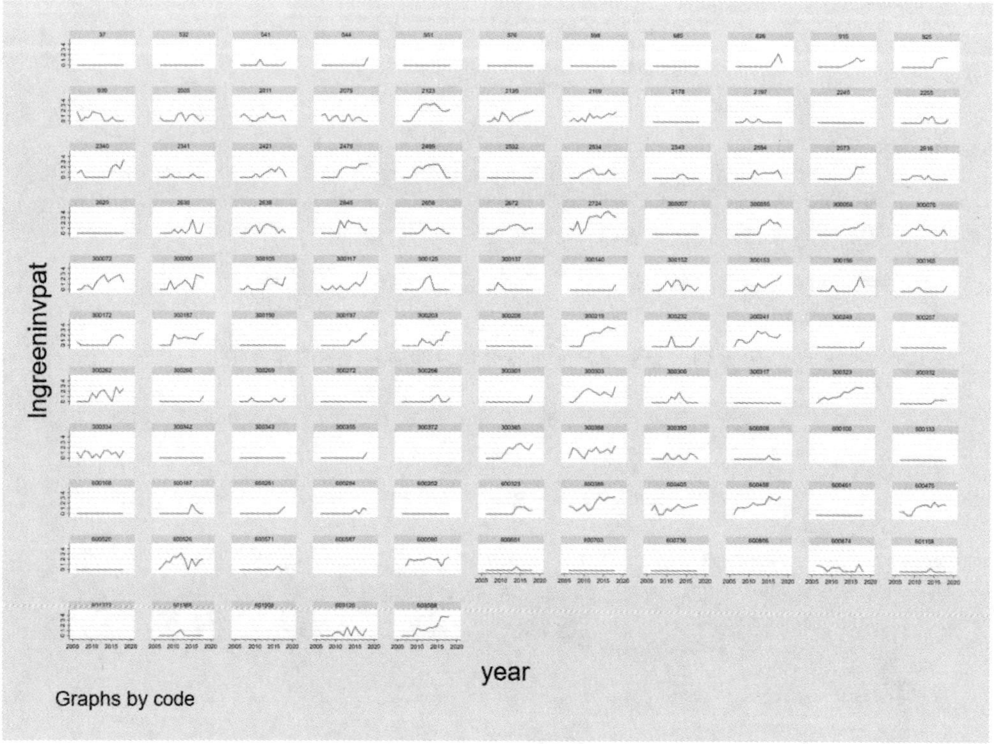

图 3.71　新能源产业上市公司绿色发明专利授权总量示意图

（六）新材料产业

1. 研发投入

根据图 3.72，除了极少数几个没有研发投入的公司外，绝大部分企业的研发投入都有稳步增加的趋势，在共 78 家企业中，2019 年比 2005 年增加的有 71 家，占 92.21%。波动比较明显的有 000831、600117、600392、600884，共 4 家；研发支出降低的有 6 家。

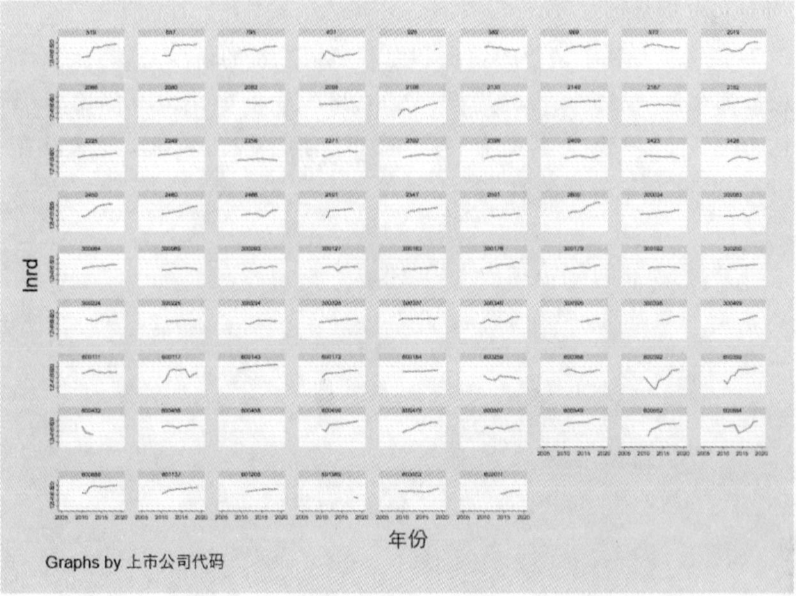

图 3.72　新材料产业上市公司研发投入示意图

2. 专利情况

（1）专利申请总量。

根据图 3.73，绝大部分企业的专利申请总量都有先增加再减少的趋势，在共 78 家企业中，2019 年比 2005 年减少或者几乎持平的有 46 家，58.97%，其中专利申请总量为 0 的有 14 家。绝大多数企业波动比较明显。2019 年比 2005 年增加的有 32 家。

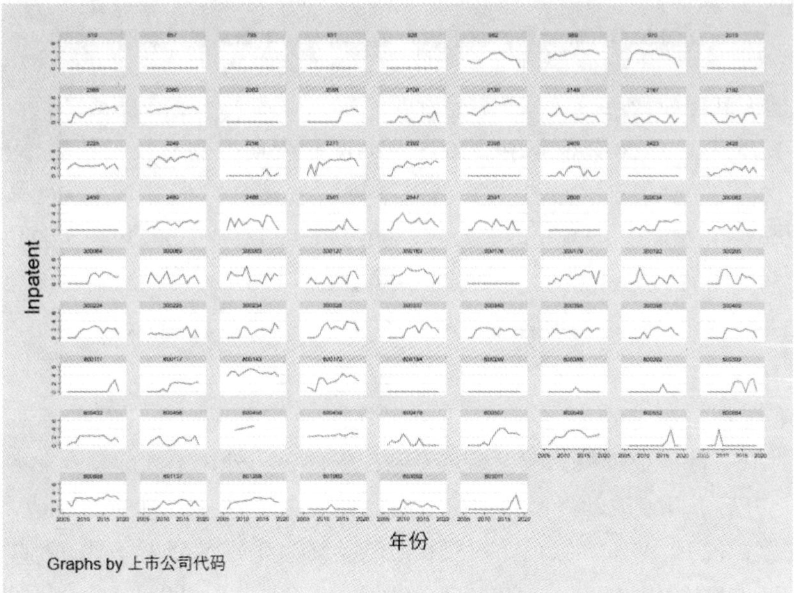

图 3.73　新材料产业上市公司专利申请总量示意图

（2）发明专利申请量。

根据图 3.74，发明专利申请量的情况和专利申请总量的情况基本一致。绝大部分企业的专利申请总量都有先增加再减少的趋势，在共 78 家企业中，2019 年比 2005 年减少或者几乎持平的有 46 家，58.97%，其中专利申请总量为 0 的有 14 家。绝大多数企业波动比较明显。2019 年比 2005 年增加的有 32 家。

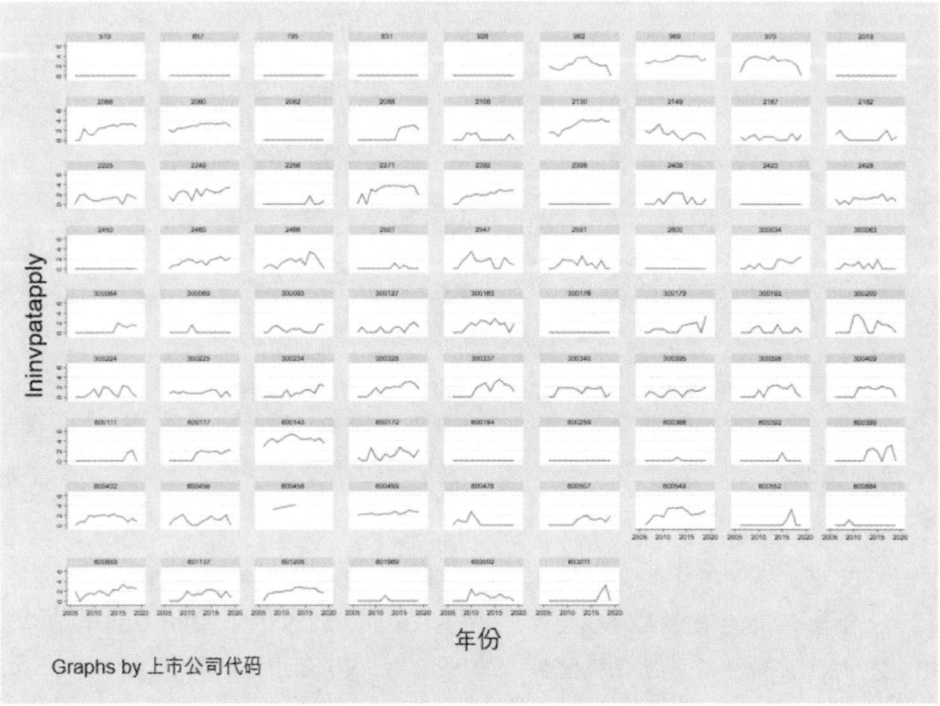

图 3.74　新材料产业上市公司发明专利申请总量示意图

（3）发明专利授权量。

根据图 3.75，在共 78 家企业中，2005～2009 年发明专利授权量始终维持 0 的有 17 家，占 21.79%。发明专利授权量先上升后下降、波动比较明显的有 000962、000969、000970、002068、002080、002130、002225、002249、002271、002392、002428、002480、002488、002547、002591、300034、300083、300183、300200、300224、300328、300337、300340、300395、300398、300409、600103、600172、600399、600432、600458、600549、600838、601137、601208、603002，共 37 家。

（4）绿色专利授权总量。

根据图 3.76，除了极少数几个无绿色专利授权的公司外，绝大部分企业的绿色专利授权总量呈先上升后下降或波动后回归初始值的趋势。在共 78 家企业中，2019 年比 2005 年增加的有 10 家，占 12.99%。绿色专利授权总量始终为 0 的有 55 家，占 72.43%。波动比较明显的有 000962、000989、000970、002249、002271、002423、002428、300340、600143、600549，共 10 家。

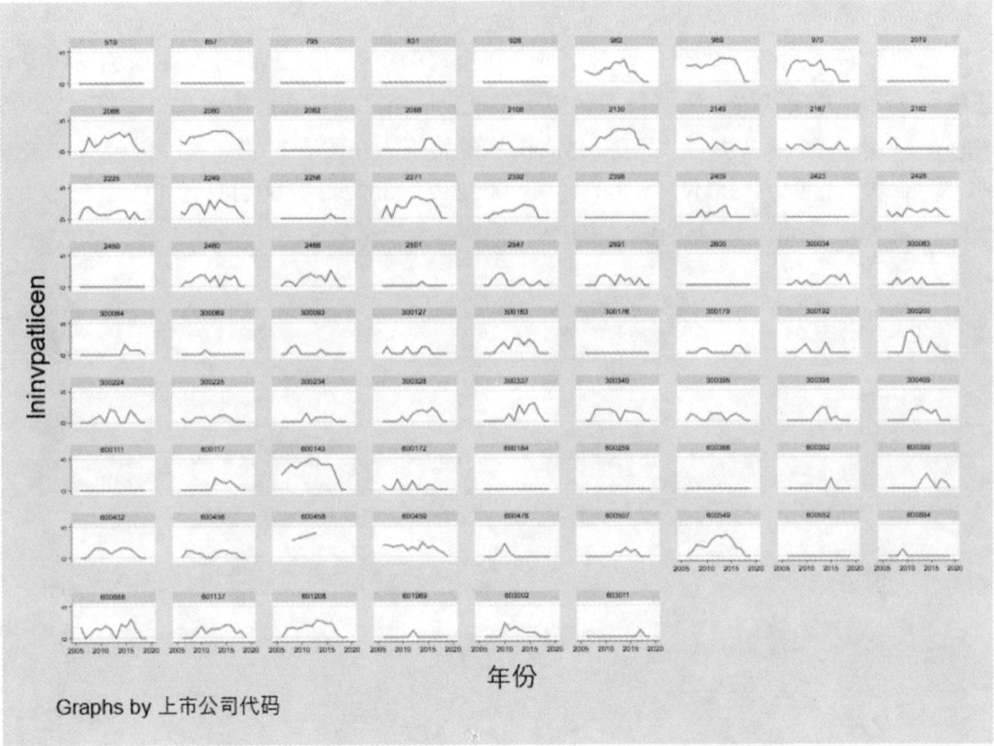

图 3.75　新材料产业上市公司发明专利授权总量示意图

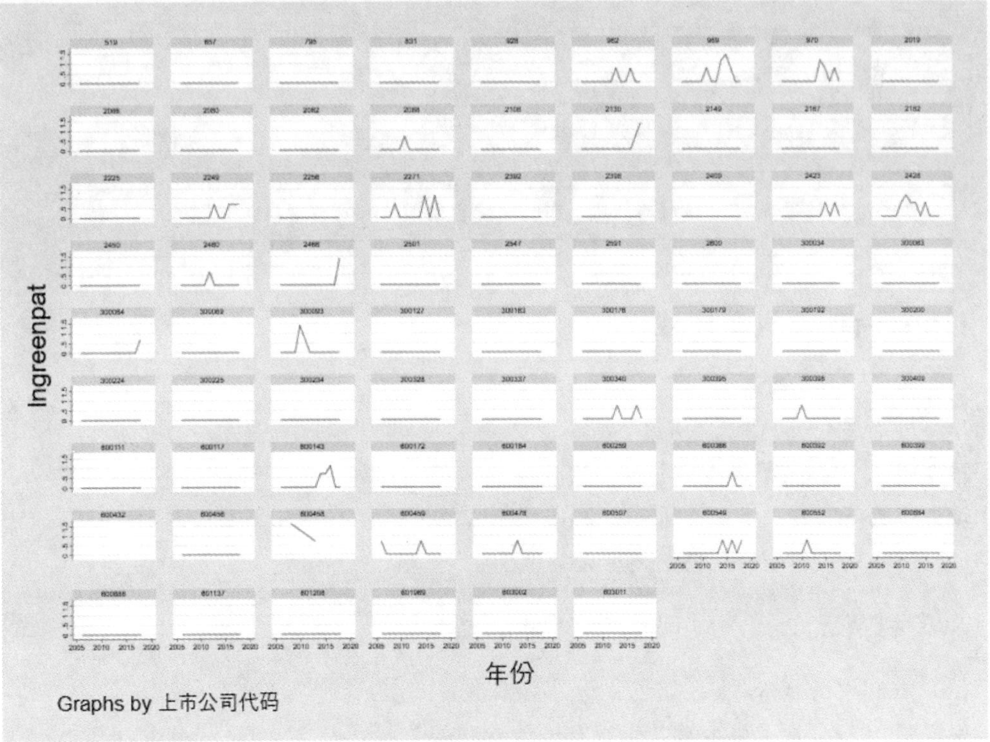

图 3.76　新材料产业上市公司绿色专利授权总量示意图

（5）绿色发明专利授权总量

根据图 3.77，除极少数没有绿色发明专利授权的企业外，大部分企业绿色发明专利授权总量呈波动上升或者波动后回归初始数值的趋势。在共 78 家企业中，2019 年比 2005 年增加的有 11 家，占 14.29%。绿色专利授权总量始终为 0 的有 39 家，占 50.65%。波动比较明显的有 000969、000970、002130、002249、002271、002423、002428、300093、300224、300340、600143、600388、600552，共 13 家。

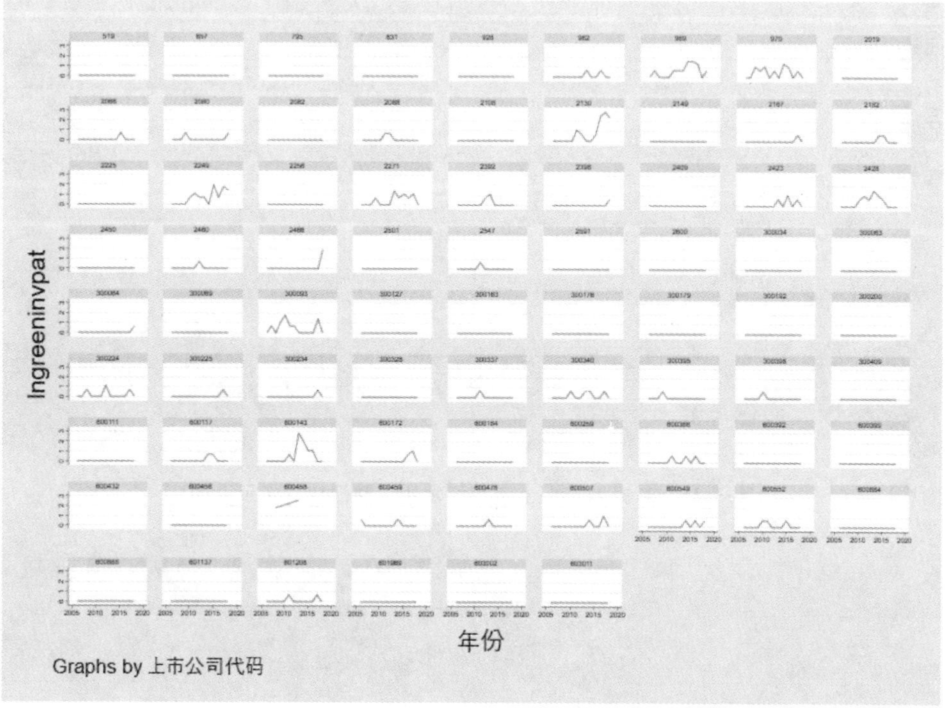

图 3.77　新材料产业上市公司绿色发明专利授权总量示意图

（七）新能源汽车产业

1. 研发投入

根据图 3.78，除了极少数几个没有研发投入的公司外，绝大部分企业的研发投入都有稳步增加的趋势，在共 5 家企业中，2019 年比 2005 年增加的有 3 家，占 100.00%，没有波动比较明显的或研发支出降低的企业。

2. 专利情况

（1）专利申请总量。

根据图 3.79，除了极少数几个没有申请专利的公司外，绝大部分企业的专利申请总量都有先增加再减少的趋势，在共 5 家企业中，2019 年比 2005 年增加的有 3 家，占

100.00%，其中没有专利申请量为0或2019年比2005年减少或持平的企业，且大多数企业波动比较明显。

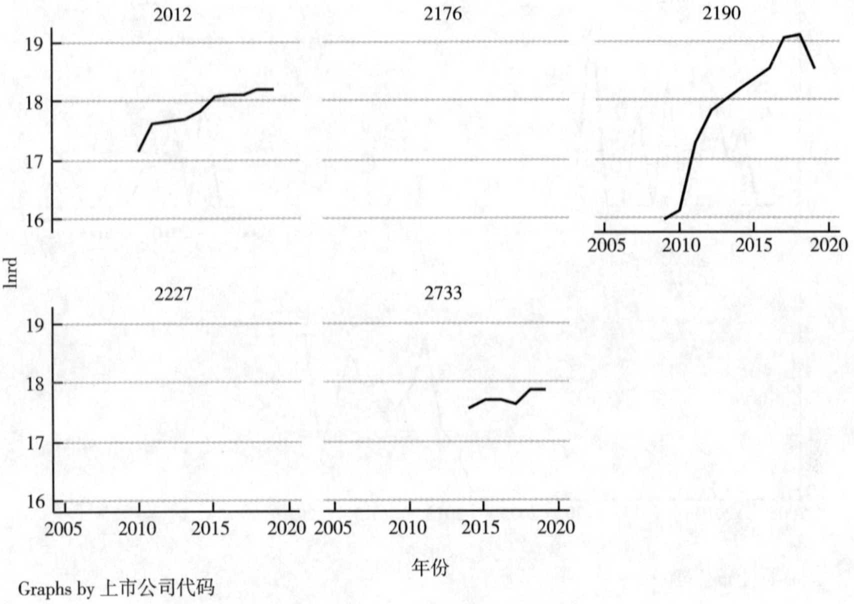

图3.78　新能源汽车产业上市公司研发投入示意图

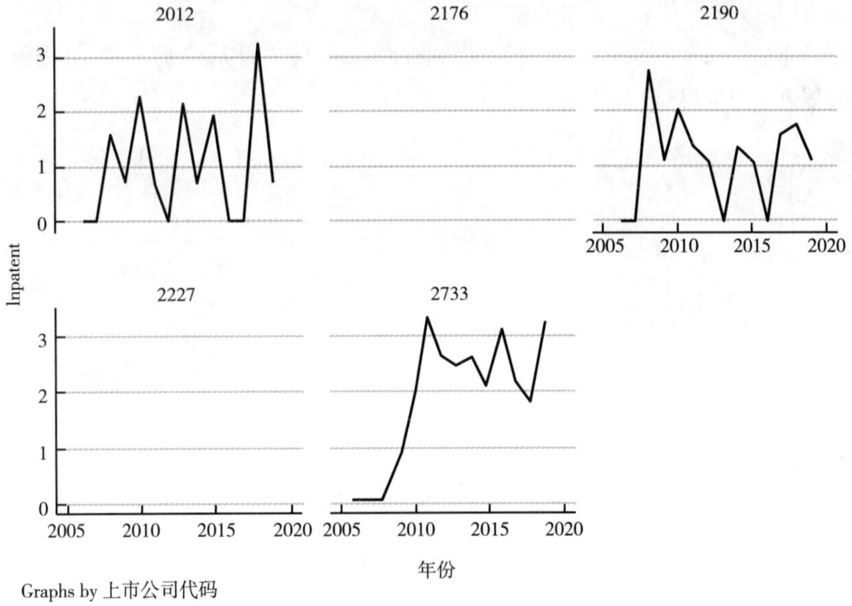

图3.79　新能源汽车产业上市公司专利申请总量

（2）发明专利申请量。

根据图3.80，发明专利申请量的情况和专利申请总量的情况基本一致。除了极少数几个没有申请专利的公司外，绝大部分企业的专利申请总量都有先增加再减少的趋势，在共

5 家企业中，2019 年比 2005 年增加的有 3 家，占 100.00%，其中没有专利申请量为 0 或 2019 年比 2005 年减少或持平的企业，且大多数企业波动比较明显。

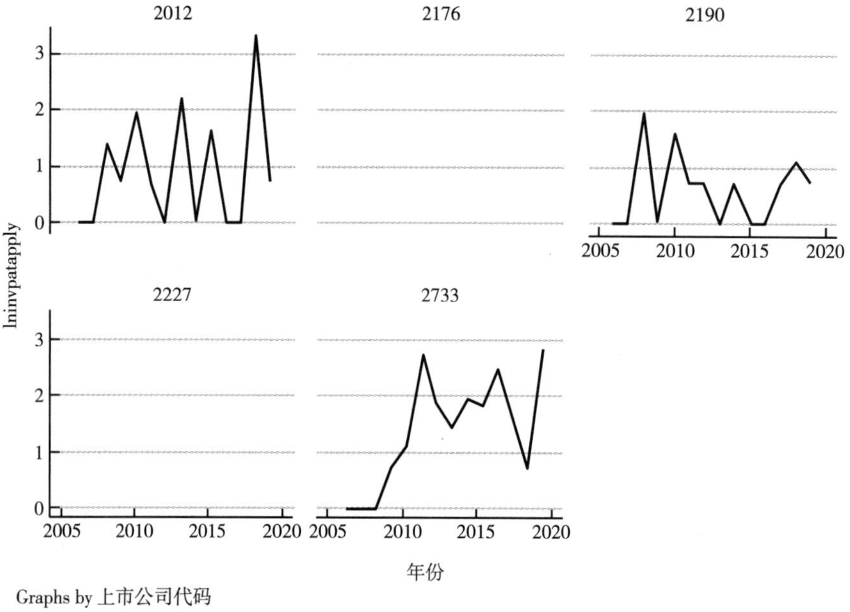

图 3.80　新能源汽车产业上市公司发明专利申请量

（3）发明专利授权量。

根据图 3.81，在共 5 家企业中，发明专利授权量先上升后下降、波动比较明显的有 002012、002190、002733，共 3 家。

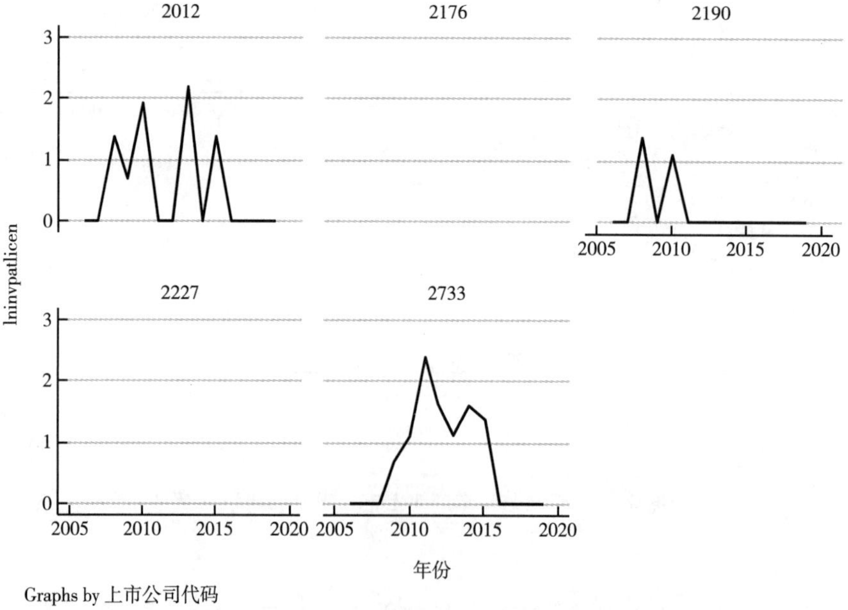

图 3.81　能源汽车产业上市公司发明专利授权量

（4）绿色专利授权总量。

根据图 3.82，除了极少数几个无绿色专利授权的公司外，大部分企业的绿色专利授权总量呈先上升后下降、波动后回归初始值的趋势。在共 5 家企业中，绿色专利授权总量始终为 0 的有 1 家，占 33.33%。波动比较明显的有 002012、002733，共 2 家。

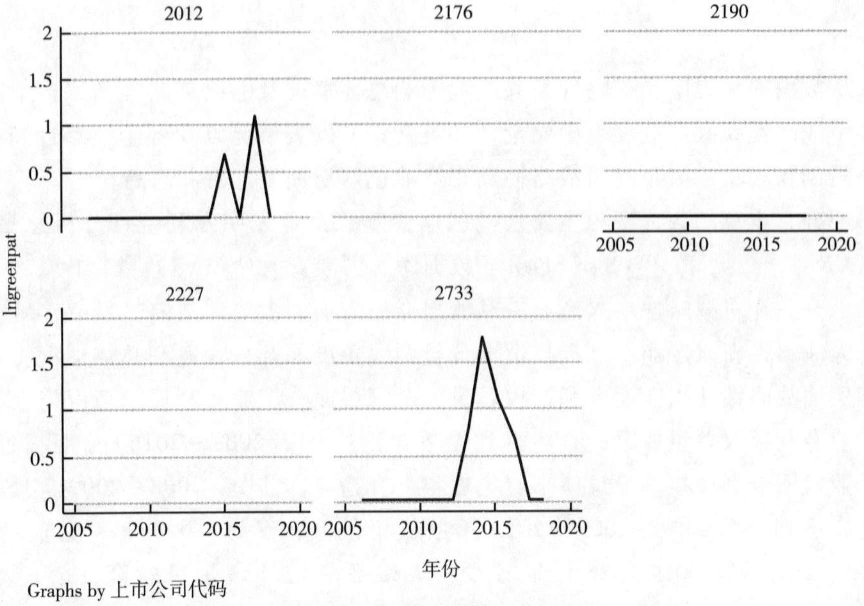

图 3.82　新能源汽车产业上市公司绿色专利授权量

（5）绿色发明专利授权总量。

根据图 3.83，除极少数没有绿色发明专利授权的企业外，其他企业绿色发明专利授权

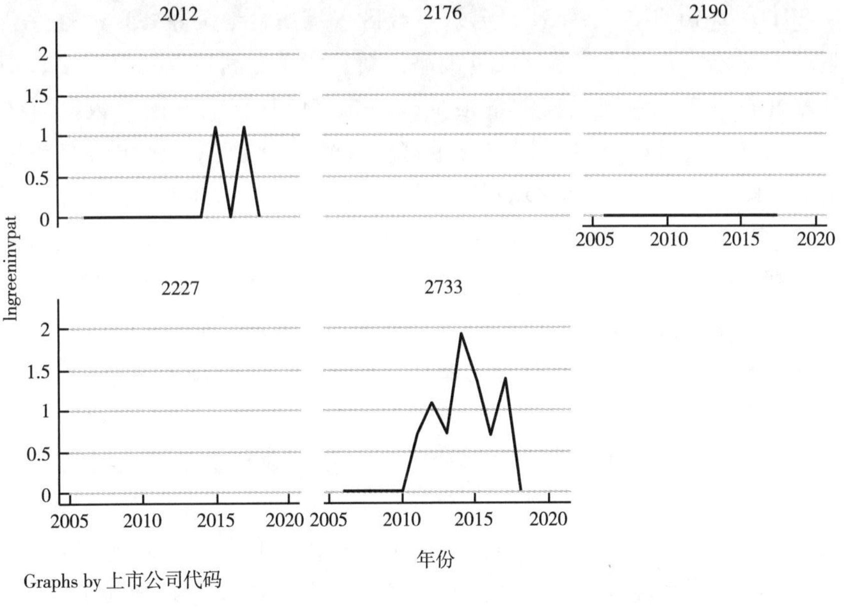

图 3.83　新能源汽车产业上市公司绿色专利授权量

总量呈波动后回归初始数值的趋势。在共5家企业中，绿色专利授权总量始终为0的有1家，占33.33%。波动比较明显的有002012、002733，共2家。

六、小结

本章从数据搜集说明、战略性新兴产业专利总体概况及七大战略性新兴产业专利授权情况、各个战略性新兴产业发表中文论文和英文论文发表情况以及各个战略性新兴产业微观上市公司创新现状四大角度对战略性新兴产业创新层面发展现状进行分析。

第一部分，本章的数据来源主要是《战略性新兴产业发明专利统计分析总报告》、中国知网（CNKI）数据库、Web of Science 数据库、国泰安（CSMAR）数据库。

第二部分，在对战略性新兴产业专利概况介绍方面，主要从战略性新兴产业专利总体概况和七大战略性新兴产业专利授权情况分析两大角度展开。在专利总体概况方面主要分析了全国层面战略性新兴产业专利授权总量、全国层面分产业专利授权情况以及分省战略性新兴产业专利授权总量情况，具体得到以下结论：（1）2008～2016年，我国全国战略性新兴产业发明专利授权总量总体来看呈逐年上升趋势。其中，2008～2009年授权总量增长率最高，达到135.66%。2009～2010年增长率最低，仅为-0.83%，呈负增长趋势。除2010年、2013年、2014年增长量较少，大多数年份的增长量较高，增长率均超过20%。（2）2008～2014年，我国七个战略性新兴产业专利授权数量存在较大差异，其中新一代信息技术产业的专利授权数量最多，全部年份专利数量均过万件，节能环保、新材料和生物领域被授权专利数量较多，而新能源汽车领域被授权专利数最少，多数年份数目仅在2000件以下。纵向来看，每个战略性新兴产业专利授权总量都呈逐年上升趋势。（3）2011～2014年，我国31个省级行政区（港澳台地区除外）战略性新兴产业专利授权数量存在差异，北京、广东、江苏战略性新兴产业专利授权总量较多；而宁夏、西藏、青海战略性新兴产业专利授权数量很少，多数年份甚至只有两位数。而从时间上来看，每个省份战略性新兴产业专利授权总量都呈逐年上升趋势，总体的变动趋势差异不大。对于七大战略性新兴产业专利授权情况进行分析后发现：2011～2014年，不同地区战略性新兴产业中的节能环保、新一代信息技术产业、生物产业、高端准备制造业、新能源产业等领域专利授权数量存在明显差异。其中，北京、上海、广东、江苏、浙江等地区被授权专利数量显著多于其他地区，而内蒙古、宁夏、海南、西藏、青海、新疆、云南等地区被授权专利数量较少。此外，从时间上来看大部分地区在各个战略性新兴产业方面的专利授权数量都呈逐年上升趋势。

第三部分，在对战略性新兴产业基础研究能力和社会科学方面理论创新研究介绍方面，主要从各个产业的中文社会科学引文索引（CSSCI）发文信息和中国科学引文数据库（CSCD）发文信息以及各个产业SSCI论文和SCI发文信息四大角度进行展开。具体结论如下：关于CSSCI发文情况，2009～2020年，各个产业的发文量，增加呈波动上升趋势，同时增加我国34个省级行政区在各个产业被收入CSSCI的论文数量及其变化存在明显差异，北京、上海、四川、天津、山东、广东、江苏、浙江、湖北、陕西、湖南等地区的被收入的论文数量较多，其中北京论文数量最多；而内蒙古、宁夏、山西、新疆、海南、西藏、贵州、青海各地每年的论文数量较少且部分年份的论文数量为零。关于 CSCD 发文情况，2009～2020 年，总体上沿海和内陆发达地区被收入中国科学数据库的论文数量较多且呈一定的上升趋势，其余地区各个年份的论文数量较少，北京仍是发文量最多的地区。相较于中文核心论文的发文量，中国内地高校、科研机构和企业在发表的被 Web of Science 核心数据库收录的 SSCI 论文较少，但是 SCI 论文更多，同时 SSCI 论文和 SCI 论文在不同的产业、不同地区的分布也存在较大差异。对于 SSCI 论文而言，2000～2020 年，北京、上海、四川、天津、安徽、山东、广东、江苏、浙江、湖北、黑龙江、辽宁等地区被收入的论文数量相对较多，云南、山西、广西、宁夏、西藏、贵州、新疆以及青海地区每年的论文数量较少，呈沿海和内陆发达地区的论文数量多、其余地区发文数量较少的分布。对于 SCI 论文而言，2000～2020 年，我国 29 个省级行政区在节能环保产业被收入 SSCI 数据库的论文数量及其变化存在差异，同样存在大部分沿海和内陆发达地区的论文数量随着年份增加呈波动上升趋势，而其余地区各个年份的论文数量无明显的波动的特征。

第四部分，对各个战略性新兴产业微观上市公司创新现状进行介绍，主要从各个战略性新兴产业的研发投入和专利情况两大角度进行展开。研发投入衡量了各个战略性新兴企业的创新努力，而专利情况则是各个企业的创新绩效的体现。其中发明专利质量较高，绿色专利代表了企业创新方向，体现了企业创新质量。首先，对各个产业的研发投入进行分析，包括研发投入企业的数量和每个企业研发支出时间变化情况，在七大战略性新兴产业中，绝大多数产业研发投入企业的数量都有稳步增加的趋势，研发投入支出增加的公司数量都占该产业 90% 以上，说明 2005～2019 年，中国战略性新兴企业发展处在一个创新的大环境中，绝大部分战略性新兴企业都积极作出了创新努力。其次，专利情况，包括所有专利申请总量、发明专利申请量、发明专利授权量、绿色专利授权量、绿色发明专利授权量，对于专利的介绍同样基于上市企业数量和时间变化趋势，在七大战略性新兴产业中，绝大部分产业的专利申请数量都出现了先上升后下降的趋势，并且约有 50% 的企业在专利申请数量上出现了较大波动；在企业中，有相当一部分企业没有任何发明专利授权数量，而绿色专利授权量更少，2005～2019 年，有半数以上的企业绿色专利授权总量始终为 0；除此之外可以发现，生物产业的创新质量显著低于其他产业，而新能源产业的绿色创新质量较高于其他产业。综上所述，在创新努力上，绝大多数战略性新兴企业都趋向于增加投入、产能创新，然而在专利申请和授权情况这一角度，大部分企业在近年间出现了疲软状态，在绿色创新方面重视度仍旧有待提高。

第四章　战略性新兴产业中的“三螺旋”因素分析

大学—研究机构—企业是相互作用、相互促进，能够同时提升创新水平、产业发展和经济增长的“三螺旋”主体。因此，厘清三者之间的协作关系对于持续推动战略性新兴产业的发展具有重要的意义。限于数据可得性，本章只以中文期刊中的 CSSCI 和 CSCD 数据库中论文数据作为分析对象。本章首先从三主体在时间维度上的变化、三主体与不同子产业的对应和三主体与不同省份的对应来描述高校、企业及机构三个主体的论文发表情况，然后对三主体的协同创新情况进行分析。

一、研究方法：“三螺旋”算法

本章采用“三螺旋”算法（TH 算法）从“三螺旋”视角探讨企业、大学与研究院所的合作情况，该算法是产学研合作中的经典算法。具体如下：

大学、企业、研究所三方专利总量为 N，且 $N = N_U + N_I + N_R + N_{UI} + N_{UR} + N_{IR} + N_{UIR}$。其中，$N_U$、$N_I$和$N_R$分别表示大学、公司和研究所（院）拥有的专利，$N_{UI}$、$N_{UR}$和$N_{IR}$分别表示大学—企业、大学—研究所、企业—研究所两方合作的专利，N_{UIR}表示三方共同合作的专利。

然后分别计算大学、企业、研究所的信息熵。以大学为例，其信息熵表达式为：

$$H_U = -\sum_{i=1}^{2} P_i \times \lg(P_i) \tag{4.1}$$

其中，H_U表示大学专利的信息熵，P_i表示专利数据中专利权人是否包含大学的比例。当 $i=1$ 时，即P_1表示大学为专利权人，具体为：

$$P_1 = \frac{N_U + N_{UI} + N_{UR} + N_{UIR}}{N} \tag{4.2}$$

P_2（即 $i=2$）表示大学不参与专利的比例，可用式（4.3）计算：

$$P_2 = \frac{N_I + N_R + N_{IR}}{N} \tag{4.3}$$

因此，大学所对应的专利信息熵H_U为：

$$H_U = -\left[\frac{N_U + N_{UI} + N_{UR} + N_{UIR}}{N} \times \lg\left(\frac{N_U + N_{UI} + N_{UR} + N_{UIR}}{N}\right) + \frac{N_I + N_R + N_{IR}}{N} \times \lg\left(\frac{N_I + N_R + N_{IR}}{N}\right)\right] \tag{4.4}$$

同理，可得产业专利信息熵H_I和研究院所专利信息熵H_R：

$$H_I = -\left[\frac{N_I + N_{UI} + N_{IR} + N_{UIR}}{N} \times \lg\left(\frac{N_I + N_{UI} + N_{IR} + N_{UIR}}{N}\right) + \frac{N_U + N_R + N_{UR}}{N} \times \lg\left(\frac{N_U + N_R + N_{UR}}{N}\right)\right] \tag{4.5}$$

$$H_R = -\left[\frac{N_R + N_{UR} + N_{IR} + N_{UIR}}{N} \times \lg\left(\frac{N_R + N_{UR} + N_{IR} + N_{UIR}}{N}\right) + \frac{N_U + N_I + N_{UI}}{N} \times \lg\left(\frac{N_U + N_I + N_{UI}}{N}\right)\right] \tag{4.6}$$

上述为 U、I、R 等单一系统的专利信息熵。而两方和三方的专利合作的联合熵分别用H_{UI}、H_{UR}、H_{IR}和H_{UIR}表示。

大学与研究院所的专利合作包含四种状态：①专利申请者中同时包含大学和研究院所；②专利申请者只有大学而不包含研究院所；③专利申请者只包含研究院所而不包含大学；④专利申请者既没有大学参与也没有研究院所参与。四种状态使用四种概率进行表征，分别为：

$$P_1^{UR} = P(\alpha \in U \text{ 且 } \alpha \in R) = \frac{N_{UR} + N_{UIR}}{N} \tag{4.7}$$

$$P_2^{UR} = P(\alpha \in U \text{ 且 } \alpha \notin R) = \frac{N_U + N_{UI}}{N} \tag{4.8}$$

$$P_3^{UR} = P(\alpha \notin U \text{ 且 } \alpha \in R) = \frac{N_R + N_{IR}}{N} \tag{4.9}$$

$$P_4^{UR} = P(\alpha \notin U \text{ 且 } \alpha \notin R) = \frac{N_I}{N} \tag{4.10}$$

其中，α 表示其中的一件专利。那么 UR 合作的专利信息熵为：

$$H_{UR} = -\left[\frac{N_{UR} + N_{UIR}}{N} \times \lg\left(\frac{N_{UR} + N_{UIR}}{N}\right) + \frac{N_U + N_{UI}}{N} \times \lg\left(\frac{N_U + N_{UI}}{N}\right) + \frac{N_R + N_{IR}}{N} \times \lg\left(\frac{N_R + N_{IR}}{N}\right) + \frac{N_I}{N} \times \lg\left(\frac{N_I}{N}\right)\right] \tag{4.11}$$

同理可得H_{UI}、H_{IR}：

$$H_{UI} = -\left[\frac{N_{UI} + N_{UIR}}{N} \times \lg\left(\frac{N_{UI} + N_{UIR}}{N}\right) + \frac{N_U + N_{UR}}{N} \times \lg\left(\frac{N_U + N_{UR}}{N}\right) + \frac{N_I + N_{IR}}{N} \times \lg\left(\frac{N_I + N_{IR}}{N}\right) + \frac{N_R}{N} \times \lg\left(\frac{N_R}{N}\right)\right] \tag{4.12}$$

$$H_{IR} = -\left[\frac{N_{IR} + N_{UIR}}{N} \times \lg\left(\frac{N_{IR} + N_{UIR}}{N}\right) + \frac{N_I + N_{UI}}{N} \times \lg\left(\frac{N_I + N_{UI}}{N}\right) + \frac{N_R + N_{UR}}{N} \times \lg\left(\frac{N_R + N_{UR}}{N}\right) + \frac{N_U}{N} \times \lg\left(\frac{N_U}{N}\right)\right] \tag{4.13}$$

对于U、I、R三方共同合作而言，包含七种情况，分别是只有大学、只有产业、只有研究所（院）、同时有大学与产业、同时有产业与研究所（院）、同时有产业与研究所（院）、同时有大学和产业以及研究所（院）三方，同样可用概率分别表示，最终求得：

$$H_{UIR} = -\left[\frac{N_U}{N}\times\lg\left(\frac{N_U}{N}\right)+\frac{N_I}{N}\times\lg\left(\frac{N_I}{N}\right)+\frac{N_R}{N}\times\lg\left(\frac{N_R}{N}\right)+\frac{N_{UI}}{N}\times\lg\left(\frac{N_{UI}}{N}\right)+\frac{N_{IR}}{N}\times\lg\left(\frac{N_{IR}}{N}\right)+\frac{N_{UR}}{N}\times\lg\left(\frac{N_{UR}}{N}\right)+\frac{N_{UIR}}{N}\times\lg\left(\frac{N_{UIR}}{N}\right)\right] \tag{4.14}$$

而其中任意两者之间的依赖性和相关性可用互信息来度量。具体表达式可用单一系统的信息熵和双方合作的联合熵构造。以大学和研究所（院）的二维互信息为例：

$$T_{UR} = H_U + H_R - H_{UR} \tag{4.15}$$

其中，T_{UR}表示大学与研究院所的二维互信息。

同样的，三方的三维互信息为：

$$T_{UIR} = H_U + H_I + H_R - H_{UR} - H_{UI} - H_{IR} + H_{UIR} \tag{4.16}$$

互信息T在这里能够反映参与度量的两方或三方的依存度和相关性。当两方或三方间的交叉熵降低时，表明度量各方之间更独立；反之，表明相同信息更高，相互间的依赖程度更高。

二、战略性新兴产业整体中的“三螺旋”因素分析

（一）三主体在时间维度上的变化

图4.1（a）展示了CSCD数据库中2009～2020年高校、机构和企业各年在战略性新兴产业方面参与发表的论文情况。整体上看，2009～2019年，战略性新兴产业的发文总量呈波动上升趋势。其中，2019年的发文总量最多，达到8704篇，2009年的发文总量最少，为5176篇，年均增长率5.33%。另外，截至2020年7月，发文总量已达到3631篇。从年份上看，将各年CSCD数据库中3个主体在战略性新兴产业方面参与发表的论文数量由多到少排序：2009～2011年，高校和机构参与发表的论文数量彼此接近，显著超过企业的论文数量。2012～2020年，高校的论文数量始终位居第一，远远超过其他主体；机构和企业的论文数量相差较小，位次不断变化。其中，2012年、2013年、2017年和2020年机构的论文数量多于企业，2014年、2015年、2016年、2018年和2019年企业的论文数量多于机构。从发文主体上看，2009～2019年，CSCD数据库中高校在战略性新兴产业方面参与发表的论文数量呈波动上升趋势，其2019年的论文数量最多，达到6255篇，2011年的论文数量最少，为2385篇，年均增长率8.97%。截至2020年7月，高校2020年参与发表论文2821篇。机构的论文数量在2009～2019年呈波动下降趋势，年均增长率-5.19%。企业的论文数量在2009～2019年呈震荡趋势，截至2020年7月，企业2020年

参与发表论文 501 篇。

图 4.1（b）展示了 CSSCI 数据库中 2009～2020 年高校、机构和企业各年在战略性新兴产业方面参与发表的论文情况。整体上看，2009～2019 年，战略性新兴产业的发文总量呈逐年上升趋势，由 2009 年的 744 篇上升至 2019 年的 2650 篇，年均增长率 13.54%。另外，截至 2020 年 7 月，2020 年的发文总量已达到 1341 篇。从年份上看，将各年 CSSCI 数据库中 3 个主体在战略性新兴产业方面参与发表的论文数量由多到少排序：2009～2020 年，高校的论文数量始终位居第一，半数以上年份的论文数量达到四位数，远远超过其他主体；

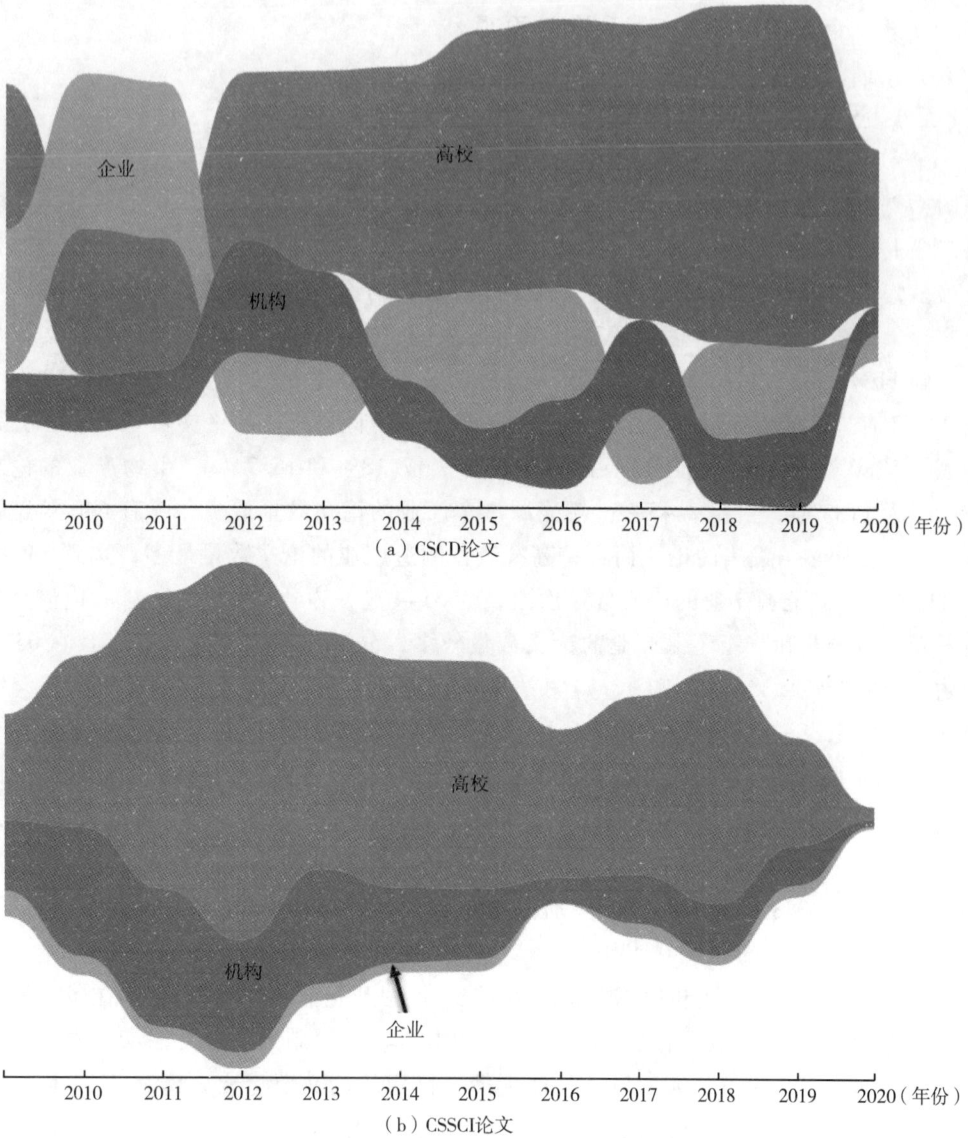

图 4.1　三主体历年发表的整个战略性新兴产业论文数量（2010～2019 年）

注：该图形为凹凸图。不同类别的宽度表示数值大小，另外，在任何时间截面上都是按照数值大小排名 1—N 往下展开的。下同。

机构的论文数量位居第二；企业的论文数量最少，大部分年份的论文数量只有两位数。从发文主体上看，2009～2019年，CSSCI数据库中高校在战略性新兴产业方面参与发表的论文数量呈波动上升趋势，其2019年的论文数量最多，达到2143篇，2010年的论文数量最少，为660篇，年均增长率12.25%。截至2020年7月，高校2020年参与发表论文1096篇。机构的论文数量在2009～2019年呈波动上升趋势，其2018年的论文数量最多，达到545篇，2009年的论文数量最少，为179篇，年均增长率11.36%。截至2020年7月，机构2020年参与发表论文261篇。企业的论文数量在2009～2019年呈震荡趋势，其2013年的论文数量最多，达到112篇，2015年的论文数量最少，为75篇，年均发文94篇。截至2020年7月，企业2020年参与发表论文50篇。

（二）三主体与产业的对应

图4.2（a）呈现了CSCD数据库中，高校、机构和企业2009～2020年在各类战略性新兴产业上参与发表的论文情况。总的来看，高校在战略性新兴产业方面参与发表的论文数量最多，达到48766篇，远远超过其他主体；机构的论文数量次之，为22170篇；企业的论文数量最少，为14820篇。就高校参与发表的论文而言，新能源产业的论文数量最多，达到11378篇，占比23.33%；新一代信息技术产业的论文数量次之，为10960篇，占比22.47%；高端装备制造产业、节能环保产业和新材料产业的论文数量较多，分别为8549篇、8380篇和7676篇，分别占比17.53%、17.18%和15.74%；生物产业的论文数量较少，为1183篇，占比2.43%；新能源汽车产业的论文数量最少，只有640篇，占比1.31%。就机构参与发表的论文而言，高端装备制造产业的论文数量最多，达到5304篇，占比23.92%；新能源产业的论文数量次之，为5144篇，占比23.20%；新一代信息技术产业、新材料产业和节能环保产业的论文数量较多，分别为4056篇、3523篇和3052篇，分别占比18.29%、15.89%和13.77%；生物产业的论文数量较少，为966篇，占比4.36%；新能源汽车产业的论文数量最少，只有125篇，占比0.56%。就企业参与发表的论文而言，节能环保产业的论文数量最多，达到5387篇，占比36.35%；新能源产业的论文数量次之，为4425篇，占比29.86%；新一代信息技术产业的论文数量较多，为2781篇，占比18.77%；高端装备制造产业、新材料产业和新能源汽车产业的论文数量较少，分别为1263篇、788篇和103篇，分别占比8.52%、5.32%和0.70%；生物产业的论文数量最少，只有73篇，占比0.49%。

图4.2（b）呈现了CSSCI数据库中，高校、机构和企业2009～2020年在各类战略性新兴产业上参与发表的论文情况。总的来看，高校在战略性新兴产业方面参与发表的论文数量最多，达到14924篇，远远超过其他主体；机构的论文数量次之，为4236篇；企业的论文数量最少，为1085篇。就高校参与发表的论文而言，新一代信息技术产业的论文数量最多，达到8824篇，占比59.13%；节能环保产业的论文数量次之，为2451篇，占比16.42%；高端装备制造产业的论文数量较多，为1403篇，占比9.40%；新能源产业、生物产业和新能源汽车产业的论文数量较少，分别为990篇、769篇和423篇，分别占比

6.63%、5.15%和2.83%；新材料产业的论文数量最少，只有64篇，占比0.43%。就机构参与发表的论文而言，新一代信息技术产业的论文数量最多，达到2108篇，占比49.76%；节能环保产业的论文数量次之，为979篇，占比23.11%；高端装备制造产业和新能源产业的论文数量较多，分别为410篇和377篇，分别占比9.68%和8.90%；生物产业和新能源汽车产业的论文数量较少，分别为180篇和137篇，分别占比4.25%和

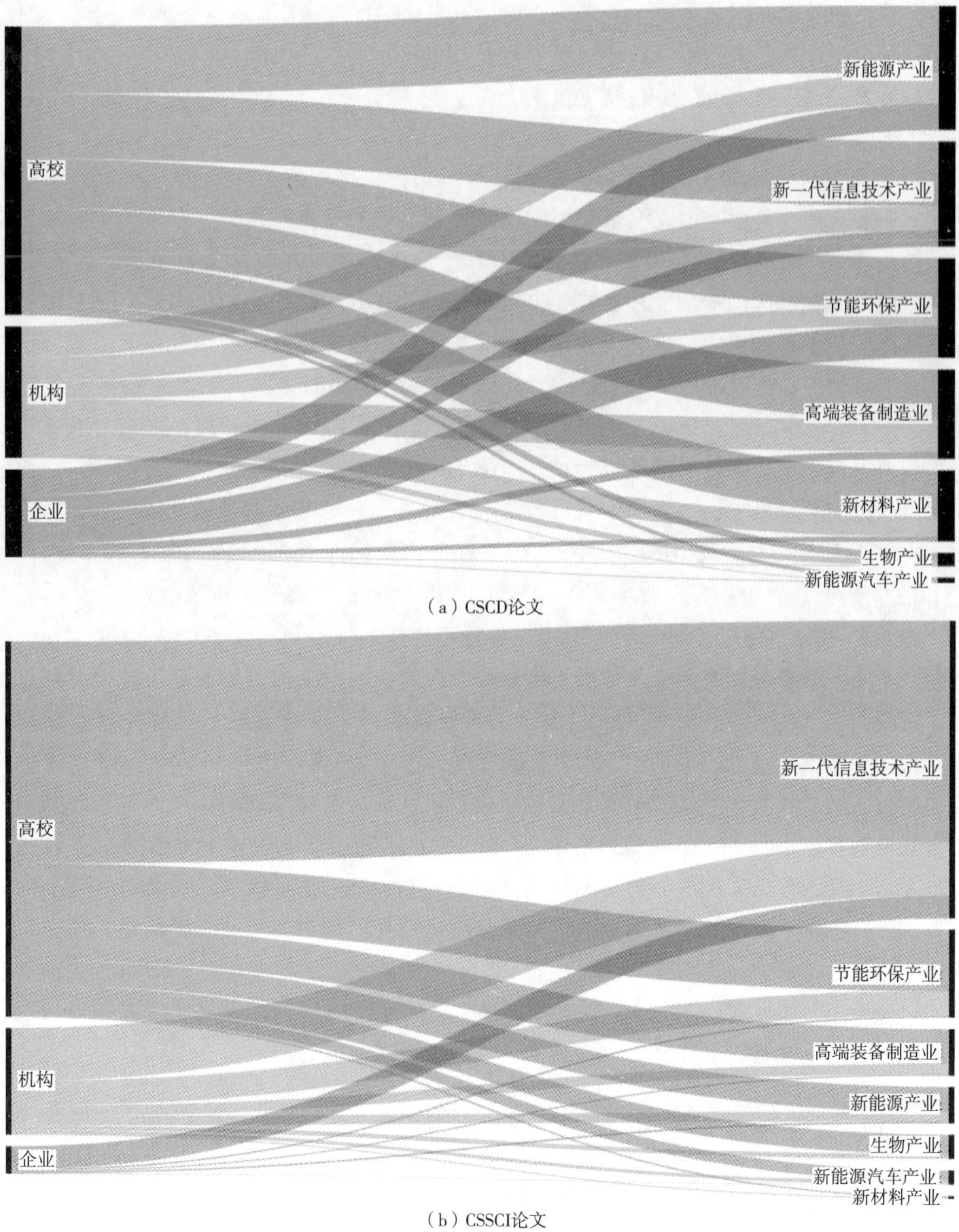

（a）CSCD论文

（b）CSSCI论文

图4.2　三主体与战略性新兴产业大类的论文对应关系

3.23%；新材料产业的论文数量最少，只有45篇，占比1.06%。就企业参与发表的论文而言，新一代信息技术产业的论文数量最多，达到901篇，占比83.04%；新能源产业的论文数量次之，为63篇，占比5.81%；节能环保产业和高端装备制造产业的论文数量较多，分别为59篇和45篇，分别占比5.44%和4.15%；新能源汽车产业和生物产业的论文数量较少，分别为12篇和4篇，分别占比1.11%和0.37%；新材料产业的论文数量最少，只有1篇，占比0.09%。

（三）三主体与省份的对应

图4.3（a）展示了CSCD数据库中，各省份高校、机构和企业2009～2020年在战略性新兴产业方面参与发表的论文情况。就高校参与发表的论文而言，北京市的论文数量最多，达到8438篇，占比17.30%，显著多于其他地区；江苏省的论文数量次之，为5473篇，占比11.22%；上海市的论文数量位居第三，为3706篇，占比7.60%；除上述省份外，陕西、广东和四川等地的论文数量也居前列。就机构参与发表的论文而言，北京市的论文数量最多，达到7589篇，占比34.23%，远远超过其他地区；上海市的论文数量次之，为1726篇，占比7.79%；江苏省的论文数量位居第三，为1264篇，占比5.70%；除上述省份外，广东、陕西和河南等地的论文数量也居前列。就企业参与发表的论文而言，北京市的论文数量最多，达到3003篇，占比20.26%，显著多于其他地区；广东省的论文数量次之，为1967篇，占比13.27%；江苏省的论文数量位居第三，为1702篇，占比11.48%；除上述省份外，上海、浙江、天津和山东等地的论文数量也居前列。

图4.3（b）展示了CSSCI数据库中，各省份高校、机构和企业2009～2020年在战略性新兴产业方面参与发表的论文情况。就高校参与发表的论文而言，北京市的论文数量最多，达到2971篇，占比19.91%，显著多于其他地区；江苏省的论文数量次之，为1477篇，占比9.90%；上海市的论文数量位居第三，为1428篇，占比9.57%；除上述省份外，广东、湖北和浙江等地的论文数量也居前列。就机构参与发表的论文而言，北京市的论文数量最多，达到1730篇，占比40.84%，远远超过其他地区；上海市的论文数量次之，为336篇，占比7.93%；江苏省的论文数量位居第三，为295篇，占比6.96%；除上述省份外，广东、浙江和湖北等地的论文数量也居前列。就企业参与发表的论文而言，北京市的论文数量最多，达到332篇，占比30.60%，显著多于其他地区；广东省的论文数量次之，为115篇，占比10.60%；上海市的论文数量位居第三，为90篇，占比8.29%；除上述省份外，江苏、浙江和湖南等地的论文数量也居前列。

（四）三主体协同分析

1. CSCD数据库

对收集的CSCD数据库中有关战略性新兴产业的论文进行发文主体与合作情况的归类

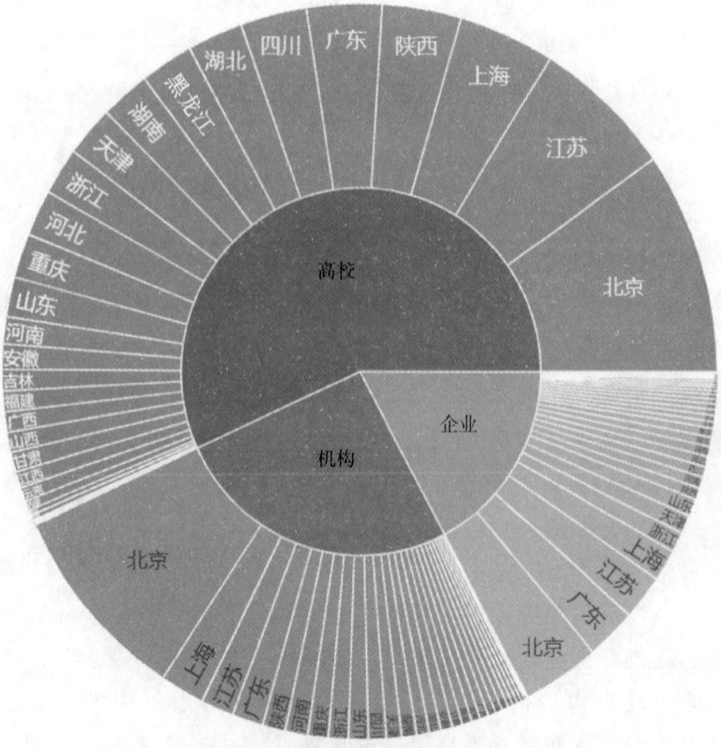

（a）CSCD论文

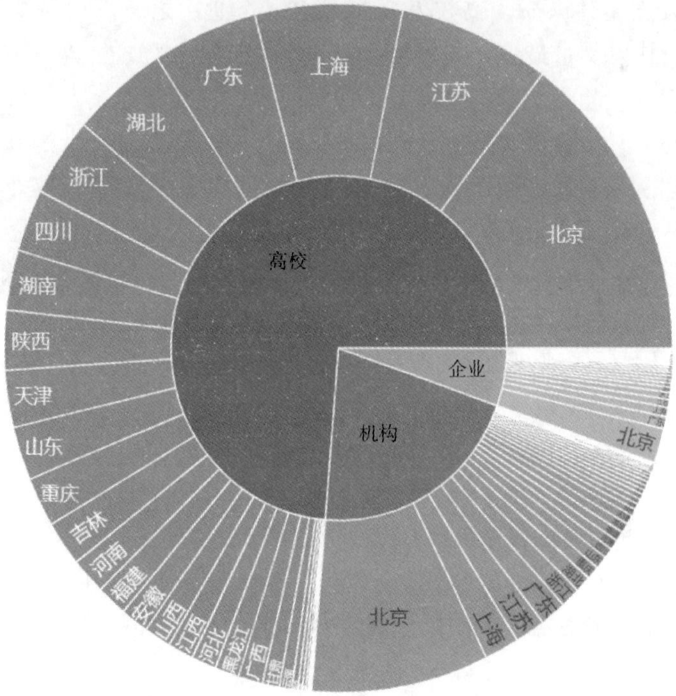

（b）CSSCI论文

图 4.3　三主体与省份在战略性新兴产业论文上的对应关系

整理，得到如表 4.1 所示的各产业论文发表情况（N_unv、N_ins 和 N_comp 分别代表高校、机构和企业发文量，N_unvins、N_unvcomp 和 N_inscomp 分别代表高校与机构、高校与企业、机构与企业合作发文量，N_unvinscomp 代表三主体合作发文量，下同）。就生物产业而言，从单一发文主体来看，高校发文量最多，机构次之，企业最少；从合作发文来看，高校与机构合作发文量最多，高校与企业合作发文量次之，机构与企业合作发文量以及高校、机构与企业三方合作发文量较少；从年度发文趋势来看，高校、机构发文量增减波动频繁，企业发文量先增加后减少，高校与机构合作发文量基本保持先减后增趋势，高校与企业、机构与企业、三方合作发文量均波动较大。就新能源汽车产业而言，从单一发文主体来看，高校发文量最多，机构次之，企业最少；从合作发文来看，高校与机构合作发文量最多，高校与企业合作发文量次之，高校、机构与企业三方合作发文量以及机构与企业合作发文量较少；从年度发文趋势来看，高校、机构、企业发文量总体上呈增加趋势，高校与机构、高校与企业合作发文量波动较大，机构与企业、三方合作发文量走势相对平稳，只有小幅波动，但部分年份发文量为 0。就新能源产业而言，从单一发文主体来看，高校发文量最多，机构发文量次之，企业发文量最少；从合作发文来看，高校与企业合作发文量最多，高校与机构合作发文量次之，机构与企业、三方合作发文量较少；从年度发文趋势来看，高校发文量增减变动频繁，机构发文量呈波动减少趋势，但其减幅不断下降，企业发文量以及机构与企业、三方合作发文量总体上呈先增后减趋势，高校与机构、高校与企业合作发文量初期基本持平，而后陡然增加，最后不断波动。就节能环保产业而言，从单一发文主体来看，高校发文量最多，企业次之，机构最少；从合作发文来看，高校与机构合作发文量最多，高校与企业合作发文量次之，机构与企业、三方合作发文量较少；从年度发文趋势来看，高校、机构发文量以及高校与企业、机构与企业合作发文量呈波动减少趋势，企业发文量以及高校与机构、三方合作发文量走势相对平稳，波动幅度较小。就高端装备制造产业而言，从单一发文主体来看，高校发文量最多，机构次之，企业最少；从合作发文来看，高校与机构合作发文量最多，高校与企业合作发文量次之，机构与企业、三方合作发文量较少；从年度发文趋势来看，高校、机构发文量基本保持先减后增趋势，企业发文量以及高校与机构、高校与企业、机构与企业、三方合作发文量总体上呈增加趋势，其中，企业发文量、高校与机构合作发文量震荡较为频繁，高校与企业、机构与企业、三方合作发文量变化相对平稳。就新一代信息技术产业而言，从单一发文主体来看，高校发文量最多，机构次之，企业最少；从合作发文来看，高校与机构合作发文量最多，高校与企业合作发文量次之，机构与企业、三方合作发文量较少；从年度发文趋势来看，高校、机构发文量以及高校与机构合作发文量基本保持先减后增趋势，企业发文量总体上呈增加趋势，高校与企业、机构与企业、三方合作发文量增减变动较为频繁。就新材料产业而言，从单一发文主体来看，高校发文量最多，机构次之，企业最少；从合作发文来看，高校与机构合作发文量最多，高校与企业合作发文量次之，机构与企业、三方合作发文量为 0；从年度发文趋势来看，高校发文量增减变动较为频繁，机构发文量由近 900 篇大幅减至 0 篇，继而保持不变，企业发文量前期由 0 篇陡然增加到 403 篇，而后又大幅减少至 0 篇，高校与机构、高校与企业合作发文量初期基本持平，而后大幅增加，最后不断波动。

表 4.1　　各产业论文发表情况

产业	年份	N_unv	N_ins	N_comp	N_unvins	N_unvcomp	N_inscomp	N_unvinscomp
生物	2010	222	149	2	127	5	2	4
	2011	227	147	3	106	9	10	5
	2012	216	155	7	100	12	9	1
	2013	188	120	12	107	12	4	7
	2014	160	129	9	102	10	6	8
	2015	223	133	13	114	9	4	3
	2016	217	111	19	119	10	9	7
	2017	200	112	9	123	12	4	7
	2018	185	114	4	112	11	7	3
	2019	211	93	5	124	14	12	6
新能源汽车	2010	19	3	2	3	4	2	1
	2011	19	2	6	3	1	1	0
	2012	31	2	0	8	7	0	0
	2013	35	2	2	8	8	2	0
	2014	32	0	2	11	9	0	1
	2015	39	3	3	5	7	0	0
	2016	34	9	5	5	8	1	4
	2017	42	11	7	10	6	1	4
	2018	61	10	6	20	8	0	3
	2019	57	7	8	8	17	1	4
新能源	2010	0	1135	55	0	67	20	0
	2011	0	1257	139	0	68	42	1
	2012	336	152	887	0	56	194	2
	2013	480	86	699	0	39	227	2
	2014	1027	89	228	281	56	49	5
	2015	614	101	79	998	15	23	2
	2016	262	92	98	464	795	26	21
	2017	338	76	108	0	956	35	38
	2018	696	79	121	253	328	35	14
	2019	352	55	71	175	688	35	0
节能环保	2010	557	198	168	149	129	57	8
	2011	464	177	144	174	94	51	10
	2012	509	157	136	167	104	64	10
	2013	482	161	155	163	110	46	8
	2014	482	162	174	164	109	53	5

续表

产业	年份	N_unv	N_ins	N_comp	N_unvins	N_unvcomp	N_inscomp	N_unvinscomp
节能环保	2015	464	117	158	162	105	43	6
	2016	463	103	154	142	97	48	11
	2017	394	72	137	158	88	33	8
	2018	410	81	141	128	97	33	6
	2019	360	63	145	150	78	42	12
高端装备制造	2010	371	163	21	124	38	14	5
	2011	415	191	36	134	38	11	6
	2012	383	181	59	164	44	13	5
	2013	354	173	39	207	51	8	3
	2014	268	113	30	107	45	12	8
	2015	446	251	50	183	61	22	11
	2016	506	253	51	251	74	27	26
	2017	552	297	78	293	95	20	26
	2018	523	271	56	303	90	37	34
	2019	512	284	84	259	102	41	28
新一代信息技术	2010	593	62	19	63	22	11	2
	2011	494	59	17	43	17	5	4
	2012	463	51	21	49	16	6	3
	2013	472	52	21	51	20	7	3
	2014	421	41	19	43	21	4	5
	2015	438	55	18	43	10	10	3
	2016	437	68	24	68	23	3	5
	2017	446	65	34	90	22	7	1
	2018	579	100	28	87	21	10	4
	2019	513	96	33	106	27	15	10
新材料	2010	11	876	0	2	1	0	0
	2011	4	895	0	6	0	0	0
	2012	282	179	403	7	1	0	0
	2013	839	0	106	5	1	0	0
	2014	645	0	11	331	3	0	0
	2015	148	0	0	704	5	0	0
	2016	59	0	0	586	223	0	0
	2017	469	0	0	139	179	0	0
	2018	282	0	0	443	114	0	0
	2019	498	0	0	84	174	0	0

根据论文统计结果，得到如表 4.2 所示的信息熵汇总表，并进一步得到如图 4.4 所示的互信息。就生物产业而言，从二维互信息来看，高校与机构的协同创新关系一直最为紧密，但紧密关系始终呈现加强与减弱的波动状态，高校与企业、机构与企业之间的协同创新关系一直较为松散；从三维互信息来看，互信息值先减小后增大，说明三方合作关系先紧密后松散。就新能源汽车产业而言，从二维互信息来看，高校与机构、高校与企业、机构与企业之间协同创新关系的紧密程度持续波动，并且它们的位次不断变化，高校与企业的协同创新关系除 2011 年十分紧密外，其余各年较为松散，高校与机构、机构与企业之间的协同创新关系总体上相对松散；从三维互信息来看，三方合作关系处于加强与减弱的波动状态，但后期与前期相比关系更为紧密。就新能源产业而言，从二维互信息来看，高校与机构、高校与企业、机构与企业之间协同创新关系的紧密程度持续波动，并且它们的位次不断变化，高校与企业、机构与企业的协同创新关系除少数年份非常紧密外，大部分年份较为松散，高校与机构的协同创新关系总体上相对松散；从三维互信息来看，互信息值先减小后增大，三方合作关系先紧密后松散。就节能环保产业而言，从二维互信息来看，高校与企业的协同创新关系除 2010 年外其余年份一直最紧密，且紧密程度不断加强，高校与机构的协同创新关系由紧密逐渐变为松散，机构与企业的协同创新关系始终较为松散；从三维互信息来看，互信息值总体上呈增加趋势，说明三方合作关系的紧密程度逐步减弱。就高端装备制造产业而言，从二维互信息来看，高校与机构的协同创新关系始终最为紧密，但紧密程度处于波动状态，高校与企业、机构与企业之间的协同创新关系始终较为松散；从三维互信息来看，互信息值小幅震荡，三方合作关系相对紧密，且紧密程度较为稳定，波动较小。就新一代信息技术产业而言，从二维互信息来看，高校与机构的协同创新关系始终最为紧密，但紧密程度处于加强与减弱的波动状态，高校与企业的协同创新关系相对松散，机构与企业的互信息值十分接近 0，协同创新关系较为微弱；从三维互信息来看，三方合作关系的紧密程度有小幅波动，后期与前期相比关系更为紧密。就新材料产业而言，从二维互信息来看，高校与机构、高校与企业、机构与企业之间协同创新关系的紧密程度持续波动，且它们的位次不断变化，高校与企业、机构与企业之间的协同创新关系除少数年份比较紧密外，其余年份相对微弱，尤其是高校与企业，多数年份不存在协同创新关系，高校与机构的关系总体上较为微弱，半数年份不存在协同创新关系；从三维互信息来看，三方合作关系比较微弱，只有个别年份关系紧密，部分年份不存在协同创新关系。

表 4.2　　信息熵汇总表

产业	年份	H_unv	H_ins	H_comp	H_unvins	H_unvcomp	H_inscomp	H_unvinscomp
生物	2010	0.26508	0.29869	0.05147	0.47396	0.31655	0.34997	0.51863
	2011	0.27078	0.30032	0.09033	0.46985	0.35965	0.39061	0.55193
	2012	0.27897	0.30025	0.09617	0.48058	0.37267	0.39456	0.55658
	2013	0.26611	0.30030	0.11870	0.50382	0.38285	0.41557	0.59008
	2014	0.27829	0.29575	0.11875	0.50493	0.39600	0.41275	0.59839

续表

产业	年份	H_unv	H_ins	H_comp	H_unvins	H_unvcomp	H_inscomp	H_unvinscomp
生物	2015	0. 26552	0. 30096	0. 09631	0. 49773	0. 35712	0. 39326	0. 55874
	2016	0. 25854	0. 30103	0. 13286	0. 51054	0. 38034	0. 43204	0. 59881
	2017	0. 25229	0. 30041	0. 10849	0. 49360	0. 35933	0. 40673	0. 57801
	2018	0. 26022	0. 29955	0. 09536	0. 48195	0. 35417	0. 39385	0. 56463
	2019	0. 23759	0. 30100	0. 12061	0. 47439	0. 35370	0. 42159	0. 58092
新能源汽车	2010	0. 22082	0. 25099	0. 25099	0. 41898	0. 44713	0. 50014	0. 62644
	2011	0. 25803	0. 20958	0. 24422	0. 45664	0. 37855	0. 45181	0. 53644
	2012	0. 07522	0. 22225	0. 18041	0. 26752	0. 25271	0. 38649	0. 43177
	2013	0. 14614	0. 22351	0. 22351	0. 34405	0. 34405	0. 44632	0. 52258
	2014	0. 06784	0. 22783	0. 22783	0. 29170	0. 27052	0. 44808	0. 48927
	2015	0. 14614	0. 17615	0. 20169	0. 30246	0. 33324	0. 36506	0. 45193
	2016	0. 23276	0. 26068	0. 25448	0. 45198	0. 48229	0. 51512	0. 64862
	2017	0. 23658	0. 27257	0. 23005	0. 48119	0. 45278	0. 50208	0. 64151
	2018	0. 18218	0. 26731	0. 18907	0. 43278	0. 36017	0. 45291	0. 56814
	2019	0. 18867	0. 21494	0. 26309	0. 38387	0. 43890	0. 47753	0. 59903
新能源	2010	0. 08934	0. 13687	0. 15157	0. 16543	0. 18497	0. 17121	0. 19976
	2011	0. 08074	0. 17378	0. 19513	0. 21390	0. 23758	0. 22821	0. 26734
	2012	0. 24041	0. 22543	0. 26527	0. 43911	0. 40725	0. 48567	0. 54536
	2013	0. 27836	0. 22058	0. 28600	0. 45940	0. 40239	0. 50427	0. 55076
	2014	0. 22375	0. 24150	0. 21416	0. 46009	0. 33700	0. 45347	0. 54403
	2015	0. 15122	0. 28974	0. 10440	0. 44096	0. 20697	0. 38388	0. 47527
	2016	0. 16182	0. 27925	0. 29998	0. 43577	0. 46161	0. 47280	0. 61873
	2017	0. 17682	0. 13739	0. 25197	0. 26765	0. 42766	0. 38313	0. 49511
	2018	0. 18656	0. 24406	0. 27428	0. 42017	0. 44168	0. 50390	0. 63855
	2019	0. 15674	0. 21278	0. 29585	0. 34969	0. 45180	0. 46440	0. 57875
节能环保	2010	0. 27667	0. 27400	0. 25991	0. 51318	0. 50530	0. 52488	0. 68426
	2011	0. 27661	0. 28614	0. 25261	0. 53543	0. 49420	0. 52875	0. 69646
	2012	0. 26930	0. 28037	0. 25491	0. 51826	0. 48546	0. 53061	0. 68886
	2013	0. 27282	0. 27723	0. 25896	0. 52496	0. 49570	0. 52462	0. 68948
	2014	0. 27798	0. 27670	0. 26410	0. 53129	0. 49926	0. 52884	0. 69198
	2015	0. 26582	0. 26918	0. 26371	0. 51941	0. 48050	0. 52197	0. 68040
	2016	0. 26515	0. 26479	0. 26694	0. 51350	0. 47771	0. 52611	0. 68077
	2017	0. 25413	0. 26693	0. 26488	0. 51487	0. 45866	0. 52109	0. 67420
	2018	0. 25938	0. 25619	0. 26858	0. 50365	0. 47360	0. 51500	0. 66873
	2019	0. 26309	0. 27029	0. 27414	0. 52880	0. 46479	0. 53714	0. 69160

续表

产业	年份	H_unv	H_ins	H_comp	H_unvins	H_unvcomp	H_inscomp	H_unvinscomp
高端装备制造	2010	0. 25288	0. 29484	0. 14680	0. 46726	0. 39582	0. 43831	0. 58325
	2011	0. 26010	0. 29420	0. 15004	0. 48232	0. 40383	0. 43814	0. 58581
	2012	0. 26455	0. 29646	0. 17785	0. 51664	0. 42848	0. 46150	0. 62501
	2013	0. 25044	0. 30015	0. 16018	0. 50926	0. 40493	0. 44264	0. 61423
	2014	0. 25150	0. 29422	0. 19306	0. 49378	0. 43836	0. 47969	0. 64086
	2015	0. 27073	0. 29935	0. 17637	0. 50513	0. 44182	0. 46790	0. 63453
	2016	0. 25695	0. 30019	0. 18345	0. 50609	0. 43589	0. 47900	0. 65103
	2017	0. 26160	0. 30010	0. 19160	0. 51976	0. 44851	0. 47991	0. 65845
	2018	0. 25628	0. 30096	0. 19461	0. 51213	0. 44629	0. 49087	0. 67045
	2019	0. 26964	0. 30009	0. 21407	0. 52540	0. 47636	0. 50570	0. 68819
新一代信息技术	2010	0. 15863	0. 20390	0. 11010	0. 30560	0. 24972	0. 31360	0. 38141
	2011	0. 16511	0. 20052	0. 10709	0. 30299	0. 25812	0. 30748	0. 37489
	2012	0. 16621	0. 20405	0. 11627	0. 31998	0. 26052	0. 32029	0. 39184
	2013	0. 16598	0. 20506	0. 12262	0. 32015	0. 26806	0. 32765	0. 40112
	2014	0. 15544	0. 19652	0. 12982	0. 30909	0. 26788	0. 32630	0. 39847
	2015	0. 17888	0. 21265	0. 11134	0. 32670	0. 26406	0. 32251	0. 39211
	2016	0. 18454	0. 23384	0. 12894	0. 36889	0. 29965	0. 36187	0. 45324
	2017	0. 19051	0. 24186	0. 13756	0. 39614	0. 29934	0. 37737	0. 47268
	2018	0. 19554	0. 24056	0. 11677	0. 37303	0. 29441	0. 35729	0. 44687
	2019	0. 20472	0. 25904	0. 14705	0. 41295	0. 33174	0. 40608	0. 51350
新材料	2010	0. 03514	0. 03103	0. 00380	0. 03795	0. 03690	0. 03271	0. 03962
	2011	0. 02639	0. 01232	0. 00000	0. 02962	0. 02639	0. 01232	0. 02962
	2012	0. 27620	0. 22509	0. 29986	0. 47151	0. 45841	0. 45648	0. 47482
	2013	0. 15181	0. 01426	0. 15276	0. 16580	0. 15535	0. 16674	0. 16933
	2014	0. 02651	0. 27674	0. 03225	0. 30127	0. 03544	0. 30647	0. 30966
	2015	0. 00000	0. 20375	0. 01556	0. 20375	0. 01556	0. 21491	0. 21491
	2016	0. 00000	0. 27382	0. 24746	0. 27382	0. 24746	0. 34619	0. 34619
	2017	0. 00000	0. 20248	0. 23286	0. 20248	0. 23286	0. 41323	0. 41323
	2018	0. 00000	0. 30035	0. 17259	0. 30035	0. 17259	0. 42339	0. 42339
	2019	0. 00000	0. 15150	0. 23429	0. 15150	0. 23429	0. 37228	0. 37228

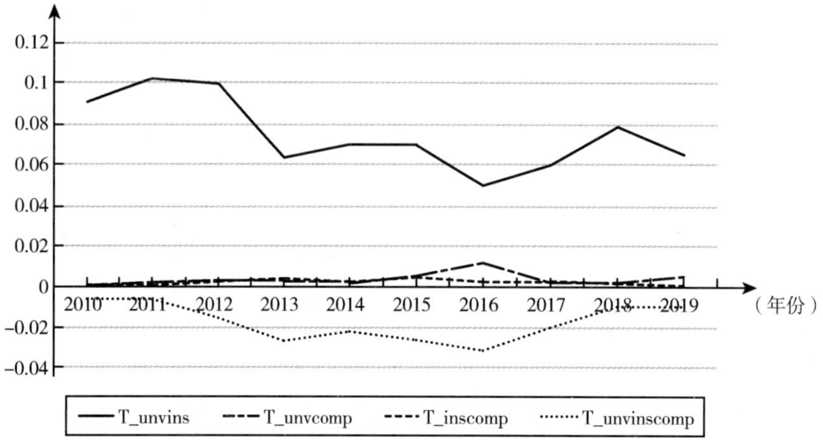

（a）生物产业

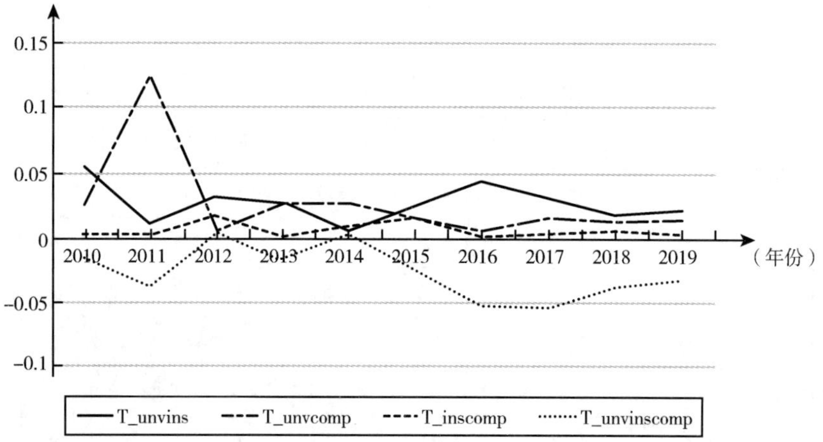

（b）新能源汽车产业

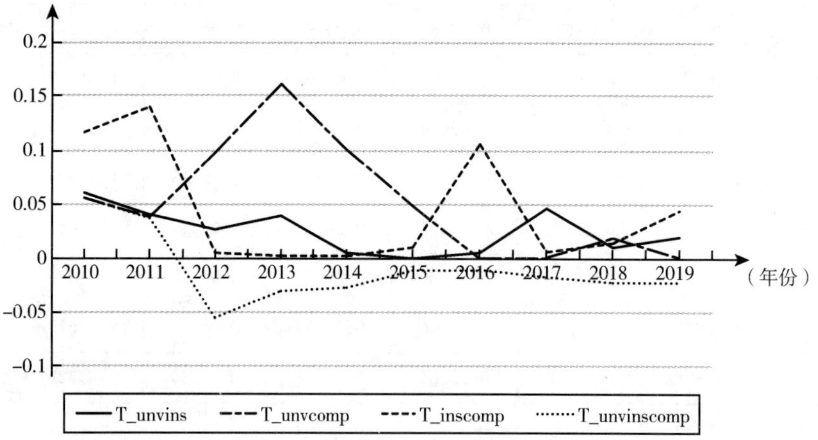

（c）新能源产业

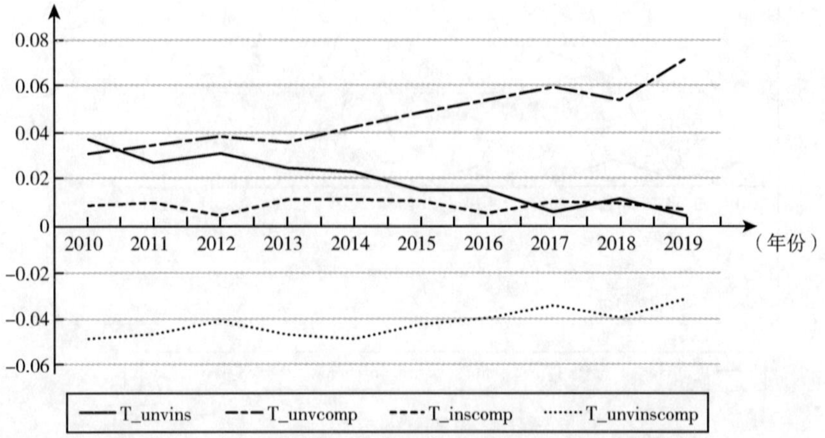

（d）节能环保产业

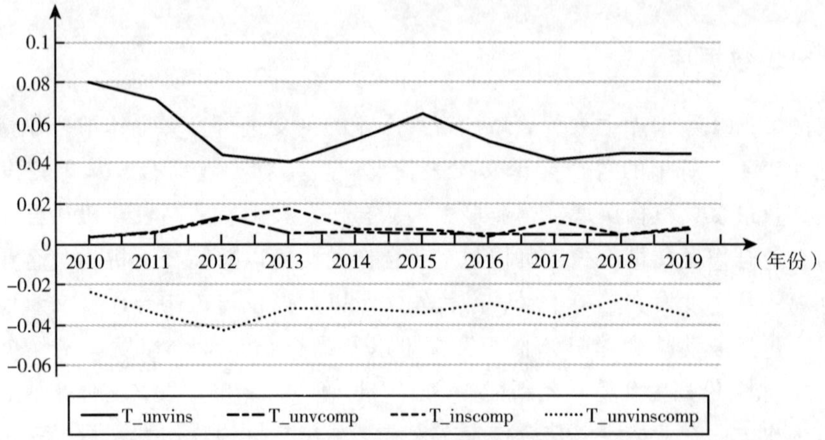

（e）高端装备制造产业

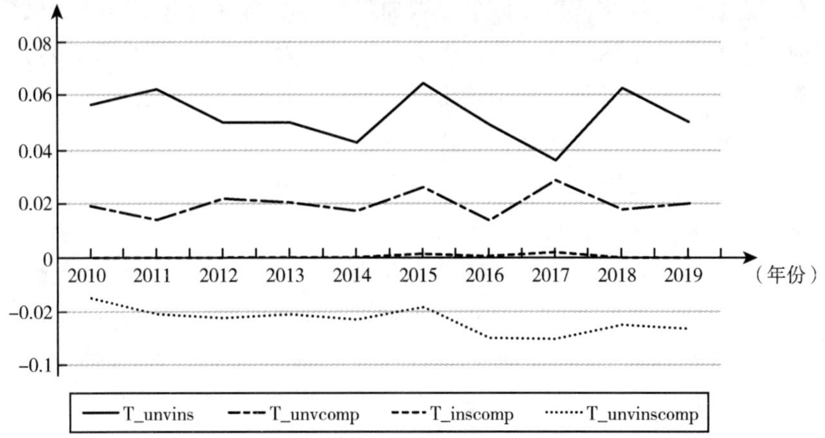

（f）新一代信息技术产业

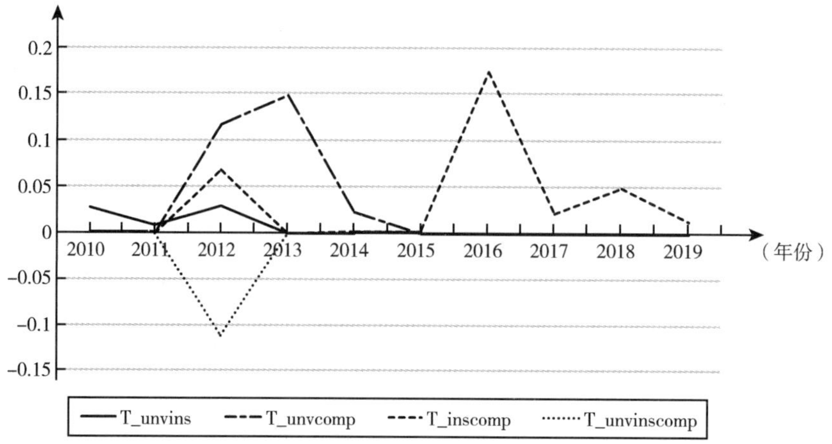

（g）新材料产业

图 4.4 各产业互信息情况

2. CSSCI 数据库

对收集的 CSSCI 数据库中有关战略性新兴产业的论文进行发文主体与合作情况的归类整理，得到如表 4.3 所示的各产业论文发表情况。就生物产业而言，从单一发文主体来看，高校发文量最多，机构次之，企业最少；从合作发文来看，高校与机构合作发文量最多，高校与企业合作发文量次之，机构与企业合作发文量以及高校、机构与企业三方合作发文量为 0 篇；从年度发文趋势来看，高校发文量以及高校与机构合作发文量增减变动频繁，机构发文量呈波动减少趋势，企业发文量以及高校与企业合作发文量除个别年份为 1 ~2 篇外，其余年份都为 0 篇。就新能源汽车产业而言，从单一发文主体来看，高校发文量最多，机构次之，企业最少；从合作发文来看，高校与机构合作发文量最多，高校与企业合作发文量次之，高校、机构与企业三方合作发文量以及机构与企业合作发文量较少；从年度发文趋势来看，高校发文量总体上呈增加趋势，个别年份有所减少，机构发文量以及高校与机构合作发文量增减变动频繁，企业发文量以及高校与企业、机构与企业、三方合作发文量除部分年份有少量外，其余年份都为 0 篇。就新能源产业而言，从单一发文主体来看，高校发文量最多，机构次之，企业最少；从合作发文来看，高校与机构合作发文量最多，高校与企业合作发文量次之，机构与企业、三方合作发文量较少；从年度发文趋势来看，高校、机构发文量以及高校与机构合作发文量呈波动减少趋势，企业发文量增减变动频繁，高校与企业、机构与企业、三方合作发文量除部分年份为 1 ~2 篇外，其余年份都为 0 篇。就节能环保产业而言，从单一发文主体来看，高校发文量最多，机构次之，企业最少；从合作发文来看，高校与机构合作发文量最多，高校与企业合作发文量次之，机构与企业、三方合作发文量较少；从年度发文趋势来看，高校发文量以及高校与机构合作发文量基本保持先增后减的趋势，机构发文量先迅速增加后小幅波动，企业发文量增减变动频繁，高校与企业合作发文量走势相对平稳，波动幅度较小，机构与企业、三方合作发文量除部分年份有少量外，其余年份都为 0 篇。就高端装备制造产业而言，从单一发文主体来看，高校发文量最多，机构次之，企业最少；从合作发文来看，高校与机构合作发文量最多，高校与企业合作发文量次之，机构与企业、三方合作发文量较少；从年度发文趋势来看，高校发文量前期波动增加，后期基本持平，机构发文量增减变动频繁，企业发文量以及高校与企业合作发文量走势相对平稳，波动幅度较小，高校与机构合作发文量总体上呈增加趋势，机构与企业、三方合作发文量除少数年份为1篇外，其余年份都为0篇。就新一代信息技术产业而言，从单一发文主体来看，高校发文量最多，机构次之，企业最少；从合作发文来看，高校与机构合作发文量最多，高校与企业合作发文量次之，机构与企业、三方合作发文量较少；从年度发文趋势来看，高校、机构、企业发文量以及高校与机构合作发文量先小幅波动后迅速增加，高校与企业合作发文量初期走势平稳，后期逐年增加，机构与企业、三方合作发文量除部分年份有少量外，其余年份都为0篇。就新材料产业而言，从单一发文主体来看，高校发文量最多，机构次之，企业最少；从合作发文来看，高校与机构合作发文量最多，高校与企业、机构与企业、三方合作发文量为0篇；从年度发文趋势来看，高校发文量前期波动增加，后期不断震荡，机构发文量增减变动频繁，企业发文量以及高校与机构合作发文量除个别年份为1~3篇外，其余年份都为0篇。

表4.3　各产业论文发表情况

产业	年份	N_unv	N_ins	N_comp	N_unvins	N_unvcomp	N_inscomp	N_unvinscomp
生物	2010	49	27	0	11	0	0	0
	2011	94	26	1	6	0	0	0
	2012	82	30	0	11	0	0	0
	2013	81	16	0	11	0	0	0
	2014	98	28	0	15	1	0	0
	2015	124	34	0	12	0	0	0
	2016	81	15	1	3	1	0	0
	2017	81	14	0	9	0	0	0
	2018	94	12	0	6	0	0	0
	2019	63	16	0	5	2	0	0
新能源汽车	2010	11	13	0	4	0	0	0
	2011	19	14	1	4	0	0	0
	2012	27	8	1	8	1	0	0
	2013	34	9	1	2	0	1	0
	2014	30	5	0	3	0	0	1
	2015	31	12	0	9	1	0	0
	2016	42	15	0	4	0	0	0
	2017	50	7	2	10	1	0	1
	2018	53	12	0	12	4	0	0
	2019	32	4	0	7	2	0	0

续表

产业	年份	N_unv	N_ins	N_comp	N_unvins	N_unvcomp	N_inscomp	N_unvinscomp
新能源	2010	63	47	7	15	2	0	0
	2011	116	64	4	10	2	0	0
	2012	139	48	8	9	1	1	0
	2013	86	38	10	10	0	0	0
	2014	95	34	6	4	0	0	0
	2015	91	31	7	5	2	2	0
	2016	60	15	5	2	1	0	0
	2017	79	28	7	6	0	1	1
	2018	75	18	4	7	1	1	0
	2019	47	20	3	6	1	0	1
节能环保	2010	78	11	1	8	1	0	0
	2011	163	27	3	36	5	0	0
	2012	170	60	1	51	5	0	1
	2013	213	57	4	64	6	1	2
	2014	216	58	2	51	5	2	1
	2015	222	68	1	54	5	0	0
	2016	203	54	6	71	3	0	0
	2017	175	51	1	40	2	5	0
	2018	166	62	2	36	2	3	0
	2019	137	56	1	34	5	1	0
高端装备制造	2010	56	22	3	7	1	0	0
	2011	62	18	2	5	2	0	0
	2012	54	16	5	9	2	1	0
	2013	80	30	4	8	4	0	1
	2014	96	25	3	11	2	1	0
	2015	139	39	2	16	3	0	0
	2016	131	42	4	14	6	1	0
	2017	133	32	3	15	3	0	0
	2018	128	40	1	21	3	0	1
	2019	122	26	2	21	4	1	0
新一代信息技术	2010	34	17	2	8	0	0	0
	2011	27	17	2	3	2	0	1
	2012	37	14	2	5	2	0	0
	2013	34	11	1	7	1	0	0
	2014	49	24	1	7	1	1	0

续表

产业	年份	N_unv	N_ins	N_comp	N_unvins	N_unvcomp	N_inscomp	N_unvinscomp
新一代信息技术	2015	71	32	3	18	2	0	0
	2016	110	33	3	21	2	1	0
	2017	250	75	14	46	5	3	1
	2018	618	127	27	135	9	5	1
	2019	875	152	23	142	11	3	3
新材料	2010	1	3	0	1	0	0	0
	2011	4	2	0	0	0	0	0
	2012	1	8	0	0	0	0	0
	2013	5	2	1	0	0	0	0
	2014	8	8	0	0	0	0	0
	2015	9	2	1	0	0	0	0
	2016	6	6	2	0	0	0	0
	2017	7	6	0	1	0	0	0
	2018	5	2	0	3	0	0	0
	2019	8	1	0	0	0	0	0

根据论文统计结果，得到如表 4.4 所示的信息熵汇总表，并进一步得到如图 4.5 所示的互信息。就生物产业而言，从二维互信息来看，高校与机构的协同创新关系始终最为紧密，但紧密程度处于加强与减弱的波动状态，高校与企业、机构与企业之间的协同创新关系始终较为微弱，部分年份不存在协同创新关系；从三维互信息来看，多数年份的互信息值十分接近 0，三方合作关系相对微弱，个别年份不存在协同创新关系。就新能源汽车产业而言，从二维互信息来看，高校与机构的协同创新关系始终最为紧密，但紧密程度波动剧烈，高校与企业、机构与企业之间的协同创新关系始终比较松散；从三维互信息来看，三方合作关系总体上较为松散，且处于加强与减弱的波动状态。就新能源产业而言，从二维互信息来看，高校与机构的协同创新关系始终最为紧密，但紧密程度不断波动，高校与企业、机构与企业之间的协同创新关系较为松散，除 2010 年和 2011 年外，高校与企业的关系比机构与企业的关系更紧密；从三维互信息来看，三方合作关系相对紧密，但紧密程度有小幅波动。就节能环保产业而言，从二维互信息来看，高校与机构的协同创新关系始终最为紧密，但紧密程度波动剧烈，高校与企业、机构与企业的互信息值十分接近 0，协同创新关系较为微弱；从三维互信息来看，三方合作关系相对松散，且有轻微波动。就高端装备制造产业而言，从二维互信息来看，高校与机构的协同创新关系始终最为紧密，但紧密程度处于加强与减弱的波动状态，高校与企业、机构与企业之间的协同创新关系始终较为松散；从三维互信息来看，互信息值总体上呈增加趋势，说明三方合作关系的紧密程度逐步减弱。就新一代信息技术产业而言，从二维互信息来看，高校与机构的协同创新关系始终最为紧密，但紧密程度持续波动，高校与企业、机构与企业的互信息值十分接近 0，协同创新关系较为微弱；从三维互信息来看，互信息值先增加后小幅震荡，说明三方合作

关系的紧密程度先减弱后轻微波动。就新材料产业而言，从二维互信息来看，高校与机构的协同创新关系始终最为紧密，但紧密程度波动剧烈，高校与企业、机构与企业之间的协同创新关系除少数年份相对紧密外，其余各年较为微弱，且部分年份不存在协同创新关系；从三维互信息来看，三方合作关系波动较大，总体上较为松散，只有少数年份关系紧密，个别年份不存在协同创新关系。

表 4.4　　信息熵汇总表

产业	年份	H_unv	H_ins	H_comp	H_unvins	H_unvcomp	H_inscomp	H_unvinscomp
生物	2010	0.26899	0.29755	0.00000	0.41168	0.26899	0.29755	0.41168
	2011	0.22469	0.24515	0.01997	0.31694	0.23932	0.26413	0.31694
	2012	0.24127	0.27643	0.00000	0.36062	0.24127	0.27643	0.36062
	2013	0.18218	0.24422	0.00000	0.31760	0.18218	0.24422	0.31760
	2014	0.21562	0.26632	0.01820	0.35138	0.23315	0.28342	0.36847
	2015	0.21732	0.25356	0.00000	0.32101	0.21732	0.25356	0.32101
	2016	0.18980	0.20355	0.04224	0.26169	0.22926	0.24408	0.28492
	2017	0.17158	0.22947	0.00000	0.29375	0.17158	0.22947	0.29375
	2018	0.14788	0.19146	0.00000	0.23589	0.14788	0.19146	0.23589
	2019	0.20865	0.24141	0.04797	0.29961	0.25451	0.28651	0.34472
新能源汽车	2010	0.29992	0.29098	0.00000	0.43484	0.29992	0.29098	0.43484
	2011	0.29133	0.30043	0.05285	0.45477	0.33332	0.34580	0.45477
	2012	0.21732	0.28265	0.07896	0.43166	0.29172	0.35288	0.47330
	2013	0.23631	0.24672	0.07643	0.33864	0.28450	0.32049	0.36868
	2014	0.16632	0.23461	0.05179	0.30346	0.21656	0.26957	0.32850
	2015	0.23231	0.29161	0.04065	0.40912	0.27083	0.32807	0.44559
	2016	0.24224	0.26938	0.00000	0.33900	0.24224	0.26938	0.33900
	2017	0.16511	0.24588	0.09414	0.37155	0.24832	0.34003	0.42216
	2018	0.18218	0.26392	0.08542	0.35311	0.26407	0.34157	0.43077
	2019	0.13027	0.24153	0.07896	0.31112	0.20739	0.31494	0.38453
新能源	2010	0.29280	0.29982	0.10694	0.48543	0.39061	0.38774	0.51437
	2011	0.28035	0.28787	0.05944	0.39182	0.33689	0.34088	0.41428
	2012	0.25615	0.25815	0.08434	0.37654	0.32121	0.34031	0.39935
	2013	0.27643	0.27643	0.10953	0.44726	0.35052	0.37318	0.44726
	2014	0.26064	0.25475	0.07725	0.36581	0.31347	0.32586	0.36581
	2015	0.26145	0.25559	0.12076	0.38198	0.35930	0.37546	0.43611
	2016	0.23981	0.22019	0.11271	0.34506	0.32553	0.32540	0.37176
	2017	0.26346	0.26346	0.11434	0.41297	0.35074	0.37734	0.43867
	2018	0.22716	0.24194	0.09447	0.36906	0.29868	0.33594	0.40692
	2019	0.26338	0.28013	0.10341	0.42969	0.36080	0.38202	0.47274

续表

产业	年份	H_unv	H_ins	H_comp	H_unvins	H_unvcomp	H_inscomp	H_unvinscomp
节能环保	2010	0. 16040	0. 21237	0. 04292	0. 29268	0. 19945	0. 25340	0. 31621
	2011	0. 16632	0. 25297	0. 06471	0. 36085	0. 22800	0. 31293	0. 40261
	2012	0. 22424	0. 29022	0. 04966	0. 41615	0. 27374	0. 33830	0. 45784
	2013	0. 20385	0. 28311	0. 06940	0. 41545	0. 27125	0. 35188	0. 46741
	2014	0. 20803	0. 27673	0. 05829	0. 39181	0. 26464	0. 33499	0. 44055
	2015	0. 21559	0. 28080	0. 03765	0. 39270	0. 25322	0. 31522	0. 42251
	2016	0. 20343	0. 28639	0. 05346	0. 43174	0. 24991	0. 33438	0. 45193
	2017	0. 22207	0. 28128	0. 05730	0. 39442	0. 27048	0. 33654	0. 43849
	2018	0. 24289	0. 28680	0. 05209	0. 40965	0. 28940	0. 33881	0. 44652
	2019	0. 24319	0. 29022	0. 05839	0. 41289	0. 30153	0. 34665	0. 46240
高端装备制造	2010	0. 25788	0. 27412	0. 07963	0. 41045	0. 32778	0. 34584	0. 43502
	2011	0. 23140	0. 24816	0. 07963	0. 35066	0. 30730	0. 32179	0. 39408
	2012	0. 24558	0. 26487	0. 13334	0. 43493	0. 35452	0. 39454	0. 49699
	2013	0. 25231	0. 26785	0. 11112	0. 39554	0. 36104	0. 37543	0. 46127
	2014	0. 22329	0. 25249	0. 07767	0. 36585	0. 29131	0. 32959	0. 40991
	2015	0. 22090	0. 25602	0. 05097	0. 35139	0. 27078	0. 30341	0. 38312
	2016	0. 23801	0. 26068	0. 09318	0. 37028	0. 32829	0. 35090	0. 43474
	2017	0. 21001	0. 24549	0. 06189	0. 34801	0. 26830	0. 30322	0. 38166
	2018	0. 22398	0. 27211	0. 05200	0. 37554	0. 27597	0. 32370	0. 41665
	2019	0. 19435	0. 25448	0. 07262	0. 36107	0. 26346	0. 32623	0. 41539
新一代信息技术	2010	0. 26938	0. 29393	0. 06267	0. 46050	0. 31490	0. 34892	0. 46050
	2011	0. 28509	0. 29295	0. 13748	0. 44028	0. 42245	0. 42609	0. 51985
	2012	0. 25185	0. 27114	0. 10637	0. 40825	0. 35438	0. 36602	0. 46535
	2013	0. 23005	0. 27643	0. 06880	0. 40992	0. 29574	0. 33856	0. 44644
	2014	0. 26999	0. 28955	0. 06753	0. 40326	0. 33323	0. 35698	0. 45088
	2015	0. 25660	0. 29172	0. 07250	0. 44788	0. 32502	0. 35527	0. 47948
	2016	0. 22753	0. 27339	0. 06631	0. 40233	0. 28643	0. 33870	0. 43948
	2017	0. 23603	0. 27134	0. 09662	0. 42320	0. 31702	0. 36655	0. 46968
	2018	0. 19967	0. 26177	0. 08043	0. 40225	0. 26237	0. 34095	0. 43725
	2019	0. 18148	0. 24333	0. 06311	0. 35650	0. 23468	0. 30601	0. 38833
新材料	2010	0. 29229	0. 21732	0. 00000	0. 41270	0. 29229	0. 21732	0. 41270
	2011	0. 27643	0. 27643	0. 00000	0. 27643	0. 27643	0. 27643	0. 27643
	2012	0. 15150	0. 15150	0. 00000	0. 15150	0. 15150	0. 15150	0. 15150
	2013	0. 28731	0. 24422	0. 16363	0. 39098	0. 39098	0. 39098	0. 39098
	2014	0. 30103	0. 30103	0. 00000	0. 30103	0. 30103	0. 30103	0. 30103
	2015	0. 24422	0. 19568	0. 12457	0. 31333	0. 31333	0. 31333	0. 31333
	2016	0. 29658	0. 29658	0. 17811	0. 43614	0. 43614	0. 43614	0. 43614
	2017	0. 29658	0. 30103	0. 00000	0. 39009	0. 29658	0. 30103	0. 39009
	2018	0. 21732	0. 30103	0. 00000	0. 44717	0. 21732	0. 30103	0. 44717
	2019	0. 15150	0. 15150	0. 00000	0. 15150	0. 15150	0. 15150	0. 15150

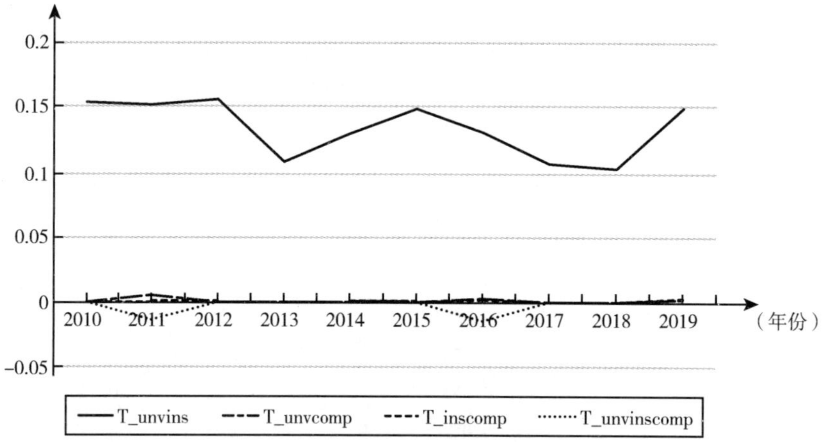

（a）生物产业

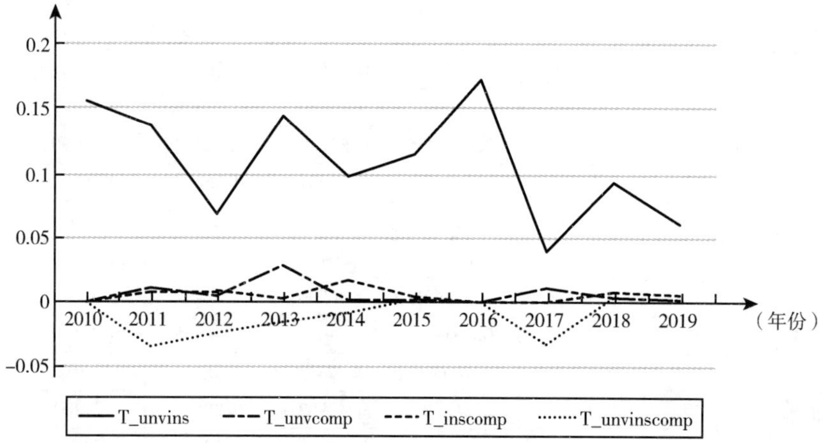

（b）新能源汽车产业

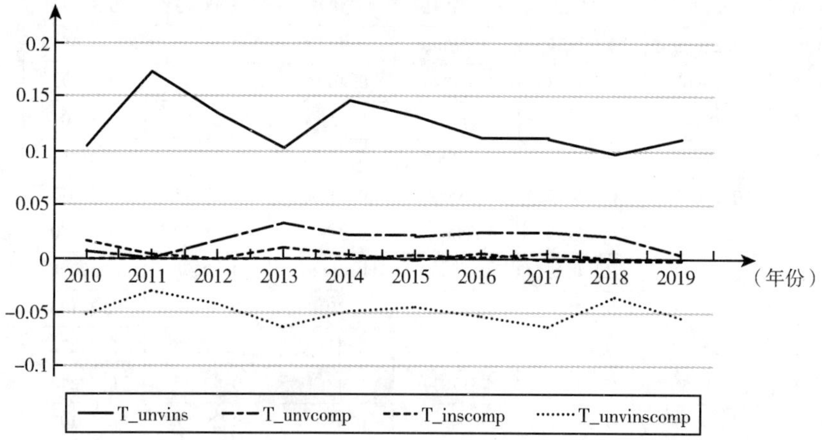

（c）新能源产业

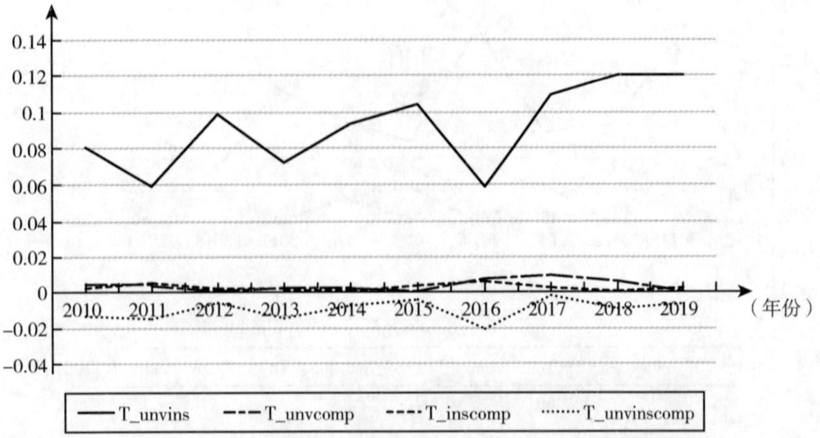

（d）节能环保产业

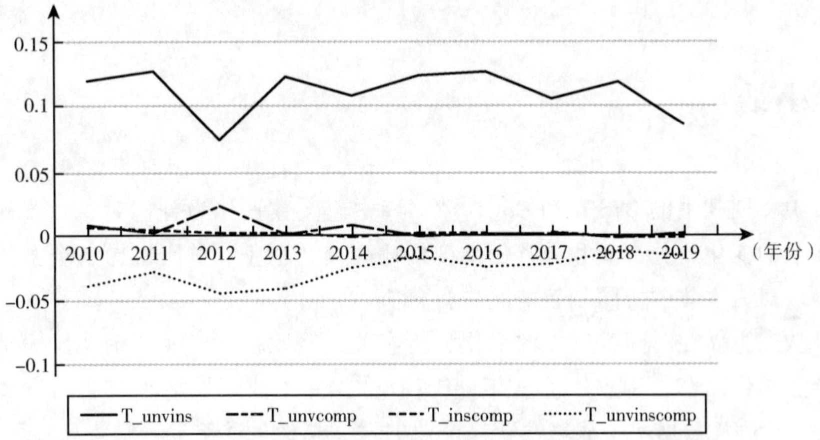

（e）高端装备制造产业

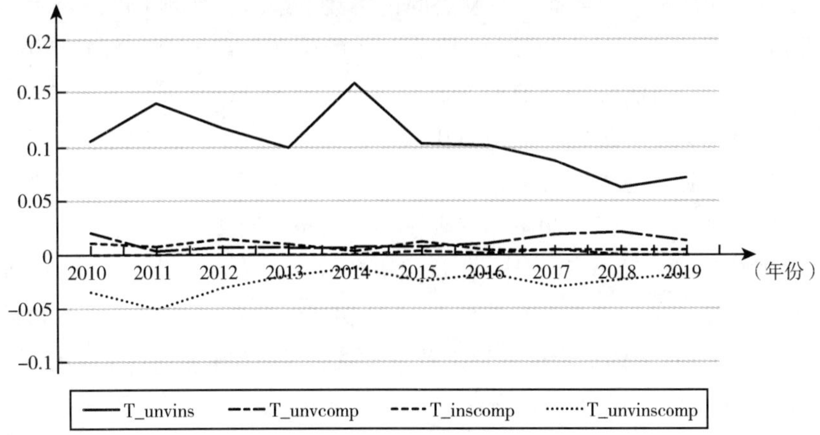

（f）新一代信息技术产业

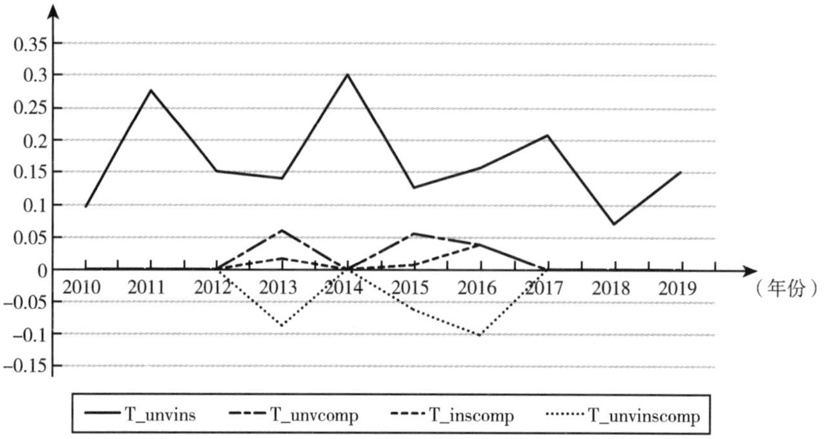

（g）新材料产业

图 4.5　各产业互信息情况

三、小结

本章以中文期刊中的 CSSCI 和 CSCD 数据库中论文数据作为分析对象，首先从三主体在时间维度上的变化，分产业和分省份维度描述高校、企业及科研机构三个主体的论文发表情况，然后对三主体的协同创新情况进行分析。

首先，从三主体在时间维度上的变化分析有关战略性新兴产业的论文发表情况：就战略性新兴产业总体而言，2009～2019 年，CSCD 数据库中战略性新兴产业的发文总量呈波动上升趋势，CSSCI 数据库中战略性新兴产业的发文总量呈逐年上升趋势。

其次，分产业描述各主体论文发表情况：总的来看，2009～2020 年 7 月，CSCD 数据库中，高校在战略性新兴产业方面参与发表的论文数量最多，达到 48766 篇，远远超过其他主体；机构的论文数量次之，为 22170 篇；企业的论文数量最少，为 14820 篇。就高校参与发表的论文而言，新能源产业的论文数量最多，达到 11378 篇，占比 23.33%；新一代信息技术产业的论文数量次之，为 10960 篇，占比 22.47%。就机构参与发表的论文而言，高端装备制造产业的论文数量最多，达到 5304 篇，占比 23.92%；新能源产业的论文数量次之，为 5144 篇，占比 23.20%。就企业参与发表的论文而言，节能环保产业的论文数量最多，达到 5387 篇，占比 36.35%；新能源产业的论文数量次之，为 4425 篇，占比 29.86%。CSSCI 数据库中，高校在战略性新兴产业方面参与发表的论文数量最多，达到 14924 篇，远远超过其他主体；机构的论文数量次之，为 4236 篇；企业的论文数量最少，为 1085 篇。就高校参与发表的论文而言，新一代信息技术产业的论文数量最多，达到 8824 篇，占比 59.13%；节能环保产业的论文数量次之，为 2451 篇，占比 16.42%。就机构参与发表的论文而言，新一代信息技术产业的论文数量最多，达到 2108 篇，占比 49.76%；节能环保产业的论文数量次之，为 979 篇，占比 23.11%。就企业参与发表的论文而言，新一代信息技术产业的论文数量最多，达到 901 篇，占比 83.04%；新能源产业的论文数量次之，为 63 篇，占比 5.81%。

再次，分省份描述各主体论文发表情况：总的来看，2009～2020 年 7 月，CSCD 数据库中，在战略性新兴产业方面参与发表的论文方面，就高校参与发表的论文而言，北京市的论文数量最多，达到 8438 篇，占比 17.30%，江苏省的论文数量次之，为 5473 篇，占比 11.22%；就机构参与发表的论文而言，北京市的论文数量最多，达到 7589 篇，占比 34.23%，上海市的论文数量次之，为 1726 篇，占比 7.79%；就企业参与发表的论文而言，北京市的论文数量最多，达到 3003 篇，占比 20.26%，广东省的论文数量次之，为 1967 篇，占比 13.27%。CSSCI 数据库中，就高校参与发表的论文而言，北京市的论文数量最多，达到 2971 篇，占比 19.91%，江苏省的论文数量次之，为 1477 篇，占比 9.90%；就机构参与发表的论文而言，北京市的论文数量最多，达到 1730 篇，占比 40.84%，上海市的论文数量次之，为 336 篇，占比 7.93%；就企业参与发表的论文而言，北京市的论文数量最多，达到 332 篇，占比 30.60%，广东省的论文数量次之，为 115 篇，占比 10.60%。分产业来看，同样发现发达地区各主体参与论文发表数量均位居前列。

最后，对各主体之间在有关战略性新兴产业论文发表方面进行协同创新关系的分析：根据 CSCD 数据库分析可得，就生物产业而言，从二维互信息来看，高校与机构的协同创新关系一直最为紧密，但紧密关系始终呈现加强与减弱的波动状态；从三维互信息来看，互信息值先减小后增大，说明三方合作关系先紧密后松散。就新能源汽车产业而言，从二维互信息来看，高校与机构、高校与企业、机构与企业之间协同创新关系的紧密程度持续波动，并且它们的位次不断变化；从三维互信息来看，三方合作关系处于加强与减弱的波动状态，但后期与前期相比关系更为紧密。就新能源产业而言，从二维互信息来看，同样是高校与机构、高校与企业、机构与企业之间协同创新关系的紧密程度持续波动，并且它们的位次不断变化；从三维互信息来看，互信息值先减小后增大，三方合作关系先紧密后松散。就节能环保产业而言，从二维互信息来看，高校与企业的协同创新关系除 2010 年外其余年份一直最紧密，且紧密程度不断加强；从三维互信息来看，互信息值总体上呈增加趋势，说明三方合作关系的紧密程度逐步减弱。就高端装备制造产业而言，从二维互信息来看，高校与机构的协同创新关系始终最为紧密；从三维互信息来看，互信息值小幅震荡，三方合作关系相对紧密。就新一代信息技术产业而言，从二维互信息来看，高校与机构的协同创新关系始终最为紧密，但紧密程度处于加强与减弱的波动状态；从三维互信息来看，三方合作关系的紧密程度有小幅波动，后期与前期相比关系更为紧密。就新材料产业而言，从二维互信息来看，高校与机构、高校与企业、机构与企业之间协同创新关系的紧密程度持续波动，且它们的位次不断变化；从三维互信息来看，三方合作关系比较微弱，只有个别年份关系紧密，部分年份不存在协同创新关系。就产业内部各子产业方向而言，其各主体协同创新关系与所属产业基本一致。

第五章　战略性新兴产业中的“四螺旋”因素测度

战略性新兴产业是我国政府大力扶持培育、有望成为国内支柱产业、引领经济走向高质量发展的重要战略。从 2010 年 10 月《关于加快培育和发展战略性新兴产业的决定》出台，战略性新兴产业就一直受到政府和社会各界的关注，从中央到各级省、市、县政府都制定了一系列政策和规划，来刺激当地具有优势的新兴产业的发展，以实现产业升级和培育经济增长新动能。自 2010 年以来，国内新闻媒体对战略性新兴产业相关的政策发布、投资、科技、教育相关内容进行多方面报道，广大网民通过网络搜索来更深入了解战略性新兴产业。因此，通过政策、中国标准、报纸报道、网络报道、网络搜索等方式测度战略性新兴产业受到的关注情况有利于把握新兴产业发展动态，对于今后相关政策的制定具有十分重要的意义。其中，政策和标准的原始数据来自“北大法宝”数据库；报纸报道、网络报道、网络搜索原始数据来自笔者的爬取以及“中国研究数据服务平台”。

一、基于政策和中国标准对于战略性新兴产业的关注测度情况

本节从战略性新兴产业政策发布情况以及中国标准发布情况来对战略性新兴产业的关注测度进行全面的介绍。其中，政策发布情况包括 2011 ~ 2019 年全国战略性新兴产业各年政策发布情况，七大产业领域近 10 年来政策发布数量对比情况，以及各个产业政策发布数量年际变化具体趋势。中国标准发布情况的分析同样涉及了 2011 ~ 2019 年战略性新兴产业中国标准发布年度统计，七大产业领域近 10 年来中国标准发布数量对比情况，以及各个产业中国标准发布数量时间趋势图。

（一）战略性新兴产业政策发布情况

1. 总体情况

根据 2011 ~ 2019 年全国战略性新兴产业各年政策发布情况，绘制战略性新兴产业政策发布趋势图。从图 5. 1 可以看出，2011 ~ 2019 年战略性新兴产业年度政策发布的数量来看，期间内政策发布的数量年际波动起伏较大、增长速度变化明显。从 2011 年政策发布开始，仅在一年内就增长了两倍，但之后两年就以年均 40. 56% 的速度下降至 2014 年的低点。紧接着在 2015 年又以 188. 73% 的速度增长，此后的三年基本呈上升趋势，年均增长

速度为25.77%，但在2019年又以28.87%的速度下降，总体上在此期间内政策发布的数量呈现增加趋势。

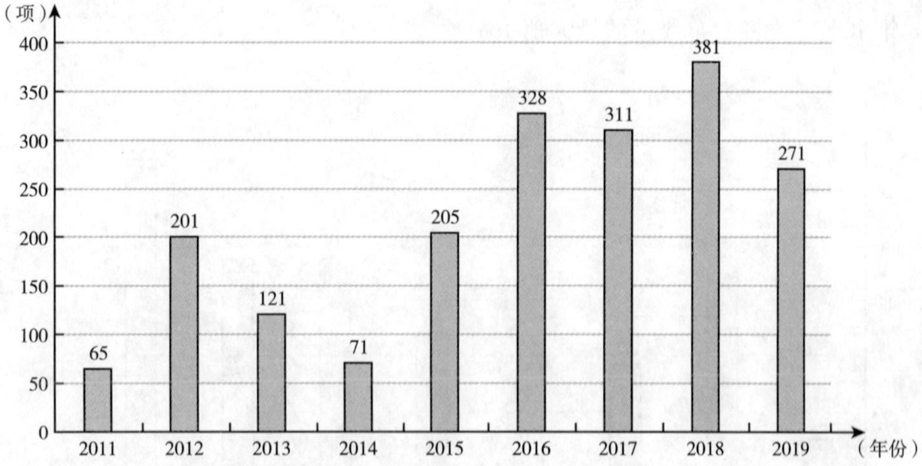

图5.1 2011~2019年战略性新兴产业政策发布年度统计

2. 分领域情况

2011~2019年战略性新兴产业政策在七大领域的分布如图5.2所示，其中，节能环保产业领域政策发布的数量最多，在此期间共有592项政策出台，紧接着就是新能源汽车产业、新一代信息技术产业以及新能源产业，分别发布政策338、291和227项。高端装备制造产业、生物产业以及新材料产业在此期间分别发布了144、141和128项，在以上七大产业领域中数量较少。

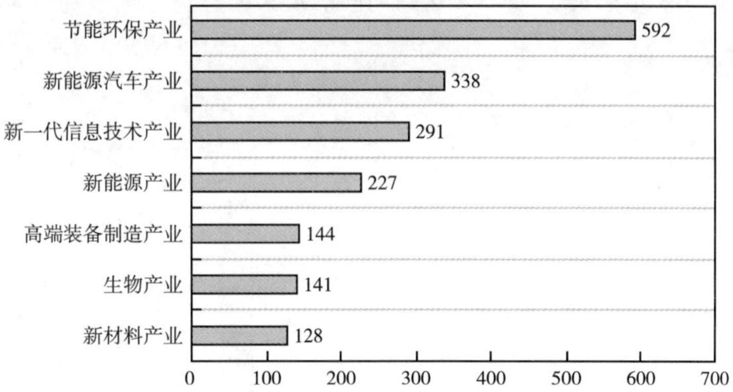

图5.2 2011~2019年战略性新兴产业各领域政策发布统计

3. 各领域年际变化具体情况

（1）节能环保产业。

图5.3描绘了2011~2018年节能环保产业领域政策发布年度统计情况。图5.3表明总

体上节能环保产业领域政策发布的数量呈现上升趋势，上升幅度较大。具体而言，政策发布的数量和速度存在着波动，2011～2013 年，出现先上升再下降的情况，2012 年的发布数量为 90 项，而 2014～2018 年呈现较快的上升趋势，以年均 49.83% 的速度再增长，并在 2018 年出现了政策发布数量的最大值 131 项。

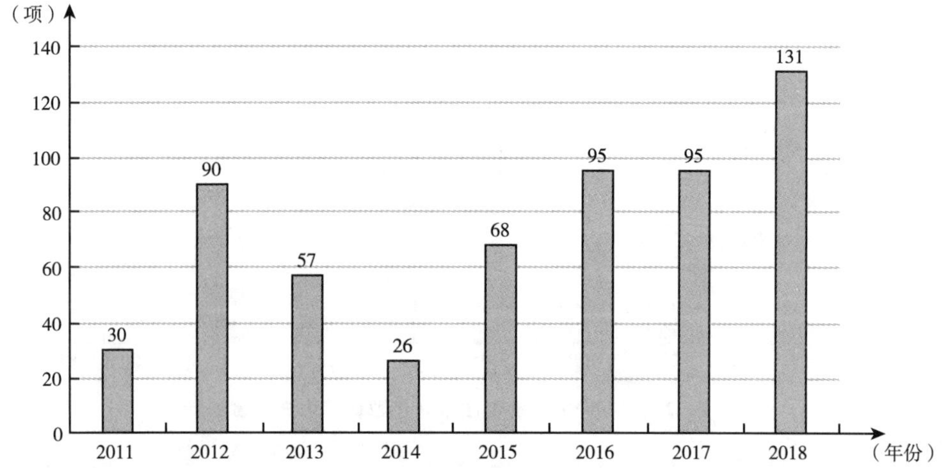

图 5.3　2011～2018 年节能环保产业领域政策发布年度统计

（2）新一代信息技术产业。

图 5.4 报告了 2011～2018 年新一代信息技术产业领域政策发布年度趋势情况，总体上新一代信息技术产业领域政策发布的数量呈上升趋势，上升幅度明显。具体而言，2011～2015 年，政策发布的数量和速度存在上下波动的情况，但总体上增速较为平缓，五年间以年均 44.87% 的速度增长至 2015 年，2016 年以 225% 的速度急剧上升，2017 年发布数量与 2016 年持平，之后的 2018 年增长了 32.3% 达到期间的最大值。

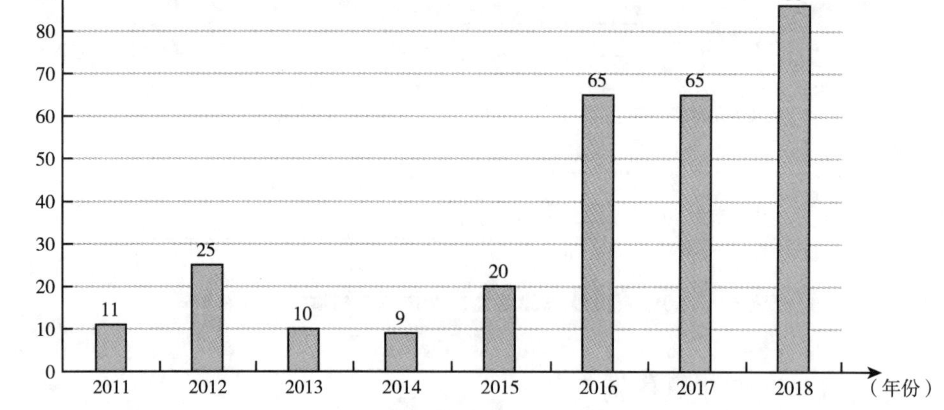

图 5.4　2011～2018 年新一代信息技术产业领域政策发布年度统计

（3）生物产业。

从图 5.5 中可以看出，总体上生物产业领域政策发布的数量变化，呈现“上升——下降——再上升——再下降”，上升下降情况反复出现。具体而言，政策的发布 2011 ~ 2013 年不断上升，增长速度为 47.20%，而 2014 年发布数量有所减少，2015 年发布数量猛增，达到最大值 43 项政策，在后四年发布数量以年均 58.83% 的速度在逐渐递减，2018 年出现了最小值。

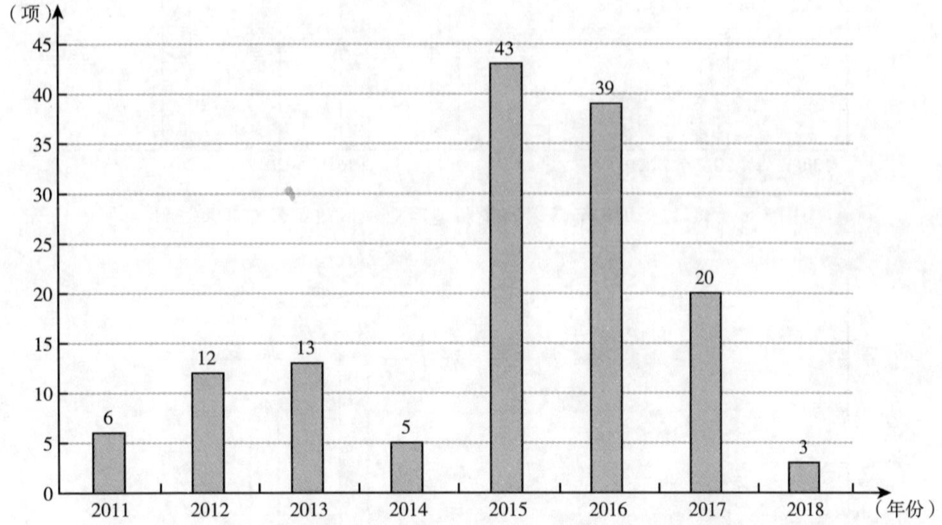

图 5.5　2011 ~ 2018 年生物产业领域政策发布年度统计

（4）高端装备制造产业。

图 5.6 报告了 2011 ~ 2018 年高端装备制造产业领域政策发布年度统计数据情况，可以看出，在此期间存在上下波动的状况，但总体上为上升趋势，2018 年达到政策发布的最大值。具体来看，2011 年高端装备制造产业政策发布仅为 2 项，2012 年增长了六倍，随后在 2013 年、2014 年出现了短暂的下降，至 2014 年该产业全年仅发布 3 项政策，从 2015 年数量开始增长，2016 年以 123.08% 的增速急剧上升，2017 年也有小幅增加，在 2018 年增长了 38.71%，达到期间的最大值。

（5）新能源产业。

图 5.7 报告了 2011 ~ 2019 年新能源产业领域标准发布年度趋势情况，可以看出，总体上新能源产业领域政策发布的数量呈现先上升后下降的趋势，波动较为显著。具体而言，政策发布的数量于 2011 年出现最小值（5 项），2012 年以 520.00% 的增速猛增，而后有所回落，在 2014 年出现一个较低值，2015 ~ 2016 年呈现上升趋势，2016 年发布数量达到最大值 63 项，2016 年后以年均 -39.58% 的增速下降。

（6）新材料产业。

图 5.8 报告了 2011 ~ 2018 年新材料产业领域标准发布年度趋势情况，可以看出，总体上新材料产业领域政策发布的数量呈现上升趋势。具体而言，政策发布的数量和速度存

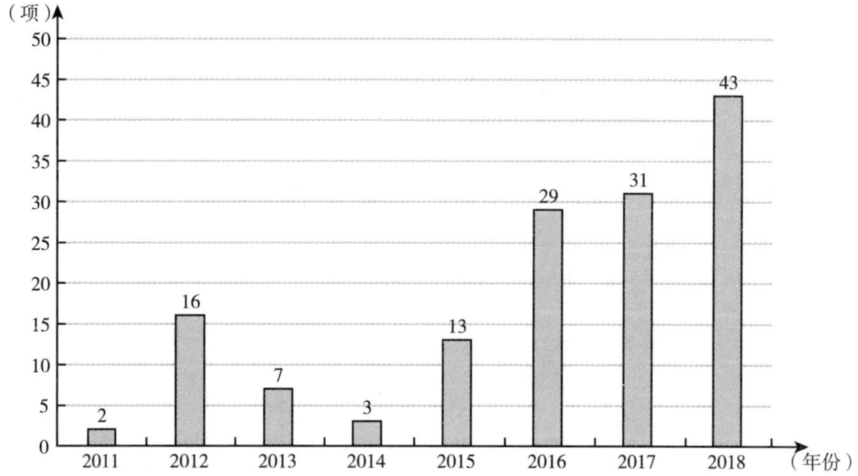

图 5.6　2011～2018 年高端装备制造产业领域政策发布年度统计

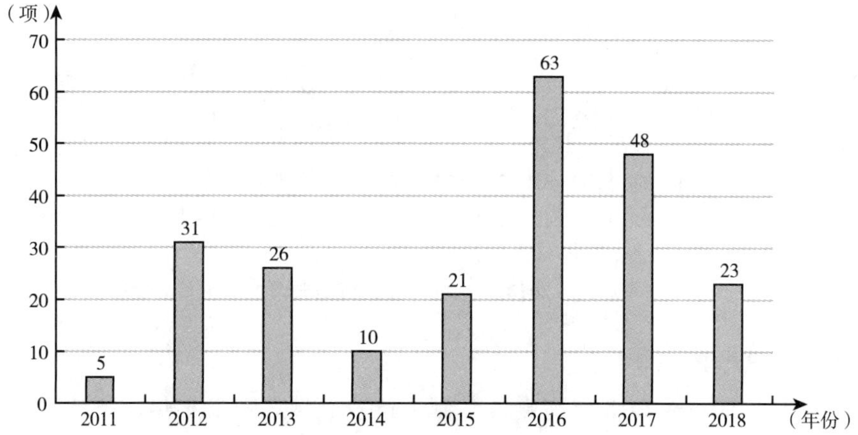

图 5.7　2011～2018 年新能源产业领域政策发布年度统计

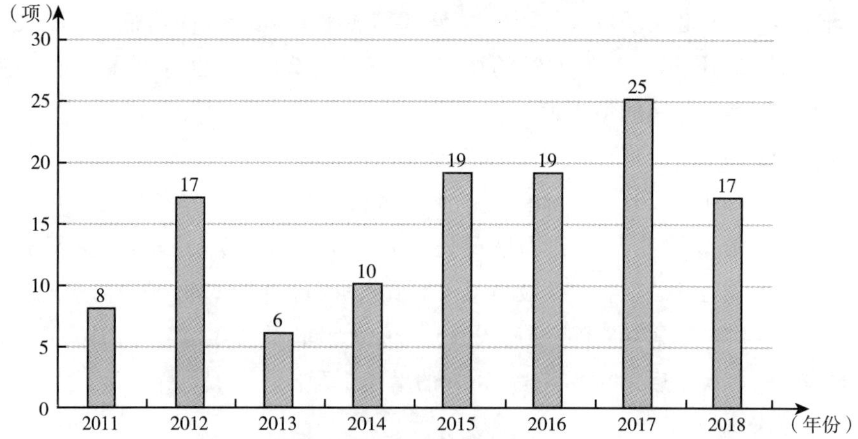

图 5.8　2011～2018 年新材料产业领域政策发布年度统计

在较大的波动，2011～2012 年，增长速度高达为 112.50%，上升明显。2012～2014 年的年均增速为 -23.30%，下落明显，并在 2013 年出现最小值。2014～2017 年，以年均 35.72% 的速度实现大幅回落，于 2017 年达到期间发布的最大值。

（7）新能源汽车产业。

图 5.9 报告了 2011～2019 年新能源汽车产业领域标准发布年度趋势情况，可以看出，总体上新能源汽车产业领域政策发布的数量呈现上升趋势，上升幅度明显。具体而言，政策发布的数量在 2011～2017 年变化幅度较小，表现为缓慢波动上升趋势，年均增速为 44.22%，而在 2017 年后政策发布数量开始猛增，以年均 163.87% 的高速度增长，并于 2019 年达到最大值。

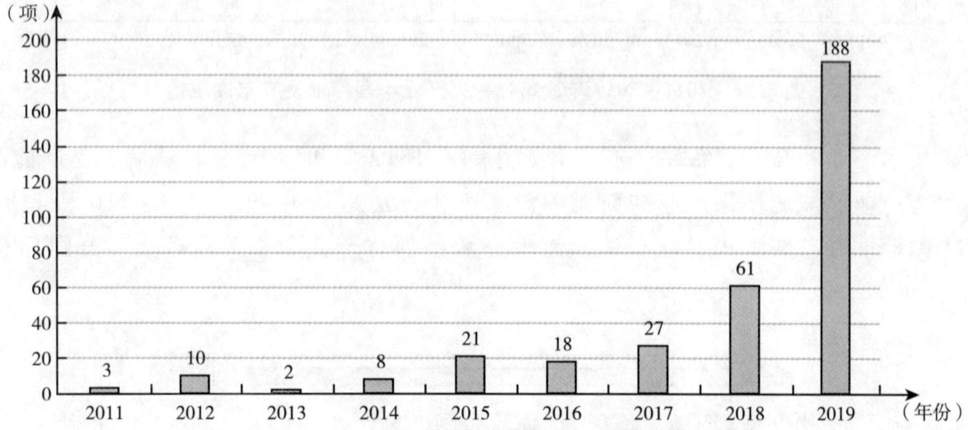

图 5.9　2011～2019 年新能源汽车产业领域政策发布年度统计

（二）战略性新兴产业中国标准发布情况

1. 总体情况

图 5.10 报告了 2011～2019 年战略性新兴产业中国标准发布年度统计情况。可以明显看出，在此期间中国标准发布的数量总体下降，2014 年下降幅度较大。具体分析，2011 年中国标准发布的数量达到了 10 年以来的最大值，2012 年和 2013 年分别以 16.83% 和 38.96% 的速度下降，之后又在 2014 年出现了断崖式下降，下降幅度高达 97.51%，此后的 2015 年仍以 95.23% 的速度下降并达到期间的最低值，之后在 2016 年虽有短暂上升但之后又下降，直至 2018 年回升，但 2019 年又略有回落。总体来看，在此期间内下降趋势明显，2019 年中国标准发布数量仅为 2011 年初始数量的 1.08%。

2. 分领域情况

图 5.11 报告了 2011～2019 年战略性新兴产业各领域中国标准发布的情况，中国标准在新材料产业领域发布的政策在此期间数量最多，总数达到 2888 项，紧接着是新一

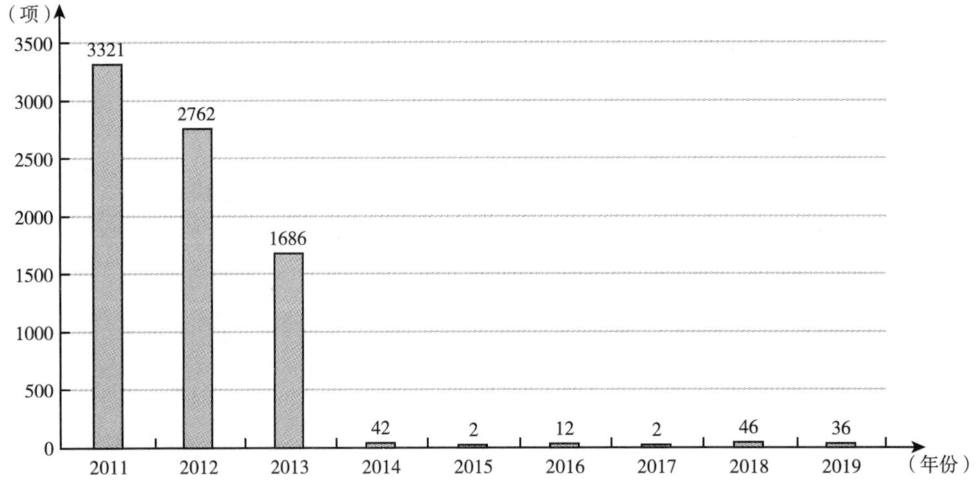

图 5.10　2011～2019 年战略性新兴产业中国标准发布年度统计

代信息技术产业和高端装备制造产业分别达到了 1819 项和 1616 项，然后就是新能源产业、生物产业、节能环保产业和新能源汽车产业分别达到了 993、739、316 和 118 项，最后中国标准发布数量相对较少的领域就是数字创意产业和相关服务业，分别只有 97 项和 82 项。

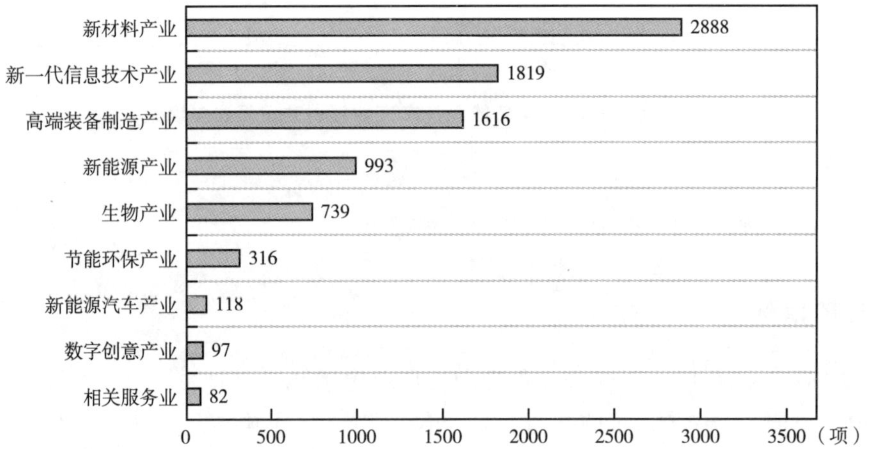

图 5.11　2011～2019 年战略性新兴产业各领域中国标准发布统计

3. 各领域年际变化具体情况

（1）节能环保产业。

图 5.12 报告了 2011～2014 年节能环保产业领域标准发布年度统计情况。可以发现，节能环保产业领域标准发布数量总体呈下降趋势，但期间有所波动。详细来看，该领域的标准数量值在前一年以年均 6.08% 的速度小幅增长至期间的最大值，之后以年均 67.39% 的速度大幅下降至 2014 年，2014 年的数值仅为 2012 年最大值的 81.9%。

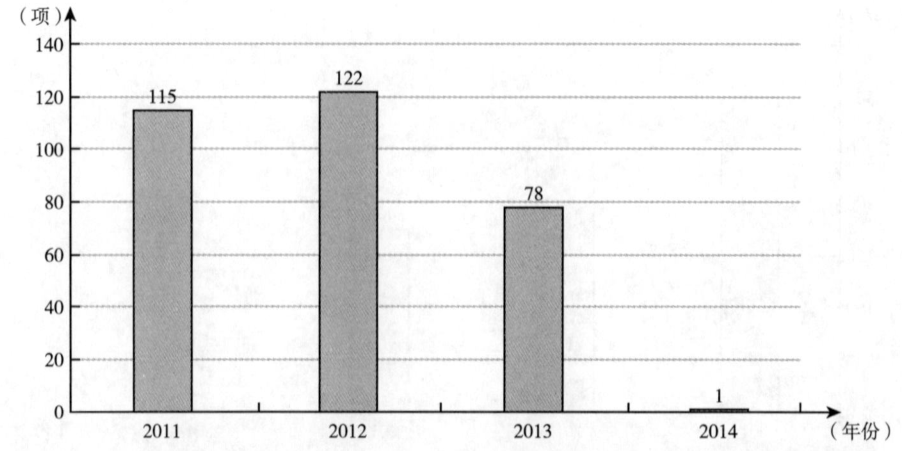

图 5.12　2011 ~ 2014 年节能环保产业领域标准发布年度统计

（2）新一代信息技术产业。

图 5.13 报告了 2011 ~ 2018 年新一代信息技术产业领域标准发布年度统计情况。可以看出，新一代信息技术产业领域发布的标准数量呈整体下降趋势，下降幅度较为明显。具体而言，该领域的标准数量发布于 2011 年达到最大峰值为 747 项，前三年以年均 -14.37% 的速度缓慢下降，2014 年出现大幅度减少，仅仅出台了 3 项标准，而后一直到 2017 年出现标准保持为 0，2018 年仅仅出台 1 项标准。

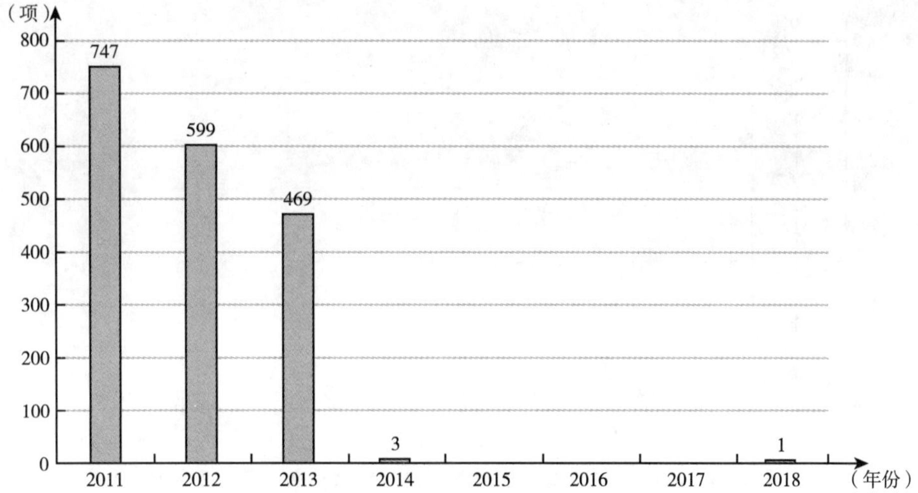

图 5.13　2011 ~ 2018 年新一代信息技术产业领域标准发布年度统计

（3）生物产业。

图 5.14 报告了 2011 ~ 2014 年生物产业领域标准发布年度统计情况，可以看出，该领域的标准发布数量总体呈逐步下降趋势，下降幅度较大。该领域的标准发布数量于 2011 年达到峰值，并在两年间以年均 23.17% 的速度缓慢回落，在 2013 年以年均 97.8% 的速度呈现骤降趋势，2014 年的数值仅为 2013 年的 2.3%，并达到最小值。

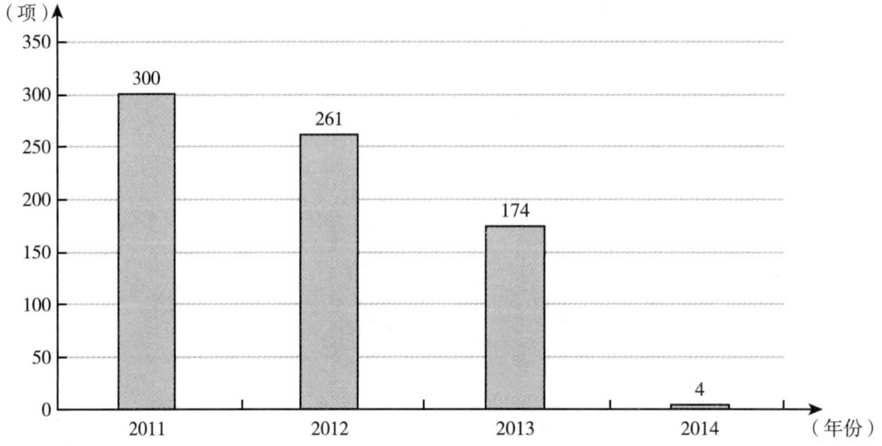

图 5.14　2011～2014 年生物产业领域标准发布年度统计

(4) 高端装备制造业。

图 5.15 报告了 2011～2015 年高端装备制造产业领域标准发布年度统计情况，可以看出，高端装备制造产业领域发布的标准数量呈整体下降趋势，下降幅度较为明显。具体而言，该领域的标准数量发布于 2011 年达到最大峰值为 920 项，在 2012 年标准数量减少显著，增长速度为 -185.71%，在 2013 年出台的标准数量有所回升，而 2013～2015 年，标准数量不断减少，以年均 -82.27% 的速度下降，并在 2015 年出现最小值。

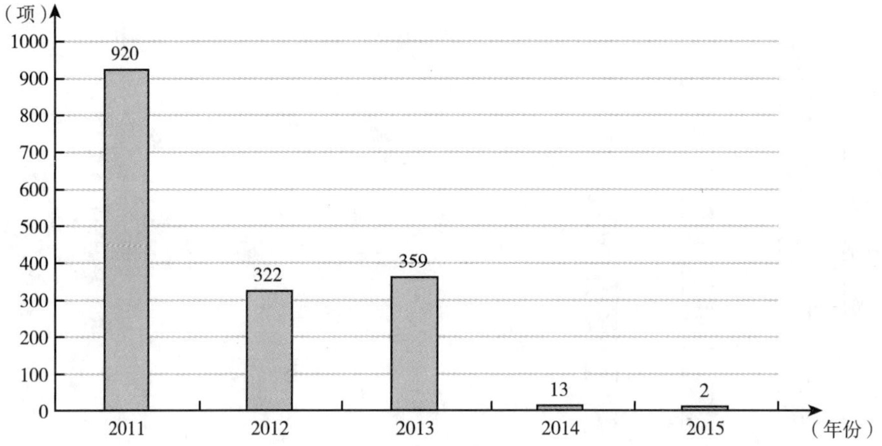

图 5.15　2011～2015 高端装备制造产业领域标准发布年度统计

(5) 新能源产业。

图 5.16 报告了 2011～2014 年新能源产业领域标准发布年度统计情况，可以分析出，新能源产业领域标准发布的数量总体呈下降趋势，下降幅度明显。具体来说，标准发布的数量呈波动情况，数值先缓慢上升再急速下降。2011 年的数值以年均 56.53% 的速度上升至 2012 年并取得四年来的最高峰值，之后的两年以年均 85.04% 的速度大幅回落至 2014 年，达到期间的最低峰值。

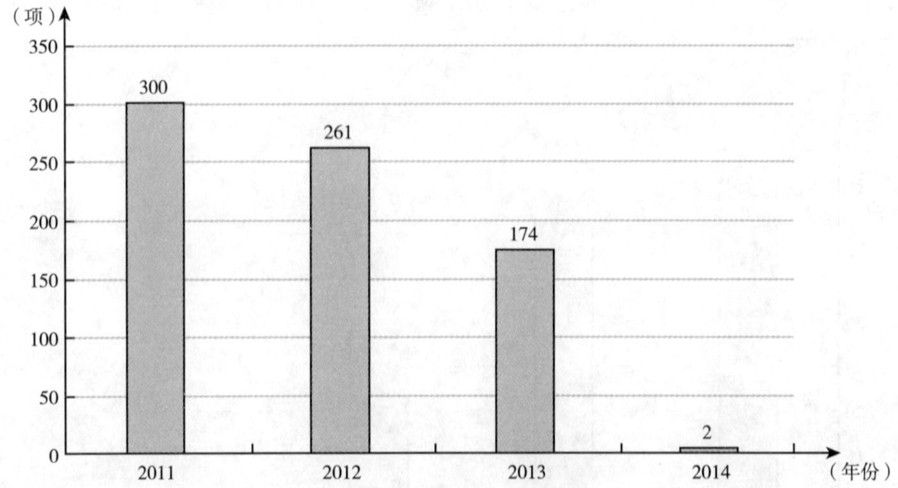

图 5.16 2011～2014 年新能源产业领域标准发布年度统计

（6）新材料产业。

图 5.17 报告了 2011～2018 年新材料产业领域标准发布年度统计情况，可以看出，在新材料产业领域发布的标准数量呈整体下降趋势，下降幅度较为明显。具体而言，该领域的标准数量发布于 2011 年达到最大峰值，前三年以年均 19.1% 的速度缓慢下降，之后便以年均 98.9% 的速度出现大幅回落，在 2014 年达到期间发布的最小数值。

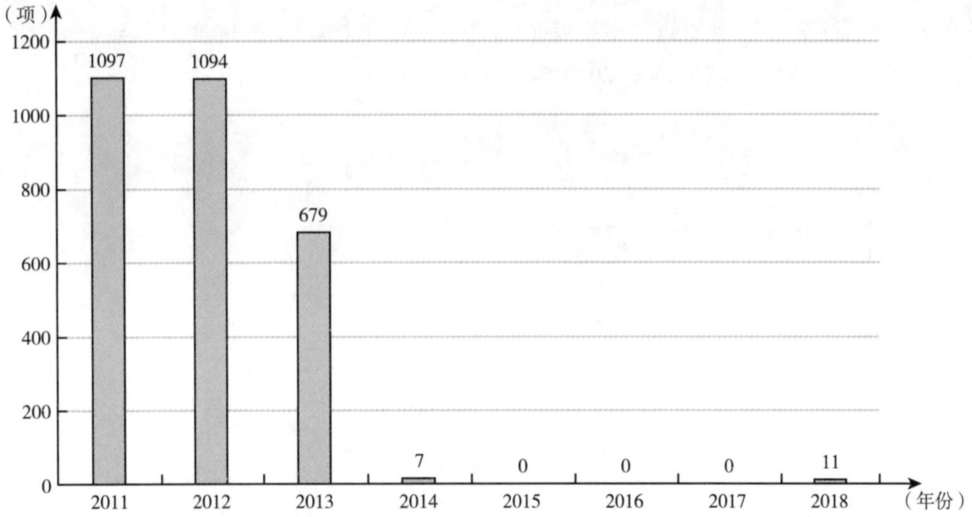

图 5.17 2011～2018 年新材料产业领域标准发布年度统计

（7）新能源汽车产业。

图 5.18 报告了 2011～2014 年新能源汽车产业领域标准发布年度统计情况，可以看出，新能源汽车产业领域的标准发布数总体呈下降趋势，下降的幅度逐渐加大。具体来看，该领域的标准发布数值先于 2011 年达到最大值，以年均 20.06% 的速度缓慢回落至

2013 年，之后又以年均 93.10% 的速度骤然下降至四年来的最小数值，2014 年数值仅为 2013 年的 6.90%。

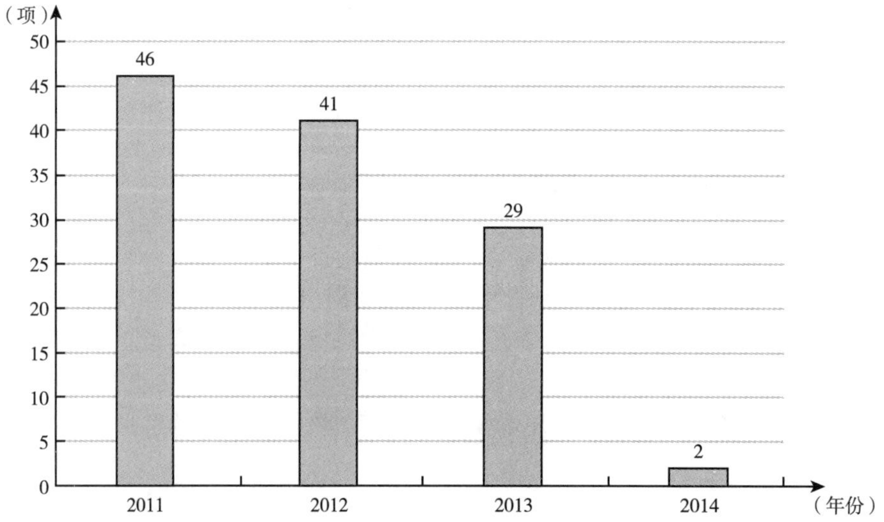

图 5.18　2011～2014 年新能源汽车产业领域标准发布年度统计

（8）数字创意产业。

图 5.19 报告了 2011～2014 年数字创意产业领域标准发布年度统计情况，可以看出，该产业领域的标准发布数总体呈下降趋势，下降速度较快。具体来看，2011 年的标准发布数量和 2012 年持平，均为期间的最高峰值，之后便以年均 40% 的速度回落至 2013 年，再以年均 71.43% 的速度大幅下降至 2014 年，出现最小值。

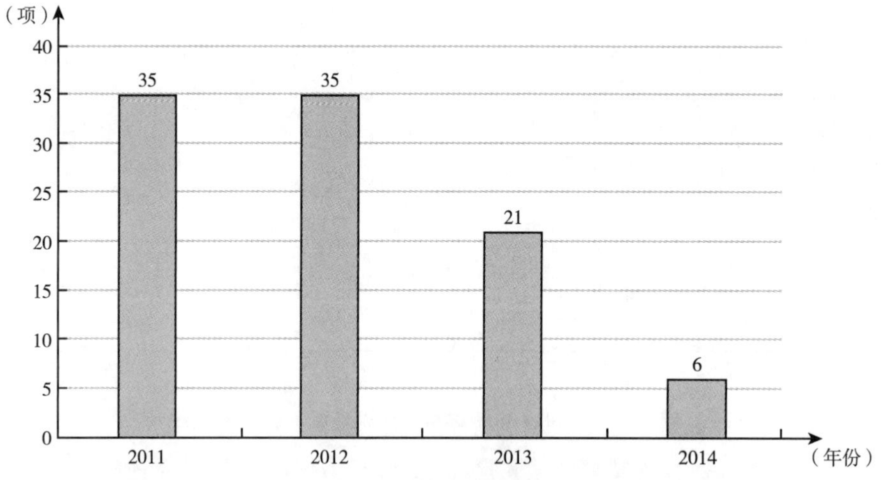

图 5.19　2011～2014 年数字创意产业领域标准发布年度统计

（9）相关服务业。

图 5.20 报告了 2012～2018 年相关服务业领域标准发布年度统计情况，分析得出相关

服务业领域标准发布数量总体呈下降趋势，但期间在数量和速度均呈上下波动状态。该领域的标准数量发布于2013年达到最大值，之后以年均69.89%的速度下降至这期间的最小值，在2015年先大幅上升又以年均83.4%的速度骤然下降至2017年，且2017年的发布数量与2018年持平。

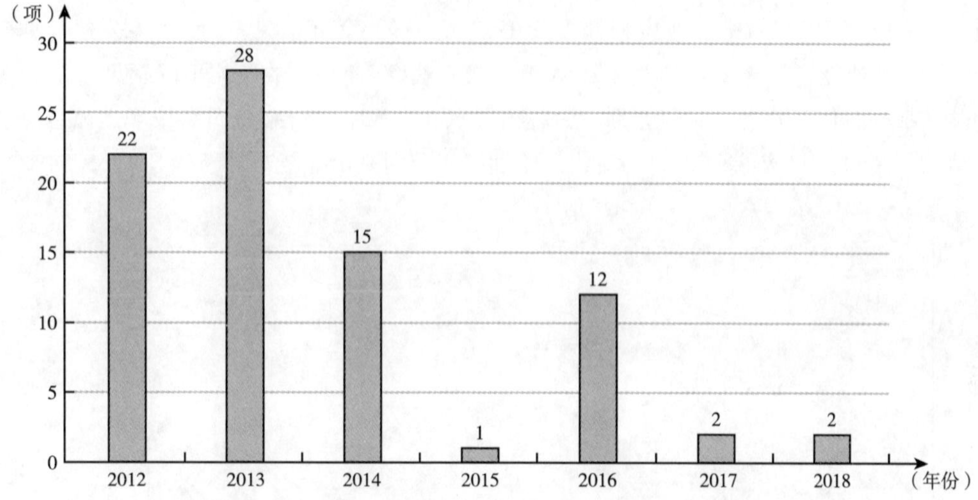

图5.20 2012～2018年相关服务业领域标准发布年度统计

二、基于媒体和网络搜索对于战略性新兴产业的关注测度情况

本节从媒体报道和网络搜索的角度来对战略性新兴产业的关注测度进行分析介绍。其中政策报道包括报纸媒体新闻报道和网络媒体新闻报道，新闻报道主要从五个方面进行解读，包括标题出现的新闻总数、内容出现的新闻总数、出现在标题或者内容的正面新闻总数、出现在标题或者内容的中性新闻总数和出现在标题或者内容的负面新闻总数。无论是传统的报纸新闻还是网络新闻，均从2010～2019年对战略性新兴公司和非战略性新兴公司报刊新闻进行统计和对比，在此基础上，对战略性新兴产业进行细分解读，将媒体对于不同的战略性新兴产业的报道情况对比分析。

网络搜索指数的关注测度分析包括战略性新兴公司和非战略性新兴公司的网络搜索指数（股票代码）的情况和网络搜索指数（全部）的情况以及不同类型的战略性新兴产业网络搜索指数的对比情况。

（一）报纸媒体对于战略性新兴产业的关注情况

1. 战略性新兴公司与非战略性新兴公司的对比

图5.21和图5.22分别报告了2010～2019年战略性新兴公司和非战略性新兴公司报刊新

闻统计情况。对比 2010 ~ 2019 年战略性新兴公司和非战略性新兴公司在报刊新闻上公众关注的情况，可以发现“标题出现新闻总数（报刊新闻）”中战略性新兴公司和非战略性新兴公司总体上波动趋势基本相同，在前期均呈逐渐上升趋势，2013 年是两者共同的峰值，之后逐渐回落至 2019 年达到最低点，整体呈下降趋势。具体来看，战略性新兴公司呈现出两个峰值，在 2011 年以 26.94% 的增速达到最大值，紧接着虽有短暂下降但在 2013 年出现了第二个峰值，之后以年均 21.94% 的速度回落至 2019 年的最低值；而非战略性新兴公司前四年以 8.53% 的年均速度增长至 2013 年达到最大值，之后就以 23.19% 的年均下降幅度回落。在 10 年的波动中，总体上两者绝对值差别不大，出现了 6 次战略性新兴公司高于非战略性新兴公司的情况，其中 2011 年差别较为明显，战略性新兴公司高出非战略性新兴公司 35.54% 。

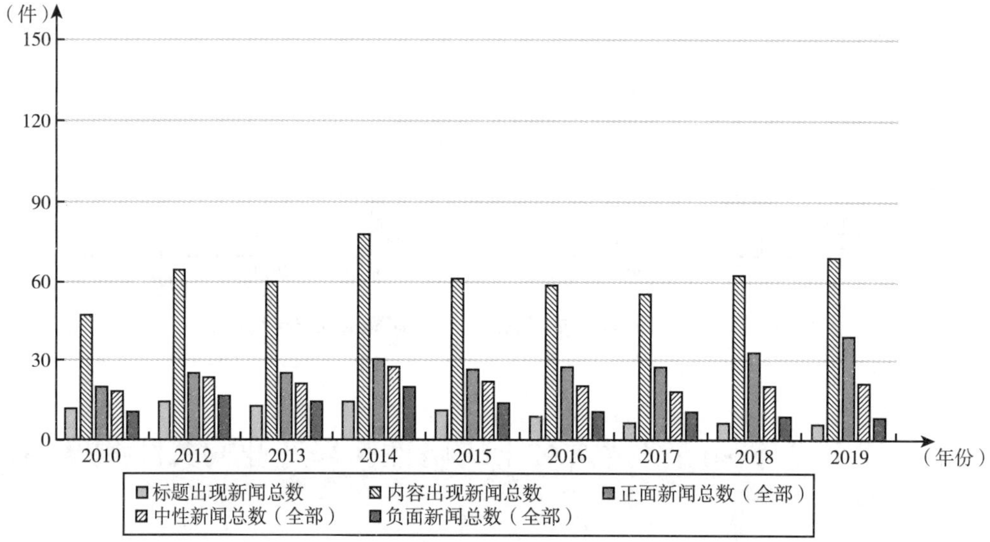

图 5.21　2010 ~ 2019 年战略性新兴公司报刊新闻统计情况

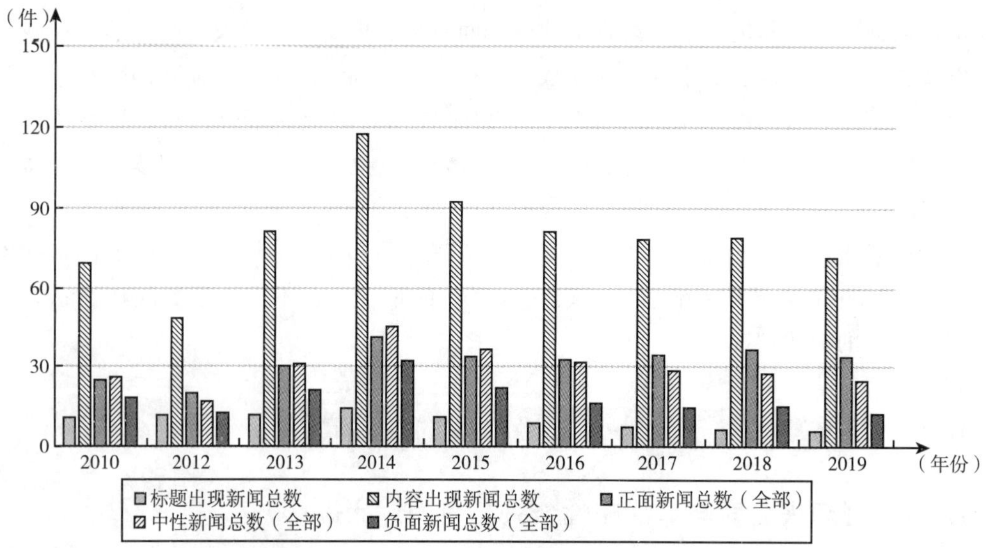

图 5.22　2010 ~ 2019 年非战略性新兴公司报刊新闻统计情况

“内容出现新闻总数（报刊新闻）”中两者总体上变化波动相同，在 2013 年均达到双方的最大值。其中，战略性新兴公司以年均 19.58% 的增速在 2013 年达到最大值，后以年均 9.41% 的速度缓慢下降；非战略性新兴公司前四年保持着年均 16.23% 的增长速度，达到最大值后以 15.78% 的年均速度在 2019 年回落。同时，在 10 年间战略性新兴公司的总数均低于非战略性新兴公司，其中在 2011 年、2013 年和 2014 年三年差别较为显著，非战略性新兴公司比战略性新兴公司分别高出 69.16%、51.82% 和 52.31%。

“正面新闻总数（全部）”方面，两者变化有所不同，战略性新兴公司在 2018 年以前虽然存在变化的上下波动，但总体上以年均 9.82% 的速度在 2018 年达到了最大值，之后在 2019 年急剧下降，下降幅度高达 51.83%，2019 年数值仅为 2018 年的 48.12%。非战略性新兴公司在前四年以年均 14.13% 的增速在 2013 年达到最大值，之后的五年间基本稳定，年均下降幅度为 3.23%，在 2019 年以 52.90% 的速度骤降，2019 年数值仅为 2018 年的 47.09%。在此期间，除了 2018 年和 2019 年战略性新兴公司的总数分别高出非战略性新兴公司 12.48% 和 14.34%，其余年份战略性新兴公司均低于非战略性新兴公司，2010 年差异尤为显著，非战略性新兴公司高出 48.43%。

“中性新闻总数（全部）”方面，两者整体年际变化趋势相同，且战略性新兴公司数值均低于非战略性新兴公司。具体而言，战略性新兴公司前四年总体上保持着年均 17.33% 的增长幅度在 2013 年达到最大值，之后以年均 10.79% 的速度下降；非战略性新兴公司以 15.10% 的增速上升至 2013 年达到最大值，之后以 16% 的速度下降。在数值差异方面，在 2010 年、2013 年、2014 年差别较大，非战略性新兴公司分别高出战略性新兴公司 78.48%、62.56% 和 70.72%。

“负面新闻总数（全部）”方面，两者变化趋势相同，都是在 2013 年达到峰值之后开始回落，但两者绝对值差异较明显。战略性新兴公司前四年以年均 26.07% 的增速达到最值，之后以年均 20.84% 的速度开始回落。非战略性新兴公司先以 19.91% 的年均增速达到峰值，之后以 22.70% 的速度回落。在数值差异上，战略性新兴公司均低于非战略性新兴公司，差异较为明显的是 2010 年和 2017 年，非战略性新兴公司分别高出战略性新兴公司 84.92% 和 73.93%。

总体上，2010～2019 年战略性新兴公司和非战略性新兴公司在报刊新闻上的情况，整体变动趋势基本相同，多在 2013 年达到最值，之后开始逐渐回落。总体来看，战略性新兴公司的绝对值略低于非战略性新兴公司，战略性新兴公司在报刊新闻上的公众关注度不如非战略性新兴公司。

2. 战略性新兴产业内部对比

战略性新兴产业包括节能环保产业、新一代信息技术产业、生物产业、高端装备制造业、新材料产业、新能源产业和新能源汽车产业。不同的产业性质不同，产业规模不同，包含的上市企业的数量也不同，因此受到报刊新闻媒体的关注也存在较大的异质性。表 5.1 和图 5.23 均报告了 2010～2019 年不同类型战略性新兴产业公司报纸新闻统计情况。“标题出现新闻总数（报纸新闻）”中新一代信息技术和生物的公众关注数量远高于其他战略性新兴产业类型，分别为968和924；新能源汽车的公众关注数量最低，只有3。由高到低排序为：新一代信息技术 > 生物 > 节能环保 > 新材料 > 新能源 > 高端装备 > 新能源汽车。

表5.1　　　　2010～2019年不同类型战略性新兴产业公司报纸新闻统计

战略性新兴产业类型	标题出现新闻总数	内容出现新闻总数	正面新闻总数	中性新闻总数	负面新闻总数
节能环保	281	5434	3377	1604	483
新一代信息技术	968	11337	6039	4051	1278
生物	924	8588	4010	3323	1277
高端装备	128	2258	1172	866	226
新材料	166	1000	584	252	167
新能源	145	2109	1052	757	301
新能源汽车	3	17	8	7	2

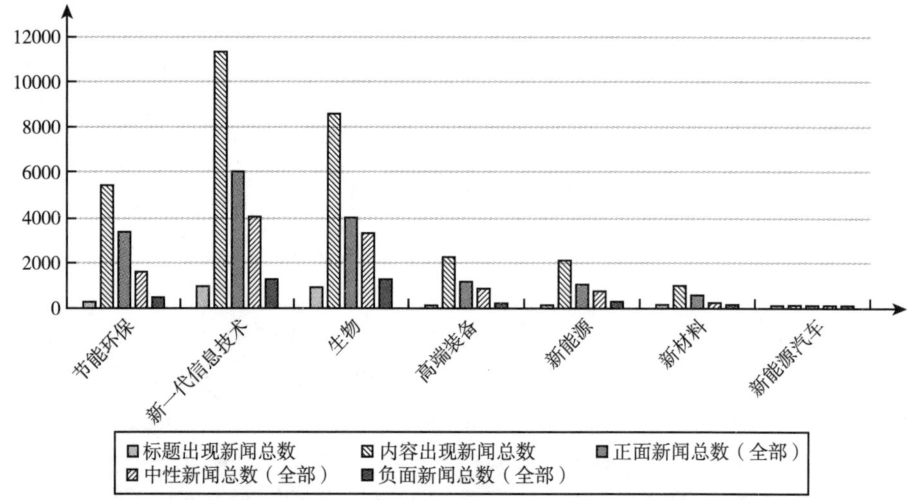

图5.23　2010～2019年不同类型战略性新兴产业公司报纸新闻统计对比

“内容出现新闻总数（报纸新闻）”中新一代信息技术的公众关注数量远高于其他战略性新兴产业类型，为11337；新能源汽车的公众关注数量最低，只有17。由高到低排序为：新一代信息技术 > 生物 > 节能环保 > 高端装备 > 新能源 > 新材料 > 新能源汽车。

“正面新闻总数（全部）”方面，新一代信息技术的公众关注数量远高于其他战略性新兴产业类型，为6039；新能源汽车的公众关注数量最低，只有8。由高到低排序为：新一代信息技术 > 生物 > 节能环保 > 高端装备 > 新能源 > 新材料 > 新能源汽车。

“中性新闻总数（全部）”方面，新一代信息技术的公众关注数量远高于其他战略性新兴产业类型，为4051；新能源汽车的公众关注数量最低，只有7。由高到低排序为：新一代信息技术 > 生物 > 节能环保 > 高端装备 > 新能源 > 新材料 > 新能源汽车。

“负面新闻总数（全部）”方面，新一代信息技术和生物的公众关注数量略高于其他战略性新兴产业类型，分别为1278和1277；新能源汽车的数量最低，为2。由高到低排序为：新一代信息技术 > 生物 > 节能环保 > 高端装备 > 新能源 > 新材料 > 新能源汽车。

总体来说，①在报纸新闻分类方面，2010～2019 年不同类型战略性新兴产业公司在报纸新闻上公众关注中“内容出现新闻总数（报纸新闻）”数量最多、各产业合计为 30743、占比约 47.90%，“标题出现新闻总数（报纸新闻）”数量最少、各产业合计为 2615、占比约 4.07%。各产业合计与产业内部报纸新闻的公众关注度排序基本相同，由高到低是：内容出现新闻总数 > 正面新闻总数 > 中性新闻总数 > 负面新闻总数 > 标题出现新闻总数（其中，新能源汽车产业中负面新闻总数为 2，标题出现新闻总数为 3，略有差别）。②在各产业类型分类方面，2010～2019 年不同类型战略性新兴产业公司在报纸新闻上公众关注中，新一代信息技术产业总数最高、为 23673、出现最为频繁、占比 36.88%，新能源汽车产业总数最少、为 37、占比 0.06%。由高到低排序为：新一代信息技术 > 生物 > 节能环保 > 高端装备 > 新能源 > 新材料 > 新能源汽车，其中高端装备与新能源的总数基本趋同、差别较小。

综上所述，2010～2019 年不同类型战略性新兴产业公司在报纸新闻上公众关注中，从数字角度来看，新一代信息技术产业的公众关注度最高，新能源汽车产业的公众关注度最低、各类报纸新闻统计中多是个位数；“内容出现新闻总数（报纸新闻）”在列举的所有战略性新兴产业中占比最大，“标题出现新闻总数（报纸新闻）”占比最小。

（二）网络媒体对于战略性新兴产业的关注情况

1. 战略性新兴产业与非战略性新兴产业的对比

图 5.24 和图 5.25 分别报告了 2010～2019 年战略性新兴公司和非战略性新兴公司网络新闻统计情况。对比 2010～2019 年战略性新兴公司和非战略性新兴公司在网络新闻上公众关注的情况。可以发现“标题出现新闻总数（网络新闻）”中战略性新兴公司和非战略性新兴公司总体上波动趋势基本相同，在前期均呈缓慢波动上升的趋势，2015 年是两者共同的峰值，之后有所回落，并在 2019 年至最低点，整体呈先上升后下降的趋势。具体来看，战略性新兴公司在 2014 年以 39.19% 的年均增速增长，并于 2015 年达到了最大值 285.39 次，紧接着出现明显的下降，以年均 46.82% 的速度下降，2019 年出现最低值 52.23 次；而非战略性新兴公司以 24.56% 的年均增长速度增长至 2015 年达到最大值，之后以 41.68% 的年均增速下降。在 10 年的统计数据中，总体上两者绝对值差别不大，出现了 8 次战略性新兴公司高于非战略性新兴公司的情况，其中 2015 年差别最为明显，战略性新兴公司高出非战略性新兴公司 24.73%。

“内容出现新闻总数（网络新闻）”中两者总体上变化波动情况有异，战略性新兴产业公司大体上呈正态分布，在 2015 年达到了最大值 472.02 次数，其以年均 32.92% 的增速在 2015 年达到最大值，后以年均 18.42% 的速度下降；非战略性新兴公司前八年保持着年均 11.92% 的增长速度，2017 年达到最大值 502.98 次后以 20.76% 的年均速度下降。同时，在 10 年间战略性新兴公司的总数低于非战略性新兴公司 9 次，其中在 2017 年和 2018 年两者的差别较为显著，非战略性新兴公司比战略性新兴公司分别高出 75.91% 和 62.52%。

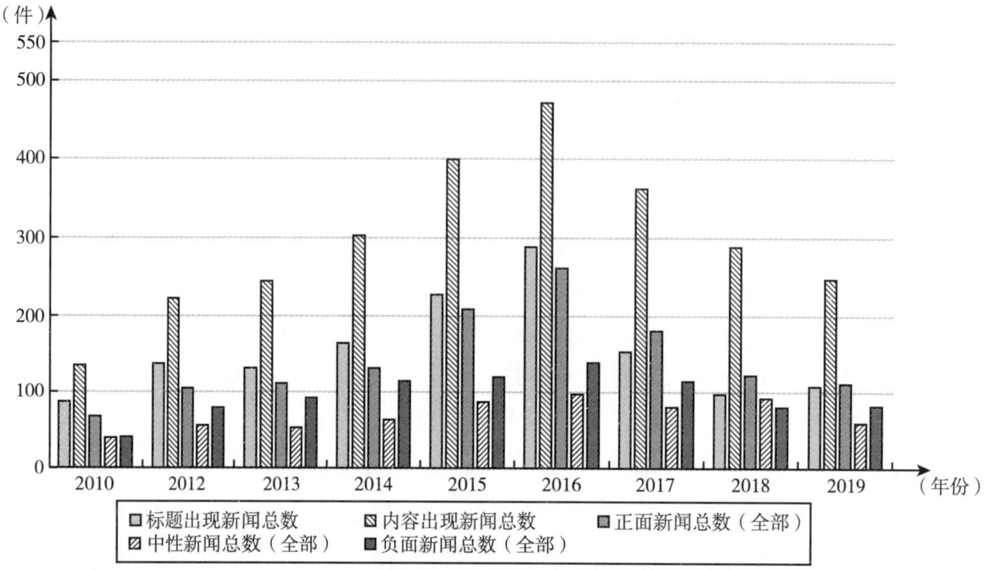

图 5.24　2010～2019 年战略性新兴公司网络新闻统计情况

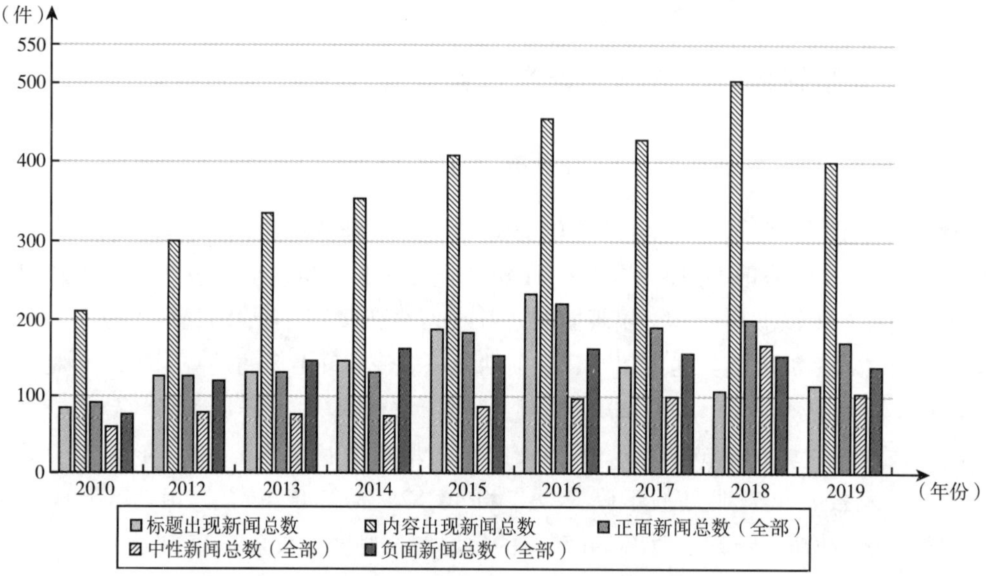

图 5.25　2010～2019 年非战略性新兴公司网络新闻统计情况

“正面新闻总数（全部）（网络新闻）”方面，两者年际变化有所不同，战略性新兴公司在 2018 年以前虽然存在年际变化的上下波动，但总体上以年均 9.82% 的速度在 2018 年达到了最大值，之后在 2019 年急剧下降，下降幅度高达 51.83%，2019 年数值仅为 2018 年的 48.12%。非战略性新兴公司在前四年以年均 14.13% 的增速在 2013 年达到最大值，之后的五年间基本稳定，年均下降幅度为 3.23%，在 2019 年以 52.90% 的速度骤降，2019 年数值仅为 2018 年的 47.09%。在此期间，除了 2018 年和 2019 年战略性新兴公司的总数分别高出非战略性新兴公司 12.48% 和 14.34% 外，其余年份战略性新兴公司均低于非战略性新兴公司，2010 年差异尤为显著，非战略性新兴公司高出 48.43%。

“中性新闻总数（全部）（网络新闻）”方面，两者年际变化有所不同，其中，战略性新兴公司出现多个峰顶，总体上保持着年均 37.58% 的增长速度在 2015 年达到最大值，之后以年均 18.47% 的速度下降；非战略性新兴公司 2016 年和 2017 年以 68.48% 的增速增长并于 2017 年达到最大值（164.31），之后以 38.48% 的速度迅速下降。

“负面新闻总数（全部）（网络新闻）”方面，两者情况差异显著，战略性新兴公司大体上呈现正态分布，2014～2015 年的增长速度为 16.33%，2015 年达到最大值 138.31 次数，2016 年开始以年均 17.67% 的速度下降，并于 2019 年出现最小值（42.08）；而非战略性新兴公司总体上保持着最高的数值，波动较小，2015 年出现最大值（158.83），2010～2019 年的年均增长速度为 9.82%。

2. 战略性新兴产业内部对比

表 5.2 报告了 2010～2019 年不同类型战略性新兴产业公司网络新闻统计情况，图 5.26 描述了 2010～2019 年不同类型战略性新兴产业公司网络新闻统计对比情况。通过观察表 5.2 和图 5.26 可以发现，“标题出现新闻总数（网络新闻）”中战略性新兴公司内部不同类型产业之间存在较大差异。具体来看，新一代信息技术产业的标题出现新闻总数达 20763 次，居首位，生物产业的标题出现新闻总数也达到了 14090 次，仅次于新一代信息技术产业；而其余的节能环保、高端装备、新材料以及新能源产业均在 2000～4000 次，四者之间水平相差不大；新能源汽车产业的标题出现新闻总数最少，仅为 176 次。在 10 年的统计数据当中，各行业数据的极差为 20587，均数为 6983.43，方差为 6948.48，差距水平较大。

表 5.2　　2010～2019 年不同类型战略性新兴产业公司网络新闻统计

战略性新兴产业类型	标题出现新闻总数	内容出现新闻总数	正面新闻总数	中性新闻总数	负面新闻总数
节能环保	4102	11783	5967	2638	2638
新一代信息技术	20763	50899	23111	10958	10958
生物	14090	30455	12981	6522	6522
高端装备	2519	7921	3795	2014	2014
新材料	3199	6673	3075	1432	1432
新能源	4035	6208	2582	1057	1057
新能源汽车	176	228	105	22	22

“内容出现新闻总数（网络新闻）”中战略性新兴公司内部不同类型产业之间的差异十分显著。具体来看，新一代信息技术产业的内容出现新闻总数达 50899 次，仍居首位，生物产业的内容出现新闻总数为 30455 次，居第二位，节能环保产业的内容出现新闻总数为 11783 次；而其余的高端装备、新材料以及新能源产业均在 6000～7000 次，三者之间水平相差不大；新能源汽车产业的内容出现新闻总数最少，仅为 228 次。在 10 年的统计

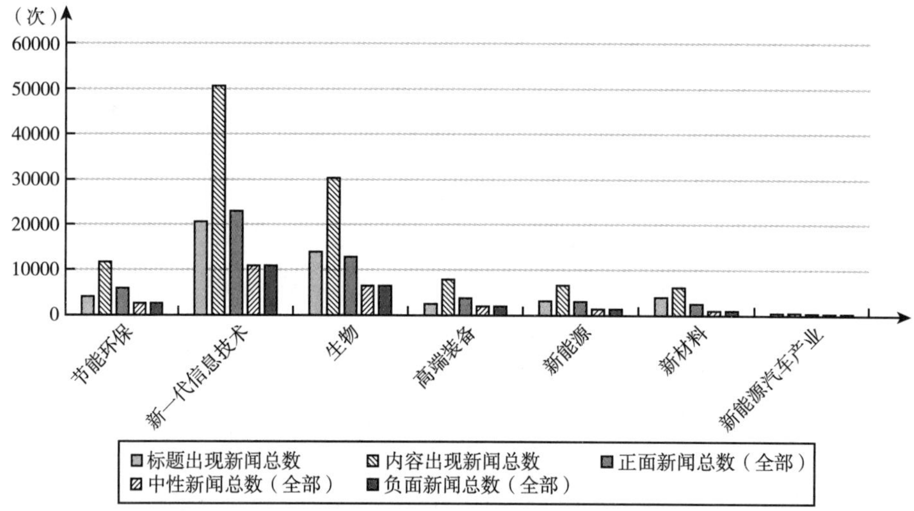

图 5.26　2010～2019 年不同类型战略性新兴产业公司网络新闻统计对比

数据当中，各行业数据的极差为 50671，均数为 16309.57，说明内容出现新闻总数较多，方差为 16651.48，差距水平最为显著。

“正面新闻总数（全部）（网络新闻）”方面，战略性新兴公司内部不同类型产业之间也同样存在差异。具体来看，新一代信息技术产业的正面新闻总数达 23111 次，居首位，生物产业的正面新闻总数也达到了 11981 次，仅次于新一代信息技术产业，节能环保产业的正面新闻总数为 5967 次；而其余的高端装备、新材料以及新能源产业均在 2000～4000 次，三者之间水平相差不大；新能源汽车产业的正面新闻总数最少，为 105 次。在 10 年的统计数据当中，各行业数据的极差为 23006，均数为 7373.71，方差为 7446.61，差距水平较大。

“中性新闻总数（全部）（网络新闻）”方面，战略性新兴公司内部不同类型产业之间数据差异水平有所下降。具体来看，新一代信息技术产业的中性新闻总数为 10958 次，生物产业的中性新闻总数为 6522 次；而其余的节能环保、高端装备、新材料以及新能源产业均在 1000～3000 次，四者之间水平相差不大；新能源汽车产业的中性新闻总数最少，为 22 次。在 10 年的统计数据当中，各行业数据的极差为 10936，均数为 3520.43，方差为 3586.56，差距水平一般。

“负面新闻总数（全部）（网络新闻）”方面，战略性新兴公司内部不同类型产业之间的差异同样有所下降，且负面新闻总数同中性新闻总数趋势基本相同。具体来看，新一代信息技术产业的负面新闻总数为 10958 次，生物产业的负面新闻总数为 6522 次；而其余的节能环保、高端装备、新材料以及新能源产业均在 2000～4000 次，四者之间水平相差不大；新能源汽车产业的负面新闻总数最少，为 22 次。在 10 年的统计数据当中，各行业数据的极差为 10936，均数为 3520.43，方差为 3586.56，差距水平一般。

综合以上七种不同类型的战略性新兴公司在网络新闻上公众关注的数据来看，2010～2019 年新一代信息技术产业和生物产业在网络新闻上获得的公共关注是最多的；而高端装备、新能源和新材料产业在网络新闻上获得的公共关注较少，且三者相对持平；新能源汽车产业在网络新闻上获得的公共关注是最少的。同时，战略性新兴公司内部七种产业的正面新闻总数、中性新闻总数和负面新闻总数出现的比例约为 2∶1∶1，说明在战略新兴产业的发展中，社会环境上赞成的声音比反对的声音更为广泛。

（三）基于搜索指数对于战略性新兴产业的关注测度情况

1. 战略性新兴与非战略性新兴的对比

对比 2011 ~ 2019 年战略性新兴公司和非战略性新兴公司在网络搜索上得到公众关注的情况。如图 5.27 和图 5.28 所示，“网络搜索指数（股票代码）”中战略性新兴公司和非战略性新兴公司的总体变化趋势基本相同，前期均呈逐渐上升趋势，在 2015 年均达到各自的最大值，之后呈缓慢下降趋势。具体来看，战略性新兴公司以年均 22.47% 的增速在 2015 年达到最值，后以年均 20.69% 的速度逐渐回落。非战略性新兴公司前五年保持着年均 22.90% 的增长速度，达到最大值后以 23.43% 的年均速度在 2019 年达到最小值。在 10 年的波动中，战略性新兴公司的总数总体上高于非战略性新兴公司，只出现一次低于非战略性新兴公司总数的情况，其中 2013 年和 2014 年差别较为明显，战略性新兴公司分别高出非战略性新兴公司 20.54% 和 18.56%。

“网络搜索指数（全部）”方面，两者变化趋势相同，都是在 2015 年达到峰值之后开始回落，但两者绝对值差异较明显。战略性新兴公司前四年以年均 35.67% 的增速达到最大值，之后以年均 19.28% 的速度开始回落。非战略性新兴公司先以 31.10% 的年均增速达到峰值，之后以 24.00% 的速度回落。在数值差异上，战略性新兴公司总体上低于非战略性新兴公司，差异较为明显的是 2016 年，非战略性新兴公司高出战略性新兴公司 32.56%。

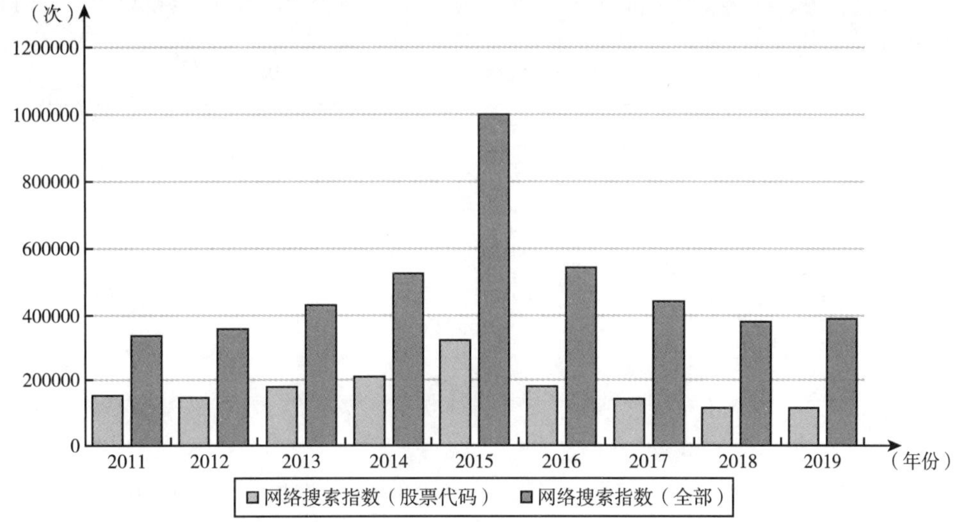

图 5.27　2011 ~ 2019 年战略性新兴公司网络搜索指数统计情况

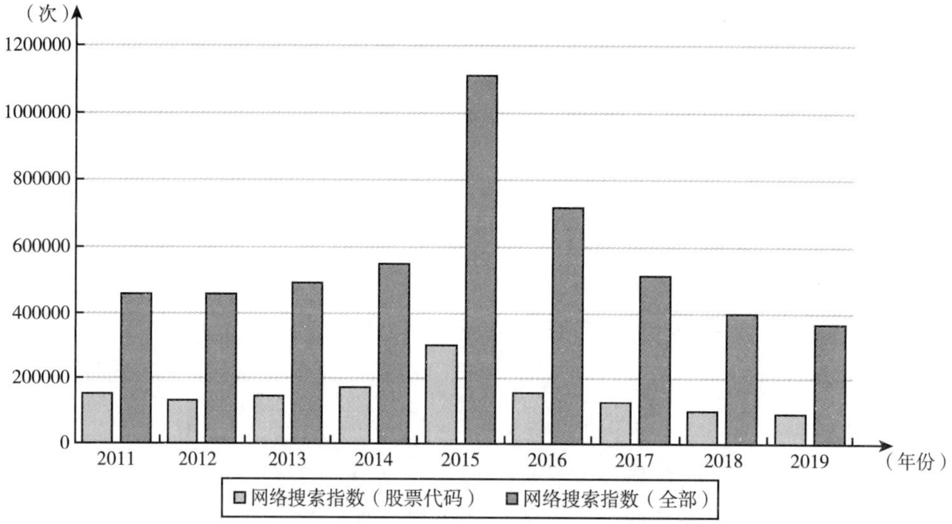

图 5.28 2011～2019 年非战略性新兴公司网络搜索指数统计情况

总体上，2011～2019 年战略性新兴公司和非战略性新兴公司在网络搜索指数上的情况，整体变动趋势基本相同，均在 2015 年达到最大值，之后开始缓慢下降。总体来看，非战略性新兴公司的绝对值略高于战略性新兴公司，战略性新兴公司在网络搜索上的公众关注度不如非战略性新兴公司。

2. 战略性新兴产业内部对比

根据表 5.3 中 2010～2019 年不同类型战略性新兴产业公司网络搜索统计表统计情况，网络搜索指数（股票代码）方面，新一代信息技术产业指数最大，达到 44400000，约为节能环保产业指数的四倍、生物产业指数的两倍；新能源汽车产业指数最小，仅为 385258，高端装备、新能源、新材料产业指数相近，分别为 8018971、7824262、8791154。

表 5.3 2010～2019 年不同类型战略性新兴产业公司网络搜索统计

战略性新兴产业类型	网络搜索指数（股票代码）	网络搜索指数（全部）
节能环保	10200000	27700000
新一代信息技术	44400000	167000000
生物	23000000	77200000
高端装备	8018971	25500000
新能源	7824262	22400000
新材料	8791154	24600000
新能源汽车产业	385258	1193301

网络搜索指数（全部）中，新一代信息技术产业依然最多，达到 167000000，为最低指数的新能源汽车产业指数的约 140 倍，其次指数第二大的产业为生物产业，有 77200000，其余四个产业指数较相近由高到低依次为节能环保产业 27700000、高端装备产

业 25500000、新材料产业 24600000、新能源产业 22400000。

2010～2019 年不同类型战略性新兴产业公司网络搜索指数统计对比，横向对比 2010～2019 年几大战略性新兴产业公司网络搜索指数，在网络搜索指数（股票代码）中，新一代信息技术产业尤为突出，指数明显大于其余四个产业；生物产业其次，指数较大；新能源汽车产业指数最小，与其余五大产业比较起来，在图 5.29 中基本显示不出；高端装备、新能源、新材料三个产业指数大小相近。网络搜索指数（全部）方面，新一代信息技术明显远远高于其余生物、高端装备、新能源、新材料、新能源汽车五大产业；生物产业随后，指数也明显高于另四大产业，但相比较新一代信息技术产业也尤为不及；新能源汽车产业指数最小，也基本显示不出，高端装备、新能源、新材料三个产业指数大小相近。

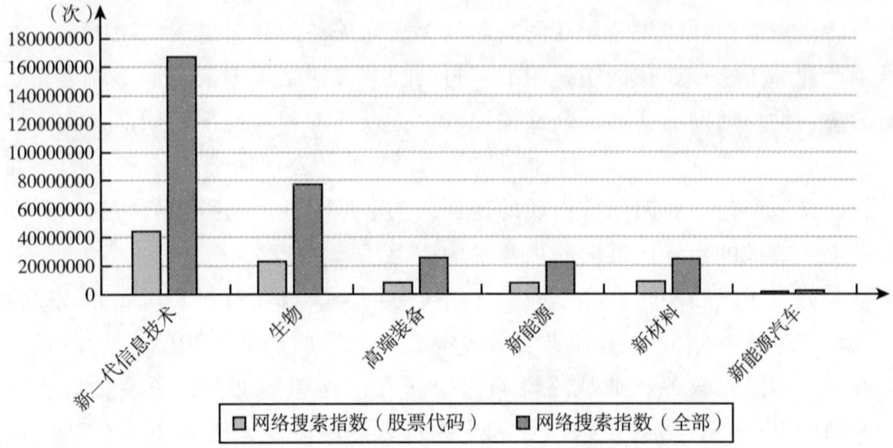

图 5.29　2010～2019 年不同类型战略性新兴产业公司网络搜索指数统计对比

三、小结

本章从政策和中国标准以及媒体和网络搜索这两个大角度对于战略性新兴产业的关注测度情况进行了分析。

首先，基于政策和中国标准的角度来分析：在政策方面，从 2010～2019 年数据的动态比较来看，政策发布的数量波动起伏较大、增长速度变化明显，尤其在 2012 年前后有较大波动的急升急降，总体上数量呈现增加趋势。从各产业之间横向比较来看，节能环保产业领域政策发布的数量显著多于其余六大产业，紧接着就是新能源汽车产业、新一代信息技术产业以及新能源产业，高端装备制造产业、生物产业以及新材料产业在以上七大产业领域中数量较少。从各领域年动态分析来看，新能源汽车产业、新材料产业、高端装备制造产业、新一代信息技术产业、节能环保产业于 2011～2018 年均呈上升趋势，而生物产业与新能源产业均上下波动较大；

在中国标准方面，从 2011～2019 年动态数据分析来看，中国标准发布的数量总体下降，2014 年下降幅度较大；从各产业之间横向比较来看，中国标准在新材料产业领域发布的政策数量最多，紧接着是新一代信息技术产业和高端装备制造产业，然后为新能源产业、生物产业、节能环保产业和新能源汽车产业，最后数字创意产业和相关服务业中国标准发布数量相对较少；从各领域年动态分析来看，相关服务业、数字创意产业、新能源汽车产业、新材料产业、新能源产业、高端装备制造业、生物产业、新一代信息技术产业、节能环保产业九大产业均呈下降趋势。

其次，基于媒体和网络搜索来分析：在报纸媒体对于战略性新兴产业的关注情况方面，2010～2019 年战略性新兴公司和非战略性新兴公司在报刊新闻上的情况，整体变动趋势基本相同，多在 2013 年达到最大值，之后开始逐渐回落。即战略性新兴公司的绝对值略低于非战略性新兴公司，战略性新兴公司在报刊新闻上的公众关注度不如非战略性新兴公司。比较各产业战略性新兴公司在网络新闻上公众关注的数据来看，2010～2019 年新一代信息技术产业和生物产业在网络新闻上获得的公共关注是最多的；而高端装备、新能源和新材料产业在网络新闻上获得的公共关注较少，且三者相对持平；新能源汽车产业在网络新闻上获得的公共关注是最少的。同时，战略性新兴公司内部七种产业的正面新闻总数、中性新闻总数和负面新闻总数出现的比例约为 2∶1∶1，说明在战略新兴产业的发展中，社会环境上赞成的声音比反对的声音更为广泛。

在网络媒体对于战略性新兴产业的关注情况方面，战略性新兴公司和非战略性新兴公司总体上波动趋势基本相同，在前期均呈缓慢波动上升的趋势，2015 年是两者共同的峰值，之后有所回落。比较各产业战略性新兴公司在网络新闻上公众关注的数据，可以发现，2010～2019 年新一代信息技术产业和生物产业在网络新闻上获得的公共关注是最多的；而高端装备、新能源和新材料产业在网络新闻上获得的公共关注较少，且三者相对持平；新能源汽车产业在网络新闻上获得的公共关注是最少的。同时，战略性新兴公司内部七种产业的正面新闻总数、中性新闻总数和负面新闻总数出现的比例约为 2∶1∶1，说明在战略新兴产业的发展中，社会环境上赞成的声音比反对的声音更为广泛。

从基于搜索指数的对比方面分析来看，总体上，2011～2019 年战略性新兴公司和非战略性新兴公司在网络搜索指数上的情况，整体年际变动趋势基本相同，均在 2015 年达到最大值，之后开始缓慢下降。即非战略性新兴公司的绝对值略高于战略性新兴公司，战略性新兴公司在网络搜索上的公众关注度不如非战略性新兴公司。从各产业战略性新兴公司网络搜索指数统计对比来看，在网络搜索指数（股票代码）中，新一代信息技术产业尤为突出，指数明显大于其余四个产业；生物产业其次，指数较大；新能源汽车产业指数最小，与其余五大产业比较起来，在图中基本显示不出；高端装备、新能源、新材料三个产业指数大小相近。网络搜索指数（全部）方面，新一代信息技术明显远远高于其余产业；生物产业随后，指数也明显高于另四大产业，但相比较新一代信息技术产业也尤为不及；新能源汽车产业指数最小，高端装备、新能源、新材料三个产业指数较高且大小相近。

第六章　战略性新兴产业中的“五螺旋”（环境）因素研究

本章主要对环境因素进行考察，首先对战略性新兴产业上市公司是否进行环境信息披露进行统计分析，然后对其环境得分情况进行对比。环境信息披露数据来自国泰安数据库，环境得分数据来自和讯网发布的《上市公司社会责任报告》。

一、信息披露情况

1. 战略性新兴公司与非战略性新兴公司对比

由图 6.1 可知，不论是战略性新兴公司还是非战略性新兴公司，近年来披露环境和可持续发展信息的占比基本都在 95% 以上，呈现出较高的市场披露水平。总体上，非战略性新兴公司的披露环境和可持续发展的百分比高于战略性新兴公司，说明非战略性新兴公司在近年有较高的披露水平。分析具体数据可知，2010 年、2013 年、2014 年、2015 年、2016 年、2018 年这 5 年非战略性新兴公司披露环境和可持续发展百分比高于战略性新兴公司，其中 2015 年的差值最为显著，约为 2.13%，2013 年、2010 年差值较为显著，分别为 1.50%、1.28%，而 2016 年、2018 年差值较小，分别为 0.50%、0.12%；余下的 2011 年、2012 年、2016 年这三年战略性新兴公司披露环境和可持续发展百分比则高于非战略性新兴公司，其中 2011 年相差较大，差值 1.39%，2012 年、2017 年相差较小，分别是 0.84%、0.46%。2010～2018 年披露环境和可持续发展信息的战略性新兴公司和非战略性新兴公司占各自样本总量的比例都呈现出先上升再下降后围绕某一具体比例上下波动的趋势，并且相较于非战略性新兴公司，战略性新兴公司披露环境和可持续发展信息百分比变动幅度更大，披露情况不太稳定。2010～2018 年战略性新兴公司披露环境和可持续发展百分比分别为 97.06%、100.00%、98.91%、95.83%、95.79%、94.67%、96.30%、95.62%、95.72%，结合图 6.1 数据可知，战略性新兴公司披露环境和可持续发展信息百分比在 2010～2011 年大幅上升，并于 2011 年达到一个最大值 100%，即在 2011 年战略性新兴公司披露情况特别良好，随后逐年下降，其中 2012～2013 年下降幅度较大，为 3.07%，并于 2015 年下降至最小值 94.67%，两最值之差为 5.33%，可见近年变动幅度较大，之后的 2016 年、2017 年、2018 年基本稳定在 95.80% 附近。2010～2018 年非战略性新兴公司披露环境和可持续发展百分比分别为 98.34%、98.61%、98.07%、97.33%、96.37%、96.80%、96.80%、95.16%、95.84%，自 2010 年经小幅度增长达到最大值 98.61%，之后逐年平稳下降，并于 2014 年下降至 96.37%，2015 年、2016 年小幅度上升，但于2017年再次下降，降幅较大，为1.64%，并降至最小值95.16%，2018年回升至95.84%，基本上稳定在96%附近。

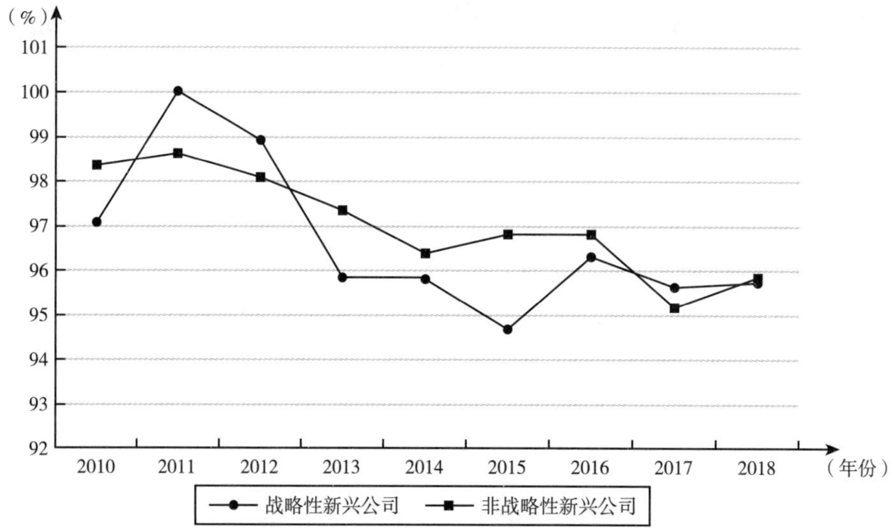

图6.1　战略性新兴公司与非战略性新兴公司信息披露对比

2. 战略性新兴产业内部对比

图6.2展示了各战略性新兴产业在环境信息披露方面的对比。在所有战略性新兴上市公司中，新材料、高端装备制造以及节能环保产业的上市公司中能够进行环境信息披露的比例达到100%；其次是新能源产业，该产业上市公司中能够进行环境信息披露的比例约为98.67%；对于生物产业而言，该产业上市公司中能够进行环境信息披露的比例约为97.18%。各产业上市公司进行环境信息披露表现欠佳的是新一代信息技术产业上市公司，其进行环境信息披露的公司所占比例仅为78.20%，远低于其他产业上市公司中进行环境信息披露的比例。

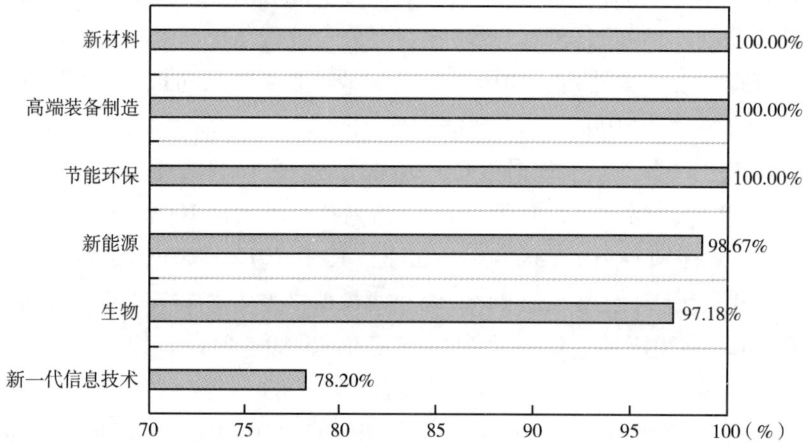

图6.2　各战略性新兴产业信息披露对比

二、环境信息披露得分

1. 战略性新兴公司与非战略性新兴公司对比

从图 6.3 中可以看出，2010 年，非战略性新兴公司比战略性新兴公司得分高 1.2 分左右。2011 年，非战略性新兴公司得分升高 0.01 分，战略性新兴公司得分升高 0.31 分，非战略性新兴公司比战略性新兴公司得分高 0.93 分。2012 年，非战略性新兴公司得分升高 0.26 分，战略性新兴公司得分下降 0.06 分，非战略性新兴公司比战略性新兴公司得分高 1.33 分。2013 年，非战略性新兴公司得分下降 0.22 分，战略性新兴公司得分下降 0.09 分，非战略性新兴公司比战略性新兴公司得分高 1.02 分。2014 年，非战略性新兴公司得分下降了 2 分，战略性新兴公司的得分下降了 1 分，最终非战略性新兴公司的得分比战略性新兴公司低 0.04 分。2015 年，非战略性新兴公司得分升高 0.22 分，战略性新兴公司得分升高 0.25 分，非战略性新兴公司得分比战略性新兴公司低 0.07 分。2016 年，非战略性新兴公司得分升高 0.79 分，战略性新兴公司得分升高 0.4 分，非战略性新兴公司得分比战略性新兴公司得分高 0.32 分。2017 年，非战略性新兴公司得分降低 1.51 分，战略性新兴公司得分降低 0.79 分，非战略性新兴公司比战略性新兴公司得分低 0.4 分。从 2010～2017 年非战略性新兴公司和战略性新兴公司各自得分的趋势来看，2010～2013 年，非战略性新兴公司和战略性新兴公司的分数均没有大幅度的波动，2014 年两者分数骤降，2015 年、2016 年微微上升，2017 年小幅度下降。从两者分数差变化来看，2011 年，两者之间的分数差微微缩小，2012 年分数差拉大而后 2013 年分数差又缩小。2010～2013 年，非战略性新兴公司得分比战略性新兴公司高出 1 分左右。2014 年、2015 年分数差非常小，且没有明显变化。2016 年、2017 年分数差稍微拉大，但没有明显变化。

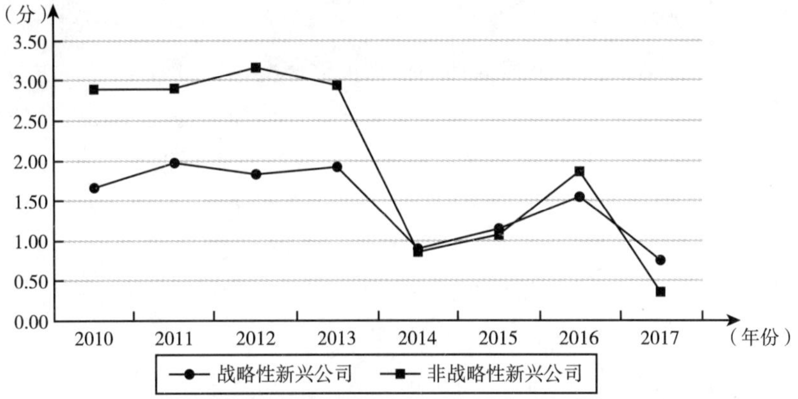

图 6.3　战略性新兴公司与非战略性新兴公司环境得分对比

2. 战略性新兴产业内部对比

图 6.4 展示了各战略性新兴产业平均环境得分的对比情况。通过分析可知，新材料、

新能源以及高端装备制造产业上市公司的平均环境得分均超过 2 分，其中新材料产业上市公司的平均环境得分最高，约为 2.2530 分；其次是新能源产业，该产业上市公司的平均环境得分约为 2.1888 分；高端装备制造产业紧随其后，其上市公司的平均环境得分约为 2.1814 分；得分在 1 分到 2 分之间的产业是生物产业和节能环保产业，两个产业上市公司的平均环境得分分别约为 1.4214 分和 1.2097 分；新一代信息技术产业上市公司平均环境得分小于 1 分，约为 0.9850 分，新能源汽车产业上市公司的平均环境得分最低，仅为 0 分，远低于其他产业上市公司的平均环境得分。

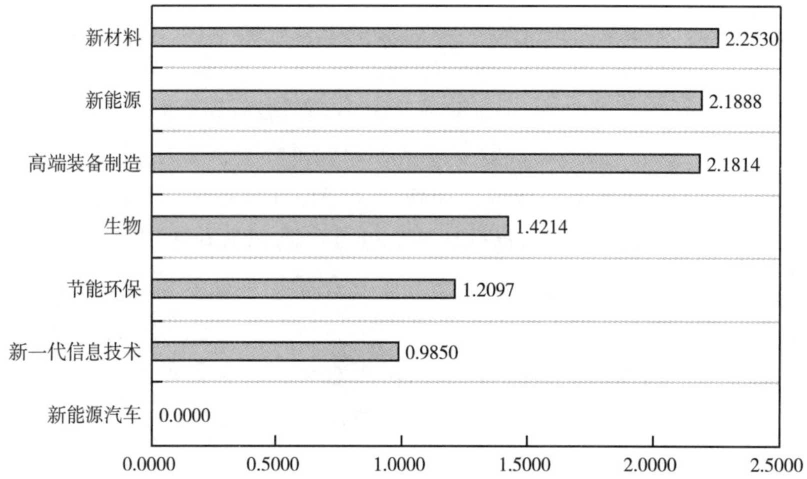

图 6.4　各战略性新兴产业环境得分对比

三、小结

本章主要对战略性新兴上市公司的环境信息披露情况进行统计分析。在是否进行环境信息披露方面，发现战略性新兴上市公司近年来披露环境和可持续发展信息的占比基本都在 95% 上，呈现出较高的市场披露水平。就不同的战略性新兴产业上市公司而言，新材料、高端装备制造以及节能环保产业的上市公司中能够进行环境信息披露的比例达到 100%，而新一代信息技术产业上市公司中进行环境信息披露的公司所占比例仅为 78.20%，远低于其他产业上市公司中进行环境信息披露的比例；在环境得分方面，发现战略性新兴上市公司的环境得分呈现出增减波动频繁态势。就不同战略性新兴产业上市公司而言，新材料、新能源以及高端装备制造产业上市公司的平均环境得分均超过 2 分，而新一代信息技术产业和新能源汽车产业上市公司平均环境得分较低。

第七章　公众关注对微观中国汽车企业绿色创新的影响

一、引言

由 CO_2 排放导致的气候变暖已成为世界范围内的一个重要问题。而中国在 2016 年排放的 CO_2 占世界总量的 27.3%，是排放总量最大的国家。其中，交通行业的能源消费是中国 CO_2 排放大幅增长的主要原因（National Development and Reform Commission，2010）（见图 7.1）。对于发展中国家 CO_2 排放的研究结果表明，这些国家交通行业的 CO_2 排放增长速度比国家整体 CO_2 排放的增长速度快，同时公路（汽车）运输是不同运输方式中 CO_2 排放比重最大的运输方式。另外，中国汽车行业导致的环境污染问题十分突出，汽车污染是造成灰霾、光化学烟雾污染的重要原因（Ministry of environmental protection，2016）。因此促进交通行业，尤其是汽车产业绿色创新，对于控制温室气体排放、改善大气环境，十分重要。

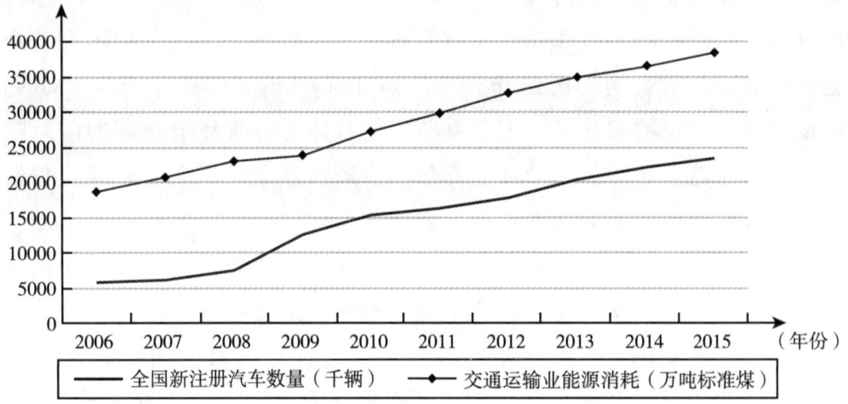

图 7.1　中国交通运输业能源消耗与新注册汽车数量

来源：中宏产业数据库。

但是来自汽车产业内部的绿色创新动力不足，其主要原因是：(1) 避免气候变化，减少空气污染是一个集体性的问题；(2) 至少在目前的框架条件下，汽车产业的绿色创新提供更差的价格/性能特点；(3) 绿色创新的过程中，原有的社会技术配置中的规则、基础设施、用户实践、网络维护等是与现有的技术相互联系和依赖的，新技术与这些元素之间存在不匹配的情况。

在行业内部动力不足的情况下，来自公众、媒体和政策制定者的外部压力成为促进汽车产业绿色创新的重要动力。不过目前对于产业绿色创新的研究，一方面大多着眼在政策的作用，而对公众和媒体作用的研究较少；另一方面，关注到公众作用的研究大多使用案例研究方法对发达国家的情况进行分析，缺乏对中国问题的定量分析。

鉴于此，本章试图结合中国工业企业数据库和中国专利数据库，考察公众关注对中国汽车企业的绿色创新的影响。同时考虑到创新的复杂性，我们考虑首次创新与创新的持续性。具体来说，包括：（1）公众关注能否促进汽车企业从非创新者（不拥有绿色专利）变为创新者（拥有绿色专利）。万事开头难，对公司来说，第一项专利比起之后的类似专利更难获得。（2）公众关注是否促进汽车企业的创新持续性（the degree of persistence in innovation）。一些研究显示，一定时间内进行了创新，或者对创新活动有投资的公司，在未来的发展中更有可能继续这些创新活动。我们关注的是，公众关注是否会增加公司坚持创新的可能性，其中，公众诉求作为一种非正式约束机制，有利于促进企业创新，公众的积极参与监管也可以促进企业选择生态技术创新。媒体关注对企业创新绩效起到促进作用，媒体关注通过缓解企业融资约束进而提高创新绩效。舆论压力能显著促进企业绿色创新。（3）公众关注的影响是否因公司规模、所有制及时间阶段的不同产生不同的影响。比起大型企业，中小企业往往更不容易坚持创新，也会遇到更多阻碍。对于中小企业来说，公众关注可能会是促进其跨越创新门槛的推动力量。国家创新系统（the National Systems of Innovation，NSI）视角强调了特定国家的制度因素对创新绩效的影响，国有公司的创新模式与非国有公司存在很大不同，与非国有企业相比，公众环境诉求对国有企业创新的促进作用更大，其作用机制是通过降低代理成本来促进企业创新，绿色发展的战略背景下，相比于非国有企业，声誉的调节作用在国有企业中更为有效，因此分别研究公众关注对不同所有制企业创新行为的影响。根据 the Dialectic Issue Life Cycle（DILC）model，公众对环境问题的反应是分阶段的，环境治理公众监督的具体运行按环境规制的前后阶段分为事前、事中和事后三个监督环节，每个环节都包含督政与督企两个方面，因此我们研究了公众关注在不同阶段对企业绿色创新的影响差异。

研究发现：第一，从企业规模看，公众关注会促进不同规模的公司从非创新者转变为创新者。从持续性上看，公众关注只影响中型公司和大型公司创新的持续性，对小公司没有显著影响。第二，从不同所有制来看，公众关注能促进国有公司从非创新者变为创新者，也会促进其持续创新。第三，从不同时间阶段来看，2002～2007 年和 2012～2013 年这两个阶段，促进企业创新的主要因素是研发投入，公众关注作用不明显；2007～2012 年，公众关注能显著促进企业从非创新者变为创新者，也会促进其持续创新。

本章可能在以下几个方面有所贡献：第一，引入了新的视角分析产业绿色创新。目前研究中国汽车产业绿色创新的因素大多从经济、政策、技术等角度展开，缺乏从公众角度开展的研究 。第二，利用微观企业样本，利用转移概率矩阵（Transition Probabilities Matrix，TPM）方法，定量分析了中国汽车企业绿色创新的各种转移概率，包括 P_{01}（企业从传统状态转向绿色创新的概率），P_{00}（企业保持传统状态的概率），P_{10}（企业退出绿色创新的概率）和 P_{11}（公司持续绿色创新的概率）。第三，定量分析了公众关注对产业绿色创新的影响，补充了目前案例研究的不足，加深了外部压力促进企业绿色创新的理解。

二、理论框架及研究假设

（一）公众关注对企业从非绿色创新者变为绿色创新者（创新转移）的影响

Frank W. Geels 等提出了社会技术转型（technological transitions）的多层次视角（a multi-level perspective），该视角从宏观蓝图层、中观社会技术体制层和微观技术利基层来理解系统创新是如何发生的。其中，宏观社会蓝图层包括影响社会技术发展的外部环境，如全球化、环境问题、文化变革等；中观社会技术体制层由路径依赖和锁定塑造而成，从三个方面（行为人和社会团体形成的网络，指导行为人和社会团体活动的各种规则，材料和技术元素）形成了稳定的机制，使产业转型难以发生；微观技术利基层是创新出现的地方，利基的作用是“孵化器”，保护新技术不被主流市场选择所淘汰。Frank W Geels（2010）认为宏观蓝图层发生变化时会影响社会技术体制层、技术利基层的动态变化，促使其内部发生解构重组。例如，气候变化影响了能源和交通领域，改变了行为人的认知规则（如引发公众对环境问题的关注），会促进绿色创新的出现。基于以上理论，提出如下假设：

H7－1：公众对环境问题的关注，会促进中国汽车企业从非绿色创新者变为绿色创新者。

（二）公众关注对企业绿色创新持续性的影响

Cefis 等认为如果企业过去的技术创新活动能够显著增加企业在将来进行技术创新活动的概率，那么该企业的技术创新活动就被认为是具有持续性的。

在全球气候变暖和中国空气污染严重的大背景下，公众对绿色创新活动的关注往往也代表了对其对绿色创新产品的潜在需求。对于市场需求与技术创新之间的关系，主要有“需求拉动模式”和“技术创新与需求互动”两种观点。

由此，本章提出如下假设：

H7－2：公众对环境问题的关注对企业绿色创新持续性有正向的作用。

（三）时间特征因素的影响

Penna 和 Geels（2012）通过把对生命周期理论的洞悉（将社会问题的驱动力概念化）和创新研究（将技术解决方案的驱动力概念化）两者结合建立了辩证生命周期模型（DILC 模型）。他们考虑了外部压力和在位工业角色反应间的关系。

Frank W. Geels 和 Penna（2015）、Penna 和 Geels（2012）根据对美国汽车制造商在

应对气候变暖问题（1943～1985年）以及交通事故/安全问题（1900～1995年）时重新定位的定性研究，认为外部压力可以分为5个阶段并由不同的主要角色展开：在前3个阶段，现任公司不愿做出实质性的改变以解决问题，因为它们与四个行业特定的制度“锁在一起”：（1）产业的信念和心态；（2）身份和使命；（3）法规和正式政策；（4）能力和技术知识。企业在前三个阶段中不愿意改变这些核心制度要素，并倾向于使用社会文化和政治策略来对抗和抵制。当环境问题开始影响经济环境时，生命周期在第4阶段和第5阶段有了新的动态。在第4阶段，公众关注的不断升级推动问题走向宏观政治舞台，激进的立法政策将从本质上改变经济框架条件。在第5阶段，环境问题会影响大众消费者的喜好，这将导致市场对新技术的需求。

基于DILC理论，提出如下假设：

H7－3a：公众关注对中国汽车产业绿色创新转移的影响，会因时间阶段的不同而有所差异。

H7－3b：公众关注对中国汽车产业绿色创新持续性的影响，会因时间阶段的不同而有所差异。

（四）企业特征因素的影响

根据企业社会责任理论，规模越大的公司要承担越多的社会责任（Patten，1992）。大企业在面对公众对环保问题的关注时，有更大的可能从事绿色创新活动。

基于可持续发展理论，重污染行业企业作为环境污染的主要制造者，应该积极进行低碳转型，在国家层面上促进可持续发展战略的实施。国有企业是国有持股比例较高的企业，更要体现国家的政策导向。国有企业内部治理层以及管理者在实现公司的可持续发展目标的压力下，将会更多地关注环境因素，因此来自公众的压力将会促使公司更多地进行绿色创新，树立良好的企业形象。

基于以上分析，做出如下假设：

H7－4a：相比于小企业，公众关注对大企业创新状态转移的影响更大；

H7－4b：相比于小企业，公众关注对大企业创新持续性的影响更大；

H7－4c：相比于非国有企业，公众关注对国有企业创新状态转移的影响更大；

H7－4d：相比于非国有企业，公众关注对国有企业创新持续性的影响更大。

以上假设的关系如图7.2所示。

三、研究方法

（一）转移概率模型

传统上对创新决定因素的研究集中于在一定时间内创新公司和非创新公司的分布。然

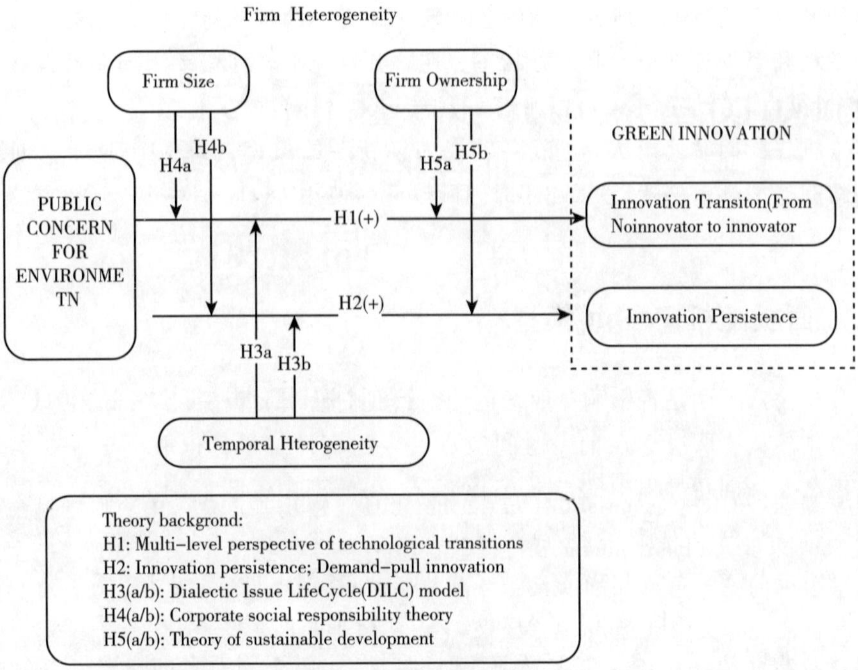

图 7.2　研究模型

而，因为企业可能会随着时间变化从一个创新状态到另一个状态，一个横截面的分布可能是不同转移模式共存。一般用自回归和转移概率矩阵（Transition Probabilities Matrix，TPM）来区分这种动态变化。本章采用 TPM 方法。

转移概率矩阵是马尔科夫链中的重要概念，其中的基本假定是 t+1 期系统状态的概率分布只与 t 期的状态有关，与 t 期以前的状态无关，即$F_{t+1} = p.\ F_t$。假定某一事件的发展过程有 m 个可能的状态，将p_{ij}定义为事物从状态 i 到状态 j 的概率，则从数理统计中条件概率的角度出发，p_{ij}可以表示为：

$$p_{ij} = P(x_{t+n} = j \mid x_t = i)\ (i, j = 1, 2, \cdots, m) \tag{7.1}$$

其中 n 表示间隔的时间长短。

那么转移概率矩阵 P 就是由p_{ij}为元素所组成的一个矩阵：

$$P = \begin{bmatrix} p_{11} & p_{12} & \cdots & p_{1m} \\ p_{21} & p_{22} & \cdots & p_{2m} \\ \vdots & \vdots & \vdots & \vdots \\ p_{m1} & p_{m2} & \cdots & p_{mm} \end{bmatrix} \tag{7.2}$$

所有的转移概率矩阵都满足如下两个条件：（1）矩阵中各元素都是小于等于 1 的非负数；（2）各行元素之和等于 1。即：

$$\begin{cases} 0 \leqslant p_{ij} \leqslant 1 \quad (i, j = 1, 2, \cdots, m) \\ \sum_{j=1}^{m} p_{ij} = 1 \quad (i = 1, 2, \cdots, m) \end{cases} \tag{7.3}$$

本章是通过专利数据来研究产业绿色创新，并且在两种状态下，根据有无相关专利分别设置无专利和至少有1个专利两种状态，在这种情况下转移概率矩阵表示为：

$$P = P(Innov_{t+1} = j \mid Innov_t = i)(i,j = 1,2,\cdots,m) \quad (7.4)$$

具体来看，我们对公司从非创新者转变为创新者的概率（p_{01}，产业绿色创新）和公司持续创新的概率（p_{11}）更感兴趣。时间阶段即为使用 Geels（2015）分析方法得到的时间划分。

（二）面板随机 Probit 模型

为了分析公众关注是否影响产业绿色创新，我们使用面板随机 Probit 模型。在该模型中，一个事件的概率取决于在前一时间节点发生的事件结果，也取决于未观察到的异质性，并且模型允许创新过程中的“状态依存”。在模型中，我们加入公众关注（Pubatn）和两种创新转移状态的交乘项，具体模型如下：

$$\begin{aligned} Pr(Innov_{it} = 1) = {} & \alpha + \beta_1 Innov_{i,t-1} + \beta_2(Pubatn_{i,t-1} \times NOInnov_{i,t-1}) + \\ & \beta_3(Pubatn_{i,t-1} \times Innov_{i,t-1}) + Z_{i,t}\psi + \mu_i + \varepsilon_i \end{aligned} \quad (7.5)$$

其中，因变量 Pr（$Innov_{it} = 1$）为在 t 时间段企业属于创新者的概率；当企业在 t-1 时期不是创新者时，$NOInnov_{i,t-1}$ 为 1，否则为 0。当企业在 t-1 时期为创新者时，$Innov_{i,t-1}$为 1，否则为 0。β_2和β_3分别考察企业绿色创新（从 t-1 时期的非创新者变为 t 时期的创新者）的概率和持续创新的概率。

μ_i是不可观测的企业异质性，ε_{it}是异质误差。控制变量Z_{it}包括滞后的研发投入强度（R&D）、政府规制（Regulation）和公司年龄（age）。因为创新产出与年龄可能存在非线性关系，在此同时加入年龄的平方项。

选择随机效应模型是因为我们假定公司的个体效应与回归元严格不相关，同时我们也会使用 Hausman 检验对该假定进行检验。另外，根据以往的研究，随机效应模型适合大截面研究，如本章样本来自一个大的企业总体，就适合该种模型。

四、指标和数据

在本章的研究中，首先要划分时间阶段，然后根据汽车企业在跨阶段的创新情况，计算状态转移概率，最后用动态随机 Probit 模型进行实证分析。

（一）时间阶段划分

基于 DILC 模型，划分时间阶段时要考虑多角度指标。在此使用到了“媒体关注”“政府关注”“厂商反应”“专利活动”等指标。具体指标的来源是：

（1）媒体关注：用环境变化相关的报纸文章的数量来代表。我们搜索了“中国知网”的“报纸数据库”，在标题中搜索含有至少一个“气候变化”“全球变暖”“温室效应”

“空气污染”“雾霾”词语的新闻。

（2）政府关注：在“北大法宝”数据库中通过“高级检索”命令，定位中央法规司法解释全文中至少含有一个前面5个关键词的法律法规。

（3）厂商反应：根据《中国汽车用户媒体研究》，垂直网站对新车购买决策的影响最大，而汽车厂商也主要在这类网站上发布公告。因此，我们选择有代表性的“汽车之家”“太平洋汽车网”“新浪汽车”“易车网”四家垂直网站，分别在其“文章”栏目里定位含有至少一个关键词的报道，并将相应年份的报道相加。

（4）专利活动：Dechezleprêtre（2015）给出了汽车减排技术的7个专利方向，并提供了具体的IPC专利号。我们按照关键词在国家知识产权数据库中搜索，限定为“发明专利”，申请时间从1985～2016年，共得到3303家机构的27932条专利数据。我们将同一年份7个方向的专利数量相加代表当年的专利活动。

图7.3～图7.6显示了用于划分时间阶段的4个变量的时序变化。

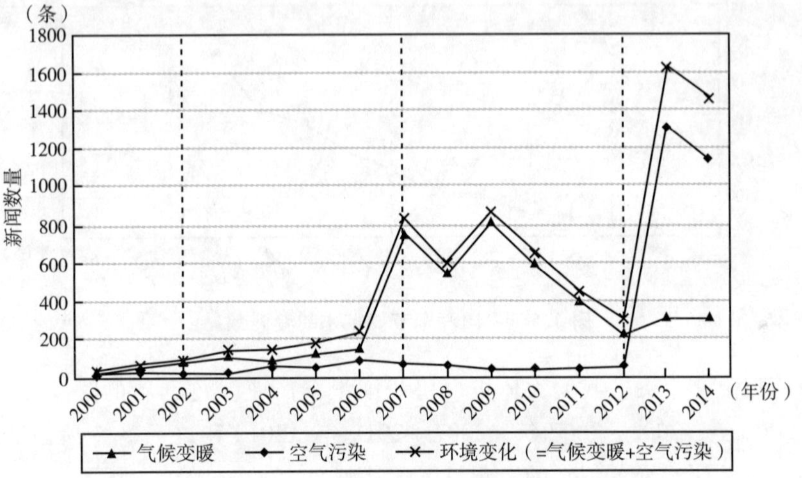

图7.3　媒体对环境改变问题的关注

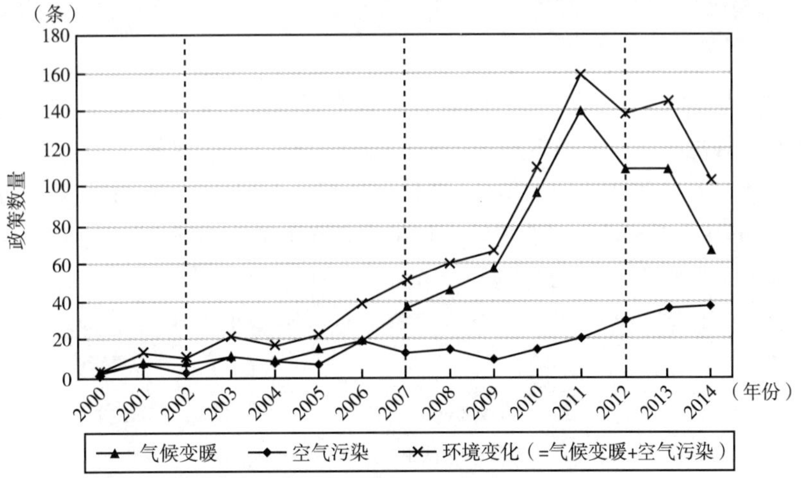

图7.4　政策制定者对环境改变问题的关注

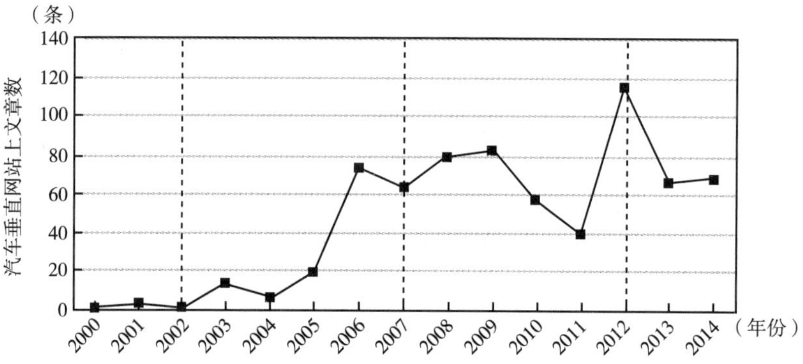

图 7.5 汽车垂直网站对环境改变问题的关注

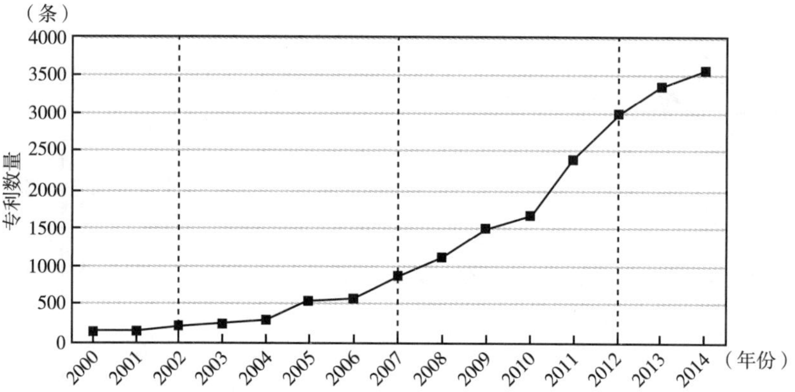

图 7.6 中国汽车节能技术的专利数量

综合分析以上 4 个图，我们大体可以将我国汽车产业绿色创新的时期分为 2000 年之前、2000 ~ 2002 年、2002 ~ 2007 年、2007 ~ 2012 年、2012 年之后 5 个阶段。这为研究不同时间阶段公众关注对绿色创新的影响打下了基础。

（二）因变量

因变量 Pr（$Innov_{it} = 1$）为在 t 时间段企业属于创新者的概率。

我们用企业是否具有汽车减排相关创新产出（专利）作为判断其是否为节能领域创新者的标志。同时，为了体现企业的动态变化，我们将创新表示为两种状态的随机过程，$\{Innov_t\}_{t=1,LT}$，其中，$Innov_t$是虚拟变量，如果企业在 t 时为创新者，其值为 1，否则为 0。根据公司创新行为改变与否，两种虚拟变量值会形成四种不同的创新动态形式。具体来说，“新进入的创新者”是指在上一个阶段是非创新者，但在下一个阶段变成了创新者；“持续创新者”是从一个阶段到下一个阶段都保持创新者的状态；而“创新退出者”是指从一个阶段到下一个阶段，失去了创新状态；最后，“持久的非创新者”包括那些在一个阶段里是非创新者，在下一个阶段里还是这种状态的公司。

要计算转移概率，除了前面给出的汽车企业专利数据，我们需要获得汽车企业数据等相关信息。

1. 汽车企业数据

汽车企业数据来源于“中国工业企业数据库”。从中国工业企业数据库中定位汽车相关的企业，方法如下：对于有“行业代码”“行业代码小类”指标的年份，通过行业代码确定（汽车行业代码如表 7.1 所示）。对于行业代码数据缺失的年份，通过“主要业务活动”“主营产品”的文字描述，筛选出带有“汽车”“轿车”“客车”“电车”关键词的企业。通过以上方法，共定位出 1998 ~2013 年相关企业 80801 家。

表 7.1　　国民行业分类中的汽车行业代码

1998 ~ 2002 年		2003 ~ 2011 年		2012 ~ 2013 年	
3721 3722 3723 3724	载重汽车制造业 客车制造业 小轿车制造业 微型汽车制造业	3721	汽车整车制造	3610	汽车整车制造
3725	特种车辆及改装汽车制造业	3722	改装汽车制造	3620	改装汽车制造
3750 3784	电车制造业 电车修理业	3721	汽车整车制造	3630	低速载货汽车制造
3726	汽车车身制造业	3723	电车制造	3640	电车制造
3727	汽车零部件及配件制造业	3724	汽车车身、挂车的制造	3650	汽车车身、挂车制造
		3725	汽车零部件及配件制造	3660	汽车零部件及配件制造

2. 数据匹配

研究的第一个挑战就是数据的匹配问题，因为在以上两个数据库中企业的名称不一定一致。我们需要匹配在国家专利数据库里的企业和工业企业数据库（ASIFP）里的企业以识别哪些企业有汽车节能方面的产出。我们使用了机器匹配和人工匹配。

工业企业数据库和工业企业数据库（ASIFP）都提供企业姓名、地址（城市层面）、企业所属行业信息，ASIFP 还提供所有企业的法人代码。我们使用这些信息完成匹配。

首先，为了保证匹配的准确性，我们使用三阶段匹配策略完成机器匹配。第一步，标准化两个数据库里的企业名称。根据中国《公司法》，一个企业的名称必须包含四个要素①，即交易名称、行业属性、法律实体标识（例如，有限责任公司或者股票有限责任公司）和行政地区。我们首先创造一个企业的“标准名称”，具体做法是去掉标点符号、空格或者其他特殊字符（例如，!,@ ,#, $,% ,^,&, ∗ , - , = ,[, / ,] ,\, 等）②，并且标准化实体标识（例如，把 Limited 改为 Ltd.，“有限公司”改为“有限责任公司”）。这一步是

① 公司名称一般由四部分组成。行政区划 + 字号 + 行业特点 + 组织形式。例如，上海（行政区划）+ 祥仁（字号）+ 企业管理（行业特点）+ 有限公司（组织形式）。

② 这些符号也许是输入名称时错误输入的。

为了防止匹配质量被公司名称的不一致所影响。并且，我们为每个企业创造了“主名称”。具体做法是去掉名称中的行政区划和法律实体标识（例如，一个公司叫作“上海安驰汽车配件公司”，改为“安驰汽车配件”）。这一步是为了防止法律实体标志或行政区划名称影响匹配质量。第二步，从工业企业数据库（ASIFP）中识别有节能专利的企业，具体做法是在专利申请年份，在两个数据库中分别匹配企业的“标准名称”和“主名称”。在企业申请专利的年份，我们先用“标准名称”、地址（城市层面）和标准的行业代码（SICs）来准确地匹配两个数据库。如果一家企业在2010年申请专利，然后我们用相同年份工业企业数据库（ASIFP）中企业的标准名称进行匹配。根据2010年的匹配结果，我们创建一个名称为“standard_matching_2010”的匹配文件。在匹配过程中，年份和地址是最重要的。根据中国《公司法》，公司在区域范围内享有其专有名称的权利。公司名称在其区域内必须具有唯一性和一致性。因此，如果一家公司在同一年的两个数据库中拥有准确的相同的中文名称和地址，那么它应该是同一家公司。对于资助的每一年度和工业企业数据库（ASIFP）中的对应年份，重复这个过程并且根据相应的年份创建匹配文件。

其次，我们重复之前提到的匹配步骤，用“主名称”代替“标准名称”并且对于资助的每一年度创建一个名称为“主名称匹配（main matching）”的匹配文件。为了确定用“标准名称”匹配时潜在的遗漏情况，我们用“主名称”进行进一步的匹配（在创建“标准名称”时，我们可能没有用尽所有法律实体标识的表达式，并将它们转换为标准标识）。我们把“标准名称匹配（standard matching）”和年度“主名称匹配（main matching）”的结果整合起来，用每个公司的法人代码删除重复的结果。

在机器匹配之后，我们进行人工匹配。我们用搜索引擎如谷歌和百度，手动检查没有被机器匹配的所有申请汽车节能技术的制造企业。因为在两个数据库中公司的商业名称略有不同，为了确保不会遗漏一些观察，我们重点检查公司名称、业务性质、法人代码和专利记录。

最后，我们将识别出的创新企业并入工业企业数据库（ASIFP）。我们先把机器和人工匹配的年度匹配结果结合起来，并创建一个名称为“最终匹配（final matching）”的混合横截面数据集，时间为所有创新企业申请专利并在工业企业数据库（ASIFP）中被识别时的每一年度。由此，我们得到拥有企业节能技术的企业和工业企业数据库中的汽车企业的匹配数据。

最终，151家从2003~2013年至少申请过一次汽车节能技术的汽车企业被识别出来。

3. 自变量

公众关注：传统的公众关注测量有两种方法，MIP（most important problem）和媒体报道指数。Henry和Gordon（2001）认为，MIP测试存在方法论上的缺陷；Ripberger认为该方法最大的问题在于研究者用了不符合我们理解世界运作的方式来测量公众究竟关注什么。考虑到的MIP的不足，有学者提出了更加动态的媒体报道的测量方法。但是也有学者提出了质疑，例如，Soroka（2002）认为，研究一直没有得出媒体报道与公众关注的因果关系，是媒体报道引起了公众关注还是公众关注导致了媒体报道。考虑到上述两种方法的缺陷，学者提出了用搜索引擎测量公众关注的方法。Ripberger（2011）利用Google搜索引擎进行了公众关注度的研究，因为Google是美国市场占有率最高的搜索引擎。因此我们选择在中国占有最高市场份额的搜索引擎百度。

百度指数是以海量网民行为数据为基础的数据分享平台，它以网民在百度的搜索量为数据基础，统计分析并计算出各个关键词在百度网页搜索频次的加权和。百度指数能够告诉搜索用户，某个关键词在百度的搜索规模以及关注这个词的网民空间分布情况。在此用各年百度指数中对“气候变化”“全球变暖”“温室效应”“空气污染”“雾霾”词语的搜索量作为公众关注的代理变量。

4. 控制变量

环境规制：在企业绿色创新过程中，政府政策起了重要作用。不过单纯用政府政策数量不足以反映政府的作用。由于新能源汽车的出现主要是为了应对环境问题，因此在此用政府的“环境规制”反映政府作用。目前大多数学者主要是从治理角度对环境规制进行度量，而较少从规制效果的综合视角来度量。Zugravu（2008）用Energy / GDP度量环境规制的严格程度。由于国家制定政策时主要从宏观角度出发，因此此处的GDP为历年全国GDP（单位：亿元），energy为历年全国能源消费量（单位：万吨标煤）。

研发投入：研发投入是专利产出的重要影响因素。在本章11年的数据集中，有近80%的企业报告的研发投入为0。原因可能有两个：一是这些企业规模比较小，没有专门的研发部门或研发经费，没有创新能力或者对技术创新的需求比较小；二是一些企业没有上报该项费用，统计人员直接赋值为0。在这种情况下，无法对研发投入取对数，在此用企业的研发支出除以销售额表示研发强度。

公司年龄：公司的年龄根据公司成立之日起计算。现有研究表明，公司年龄对创新的影响是高度非线性的。在年轻或者刚建立的公司中，创新率比较高，并且随着公司年龄的增加而递减。

另外，为了验证假设H4（a/b），公司规模用中国工业企业数据库（China Industry Business Performance Database，CIBPD）中的企业规模分类。在CIBPD中，1表示大型；2表示中型；3为小型。对于公司大小和创新活动之间关系的研究证据表明，它们之间的关系是mixed，但是趋向于正向非线性关系。

另外，为了验证H5（a/b），我们区分了国有企业和非国有企业。将国有企业设为1，非国有企业设为0。

五、实证结果

（一）描述性分析

表7.2是本章所涉及变量的描述性统计结果，样本的总数为332个。与汽车减排相关的专利数最大值为170，最小值为0，说明在所有样本中，创新产出最多的专利数为170

项，创新产出最少的专利数为 0 项。公众关注的均值为 609.2，这表明平均每个企业被关注的次数约为 609 次，方差为 438.8，说明企业被公众关注的程度差别很大。

表 7.2　　数据描述

stats	Patent (t)	pubat	rd	size	age
max	170	1622	18.39	12.16	58
min	0	30	0	0	3
mean	2.416	609.2	7.197	2.775	13.18
p50	0	446	8.569	0	11
sd	11.49	438.8	6.229	3.720	13.22
N	332	332	332	332	332

表 7.3 是各变量之间的相关系数。可以看出，patent（t0）与 Patent（t）的相关系数为 0.473，patent（t0）与 patent（t-1）的相关系数为 0.403，都显著为正，初步说明公司的初始创新状态显著正向影响当期及上期的创新状态，即创新存在路径依赖特征。公众关注与公司当期及上期的创新行为均呈显著的正相关关系，说明公众关注会促进公司的创新行为，促进企业绿色创新，为本章假设 H1 提供了证据。公司规模与初始创新状态的系数显著为正，表明一家公司规模越大，越容易在成立时进行创新。

表 7.3　　相关关系表

	Patent (t)	patent (t-1)	patent (t0)	pubat	rd	size1	age
Patent (t)	1						
patent (t-1)	-0.003	1					
patent (t0)	0.473***	0.403***	1				
pubat	0.050**	0.020*	-0.026	1			
rd	0.119**	0.117	0.092*	0.287***	1		
size	-0.044	-0.0390	0.127**	-0.325***	-0.444***	1	
age	0.037	0.018	0.069	0.009	0.047	0.032	1

注：*、**、*** 分别表示在 10%、5% 和 1% 的显著性水平上显著。

从表 7.4 可以看出，从 2000 年之前到 2012 年之后，除 2000～2002 年有短期下降的趋势之外，有创新行为的公司所占比重是不断上升的，这是一个很好的态势，企业持续进行创新，才会更有动力做强做大，才能在宏观环境发生变化的情况下，快速进行绿色创新。

表 7.4　　历年创新与非创新者的组成

	2000 年之前		2000～2002 年		2002～2007 年		2007～2012 年		2012 年之后	
	Freq.	%	Freq.	%	Freq.	%	Freq.	%	Freq.	%
Innovators	155	60	35	34	367	63	854	70	1237	83
Non-innovators	102	40	67	66	216	37	363	30	257	17
Total	257	100	102	100	583	100	1217	100	1494	100

（二）转移概率

表 7.5 和表 7.6 分别给出了不同规模和不同所有权性质公司的转移概率。

表 7.5　　按企业规模区分的创新概率转移结果

	小型企业		中型企业		大型企业	
	时间 T+1		时间 T+1		时间 T+1	
时间 T	非创新者	创新者	非创新者	创新者	非创新者	创新者
非创新者	73.63	26.37	68.75	31.25	53.49	46.51
创新者	68.18	31.82	48.39	51.61	32.2	67.8

表 7.6　　按所有制区分的创新概率转移结果

	国有		非国有	
	时间 T+1		时间 T+1	
时间 T	非创新者	创新者	非创新者	创新者
非创新者	67.03	32.97	75	25
创新者	55.96	44.04	12	88

关于持久性（包括创新状态和非创新状态），我们观察到，从企业规模来看，小公司保持创新者的概率最低，约为 32%，中型公司高一点（52%），大型公司约为 68%。因此，在企业规模分类中，创新持续性从小企业到大企业，以 18% 左右的百分比稳步增长。相应地，非创新状态的持续性随着公司规模由小到大持续下降。小公司最有可能保持非创新状态，其概率为 73.63%，中型公司为 69%，大型公司为 53%。从不同所有制来看，非国有公司保持创新状态的概率是国有公司的两倍（分别为 88% 和 44%）。但是，非国有公司保持非创新状态的概率也高于国有公司 8%（分别为 75% 和 67%）。这就是说，非国有公司有更强的“粘性”，倾向于保持某种状态。

关于创新和非创新状态之间的流动性，我们观察到，从企业规模来看，进入创新的概率小公司为 26.37%，中型公司为 31.25%，大型公司为 46.51%。相反，小公司最有可能退出创新，其转移概率为 68.18%，中型公司为 48.39%，大型公司为 32.2%。从不同所有制来看，国有公司比非国有公司更可能进入创新状态（概率分别为 32.97% 和 25%），同时，国有公司也容易退出创新，其转移概率为 55.96%，高于非国有公司的 12%。

当比较创新进入和退出时，我们很容易看出，从企业规模来看，大型公司更可能从非创新状态转变为创新状态（其比例为 46.51%），而从创新状态转变为非创新状态的比例就低很多（比例为 32.2%），而小型公司和中型公司的状况相反。这说明小型公司因为资源有限更难进行绿色创新，并且即使绿色创新也很难持续。从不同所有制看，国有公司比非国有公司更可能进入创新，也更可能退出创新。这说明国有公司在政策支持、筹资渠道有更多的优势，更容易进行绿色创新。

（三）回归结果

为了检验公众关注对企业绿色创新的影响，我们使用了动态 Probit 模型，并在模型中包含公司上一期的创新状态和初始创新状态以及一组控制变量。以下分别给出了不同规模、不同所有制和不同时间阶段的回归结果。

1. 不同规模的创新动态

在包含全部公司的模型中，上一期创新状态（$Innov_{i,t-1}$）的系数显著为正，说明创新行为受上期状态的影响，有序列相关性。$Pubatn_{i,t-1} \times Innov_{i,t-1}$的系数显著为正，说明如果企业在 t-1 期为创新者，那么受到的公众关注将正向影响其在 t 期的创新概率，即促进其持续创新。另外，$Pubatn_{i,t-1} \times NOInnov_{i,t-1}$的系数显著为正，说明在 t-1 期受到的公众关注，也会正向促进公司从非创新者转变为创新者，即促进企业绿色创新。综合来说，公众关注会促进企业绿色创新和持续创新（见表 7.7）。

表 7.7　　企业的不同规模对绿色创新的影响

	All firms	Small firms	Medium firms	Large firms
Innovation state（t-1）	5.18*** （1.80）	0.76 （0.73）	6.55* （3.36）	5.61* （3.32）
Innovation state（t0）	0.50*** （0.05）	-0.06 （0.05）	0.58*** （0.10）	0.47*** （0.08）
Public attention（t-1）* Innovator（t-1）	0.76*** （0.28）	0.18 （0.13）	0.96* （0.52）	0.95* （0.56）
Public attention（t-1）* Non-innovator（t-1）	0.38*** （0.12）	0.46** （0.22）	0.22** （0.10）	0.10* （0.06）
Regulation	-3.31 （3.82）	-1.75* （1.06）	-11.98 （10.80）	10.46 （9.75）
R&D Intensity（t-1）	0.30** （0.14）	-0.04 （0.05）	0.47 （0.39）	0.41* （0.22）
Firm age	0.11 （0.21）	0.12** （0.06）	-0.18 （0.66）	0.28 （0.40）
Square of age	-0.00 （0.00）	-0.00* （0.00）	0.00 （0.01）	-0.01 （0.01）
Constant	0.54 （2.40）	-0.26 （0.68）	-0.80 （7.16）	-3.55 （4.26）
N	188	78	58	52
Wald Chi2	124.18***	19.86***	43.53***	52.23***
Rho	0.74	0.42	0.51	0.49

注：*、**、*** 分别表示在 10%、5% 和 1% 的显著性水平上显著。

当把企业按规模分类时，我们发现创新状态存在较强的异质性。$Innov_{i,t-1}$的系数只对中型公司和大型公司显著为正，说明对两者来说创新状态有持续性。当考虑与公众关注的交互作用时，$Pubatn_{i,t-1} \times Innov_{i,t-1}$的系数也只对中型公司和大型公司显著，对小公司不显著。这说明小公司不会因公众关注而增加其持续创新的概率。不过，在与绿色创新概率的关系上，$Pubatn_{i,t-1} \times NOInnov_{i,t-1}$的系数对不同规模的公司都显著为正，这说明公众关注能促进公司突破创新门槛进行绿色创新。

控制变量的回归结果也反映了公司创新行为的异质性。环境规制对小公司创新有显著负向影响，可能的原因是，中国的中小企业抗风险能力弱，面对较强的环境规制措施，会对企业的创新投入产生“挤出”效应，从而降低企业的创新产出。另外，t-1 期的研发投入密度对全样本来说有正向影响，尤其是对于大公司来说尤其如此。小公司的创新会受到企业年龄的影响，尤其是其 Square of age 的系数显著为负，而 age 的系数为正，说明企业创新与企业年龄之间存在倒“U”形关系。我们注意到对所有规模的公司来说，公司成立时的初始创新状态显著正向影响目前的创新的状态，这说明创新存在路径依赖特征。

2. 不同所有制的创新动态

由于非国有公司的样本量太小，模型的 Rho 值极低，所以我们主要对国有公司进行分析（见表 7.8）。

表 7.8　　所有制对企业绿色创新的影响

	State - owned firms	Non - state firms
Innovation state（t-1）	8.92* (4.70)	-6.49 (4.98)
Innovation state（t0）	0.62*** (0.10)	0.83 (1.06)
Public attention（t-1）* Innovator（t-1）	1.32* (0.74)	1.08 (0.78)
Public attention（t-1）* Non - innovator（t-1）	1.78** (0.80)	-0.34 (0.20)
Regulation	1.01*** (4.51)	1.13 (1.04)
R&D Intensity（t-1）	0.46 (0.34)	-0.04 (0.15)
Firm age	0.97* (0.54)	1.66 (4.85)
Square of age	-0.02* (0.01)	-0.05 (0.18)
Constant	-18.13*** (6.08)	-11.01 (29.79)
N	177	11
Wald Chi2	119.27***	31.44***
Rho	0.69	0.05

注：*、**、*** 分别表示在 10%、5% 和 1% 的显著性水平上显著。

对于国有公司来说，$Innov_{i,t-1}$的系数显著为正，说明公司的上一期创新状态会促进本期的创新行为，前面提到国有公司比非国有公司更可能进入创新，而国有公司的创新行为一旦开始，其创新状态便具有持续性。$Pubatn_{i,t-1} \times Innov_{i,t-1}$的系数也显著为正，说明公司在上一期为创新者的情况下，上一期受到的公众关注会对当期的创新产生正向影响，公众关注作为一种外部监督机制，能监督公司进行持续创新。$Pubatn_{i,t-1} \times NOInnov_{i,t-1}$的系数为正，且在5%的水平上显著，说明公司在t-1期不是创新者的情况下，t-1期受到的公众关注可以促进公司从非创新者在t期转变为创新者，使公司进行突破，加快绿色创新的步伐。综合来说，公众关注会促进国有公司持续创新和绿色创新。

Innovation state（t0）的系数显著为正，说明国有公司的初始创新状态对当前的创新状态是有显著正向影响的，Square of age 的系数显著为负，且 Firm age 的系数显著为正，说明国有公司的创新会受到公司年龄的影响，但这种关系是倒“U”形关系。

3. 分阶段分析

对于2007~2012年这一阶段，$Innov_{i,t-1}$的系数显著为负，说明公司的t-1期创新状态会抑制t期的创新行为，可能与金融危机的发生有关，公司进行创新行为需要投入大量的资金，并且创新具有投入大、见效慢、风险高、持续时间长等特点，公司在t-1期投入了资金进行创新，t期一般不会有创新产出，受金融危机的影响，公司资金总量减少，所以在t期公司不会再进行创新。$Pubatn_{i,t-1} \times Innov_{i,t-1}$的系数显著为正，说明公司在上一期为创新者的情况下，那么受到的公众关注将正向影响其在当期的创新概率，虽然公司的资金有限，但是如果公司受到更多的公众关注，那么其在削减创新资金时就会更缓和，公众关注作为一种外部监督机制，能监督公司进行持续创新。$Pubatn_{i,t-1} \times NOInnov_{i,t-1}$的系数显著为正，说明在上一期受到的公众关注，会正向促进公司从非创新者转变为创新者。综合来说，公众关注会促进公司持续创新和绿色创新（见表7.9）。

表7.9　　企业绿色创新影响因素的分阶段分析

	2002~2007年	2007~2012年	2012~2013年
Innovation state（t-1）	4.02* (5.75)	-4.91*** (1.13)	9.76* (10.73)
Innovation state（t0）	0.16*** (0.03)	1.50*** (0.08)	0.47*** (0.06)
Public attention（t-1）* Innovator（t-1）	0.84 (1.22)	3.74*** (0.17)	1.68 (1.78)
Public attention（t-1）* Non-innovator（t-1）	0.22 (0.55)	0.72*** (0.22)	0.10 (0.46)
Regulation	15.70 (30.29)	-3.47 (8.19)	-19.01 (76.74)
R&D Intensity（t-1）	0.39** (0.16)	-0.07 (0.12)	0.35** (0.16)

续表

	2002～2007年	2007～2012年	2012～2013年
Firm age	-0.66 (0.51)	0.02 (0.31)	0.10 (0.24)
Square of age	0.02 (0.02)	-0.00 (0.01)	-0.00 (0.00)
Constant	1.56 (3.97)	5.05* (2.93)	-2.34 (2.73)
N	32	82	74
Wald Chi2	35.66***	983.36***	76.55***
Rho	0.42	0.75	0.52

注：*、**、***分别表示在10%、5%和1%的显著性水平上显著。

而对于2002～2007年和2012～2013年这两个阶段来说，$Innov_{i,t-1}$、$Pubatn_{i,t-1} \times Innov_{i,t-1}$和$Pubatn_{i,t-1} \times NOInnov_{i,t-1}$的系数都不显著，而R&D Intensity（t－1）的系数是显著为正的，说明公司t－1期的研发强度会正向促进公司t期的创新行为，在公司研发过程中，持续时间较长，资金也是分次投入的，这两个阶段相比于2007～2012年来说，公司的资金不会产生较大幅度的变动，所以公司在t期仍会继续投入资金进行创新。

2002～2007年、2007～2012年和2012～2013年这三个阶段的Innovation state（t0）的系数都显著为正，说明从2002～2013年，公司成立时的初始创新状态显著正向影响当前公司的创新状态，即创新存在路径依赖特征。

（四）稳健性分析

考虑到前面用百度指数代表公众对环境问题的关注，这种测度方法可能对关键词比较敏感，因此我们做了以下尝试：

（1）依然用百度指数，关键词替换为“排污、绿化、节能、降耗、减排、可持续、新能源、绿色”，得到的结果见表7.10～表7.11。

表7.10　　企业规模对绿色创新的影响差异（基于替换的百度指数）

	All firms	Small firms	Middle firms	Large firms
Innovative status（t－1）	9.52*** (3.60)	4.33 (3.47)	8.83 (8.54)	6.27 (6.00)
Innovative status（t0）	0.50*** (0.05)	-0.36 (0.27)	0.86*** (0.20)	0.64*** (0.13)
Public concerns（t－1）* Innovator（t－1）	0.66** (0.26)	0.57* (0.34)	0.38 (4.43)	1.41 (1.86)
ublic concerns（t－1）* Non－innovator（t－1）	0.12 (0.13)	0.06 (0.14)	1.76* (1.05)	-0.64 (0.47)
Regulation	-1.15 (4.02)	-3.81 (3.36)	-6.87 (8.24)	-3.26** (1.74)

续表

	All firms	Small firms	Middle firms	Large firms
R&D intensity (t-1)	0.30 ** (0.14)	-0.16 (0.15)	0.96 (0.92)	0.61 (0.39)
Enterprise age	0.09 (0.22)	0.44 ** (0.19)	1.15 (1.70)	1.09 (0.81)
Square of age	-0.00 (0.00)	-0.01 ** (0.00)	-0.02 (0.03)	-0.03 (0.03)
Constant_cons	1.11 (4.19)	-2.21 (3.88)	5.88 (11.57)	-7.24 (7.62)
N	188	78	58	52
Wald Chi2	55.41 ***	20.32 ***	39.43 ***	32.17 ***
Rho	0.33	0.11	0.63	0.32
Pseudo R - Squared	0.37	0.23	0.31	0.28

注：*、**、*** 分别表示在 10%、5% 和 1% 的显著性水平上显著。

表 7.11 企业所有制、时间段对绿色创新的影响差异（基于替换的百度指数）

	State - own firms	Non - state - own firms	2002 ~ 2007 年	2007 ~ 2012 年	2012 ~ 2013 年
Innovative status (t-1)	23.88 ** (11.13)	13.20 (31.01)	4.79 (46.88)	-6.50 ** (3.13)	5.22 * (2.74)
Innovative status (t0)	0.65 *** (0.10)	-3.43 (4.41)	0.23 *** (0.08)	1.54 *** (0.15)	0.57 *** (0.11)
Public concerns (t-1) * Innovator (t-1)	1.68 ** (0.80)	3.84 (3.10)	-0.53 (3.96)	3.99 *** (0.49)	9.47 (36.53)
Public concerns (t-1) * Non - innovator (t-1)	0.73 ** (0.34)	0.18 (0.30)	0.36 (0.73)	0.48 ** (0.23)	-0.47 (0.42)
Regulation	9.97 ** (4.46)	12.46 (22.23)	24.33 (79.30)	-2.22 (18.89)	65.44 (86.64)
R&D intensity (t-1)	0.34 (0.34)	-0.08 * (0.03)	0.72 * (0.39)	0.15 (0.30)	0.54 (0.54)
Enterprise age	0.98 * (0.54)	0.99 (0.80)	-0.56 (2.01)	1.39 (0.88)	0.62 (0.55)
Square of age	-0.02 * (0.01)	0.06 (0.04)	-0.02 (0.11)	-0.03 (0.02)	-0.01 (0.01)
Constant_cons	-13.81 (10.50)	-16.66 (13.48)	-30.21 (107.24)	-14.20 (22.33)	-61.40 (136.92)
N	177	11	32	82	74
Wald Chi2	33.24 ***	29.01 ***	24.18 ***	27.81 ***	27.99 ***
Rho	0.42	0.19	0.28	0.39	0.27
Pseudo R - Squared	0.34	0.19	0.26	0.28	0.30

注：*、**、*** 分别表示在 10%、5% 和 1% 的显著性水平上显著。

（2）采用 State Environmental Protection Administration 和 China Environmental Culture Promotion Association 编制的《中国公众环保民生指数》中的“公众环保意识”得分作为代

表公众关注的指标。该指数通过实地调查和电话调查两种访问方式，调查公众对食品安全、饮用水污染、空气污染、垃圾处理、绿化、噪音污染、江河湖泊污染、可持续发展、土地污染、地球温室效应、土地沙漠化、臭氧层变薄和生物物种减少等14类问题的感受。但是该指数只有2005～2007年三年的数据。我们用这三年的数据对对应年份的企业绿色创新行为进行分析时，由于模型中涉及滞后变量，样本量较小，但依然能证明公众关注对绿色创新的正向影响以及企业规模的作用，但是企业所有制和时间异质性的影响无法证明。

（3）依据World Values Survey，利用在2000～2004年、2005～2009年及2010～2013年三轮问卷调查中均涉及的关于环保意识的问题进行研究，最终选取了两个代表性问题"Aims of country：Firms choice"和"Protecting environment VS. Economic growth"。鉴于关于环保意识问题的数量较少，本章赋予两个问题各50%的权重，据此测算出中国公众的环保意识水平，并将依据每轮调查计算出的环保意识指数赋予调查期内的每一年。结果发现，与用百度指数得出的结果类似，只是系数变大。这与百度指数得分高（100～9999），而World Values Survey数据偏小（一般在10～50）有关（见表7.12）。

表7.12　公众关注对绿色创新的影响（基于"公众环保意识"和"世界价值观调查"）

	Public Environmental Awareness	World Values Survey
	All firms	All firms
Innovative status（t－1）	31.30 ** （14.91）	21.14 * （11.75）
Innovative status（t0）	0.94 *** （0.10）	0.51 *** （0.06）
Public concerns（t－1）* Innovator（t－1）	2.41 ** （1.22）	12.36 * （6.62）
Public concerns（t－1）* Non－innovator（t－1）	1.60 （1.12）	8.19 * （4.50）
Regulation	－28.51 * （16.63）	－2.05 （4.40）
R&D intensity（t－1）	－0.06 （0.33）	0.35 ** （0.17）
Enterprise age	－0.65 （0.63）	0.17 （0.27）
Square of age	0.01 （0.01）	－0.00 （0.01）
Constant_cons	45.01 ** （21.22）	1.18 （4.82）
N	57	152
Wald Chi2	63.21 ***	107.00 ***
Rho	0.25	0.35
Pseudo R－Squared	0.32	0.38

注：*、**、***分别表示在10%、5%和1%的显著性水平上显著。

六、结论

本章分析了公众关注对中国汽车企业绿色创新的影响，并分析了不同规模、不同所有制以及不同时间阶段对这个关系的差异性影响。

我们通过对中国工业企业数据库（ASIFP）和国家专利数据库的数据进行匹配，得到了151家从2003~2013年至少申请过一次汽车节能技术的汽车企业数据，接着采用了转移概率矩阵（TPM）来分析公司创新的持续性，然后采用了面板随机Probit模型分析了公众关注对企业绿色创新的影响。我们还采用了生命周期模型（DILC模型）来说明公众关注对产业绿色创新的影响会因时间阶段的不同而有所差异。

关于持久性（包括创新状态和非创新状态），从企业规模来看，创新持续性随着公司规模由小到大持续上升，非创新状态的持续性随着公司规模由小到大持续下降；从不同所有制来看，非国有公司保持创新状态的概率和保持非创新状态的概率都高于国有公司。

关于创新和非创新状态之间的流动性，从企业规模来看，进入创新的概率随着公司规模由小到大持续上升，退出创新的概率随着公司规模由小到大持续下降；从不同所有制看，国有公司比非国有公司更可能进入创新，也更可能退出创新。

从企业规模来看，中型公司和大型公司的创新状态具有持续性，公众关注只影响中型公司和大型公司的持续创新，小公司不会因公众关注而增加其持续创新的概率，但公众关注能促进所有不同规模的公司突破创新门槛进行绿色创新。

从不同所有制来看，国有公司的创新行为一旦开始，其创新状态便具有持续性，公众关注能监督国有公司进行持续创新，也能使国有公司进行突破，加快绿色创新的步伐。

从不同时间阶段来看，对于2007~2012年这一阶段，公司的创新状态不具有持续性，可能与金融危机的发生有关，公司资金总量减少，在上一期创新的情况下，可能在当期不会再进行创新，而公众关注会使公司在削减创新资金时更缓和，仍能监督公司进行持续创新，并且促进企业绿色创新。而对于2002~2007年和2012~2013年这两个阶段来说，公司的创新状态具有持续性，且企业研发起显著作用，但是公众关注的作用也微乎其微。

虽然我们较为全面地分析了公众关注对企业绿色创新的影响，但是仍有一定的局限性。分析的公众是个综合的概念，未来的研究方向可能是要把社会公众分类，如分为企业利益相关者（投资者、债权人、供应商、顾客等）和与企业利益无关的普通公众，分类研究社会公众对企业绿色创新的影响机制。

第八章　ETS 制度会促进试点省份战略性新兴产业创新吗——基于广义合成控制

一、广义合成控制法的介绍

在社会科学研究中，双重差分法（Difference - in - differences，DID）是最常用的因果推断方法之一。DID 有一个关键假设——平行趋势（Common trend），要求处理组和控制组的潜在结果（Potential outcome）在政策实施前后遵循相同的趋势。这一假设本质上不能通过数据直接验证，是因为政策实施后处理效应和潜在结果混杂在一起了。但是实证研究中通常认为，假如政策实施前处理组和控制组因变量满足平行趋势，则这一假设基本算作成立。

但是，许多面板数据在政策实施前因变量都不遵循平行趋势。平行趋势假设无法满足的主要原因是存在随时间变化的不可观测因素（Unobservable time - varying confounders，UTVC）。目前文献中主要有两种思路来解决这一问题。

第一种思路是匹配法（Matching method），匹配法主要是平衡了政策实施前可测变量的筛选效应（Pretreatment selection on observables）。这“可能”有助于控制处理组和控制组中随时间变化的不可观测因素对因变量的影响，但本质上并不能保证平行趋势假设成立，因为平行趋势假设是依不可测变量的筛选效应的一种特定形式（Selection on unobservable）。例如，Abadie（2005）建议在进行估计之前进行匹配。虽然该方法易于实现，但不能保证并行预处理的发展趋势。Abadie 等（2010）提出的合成控制法（Synthetic control method，SCM）更进一步，它同时在一个处理组和多个控制组中匹配处理前协变量（pretreatment covariates）和结果变量（outcomes），并使用预处理周期作为良好匹配的标准。尤其是利用处理组和控制组的截面相关性（Cross - sectional correlations），将控制组的结果变量和预处理协变量取非负权重，以最小化政策实施前的均方预测误差（MSPE），构造一个合适的“合成控制组”，作为处理组的反事实。然而，它只适用于一个处理单元的情况，并且它提供的不确定性估计不容易解释。例如，Abadie 等（2010）通过安慰剂检验来说明处理组的平均处理效应（Average treatment effect on the treated，ATT）的显著性，但并未提出不确定性估计的置信区间。

第二种思路是直接对随时间变化的不可观测因素（UTVC）建模。一个常用的建模方法是在双向固定效应基础上，加入线性时间趋势项及其平方项。这样做实质上假设了条件在双向固定效应和假定的时间趋势项后，是否接受处理与潜在结果变量均值独立。但是控制了这些假定的时间趋势之后，模型通常会消耗很多自由度，并且当随时间变化的不可观测因素（UTVC）不是模型假定的线性或非线性趋势项形式时，这样的设定就不能解决问题。

另一个建模方法是对时间变化的不可观测因素（UTVC）进行半参数化建模。例如，Bai（2009）提出的交互固定效应模型（Interactive fixed effect model，IFE），该模型包含与时变系数相互作用的单位特定截距（unit - specific intercepts）。时变系数也被称为（潜在）因子，而单位截距则被称为因子载荷。该模型是通过对线性模型的残差进行因子分析，并考虑固定数量的最有影响力因子的线性模型来估计的。也就是说，交互固定效应模型（IFE）基于因子模型（Factor model），对线性模型估计后的残差进行因子分析，提取出最具影响力的 r 个共同因子（Common factor），r 是基于数据进行交叉验证（Cross - validation）确定的。Gobillon 和 Magnac 表明，当治疗组和对照组的因子负荷不共享共同支持时，IFE 模型在 DID 设置下优于合成控制方法。

徐轶青（2017）的文章，结合了以上两种思路，提出了广义合成控制法（Generalized synthetic control method，GSC），将合成控制法（SCM）和交互固定效应模型（IFE）统一到一个框架下，而其中 DID 只是它的一个特例。它首先仅使用控制组数据估计 IFE 模型，获得固定数量的潜在因素。然后，通过将预处理结果线性投影到这些因素所形成的空间来估计每个处理单元的因子负荷。最后，根据估计因子和因子负荷，对处理后的反事实进行估算。也就是说，其主要贡献是采用一种潜在因素方法来解决因果推理问题，并在合理的假设下提供有效的、基于仿真的不确定性估计。

具体模型如下：

假设Y_{it}是单元 i 在时间 t 的结果。T 和 C 分别表示治疗组和对照组的单元集合。单位总数 $N = N_{tr} + N_{co}$，其中N_{tr}和N_{co}分别是处理单元和控制单元的数量。所有单位观察 T 个周期（从时间 1 到时间 T）。从 1 到$T_{0,i}$是单元 i 的预处理时间（即未受政策影响的时间段），从（$T_{0,i}+1$）到 T 为处理时间，也就是处理时间长度为$q_i = T - T_{0,i}$。对照组中的单元不会受政策影响。为了方便，我们假设所有处理单元同时受政策影响，即$T_{0,i} = T_0$，$q_i = q$。

首先，假设Y_{it}是由一个线形因子模型决定的：

$$Y_{it} = \delta_{it} D_{it} + x'_{it}\beta + \lambda'_i f_t + \varepsilon_{it} \tag{8.1}$$

其中，当 $i \in T$ 并且 $t > T_0$时，$D_{it} = 1$，否则为 0；δ_{it}是单元 i 在时间 t 的异质处理效应；x_{it}是（$k \times 1$）维的可观察到的协变量，$\beta = [\beta_1, \cdots, \beta_k]'$是（$k \times 1$）维的未知参数，$f_t = [f_{1t}, \cdots, f_{rt}]'$是（$r \times 1$）维的未知共同因子，$\lambda_i = [\lambda_{i1}, \cdots, \lambda_{ir}]'$是（$r \times 1$）维的未知因子载荷，$\lambda'_i f_t = \lambda_{i1} f_{1t} + \lambda_{i2} f_{2t} + \cdots + \lambda_{ir} f_{rt}$采取线性可加的形式。另外，$\varepsilon_{it}$是单元 i 在时间 t 的未观察到的特殊冲击且均值为 0。式（8 - 1）要求处理单元和控制单元受同一组因素的影响，并且在观察的时间段内因素的数量固定，即不允许结构断裂。

这一模型设定允许政策处理效果随个体和时间变化，同时假定了处理组和控制组被 r 个共同因子影响，但因子载荷（Factor loading）可随个体变化。不难看出在这一模型设定下，假定有线性和平方时间趋势的双向固定效应模型是其中一个特例。同时，在分解并控制住随时间变化的不可观测因素（UTVC）的影响后，相较于带有线性和平方时间趋势的双向固定效应模型下要求的严格外生性，这一严格外生性假定相对较弱。

除了给出总体模型外，另一个重点是估计ATT使用的半参估计方法。假定数据产生过程为：

$$Y_i = D_i \circ \delta_i + X_i\beta + F\lambda_i + \varepsilon_i \tag{8.2}$$

GSC基于Bai（2009）提出的Factor augmented model来进行样本外预测（Out - of - sample prediction），构造出每一个处理组的反事实对照（Counterfactual）。具体可分为以下三个步骤：

第一步，仅使用控制组进行有约束的OLS估计，得到外生协变量估计系数，共同因子和控制组的因子载荷λ：

$$(\hat{\beta}, \hat{F}, \hat{\Lambda}_{co}) = \arg\min \sum_{i \in C} (Y_i - X_i\tilde{\beta} - \tilde{F}\tilde{\lambda}_i)'(Y_i - X_i\tilde{\beta} - \tilde{F}\tilde{\lambda}_i) \tag{8.3}$$

$$s.t.\ \frac{\tilde{F}'\tilde{F}}{T} = I_r \& \tilde{\Lambda}_{co}'\tilde{\Lambda}_{co} = diagonal$$

第二步，仅使用处理组接受处理前样本进行无约束OLS估计，得到每个处理个体的因子载荷λ：

$$\hat{\lambda}_i = \arg\min (Y_i^0 - X_i^0\hat{\beta} - \hat{F}^0\tilde{\lambda}_i)'(Y_i^0 - X_i^0\hat{\beta} - \hat{F}^0\tilde{\lambda}_i) = (\hat{F}^{0\prime}\hat{F}^0)^{-1}\hat{F}^{0\prime}(Y_i^0 - X_i^0\hat{\beta}) \tag{8.4}$$

第三步，基于以上估计系数，计算处理组接受处理后的反事实对照组：

$$\hat{Y}_{it}(0) = x_{it}'\hat{\beta} + \hat{\lambda}_i'\hat{f}_t \tag{8.5}$$

最后可得ATT为：

$$\widehat{ATT}_t = \left(\frac{1}{N_{tr}}\right) \sum_{i \in T} [Y_{it}(1) - \hat{Y}_{it}(0)] \tag{8.6}$$

值得说明的是，只有当政策实施前时间段和控制组个数足够多时，估计的才能收敛到真实的。

后续使用交叉验证的方法来确定共同因子的个数r，以及通过Bootstrap的方法得到ATT的不确定的估计。徐铁青老师最后通过Monte Carlo simulation的方法验证了GSC估计量良好的统计性质。在文章附录部分，徐老师还比较了GSC、DID、IFE和SCM的估计效果，发现GSC不比这些方法差，甚至更好。但是值得说明的是，这些都是基于正确的模型设定（Correct model specification）才有的结果。

总的来说，广义合成控制方法（GSC）主要有以下三点优势：（1）将合成控制法（SCM）推广到多个处理组和多期接受处理的一般情形；（2）基于Bootstrap构建了ATT的不确定性估计，如标准差和置信区间，还提高了模型正确设定下的估计效率；（3）运用交叉检验的方法自动选取最优的共同因子个数，降低过度拟合（overfitting）的风险。

二、变量描述、数据情况和使用软件说明

（一）变量定义

因变量和自变量定义如表8.1所示。

表 8.1　　因变量和自变量

变量	说明	
因变量	rd	高科技产业 R&D 三年累积项目经费（万元），年度折旧率设为 16%
	patentapply	高科技产业专利申请数（件）
	invpatentapply	高科技产业发明专利申请数（件）
	newsale	高科技产业新产品销售收入（万元）
	capitaladded	高科技产业新增固定资产（亿元）
影响因素	PGDP	经济发展水平——人均 GDP（元）
	jinrong	金融发展——银行业金融机构各项贷款（余额）（亿元）
	indusValueAdded	产业集聚——工业增加值（亿元）
	CollegeStudent	人力资本——十万人口大学生数量（人）
	Urbanization	城镇化水平
	FDI	外资驱动——FDI（亿美元）

（二）数据情况

所有的数据来自 EPS 数据平台。我们在此关注试点分类变量和因变量的情况，结果如下。

1. 省份试点时间

图 8.1 显示：（1）有 6 个处理单元和 25 个控制单元；（2）碳试点政策（处理单元）从 2013 年和 2014 年分别开始。

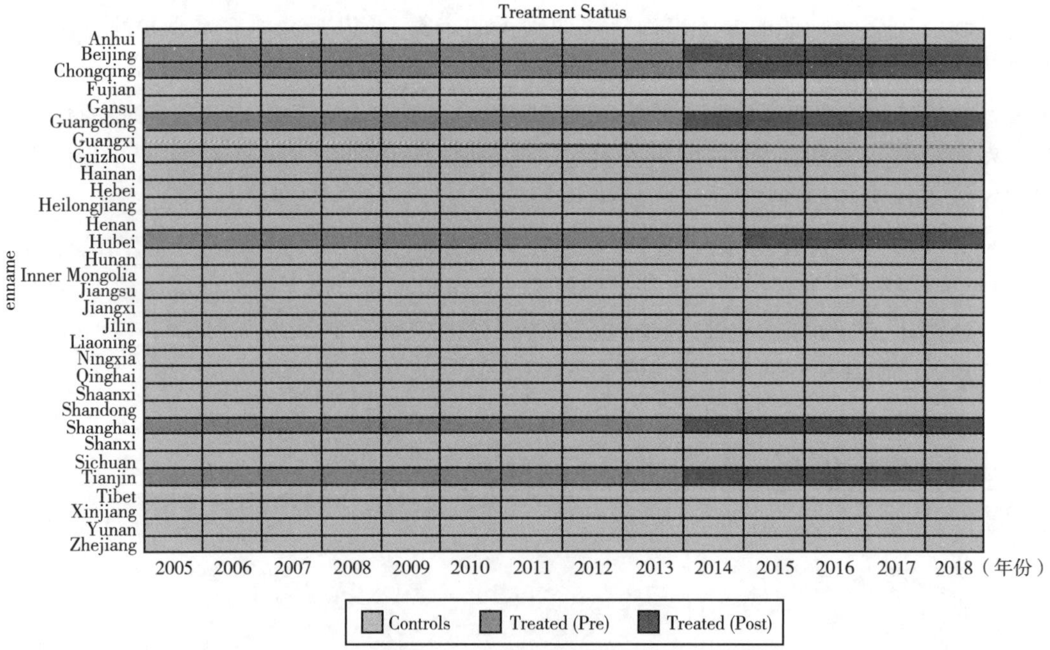

图 8.1　不同省份的试点时间

2. 不同创新指标在试点前后的区别

图 8.2 的结果表明，对于大多数省份地区 R&D 投入量随着时间呈递增趋势，控制组和实验组研发投入差异较小，但是在碳试点施行前，存在个别试点地区研发投入增长速度过快以及部分试点地区在 2012 年以后 R&D 投入量呈下降趋势。这说明平行趋势假定得不到满足，因此无法使用传统的 DID 估计方法来识别碳试点政策对于省份创新的影响。

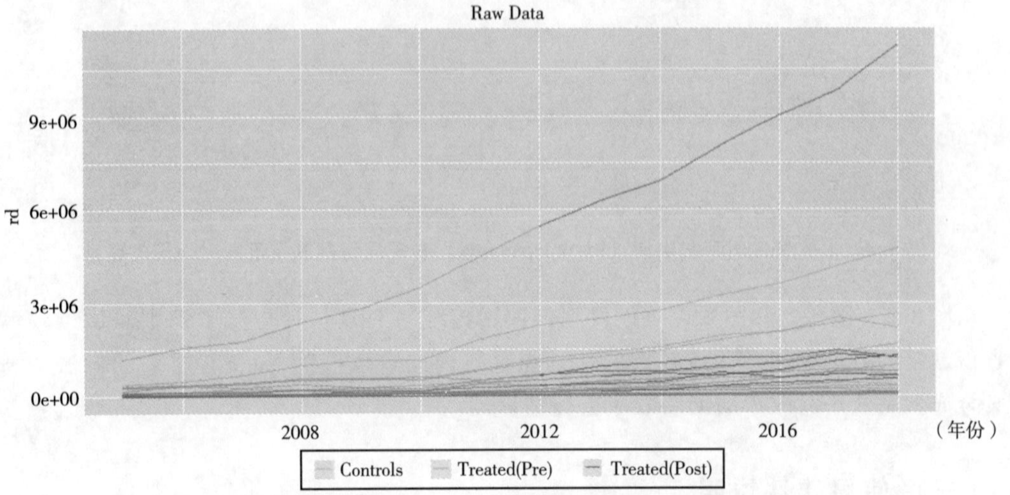

图 8.2　因变量研发投入（rd）在不同组别以及不同时间段的区别

图 8.3 和图 8.4 分别报告了各个省份专利申请量和发明专利申请量随时间的变化情况，虽然部分省份个别年份的专利申请量低于上一年的专利申请量，总的来看，两种专利申请量呈上升趋势。在试点地区未推行政策之前，有些非试点地区专利申请量的变化趋势和试点地区一致，但是存在个别试点地区专利申请量变化状态和其他所有地区存在显著差异。如果使用传统的 DID 来进行政策创新效应的因果识别，显然会导致较大的估计误差。

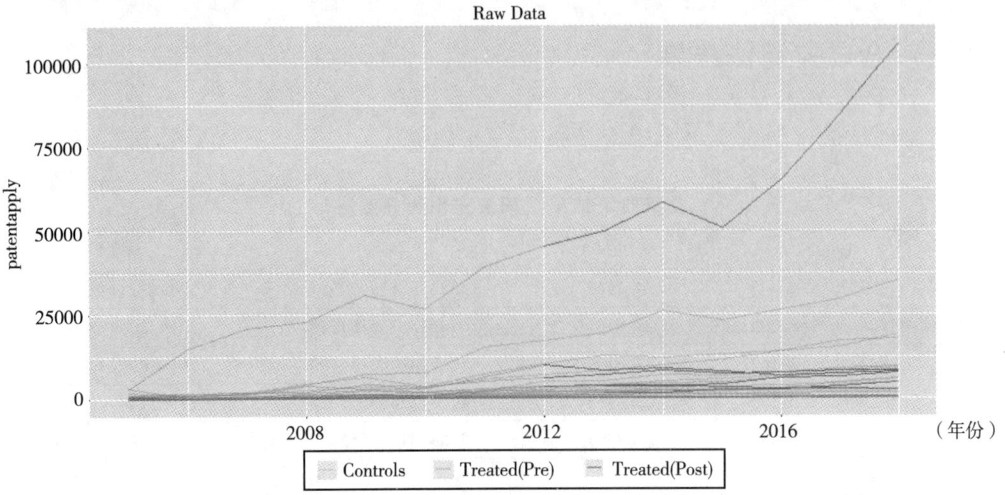

图 8.3　因变量专利申请（patentapply）在不同组别以及不同时间段的区别

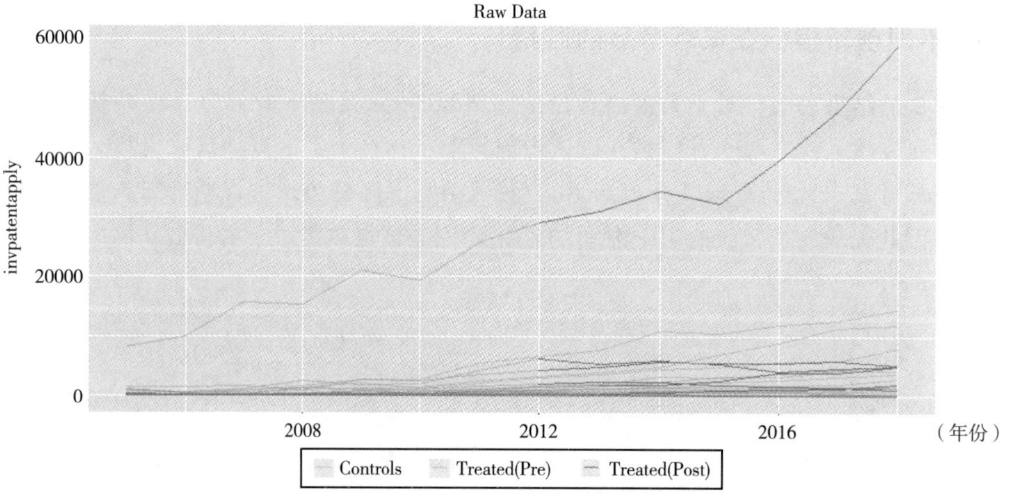

图 8.4　因变量发明专利申请（invpatentapply）在不同组别以及不同时间段的区别

从图 8.2、图 8.3 和图 8.4 可以发现，使用传统的 DID 估计方法来识别碳试点政策对于省份创新的影响可能会造成较大的估计误差，因此本章借鉴 Xu（2017）的做法，利用广义合成控制法来对政策的创新效应进行估计。

（三）使用软件说明

以下的实证分析均使用 R 软件的广义合成控制包 gsynth 计算得出。在每个估计中，模型使用双向固定效应模型，并使用五重交叉验证。在不确定性估计方面，由于处理单元的数目相对较少，因此使用参数型的 bootstrap 过程，bootstrap 次数设为 1000。

三、研发支出（rd）作为因变量的分析

（一）合成控制法结果

交叉验证结果（研发支出为因变量）如表 8.2 所示。

表 8.2　　交叉验证结果（研发支出为因变量）

r	sigma2	IC	PC	MSPE
0	16389237083. 10443	24. 25632	14328875849. 79987	199412321405. 45422
1	6373435091. 83592	23. 91436	20945956755. 51213	30992204838. 07372
2	984735031. 29162	22. 61590	5617246302. 41493	16566675234. 06653 *
3	501066174. 24325	22. 47584	4072622013. 05892	17362774733. 90300
4	507202055. 95694	22. 99012	5354641987. 85390	48528741860. 77011
5	431864846. 62868	23. 29796	5610889615. 70310	137409658320. 69838

在此处 r = 2 时，结果最好。

在此模型下，计算得到的各个试点地区（北京、重庆、广东、湖北、上海、天津）的合成控制权重如表 8.3 所示。可以发现，用广义合成控制法得到的权重有正有负，这与只能得到正值权重的一般合成控制法不同。

表 8.3　　生成各个处理地区的合成控制权重（研发支出为因变量）

省份	北京	重庆	广东	湖北	上海	天津
Anhui	-0.153	0.032	-0.006	0.127	0.087	-0.095
Fujian	-0.045	0.007	0.058	0.042	0.027	-0.033
Gansu	-0.143	0.032	-0.077	0.112	0.080	-0.082
Guangxi	-0.045	0.011	-0.049	0.033	0.024	-0.023
Guizhou	-0.080	0.018	-0.051	0.062	0.045	-0.045
Hainan	-0.191	0.043	-0.104	0.150	0.107	-0.109
Hebei	0.078	-0.016	0.011	-0.064	-0.044	0.048
Heilongjiang	-0.018	0.006	-0.064	0.009	0.009	-0.005
Henan	-0.031	0.007	-0.012	0.024	0.017	-0.018
Hunan	0.079	-0.017	0.025	-0.064	-0.045	0.047
Inner Mongolia	0.760	0.038	0.459	0.136	0.096	0.432
Jiangsu	-0.233	-0.172	-0.056	-0.592	-0.423	-0.140
Jiangxi	-0.114	0.050	-0.073	0.188	0.131	-0.064
Jilin	-0.006	0.026	-0.024	0.088	0.063	-0.001
Liaoning	-0.172	0.002	-0.085	0.003	0.003	-0.099
Ningxia	-0.226	0.050	-0.111	0.178	0.126	-0.131
Qinghai	-0.241	0.054	-0.115	0.190	0.135	-0.139
Shaanxi	0.155	-0.033	0.029	-0.126	-0.088	0.094
Shandong	0.849	-0.185	0.299	-0.678	-0.477	0.501
Shanxi	-0.125	0.028	-0.069	0.098	0.070	-0.072
Sichuan	-0.070	0.013	0.040	0.062	0.041	-0.047
Tibet	-0.202	0.045	-0.111	0.158	0.112	-0.115
Xinjiang	-0.169	0.038	-0.088	0.132	0.094	-0.097
Yunnan	-0.092	0.021	-0.058	0.072	0.051	-0.052
Zhejiang	0.433	-0.097	0.232	-0.339	-0.241	0.248

得到的平均处理效应 ATT 如表 8.4 所示。

表 8.4　　平均处理效应 ATT（研发支出为因变量）

ATT. avg	S. E.	CI. lower	CI. upper	p. value
-156591	193244	-633158	145772	0.42

从表 8.5 看出，试点政策对研发支出不管是从整体上还是每年的效果上，都没有显著的影响。不过我们依然还是可以去检查一下各个试点地区的效果，并通过观察合成控制线与实际线的时间趋势图，来看一下这种不显著是否是合成控制组质量不高的原因。

表 8.5　　　　处理组的历年 ATT（研发支出为因变量）

r	ATT	S. E.	CI. lower	CI. upper	p. value	n. Treated
-7	1157.8	14706	-28931	29123	0.92	0
-6	22918.7	10212	6943	46507	0.01	0
-5	-16931.4	14327	-52398	2905	0.092	0
-4	-345.4	15368	-43781	16950	0.486	0
-3	-62891.7	17659	-88555	-20510	0.002	0
-2	44273.4	17719	20933	90313	0	0
-1	-3764.7	16728	-34655	32050	0.936	0
0	10402.8	15306	-25794	36565	0.518	0
1	37694.4	62431	-118210	129656	0.558	6
2	-3776.4	90370	-249532	114469	0.896	6
3	25844.2	142106	-365461	216266	0.808	6
4	-104987	207897	-600425	216959	0.652	6
5	-337785.1	331032	-1095765	228905	0.29	6
6	-756510.8	549314	-2059478	245556	0.182	4

说明：0 为 2013 年试点政策开始年份。

具体的可视化结果见图 8.5、图 8.6。

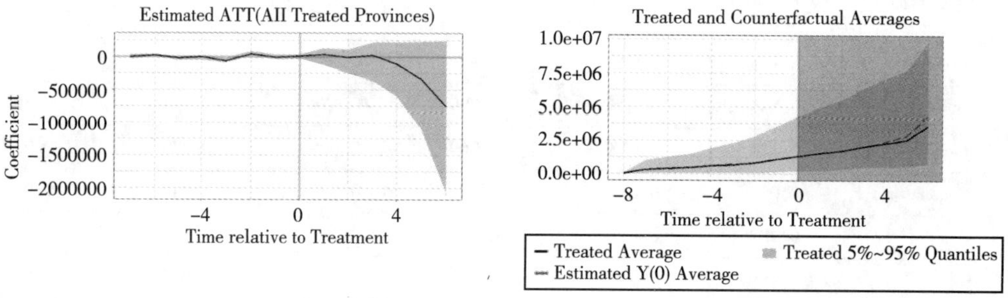

图 8.5　所有处理组的平均处理效应 ATT（研发支出为因变量时）

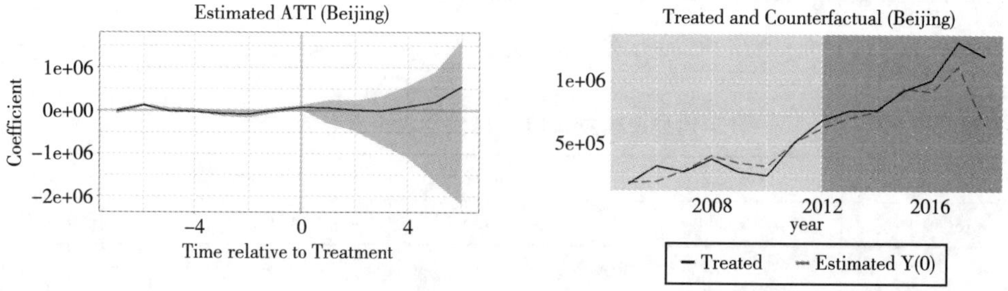

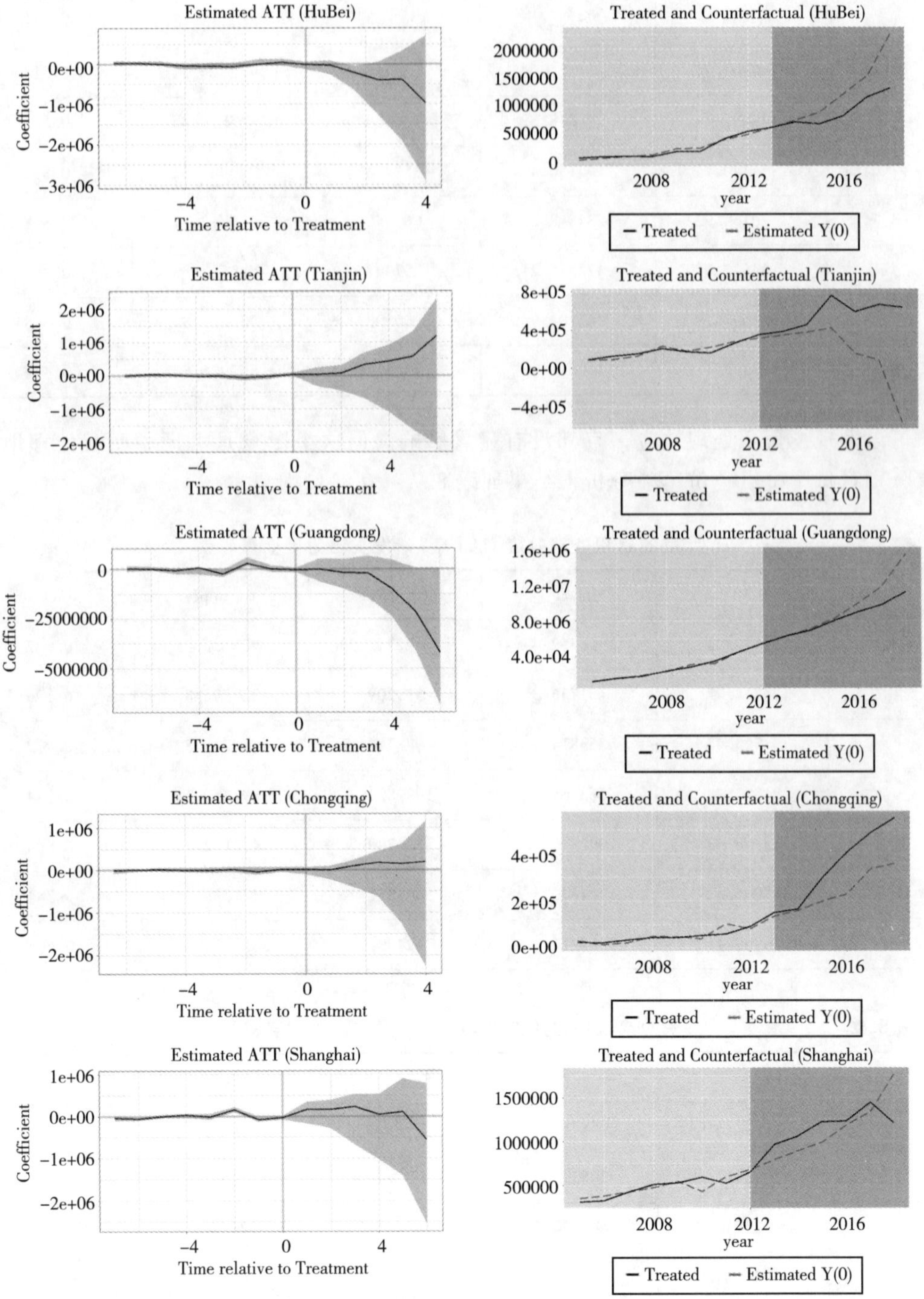

图 8.6　各个处理地区的平均处理效应 ATT 和两组对照趋势图（研发支出为因变量）

如果像事件研究法一样，计算一个时间段内的累积处理效应 CATT，结果如表 8.6 所示。

表 8.6　　样本的累积处理效应 CATT（研发支出为因变量）

r	CATT	S. E.	CI. lower	CI. upper	p. value
0	10402.75	14821.64	-28454.2	32324.21	0.514
1	48097.14	68048.52	-126868	145826.84	0.534
2	44320.73	153150.4	-352778	246966.61	0.81
3	70164.92	284878.7	-667340	437712.81	0.818
4	-34822.08	472306.2	-1257497	589513.38	0.966
5	-372607.19	763104.9	-2260198	778259.81	0.618
6	-920795.1	1108618	-3554911	862926.6	0.414

可以发现，累积处理效应一直都没有显著影响。但这个影响是考虑了所有处理地区，如果分别对每个试点省份单独分析，结果如表 8.7 ~ 表 8.12 所示。

表 8.7　　北京的累积处理效应 CATT（研发支出为因变量）

r	CATT	S. E.	CI. lower	CI. upper	p. value
0	66532.98	26352.47	22702.54	122622.7	0.022
1	124714.77	151736.3	-359209	327593.8	0.196
2	133393.48	353814.5	-978766	550242.8	0.472
3	121853.28	663161.4	-1979822	897210.3	0.734
4	213550.02	1092849	-3535789	1422102.9	0.808
5	407005.52	1724870	-5464351	2321339.9	0.784
6	956909.41	2564017	-7794991	3812861.4	0.664

表 8.8　　广东的累积处理效应 CATT（研发支出为因变量）

r	CATT	S. E.	CI. lower	CI. upper	p. value
0	-32231.44	58784.32	-165598	60737	0.414
1	-51442.49	296305.3	-717642	476552.3	0.83
2	-224844.57	647350.5	-1721252	828470.9	0.662
3	-424191.58	1166011	-3224061	1366670.6	0.626
4	-1402847.5	1855202	-5607797	1700927.5	0.428
5	-3545522.5	2902994	-9952302	1555995.7	0.194
6	-7763829	4391299	-1.6E+07	894250.3	0.088

表 8.9　　上海的累积处理效应 CATT（研发支出为因变量）

r	CATT	S. E.	CI. lower	CI. upper	p. value
0	-26206.27	23894.31	-74131.4	14317.74	0.182
1	144138.45	135771.5	-244122	333945.83	0.156
2	312283.25	314606.1	-598007	725657.5	0.136
3	550569.73	583772	-1316436	1283032.4	0.126
4	599190.61	969319.7	-2519555	1773287.8	0.19
5	711209.93	1542565	-4292232	2604323.5	0.266
6	152939.87	2346743	-6325190	3171364.5	0.722

表 8.10　　重庆的累积处理效应 CATT（研发支出为因变量）

r	CATT	S. E.	CI. lower	CI. upper	p. value
0	15526.23	36881.15	-87560.2	72887.61	0.372
1	21525.53	107963.4	-280589	148422.76	0.656
2	122751.71	237054.9	-465934	390932.07	0.308
3	300470.08	474182.5	-929087	793680.48	0.228
4	455807.29	859367.2	-1527113	1334045.8	0.294
5	650875.58	1536371	-2575080	2409172.7	0.388

表 8.11　　湖北的累积处理效应 CATT（研发支出为因变量）

r	CATT	S. E.	CI. lower	CI. upper	p. value
0	-4883.679	43394.58	-116966	54952.704	0.84
1	-30507.065	122470.5	-377686	106518.89	0.646
2	-236683.99	264578.3	-1026992	35990.791	0.09
3	-623044.44	515948.5	-2015452	-5813.292	0.046
4	-1006189.6	928463.4	-2865020	251655.81	0.112
5	-1971427.2	1632520	-4914559	776780.72	0.15

表 8.12　　天津的累积处理效应 CATT（研发支出为因变量）

r	CATT	S. E.	CI. lower	CI. upper	p. value
0	43678.69	23334.04	1968.824	90915.72	0.048
1	80153.61	136459.2	-344205	269369.87	0.332
2	159024.48	317881.5	-751573	562803.6	0.366
3	495332.47	593184.6	-1292555	1218606.7	0.17
4	931556.71	979025.9	-2211067	2093836	0.144
5	1512215.57	1543531	-3500204	3334740.3	0.148
6	2712845.09	2296019	-4534817	5474190.1	0.136

可以发现，细分来看，碳市场对北京、天津、广东和湖北的战略性新兴产业的部分年份研发投入有影响。对其他试点地区的战略性新兴产业专利申请无显著影响。

碳试点会对北京、天津的研发投入有显著性的正向影响；对于湖北、广东有显著负向影响；高校、研究所、国家实验室多在北京、天津聚集，科技人才的数量与质量和研发创新呈正相关关系，研发创新的增强倒逼政府企业加大研发投入，因此碳试点在北京、天津的研发投入有显著性的正向影响。相反，在科技人才略少的湖北、广东，碳试点政策对研发投入有显著负向影响。相较于北京、天津，湖北和广东多个城市属于资源型城市，更依赖劳动力和与资源对经济的贡献，经过长时间、大规模的开发，碳试点政策在资源型城市的创新的负向影响增加，研发投入趋向显著负向影响。相反，在非资源型城市，创新基础强、研发环境好，所以研发投入在北京、天津有显著性的正向影响。在六个碳试点省份中广东、湖北人口最多，其次是重庆、上海，最后是北京、天津。人口规模过大会导致碳试点政策实行压力大，因此碳试点对广东、湖北的研发投入有显著的负向影响，反之对北京、天津有显著的正向影响，对重庆、上海影响不明显。

另外，表 8.13 是协变量系数。从结果上看，人均 GDP、城镇化、外商直接投资对研发投入有正向显著影响。而金融发展对研发投入有负向显著影响，这其中的原因可能是有资本的“挤出效应”。

人均 GDP 越高，经济发展水平越高，相应的研发投入就会增加；城镇化水平越高，所带来的诱发效应产生对产品的需求，促使各产业研发投入增加，激发各产业生产力；外商直接投资引进了新技术，从而促进研发投入。

表 8.13　　研发支出为因变量时的协变量系数

r	beta	S. E.	CI. lower	CI. upper	p. value
pgdp	6. 343	2. 806	1. 169	12. 03	0. 022
urbanization	333. 507	5404. 742	-10466. 693	10439. 626	0. 956
jinrong	13. 734	4. 571	-23. 222	-4. 757	0. 008
collegestudent	-61. 909	44. 683	-145. 409	23. 487	0. 182
fdi	1219. 121	339. 56	507. 405	1912. 234	0. 022
indusvalueadded	28. 698	9. 721	-49. 537	-9. 854	0. 008

（二）安慰剂检验

1. 基于时间的安慰剂检验

我们还考虑了基于时间的安慰剂检验（in - time placebo test）。具体来说，假想将碳市场时间前移至 2011 年（干预之前的中间年份），然后重新用合成控制法进行估计。另外，我们将试点前合成前 MSPE 过大的地点去除，结果参见图 8.7。

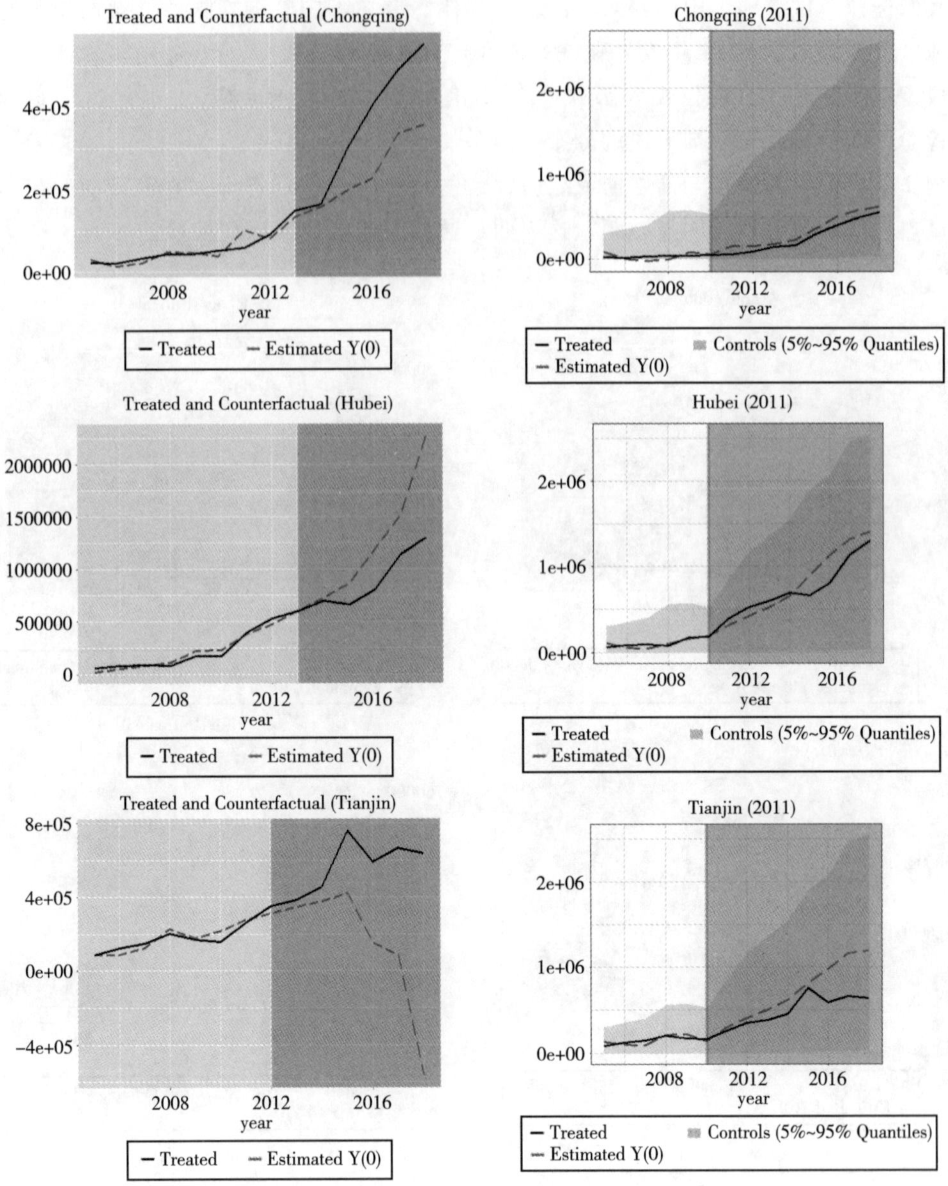

图 8.7　假想时间的碳市场效应（研发支出为因变量）

注：左侧是正常试点政策开始的效果；右侧是假设试点政策从 2011 年开始。

图 8.7 显示，无论在干预之前或之后，合成试点地区的研发支出都与试点地区十分相似或者相比从 2013 年开始的政策效果，影响过小。这表明，假想的 2011 年政策并没有任何效应或者效果很小。

2. 基于地区的安慰剂检验

我们想知道，使用上述合成控制法所估计的效应，是否完全由偶然因素所驱动？换言之，如果从非试点地区中随机抽取若干地区进行合成控制估计，能否得到类似的效应？为此，我们选择非试点地区中的安徽、河北、福建、吉林、内蒙古、陕西、湖南作为假想的处理地区（假设也在2013年成为碳试点地区），而将试点省份作为控制地区对待，然后使用合成控制法估计其“研发投入影响效应”，也称为“安慰剂效应”。通过这一系列的安慰剂检验，即可得到安慰剂效应的分布，结果如图8.8所示。

图8.8显示，无论在干预之前或之后，这些假想的“试点省份”在政策前后与各自的合成试点地区，效果没有明显差距。这表明，通过了地区的安慰剂检验。

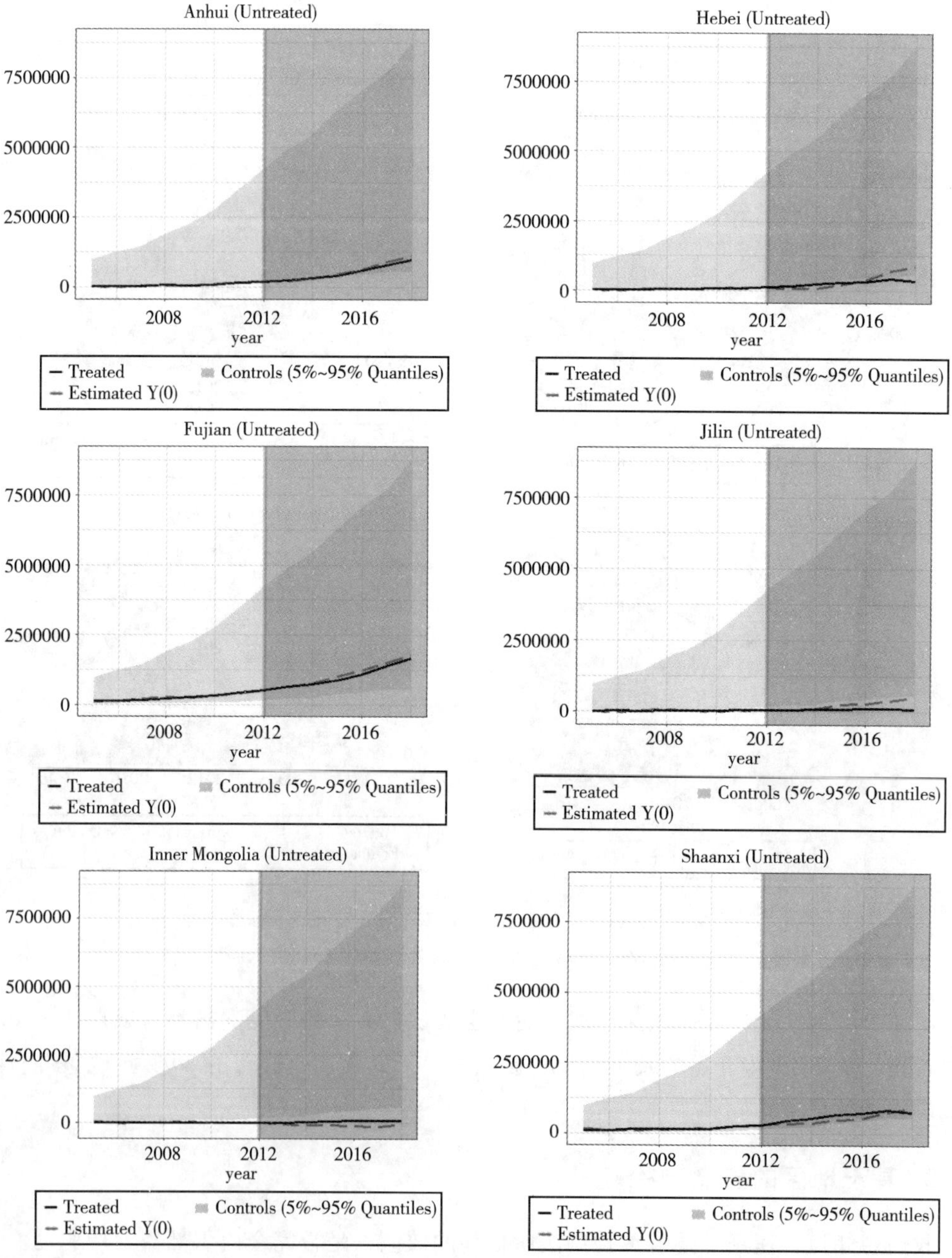

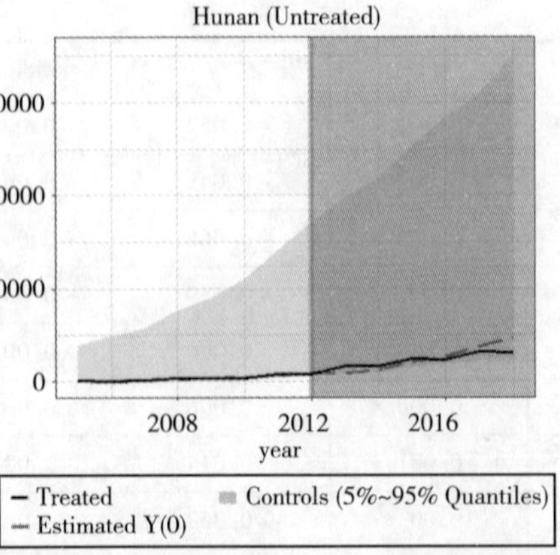

图 8.8 假想地区的碳市场效应（研发投入为因变量）

四、专利申请（patentapply）作为因变量

（一）合成控制法结果

交叉验证结果（专利申请为因变量）如表 8.14 所示。

表 8.14 交叉验证结果（专利申请为因变量）

r	sigma2	IC	PC	MSPE
0	1288471.06372	14.80539	1126491.84428	16668650.34205
1	228394.38810	13.67779	750606.05582	7660650.57768*
2	130247.01149	13.68520	742970.97236	30624500.95507
3	88751.82685	13.83719	721367.08149	20479858.70288
4	34648.03356	13.39870	365786.79659	8218364.62743
5	24447.47849	13.51862	317627.38792	127258491.38281

在此处 r = 1 时，结果最好。

在此模型下，计算得到的各个试点地区（北京、重庆、广东、湖北、上海、天津）的合成控制权重如表 8.15 所示。可以发现，用广义合成控制法得到的权重有正有负，这与只能得到正值权重的一般合成控制法不同。

表 8.15 生成各个处理地区的合成控制权重（专利申请为因变量）

省份	北京	重庆	广东	湖北	上海	天津
Anhui	0.010	-0.003	0.065	0.001	0.003	-0.002
Fujian	0.005	-0.001	0.034	0.001	0.002	-0.001
Gansu	-0.009	0.003	-0.061	-0.001	-0.003	0.001

续表

省份	北京	重庆	广东	湖北	上海	天津
Guangxi	-0.008	0.002	-0.054	-0.001	-0.003	0.001
Guizhou	-0.007	0.002	-0.048	-0.001	-0.003	0.001
Hainan	-0.010	0.003	-0.068	-0.001	-0.004	0.002
Hebei	-0.006	0.002	-0.039	-0.001	-0.002	0.001
Heilongjiang	-0.009	0.003	-0.060	-0.001	-0.003	0.001
Henan	0.001	0.000	0.006	0.000	0.000	0.000
Hunan	0.002	-0.001	0.014	0.000	0.001	0.000
Inner Mongolia	-0.011	0.003	-0.069	-0.001	-0.004	0.002
Jiangsu	0.061	-0.018	0.405	0.009	0.021	-0.010
Jiangxi	0.001	0.000	0.003	0.000	0.000	0.000
Jilin	-0.009	0.003	-0.057	-0.001	-0.003	0.001
Liaoning	-0.006	0.002	-0.037	-0.001	-0.002	0.001
Ningxia	-0.010	0.003	-0.069	-0.001	-0.004	0.002
Qinghai	-0.010	0.003	-0.064	-0.001	-0.003	0.002
Shaanxi	-0.006	0.002	-0.037	-0.001	-0.002	0.001
Shandong	0.027	-0.008	0.179	0.004	0.009	-0.004
Shanxi	-0.009	0.003	-0.061	-0.001	-0.003	0.001
Sichuan	0.009	-0.003	0.059	0.001	0.003	-0.001
Tibet	-0.010	0.003	-0.064	-0.001	-0.003	0.002
Xinjiang	-0.010	0.003	-0.064	-0.001	-0.003	0.002
Yunnan	-0.009	0.003	-0.060	-0.001	-0.003	0.001
Zhejiang	0.022	-0.007	0.148	0.003	0.008	-0.004

得到的平均处理效应 ATT 如表 8.16 所示。

表 8.16　　平均处理效应 ATT（专利申请为因变量）

ATT. avg	S. E.	CI. lower	CI. upper	p. value
-1374	1167	-4541	16.9	0.054

表 8.17　　处理组的历年 ATT（专利申请为因变量）

r	ATT	S. E.	CI. lower	CI. upper	p. value	n. Treated
-7	-2049.31	432.5	-3019.81	-1339.7	0	0
-6	383.9	123.8	112.87	579.1	0.008	0
-5	979.24	151.7	676	1286	0.002	0
-4	498.28	260.7	-62.17	1043.6	0.062	0
-3	522.92	339.9	-93.45	1214.7	0.086	0

续表

r	ATT	S. E.	CI. lower	CI. upper	p. value	n. Treated
-2	-37.1	365.2	-619.79	860.5	0.988	0
-1	-419	302.1	-886.94	337.5	0.23	0
0	100.93	286	-507.47	548.1	0.772	0
1	-844.21	440.4	-1888.73	-143	0.028	6
2	-1434.27	743.5	-3059.93	-199	0.028	6
3	-2667.53	1033.5	-5429.51	-1384.4	0.002	6
4	-2154.12	1496.3	-6299.44	-413.7	0.018	6
5	-660.07	1929.6	-6197.35	1559.5	0.454	6
6	-35.49	2577.3	-6677.41	2981.2	0.81	4

说明：0 为 2013 年试点政策开始年份。

从表 8.17 看出，自试点政策开始后的 1～4 年（2014～2017 年）都有显著影响。具体的可视化结果见图 8.9 和图 8.10。

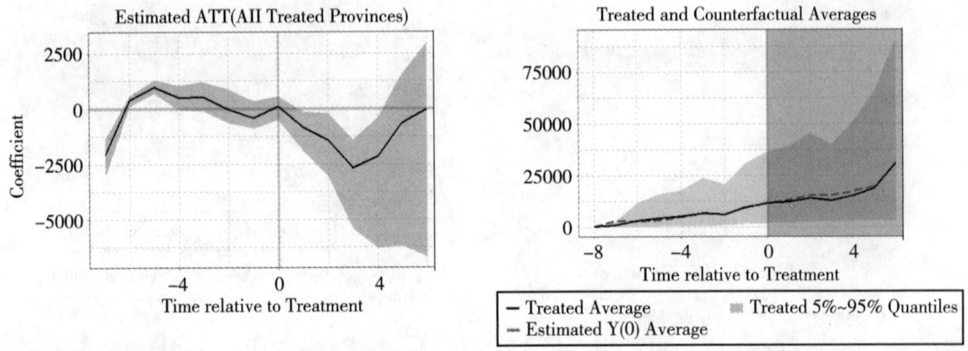

图 8.9 所有处理组的平均处理效应 ATT（专利申请为因变量）

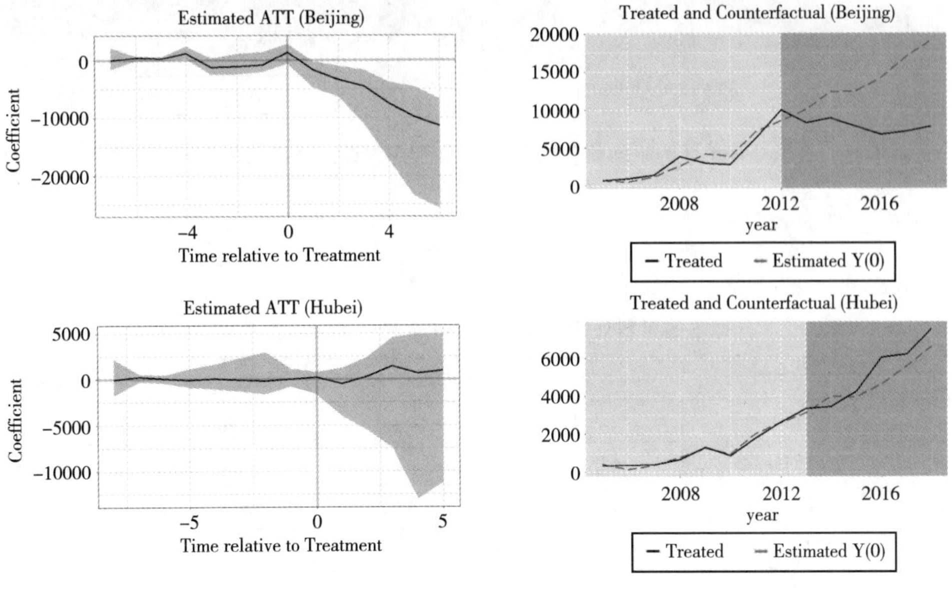

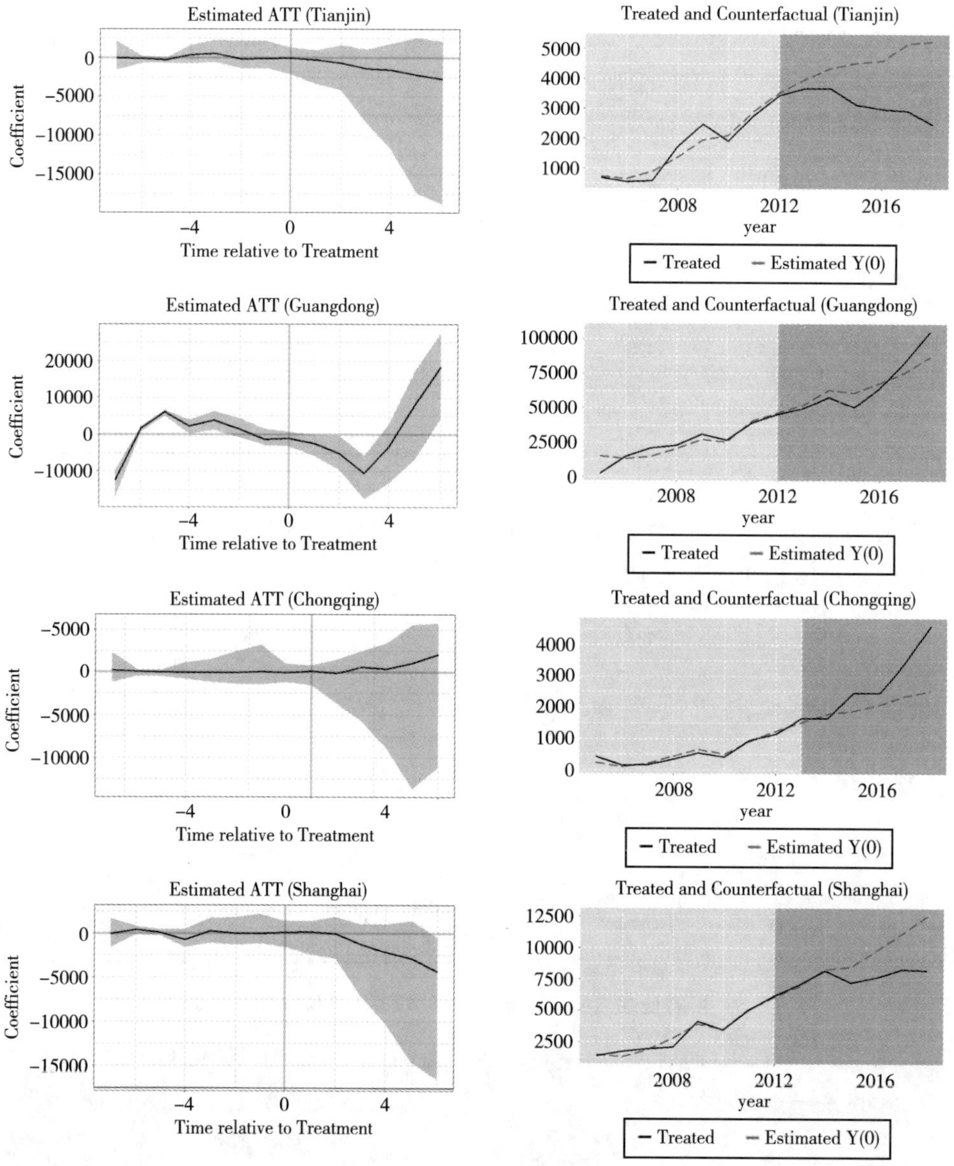

图 8.10 各个处理地区的平均处理效应 ATT 和两组对照趋势图（专利申请为因变量）

如果像事件研究法一样，计算一个时间段内的累积处理效应 CATT，结果如表 8.18 所示。

表 8.18 样本的累积处理效应 CATT（专利申请为因变量）

r	CATT	S. E.	CI. lower	CI. upper	p. value
0	100.9286	276.1777	-570.084	539.0514	0.734
1	-743.285	625.8172	-2207.69	325.1185	0.128
2	-2177.56	1126.277	-4888.2	-348.54	0.034
3	-4845.09	1994.879	-9872.67	-2090.74	0.004

续表

r	CATT	S. E.	CI. lower	CI. upper	p. value
4	-6999.21	3308.323	-15789.3	-2622.52	0.004
5	-7659.29	5080.399	-21257.1	-1351.42	0.026
6	-8067.1	6887.816	-26493.8	708.3327	0.068

可以发现，累积处理效应从 2015 年出现，到 2019 年一直都有显著影响。但这个影响是考虑了所有处理地区，如果分别对每个试点省份单独分析，结果如表 8.19～表 8.24 所示。

表 8.19　　北京的累积处理效应 CATT（专利申请为因变量）

r	CATT	S. E.	CI. lower	CI. upper	p. value
0	1375.59	652.2452	-944.854	2839.985	0.084
1	-351.849	1475.217	-5834.31	2159.599	0.544
2	-3823.2	2341.824	-11010.3	445.2144	0.07
3	-8398.25	4247.781	-23265.9	-2098.4	0.008
4	-15882.4	7058.482	-41139.5	-6988.17	0.002
5	-25685	11388.95	-67381.7	-12927	0
6	-37068.9	15833.15	-97475	-19368.1	0

表 8.20　　广东的累积处理效应 CATT（专利申请为因变量）

r	CATT	S. E.	CI. lower	CI. upper	p. value
0	-1104.56	960.8413	-3391.71	692.8723	0.184
1	-3621.94	2155.179	-8892.16	287.2779	0.062
2	-8829.75	3542.193	-15845.3	-2185.71	0.022
3	-19432.9	5991.25	-32941.8	-9557.37	0.012
4	-22796.7	9606.063	-45727.5	-7801.43	0.02
5	-14820	15193.95	-52993.8	8857.355	0.198
6	3569.152	20951.76	-51974.4	36363.09	0.74

表 8.21　　上海的累积处理效应 CATT（专利申请为因变量）

r	CATT	S. E.	CI. lower	CI. upper	p. value
0	105.6775	630.8907	-2377.62	1059.83	0.774
1	240.919	1447.845	-5483.65	2362.628	0.79
2	153.5989	2177.313	-7460.36	3039.853	0.97
3	-1079.05	4113.289	-16330.8	3837.604	0.418
4	-3251.19	6913.386	-29874.4	4299.855	0.242
5	-6153.97	11194.84	-48613.5	5797.084	0.216
6	-10518.5	15584.32	-70232.9	5188.736	0.172

表 8.22　　重庆的累积处理效应 CATT（专利申请为因变量）

r	CATT	S. E.	CI. lower	CI. upper	p. value
0	122.2081	432.6153	-1474.46	772.2184	0.582
1	-9.86366	1028.958	-3261.05	2053.508	0.862
2	569.4234	2316.01	-6393.76	4118.571	0.644
3	951.9165	4363.978	-12985.4	6843.28	0.658
4	2031.079	7492.798	-23110.8	12024.84	0.536
5	4120.727	10541.56	-32677	17606.83	0.382

表 8.23　　湖北的累积处理效应 CATT（专利申请为因变量）

r	CATT	S. E.	CI. lower	CI. upper	p. value
0	195.7057	400.7484	-1208.1	867.7807	0.302
1	-329.075	1052.014	-3364.84	1538.89	0.504
2	-63.3225	2356.717	-7679.57	3443.528	0.9
3	1351.241	4424.478	-13110.1	7406.419	0.48
4	1977.365	7599.058	-23468	12538.45	0.486
5	2898.841	10586.11	-32588.3	17170.83	0.478

表 8.24　　天津的累积处理效应 CATT（专利申请为因变量）

r	CATT	S. E.	CI. lower	CI. upper	p. value
0	-89.0521	653.0557	-2450.75	1349.756	0.466
1	-387.9	1478.827	-6165.7	1975.169	0.39
2	-1072.1	2216.016	-7715.46	3074.185	0.326
3	-2463.52	4004.496	-15607.9	3638.458	0.246
4	-4073.49	6628.282	-26335	4309.669	0.26
5	-6316.28	10651.98	-43746.4	6467.468	0.282
6	-9099.04	14864.69	-63322.7	8257.004	0.284

可以发现，细分来看，碳市场只对北京、广东的战略性新兴产业的累积专利申请有影响，对其他试点地区的战略性新兴产业专利申请无显著影响。

北京与广东（包括深圳）两地在试点中纳入控排主体数量最多，控排覆盖面广，控排主体以中小型企业为主，且惩戒力度最大，因此这两个市场的环境约束力水平最高。研究表明，规模较大的企业有更加充裕的资金投入购买和自主研发专利，因为在一定规模报酬下，研发新产品所带来的利润要超过研发成本。而对没有雄厚财力的中小企业而言，高水平的环境约束会使产品成本上升、产品利润空间下降，就会倾向于购买专利，因此中小企业专利申请量下降。

另外，表 8.25 是协变量系数。从结果上看，只有工业增加值有显著影响。

我国工业主要以劳动密集型和资本密集型行业为主，此类产业创新水平较技术密集型产业低，当这类产业发展时，更多的资源不会被用于研发投入，因此申请专利的数量下降。

表 8.25　　专利申请为因变量时的协变量系数

r	beta	S. E.	CI. lower	CI. upper	p. value
pgdp	0.04194	0.03492	-0.02346	0.11697	0.186
urbanization	7.21689	75.911	-139.167	156.8635	0.896
jinrong	0.04171	0.05058	-0.07744	0.13345	0.332
collegestudent	0.30625	0.5845	-0.80162	1.46358	0.552
fdi	4.26734	3.86572	-4.23289	11.96571	0.18
indusvalueadded	-0.20847	0.12042	-0.48972	-0.01219	0.046

（二）安慰剂检验

1. 基于时间的安慰剂检验

我们将碳市场时间前移至 2011 年（干预之前的中间年份），然后重新用合成控制法进行估计，并去掉试点前合成效果较差（MSPE 过大）的广东、天津和北京，结果参见图 8.11。

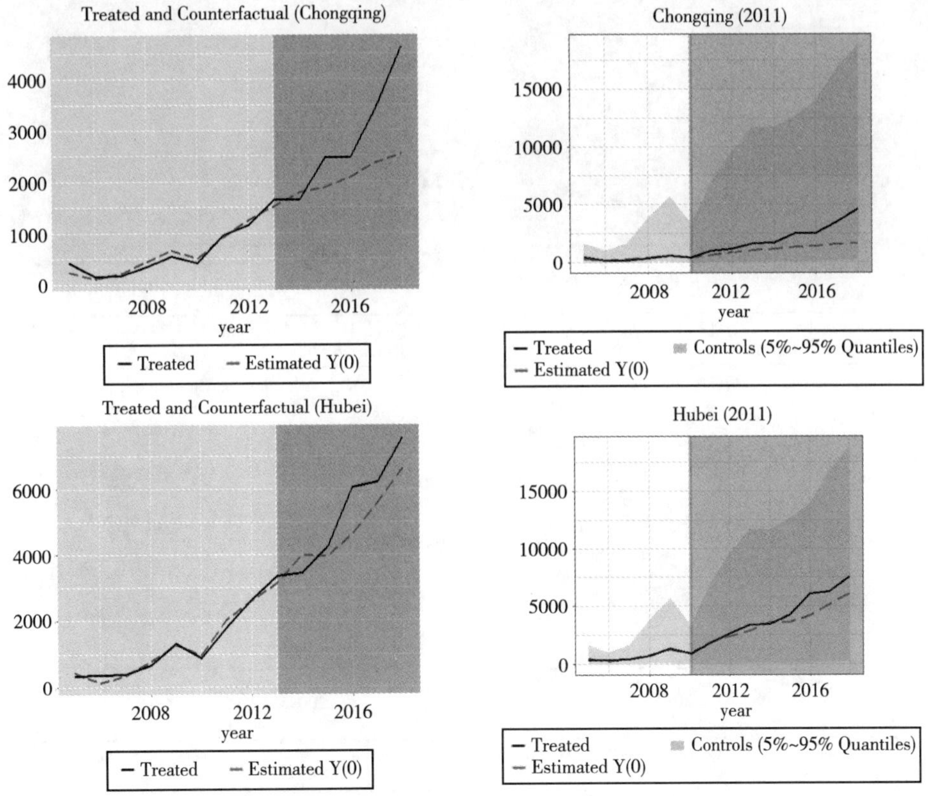

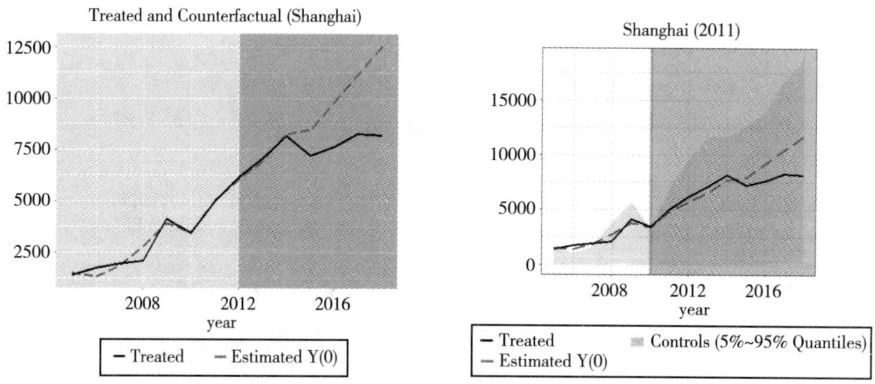

图 8.11　假想时间的碳市场效应（专利申请为因变量）

图 8.11 显示，假设试点从 2011 年开始的合成试点地区的专利申请相比从 2013 年开始的政策效果明显小很多。这表明，假想的 2011 年政策并没有效应或者效果很小。

2. 基于地区的安慰剂检验

这里，我们选择非试点地区中的山西、云南、吉林、内蒙古、宁夏、河南、海南、西藏、福建、甘肃、陕西和黑龙江作为假想的处理地区（假设也在 2013 年成为碳试点地区），而将试点省份作为控制地区对待，得到安慰剂效应的结果如图 8.12 所示。

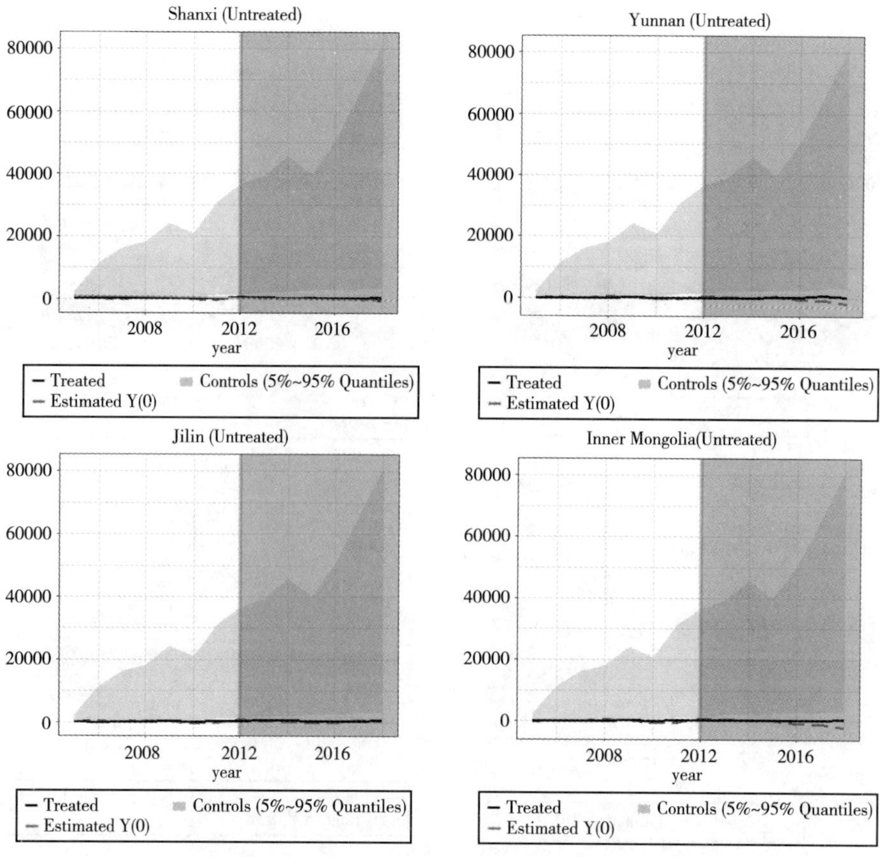

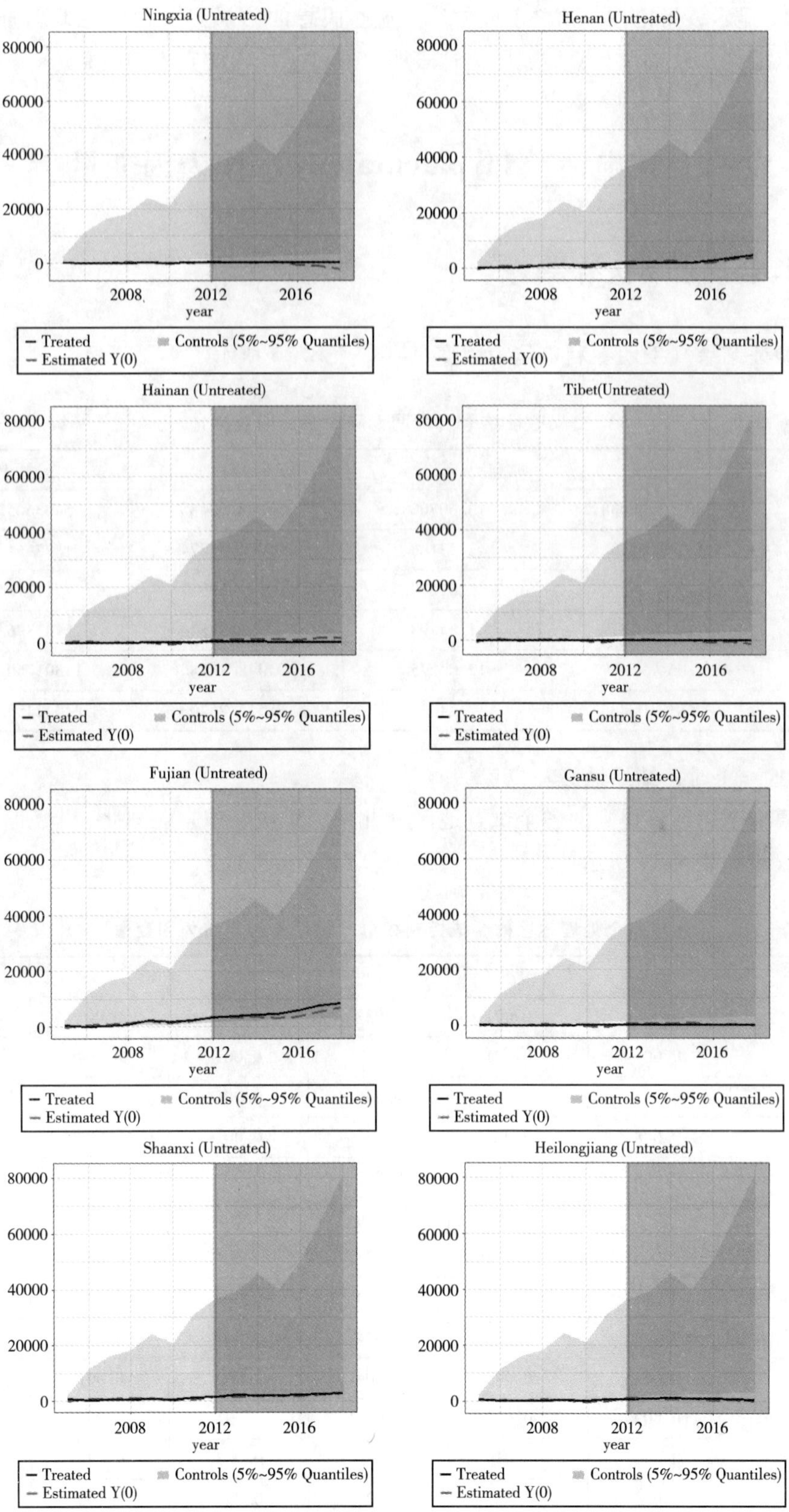

图 8.12　假想地区的碳市场效应（专利申请为因变量）

图 8. 12 显示，无论在干预之前或之后，这些假想的“试点省份”在政策前后与各自的合成试点地区，效果没有明显差距。这表明，通过了地区的安慰剂检验。

五、发明专利申请（invpatentapply）作为因变量

（一）合成控制法结果

交叉验证结果（发明专利申请为因变量）如表 8. 26 所示。

表 8. 26　　交叉验证结果（发明专利申请为因变量）

r	sigma2	IC	PC	MSPE
0	388703. 68038	13. 60700	339838. 07485	5403605. 82911
1	59427. 94198	12. 33148	195306. 78274	1378951. 99531 *
2	17478. 25406	11. 67673	99701. 59977	1711718. 23199
3	11900. 51879	11. 82793	96726. 37524	5149396. 33379
4	8664. 98679	12. 01275	91478. 14280	11301750. 51085
5	6813. 08885	12. 24094	88517. 25200	24042455. 06378

在此处 r = 1 时，结果最好。

在此模型下，计算得到的各个试点地区（北京、重庆、广东、湖北、上海、天津）的合成控制权重如表 8. 27 所示。

表 8. 27　　生成各个处理地区的合成控制权重（发明专利申请为因变量）

省份	北京	重庆	广东	湖北	上海	天津
Anhui	0. 008	-0. 001	0. 037	0. 001	0. 005	0. 001
Fujian	0. 007	-0. 001	0. 030	0. 001	0. 004	0. 000
Gansu	-0. 011	0. 002	-0. 048	-0. 001	-0. 006	-0. 001
Guangxi	-0. 008	0. 001	-0. 035	-0. 001	-0. 005	-0. 001
Guizhou	-0. 008	0. 001	-0. 036	-0. 001	-0. 005	-0. 001
Hainan	-0. 011	0. 002	-0. 050	-0. 001	-0. 007	-0. 001
Hebei	-0. 005	0. 001	-0. 021	-0. 001	-0. 003	0. 000
Heilongjiang	-0. 008	0. 001	-0. 034	-0. 001	-0. 005	-0. 001
Henan	-0. 005	0. 001	-0. 024	-0. 001	-0. 003	0. 000
Hunan	0. 001	0. 000	0. 004	0. 000	0. 001	0. 000
Inner Mongolia	-0. 009	0. 002	-0. 041	-0. 001	-0. 005	-0. 001
Jiangsu	0. 056	-0. 010	0. 250	0. 007	0. 033	0. 004
Jiangxi	-0. 005	0. 001	-0. 022	-0. 001	-0. 003	0. 000

续表

省份	北京	重庆	广东	湖北	上海	天津
Jilin	-0.006	0.001	-0.026	-0.001	-0.003	0.000
Liaoning	-0.001	0.000	-0.004	0.000	0.000	0.000
Ningxia	-0.013	0.002	-0.056	-0.001	-0.007	-0.001
Qinghai	-0.012	0.002	-0.054	-0.001	-0.007	-0.001
Shaanxi	-0.005	0.001	-0.023	-0.001	-0.003	0.000
Shandong	0.041	-0.007	0.183	0.005	0.024	0.003
Shanxi	-0.010	0.002	-0.045	-0.001	-0.006	-0.001
Sichuan	0.012	-0.002	0.052	0.001	0.007	0.001
Tibet	-0.011	0.002	-0.050	-0.001	-0.007	-0.001
Xinjiang	-0.010	0.002	-0.043	-0.001	-0.006	-0.001
Yunnan	-0.010	0.002	-0.044	-0.001	-0.006	-0.001
Zhejiang	0.022	-0.004	0.098	0.003	0.013	0.002

得到的平均处理效应 ATT 如表 8.28 和表 8.29 所示。

表 8.28　　平均处理效应 ATT（发明专利申请为因变量）

ATT. avg	S. E.	CI. lower	CI. upper	p. value
-3048	1145	-5559	-1519	0.004

表 8.29　　处理组的历年 ATT（发明专利申请为因变量）

r	ATT	S. E.	CI. lower	CI. upper	p. value	n. Treated
-7	-744.2	212.71	-1194.6	-431.52	0.002	0
-6	-84.91	73.16	-223.5	24.49	0.094	0
-5	565.4	82.75	409.5	704.93	0.002	0
-4	79.94	113.89	-135.9	303.81	0.428	0
-3	277.27	161.67	-101.9	582.31	0.1	0
-2	55.98	178.22	-239.7	405.47	0.712	0
-1	-88.76	141.03	-276.6	253.12	0.508	0
0	-72.03	106.93	-301.3	111.81	0.376	0
1	-908.34	240.93	-1414.5	-509.42	0.004	6
2	-2039.45	588.43	-3352.4	-1053.64	0.004	6
3	-3241.78	979.74	-5441.4	-1893.32	0.002	6
4	-3837.38	1351.84	-6867.2	-1996.1	0.002	6
5	-3609.73	1899.91	-7815	-1182.69	0.008	6
6	-5456.59	2813.84	-11535.3	-1893.47	0.012	4

说明：0 为 2013 年试点政策开始年份。

自试点政策开始后的 1～6 年（2014～2019 年）都有显著影响。具体的可视化结果如图 8.13 和图 8.14 所示。

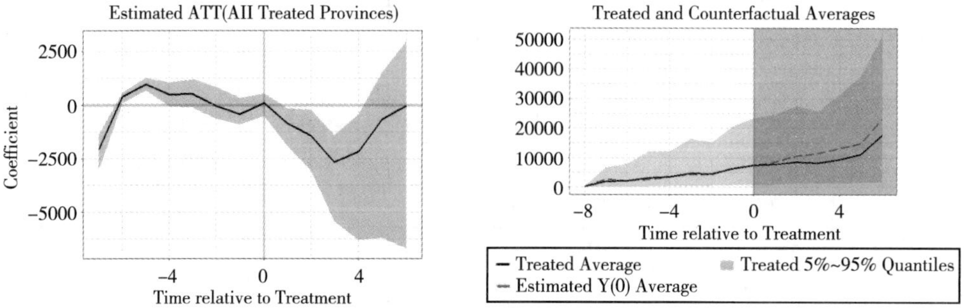

图 8.13　所有处理组的平均处理效应 ATT（发明专利申请为因变量时）

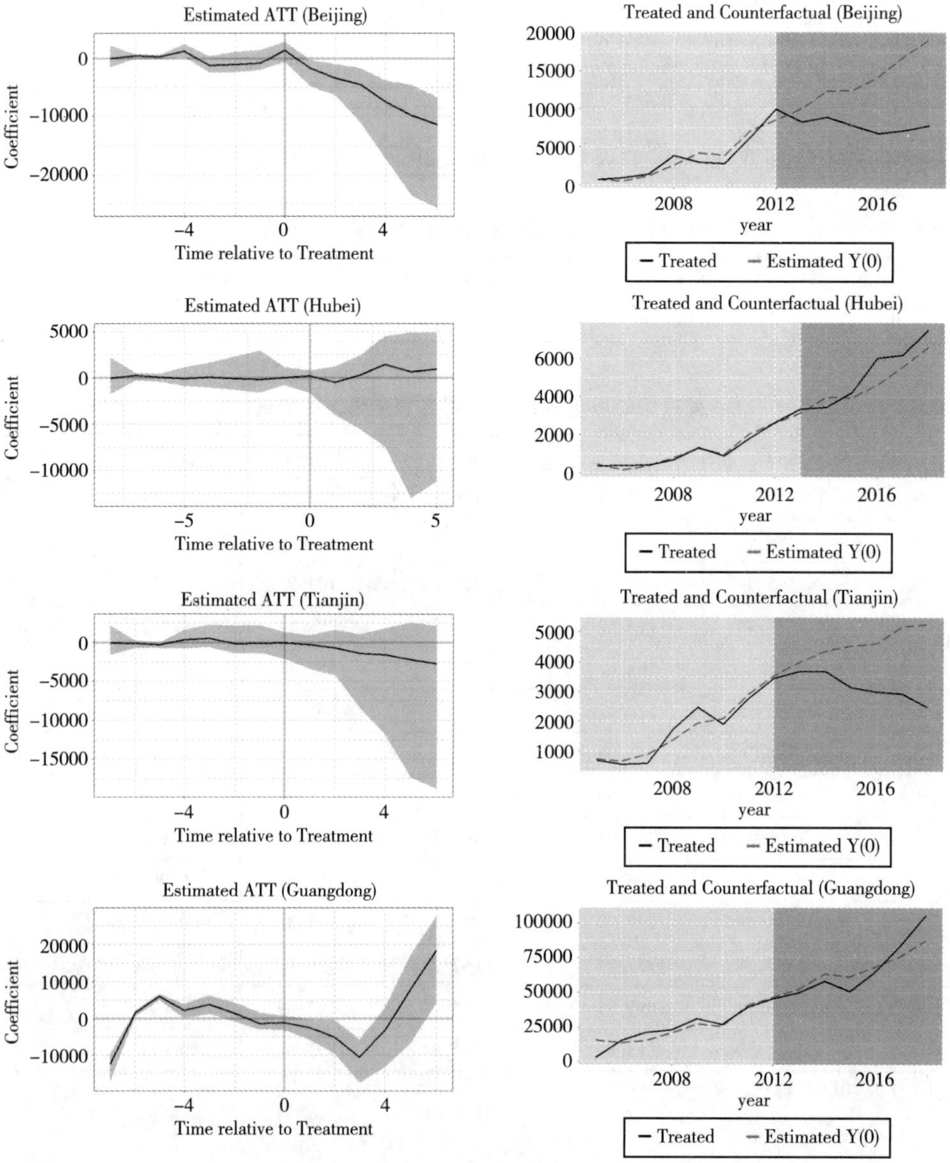

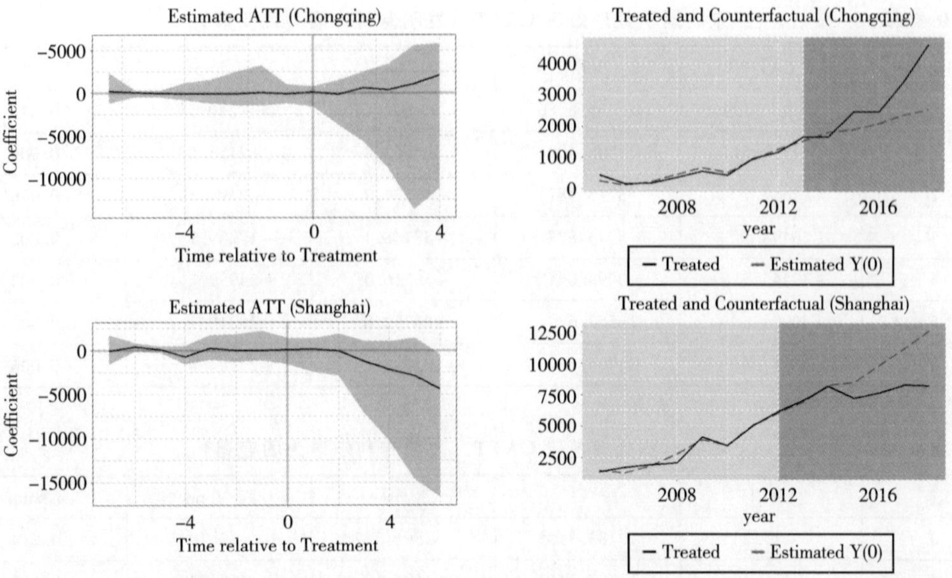

图 8.14 各个处理地区的平均处理效应 ATT 和两组对照趋势图（发明专利申请为因变量）

如果像事件研究法一样，计算一个时间段内的累积处理效应 CATT，结果如表 8.30 所示。

表 8.30 样本的累积处理效应 CATT（发明专利申请为因变量）

r	CATT	S. E.	CI. lower	CI. upper	p. value
0	-72.0318	111.8759	-294.826	79.62494	0.312
1	-980.372	341.4745	-1680.28	-458.952	0.008
2	-3019.82	880.8475	-4987.36	-1571.69	0.01
3	-6261.6	1689.618	-10083.1	-3898.97	0.002
4	-10099	2927.935	-17203.4	-6318.06	0.002
5	-13708.7	4710.926	-24945	-7956.08	0.002
6	-18213.8	6758.934	-33276.6	-10295.4	0.002

可以发现，累积处理效应从 2014 年出现，到 2019 年一直都有显著影响。但这个影响是考虑了所有处理地区，如果分别对每个试点省份单独分析，结果如表 8.31 ~ 表 8.36 所示。

表 8.31 北京的累积处理效应 CATT（发明专利申请为因变量）

r	CATT	S. E.	CI. lower	CI. upper	p. value
0	646.4517	189.0635	176.8804	949.5106	0.024
1	-800.988	564.6716	-2241.92	69.02174	0.07
2	-3872	1435.12	-7135.34	-1455.9	0.004
3	-8470.46	2855.767	-15600.2	-4113.19	0.002
4	-16020.6	4948.04	-29395.9	-8678.72	0.002
5	-24894.8	8133.761	-48815.2	-12904.9	0.002
6	-34718.9	11516.06	-70165	-17940.3	0.002

表 8.32　　广东的累积处理效应 CATT（发明专利申请为因变量）

r	CATT	S. E.	CI. lower	CI. upper	p. value
0	-922. 392	424. 8086	-1692. 67	-230. 511	0. 018
1	-4351. 51	1208. 409	-6552. 47	-2456. 53	0. 004
2	-12682. 7	3215. 481	-18534. 7	-7194. 19	0. 006
3	-26498. 5	5946. 827	-38148. 1	-17239. 1	0. 002
4	-39445. 5	10094. 04	-59716. 4	-24989	0. 002
5	-49904. 8	16552. 63	-84752. 8	-28219. 1	0. 002
6	-55017. 4	23735. 62	-107333	-25344. 6	0. 006

表 8.33　　上海的累积处理效应 CATT（发明专利申请为因变量）

r	CATT	S. E.	CI. lower	CI. upper	p. value
0	-17. 355	183. 3105	-591. 512	270. 1045	0. 814
1	-226. 408	503. 2413	-1691. 17	458. 5494	0. 452
2	-1072. 6	1203. 64	-4147. 58	878. 053	0. 23
3	-2460. 95	2454. 925	-9325. 08	976. 8537	0. 134
4	-4961. 69	4332. 198	-18699. 2	698. 8645	0. 086
5	-7894. 07	7200. 854	-32557. 8	2454. 981	0. 094
6	-12486. 3	10292. 05	-47913. 4	2305. 436	0. 084

表 8.34　　重庆的累积处理效应 CATT（发明专利申请为因变量）

r	CATT	S. E.	CI. lower	CI. upper	p. value
0	-102. 099	165. 0761	-606. 678	105. 0149	0. 29
1	-47. 4867	645. 6663	-1747. 63	940. 8155	0. 802
2	374. 1651	1655. 921	-4558. 03	2444. 255	0. 64
3	913. 777	3293. 241	-10593. 2	5032. 413	0. 53
4	1540. 991	5938. 602	-20957. 6	10072. 93	0. 518
5	2747. 255	8629. 88	-31053. 8	15049. 3	0. 434

表 8.35　　湖北的累积处理效应 CATT（发明专利申请为因变量）

r	CATT	S. E.	CI. lower	CI. upper	p. value
0	45. 89149	158. 2701	-412. 641	248. 7757	0. 648
1	-385. 21	628. 0731	-1923. 73	682. 15	0. 334
2	-292. 579	1603. 259	-4897. 27	1782. 842	0. 69
3	778. 6402	3174. 404	-10412. 9	5027. 565	0. 63
4	1525. 635	5666. 854	-20454. 8	10277. 81	0. 582
5	2861. 077	8246. 929	-29774. 8	15350. 3	0. 502

表 8.36 天津的累积处理效应 CATT（发明专利申请为因变量）

r	CATT	S. E.	CI. lower	CI. upper	p. value
0	-82.6877	171.6019	-620.617	194.5991	0.34
1	-70.633	494.2797	-1641.63	633.3137	0.782
2	-573.163	1194.613	-3349.75	1363.395	0.48
3	-1832.08	2560.946	-9466.62	1827.192	0.29
4	-3232.83	4603.395	-18521	3099.878	0.286
5	-5166.93	7673.014	-32684.6	5808.087	0.284
6	-7464.4	10989.24	-48004.6	8049.555	0.27

细分来看，碳市场只对北京、广东、上海的战略性新兴产业的累积发明专利申请有影响，对其他试点地区的战略性新兴产业发明专利申请无显著影响。

统计资料显示，北京、广东、上海三地 R&D 人才总量在七个碳试点中位居前三，三地发明专利申请量占全国比例的三分之一以上。

实用型和外观型的专利成本低，可以在短时间内获得经济效益，企业更倾向于投资这些专利。而发明专利的改进是一个漫长的过程，需要大量研发投入，这使碳市场约束难以实现，导致企业发明专利总量下降。

另外，表 8.37 是协变量系数。从结果上看，城镇化水平、外商直接投资和工业增加值都对发明专利申请量有显著影响。

城镇化可以集聚人力资本，进而促进技术创新，此外，城镇化还可以通过集聚研发资本促进技术创新，城镇化吸引了更多的资本、知识流入，促进了产业升级；外商直接投资可以有效促进先进技术在中国的传播，当外商直接投资与一定人力资本相结合时，可以促进本国的技术创新，这种促进表现为本国发明专利申请量的增加；我国的工业主要以劳动密集型产业和资本密集型产业为主，经过 30 多年的发展已经相对成熟，相比较技术密集型新兴产业，缺乏提高创新质量的动力，因此工业增加值的提高对发明专利申请有负作用。

表 8.37 发明专利申请为因变量时的协变量系数

r	beta	S. E.	CI. lower	CI. upper	p. value
pgdp	0.008011	0.01839	-0.03107	0.04539	0.552
urbanization	82.6983	39.40127	3.90521	163.7164	0.046
jinrong	-0.02427	0.03131	-0.09471	0.03196	0.284
collegestudent	-0.08757	0.33127	-0.71888	0.58949	0.792
fdi	3.463512	2.2261	-1.28691	7.59786	0.092
indusvalueadded	-0.11487	0.06627	-0.25298	0.01341	0.08

（二）安慰剂检验

1. 基于时间的安慰剂检验

假想将碳市场时间前移至2011年，并去掉试点前合成效果较差（MSPE过大）的广东、上海和天津，然后重新用合成控制法进行估计。结果参见图8.15。

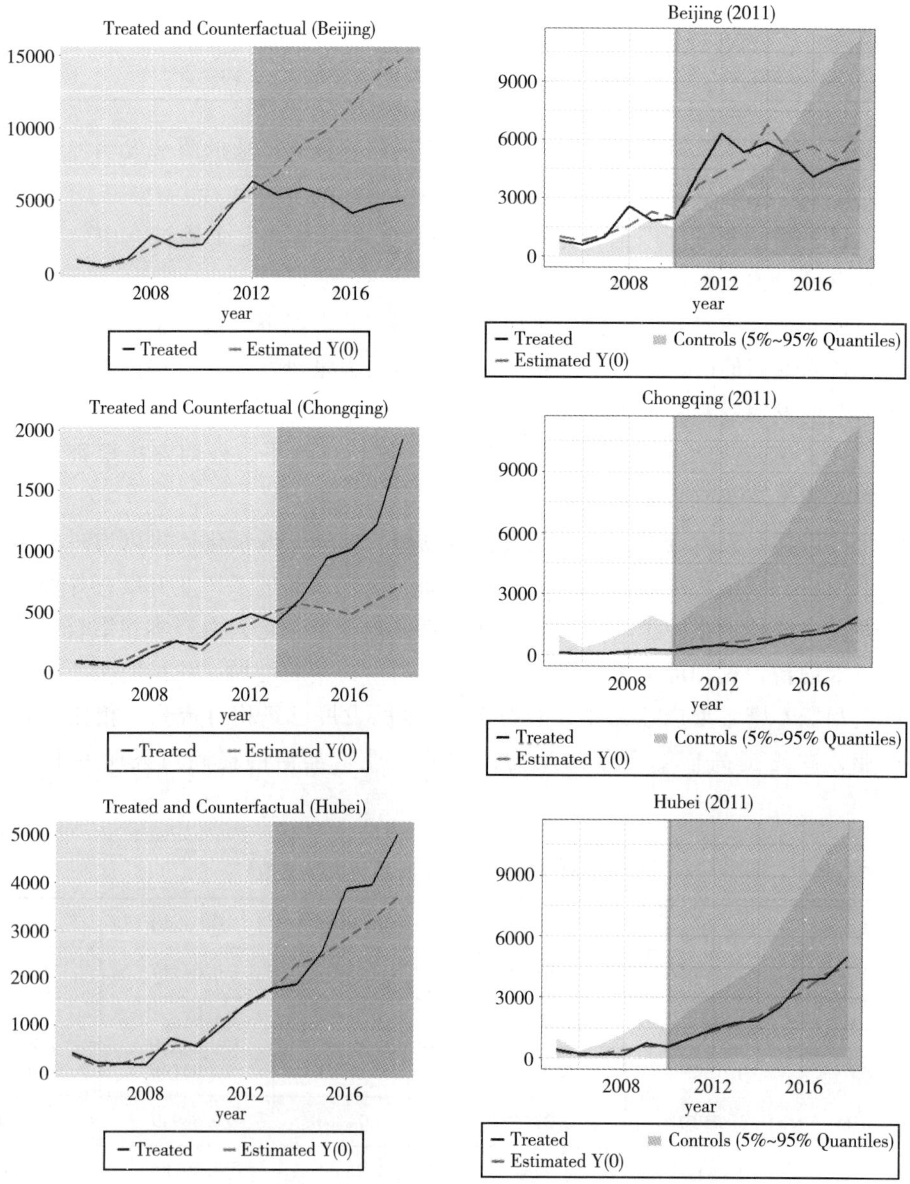

图8.15 假想时间的碳市场效应（发明专利申请为因变量）

图 8.15 显示，假设试点从 2011 年开始的合成试点地区的发明专利申请相比从 2013 年开始的政策效果明显小很多。这表明，假想的 2011 年政策并没有效应或者效果很小。

2. 基于地区的安慰剂检验

这里，我们选择非试点地区中的云南、内蒙古、吉林、宁夏、甘肃、山西、河北、河南、湖南、甘肃、福建、西藏、陕西、黑龙江和海南作为假想的处理地区（假设也在 2013 年成为碳试点地区），而将试点省份作为控制地区对待，得到安慰剂效应的结果如图 8.16 所示。

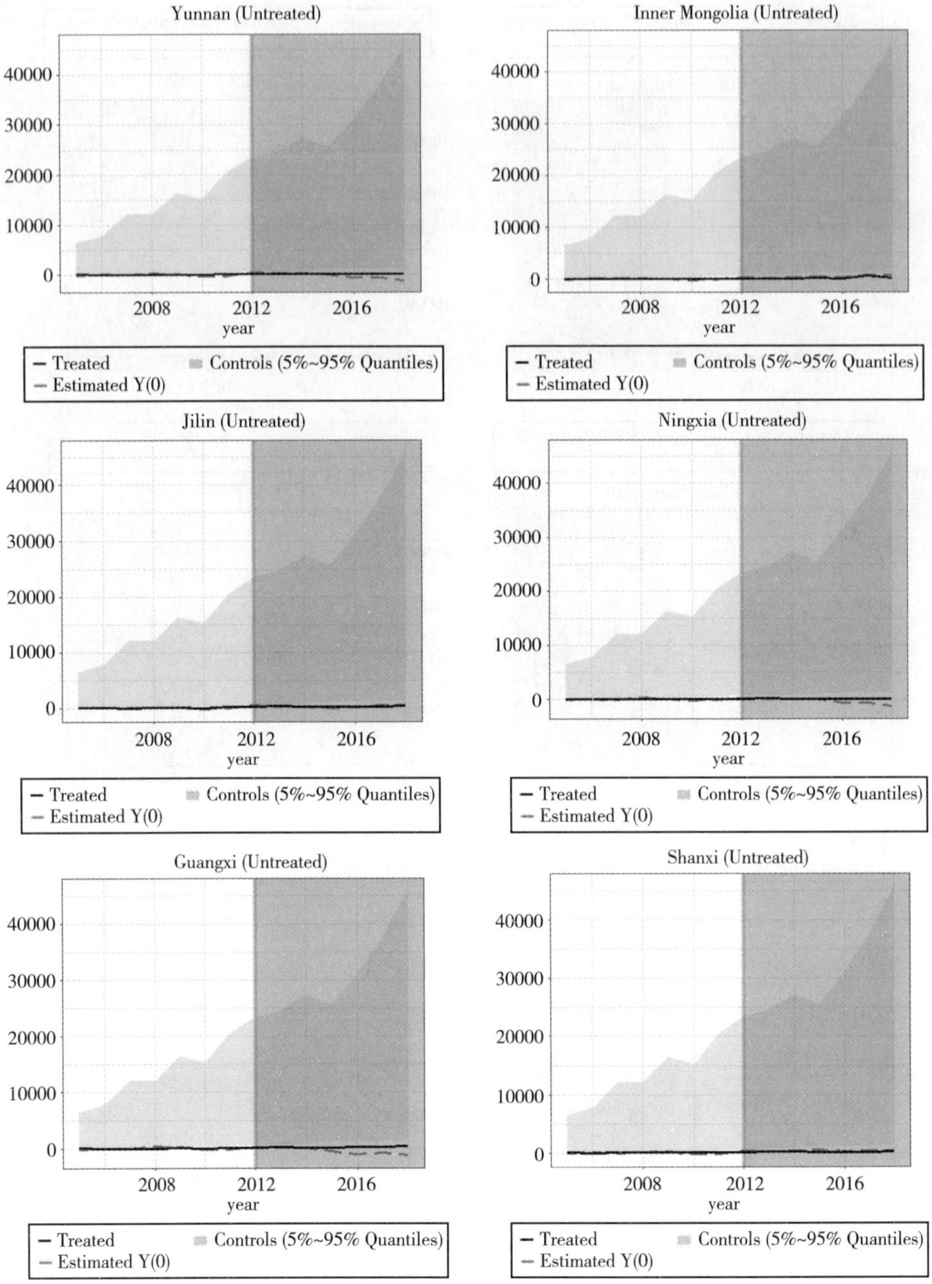

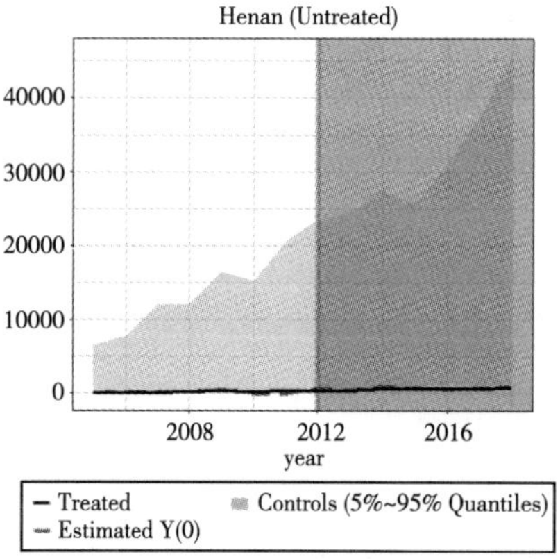
Henan (Untreated)
0
10000
20000
30000
40000
2008
2012
2016
year
Treated
Estimated Y(0)
Controls (5%~95% Quantiles)

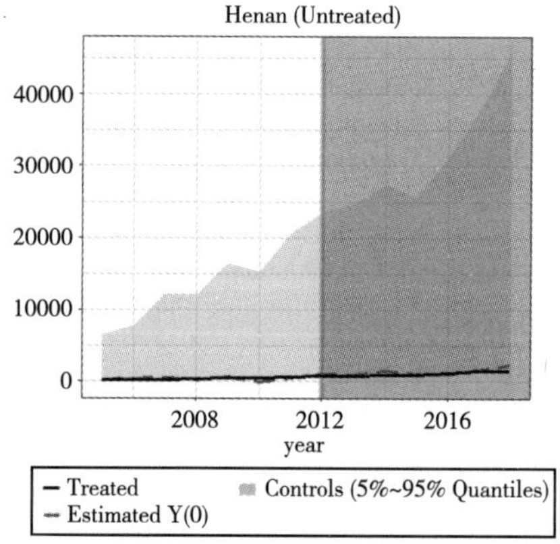
Henan (Untreated)
0
10000
20000
30000
40000
2008
2012
2016
year
Treated
Estimated Y(0)
Controls (5%~95% Quantiles)

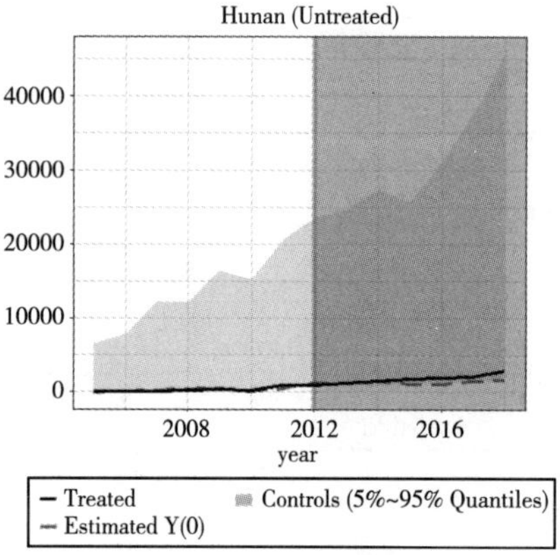
Hunan (Untreated)
0
10000
20000
30000
40000
2008
2012
2016
year
Treated
Estimated Y(0)
Controls (5%~95% Quantiles)

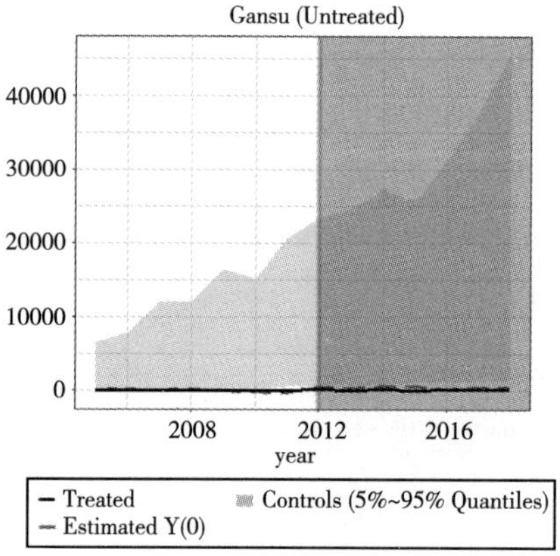
Gansu (Untreated)
0
10000
20000
30000
40000
2008
2012
2016
year
Treated
Estimated Y(0)
Controls (5%~95% Quantiles)

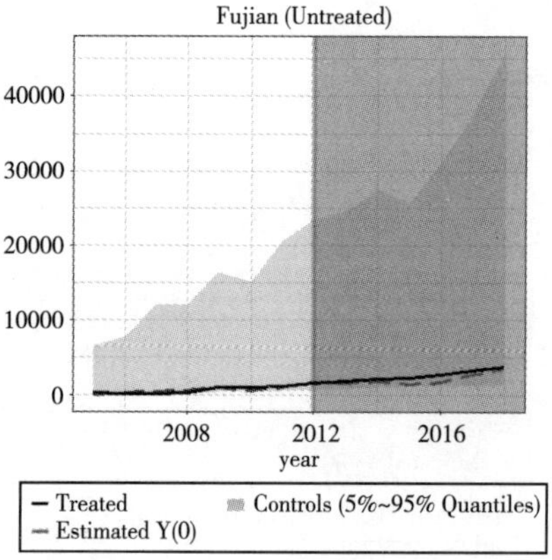
Fujian (Untreated)
0
10000
20000
30000
40000
2008
2012
2016
year
Treated
Estimated Y(0)
Controls (5%~95% Quantiles)

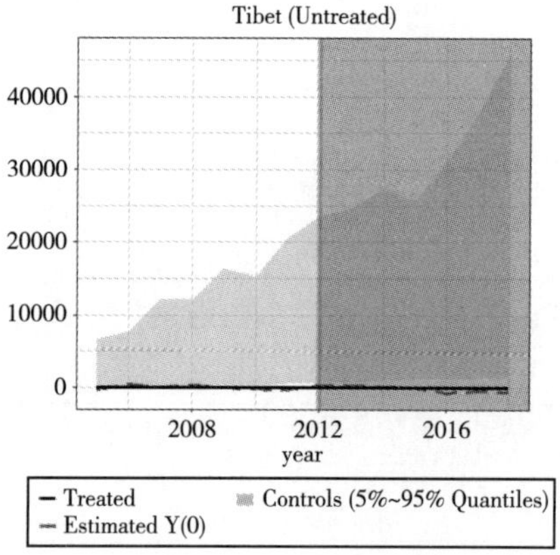
Tibet (Untreated)
0
10000
20000
30000
40000
2008
2012
2016
year
Treated
Estimated Y(0)
Controls (5%~95% Quantiles)

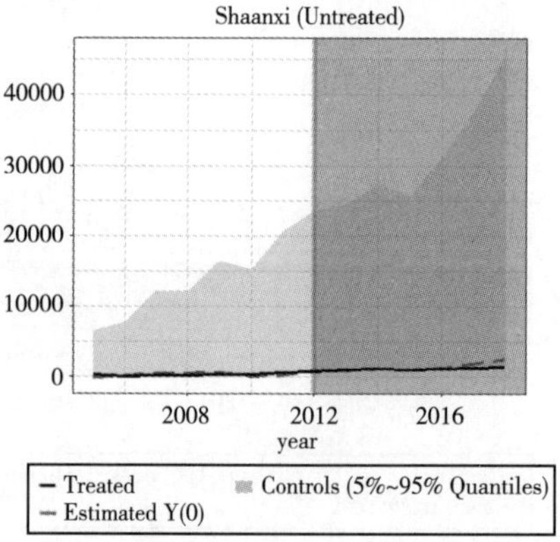
Shaanxi (Untreated)
0
10000
20000
30000
40000
2008
2012
2016
year
Treated
Estimated Y(0)
Controls (5%~95% Quantiles)

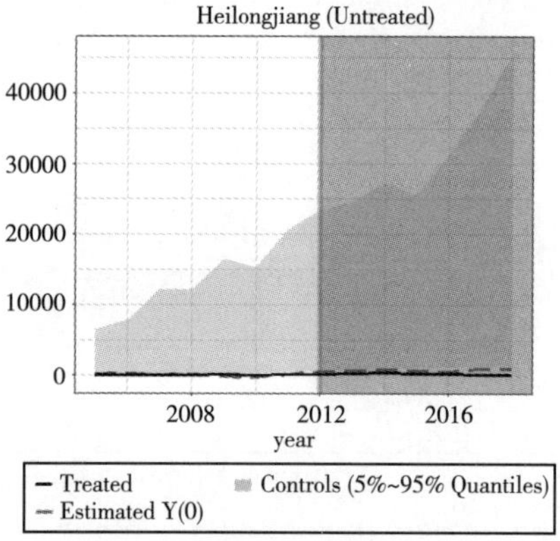
Heilongjiang (Untreated)
0
10000
20000
30000
40000
2008
2012
2016
year
Treated
Estimated Y(0)
Controls (5%~95% Quantiles)

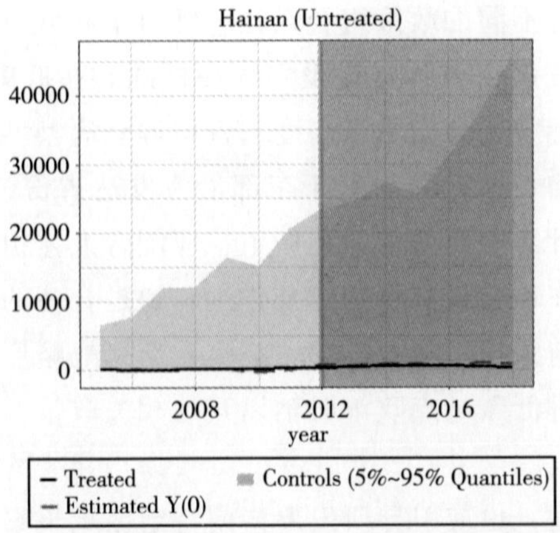

图 8.16　假想时间的碳市场效应（发明专利申请为因变量）

图 8.16 显示，无论在干预之前或之后，这些假想的“试点省份”在政策前后与各自的合成试点地区，效果没有明显差距。这表明，通过了地区的安慰剂检验。

六、小结及政策建议

本章借鉴 Xu（2017）的做法，利用广义合成控制法和双向固定效应模型来对碳试点政策的创新效应进行估计。实证结果显示：首先，碳试点政策对研发支出不管是从整体上，还是每年的效果上，都没有显著的影响。其次，对各个试点进行单独研究发现，碳市场对北京、天津、广东和湖北的战略性新兴产业的部分年份研发投入有影响，对其他试点地区的战略性新兴产业专利申请无显著影响。碳试点对北京、天津的研发投入有显著性的正向影响；对于湖北、广东有显著负向影响，对重庆、上海影响不明显。再次，碳市场只对北京、广东的战略性新兴产业的累积专利申请有影响，对其他试点地区的战略性新兴产业专利申请无显著影响。最后，人均 GDP、城镇化、外商直接投资对研发投入有正向显著影响，而金融发展对研发投入有负向显著影响。所有的模型估计均通过了基于时间的安慰剂检验和基于地区的安慰剂检验，因此本章的实证结果具有可靠性。本章通过考察碳排放权交易试点政策对于战略性新兴产业的创新影响，验证了碳市场对于创新的激励作用，为准确评价碳市场作用提供了参考。同时结合本章的研究结论，我们得出以下政策启示：

在中国经济向高质量发展转变的重要阶段，为更好地发挥低碳试点城市政策对于新产业创新的推动作用，中央政府应该把握整体的发展规律，合理布局。地方政府应高度重视低碳试点工作的推进，促进低碳试点城市扩容，并不断总结推广试点城市成功经验，扩大试点政策实施范围，大力倡导以低碳为特征的生产方式和消费模式，逐步实现生态与经济的协调发展，从而推进产业结构调整、能源结构优化进度，在提高环境质量的同时加速创新进步。

根据异质性对城市进行不同的政策组合设计，针对不同城市的发展情况和地理位置情况，分阶段实施低碳试点政策，同时避免设立统一标准。在低碳试点政策的完善过程中，针对资源型城市，设定目标应切合实际，高度重视资源衰竭型城市现状，着力推动产业结构调整和升级，注入绿色增长新动力。对于东部沿海发达省份，应加强碳排放监管力度，优先培育新兴技术产业。针对中西部欠发达城市，应配合人才引进、教育条件完善和技术创新培养。充分发挥市场在环境规制中的重要作用，通过合理的政策引导激发企业的技术创新意识和公众的环保参与意识，从而推动资金流入新兴战略产业和高新技术产业，培育新的城市发展动力。在推进低碳试点政策时辅以其他相关政策，如产业政策、人才政策和创新政策等。

既要加大研发投入强度，也应引导研发要素向特定区域集聚。政府应继续加大研发投入，充分发挥研发投入的规模效益，推动改善和提升我国研发效率整体水平。同时，在配置研发资源时也应有所倾斜，为没有跨越最低研发资金投入门槛和研发劳动投入门槛的地区的科研活动提供财政支持，推动引进科研人才，推动地区创新能力的提高。鼓励企业参与基础研究，推动跨国企业研究本土化。政府应鼓励企业参与相关研究的计划和项目，通过税收和财政补贴等政策支持大企业加大基础研究投入，并支持建立产学研联盟，建立协同创新的长效机制。为跨国公司研发活动的本土化提供政策支持，设立研发机构完善配套环境，加强国内相关科研机构与跨国公司研发机构的交流与合作，充分利用跨国公司领先的研发技术来提高我国创新能力。

第九章　碳试点政策影响微观战略性新兴上市公司创新研究——基于PSM-异时DID模型

碳排放交易制度（Emission Trading Scheme，ETS）是为谋求环境改善、减少二氧化碳排放、为全球生态环境利益而设计的一款基于市场经济的环保工具。这一制度为辖区内的企业制定了二氧化碳年排放的数额，同时允许它们对排放数额进行交易，即排放权交易。以这一制度来调节二氧化碳排放量和降低治污的成本，通过碳排放配额的方式倒逼企业放弃落后的生产方式、进行技术创新，既有环保意义，也对上市公司的经济特别是创新方面产生一定影响。

碳排放权交易制度的建立，在短期内带给上市公司最直接的影响就是产品边际成本的上升，使参与企业面临额外的竞争压力。但是，在市场机制的作用下，ETS参与企业会寻找更加环保的生产技术和设备来取代旧的机器，进而促进了企业技术的革新。同时，也促进企业投资方式的创新，改善产品的环境密集度，使资源得到有效的使用，促进绿色创新，从而促进环境和经济的协调发展。创新的发展又在一定程度促进了ETS制度的完善，可以说两者是相互影响的。

一、研究方法和数据

（一）异时DID

DID使用了面板数据，而估计面板模型的标准方法为“双向固定效应模型”（two-way fixed effects），它既控制了“个体固定效应”（individual fixed effects），也控制了“时间固定效应”（time fixed effects）。研究者后来发现，虽然传统DID控制了处理组的组别效应（$treat_i$）与处理期的时间效应（$post_t$）；但其实还可以做得更好，干脆引入双向固定效应模型，我们称为“经典DID”：

$$y_{it} = \alpha + \delta\, treat_i \times post_t + u_i + \lambda_t + \eta' X_{it} + \varepsilon_{it} \tag{9.1}$$

其中，u_i为个体固定效应（在回归时加入个体虚拟变量即可），λ_t为时间固定效应（在回归时加入时间虚拟变量即可），而交互项$treat_i \times post_t$之前的系数δ依然是我们感兴趣的处理效应。显然，加入个体固定效应u_i之后，就不必再放入处理组虚拟变量$treat_i$；否则，将导致严格多重共线性，因为前者包含比后者更多的信息（前者控制到个体层面，而后者仅控制到组别层面)。X_{it}为控制变量。

类似地，加入时间固定效应λ_t之后，就不必再放入处理期虚拟变量 $post_t$；否则，将导致严格多重共线性，因为前者包含比后者更多的信息（前者控制了每一期的时间效应，而后者仅控制处理期前后的时间效应)。估计方法依然是 OLS，但须使用“聚类稳健标准误”(cluster - robust standard errors)，因为面板数据一般为“聚类数据”（cluster data)。这种经典 DID 的模型设定在实证研究中最为常见。

但是在经典 DID 的模型设定中，一个隐含假设是：处理组的所有个体开始受到政策冲击的时间均完全相同。但有时也会遇到每位个体的处理期不完全一致的情形（heterogeneous timing)。例如，本书中，碳试点政策在不同地区分批推出，2013 年在上海、广东（含深圳)、北京和天津实施，2014 年在湖北和重庆实施。此时，可使用“异时 DID”（heterogeneous timing DID)。

异时 DID 的关键在于，既然每位个体的处理期不完全一致，则处理期虚拟变量也因个体而异，故应写为$post_{it}$（既依赖于个体 i，也依赖于时间 t)。具体而言，本章使用的异时 DID 的模型设定为：

$$y_{it} = \alpha + \delta\ treat_i \times post_{it} + u_i + \lambda_t + \eta' X_{it} + \varepsilon_{it} \qquad (9.2)$$

其中，y_{it}为因变量，表示战略性新兴企业创新绩效，本章以研发投入、专利数据（以专利申请总量代表创新数量、以发明专利申请量、发明专利授权量代表创新质量)、绿色专利来度量。treat 表示位于试点地区战略性新兴企业赋值为 1，非试点地区的战略性新兴企业赋值为 0。post 为试点碳交易政策变量，将各地区碳交易试点后年份赋值为 1，试点前年份赋值为 0。u_i为企业固定效应，λ_t为年份固定效应，ε 为随机误差项。

X 表示控制变量组，主要包括：企业净资产（lnnetasset)、企业员工数量（lnlabor)、企业年龄（lnage)，企业托宾 Q 值（lntobin Q)，企业负债水平（lndebt）及企业内部控制水平（用企业两权分离率 seperation 和第一大股东持股比率 topone 代表)。本章将考察期设定为 2006 ~ 2019 年。

具体变量定义见表 9.1。

表 9.1　变量定义

	变量名称	定义
因变量	lnrd	企业研发投入的自然对数
	lnpatent	（1 + 企业当年专利申请总量）的自然对数，代表创新数量
	lninvpatapply	（1 + 企业当年发明专利申请量）的自然对数，代表创新质量
	lninvpatlicen	（1 + 企业当年发明专利授权量）的自然对数，代表创新质量
	lngreenpat	（1 + 企业当年绿色发明专利授权量 + 企业当年绿色实用新型专利授权量）的自然对数，代表绿色创新数量
	lngreeninvpat	（1 + 企业当年绿色发明专利授权量）的自然对数，代表绿色创新质量
自变量	Treat_post	是否在相应年份后的碳试点地区，$treat_i \times post_{it}$

续表

	变量名称	定义
控制变量	lnnetasset	企业净资产的自然对数
	lnlabor	企业员工数量的自然对数
	lnage	企业年龄的自然对数
	lntobin Q	企业托宾 Q 值的自然对数
	lndebt	企业负债的自然对数
	seperation	企业两权分离率
	topone	第一大股东持股比率（%）

（二）数据来源

选择我国沪深两市 A 股企业中的战略性新兴上市公司作为样本。具体战略性新兴上市公司名单见“中国工程院战略性新兴产业专业知识服务系统（http：//sei. ckcest. cn/index. html）”。其他变量来自国泰安数据库。

以下将对各个战略性新兴产业分别进行分析。其中，新能源汽车样本数量太少无法分析，所以只包含 6 个产业的分析。

二、节能环保产业的实证结果

（一）描述性统计

表 9. 2 是对表 9. 1 中所有变量进行的描述性统计。其中代表企业研发投入的变量 lnrd 的平均值为 17. 46，最小值为 11. 68，最大值为 21. 26，而代表企业创新数量的变量 lnpatent 和创新质量的变量 lninvpatapatapply、lninvpatlicen 的平均值分别为 1. 380、0. 932 和 0. 526，说明创新的总产出和有效产出之间存在一定的差距。代表企业绿色创新质量的变量 lngreeninvpat 的平均值为 0. 558，最小值为 0，最大值为 4. 394，表明不同企业的绿色创新质量存在较大差异。lntobin Q 的平均值为 0. 557，表明 Q 值是大于 1 的，说明总体来看目前的市场形势有利于企业进行创新型投资。

表 9. 2　　描述性统计

Variable	Obs	Mean	Std. Dev.	Min	Max
lnrd	992	17. 46	1. 260	11. 68	21. 26
lnpatent	1509	1. 380	1. 519	0	5. 749
lninvpatap ~ y	1509	0. 932	1. 170	0	5. 338

续表

Variable	Obs	Mean	Std. Dev.	Min	Max
lninvpatli ~ n	1509	0. 526	0. 922	0	6. 677
lngreenpat	1414	0. 228	0. 549	0	4. 394
lngreeninv ~ t	1414	0. 558	0. 882	0	4. 394
treat post	1546	0. 206	0. 404	0	1
lnnetasset	1119	21. 27	0. 930	17. 04	24. 06
lnlabor	1194	7. 230	1. 034	3. 526	11. 47
lnage	1536	2. 627	0. 500	0	4. 127
lntobin Q	1011	0. 557	0. 390	-0. 223	2. 340
lndebt	1124	21. 04	1. 337	15. 83	24. 67
seperation	1109	3. 916	6. 791	-0. 000100	31. 71
topone	1131	32. 32	14. 35	6. 210	87

（二）异时 DID 结果

1. DID

表 9. 3 实证结果表明，无论是哪个因变量，交叉项 treat_post 的系数都不显著。这是没有考虑到原始数据的匹配问题，因此下面先用 PSM - DID 进行实证分析，需要说明的是，这里的 DID 部分依然采用异时 DID。

表 9. 3　　双重差分模型结果

	lnrd	lnpatent	lninvpatapply	lninvpatlicen	lngreenpat	lngreeninvpat
treatpost	**0. 0503** (0. 0799)	**0. 00887** (0. 122)	**0. 0570** (0. 106)	**0. 121** (0. 0899)	**-0. 0112** (0. 0588)	**0. 000590** (0. 0855)
lnnetasset	0. 535 *** (0. 0639)	0. 152 * (0. 0884)	0. 150 * (0. 0768)	-0. 00605 (0. 0654)	0. 0469 (0. 0436)	0. 128 ** (0. 0634)
lnlabor	0. 300 *** (0. 0560)	-0. 0376 (0. 0680)	-0. 0787 (0. 0591)	-0. 0495 (0. 0503)	0. 0523 (0. 0335)	0. 133 *** (0. 0486)
lnage	-1. 187 *** (0. 454)	0. 996 * (0. 539)	0. 900 * (0. 468)	0. 104 (0. 399)	0. 617 ** (0. 263)	0. 532 (0. 383)
lntobin Q	0. 236 *** (0. 0762)	0. 0103 (0. 113)	-0. 0655 (0. 0982)	-0. 0278 (0. 0836)	-0. 0554 (0. 0546)	-0. 000678 (0. 0794)
lndebt	0. 153 *** (0. 0458)	0. 0892 (0. 0609)	0. 0535 (0. 0529)	0. 000181 (0. 0450)	-0. 0472 (0. 0298)	-0. 00872 (0. 0433)
seperation	0. 00192 (0. 00629)	-0. 00784 (0. 00844)	-0. 00315 (0. 00733)	0. 00231 (0. 00624)	-0. 00236 (0. 00415)	0. 00300 (0. 00603)
topone	-0. 00159 (0. 00437)	0. 00720 (0. 00537)	0. 00723 (0. 00466)	-0. 00311 (0. 00397)	0. 00510 * (0. 00270)	0. 00553 (0. 00393)

续表

	lnrd	lnpatent	lninvpatapply	lninvpatlicen	lngreenpat	lngreeninvpat
_cons	3.095* (1.774)	-6.155*** (2.006)	-5.408*** (1.742)	0.587 (1.483)	-1.814* (0.982)	-4.283*** (1.428)
N	719	910	910	910	880	880
adj. R^2	0.567	0.075	0.063	0.110	0.172	0.131

注：*、**、*** 分别表示在 10%、5% 和 1% 的显著性水平上显著。

2. PSM - DID

（1）匹配平衡性检验。

使用 Stata 软件中的 psmatch2 命令，先对样本进行 1∶1 匹配。PSM 匹配的检验结果如表 9.4 所示。

表 9.4　匹配平衡检验——匹配前后样本特征对比

Variable	Unmatched Matched	Mean		% bias	% reduct |bias|	T - test		V (T)/V (C)
		Treated	Control			t	P > |t|	
lnnetasset	匹配前	27.768	21.147	73	97.3	9.26	0	1.28
	匹配后	21.68	21.697	-2		-0.21	0.833	1.17
lnlabor	匹配前	7.6747	7.2255	47	83	5.8	0	0.97
	匹配后	7.6001	7.6765	-8		-0.9	0.368	1.27
lnage	匹配前	2.9739	2.7466	70.9	93.9	8.93	0	1.16
	匹配后	2.947	2.9332	4.3		0.51	0.61	1.53*
lntobin Q	匹配前	0.63801	0.59488	11.1	56.3	1.36	0.173	0.94
	匹配后	0.62746	0.64631	-4.8		-0.48	0.632	0.83
lndebate	匹配前	21.598	20.717	70.2	95.1	8.6	0	0.89
	匹配后	21.535	21.491	3.5		0.38	0.706	1.02
seperation	匹配前	2.44	4.6231	-33.5	84	-3.93	0	0.56*
	匹配后	2.552	2.2037	5.3		0.7	0.487	1.68
topone	匹配前	30.806	32.093	-9.3	92	-1.16	0.246	1.13
	匹配后	30.941	31.044	-0.7		-0.07	0.943	0.96

从表 9.4 可知，实验组和控制组在倾向得分匹配后，变量 lnnetasset、lnlabor、lnage、lntobin Q、lndebt、seperation 和 topone 的平均值偏差的绝对值都小于 10%，且 t 值显示差异也不显著，说明以上变量在实验组和控制组中是分布均衡的（见图 9.1），满足计量统计意义上的同质性要求，且同时符合 DID 方法使用的基本假设条件，由此可知本章使用 PSM - DID 模型是可行的。

（2）PSM - DID 结果。

根据前面匹配好的数据，进行异时 DID 的分析，结果如表 9.5 所示。

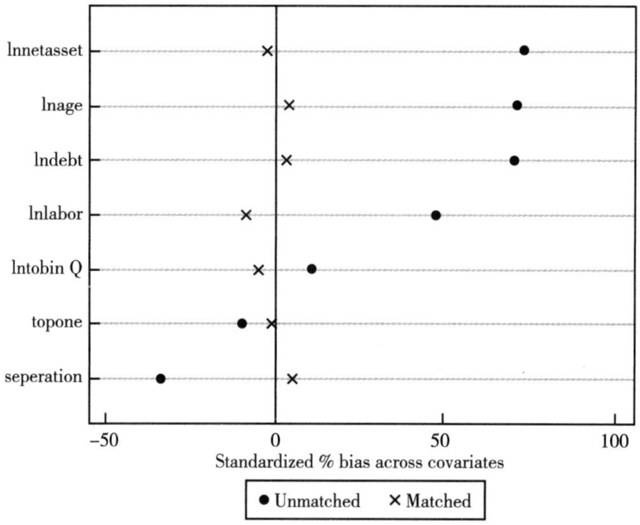

图 9.1　节能环保上市公司 PMS - DID 的匹配均衡性检验

表 9.5　　节能环保产业 PSM - DID 结果

	lnrd	lnpatent	lninvpatapply	lninvpatlicen	lngreenpat	lngreeninvpat
treat_post	**0.238*** (0.140)	**0.192** (0.149)	**0.248*** (0.130)	**0.186*** (0.108)	-0.00342 (0.0698)	-0.0253 (0.105)
lnnetasset	0.440*** (0.101)	0.0567 (0.102)	0.0872 (0.0886)	-0.0732 (0.0738)	0.0436 (0.0496)	0.104 (0.0744)
lnlabor	0.252*** (0.0872)	0.0395 (0.0780)	-0.0298 (0.0680)	-0.0215 (0.0566)	0.0417 (0.0377)	0.106* (0.0566)
lnage	-0.828 (0.733)	1.367** (0.618)	0.911* (0.539)	0.193 (0.449)	0.324 (0.306)	0.368 (0.459)
lntobin Q	0.230* (0.121)	0.0829 (0.142)	0.0194 (0.123)	-0.0921 (0.103)	0.00141 (0.0623)	0.0386 (0.0935)
lndebt	0.159** (0.0761)	0.0868 (0.0686)	0.0642 (0.0598)	-0.0245 (0.0498)	-0.0176 (0.0338)	0.0607 (0.0507)
seperation	0.00908 (0.0113)	-0.0214* (0.0115)	-0.0219** (0.0101)	-0.000702 (0.00838)	-0.00165 (0.00507)	0.00720 (0.00760)
topone	0.00937 (0.00712)	0.00822 (0.00662)	0.00720 (0.00577)	-0.00257 (0.00481)	0.000346 (0.00314)	0.00132 (0.00471)
_cons	3.808 (2.759)	-5.541** (2.347)	-4.611** (2.045)	2.137 (1.704)	-1.357 (1.126)	-4.450*** (1.688)
个体固定	YES	YES	YES	YES	YES	YES
年份固定	YES	YES	YES	YES	YES	YES
N	524	665	665	665	652	652
adj. R^2	0.340	0.203	0.208	0.340	0.167	0.295

注：*、**、*** 分别表示在 10%、5% 和 1% 的显著性水平上显著。

表 9.5 是在对节能环保产业运用 PSM - DID 方法处理后的结果，EST 制度的实施对企业的研发投入、创新质量和数量均具有显著的正向影响，而对企业绿色创新数量和质量有一定的负向影响，说明该制度的实施对促进企业绿色创新的效果不明显甚至有负向影响。控制变量企业净资产、员工数量、企业年龄和托宾 Q 值都对企业的研发投入和创新、绿色创新的数量质量有显著的正向影响，初步判断是因为企业净资产增加可以增加企业的研发投入从而促进绿色创新，员工数量和企业年龄在一定程度上反映了企业的规模，说明企业的规模越大经营时间越长越有利于进行绿色创新。此外，企业负债也在一定程度上促进了企业的研发投入和创新，说明一定的债务压力可以推动企业进行创新以期望能降低成本、增加收益。

（三）DID 方法的条件检验

DID 方法需要满足的 5 个条件检验，结果如下。

1. 共同趋势假设检验

这里将政策实施前的年份每一年生成一个虚拟变量，然后各自与试点地区虚拟变量生成交互项，并进行 PSM - DID 检验，结果如表 9.6 所示。

表 9.6　　节能环保产业的共同趋势检验

	(1) lnrd	(2) lnpatent	(3) lninvpatapply	(4) lninvpatlicen	(5) lngreenpat	(6) lngreeninvpat
treat_post	**0.280** (0.187)	**0.452** ** (0.217)	**0.485** ** (0.189)	**0.392** ** (0.163)	0.0754 (0.107)	0.194 (0.155)
lnnetasset	0.430 *** (0.102)	0.0717 (0.109)	0.0888 (0.0951)	-0.123 (0.0821)	0.0390 (0.0569)	0.0680 (0.0828)
lnlabor	0.270 *** (0.0885)	0.108 (0.0905)	0.0262 (0.0789)	-0.0175 (0.0681)	0.0478 (0.0482)	0.139 ** (0.0703)
lnage	-0.768 (0.736)	2.040 ** (0.822)	1.540 ** (0.716)	0.473 (0.618)	0.196 (0.418)	0.168 (0.609)
lntobin Q	0.247 ** (0.123)	0.103 (0.151)	-0.00239 (0.132)	-0.124 (0.114)	0.0404 (0.0751)	0.0824 (0.109)
lndebt	0.154 ** (0.0780)	0.166 ** (0.0792)	0.128 * (0.0690)	-0.0158 (0.0595)	-0.00270 (0.0414)	0.129 ** (0.0604)
seperation	0.00737 (0.0114)	-0.0177 (0.0128)	-0.0185 * (0.0111)	0.00359 (0.00962)	-0.00249 (0.00601)	0.00588 (0.00876)
topone	0.00932 (0.00715)	0.0159 ** (0.00771)	0.0143 ** (0.00672)	-0.00103 (0.00580)	0.00144 (0.00383)	0.00602 (0.00559)
treat_year2009	**1.116** (0.975)	**0.753** (0.457)	**0.698** * (0.398)	**0.633** * (0.344)	**0.134** (0.233)	**0.648** * (0.340)
treat_year2010	**-0.234** (0.393)	**0.601** (0.404)	**0.245** (0.352)	**0.184** (0.304)	**0.120** (0.205)	**0.348** (0.299)

续表

	(1) lnrd	(2) lnpatent	(3) lninvpatapply	(4) lninvpatlicen	(5) lngreenpat	(6) lngreeninvpat
treat_year2011	**-0.0400** (0.365)	**0.392** (0.323)	**0.407** (0.281)	**0.219** (0.243)	**0.0393** (0.150)	**-0.0434** (0.218)
treat_year2012	**0.149** (0.259)	**0.233** (0.299)	**0.268** (0.260)	**0.316** (0.225)	**0.0696** (0.152)	**0.318** (0.221)
年份固定	YES	YES	YES	YES	YES	YES
cons	2.881 (2.893)	-10.77 *** (2.970)	-8.873 *** (2.588)	1.848 (2.234)	-1.590 (1.528)	-5.805 *** (2.226)
N	524	601	601	601	585	585
adj. R^2	0.338	0.131	0.037	0.20	0.219	0.123

注：*、**、*** 分别表示在 10%、5% 和 1% 的显著性水平上显著。

从表 9.6 结果可知，DID 项（treat_post）表明，政策对企业的研发投入、企业创新质量和数量以及企业绿色创新数量和质量均产生了正向影响，尤其是企业创新质量和数量方面，DID 项在 5% 的统计水平上显著，进一步说明了 ETS 制度能促进了节能环保产业创新，且绝大部分 treat_year2009 ~ treat_year2012 这些政策施行前年份交互项并不显著，这表明整体上分析，ETS 制度实施前实验组和对照组的研发投入、专利数据和绿色专利变动趋势没有显著性的差异，说明共同趋势检验通过，利用 PSM 产生的分组有效，因此可以使用 DID 进行实证分析。

2. 政策干预时间的随机性检验

本章研究的试点政策在 2013 年、2014 年开始实施，要进行政策干预时间的随机性检验，在此将政策执行时间提前到 2012 年或 2011 年，得到的结果如表 9.7 和表 9.8 所示。

表 9.7　节能环保产业的政策干预时间的随机性检验（假设政策自 2012 年开始）

	(1) lnrd	(2) lnpatent	(3) lninvpatapply	(4) lninvpatlicen	(5) lngreenpat	(6) lngreeninvpat
treat_post2012	**0.152** (0.171)	**-0.0396** (0.176)	**0.0339** (0.154)	**0.0146** (0.133)	**-0.0110** (0.0866)	**-0.0622** (0.127)
lnnetasset	0.446 *** (0.101)	0.101 (0.108)	0.118 (0.0947)	-0.0999 (0.0817)	0.0426 (0.0563)	0.0830 (0.0825)
lnlabor	0.248 *** (0.0874)	0.106 (0.0904)	0.0177 (0.0790)	-0.0249 (0.0681)	0.0467 (0.0480)	0.133 * (0.0704)
lnage	-0.936 (0.731)	1.955 ** (0.817)	1.417 ** (0.713)	0.344 (0.615)	0.187 (0.414)	0.144 (0.608)
lntobin Q	0.226 * (0.122)	0.0979 (0.151)	-0.00211 (0.132)	-0.124 (0.114)	0.0372 (0.0745)	0.0693 (0.109)
lndebt	0.164 ** (0.0765)	0.170 ** (0.0791)	0.137 ** (0.0690)	-0.0105 (0.0596)	-0.00139 (0.0411)	0.128 ** (0.0603)

续表

	(1) lnrd	(2) lnpatent	(3) lninvpatapply	(4) lninvpatlicen	(5) lngreenpat	(6) lngreeninvpat
seperation	0.0116 (0.0112)	-0.0160 (0.0127)	-0.0160 (0.0111)	0.00570 (0.00956)	-0.00188 (0.00588)	0.00707 (0.00863)
topone	0.00819 (0.00709)	0.0141* (0.00767)	0.0123* (0.00669)	-0.00289 (0.00578)	0.00126 (0.00380)	0.00573 (0.00557)
年份固定	YES	YES	YES	YES	YES	YES
_cons	3.909 (2.770)	-10.63*** (2.956)	-8.707*** (2.581)	2.167 (2.227)	-1.551 (1.517)	-5.473** (2.224)
N	524	601	601	601	585	585
adj. R^2	0.337	0.135	0.146	0.113	0.211	0.129

注：*、**、*** 分别表示在 10%、5% 和 1% 的显著性水平上显著。

表 9.8　节能环保产业的政策干预时间的随机性检验（假设政策自 2011 年开始）

	(1) lnrd	(2) lnpatent	(3) lninvpatapply	(4) lninvpatlicen	(5) lngreenpat	(6) lngreeninvpat
treat_post2011	**0.268** (0.243)	**-0.189** (0.208)	**-0.0600** (0.182)	**0.0197** (0.157)	**-0.0131** (0.102)	**0.0228** (0.150)
lnnetasset	0.447*** (0.101)	0.0989 (0.108)	0.118 (0.0946)	-0.0993 (0.0816)	0.0422 (0.0563)	0.0826 (0.0826)
lnlabor	0.255*** (0.0877)	0.106 (0.0903)	0.0188 (0.0789)	-0.0246 (0.0680)	0.0467 (0.0480)	0.131* (0.0704)
lnage	-0.960 (0.728)	1.882** (0.819)	1.374* (0.715)	0.348 (0.617)	0.186 (0.415)	0.189 (0.609)
lntobin Q	0.231* (0.122)	0.0989 (0.151)	-0.000797 (0.132)	-0.123 (0.114)	0.0372 (0.0744)	0.0657 (0.109)
lndebt	0.165** (0.0762)	0.170** (0.0790)	0.138** (0.0690)	-0.0104 (0.0595)	-0.00162 (0.0412)	0.128** (0.0604)
seperation	0.0114 (0.0111)	-0.0148 (0.0127)	-0.0151 (0.0111)	0.00568 (0.00955)	-0.00189 (0.00587)	0.00646 (0.00861)
topone	0.00809 (0.00708)	0.0138* (0.00766)	0.0121* (0.00670)	-0.00288 (0.00578)	0.00126 (0.00380)	0.00591 (0.00557)
年份固定	YES	YES	YES	YES	YES	YES
_cons	3.913 (2.768)	-10.41*** (2.963)	-8.641*** (2.589)	2.143 (2.234)	-1.538 (1.524)	-5.557** (2.235)
N	524	601	601	601	585	585
adj. R^2	0.338	0.134	0.146	0.113	0.211	0.130

注：*、**、*** 分别表示在 10%、5% 和 1% 的显著性水平上显著。

以上两个表的结果显示，如果把政策时间提前到 2012 年或者 2011 年，DID 项（treat_post2012 和 treat_post2011）与大部分的基本回归结果均不一致，不仅表现在 DID 项均不再显著，还表现在对节能环保产业创新的影响方向上，例如，基本回归结果表明

ETS 制度对企业的创新质量和数量具有显著的正向影响，而将政策时间提前后的结果却对其产生了负向影响，这说明节能环保产业 PSM - DID 的回归结果确实是由 ETS 制度带来的，同时也进一步证明了 ETS 制度能促进节能环保产业创新，因此通过了政策干预时间的随机性检验。

3. 试点地区的随机性检验

考虑并没有受政策影响的地区，假设其受到政策影响进行试点地区的随机性检验。在此选择将江苏、广西、山东、河南和湖南设为试点地区，结果如表 9.9 所示。

表 9.9　　节能环保产业的试点地区随机性检验

	(1) lnrd	(2) lnpatent	(3) lninvpatapply	(4) lninvpatlicen	(5) lngreenpat	(6) lngreeninvpat
Treatun_post	0 (.)	0 (.)	0 (.)	0 (.)	0 (.)	0 (.)
lnnetasset	0.261* (0.135)	0.163 (0.144)	0.162 (0.129)	-0.0475 (0.112)	0.0482 (0.0768)	0.0597 (0.107)
lnlabor	0.295** (0.141)	0.256 (0.157)	0.0964 (0.141)	-0.0758 (0.122)	0.127 (0.0843)	0.320*** (0.118)
lnage	0.862 (1.268)	3.378** (1.457)	0.790 (1.305)	-1.100 (1.131)	0.115 (0.837)	0.206 (1.169)
lntobin Q	0.268* (0.154)	0.260 (0.188)	0.134 (0.169)	-0.0926 (0.146)	-0.0155 (0.100)	0.0659 (0.140)
lndebt	0.179 (0.112)	0.101 (0.117)	0.118 (0.105)	-0.0513 (0.0905)	0.0120 (0.0627)	0.143 (0.0875)
seperation	0.00806 (0.0174)	-0.0244 (0.0205)	-0.0192 (0.0184)	0.00509 (0.0159)	-0.00487 (0.00906)	0.0104 (0.0126)
topone	0.00337 (0.0110)	0.00692 (0.0130)	0.0147 (0.0116)	-0.000771 (0.0101)	0.0000675 (0.00604)	0.0117 (0.00842)
年份固定	YES	YES	YES	YES	YES	YES
_cons	3.194 (4.279)	-15.39*** (4.985)	-8.256* (4.464)	6.482* (3.867)	-2.134 (2.687)	-6.794* (3.750)
N	414	426	426	426	409	409
adj. R^2	0.107	0.140	0.178	0.123	0.346	0.251

注：*、**、*** 分别表示在 10%、5% 和 1% 的显著性水平上显著。

假设非试点地区为试点地区，如果 DID 项（Treatun_post）的估计系数依然是显著的，则说明节能环保产业创新的提高并不是因为 ETS 制度的实施，而是因为其他随机因素的影响，倘若结果相反，则能够证明基本回归结果具有一定的稳健性。从表 9.9 中可以看出，DID 项（Treatun_post）不仅不显著，而且结果直接被忽略，这表明节能环保产业 PSM - DID 的回归结果确实是由 ETS 制度引起的，也说明通过了试点地区随机性检验。

4. 政策实施的唯一性检验

这个检验的目的是至少证明试点是主要影响因素，需要从试点地区中选择部分试点地区作为处理组，在本章中将试点地区中，只选择其中的直辖市（上海、北京、天津和重庆）作为试点地区，结果如表 9.10 所示。

表 9.10　　政策实施的唯一性检验

	(1) lnrd	(2) lnpatent	(3) lninvpatapply	(4) lninvpatlicen	(5) lngreenpat	(6) lngreeninvpat
Treatselect_post	0 (.)	0 (.)	0 (.)	0 (.)	0 (.)	0 (.)
lnnetasset	0.453*** (0.101)	0.100 (0.108)	0.119 (0.0945)	-0.0995 (0.0815)	0.0424 (0.0562)	0.0822 (0.0825)
lnlabor	0.247*** (0.0874)	0.105 (0.0902)	0.0186 (0.0788)	-0.0245 (0.0680)	0.0463 (0.0479)	0.132* (0.0702)
lnage	-0.999 (0.727)	1.971** (0.813)	1.403** (0.710)	0.338 (0.612)	0.193 (0.411)	0.178 (0.603)
lntobin Q	0.223* (0.121)	0.0970 (0.151)	-0.00139 (0.132)	-0.123 (0.114)	0.0368 (0.0743)	0.0665 (0.109)
lndebt	0.172** (0.0759)	0.169** (0.0789)	0.138** (0.0689)	-0.0102 (0.0595)	-0.00144 (0.0411)	0.128** (0.0603)
seperation	0.0131 (0.0110)	-0.0165 (0.0125)	-0.0156 (0.0109)	0.00586 (0.00944)	-0.00196 (0.00584)	0.00659 (0.00856)
topone	0.00775 (0.00707)	0.0142* (0.00765)	0.0122* (0.00668)	-0.00292 (0.00576)	0.00128 (0.00379)	0.00587 (0.00556)
年份固定	YES	YES	YES	YES	YES	YES
_cons	3.778 (2.766)	-10.62*** (2.953)	-8.710*** (2.578)	2.166 (2.224)	-1.559 (1.514)	-5.521** (2.220)
N	524	601	601	601	585	585
adj. R^2	0.337	0.133	0.144	0.150	0.208	0.128

注：*、**、*** 分别表示在 10%、5% 和 1% 的显著性水平上显著。

只选择试点中的直辖市作为试点地区，如果 DID 项（Treatselect_post）的估计系数依然是显著的，则能够证明基本回归结果具有一定的稳健性，即通过政策实施的唯一性检验。但是从表 9.10 中可以看出，DID 项（Treatselect_post）的估计系数不仅不显著，还忽略了，并没有通过政策实施的唯一性检验，出现这种情况的原因可能是这些直辖市中的节能环保产业在 ETS 制度实施之前就比较注重创新发展，以至于 ETS 制度实施后对其影响程度并没有很大。

5. 控制组和政策影响组分组的随机性检验

在此用工具变量来替代政策变量，解决因为分组非随机导致的内生性问题。将各地区的 PM2.5 数据作为各地区试点政策的工具变量，并使用 Stata 的 xtivreg2 命令，得到的结果如表 9.11 所示。

表 9.11　　节能环保产业内生性问题

	(1) lnrd	(2) lnpatent	(3) lninvpatapply	(4) lninvpatlicen	(5) lngreenpat	(6) lngreeninvpat
treat_post	1.134 (1.876)	5.490 (9.391)	2.431 (5.217)	6.455 (10.46)	1.017 (9.075)	-1.328 (12.56)
lnnetasset	0.514*** (0.132)	-0.227 (0.527)	-0.0879 (0.293)	-0.341 (0.588)	0.0278 (0.0972)	0.0171 (0.135)
lnlabor	0.269*** (0.0888)	0.166 (0.205)	0.102 (0.114)	0.0631 (0.229)	-0.0168 (0.227)	0.135 (0.314)
lnage	-0.937 (1.144)	3.686 (2.456)	4.160*** (1.364)	3.907 (2.737)	-0.0463 (0.652)	0.0932 (0.903)
lntobin Q	0.297 (0.205)	0.156 (0.459)	-0.126 (0.255)	-0.118 (0.512)	0.0116 (0.126)	0.00581 (0.174)
lndebt	0.0812 (0.138)	-0.103 (0.320)	-0.0267 (0.178)	-0.189 (0.357)	-0.0651 (0.483)	0.204 (0.668)
seperation	0.00366 (0.0353)	-0.0793 (0.169)	-0.0313 (0.0938)	-0.102 (0.188)	-0.0209 (0.189)	0.0333 (0.261)
topone	0.0203 (0.0156)	0.0691 (0.0817)	0.0389 (0.0454)	0.0659 (0.0910)	0.00404 (0.0465)	-0.00157 (0.0644)
年份固定	YES	YES	YES	YES	YES	YES
N	340	415	415	415	420	420
adj. R^2	0.337	-4.051	-0.992	-9.605	-0.736	-0.773

注：*、**、*** 分别表示在 10%、5% 和 1% 的显著性水平上显著。

PM2.5 与 ETS 制度的实施高度相关，且与节能环保产业创新之间不存在相关性，故本章将其作为各地区试点政策的工具变量。表 9.11 所示的结果表明，DID 项（treat_post）均不再显著，即对企业的研发投入、创新质量和数量以及企业绿色创新数量和质量均未产生显著的影响，因此通过了控制组和政策影响组分组的随机性检验，增强了实证结果的稳健性。

（四）政策的动态性效果（动态时间窗分析）

为了研究政策的动态影响，从政策发布之后的 2013 年开始，逐年与试点地区产生交互变量，得到的实证结果如表 9.12 所示。

表 9.12　　节能环保产业受碳试点影响的动态性效果

	(1) lnrd	(2) lnpatent	(3) lninvpatapply	(4) lninvpatlicen	(5) lngreenpat	(6) lngreeninvpat
treat_year2013	-0.151 (0.254)	-0.509* (0.280)	-0.527** (0.244)	-0.293 (0.210)	-0.159 (0.137)	-0.315 (0.202)
Treat_year2014	-0.0287 (0.244)	0.0684 (0.288)	0.0218 (0.250)	0.164 (0.216)	-0.120 (0.129)	-0.175 (0.189)
treat_year2015	0.246 (0.240)	-0.0487 (0.276)	0.227 (0.240)	0.108 (0.208)	0.176 (0.128)	0.0233 (0.188)
treat_year2016	0.127 (0.230)	0.128 (0.266)	0.196 (0.231)	0.130 (0.199)	0.139 (0.136)	0.195 (0.201)
treat_year2017	0.351 (0.230)	0.0910 (0.278)	0.162 (0.242)	0.302 (0.209)	-0.0654 (0.127)	0.0562 (0.187)
treat_year2018	0.159 (0.241)	0.0555 (0.257)	0.170 (0.223)	-0.115 (0.193)	0.00270 (0.126)	-0.119 (0.185)
treat_year2019	0.810** (0.317)	0.0557 (0.362)	0.0287 (0.314)	-0.139 (0.272)		
lnnetasset	0.419*** (0.101)	0.0731 (0.110)	0.0885 (0.0952)	-0.111 (0.0822)	0.0433 (0.0565)	0.0694 (0.0830)
lnlabor	0.246*** (0.0872)	0.108 (0.0906)	0.0205 (0.0788)	-0.0178 (0.0681)	0.0433 (0.0479)	0.131* (0.0704)
lnage	-0.581 (0.738)	2.116** (0.829)	1.576** (0.720)	0.396 (0.622)	0.158 (0.415)	0.150 (0.610)
lntobin Q	0.214* (0.122)	0.114 (0.153)	0.0281 (0.133)	-0.114 (0.115)	0.0555 (0.0747)	0.0738 (0.110)
lndebt	0.155** (0.0763)	0.163** (0.0796)	0.128* (0.0692)	-0.0234 (0.0598)	-0.00738 (0.0412)	0.117* (0.0605)
seperation	0.00901 (0.0112)	-0.0170 (0.0127)	-0.0172 (0.0111)	0.00570 (0.00956)	-0.00370 (0.00594)	0.00504 (0.00873)
topone	0.0106 (0.00714)	0.0157** (0.00774)	0.0144** (0.00673)	-0.00166 (0.00581)	0.00146 (0.00380)	0.00615 (0.00559)
年份固定	YES	YES	YES	YES	YES	YES
_cons	3.729 (2.760)	-10.39*** (2.962)	-8.431*** (2.575)	2.441 (2.224)	-1.362 (1.521)	-4.978** (2.234)
N	524	601	601	601	585	585
adj. R^2	0.343	-0.037	-0.038	0.017	-0.204	-0.127

注：*、**、*** 分别表示在 10%、5% 和 1% 的显著性水平上显著。

从表 9.12 结果可知，绝大部分 treat_year2013 ~ treat_year2018 这些政策施行后年份并不显著，而在 2019 年，企业研发投入（lnrd）和政策虚拟变量的回归系数为 0.81，在 5% 的水平上显著，说明碳试点设置后，企业的研发均投入均得到了提高。

三、新能源产业的实证结果

（一）描述性统计

变量的描述性统计见表 9.13。

表 9.13　　描述性统计

Variable	Obs	Mean	Std. Dev.	Min	Max
lnrd	667	17.94	1.573	6.909	27.50
lnpatent	1007	1.609	1.677	0	6.534
lninvpatap ~ y	1007	1.125	1.368	0	5.883
lninvpatli ~ n	1007	0.627	1.036	0	5.308
lngreenpat	934	0.202	0.557	0	4.431
lngreeninv ~ t	934	0.483	0.862	0	4.654
treat post	1007	0.111	0.315	0	1
lnnetasset	761	21.54	1.075	18.52	25.24
lnlabor	810	7.581	1.125	3.829	10.43
lnage	1002	2.543	0.555	0	3.584
lntobin Q	699	0.512	0.394	-0.354	2.593
lndebt	763	21.45	1.524	17.48	25.96
seperation	730	5.013	7.417	0	31.62
topone	762	33.18	15.50	3.620	93.60

表 9.13 中代表企业研发投入的变量 lnrd 的平均值为 17.94，最小值为 6.909，最大值为 27.50，而代表企业创新数量的变量 lnpatent 和创新质量的变量 lninvpatapatapply、lninvpatlicen 的平均值分别为 1.609、1.125 和 0.627，说明创新的总产出和有效产出之间存在一定的差距。代表企业绿色创新质量的变量 lngreeninvpat 的平均值为 0.483，最小值为 0，最大值为 4.654，表明不同企业的绿色创新质量存在较大差异。lntobin Q 的平均值为 0.512，表明 Q 值是大于 1 的，说明总体来看目前的市场形势有利于新能源产业进行创新型投资。

（二）异时 DID 结果

1. DID

从表 9.14 可以发现，不管是哪个因变量，交叉项 treat_post 的系数都不显著。这是没有考虑到原始数据的匹配问题。因此下面先用 PSM - DID 进行实证分析，需要说明的是，这里的 DID 部分依然采用异时 DID。

表 9.14　　双重差分模型结果

	(1) lnrd	(2) lnpatent	(3) lninvpatapply	(4) lninvpatlicen	(5) lngreenpat	(6) lngreeninvpat
treat_post	0.0690 (0.201)	0.114 (0.196)	-0.0998 (0.170)	0.0129 (0.143)	0.00821 (0.0929)	0.355 *** (0.127)
lnnetasset	0.0312 (0.124)	0.00811 (0.102)	0.0189 (0.0887)	0.103 (0.0747)	-0.0395 (0.0479)	-0.0417 (0.0655)
lnlabor	0.445 *** (0.169)	0.618 *** (0.124)	0.411 *** (0.107)	0.178 ** (0.0903)	-0.0272 (0.0588)	0.0336 (0.0804)
lnage	-0.723 (0.726)	-0.0211 (0.648)	-0.248 (0.561)	-0.238 (0.473)	0.322 (0.308)	0.610 (0.421)
lntobin Q	-0.265 (0.165)	0.0264 (0.147)	-0.00244 (0.128)	-0.169 (0.107)	-0.0740 (0.0693)	-0.0965 (0.0948)
lndebt	0.356 *** (0.103)	-0.131 (0.0884)	-0.0676 (0.0766)	-0.0714 (0.0645)	0.0141 (0.0432)	0.0688 (0.0590)
seperation	-0.00639 (0.0170)	0.0186 (0.0134)	0.0162 (0.0116)	0.0152 (0.00978)	-0.00751 (0.00661)	-0.0146 (0.00904)
topone	0.00684 (0.00766)	-0.00704 (0.00703)	-0.00154 (0.00609)	-0.00632 (0.00513)	0.0122 *** (0.00338)	0.00480 (0.00462)
个体固定	YES	YES	YES	YES	YES	YES
年份固定	YES	YES	YES	YES	YES	YES
_cons	7.539 ** (3.041)	-1.297 (2.403)	-1.150 (2.081)	-1.072 (1.752)	-0.403 (1.136)	-2.132 (1.554)
N	500	621	621	621	599	599
adj. R^2	0.198	0.129	0.112	0.108	0.104	0.139

注：*、**、*** 分别表示在 10%、5% 和 1% 的显著性水平上显著。

2. PSM - DID

(1) 匹配平衡性检验。

使用 Stata 软件中的 psmatch2 命令，先对样本进行 1∶1 匹配。PSM 匹配的检验结果如表 9.15 所示。

表 9.15　　匹配平衡检验——匹配前后样本特征对比

Variable	Unmatched Matched	Mean		%bias	%reduct |bias|	T - test		V (T)/V (C)
		Treated	Control			t	P > |t|	
lnnetasset	U	21.731	21.626	9.9	43.8	0.97	0.332	1.52 *
	M	21.731	21.791	-5.6		-0.44	0.661	2.23 *
lnlabor	U	7.5525	7.7333	-16.5	89.3	-1.65	0.101	1.66 *
	M	7.5525	7.5332	1.8		0.13	0.898	1.58 *

续表

Variable	Unmatched Matched	Mean		%bias	%reduct | bias |	T - test		V (T)/ V (C)
		Treated	Control			t	P > | t |	
lnage	U	2.7689	2.7434	7.4	-295.9	0.7	0.486	1.14
	M	2.7689	2.87	-29.3		-2.25	0.025	1.36*
lntobin Q	U	0.55483	0.49986	13.3	65.3	1.28	0.202	1.31
	M	0.55483	0.53575	4.6		0.34	0.736	1.27
lndebate	U	21.244	21.465	-13	65.2	-1.34	0.182	2.08*
	M	21.244	21.321	-4.5		-0.34	0.737	2.21*
seperation	U	3.2359	4.6688	-21.5	-11.6	-1.97	0.05	0.92*
	M	3.2359	4.835	-24		-1.78	0.077	0.92
topone	U	35.158	33.436	10.1	-28	1.04	0.299	2.06*
	M	35.158	32.954	12.9		0.99	0.322	2.68*

注：*、**、*** 分别表示在 10%、5% 和 1% 的显著性水平上显著。

从表 9.15 可知，实验组和控制组在倾向得分匹配后，变量 lnage 和 seperation 的平均值偏差的绝对值都大于 10%，且 t 值显示差异显著，在此将 2 个控制变量去掉。其他变量在实验组和控制组中是分布均衡的（见图 9.2），满足计量统计意义上的同质性要求，且同时符合 DID 方法使用的基本假设条件，由此可知本章使用 PSM - DID 模型是可行的。

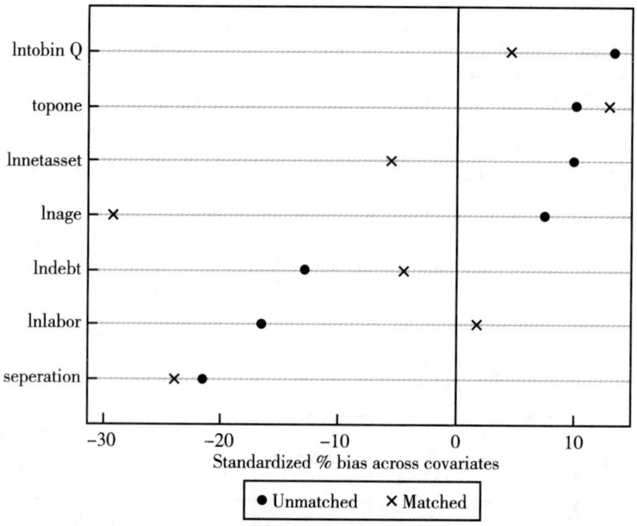

图 9.2　新能源上市公司 PMS - DID 的匹配均衡性检验

（2）PSM - DID 结果。

根据前面匹配好的数据，进行异时 DID 的分析，结果如表 9.16 所示。

表 9.16　　新能源产业 PSM－DID 结果

	(1) lnrd	(2) lnpatent	(3) lninvpatapply	(4) lninvpatlicen	(5) lngreenpat	(6) lngreeninvpat
treat_post	−0.0278 (0.148)	0.840*** (0.294)	0.537** (0.261)	0.396* (0.229)	0.0104 (0.176)	0.672*** (0.236)
lnnetasset	0.0331 (0.148)	0.0242 (0.235)	0.174 (0.209)	0.125 (0.183)	0.250* (0.151)	0.341* (0.203)
lnlabor	0.274 (0.165)	0.600** (0.247)	0.219 (0.220)	0.135 (0.192)	−0.248 (0.181)	−0.330 (0.243)
lntobin Q	−0.113 (0.124)	−0.223 (0.235)	0.0371 (0.209)	0.137 (0.183)	0.194 (0.168)	−0.0129 (0.225)
lndebt	0.301*** (0.0872)	−0.0921 (0.153)	−0.0932 (0.136)	−0.116 (0.119)	−0.0733 (0.101)	−0.0312 (0.136)
topone	0.0249*** (0.00566)	0.0104 (0.0118)	0.0195* (0.0105)	−0.000553 (0.00914)	0.0143** (0.00719)	−0.00409 (0.00966)
个体固定	YES	YES	YES	YES	YES	YES
年份固定	YES	YES	YES	YES	YES	YES
_cons	7.428*** (2.759)	−3.807 (4.138)	−4.474 (3.675)	−1.416 (3.216)	−2.666 (2.667)	−4.589 (3.584)
N	190	226	226	226	223	223
adj. R^2	0.726	0.272	0.290	0.252	0.233	0.369

注：*、**、*** 分别表示在 10%、5% 和 1% 的显著性水平上显著。

表 9.16 是在对新能源产业运用 PSM－DID 方法处理后的结果，EST 制度的实施对企业的创新质量和数量以及绿色创新数量和质量均具有显著的正向影响，而对企业研发投入有一定的负向影响，说明该制度的实施可以促进新能源产业的绿色创新，同时由于企业成本增加导致研发投入相对减少。控制变量企业净资产、员工数量、企业年龄和托宾 Q 值都对企业的创新、绿色创新的数量质量有显著的正向影响，初步判断是因为企业净资产增加可以增加企业的研发投入从而促进绿色创新，员工数量和企业年龄在一定程度上反映了企业的规模，说明企业的规模越大经营时间越长越有利于进行绿色创新。此外，企业负债也在一定程度上促进了企业的研发投入，说明一定的债务压力可以推动企业进行研发创新，以期望能降低成本增加收益。

（三）DID 方法的条件检验

DID 方法需要满足的 5 个条件检验，结果如下。

1. 共同趋势假设检验

这里将政策实施前的年份每一年生成一个虚拟变量，然后各自与试点地区虚拟变量生成交互项，并进行 PSM－DID 检验，结果如表 9.17 所示。

表 9.17　　新能源产业的共同趋势检验

	(1) lnrd	(2) lnpatent	(3) lninvpatapply	(4) lninvpatlicen	(5) lngreenpat	(6) lngreeninvpat
treat_post	0.00807 (0.213)	1.186** (0.568)	0.874* (0.484)	0.359 (0.444)	-0.169 (0.378)	0.0584 (0.492)
lnnetasset	0.000157 (0.150)	0.194 (0.302)	0.579** (0.257)	0.279 (0.236)	0.256 (0.179)	0.329 (0.232)
lnlabor	0.293* (0.167)	0.570* (0.330)	0.262 (0.281)	0.127 (0.258)	-0.280 (0.203)	-0.473* (0.264)
lntobin Q	-0.0947 (0.126)	-0.140 (0.257)	0.0912 (0.219)	0.185 (0.201)	0.142 (0.191)	-0.109 (0.249)
lndebt	0.306*** (0.0876)	-0.189 (0.198)	-0.247 (0.169)	-0.0921 (0.155)	-0.0705 (0.117)	-0.00102 (0.152)
topone	0.0250*** (0.00579)	0.0205 (0.0136)	0.0225* (0.0116)	-0.00648 (0.0106)	0.0149* (0.00834)	-0.000191 (0.0108)
treat_year2009	-0.994 (0.358)	0.583 (0.997)	0.547 (0.849)	0.543 (0.779)	-0.728 (0.502)	-1.545 (0.653)
treat_year2010	0.302 (0.309)	0.373 (0.779)	0.111 (0.663)	0.183 (0.608)	-0.106 (0.510)	-0.802 (0.663)
treat_year2011	0.147 (0.259)	0.108 (0.729)	0.00136 (0.621)	-0.215 (0.570)	-0.176 (0.472)	-0.468 (0.614)
treat_year2012	-0.180 (0.271)	0.474 (0.751)	0.728 (0.639)	-0.109 (0.586)	-0.0431 (0.475)	-0.679 (0.618)
年份固定	YES	YES	YES	YES	YES	YES
_cons	8.899*** (2.889)	-3.845 (5.476)	-9.257** (4.664)	-4.375 (4.278)	-2.042 (3.082)	-2.329 (4.008)
N	190	210	210	210	206	206
adj. R^2	0.725	0.155	0.125	0.281	0.272	0.156

注：*、***、*** 分别表示在 10%、5% 和 1% 的显著性水平上显著。

从表 9.17 结果可知，DID 项（treat_post）表明，政策对企业的研发投入、企业创新质量和数量以及企业绿色创新质量均产生了正向影响，尤其是企业创新数量方面，DID 项在 5% 的统计水平上显著，进一步说明了 ETS 制度能促进了新能源产业创新，且绝大部分 treat_year2009 ~ treat_year2012 这些政策施行前年份交互项并不显著，这表明整体上分析，ETS 制度实施前实验组和对照组的研发投入、专利数据和绿色专利变动趋势没有显著性的差异，说明共同趋势检验通过，利用 PSM 产生的分组有效，因此可以使用 DID 进行实证分析。

2. 政策干预时间的随机性检验

本书研究的试点政策在 2013 年、2014 年开始实施，要进行政策干预时间的随机性检验，在此将政策执行时间提前到 2012 年或 2011 年，得到的结果如表 9.18 和表 9.19 所示。

表 9.18　　新能源产业的政策干预时间的随机性检验（假设政策自 2012 年开始）

	(1) lnrd	(2) lnpatent	(3) lninvpatapply	(4) lninvpatlicen	(5) lngreenpat	(6) lngreeninvpat
treat_post2012	-0.0521 (0.146)	0.730 (0.342)	0.470 (0.291)	0.319 (0.264)	0.0616 (0.198)	0.848 (0.258)
lnnetasset	0.0338 (0.148)	0.238 (0.292)	0.586 ** (0.249)	0.329 (0.226)	0.263 (0.175)	0.328 (0.228)
lnlabor	0.273 (0.165)	0.593 * (0.317)	0.260 (0.270)	0.0850 (0.245)	-0.273 (0.201)	-0.469 * (0.262)
lntobin Q	-0.110 (0.124)	-0.176 (0.252)	0.0772 (0.215)	0.149 (0.195)	0.206 (0.183)	-0.0217 (0.239)
lndebt	0.301 *** (0.0871)	-0.194 (0.194)	-0.224 (0.166)	-0.0808 (0.150)	-0.0803 (0.114)	-0.00241 (0.148)
topone	0.0251 *** (0.00561)	0.0190 (0.0135)	0.0223 * (0.0115)	-0.00758 (0.0104)	0.0165 ** (0.00816)	0.00240 (0.0106)
年份固定	YES	YES	YES	YES	YES	YES
_cons	7.390 *** (2.757)	-4.384 (5.305)	-9.468 ** (4.524)	-4.875 (4.102)	-2.555 (3.014)	-3.309 (3.929)
N	190	210	210	210	206	206
adj. R^2	0.727	0.160	0.133	0.363	0.259	0.350

注：*、**、*** 分别表示在 10%、5% 和 1% 的显著性水平上显著。

表 9.19　　新能源产业的政策干预时间的随机性检验（假设政策自 2011 年开始）

	(1) lnrd	(2) lnpatent	(3) lninvpatapply	(4) lninvpatlicen	(5) lngreenpat	(6) lngreeninvpat
treat_post2011	-0.205 (0.176)	0.713 (0.394)	0.652 (0.332)	0.211 (0.304)	0.151 (0.228)	0.788 (0.302)
lnnetasset	0.0198 (0.147)	0.225 (0.294)	0.602 ** (0.248)	0.311 (0.227)	0.270 (0.175)	0.361 (0.231)
lnlabor	0.283 * (0.165)	0.651 ** (0.316)	0.286 (0.267)	0.116 (0.244)	-0.271 (0.200)	-0.418 (0.265)
lntobin Q	-0.103 (0.124)	-0.204 (0.255)	0.0442 (0.215)	0.144 (0.197)	0.189 (0.185)	-0.0919 (0.245)
lndebt	0.305 *** (0.0867)	-0.213 (0.196)	-0.250 (0.166)	-0.0826 (0.152)	-0.0873 (0.114)	-0.0184 (0.151)
topone	0.0250 *** (0.00557)	0.0166 (0.0135)	0.0205 * (0.0114)	-0.00853 (0.0104)	0.0161 * (0.00817)	-0.0000725 (0.0108)
年份固定	YES	YES	YES	YES	YES	YES
_cons	7.486 *** (2.733)	-4.021 (5.323)	-9.361 ** (4.496)	-4.651 (4.111)	-2.546 (3.004)	-3.881 (3.977)
N	190	210	210	210	206	206
adj. R^2	0.729	-0.171	-0.122	-0.071	-0.256	-0.184

注：*、**、*** 分别表示在 10%、5% 和 1% 的显著性水平上显著。

以上两个表的结果显示，如果把政策时间提前到2012年或者2011年，DID项（treat_post2012和treat_post2011）与大部分的基本回归结果均不一致，虽然对新能源产业创新的影响方向上基本一致，但是影响程度方面完全不同，主要表现在基本回归结果中显著的DID项均不再显著，这说明新能源产业PSM－DID的回归结果确实是由ETS制度带来的，同时也进一步证明了ETS制度能促进新能源产业创新，因此通过了政策干预时间的随机性检验。

3. 试点地区的随机性检验

考虑并没有受政策影响的地区，假设其受到政策影响进行试点地区的随机性检验。在此选择将江苏、广西、山东、河南和湖南设为试点地区，结果如表9.20所示。

表9.20　新能源产业的试点地区随机性检验

	(1) lnrd	(2) lnpatent	(3) lninvpatapply	(4) lninvpatlicen	(5) lngreenpat	(6) lngreeninvpat
Treatun_post	0 (.)	0 (.)	0 (.)	0 (.)	0 (.)	0 (.)
lnnetasset	0.205 (0.161)	1.012** (0.452)	1.009*** (0.365)	0.0587 (0.372)	0.268 (0.289)	0.211 (0.324)
lnlabor	0.590*** (0.169)	－0.0716 (0.467)	－0.175 (0.376)	0.303 (0.383)	－0.469 (0.335)	－0.567 (0.376)
lntobin Q	0.128 (0.137)	－0.102 (0.400)	－0.00605 (0.322)	－0.0989 (0.328)	0.0933 (0.295)	－0.305 (0.331)
lndebt	0.0672 (0.0872)	－0.0279 (0.243)	－0.00713 (0.196)	0.0553 (0.200)	0.0380 (0.171)	0.107 (0.192)
topone	0.0184*** (0.00550)	0.0286 (0.0175)	0.0202 (0.0141)	－0.0246* (0.0144)	0.0120 (0.0131)	0.00704 (0.0147)
年份固定	YES	YES	YES	YES	YES	YES
_cons	6.868** (3.067)	－19.45** (8.261)	－19.53*** (6.660)	－2.610 (6.788)	－3.371 (5.307)	－2.190 (5.957)
N	143	150	150	150	145	145
adj. R^2	0.657	0.389	0.333	0.250	0.561	0.517

注：*、**、***分别表示在10%、5%和1%的显著性水平上显著。

假设非试点地区为试点地区，如果DID项（Treatun_post）的估计系数依然是显著的，则说明新能源产业创新的提高并不是因为ETS制度的实施，而是因为其他随机因素的影响，倘若结果相反，则能够证明基本回归结果具有一定的稳健性。从表9.20中可以看出，DID项（Treatun_post）不仅不显著，而且结果直接被忽略，这表明新能源产业PSM－DID的回归结果确实是由ETS制度引起的，也说明通过了试点地区随机性检验。

4. 政策实施的唯一性检验

这个检验的目的是至少证明试点是主要影响因素，需要从试点地区中选择部分试点地区作为处理组，在本章中将试点地区中，只选择其中的直辖市（上海、北京、天津和重庆）作为试点地区，结果如表 9.21 所示。

表 9.21　　　　政策实施的唯一性检验

	(1) lnrd	(2) lnpatent	(3) lninvpatapply	(4) lninvpatlicen	(5) lngreenpat	(6) lngreeninvpat
Treatselect_post	0 (.)	0 (.)	0 (.)	0 (.)	0 (.)	0 (.)
lnnetasset	0.0322 (0.147)	0.136 (0.292)	0.521** (0.247)	0.284 (0.223)	0.263 (0.174)	0.323 (0.236)
lnlabor	0.273* (0.165)	0.693** (0.317)	0.324 (0.269)	0.129 (0.243)	-0.269 (0.200)	-0.410 (0.271)
lntobin Q	-0.112 (0.124)	-0.150 (0.255)	0.0940 (0.216)	0.160 (0.195)	0.208 (0.183)	0.00519 (0.247)
lndebt	0.300*** (0.0867)	-0.166 (0.196)	-0.206 (0.166)	-0.0685 (0.150)	-0.0778 (0.113)	0.0314 (0.153)
topone	0.0250*** (0.00558)	0.0175 (0.0136)	0.0213* (0.0115)	-0.00826 (0.0104)	0.0165** (0.00813)	0.00200 (0.0110)
年份固定	YES	YES	YES	YES	YES	YES
_cons	7.474*** (2.737)	-3.558 (5.361)	-8.937* (4.538)	-4.514 (4.098)	-2.628 (2.995)	-4.309 (4.059)
N	190	210	210	210	206	206
adj. R^2	0.729	0.191	0.146	0.167	0.251	0.235

注：*、**、*** 分别表示在 10%、5% 和 1% 的显著性水平上显著。

只选择试点中的直辖市作为试点地区，如果 DID（Treatselect_post）的估计系数依然是显著的，则能够证明基本回归结果具有一定的稳健性，即通过政策实施的唯一性检验。但是从表 9.21 中可以看出，DID 项（Treatselect_post）的估计系数不仅不显著，还忽略了，并没有通过政策实施的唯一性检验，出现这种情况的原因可能是这些直辖市中的新能源产业在 ETS 制度实施之前就比较注重创新发展，以至于 ETS 制度实施后对其影响程度并没有很大。

5. 控制组和政策影响组分组的随机性检验

在此用工具变量来替代政策变量，解决因为分组非随机导致的内生性问题。将各地区的 PM2.5 数据作为各地区试点政策的工具变量，并使用 Stata 的 xtivreg2 命令，得到的结果如表 9.22 所示。

表 9.22　　新能源产业内生性问题

	(1) lnrd	(2) lnpatent	(3) lninvpatapply	(4) lninvpatlicen	(5) lngreenpat	(6) lngreeninvpat
treat_post	0.679 (2.416)	-0.646 (2.210)	0.0856 (2.018)	1.384 (1.985)	0.0704 (1.134)	0.239 (1.523)
lnnetasset	0.413 (0.744)	0.368 (0.255)	0.339 (0.233)	0.148 (0.229)	0.0348 (0.157)	-0.168 (0.211)
lnlabor	-0.0347 (0.140)	-0.159 (0.252)	-0.114 (0.230)	-0.00713 (0.226)	0.0488 (0.115)	0.0329 (0.154)
lnage	-1.447 (1.429)	3.820*** (1.055)	2.871*** (0.964)	2.539*** (0.948)	0.572 (0.587)	0.622 (0.788)
seperation	0.0474* (0.0262)	-0.0422 (0.0284)	-0.0430* (0.0259)	-0.0353 (0.0255)	0.0131 (0.00861)	-0.00609 (0.0116)
lntobin Q	-0.103 (0.199)	0.0968 (0.152)	0.0409 (0.139)	0.00818 (0.137)	0.00244 (0.0734)	-0.0128 (0.0986)
lndebt	0.144 (0.391)	0.280 (0.340)	0.0472 (0.311)	-0.133 (0.306)	0.0154 (0.141)	0.200 (0.190)
topone	0.00356 (0.0179)	-0.00625 (0.0173)	-0.000771 (0.0158)	0.0130 (0.0156)	-0.00727 (0.00550)	0.00206 (0.00739)
年份固定	YES	YES	YES	YES	YES	YES
N	192	241	241	241	237	237
adj. R^2	0.211	-0.299	-0.281	-0.661	-0.311	-0.276

注：*、**、*** 分别表示在 10%、5% 和 1% 的显著性水平上显著。

PM2.5 与 ETS 制度的实施高度相关，且与新能源产业创新之间不存在相关性，故本章将其作为各地区试点政策的工具变量。表 9.22 所示的结果表明，DID 项（treat_post）均不再显著，即对企业的研发投入、创新质量和数量以及企业绿色创新数量和质量均未产生显著的影响，除此之外，基本回归结果中显示政策对企业创新数量产生了正向影响，而表 9.22 的结果恰恰相反，因此通过了控制组和政策影响组分组的随机性检验，增强了实证结果的稳健性。

（四）政策的动态性效果（动态时间窗分析）

为了研究政策的动态影响，从政策发布之后的 2013 年开始，逐年与试点地区产生交互变量，得到的实证结果如表 9.23 所示。

表 9.23 新能源产业受碳试点影响的动态性效果

	(1) lnrd	(2) lnpatent	(3) lninvpatapply	(4) lninvpatlicen	(5) lngreenpat	(6) lngreeninvpat
treat_year2013	-0.0696 (0.212)	-0.454 (0.622)	-0.407 (0.535)	-0.0351 (0.495)	0.230 (0.396)	0.853* (0.514)
treat_year2014	0.0582 (0.242)	0.493 (0.501)	0.171 (0.431)	0.321 (0.398)	0.0579 (0.316)	0.505 (0.410)
treat_year2015	-0.0824 (0.210)	1.043** (0.477)	0.741* (0.410)	0.534 (0.379)	0.0661 (0.294)	1.186*** (0.381)
treat_year2016	-0.164 (0.222)	1.351*** (0.513)	0.549 (0.440)	0.409 (0.407)	-0.204 (0.298)	1.187*** (0.387)
treat_year2017	-0.116 (0.246)	1.184** (0.472)	1.052** (0.406)	0.271 (0.375)	0.262 (0.292)	0.791** (0.379)
treat_year2018	-0.0831 (0.217)	0.384 (0.590)	0.451 (0.507)	-0.166 (0.469)	0.0271 (0.278)	0.621* (0.360)
treat_year2019	0.205 (0.288)	0.126 (0.623)	0.0776 (0.535)	0.469 (0.495)		
lnnetasset	0.0419 (0.152)	0.173 (0.291)	0.552** (0.250)	0.289 (0.231)	0.257 (0.178)	0.356 (0.230)
lnlabor	0.292* (0.172)	0.551* (0.318)	0.170 (0.273)	0.107 (0.252)	-0.306 (0.207)	-0.398 (0.268)
lntobin Q	-0.125 (0.129)	-0.0869 (0.252)	0.162 (0.216)	0.161 (0.200)	0.227 (0.187)	-0.0118 (0.242)
lndebt	0.284*** (0.0903)	-0.167 (0.193)	-0.188 (0.166)	-0.0775 (0.153)	-0.0640 (0.117)	-0.0351 (0.152)
topone	0.0250*** (0.00589)	0.0210 (0.0133)	0.0234** (0.0115)	-0.00704 (0.0106)	0.0176** (0.00833)	-0.000180 (0.0108)
年份固定	YES	YES	YES	YES	YES	YES
_cons	7.422*** (2.828)	-3.371 (5.249)	-8.921** (4.507)	-4.311 (4.170)	-2.571 (3.071)	-3.637 (3.980)
N	190	210	210	210	206	206
adj. R^2	0.717	-0.125	-0.113	-0.089	-0.285	-0.160

注：*、**、*** 分别表示在 10%、5% 和 1% 的显著性水平上显著。

从表 9.23 结果可知，在 2015 年，2016 年和 2017 年，企业创新质量 Inpant 和政策虚拟变量的回归系数分别为 1.043、1.351 和 1.184，在 5%、1% 和 5% 的水平上显著，而在 2015 年和 2017 年，企业创新质量 lninvpatapply 分别在 10% 和 5% 的水平上显著，说明碳试点设置后，企业的创新质量得到了提高。

四、新一代信息技术产业的实证结果

（一）描述性统计

变量的描述性统计见表 9. 24。

表 9. 24　　描述性统计

Variable	Obs	Mean	Std. Dev.	Min	Max
lnrd	3468	17. 99	1. 440	9. 814	26. 76
lnpatent	5143	1. 364	1. 589	0	6. 933
lninvpatap ~ y	5143	1. 039	1. 378	0	6. 874
lninvpatli ~ n	5143	0. 608	1. 072	0	6. 144
lngreenpat	4778	0. 108	0. 408	0	4. 543
lngreeninv ~ t	4778	0. 225	0. 594	0	5. 333
treat post	5157	0. 239	0. 427	0	1
lnnetasset	3848	21. 12	1. 078	13. 84	25. 67
lnlabor	4132	7. 415	1. 244	2. 079	12. 34
lnage	5142	2. 648	0. 486	0	4. 127
lntobin Q	3448	0. 792	0. 525	-0. 226	5. 184
lndebt	3890	20. 46	1. 506	14. 86	26. 02
seperation	3728	3. 384	6. 241	-18. 24	36. 72
topone	3908	30. 67	13. 51	3	99

表 9. 24 是对表 9. 1 中所有变量进行的描述性统计。其中代表企业研发投入的变量 lnrd 的平均值为 17. 99，最小值为 9. 814，最大值为 26. 76，而代表企业创新数量的变量 lnpatent 和创新质量的变量 lninvpatapatapply、lninvpatlicen 的平均值分别为 1. 364、1. 039 和 0. 608，说明创新的总产出和有效产出之间存在一定的差距。代表企业绿色创新质量的变量 lngreeninvpat 的平均值为 0. 225，最小值为 0，最大值为 5. 333，表明不同企业的绿色创新质量存在较大差异。lntobin Q 的平均值为 0. 792，表明 Q 值是大于 1 的，说明总体来看目前的市场形势有利于新一代信息技术产业进行创新型投资。

（二）异时 DID 结果

1. PSM - DID

（1）匹配平衡性检验。

使用 Stata 软件中的 psmatch2 命令，先对样本进行 1∶1 匹配。PSM 匹配的检验结果如表 9. 25 所示。

表 9.25　　匹配平衡检验——匹配前后样本特征对比

Variable	Unmatched Matched	Mean		%bias	%reduct |bias|	T-test		V (T)/V (C)
		Treated	Control			t	P>|t|	
lnnetasset	U	21.261	21.127	13.5	81	3.3	0.001	1.09
	M	21.261	21.287	-2.6		-0.66	0.507	1.03
lnlabor	U	7.5856	7.4954	7.9	96.8	1.91	0.056	1.51*
	M	7.5856	7.5885	-0.3		-0.07	0.947	1.46*
lnage	U	2.8105	2.823	-3.8	-188.5	-0.93	0.35	0.97
	M	2.8105	2.7747	11.0		2.87	0.004	0.95
lntobin Q	U	0.81474	0.84474	-5.9	57.6	-1.47	0.143	0.88*
	M	0.81474	0.80204	2.5		0.68	0.495	1
lndebate	U	20.4	20.385	1	39.1	0.25	0.802	1.36*
	M	20.4	20.391	0.6		0.16	0.873	1.20*
seperation	U	2.269	3.9392	-28.4	83.5	-7.1	0	0.59*
	M	2.269	2.544	-4.7		-1.41	0.158	0.96
topone	U	30.661	30.488	1.3	-1.9	0.32	0.749	1.20*
	M	30.661	30.838	-1.3		-0.35	0.726	1.18*

注：*、**、*** 分别表示在 10%、5% 和 1% 的显著性水平上显著。

从表 9.25 可知，实验组和控制组在倾向得分匹配后，变量 lnage 平均值偏差的绝对值都大于 10%，且 t 值显示差异显著，在此将这个控制变量去掉。其他变量在实验组和控制组中是分布均衡的（见图 9.3），满足计量统计意义上的同质性要求，且同时符合 DID 方法使用的基本假设条件，由此可知本章使用 PSM-DID 模型是可行的。

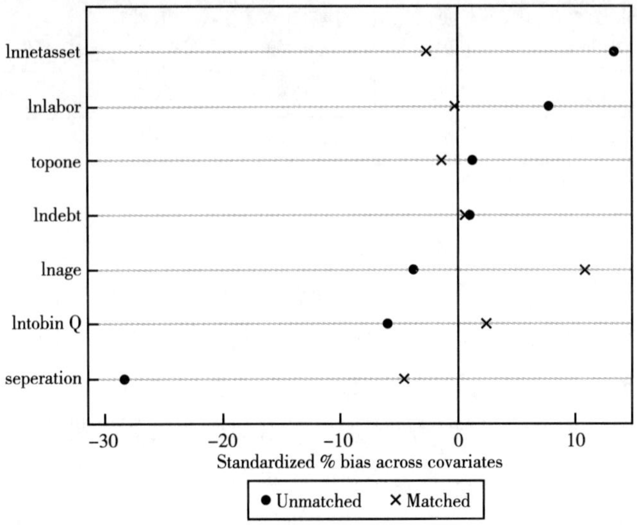

图 9.3　新一代信息技术上市公司 PMS-DID 的匹配均衡性检验

2. PSM - DID 结果

根据前面匹配好的数据，进行异时 DID 的分析，结果如表 9. 26 所示。

表 9. 26　　　　新一代信息技术产业 PSM - DID 结果

	(1) lnrd	(2) lnpatent	(3) lninvpatapply	(4) lninvpatlicen	(5) lngreenpat	(6) lngreeninvpat
treat_post	-0. 114 ** (0. 0546)	-0. 117 (0. 0833)	-0. 0557 (0. 0762)	-0. 116 * (0. 0655)	-0. 0145 (0. 0277)	0. 00562 (0. 0373)
lnnetasset	0. 392 *** (0. 0396)	0. 153 *** (0. 0540)	0. 124 ** (0. 0494)	0. 0707 * (0. 0425)	-0. 00259 (0. 0183)	-0. 00968 (0. 0247)
lnlabor	0. 367 *** (0. 0375)	0. 186 *** (0. 0467)	0. 167 *** (0. 0427)	0. 0512 (0. 0367)	0. 0147 (0. 0153)	0. 0462 ** (0. 0205)
seperation	-0. 0122 ** (0. 00525)	-0. 0200 *** (0. 00678)	-0. 0165 *** (0. 00621)	-0. 00440 (0. 00533)	-0. 00314 (0. 00218)	-0. 00396 (0. 00293)
lntobin Q	-0. 0193 (0. 0428)	-0. 0821 (0. 0645)	-0. 0483 (0. 0590)	-0. 0991 * (0. 0507)	-0. 0382 * (0. 0215)	-0. 0720 ** (0. 0289)
lndebt	0. 0846 *** (0. 0281)	0. 0943 ** (0. 0400)	0. 0706 * (0. 0366)	0. 00768 (0. 0315)	0. 0154 (0. 0135)	0. 0374 ** (0. 0181)
topone	-0. 00209 (0. 00310)	-0. 0118 *** (0. 00422)	-0. 0107 *** (0. 00386)	-0. 00828 ** (0. 00332)	0. 0000607 (0. 00143)	-0. 00228 (0. 00192)
个体固定	YES	YES	YES	YES	YES	YES
年份固定	YES	YES	YES	YES	YES	YES
_cons	5. 101 *** (0. 749)	-4. 906 *** (1. 010)	-4. 130 *** (0. 924)	-1. 227 (0. 794)	-0. 347 (0. 341)	-0. 736 (0. 458)
N	2020	2472	2472	2472	2370	2370
adj. R^2	0. 536	0. 027	0. 002	0. 086	-0. 108	-0. 088

注：*、**、*** 分别表示在 10%、5% 和 1% 的显著性水平上显著。

表 9. 26 是在对新一代信息技术产业运用 PSM - DID 方法处理后的结果，EST 制度的实施对企业的研发投入、创新质量和数量均具有一定的负向影响，说明该制度的实施对促进企业绿色创新的效果不明显甚至有负向影响。控制变量企业净资产、员工数量都对企业的研发投入有显著的正向影响，而企业净资产对企业绿色创新的效果不明显甚至有一定的负向影响，初步判断是因为企业净资产增加可以增加企业的研发投入但并未对绿色创新进行更多的投入，而员工数量对企业绿色创新有一定的正向影响，员工数量在一定程度上反映了企业的规模，说明企业的规模越大经营时间越长越有可能进行研发投入绿色创新。此外，企业负债也在一定程度上促进了企业的研发投入和创新，说明一定的债务压力可以推动企业进行创新，以期望能降低成本增加收益。

(三) DID 方法的条件检验

DID 方法需要满足的 5 个条件检验，结果如下。

1. 共同趋势假设检验

这里将政策实施前的年份每一年生成一个虚拟变量，然后各自与试点地区虚拟变量生成交互项，并进行 PSM - DID 检验，结果如表 9.27 所示。

表 9.27 新一代信息技术产业的共同趋势检验

	(1) lnrd	(2) lnpatent	(3) lninvpatapply	(4) lninvpatlicen	(5) lngreenpat	(6) lngreeninvpat
treat_post	-0.0740 (0.0779)	-0.197 (0.133)	-0.108 (0.122)	-0.102 (0.106)	-0.0107 (0.0444)	-0.0136 (0.0588)
lnnetasset	0.391*** (0.0397)	0.199*** (0.0603)	0.176*** (0.0555)	0.0884* (0.0481)	0.00105 (0.0208)	-0.00347 (0.0275)
lnlabor	0.366*** (0.0376)	0.147*** (0.0533)	0.128*** (0.0491)	-0.00709 (0.0425)	0.0167 (0.0176)	0.0412* (0.0233)
seperation	-0.0122** (0.00526)	-0.0271*** (0.00827)	-0.0256*** (0.00761)	-0.00843 (0.00659)	-0.00376 (0.00274)	-0.00721** (0.00363)
lntobin Q	-0.0172 (0.0429)	-0.0908 (0.0685)	-0.0674 (0.0631)	-0.126** (0.0546)	-0.0348 (0.0234)	-0.0691** (0.0310)
lndebt	0.0835*** (0.0282)	0.104** (0.0437)	0.0771* (0.0403)	0.0273 (0.0349)	0.00281 (0.0150)	0.0251 (0.0198)
topone	-0.00221 (0.00311)	-0.00852* (0.00482)	-0.00819* (0.00444)	-0.00720* (0.00385)	0.00181 (0.00169)	0.000204 (0.00223)
treat_year2009	-0.0158 (0.200)	-0.159 (0.236)	0.0412 (0.217)	0.0728 (0.188)	-0.0538 (0.0746)	-0.0628 (0.0987)
treat_year2010	0.197 (0.129)	-0.184 (0.206)	-0.110 (0.190)	0.0132 (0.165)	0.0137 (0.0665)	-0.0420 (0.0880)
treat_year2011	0.0733 (0.109)	0.0730 (0.192)	-0.0239 (0.177)	0.110 (0.153)	0.0627 (0.0617)	-0.0171 (0.0817)
treat_year2012	0.00158 (0.104)	-0.0314 (0.174)	0.0135 (0.160)	0.0521 (0.138)	0.00425 (0.0596)	0.0442 (0.0789)
年份固定	YES	YES	YES	YES	YES	YES
_cons	5.151*** (0.754)	-5.346*** (1.161)	-4.713*** (1.069)	-1.233 (0.926)	-0.135 (0.401)	-0.475 (0.530)
N	2020	2208	2208	2208	2109	2109
adj. R^2	0.535	-0.041	-0.065	0.072	-0.150	-0.151

注：*、**、*** 分别表示在 10%、5% 和 1% 的显著性水平上显著。

从表 9.27 结果可知，全部 treat_year2009 ~ treat_year2012 这些政策施行前年份交互项并不显著，这表明整体上分析，ETS 制度实施前实验组和对照组的研发投入、专利数据和绿色专利变动趋势没有显著性的差异，说明共同趋势检验通过，利用 PSM 产生的分组有效，因此可以使用 DID 进行实证分析。

2. 政策干预时间的随机性检验

本章研究的试点政策在 2013 年、2014 年开始实施，要进行政策干预时间的随机性检验，在此将政策执行时间提前到 2012 年或 2011 年，得到的结果如表 9.28 和表 9.29 所示。

表 9.28　新一代信息技术产业的政策干预时间的随机性检验（假设政策自 2012 年开始）

	(1) lnrd	(2) lnpatent	(3) lninvpatapply	(4) lninvpatlicen	(5) lngreenpat	(6) lngreeninvpat
treat_post2012	-0.120 (0.0599)	-0.106 (0.0951)	-0.0683 (0.0875)	-0.145 (0.0758)	-0.0224 (0.0317)	-0.00186 (0.0420)
lnnetasset	0.394*** (0.0396)	0.197*** (0.0602)	0.177*** (0.0554)	0.0880* (0.0480)	-0.000508 (0.0207)	-0.00394 (0.0274)
lnlabor	0.367*** (0.0375)	0.150*** (0.0532)	0.127*** (0.0489)	-0.00695 (0.0424)	0.0178 (0.0176)	0.0415* (0.0232)
seperation	-0.0119** (0.00525)	-0.0263*** (0.00825)	-0.0251*** (0.00759)	-0.00802 (0.00658)	-0.00374 (0.00273)	-0.00708* (0.00362)
lntobin Q	-0.0225 (0.0428)	-0.101 (0.0683)	-0.0714 (0.0628)	-0.130** (0.0544)	-0.0369 (0.0233)	-0.0710** (0.0309)
lndebt	0.0835*** (0.0281)	0.0998** (0.0436)	0.0759* (0.0402)	0.0261 (0.0348)	0.00176 (0.0149)	0.0242 (0.0198)
topone	-0.00218 (0.00311)	-0.00874* (0.00482)	-0.00829* (0.00444)	-0.00730* (0.00384)	0.00173 (0.00169)	0.000133 (0.00223)
年份固定	YES	YES	YES	YES	YES	YES
_cons	5.104*** (0.749)	-5.320*** (1.157)	-4.664*** (1.065)	-1.148 (0.922)	-0.120 (0.400)	-0.486 (0.529)
N	2020	2208	2208	2208	2109	2109
adj. R^2	0.535	-0.041	-0.064	0.073	-0.149	-0.149

注：*、**、*** 分别表示在 10%、5% 和 1% 的显著性水平上显著。

表 9.29　新一代信息技术产业的政策干预时间的随机性检验（假设政策自 2011 年开始）

	(1) lnrd	(2) lnpatent	(3) lninvpatapply	(4) lninvpatlicen	(5) lngreenpat	(6) lngreeninvpat
treat_post2011	-0.153 (0.0710)	-0.0731 (0.111)	-0.0325 (0.102)	-0.130 (0.0882)	-0.0251 (0.0358)	0.0341 (0.0474)
lnnetasset	0.393*** (0.0396)	0.198*** (0.0602)	0.178*** (0.0554)	0.0896* (0.0480)	-0.000338 (0.0207)	-0.00318 (0.0274)
lnlabor	0.367*** (0.0375)	0.151*** (0.0532)	0.127*** (0.0489)	-0.00600 (0.0424)	0.0178 (0.0176)	0.0415* (0.0232)

续表

	(1) lnrd	(2) lnpatent	(3) lninvpatapply	(4) lninvpatlicen	(5) lngreenpat	(6) lngreeninvpat
seperation	-0.0120** (0.00525)	-0.0263*** (0.00825)	-0.0250*** (0.00759)	-0.00794 (0.00658)	-0.00371 (0.00273)	-0.00708* (0.00362)
lntobin Q	-0.0220 (0.0428)	-0.104 (0.0682)	-0.0729 (0.0628)	-0.133** (0.0544)	-0.0372 (0.0233)	-0.0710** (0.0309)
lndebt	0.0826*** (0.0281)	0.0975** (0.0436)	0.0744* (0.0401)	0.0232 (0.0348)	0.00151 (0.0149)	0.0237 (0.0197)
topone	-0.00219 (0.00311)	-0.00870* (0.00482)	-0.00826* (0.00444)	-0.00726* (0.00385)	0.00172 (0.00169)	0.000164 (0.00223)
年份固定	YES	YES	YES	YES	YES	YES
_cons	5.136*** (0.749)	-5.314*** (1.158)	-4.665*** (1.065)	-1.130 (0.923)	-0.118 (0.400)	-0.495 (0.529)
N	2020	2208	2208	2208	2109	2109
adj. R^2	0.536	-0.041	-0.064	0.072	-0.149	-0.149

注：*、**、*** 分别表示在 10%、5% 和 1% 的显著性水平上显著。

以上两个表的结果显示，如果把政策时间提前到 2012 年或者 2011 年，DID 项（treat_post2012 和 treat_post2011）与大部分的基本回归结果均不一致，虽然对新一代信息技术产业创新的影响方向上基本一致，但是影响程度方面基本不同，主要表现在基本回归结果中显著的 DID 项均不再显著，这说明新能源产业 PSM - DID 的回归结果确实是由 ETS 制度带来的，因此通过了政策干预时间的随机性检验。

3. 试点地区的随机性检验

考虑并没有受政策影响的地区，假设其受到政策影响进行试点地区的随机性检验。在此选择将江苏、广西、山东、河南和湖南设为试点地区，结果如表 9.30 所示。

表 9.30 新一代信息技术产业的试点地区随机性检验

	(1) lnrd	(2) lnpatent	(3) lninvpatapply	(4) lninvpatlicen	(5) lngreenpat	(6) lngreeninvpat
Treatun_post	0 (.)	0 (.)	0 (.)	0 (.)	0 (.)	0 (.)
lnnetasset	0.234*** (0.0439)	0.184** (0.0800)	0.123* (0.0742)	0.00500 (0.0666)	-0.0280 (0.0293)	-0.0304 (0.0364)
lnlabor	0.414*** (0.0455)	0.236*** (0.0831)	0.204*** (0.0771)	-0.0175 (0.0691)	0.000182 (0.0287)	0.0384 (0.0357)
seperation	-0.0159*** (0.00609)	-0.0142 (0.0119)	-0.0135 (0.0110)	-0.000619 (0.00989)	-0.0000193 (0.00433)	0.00138 (0.00538)
lntobin Q	-0.0237 (0.0475)	-0.00934 (0.0908)	-0.0293 (0.0842)	-0.174** (0.0755)	0.00831 (0.0330)	-0.0160 (0.0410)

续表

	(1) lnrd	(2) lnpatent	(3) lninvpatapply	(4) lninvpatlicen	(5) lngreenpat	(6) lngreeninvpat
lndebt	0.0713 ** (0.0352)	0.0244 (0.0668)	0.0325 (0.0620)	-0.0212 (0.0556)	0.00656 (0.0238)	0.0331 (0.0296)
topone	-0.00817 ** (0.00377)	-0.0123 * (0.00717)	-0.00866 (0.00665)	-0.00561 (0.00596)	0.00327 (0.00260)	0.00178 (0.00323)
年份固定	YES	YES	YES	YES	YES	YES
_cons	8.869 *** (0.879)	-3.894 ** (1.648)	-3.063 ** (1.529)	1.820 (1.371)	0.464 (0.605)	-0.0528 (0.752)
N	1436	1506	1506	1506	1397	1397
adj. R^2	0.315	-0.196	-0.231	0.071	-0.295	-0.316

注：*、**、*** 分别表示在10%、5%和1%的显著性水平上显著。

假设非试点地区为试点地区，如果DID项（Treatun_post）的估计系数依然是显著的，则说明新一代信息技术产业创新的变化并不是因为ETS制度的实施，而是因为其他随机因素的影响，倘若结果相反，则能够证明基本回归结果具有一定的稳健性。从表9.30中可以看出，DID项（Treatun_post）不仅不显著，而且结果直接被忽略，这表明新一代信息技术产业PSM-DID的回归结果确实是由ETS制度引起的，也说明通过了试点地区随机性检验。

4. 政策实施的唯一性检验

这个检验的目的是至少证明试点是主要影响因素，需要从试点地区中选择部分试点地区作为处理组，在本章只选择试点中的直辖市（上海、北京、天津和重庆）作为试点地区，结果如表9.31所示。

表9.31　政策实施的唯一性检验

	(1) lnrd	(2) lnpatent	(3) lninvpatapply	(4) lninvpatlicen	(5) lngreenpat	(6) lngreeninvpat
Treatselect_post	0 (.)	0 (.)	0 (.)	0 (.)	0 (.)	0 (.)
lnnetasset	0.397 *** (0.0396)	0.200 *** (0.0601)	0.179 *** (0.0553)	0.0926 * (0.0480)	0.000182 (0.0207)	-0.00389 (0.0274)
lnlabor	0.368 *** (0.0376)	0.150 *** (0.0532)	0.127 *** (0.0489)	-0.00660 (0.0424)	0.0178 (0.0176)	0.0415 * (0.0232)
seperation	-0.0119 ** (0.00526)	-0.0262 *** (0.00825)	-0.0250 *** (0.00759)	-0.00789 (0.00658)	-0.00371 (0.00273)	-0.00708 * (0.00361)
lntobin Q	-0.0263 (0.0428)	-0.103 (0.0682)	-0.0727 (0.0628)	-0.133 ** (0.0544)	-0.0371 (0.0233)	-0.0711 ** (0.0308)
lndebt	0.0815 *** (0.0281)	0.0970 ** (0.0436)	0.0742 * (0.0401)	0.0224 (0.0348)	0.00118 (0.0149)	0.0241 (0.0197)
topone	-0.00182 (0.00310)	-0.00866 * (0.00482)	-0.00824 * (0.00444)	-0.00719 * (0.00385)	0.00174 (0.00168)	0.000134 (0.00223)

续表

	(1) lnrd	(2) lnpatent	(3) lninvpatapply	(4) lninvpatlicen	(5) lngreenpat	(6) lngreeninvpat
年份固定	YES	YES	YES	YES	YES	YES
_cons	5.043*** (0.749)	-5.338*** (1.157)	-4.676*** (1.065)	-1.173 (0.923)	-0.124 (0.400)	-0.486 (0.528)
N	2020	2208	2208	2208	2109	2109
adj. R^2	0.535	-0.041	-0.063	0.072	-0.148	-0.148

注：*、**、*** 分别表示在 10%、5% 和 1% 的显著性水平上显著。

只选择试点中的直辖市作为试点地区，如果 DID（Treatselect_post）的估计系数依然是显著的，则能够证明基本回归结果具有一定的稳健性，即通过政策实施的唯一性检验。但是从表 9.31 中可以看出，DID 项（Treatselect_post）的估计系数不仅不显著，还忽略了，并没有通过政策实施的唯一性检验，出现这种情况的原因可能是这些直辖市中的新一代信息技术产业在 ETS 制度实施之前就比较注重创新发展，以至于 ETS 制度实施后对其影响程度并没有很大。

5. 控制组和政策影响组分组的随机性检验

在此用工具变量来替代政策变量，解决因为分组非随机导致的内生性问题。在此将各地区的 PM2.5 数据作为各地区试点政策的工具变量，并使用 Stata 的 xtivreg2 命令，得到的结果如表 9.32 所示。

表 9.32　新一代信息技术产业内生性问题

	(1) lnrd	(2) lnpatent	(3) lninvpatapply	(4) lninvpatlicen	(5) lngreenpat	(6) lngreeninvpat
treat_post	0.840 (0.995)	5.075 (3.183)	3.340 (2.334)	2.304 (1.887)	0.0568 (0.772)	0.0737 (1.053)
lnnetasset	0.338*** (0.0632)	0.168 (0.146)	0.168 (0.107)	0.191** (0.0864)	-0.0202 (0.0448)	-0.0291 (0.0610)
lnlabor	0.329*** (0.0587)	0.0479 (0.112)	0.0226 (0.0823)	0.0385 (0.0665)	0.00462 (0.0200)	0.0277 (0.0272)
seperation	-0.0124 (0.00898)	-0.0241 (0.0205)	-0.0370** (0.0150)	-0.0247** (0.0121)	-0.000829 (0.00425)	-0.00609 (0.00579)
lntobin Q	-0.143 (0.113)	-0.377** (0.191)	-0.264* (0.140)	-0.235** (0.114)	-0.0590 (0.0430)	-0.106* (0.0587)
lndebt	0.0371 (0.0440)	-0.0335 (0.125)	-0.0183 (0.0918)	-0.0460 (0.0742)	0.00302 (0.0341)	0.0303 (0.0465)
topone	-0.00364 (0.00494)	-0.0172 (0.0144)	-0.0114 (0.0105)	-0.0102 (0.00853)	0.00337 (0.00234)	0.00237 (0.00320)
年份固定	YES	YES	YES	YES	YES	YES
N	1402	1547	1547	1547	1568	1568
adj. R^2	0.236	-2.939	-1.561	-1.119	-0.208	-0.212

注：*、**、*** 分别表示在 10%、5% 和 1% 的显著性水平上显著。

PM2.5 与 ETS 制度的实施高度相关，且与新一代信息技术产业创新之间不存在相关性，故本章将其作为各地区试点政策的工具变量。表 9.32 的结果表明，不仅 DID 项均不再显著，即对企业的研发投入、创新质量和数量以及企业绿色创新数量和质量均未产生显著的影响，还表现在对新一代信息技术产业创新的影响方向上，例如，基本回归结果表明 ETS 制度对企业的创新质量和数量具有负向影响，而将政策时间提前后的结果却对其产生了正向影响，因此通过了控制组和政策影响组分组的随机性检验，增强了实证结果的稳健性。

（四）政策的动态性效果（动态时间窗分析）

为了研究政策的动态影响，从政策发布之后的 2013 年开始，逐年与试点地区产生交互变量，得到的实证结果如表 9.33 所示。

表 9.33　　新一代信息技术产业受碳试点影响的动态性效果

	(1) lnrd	(2) lnpatent	(3) lninvpatapply	(4) lninvpatlicen	(5) lngreenpat	(6) lngreeninvpat
treat_year2013	-0.0369 (0.0906)	0.125 (0.153)	0.0940 (0.141)	-0.00271 (0.122)	-0.00415 (0.0508)	0.0192 (0.0673)
treat_year2014	**-0.221** ** (0.0977)	0.0831 (0.162)	0.186 (0.149)	0.0199 (0.129)	-0.0749 (0.0512)	-0.0208 (0.0678)
treat_year2015	-0.0970 (0.103)	-0.114 (0.169)	-0.0618 (0.156)	-0.261 * (0.135)	0.0620 (0.0567)	0.0347 (0.0752)
treat_year2016	-0.150 (0.0985)	-0.0547 (0.162)	-0.0575 (0.149)	-0.190 (0.129)	-0.0291 (0.0540)	-0.0238 (0.0716)
treat_year2017	-0.130 (0.0971)	-0.341 ** (0.148)	**-0.294** ** (0.136)	**-0.301** ** (0.118)	-0.00574 (0.0514)	0.00747 (0.0681)
treat_year2018	-0.124 (0.0958)	-0.213 (0.148)	-0.211 (0.136)	-0.199 * (0.118)	-0.0595 (0.0496)	-0.0214 (0.0657)
treat_year2019	-0.0917 (0.139)	-0.356 (0.243)	-0.105 (0.224)	0.0368 (0.194)		
lnnetasset	0.394 *** (0.0397)	0.191 *** (0.0602)	0.171 *** (0.0554)	0.0841 * (0.0480)	-0.000131 (0.0208)	-0.00405 (0.0275)
lnlabor	0.368 *** (0.0376)	0.155 *** (0.0532)	0.129 *** (0.0490)	-0.00519 (0.0424)	0.0187 (0.0176)	0.0419 * (0.0233)
seperation	-0.0119 ** (0.00526)	-0.0274 *** (0.00826)	-0.0258 *** (0.00760)	-0.00805 (0.00659)	-0.00389 (0.00274)	-0.00718 ** (0.00363)
lntobin Q	-0.0191 (0.0430)	-0.0941 (0.0683)	-0.0652 (0.0628)	-0.124 ** (0.0545)	-0.0371 (0.0234)	-0.0704 ** (0.0310)
lndebt	0.0844 *** (0.0281)	0.103 ** (0.0437)	0.0808 ** (0.0402)	0.0301 (0.0348)	0.000852 (0.0150)	0.0242 (0.0198)
topone	-0.00221 (0.00311)	-0.00911 * (0.00482)	-0.00864 * (0.00444)	-0.00733 * (0.00384)	0.00164 (0.00169)	0.000101 (0.00223)

续表

	(1) lnrd	(2) lnpatent	(3) lninvpatapply	(4) lninvpatlicen	(5) lngreenpat	(6) lngreeninvpat
年份固定	YES	YES	YES	YES	YES	YES
_cons	5.080 *** (0.751)	-5.304 *** (1.158)	-4.654 *** (1.065)	-1.161 (0.923)	-0.113 (0.400)	-0.485 (0.529)
N	2020	2208	2208	2208	2109	2109
adj. R^2	0.535	-0.038	-0.061	0.074	-0.149	-0.152

注：*、**、*** 分别表示在 10%、5% 和 1% 的显著性水平上显著。

从表 9.33 结果可知，绝大部分 treat_year2013 ~ treat_year2018 这些政策施行后年份交互项并不显著，而在 2014 年，企业研发投入 lnrd 和政策虚拟变量的回归系数为 -0.221，在 5% 的水平上显著，说明碳试点设置后，企业的研发投入降低了；在 2017 年，企业创新质量的两个回归系数分别为 -0.294 和 -0.301，在 5% 的水平上显著，说明在碳试点设置后，该类企业的创新质量降低了。但随着时间的推移，在 2019 年各指标又恢复了不显著的状态。

五、生物医药产业的实证结果

（一）描述性统计

变量的描述性统计如表 9.34 所示。

表 9.34 描述性统计

Variable	Obs	Mean	Std. Dev.	Min	Max
lnrd	2095	17.48	1.437	8.007	22.08
lnpatent	3232	1.019	1.304	0	6.100
lninvpatap ~ y	3232	0.797	1.084	0	4.762
lninvpatli ~ n	3232	0.457	0.816	0	4.205
lngreenpat	3001	0.0137	0.117	0	2.079
lngreeninv ~ t	3001	0.0374	0.211	0	3.584
treat post	3242	0.145	0.352	0	1
lnnetasset	2675	21.20	1.112	13.58	24.62
lnlabor	2784	7.524	1.091	2.079	10.77
lnage	3229	2.769	0.434	0	4.220
lntobin Q	2460	0.795	0.523	-0.177	2.685
lndebt	2691	20.58	1.447	15.83	26.08
seperation	2512	5.792	8.187	-7.640	42.35
topone	2656	32.39	14.67	3.890	85.50

表9.34是对表9.1中所有变量进行的描述性统计。其中代表企业研发投入的变量lnrd的平均值为17.48，最小值为8.007，最大值为22.08，而代表企业创新数量的变量lnpatent和创新质量的变量lninvpatapatapply、lninvpatlicen的平均值分别为1.019、0.797和0.457，说明创新的总产出和有效产出之间存在一定的差距。代表企业绿色创新质量的变量lngreeninvpat的平均值为0.0374，最小值为0，最大值为3.584，表明不同企业的绿色创新质量存在较大差异。lntobin Q的平均值为0.795，表明Q值是大于1的，说明总体来看目前的市场形势有利于生物医药产业进行创新型投资。

（二）异时DID结果

1. PSM - DID

（1）匹配平衡性检验。

使用Stata软件中的psmatch2命令，先对样本进行1：1匹配。PSM匹配的检验结果如表9.35所示。

表9.35　　匹配平衡检验——匹配前后样本特征对比

Variable	Unmatched Matched	Mean		%bias	%reduct |bias|	T - test		V（T）/V（C）
		Treated	Control			t	P > |t|	
lnnetasset	U	21.646	21.32	31.7	71.5	6.12	0	1.15
	M	21.646	21.553	9		1.6	0.109	1.39*
lnlabor	U	7.6956	7.6563	3.7	-137.9	0.72	0.474	1.44*
	M	7.6956	7.6022	8.7		1.5	0.135	1.54*
lnage	U	2.9717	2.8935	25.9	83.9	5	0	1.14
	M	2.9717	2.9843	-4.2		-0.74	0.461	1.39*
lntobin Q	U	0.82961	0.85754	-5.4	81.7	-1.03	0.303	0.97
	M	0.82961	0.8245	1		0.17	0.867	0.96
lndebate	U	20.758	20.584	11.2	31.4	2.21	0.027	1.69*
	M	20.758	20.638	7.7		1.25	0.21	1.39*
seperation	U	5.7359	5.4879	3	-7.7	0.59	0.558	1.43*
	M	5.7359	5.4688	3.2		0.55	0.585	1.42*
topone	U	33.763	32.29	10.2	98.3	1.96	0.05	1.05
	M	33.763	3	-0.2		-0.03	0.978	0.84*

注：*、**、***分别表示在10%、5%和1%的显著性水平上显著。

从表9.35可知，实验组和控制组在倾向得分匹配后，所有变量的平均值偏差的绝对值都大于10%，且t值显示差异显著，在此将这个控制变量去掉。其他变量在实验组和控制组中是分布均衡的（见图9.4），满足计量统计意义上的同质性要求，且同时符合DID方法使用的基本假设条件，由此可知本章使用PSM - DID模型是可行的。

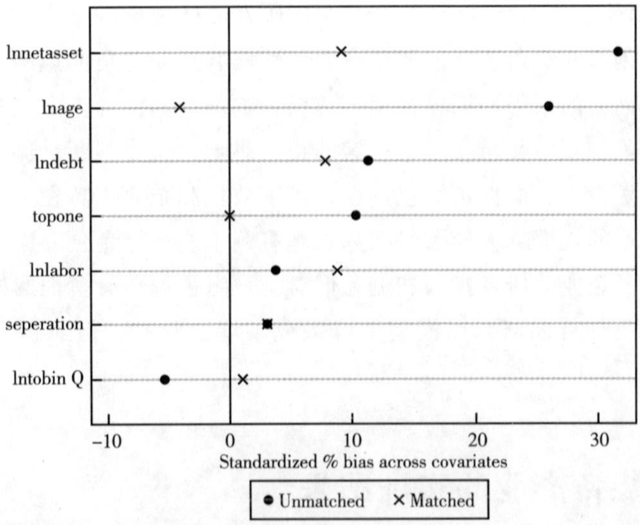

图 9.4　生物医药上市公司 PMS - DID 的匹配均衡性检验

2. PSM - DID 结果

根据前面匹配好的数据，进行异时 DID 的分析，结果如表 9.36 所示。

表 9.36　　　　生物医药产业 PSM - DID 结果

	(1) lnrd	(2) lnpatent	(3) lninvpatapply	(4) lninvpatlicen	(5) lngreenpat	(6) lngreeninvpat
treat_post	-0.0989 (0.0695)	-0.145 (0.0963)	-0.115 (0.0857)	-0.0800 (0.0762)	-0.00149 (0.0158)	-0.0217 (0.0208)
lnnetasset	0.324 *** (0.0644)	-0.0665 (0.0633)	-0.0615 (0.0563)	0.0609 (0.0501)	0.00111 (0.0115)	-0.00783 (0.0151)
lnlabor	0.351 *** (0.0582)	0.0179 (0.0544)	-0.00224 (0.0484)	0.0137 (0.0431)	0.00940 (0.00869)	0.00687 (0.0114)
lnage	-0.363 (0.515)	0.394 (0.501)	-0.0398 (0.446)	-0.702 * (0.397)	0.136 * (0.0811)	0.178 * (0.107)
seperation	0.00254 (0.00389)	-0.00549 (0.00528)	-0.00860 * (0.00470)	-0.00245 (0.00418)	-0.000699 (0.000874)	-0.000505 (0.00115)
lntobin Q	-0.0405 (0.0541)	-0.0382 (0.0733)	-0.0246 (0.0652)	-0.0213 (0.0580)	-0.00600 (0.0127)	-0.0464 *** (0.0168)
lndebt	0.0240 (0.0347)	0.0494 (0.0450)	0.0478 (0.0400)	-0.0153 (0.0356)	-0.0133 * (0.00765)	-0.0169 * (0.0101)
topone	-0.00457 (0.00392)	0.00728 (0.00443)	0.0102 ** (0.00394)	0.00646 * (0.00351)	0.0000919 (0.000725)	-0.00134 (0.000955)
个体固定	YES	YES	YES	YES	YES	YES
年份固定	YES	YES	YES	YES	YES	YES
_cons	8.340 *** (1.847)	-0.176 (1.741)	0.694 (1.549)	1.009 (1.378)	-0.142 (0.292)	0.101 (0.384)
N	952	1279	1279	1279	1227	1227
adj. R^2	0.544	-0.141	-0.134	0.012	-0.220	-0.214

注：*、**、*** 分别表示在 10%、5% 和 1% 的显著性水平上显著。

表9.36是在对生物医药产业运用PSM - DID方法处理后的结果，EST制度的实施对企业的研发投入、创新和绿色创新的质量和数量均具有显著的负向影响，说明该制度的实施对促进企业绿色创新的效果不明显甚至有负向影响。控制变量企业净资产、员工数量都对企业的创新、绿色创新的数量质量有一定的正向影响，初步判断是因为企业净资产增加可以增加企业的研发投入从而促进绿色创新，员工数量和企业年龄在一定程度上反映了企业的规模，说明企业的规模越大经营时间越长越有利于进行绿色创新。此外，企业负债也在一定程度上促进了企业的研发投入和创新但对企业绿色创新有负向影响，说明一定的债务压力可以推动企业进行创新，以期望能降低成本增加收益，但对绿色创新的投入重视不够。

六、高端装备产业的实证结果

（一）描述性统计

变量的描述性统计如表9.37所示。

表9.37　　描述性统计

Variable	Obs	Mean	Std. Dev.	Min	Max
lnrd	752	18.10	1.398	13.99	23.23
lnpatent	1117	1.536	1.712	0	6.120
lninvpatap ~ y	1117	1.080	1.407	0	5.380
lninvpatli ~ n	1117	0.654	1.084	0	4.754
lngreenpat	1023	0.146	0.477	0	3.689
lngreeninv ~ t	1023	0.365	0.764	0	4.575
treat post	1117	0.167	0.374	0	1
lnnetasset	863	21.38	1.222	15.93	25.79
lnlabor	909	7.720	1.358	1.099	12.14
lnage	1103	2.612	0.507	0	3.689
lntobin Q	789	0.666	0.531	-0.0513	8.132
lndebt	866	20.96	1.712	14.22	26.18
seperation	819	6.975	9.080	0	49.40
topone	872	34.09	13.68	7.410	85

表9.37是对表9.1中所有变量进行的描述性统计。其中代表企业研发投入的变量lnrd的平均值为18.10，最小值为13.99，最大值为23.23，而代表企业创新数量的变量

lnpatent 和创新质量的变量 lninvpatapatapply、lninvpatlicen 的平均值分别为 1.536、1.080 和 0.654，说明创新的总产出和有效产出之间存在一定的差距。代表企业绿色创新质量的变量 lngreeninvpat 的平均值为 0.365，最小值为 0，最大值为 4.575，表明不同企业的绿色创新质量存在较大差异。lntobin Q 的平均值为 0.666，表明 Q 值是大于 1 的，说明总体来看目前的市场形势有利于高端装备产业进行创新型投资。

（二）异时 DID 结果

1. PSM - DID

（1）匹配平衡性检验。

使用 Stata 软件中的 psmatch2 命令，先对样本进行 1∶1 匹配。PSM 匹配的检验结果如表 9.38 所示。

表 9.38　　匹配平衡检验——匹配前后样本特征对比

Variable	Unmatched Matched	Mean		% bias	% reduct | bias |	T - test		V (T)/ V (C)
		Treated	Control			t	P > | t |	
lnnetasset	匹配前	21.615	21.394	17.6	86.8	2.11	0.035	1.99*
	匹配后	21.384	21.414	-2.3		-0.26	0.794	1.05
lnlabor	匹配前	7.8866	7.7833	7.6	-13.9	0.89	0.375	1.27
	匹配后	7.6233	7.7408	-8.7		-0.98	0.328	0.8
lnage	匹配前	2.7641	2.8168	-14.8	66.1	-1.74	0.083	1.38*
	匹配后	2.8307	2.8128	5		0.58	0.563	1.13
lntobin Q	匹配前	0.70279	0.68511	3.2	-3.8	0.36	0.716	0.77
	匹配后	0.75028	0.73192	3.3		0.37	0.71	1.33
lndebate	匹配前	21.049	20.898	8.2	-19	0.97	0.333	1.40*
	匹配后	20.72	20.9	-9.8		-1.1	0.271	1.04
seperation	匹配前	4.9138	7.9456	-35.7	91.5	-4.09	0	0.9
	匹配后	4.9476	5.2061	-3		-0.32	0.749	1.05
topone	匹配前	32.462	33.974	-11.5	72	-1.37	0.172	1.56*
	匹配后	30.945	30.521	3.2		0.33	0.743	1.41*

注：*、**、*** 分别表示在 10%、5% 和 1% 的显著性水平上显著。

从表 9.38 可知，实验组和控制组在倾向得分匹配后，所有变量的平均值偏差的绝对值都大于 10%，且 t 值显示差异显著。其他变量在实验组和控制组中是分布均衡的（见图 9.5），满足计量统计意义上的同质性要求，且同时符合 DID 方法使用的基本假设条件，由此可知本章使用 PSM - DID 模型是可行的。

（2）PSM - DID 结果。

根据前面匹配好的数据，进行异时 DID 的分析，结果如表 9.39 所示。

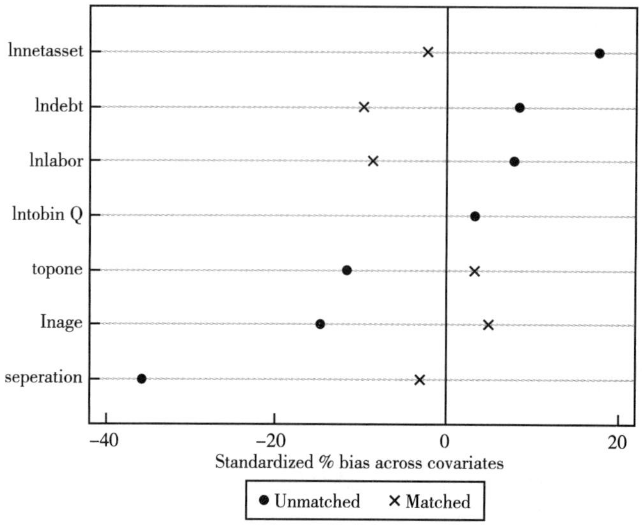

图 9.5　高端装备上市公司 PMS - DID 的匹配均衡性检验

表 9.39　　高端装备产业 PSM - DID 结果

	(1) lnrd	(2) lnpatent	(3) lninvpatapply	(4) lninvpatlicen	(5) lngreenpat	(6) lngreeninvpat
treat_post	-0.0634 (0.126)	-0.200 (0.176)	**-0.326** ** (0.154)	-0.194 (0.153)	0.0356 (0.0796)	-0.0914 (0.103)
lnnetasset	0.415 *** (0.0979)	0.111 (0.116)	0.157 (0.102)	0.0716 (0.101)	-0.0601 (0.0536)	-0.159 ** (0.0693)
lnlabor	0.130 * (0.0721)	-0.210 * (0.119)	-0.191 * (0.104)	-0.156 (0.103)	0.0212 (0.0515)	-0.0426 (0.0666)
lnage	-1.089 * (0.655)	3.535 *** (0.655)	2.568 *** (0.573)	1.095 * (0.569)	0.270 (0.309)	0.694 * (0.399)
seperation	0.0238 ** (0.0113)	-0.0482 *** (0.0150)	-0.0419 *** (0.0131)	-0.0293 ** (0.0130)	0.00828 (0.00656)	-0.00649 (0.00847)
lntobin Q	-0.146 (0.113)	-0.0921 (0.0953)	-0.113 (0.0834)	-0.00933 (0.0828)	-0.0558 (0.0450)	-0.0602 (0.0581)
lndebt	0.287 *** (0.0700)	0.281 *** (0.0998)	0.154 * (0.0873)	0.0945 (0.0867)	0.0963 ** (0.0456)	0.222 *** (0.0589)
topone	-0.00316 (0.00632)	0.00863 (0.00804)	0.00488 (0.00703)	-0.00946 (0.00698)	-0.00251 (0.00362)	0.00310 (0.00467)
个体固定	YES	YES	YES	YES	YES	YES
年份固定	YES	YES	YES	YES	YES	YES
_cons	4.996 ** (2.505)	-12.59 *** (2.718)	-9.287 *** (2.377)	-3.296 (2.359)	-1.205 (1.197)	-1.984 (1.547)
N	316	414	414	414	387	387
adj. R^2	0.544	-0.058	-0.104	0.064	-0.189	-0.176

注：*、**、*** 分别表示在 10%、5% 和 1% 的显著性水平上显著。

表 9.39 是在对高端装备产业运用 PSM - DID 方法处理后的结果，EST 制度的实施对企业的研发投入、创新和绿色创新质量和数量均具有显著的负向影响，说明该制度的实施对促进企业绿色创新的效果不明显甚至有负向影响。控制变量企业净资产、员工数量、企业年龄都对企业的创新、绿色创新的数量质量有显著的正向影响，初步判断是因为企业净资产增加可以增加企业的研发投入从而促进绿色创新，员工数量和企业年龄在一定程度上反映了企业的规模，说明企业的规模越大经营时间越长越有利于进行绿色创新。此外，企业负债也在一定程度上促进了企业的研发投入和创新，说明一定的债务压力可以推动企业进行创新，以期望能降低成本增加收益。

（三）DID 方法的条件检验

DID 方法需要满足的 5 个条件检验，结果如下。

1. 共同趋势假设检验

这里将政策实施前的年份每一年生成一个虚拟变量，然后各自与试点地区虚拟变量生成交互项，并进行 PSM - DID 检验，结果如表 9.40 所示。

表 9.40　　高端装备产业的共同趋势检验

	(1) lnrd	(2) lnpatent	(3) lninvpatapply	(4) lninvpatlicen	(5) lngreenpat	(6) lngreeninvpat
treat_post	-0.0942 (0.218)	0.106 (0.254)	-0.127** (0.227)	-0.130 (0.235)	-0.0226 (0.120)	0.0835 (0.152)
lnnetasset	0.414*** (0.0987)	0.431*** (0.138)	0.381*** (0.123)	0.204 (0.127)	-0.0791 (0.0647)	-0.172** (0.0819)
lnlabor	0.132* (0.0726)	-0.163 (0.155)	-0.153 (0.139)	-0.257* (0.144)	0.0658 (0.0656)	0.0187 (0.0830)
lnage	-1.079 (0.660)	4.312*** (0.779)	3.077*** (0.695)	0.867 (0.719)	0.405 (0.388)	0.293 (0.492)
seperation	0.0237** (0.0113)	-0.0664*** (0.0162)	-0.0600*** (0.0145)	-0.0453*** (0.0150)	0.0155** (0.00744)	-0.00203 (0.00942)
lntobin Q	-0.147 (0.114)	0.0654 (0.100)	0.00867 (0.0894)	0.0457 (0.0925)	-0.0254 (0.0503)	-0.00419 (0.0637)
lndebt	0.290*** (0.0710)	0.172 (0.112)	0.0632 (0.1000)	0.116 (0.103)	0.0438 (0.0513)	0.191*** (0.0650)
topone	-0.00291 (0.00638)	0.00145 (0.0105)	0.000760 (0.00940)	-0.00345 (0.00972)	-0.00182 (0.00433)	0.000620 (0.00548)
treat_year2009	-1.033** (0.515)	-0.435 (0.446)	-0.381 (0.398)	0.0832 (0.412)	-0.344 (0.223)	0.215 (0.282)
treat_year2010	-0.127 (0.265)	0.405 (0.408)	0.537 (0.365)	0.395 (0.377)	0.103 (0.192)	0.325 (0.243)

续表

	(1) lnrd	(2) lnpatent	(3) lninvpatapply	(4) lninvpatlicen	(5) lngreenpat	(6) lngreeninvpat
treat_year2011	0.0151 (0.268)	0.0879 (0.386)	-0.0637 (0.344)	0.0376 (0.356)	0.00240 (0.165)	0.257 (0.209)
treat_year2012	-0.0255 (0.264)	0.453 (0.334)	0.211 (0.299)	0.137 (0.309)	-0.0300 (0.198)	0.210 (0.250)
年份固定	YES	YES	YES	YES	YES	YES
_cons	5.940 ** (2.838)	-19.13 *** (3.448)	-13.35 *** (3.079)	-5.311 * (3.184)	-0.366 (1.634)	-0.890 (2.070)
N	316	369	369	369	341	341
adj. R^2	0.538	-0.030	-0.097	0.067	-0.252	-0.238

注：*、**、*** 分别表示在 10%、5% 和 1% 的显著性水平上显著。

从表 9.40 结果可知，DID 项（treat_post）表明，政策对企业创新质量产生的影响，在 5% 的统计水平上显著，进一步说明了 ETS 制度对高端装备产业创新产生了影响，且绝大部分 treat_year2009 ~ treat_year2012 这些政策施行前年份交互项并不显著，这表明整体上分析，ETS 制度实施前实验组和对照组的研发投入、专利数据和绿色专利变动趋势没有显著性的差异，说明共同趋势检验通过，利用 PSM 产生的分组有效，因此可以使用 DID 进行实证分析。

2. 政策干预时间的随机性检验

本章研究的试点政策在 2013 年、2014 年开始实施，要进行政策干预时间的随机性检验，在此将政策执行时间提前到 2012 年或 2011 年，得到的结果如表 9.41 和表 9.42 所示。

表 9.41　高端装备产业的政策干预时间的随机性检验（假设政策自 2012 年开始）

	(1) lnrd	(2) lnpatent	(3) lninvpatapply	(4) lninvpatlicen	(5) lngreenpat	(6) lngreeninvpat
treat_post2012	-0.0358 (0.128)	-0.145 (0.195)	-0.225 (0.174)	-0.259 (0.179)	0.0153 (0.0937)	-0.195 (0.118)
lnnetasset	0.417 *** (0.0980)	0.488 *** (0.135)	0.421 *** (0.121)	0.211 * (0.124)	-0.0616 (0.0635)	-0.167 ** (0.0799)
lnlabor	0.129 * (0.0721)	-0.184 (0.155)	-0.173 (0.139)	-0.264 * (0.142)	0.0376 (0.0633)	0.0128 (0.0797)
lnage	-1.081 (0.656)	4.212 *** (0.776)	2.994 *** (0.693)	0.853 (0.712)	0.433 (0.387)	0.297 (0.488)
seperation	0.0239 ** (0.0113)	-0.0682 *** (0.0162)	-0.0617 *** (0.0145)	-0.0456 *** (0.0149)	0.0131 * (0.00728)	-0.00248 (0.00917)
lntobin Q	-0.148 (0.113)	0.0900 (0.0964)	0.0379 (0.0861)	0.0605 (0.0884)	-0.0251 (0.0496)	-0.00135 (0.0625)

续表

	(1) lnrd	(2) lnpatent	(3) lninvpatapply	(4) lninvpatlicen	(5) lngreenpat	(6) lngreeninvpat
lndebt	0.282 *** (0.0695)	0.169 (0.110)	0.0642 (0.0987)	0.119 (0.101)	0.0525 (0.0508)	0.197 *** (0.0639)
topone	-0.00307 (0.00632)	0.000822 (0.0105)	-0.0000413 (0.00937)	-0.00388 (0.00962)	-0.00312 (0.00425)	0.000589 (0.00535)
年份固定	YES	YES	YES	YES	YES	YES
_cons	5.040 ** (2.504)	-20.11 *** (3.392)	-14.09 *** (3.031)	-5.384 * (3.113)	-0.944 (1.583)	-0.935 (1.993)
N	316	369	369	369	341	341
adj. R^2	0.543	-0.031	-0.100	0.077	-0.248	-0.221

注：*、**、*** 分别表示在 10%、5% 和 1% 的显著性水平上显著。

表 9.42 高端装备产业的政策干预时间的随机性检验（假设政策自 2011 年开始）

	(1) lnrd	(2) lnpatent	(3) lninvpatapply	(4) lninvpatlicen	(5) lngreenpat	(6) lngreeninvpat
treat_post2011	-0.0190 (0.143)	0.0791 (0.227)	-0.110 (0.203)	-0.230 (0.208)	0.0181 (0.101)	-0.193 (0.127)
lnnetasset	0.419 *** (0.0976)	0.478 *** (0.136)	0.425 *** (0.122)	0.223 * (0.125)	-0.0611 (0.0636)	-0.173 ** (0.0801)
lnlabor	0.129 * (0.0721)	-0.179 (0.155)	-0.170 (0.139)	-0.262 * (0.143)	0.0378 (0.0634)	0.0123 (0.0799)
lnage	-1.072 (0.655)	4.288 *** (0.777)	3.036 *** (0.696)	0.867 (0.714)	0.433 (0.387)	0.284 (0.488)
seperation	0.0240 ** (0.0113)	-0.0683 *** (0.0162)	-0.0615 *** (0.0145)	-0.0452 *** (0.0149)	0.0131 * (0.00728)	-0.00214 (0.00917)
lntobin Q	-0.150 (0.113)	0.0702 (0.0976)	0.0300 (0.0874)	0.0617 (0.0897)	-0.0249 (0.0494)	-0.00566 (0.0623)
lndebt	0.278 *** (0.0680)	0.159 (0.110)	0.0503 (0.0983)	0.104 (0.101)	0.0527 (0.0506)	0.192 *** (0.0637)
topone	-0.00301 (0.00632)	0.000711 (0.0105)	-0.000564 (0.00939)	-0.00464 (0.00964)	-0.00311 (0.00425)	0.000502 (0.00536)
年份固定	YES	YES	YES	YES	YES	YES
_cons	5.047 ** (2.504)	-19.90 *** (3.395)	-13.97 *** (3.040)	-5.345 * (3.119)	-0.961 (1.573)	-0.692 (1.982)
N	316	369	369	369	341	341
adj. R^2	0.543	-0.033	-0.106	0.074	-0.248	-0.223

注：*、**、*** 分别表示在 10%、5% 和 1% 的显著性水平上显著。

以上两个表的结果显示，如果把政策时间提前到 2012 年或者 2011 年，DID 项（treat_post2012 和 treat_post2011）与部分的基本回归结果不一致，不仅表现在 DID 项均不再显著，还表现在对高端装备产业创新的影响方向上，例如，基本回归结果表明 ETS 制度对企业的创新数量具有负向影响，而将政策时间提前2年后的结果却对其产生了正向影响，这说明节能环保产业PSM－DID的回归结果确实是由ETS制度带来的，因此通过了政策干预时间的随机性检验。

3. 试点地区的随机性检验

考虑并没有受政策影响的地区，假设其受到政策影响进行试点地区的随机性检验。在此选择将江苏、广西、山东、河南和湖南设为试点地区，结果如表9.43所示。

表9.43　　高端装备产业的试点地区随机性检验

	(1) lnrd	(2) lnpatent	(3) lninvpatapply	(4) lninvpatlicen	(5) lngreenpat	(6) lngreeninvpat
Treatun_post	0 (.)	0 (.)	0 (.)	0 (.)	0 (.)	0 (.)
lnnetasset	0.299*** (0.0905)	0.0189 (0.159)	0.0179 (0.140)	0.00234 (0.177)	-0.124 (0.102)	-0.327*** (0.118)
lnlabor	0.200*** (0.0515)	-0.203 (0.202)	-0.137 (0.178)	-0.295 (0.225)	0.0739 (0.112)	0.0130 (0.129)
lnage	-0.0172 (0.801)	2.210 (1.460)	1.153 (1.290)	-2.026 (1.628)	1.110 (0.770)	-0.258 (0.888)
seperation	0.00178 (0.00957)	-0.0567*** (0.0189)	-0.0513*** (0.0167)	-0.0342 (0.0211)	0.0323*** (0.0122)	0.00533 (0.0141)
lntobin Q	-0.136 (0.0967)	-0.280 (0.195)	-0.391** (0.173)	-0.0590 (0.218)	-0.0219 (0.116)	-0.0602 (0.133)
lndebt	0.249*** (0.0660)	0.261* (0.144)	0.0768 (0.127)	0.146 (0.160)	0.0766 (0.0835)	0.225** (0.0963)
topone	-0.0104 (0.00748)	0.00775 (0.0143)	0.0121 (0.0127)	-0.00173 (0.0160)	-0.00323 (0.00719)	-0.00446 (0.00830)
年份固定	YES	YES	YES	YES	YES	YES
_cons	5.544** (2.787)	-8.107 (5.414)	-2.531 (4.782)	6.035 (6.035)	-2.256 (2.807)	3.677 (3.239)
N	223	259	259	259	234	234
adj. R^2	0.447	-0.265	-0.355	0.046	-0.342	-0.407

注：*、**、***分别表示在10%、5%和1%的显著性水平上显著。

假设非试点地区为试点地区，如果DID项（Treatun_post）的估计系数依然是显著的，则说明高端装备产业创新的变化并不是因为ETS制度的实施，而是因为其他随机因素的影响，倘若结果相反，则能够证明基本回归结果具有一定的稳健性。从表9.43中可以看出，DID项（Treatun_post）不仅不显著，而且结果直接被忽略，这表明高端装备产业PSM－DID的回归结果确实是由ETS制度引起的，也说明通过了试点地区随机性检验。

4. 政策实施的唯一性检验

这个检验的目的是至少证明试点是主要影响因素，需要从试点中选择部分试点地区作为处理组，在本章只选择试点中的直辖市（上海、北京、天津和重庆）作为试点地区，结果如表 9.44 所示。

表 9.44 政策实施的唯一性检验

	(1) lnrd	(2) lnpatent	(3) lninvpatapply	(4) lninvpatlicen	(5) lngreenpat	(6) lngreeninvpat
Treatselect_post	0 (.)	0 (.)	0 (.)	0 (.)	0 (.)	0 (.)
lnnetasset	0.420 *** (0.0973)	0.484 *** (0.135)	0.416 *** (0.121)	0.205 (0.124)	-0.0616 (0.0634)	-0.166 ** (0.0802)
lnlabor	0.129 * (0.0720)	-0.180 (0.155)	-0.168 (0.139)	-0.258 * (0.143)	0.0366 (0.0629)	0.0247 (0.0797)
lnage	-1.068 (0.653)	4.262 *** (0.772)	3.072 *** (0.691)	0.943 (0.711)	0.440 (0.385)	0.215 (0.487)
seperation	0.0241 ** (0.0112)	-0.0682 *** (0.0162)	-0.0617 *** (0.0145)	-0.0455 *** (0.0149)	0.0131 * (0.00727)	-0.00234 (0.00920)
lntobin Q	-0.150 (0.112)	0.0780 (0.0949)	0.0192 (0.0850)	0.0391 (0.0874)	-0.0241 (0.0491)	-0.0148 (0.0622)
lndebt	0.277 *** (0.0674)	0.160 (0.110)	0.0494 (0.0982)	0.102 (0.101)	0.0536 (0.0502)	0.182 *** (0.0635)
topone	-0.00300 (0.00630)	0.000592 (0.0105)	-0.000399 (0.00938)	-0.00429 (0.00964)	-0.00312 (0.00424)	0.000580 (0.00537)
年份固定	YES	YES	YES	YES	YES	YES
_cons	5.047 ** (2.499)	-19.97 *** (3.384)	-13.87 *** (3.030)	-5.136 (3.114)	-0.976 (1.568)	-0.530 (1.985)
N	316	369	369	369	341	341
adj. R^2	0.545	-0.030	-0.103	0.074	-0.243	-0.229

注：*、**、*** 分别表示在 10%、5% 和 1% 的显著性水平上显著。

只选择试点中的直辖市作为试点地区，如果 DID 项（Treatselect_post）的估计系数依然是显著的，则能够证明基本回归结果具有一定的稳健性，即通过政策实施的唯一性检验。但是从表 9.44 中可以看出，DID 项（Treatselect_post）的估计系数不仅不显著，还忽略了，并没有通过政策实施的唯一性检验，出现这种情况的原因可能是这些直辖市中的高端装备产业在 ETS 制度实施之前就比较注重创新发展，以至于 ETS 制度实施后对其影响程度并没有很大。

5. 控制组和政策影响组分组的随机性检验

在此用工具变量来替代政策变量，解决因为分组非随机导致的内生性问题。将各地区的 PM2.5 数据作为各地区试点政策的工具变量，并使用 Stata 的 xtivreg2 命令，得到的结果如表 9.45 所示。

表 9.45　　高端装备产业内生性问题

	(1) lnrd	(2) lnpatent	(3) lninvpatapply	(4) lninvpatlicen	(5) lngreenpat	(6) lngreeninvpat
treat_post	0 (.)	0 (.)	0 (.)	0 (.)	0 (.)	0 (.)
lnnetasset	0.420*** (0.0973)	0.484*** (0.135)	0.416*** (0.121)	0.205 (0.124)	-0.0616 (0.0634)	-0.166** (0.0802)
lnlabor	0.129* (0.0720)	-0.180 (0.155)	-0.168 (0.139)	-0.258* (0.143)	0.0366 (0.0629)	0.0247 (0.0797)
lnage	-1.068 (0.653)	4.262*** (0.772)	3.072*** (0.691)	0.943 (0.711)	0.440 (0.385)	0.215 (0.487)
seperation	0.0241** (0.0112)	-0.0682*** (0.0162)	-0.0617*** (0.0145)	-0.0455*** (0.0149)	0.0131* (0.00727)	-0.00234 (0.00920)
lntobin Q	-0.150 (0.112)	0.0780 (0.0949)	0.0192 (0.0850)	0.0391 (0.0874)	-0.0241 (0.0491)	-0.0148 (0.0622)
lndebt	0.277*** (0.0674)	0.160 (0.110)	0.0494 (0.0982)	0.102 (0.101)	0.0536 (0.0502)	0.182*** (0.0635)
topone	-0.00300 (0.00630)	0.000592 (0.0105)	-0.000399 (0.00938)	-0.00429 (0.00964)	-0.00312 (0.00424)	0.000580 (0.00537)
年份固定	YES	YES	YES	YES	YES	YES
_cons	5.047** (2.499)	-19.97*** (3.384)	-13.87*** (3.030)	-5.136 (3.114)	-0.976 (1.568)	-0.530 (1.985)
N	316	369	369	369	341	341
adj. R^2	0.545	-0.030	-0.103	0.074	-0.243	-0.229

注：*、**、*** 分别表示在 10%、5% 和 1% 的显著性水平上显著。

PM2.5 与 ETS 制度的实施高度相关，且与高端装备产业创新之间不存在相关性，故本章将其作为各地区试点政策的工具变量。表 9.45 所示的结果表明，DID 项（treat_post）均不再显著，即对企业的研发投入、创新质量和数量以及企业绿色创新数量和质量均未产生显著的影响，因此通过了控制组和政策影响组分组的随机性检验，增强了实证结果的稳健性。

（四）政策的动态性效果（动态时间窗分析）

为了研究政策的动态影响，从政策发布之后的 2013 年开始，逐年与试点地区产生交互变量，得到的实证结果如表 9.46 所示。

表 9.46　　高端装备产业受碳试点影响的动态性效果

	(1) lnrd	(2) lnpatent	(3) lninvpatapply	(4) lninvpatlicen	(5) lngreenpat	(6) lngreeninvpat
treat_year2013	-0.00215 (0.266)	-0.143 (0.293)	-0.00347 (0.261)	0.0296 (0.269)	0.00441 (0.141)	-0.257 (0.177)
treat_year2014	0.255 (0.227)	-0.0938 (0.316)	-0.0870 (0.282)	-0.165 (0.290)	0.148 (0.151)	-0.215 (0.190)
treat_year2015	-0.155 (0.221)	-0.203 (0.326)	-0.178 (0.291)	-0.244 (0.300)	-0.139 (0.156)	-0.166 (0.196)
treat_year2016	-0.0974 (0.198)	-0.198 (0.305)	-0.482* (0.273)	-0.559** (0.281)	0.00176 (0.141)	-0.145 (0.178)
treat_year2017	-0.124 (0.188)	-0.685** (0.305)	-0.711*** (0.273)	-0.144 (0.281)	0.0710 (0.152)	0.0428 (0.191)
treat_year2018	0.0314 (0.200)	0.189 (0.314)	0.0114 (0.280)	-0.181 (0.289)	0.00386 (0.138)	-0.328* (0.173)
treat_year2019	-0.302 (0.262)	0.188 (0.353)	-0.195 (0.316)	-0.745** (0.325)		
lnnetasset	0.411*** (0.101)	0.474*** (0.136)	0.395*** (0.122)	0.182 (0.125)	-0.0666 (0.0642)	-0.159* (0.0806)
lnlabor	0.123* (0.0733)	-0.204 (0.155)	-0.204 (0.139)	-0.289** (0.143)	0.0373 (0.0638)	0.0151 (0.0801)
lnage	-1.049 (0.663)	4.147*** (0.775)	2.972*** (0.692)	0.915 (0.713)	0.444 (0.390)	0.356 (0.490)
seperation	0.0245** (0.0114)	-0.0687*** (0.0162)	-0.0629*** (0.0144)	-0.0468*** (0.0149)	0.0137* (0.00733)	-0.00241 (0.00921)
lntobin Q	-0.152 (0.114)	0.0878 (0.0968)	0.0247 (0.0864)	0.0395 (0.0891)	-0.0344 (0.0504)	0.000641 (0.0633)
lndebt	0.300*** (0.0708)	0.174 (0.112)	0.0968 (0.100)	0.160 (0.103)	0.0536 (0.0512)	0.189*** (0.0644)
topone	-0.00290 (0.00637)	0.000373 (0.0106)	0.000182 (0.00942)	-0.00376 (0.00970)	-0.00343 (0.00431)	-0.000141 (0.00542)
年份固定	YES	YES	YES	YES	YES	YES
_cons	4.757* (2.562)	-19.60*** (3.419)	-13.92*** (3.052)	-5.542* (3.145)	-0.876 (1.595)	-1.092 (2.004)
N	316	369	369	369	341	341
adj. R^2	0.539	-0.026	-0.092	0.078	-0.260	-0.227

注：*、**、*** 分别表示在 10%、5% 和 1% 的显著性水平上显著。

表 9.46 结果可知，2016 年，企业创新数量和质量的两个回归系数分别为 -0.482 和 -0.559，在 10% 和 5% 的水平上显著，说明在碳试点设置后，该类企业的创新数量和质量降低了，2017 年也是如此。但随着时间的推移，2019 年企业绿色创新的回归系数为 -0.745，在 5% 的水平上显著，说明在碳试点设置以后，该企业的高端装备产业创新数量减少了。

七、新材料产业的实证结果

（一）描述性统计

变量的描述性统计见表 9. 47。

表 9. 47 **描述性统计**

Variable	Obs	Mean	Std. Dev.	Min	Max
lnrd	724	17. 59	1. 289	11. 39	20. 88
lnpatent	1080	1. 256	1. 386	0	5. 513
lninvpatap ~ y	1080	0. 966	1. 180	0	5. 338
lninvpatli ~ n	1080	0. 608	0. 944	0	4. 963
lngreenpat	990	0. 0391	0. 184	0	1. 609
lngreeninv ~ t	990	0. 105	0. 344	0	2. 890
treat post	1080	0. 131	0. 338	0	1
lnnetasset	834	21. 21	0. 954	13. 85	23. 79
lnlabor	881	7. 597	0. 956	5. 063	11. 17
lnage	1078	2. 641	0. 426	0	3. 332
lntobin Q	755	0. 630	0. 441	- 1. 879	2. 068
lndebt	837	20. 84	1. 356	16. 83	24. 55
seperation	823	5. 339	7. 739	- 0. 000100	36. 33
topone	833	35. 00	12. 30	9. 440	72. 67

表 9. 47 是对表 9. 1 中所有变量进行的描述性统计。其中代表企业研发投入的变量 lnrd 的平均值为 17. 59，最小值为 11. 39，最大值为 20. 88，而代表企业创新数量的变量 lnpatent 和创新质量的变量 lninvpatapatapply、lninvpatlicen 的平均值分别为 1. 256、0. 966 和 0. 608，说明创新的总产出和有效产出之间存在一定的差距。代表企业绿色创新质量的变量 lngreeninvpat 的平均值为 0. 105，最小值为 0，最大值为 2. 890，表明不同企业的绿色创新质量存在较大差异。lntobin Q 的平均值为 0. 630，表明 Q 值是大于 1 的，说明总体来看目前的市场形势有利于新材料产业进行创新型投资。

（二）异时 DID 结果

1. PSM - DID

（1）匹配平衡性检验。

使用 Stata 软件中的 psmatch2 命令，先对样本进行 1 : 1 匹配。PSM 匹配的检验结果如表 9. 48 所示。

表 9.48　　匹配平衡检验——匹配前后样本特征对比

Variable	Unmatched Matched	Mean		% bias	% reduct | bias |	T－test		V (T)/ V (C)
		Treated	Control			t	P > | t |	
lnnetasset	匹配前	21.188	21.405	－26	97.1	－2.78	0.006	0.9
	匹配后	21.188	21.195	－0.8		－0.07	0.944	0.97
lnlabor	匹配前	7.5592	7.6874	－13.2	77.3	－1.46	0.145	1.23
	匹配后	7.5592	7.5883	－3		－0.29	0.775	1.46*
lnage	匹配前	2.8179	2.7976	7.7	81.5	0.82	0.41	0.88
	匹配后	2.8179	2.8216	－1.4		－0.12	0.904	0.66*
lntobin Q	匹配前	0.69542	0.65628	8.8	23	0.94	0.35	0.85
	匹配后	0.69542	0.72555	－6.8		－0.62	0.536	0.85
lndebate	匹配前	20.669	20.922	－18.7	66.3	－1.97	0.05	0.73*
	匹配后	20.669	20.754	－6.3		－0.61	0.541	0.9
seperation	匹配前	2.3011	6.03	－56.1	98	－5.59	0	0.38*
	匹配后	2.3011	2.3758	－1.1		－0.14	0.888	1.04
topone	匹配前	33.473	34.709	－10.3	81.5	－1.1	0.271	0.9
	匹配后	33.473	33.244	1.9		0.19	0.851	1.22

注：*、**、*** 分别表示在 10%、5% 和 1% 的显著性水平上显著。

从表 9.48 可知，实验组和控制组在倾向得分匹配后，所有变量的平均值偏差的绝对值都大于 10%，且 t 值显示差异显著。其他变量在实验组和控制组中是分布均衡的（见图 9.6），满足计量统计意义上的同质性要求，且同时符合 DID 方法使用的基本假设条件，由此可知本章使用 PSM－DID 模型是可行的。

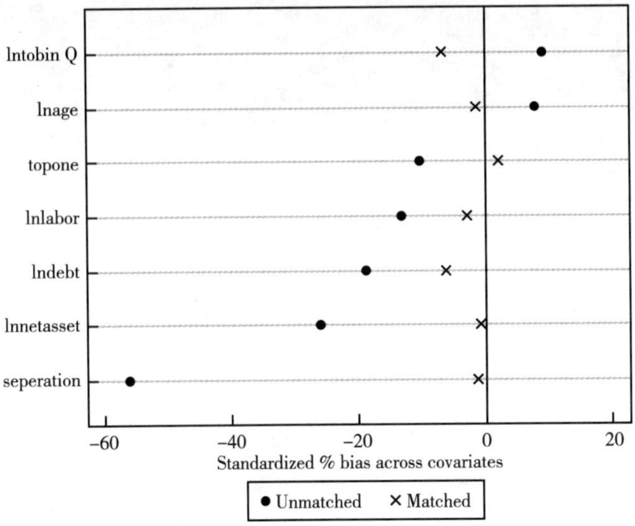

图 9.6　新材料上市公司 PMS－DID 的匹配均衡性检验

（2）PSM - DID 结果。

根据前面匹配好的数据，进行异时 DID 的分析，结果如表 9.49 所示。

表 9.49　　新材料产业 PSM - DID 结果

	(1) lnrd	(2) lnpatent	(3) lninvpatapply	(4) lninvpatlicen	(5) lngreenpat	(6) lngreeninvpat
treat_post	-0.561*** (0.133)	-0.0883 (0.205)	0.0766 (0.183)	-0.263 (0.181)	0.128* (0.0670)	0.187 (0.124)
lnnetasset	0.421*** (0.106)	0.0629 (0.151)	0.0722 (0.135)	0.0591 (0.133)	0.0824 (0.0564)	0.106 (0.105)
lnlabor	0.471*** (0.117)	0.0176 (0.150)	0.000375 (0.134)	0.199 (0.133)	0.0574 (0.0504)	0.0678 (0.0937)
lnage	-0.163 (0.943)	2.301* (1.253)	0.997 (1.121)	0.453 (1.109)	-0.253 (0.444)	-1.003 (0.825)
seperation	-0.00630 (0.0164)	0.0242 (0.0192)	0.0238 (0.0172)	0.0330* (0.0170)	0.00439 (0.00707)	0.0189 (0.0131)
lntobin Q	-0.0574 (0.104)	0.149 (0.151)	0.0508 (0.135)	0.415*** (0.134)	-0.105** (0.0499)	-0.173* (0.0928)
lndebt	0.210*** (0.0712)	0.193** (0.0961)	0.155* (0.0860)	0.175** (0.0851)	-0.0563* (0.0339)	-0.0597 (0.0630)
topone	0.00771 (0.00612)	-0.00307 (0.00948)	0.000264 (0.00849)	-0.00556 (0.00839)	-0.0000992 (0.00320)	-0.0112* (0.00595)
个体固定	YES	YES	YES	YES	YES	YES
年份固定	YES	YES	YES	YES	YES	YES
_cons	0.803 (2.981)	-9.999** (4.052)	-6.574* (3.627)	-6.813* (3.585)	-0.409 (1.429)	1.126 (2.655)
N	274	315	315	315	293	293
adj. R^2	0.573	0.177	0.201	0.197	0.223	0.155

注：*、**、*** 分别表示在 10%、5% 和 1% 的显著性水平上显著。

表 9.49 是在对新材料产业运用 PSM - DID 方法处理后的结果，EST 制度的实施对企业的创新和绿色创新的数量和质量均具有显著的正向影响，说明该制度的实施可以促进新材料产业的绿色创新。控制变量企业净资产、员工数量、企业年龄都对企业的创新的数量质量有显著的正向影响，初步判断是因为企业净资产增加可以增加企业的研发投入从而促进绿色创新，员工数量和企业年龄在一定程度上反映了企业的规模，说明企业的规模越大经营时间越长越有利于进行绿色创新。此外，企业负债也在一定程度上促进了企业的研发投入和创新，说明一定的债务压力可以推动企业进行创新，以期望能降低成本增加收益，但对绿色创新方面的投入还不够。

（三）DID 方法的条件检验

DID 方法需要满足的 5 个条件检验，结果如下。

1. 共同趋势假设检验

这里将政策实施前的年份每一年生成一个虚拟变量，然后各自与试点地区虚拟变量生成交互项，并进行 PSM - DID 检验，结果如表 9.50 所示。

表 9.50 新材料产业的共同趋势检验

	(1) lnrd	(2) lnpatent	(3) lninvpatapply	(4) lninvpatlicen	(5) lngreenpat	(6) lngreeninvpat
treat_post	-0.248* (0.185)	-0.0932 (0.358)	-0.147 (0.317)	-0.245 (0.323)	0.0313* (0.102)	-0.0715 (0.185)
lnnetasset	0.381*** (0.105)	0.127 (0.160)	0.125 (0.141)	0.0468 (0.144)	0.122* (0.0631)	0.169 (0.115)
lnlabor	0.482*** (0.117)	-0.00583 (0.162)	-0.0712 (0.144)	0.173 (0.147)	0.0622 (0.0561)	0.0565 (0.102)
lnage	-0.0101 (0.941)	0.136 (1.573)	-0.321 (1.393)	0.221 (1.422)	-0.0000558 (0.587)	-0.434 (1.065)
seperation	-0.00581 (0.0163)	0.0225 (0.0228)	0.0191 (0.0202)	0.0335 (0.0206)	0.00219 (0.00838)	0.0111 (0.0152)
lntobin Q	-0.0632 (0.104)	0.199 (0.157)	0.117 (0.139)	0.461*** (0.142)	-0.119** (0.0554)	-0.184* (0.101)
lndebt	0.219*** (0.0706)	0.172* (0.0997)	0.153* (0.0883)	0.158* (0.0901)	-0.0641* (0.0377)	-0.0937 (0.0684)
topone	0.00741 (0.00616)	0.00695 (0.0102)	0.00917 (0.00903)	-0.00143 (0.00921)	-0.00128 (0.00372)	-0.0155** (0.00675)
treat_year2009	0.585 (0.403)	-0.215 (0.502)	-0.345 (0.445)	0.0687 (0.454)	-0.0581 (0.172)	-0.398 (0.312)
treat_year2010	0.687** (0.267)	-0.384 (0.485)	-0.363 (0.430)	-0.0748 (0.438)	-0.158 (0.193)	-0.416 (0.350)
treat_year2011	0.486* (0.259)	-0.0282 (0.459)	-0.411 (0.406)	-0.164 (0.415)	-0.00763 (0.143)	-0.168 (0.260)
treat_year2012	0.158 (0.294)	0.440 (0.462)	0.124 (0.409)	0.318 (0.417)	-0.237* (0.137)	-0.417* (0.249)
年份固定	YES	YES	YES	YES	YES	YES
_cons	0.630 (2.976)	-5.021 (4.834)	-3.307 (4.283)	-5.260 (4.370)	-1.514 (1.870)	-0.0832 (3.392)
N	274	286	286	286	266	266
adj. R^2	0.583	-0.232	-0.241	0.184	-0.252	-0.195

注：*、**、*** 分别表示在 10%、5% 和 1% 的显著性水平上显著。

从表9.50结果可知，DID项（treat_post）表明，ETS制度对企业创新的部分方面产生了显著的影响，尤其是企业投入研发和企业绿色创新数量方面，DID项在10%的统计水平上显著，且绝大部分treat_year2009 ~ treat_year2012这些政策施行前年份交互项并不显著，这表明整体上分析，ETS制度实施前实验组和对照组的研发投入、专利数据和绿色专利变动趋势没有显著性的差异，说明共同趋势检验通过，利用PSM产生的分组有效，因此可以使用DID进行实证分析。

2. 政策干预时间的随机性检验

本章研究的试点政策在2013年、2014年开始实施，要进行政策干预时间的随机性检验，在此将政策执行时间提前到2012年或2011年，得到的结果如表9.51和表9.52所示。

表9.51　新材料产业的政策干预时间的随机性检验（假设政策自2012年开始）

	(1) lnrd	(2) lnpatent	(3) lninvpatapply	(4) lninvpatlicen	(5) lngreenpat	(6) lngreeninvpat
treat_post2012	-0.672 (0.144)	-0.0705 (0.221)	0.103 (0.195)	-0.253 (0.199)	0.152 (0.0794)	0.280 (0.143)
lnnetasset	0.387*** (0.105)	0.109 (0.158)	0.107 (0.140)	0.0341 (0.143)	0.109* (0.0618)	0.160 (0.112)
lnlabor	0.478*** (0.116)	-0.00723 (0.161)	-0.0816 (0.142)	0.156 (0.145)	0.0635 (0.0554)	0.0594 (0.100)
lnage	-0.132 (0.932)	0.295 (1.553)	-0.170 (1.373)	0.425 (1.400)	-0.0901 (0.580)	-0.489 (1.046)
seperation	-0.00482 (0.0163)	0.0223 (0.0227)	0.0184 (0.0201)	0.0325 (0.0205)	0.00329 (0.00829)	0.0116 (0.0150)
lntobin Q	-0.0823 (0.102)	0.205 (0.155)	0.110 (0.137)	0.445*** (0.140)	-0.117** (0.0549)	-0.176* (0.0991)
lndebt	0.221*** (0.0706)	0.189* (0.0987)	0.164* (0.0873)	0.164* (0.0890)	-0.0610 (0.0374)	-0.0876 (0.0675)
topone	0.00818 (0.00603)	0.00722 (0.0101)	0.0101 (0.00892)	-0.000139 (0.00909)	-0.00129 (0.00367)	-0.0149** (0.00663)
年份固定	YES	YES	YES	YES	YES	YES
_cons	1.165 (2.958)	-5.534 (4.812)	-3.704 (4.256)	-5.480 (4.338)	-1.139 (1.809)	-0.193 (3.265)
N	274	286	286	286	266	266
adj. R^2	0.582	0.228	0.232	0.191	0.245	0.177

注：*、**、***分别表示在10%、5%和1%的显著性水平上显著。

表 9.52　　新材料产业的政策干预时间的随机性检验（假设政策自 2011 年开始）

	(1) lnrd	(2) lnpatent	(3) lninvpatapply	(4) lninvpatlicen	(5) lngreenpat	(6) lngreeninvpat
treat_post2011	-0.739 (0.156)	0.195 (0.241)	0.298 (0.213)	-0.0420 (0.219)	0.0220 (0.0917)	0.151 (0.165)
lnnetasset	0.387*** (0.105)	0.145 (0.158)	0.132 (0.139)	0.0653 (0.143)	0.0824 (0.0608)	0.113 (0.110)
lnlabor	0.457*** (0.116)	-0.0314 (0.159)	-0.0920 (0.141)	0.127 (0.145)	0.0882 (0.0552)	0.0918 (0.0995)
lnage	0.238 (0.927)	0.230 (1.552)	-0.250 (1.369)	0.413 (1.407)	-0.181 (0.584)	-0.684 (1.052)
seperation	-0.00693 (0.0162)	0.0230 (0.0227)	0.0190 (0.0200)	0.0329 (0.0206)	0.00213 (0.00841)	0.0108 (0.0152)
lntobin Q	-0.0703 (0.102)	0.201 (0.155)	0.108 (0.137)	0.442*** (0.141)	-0.113** (0.0554)	-0.169* (0.0999)
lndebt	0.222*** (0.0705)	0.177* (0.0990)	0.153* (0.0873)	0.157* (0.0897)	-0.0595 (0.0378)	-0.0836 (0.0681)
topone	0.00965 (0.00599)	0.00822 (0.0100)	0.0104 (0.00884)	0.00113 (0.00909)	-0.00172 (0.00371)	-0.0154** (0.00668)
年份固定	YES	YES	YES	YES	YES	YES
_cons	0.312 (2.937)	-5.728 (4.798)	-3.723 (4.232)	-5.790 (4.349)	-0.570 (1.804)	0.936 (3.251)
N	274	286	286	286	266	266
adj. R^2	0.583	-0.224	-0.222	0.185	-0.269	-0.196

注：*、**、*** 分别表示在 10%、5% 和 1% 的显著性水平上显著。

以上两个表的结果显示，如果把政策时间提前到 2012 年或者 2011 年，DID 项（treat_post2012 和 treat_post2011）与大部分的基本回归结果均不一致，不仅表现在 DID 项均不再显著，还表现在对新材料产业创新的影响方向上，例如，基本回归结果表明 ETS 制度对企业绿色创新质量具有负向影响，而将政策时间提前后的结果却对其产生了正向影响，这说明新材料产业 PSM－DID 的回归结果确实是由 ETS 制度带来的，因此通过了政策干预时间的随机性检验。

3. 试点地区的随机性检验

考虑并没有受政策影响的地区，假设其受到政策影响进行试点地区的随机性检验。在此选择将江苏、广西、山东、河南和湖南设为试点地区，结果如表 9.53 所示。

表 9.53　　新材料产业的试点地区随机性检验

	(1) lnrd	(2) lnpatent	(3) lninvpatapply	(4) lninvpatlicen	(5) lngreenpat	(6) lngreeninvpat
Treatun_post	0 (.)	0 (.)	0 (.)	0 (.)	0 (.)	0 (.)
lnnetasset	0.268** (0.112)	0.390 (0.277)	0.461* (0.262)	0.127 (0.287)	0.0461 (0.107)	0.241 (0.193)
lnlabor	0.242** (0.107)	-0.296 (0.231)	-0.331 (0.219)	0.244 (0.239)	0.144 (0.0917)	-0.118 (0.166)
lnage	-0.954 (1.462)	2.211 (3.728)	2.242 (3.526)	6.903* (3.855)	-0.821 (1.328)	-0.0648 (2.409)
seperation	0.00387 (0.0138)	-0.00128 (0.0287)	0.00380 (0.0271)	0.00123 (0.0297)	0.00995 (0.0109)	0.00131 (0.0199)
lntobin Q	0.126 (0.0978)	0.327 (0.212)	0.188 (0.201)	0.643*** (0.220)	-0.122 (0.0871)	0.00215 (0.158)
lndebt	0.301*** (0.0709)	0.172 (0.164)	0.0914 (0.155)	0.132 (0.170)	-0.0433 (0.0694)	0.0217 (0.126)
topone	0.00847 (0.00531)	0.0198 (0.0128)	0.0218* (0.0121)	0.00154 (0.0133)	-0.00785 (0.00515)	-0.0208** (0.00934)
年份固定	YES	YES	YES	YES	YES	YES
_cons	6.103 (4.756)	-14.65 (11.03)	-14.60 (10.44)	-25.05** (11.41)	1.447 (4.045)	-3.466 (7.336)
N	194	196	196	196	180	180
adj. R^2	0.505	0.444	0.475	0.211	0.473	0.413

注：*、**、*** 分别表示在 10%、5% 和 1% 的显著性水平上显著。

假设非试点地区为试点地区，如果 DID 项（Treatun_post）的估计系数依然是显著的，则说明新材料产业创新的提高并不是因为 ETS 制度的实施，而是因为其他随机因素的影响，倘若结果相反，则能够证明基本回归结果具有一定的稳健性。从表 9.53 中可以看出，DID 项（Treatun_post）不仅不显著，而且结果直接被忽略，这表明新材料产业 PSM - DID 的回归结果确实是由 ETS 制度引起的，也说明通过了试点地区随机性检验。

4. 政策实施的唯一性检验

这个检验的目的是至少证明试点是主要影响因素，需要从试点中选择部分试点地区作为处理组，在本章只选择试点中的直辖市（上海、北京、天津和重庆）作为试点地区，结果如表 9.54 所示。

表 9.54 政策实施的唯一性检验

	(1) lnrd	(2) lnpatent	(3) lninvpatapply	(4) lninvpatlicen	(5) lngreenpat	(6) lngreeninvpat
Treatselect_post	0 (.)	0 (.)	0 (.)	0 (.)	0 (.)	0 (.)
lnnetasset	0.450*** (0.110)	0.120 (0.155)	0.0922 (0.137)	0.0708 (0.140)	0.0819 (0.0606)	0.110 (0.109)
lnlabor	0.428*** (0.122)	-0.0161 (0.158)	-0.0686 (0.140)	0.124 (0.143)	0.0909* (0.0539)	0.110 (0.0974)
lnage	0.242 (0.978)	0.289 (1.549)	-0.160 (1.371)	0.401 (1.402)	-0.176 (0.582)	-0.647 (1.051)
seperation	-0.00704 (0.0171)	0.0224 (0.0227)	0.0182 (0.0200)	0.0330 (0.0205)	0.00187 (0.00832)	0.00901 (0.0150)
lntobin Q	-0.0932 (0.108)	0.204 (0.155)	0.111 (0.137)	0.441*** (0.140)	-0.113** (0.0553)	-0.168* (0.0998)
lndebt	0.206*** (0.0742)	0.186* (0.0982)	0.168* (0.0869)	0.155* (0.0889)	-0.0597 (0.0377)	-0.0853 (0.0680)
topone	0.0121* (0.00629)	0.00761 (0.00999)	0.00953 (0.00884)	0.00126 (0.00904)	-0.00178 (0.00369)	-0.0158** (0.00667)
年份固定	YES	YES	YES	YES	YES	YES
_cons	-0.518 (3.091)	-5.626 (4.792)	-3.568 (4.240)	-5.811 (4.337)	-0.585 (1.798)	0.830 (3.247)
N	274	286	286	286	266	266
adj. R^2	0.536	0.222	0.228	0.189	0.262	0.195

注：*、**、*** 分别表示在 10%、5% 和 1% 的显著性水平上显著。

只选择试点中的直辖市作为试点地区，如果 DID 项（Treatselect_post）的估计系数依然是显著的，则能够证明基本回归结果具有一定的稳健性，即通过政策实施的唯一性检验。但是从表 9.54 中可以看出，DID 项（Treatselect_post）的估计系数不仅不显著，还忽略了，并没有通过政策实施的唯一性检验，出现这种情况的原因可能是这些直辖市中的新材料产业在 ETS 制度实施之前就比较注重创新发展，以至于 ETS 制度实施后对其影响程度并没有很大。

5. 控制组和政策影响组分组的随机性检验

在此用工具变量来替代政策变量，解决因为分组非随机导致的内生性问题。将各地区的 PM2.5 数据作为各地区试点政策的工具变量，并使用 Stata 的 xtivreg2 命令，得到的结果如表 9.55 所示。

表 9.55　　新材料产业内生性问题

	(1) lnrd	(2) lnpatent	(3) lninvpatapply	(4) lninvpatlicen	(5) lngreenpat	(6) lngreeninvpat
treat_post	0.118 (1.222)	-2.112 (24.57)	-4.995 (39.82)	-17.69 (127.2)	0.182 (0.435)	0.391 (0.833)
lnnetasset	0.532*** (0.186)	0.0596 (1.001)	-0.0688 (1.623)	-0.665 (5.187)	0.0685 (0.0758)	0.134 (0.145)
lnlabor	0.526*** (0.184)	0.578 (4.076)	0.948 (6.607)	3.102 (21.11)	0.0667 (0.116)	-0.0411 (0.221)
lnage	0.675 (2.155)	1.519 (13.02)	2.708 (21.10)	9.789 (67.44)	-0.712 (0.739)	-0.0351 (1.415)
seperation	-0.0112 (0.0244)	0.0334 (0.264)	0.00203 (0.429)	-0.128 (1.370)	-0.00335 (0.0125)	0.0125 (0.0240)
lntobin Q	-0.0104 (0.164)	0.660 (0.480)	0.431 (0.778)	0.569 (2.485)	-0.0470 (0.0678)	-0.194 (0.130)
lndebt	0.154 (0.118)	0.204 (0.764)	0.304 (1.238)	0.652 (3.956)	-0.0768* (0.0443)	-0.141* (0.0848)
topone	0.0123 (0.0111)	-0.0214 (0.161)	-0.0335 (0.262)	-0.121 (0.836)	0.00469 (0.00497)	-0.0125 (0.00951)
年份固定	YES	YES	YES	YES	YES	YES
N	181	191	191	191	193	193
adj. R^2	0.371	0.854	0.321	0.158	0.252	0.256

注：*、**、*** 分别表示在 10%、5% 和 1% 的显著性水平上显著。

PM2.5 与 ETS 制度的实施高度相关，且与新材料产业创新之间不存在相关性，故本章将其作为各地区试点政策的工具变量。表 9.55 所示的结果表明，DID 项（treat_post）均不再显著，即对企业的研发投入、创新质量和数量以及企业绿色创新数量和质量均未产生显著的影响，因此通过了控制组和政策影响组分组的随机性检验，增强了实证结果的稳健性。

（四）政策的动态性效果（动态时间窗分析）

为了研究政策的动态影响，从政策发布之后的 2013 年开始，逐年与试点地区产生交互变量，得到的实证结果如表 9.56 所示。

表 9.56　　新材料产业受碳试点影响的动态性效果

	(1) lnrd	(2) lnpatent	(3) lninvpatapply	(4) lninvpatlicen	(5) lngreenpat	(6) lngreeninvpat
treat_year2013	-0.463** (0.210)	0.110 (0.405)	0.345 (0.360)	0.0990 (0.364)	0.127 (0.119)	0.333 (0.215)
treat_year2014	-0.978*** (0.253)	-0.435 (0.357)	-0.0836 (0.317)	-0.353 (0.321)	0.195* (0.118)	0.303 (0.213)

续表

	(1) lnrd	(2) lnpatent	(3) lninvpatapply	(4) lninvpatlicen	(5) lngreenpat	(6) lngreeninvpat
treat_year2015	-0.507** (0.255)	0.0537 (0.365)	0.147 (0.324)	-0.254 (0.328)	0.188 (0.120)	0.394* (0.216)
treat_year2016	-0.847*** (0.237)	0.248 (0.336)	0.321 (0.299)	0.0601 (0.302)	0.138 (0.122)	0.206 (0.220)
treat_year2017	-0.919*** (0.230)	-0.465 (0.326)	-0.161 (0.290)	-0.371 (0.293)	0.198 (0.135)	0.215 (0.244)
treat_year2018	-0.689*** (0.212)	0.144 (0.412)	0.301 (0.366)	-0.625* (0.370)	0.0634 (0.128)	0.152 (0.231)
treat_year2019	-0.278 (0.342)	0.144 (0.487)	-0.155 (0.433)	-0.945** (0.438)		
lnnetasset	0.375*** (0.108)	0.102 (0.159)	0.103 (0.142)	0.00838 (0.143)	0.105* (0.0626)	0.159 (0.113)
lnlabor	0.476*** (0.118)	-0.00544 (0.164)	-0.0674 (0.146)	0.204 (0.148)	0.0647 (0.0572)	0.0782 (0.103)
lnage	-0.214 (0.939)	0.290 (1.555)	-0.125 (1.383)	0.450 (1.397)	-0.108 (0.587)	-0.460 (1.059)
seperation	-0.00463 (0.0163)	0.0164 (0.0233)	0.0138 (0.0207)	0.0361* (0.0210)	0.00314 (0.00857)	0.00942 (0.0155)
lntobin Q	-0.0622 (0.103)	0.199 (0.157)	0.121 (0.139)	0.466*** (0.141)	-0.114** (0.0560)	-0.181* (0.101)
lndebt	0.229*** (0.0709)	0.182* (0.0992)	0.161* (0.0882)	0.157* (0.0891)	-0.0611 (0.0379)	-0.0914 (0.0684)
topone	0.00871 (0.00624)	0.00695 (0.0103)	0.00921 (0.00912)	-0.00220 (0.00921)	-0.00160 (0.00379)	-0.0162** (0.00684)
年份固定	YES	YES	YES	YES	YES	YES
_cons	1.442 (2.983)	-5.236 (4.836)	-3.748 (4.300)	-5.199 (4.344)	-1.010 (1.836)	-0.237 (3.315)
N	274	286	286	286	266	266
adj. R^2	0.585	-0.228	-0.245	0.197	-0.270	-0.201

注：*、**、*** 分别表示在 10%、5% 和 1% 的显著性水平上显著。

从表 9.56 结果可知，绝大部分 treat_year2013 ~ treat_year2018 这些政策施行后年份，企业研发投入 lnrd 和政策虚拟变量的交互项显著，且都为负值，说明碳试点设置后，企业的研发投入降低了；2019 年，企业创新质量的回归系数为 -0.945，在 5% 的水平上显著，说明在碳试点设置后，该类企业的创新质量降低了。

八、小结

本章采用异时DID和PSM－DID研究方法，以我国沪深两市A股企业中的战略性新兴上市公司作为研究对象，考察了碳交易试点对于战略性新兴企业创新绩效的影响。实证结果表明，从共同点来看，目前的市场形势有利于七大产业进行创新型投资。企业净资产增加、企业的规模越大经营时间越长越可以推动企业进行绿色创新，一定的债务压力促进了企业的研发投入和创新，可以推动企业进行创新，以期望能降低成本增加收益。从不同点来看，在节能环保产业方面，EST制度的实施对企业的研发投入、创新质量和数量均具有显著的正向影响，而对企业绿色创新数量和质量有一定的负向影响，说明该制度的实施对促进节能环保企业创新投入和创新绩效具有显著的正向影响，但是绿色技术创新的作用效果不明显。在新一代信息技术产业、生物医药产业和高端装备制造产业方面，ETS制度的实施对企业的研发投入、创新质量和数量均具有一定的负向影响，说明该制度的实施抑制了企业创新投入和创新绩效。在新能源产业和新材料产业方面，ETS制度的实施对企业的创新质量和数量以及绿色创新数量和质量均具有显著的正向影响，而对企业研发投入有一定的负向影响，说明该政策的实施在促进新能源产业和新材料企业的绿色创新方面发挥了积极作用。以上结论说明，对于不同的产业，碳市场政策对于战略性新兴企业创新的影响具有显著的异质性。

从政策的动态性效果来看，在碳市场政策实行的最初阶段，新一代信息技术产业和新材料产业研发投入水平受到碳市场政策的负面影响，随着该政策的逐步推行，节能环保产业、新能源产业创新绩效得到显著的改善，但是其他产业对于碳市场的创新激励反应依旧是消极的。所有的模型估计均通过了一系列的稳健性检验，包括共同趋势假设检验、政策干预时间的随机性检验、试点地区的随机性检验、政策实施的唯一性检验以及控制组和政策影响组分组的随机性检验，因此本章的实证结果具有可靠性。

第十章 碳交易市场影响战略性新兴产业与传统产业创新差异研究——基于三重差分模型

第九章仅是使用了战略性新兴产业内部的数据，没有考虑与传统产业的对比。不过战略性新兴产业主要由新兴科技与新兴产业深度融合产生（种大双等，2020），其创新基础与创新氛围一般会优于传统产业。对于战略性新兴产业来说，环境规制政策对其产业内企业的环境压力可能会远小于环境规制对传统企业产生的压力。因此，相较于战略性新兴产业，传统产业可能对于环境规制政策的反应更为明显。

为厘清碳排放交易试点政策对于创新的影响及背后作用机制，本章使用三重差分法进一步展开实证研究。具体而言，第一重差分是对碳交易排放试点地区与非试点地区的企业创新绩效进行比较，第二重差分是关于战略性新兴产业与非战略性新兴产业的企业创新绩效对比，第三重差分是碳交易排放试点政策实施前和实施后企业创新绩效的差异。在三重差分模型的基础上，本章控制了企业固定效应与年份固定效应，有效解决了不随时间变化的企业遗漏变量问题，以及控制随时间变化的宏观经济冲击。

一、研究方法和数据

（一）三重差分模型

模型具体设定如下：

$$y_{it} = \beta_0 + \beta_1 treat_i \times post_t \times SEI_i + \beta_2 treat_r \times post_t + \beta_3 post_t \times SEI_r + \rho X_{it} + u_i + \lambda_t + \varepsilon_{it} \quad (10.1)$$

其中，y_{it}为因变量，表示企业创新绩效，本章以研发投入（lnrd），专利数据包括以专利申请总量（lnpatent）代表创新数量，以发明专利申请量（lninvpatapply）、发明专利授权量（lninvpatlicen）代表创新质量，绿色专利数量（lngreenpat）以及绿色发明专利授权量（lngreeninvpat）来度量。treat 表示位于碳排放交易试点地区企业赋值为 1，非试点地区的企业赋值为 0。post 为试点碳交易政策变量，将各地区碳交易试点后年份赋值为 1，试点前年份赋值为 0。SEI 表示企业属于战略性新兴产业赋值为 1，属于传统产业赋值为 0。u_i为企业固定效应，λ_t为年份固定效应，ε_{it}为随机误差项。X 表示控制变量组，主要包括：企业净资产（lnnetasset）、企业员工数量（lnlabor）、企业年龄（lnage）、企业托宾 Q 值（lntobin Q）、企业负债水平（lndebt）及企业内部控制水平［用企业两权分离率（seperation）和第一大股东持股比率（topone）代表]。考察期设定为 2006～2019 年。具体变量定义见表 10.1。

表 10.1　变量定义

应变量	符号	定义
研发投入	lnrd	企业研发投入的自然对数
专利申请量	lnpatent	（1＋企业当年专利申请总量）的自然对数，代表创新数量
发明专利申请量	lninvpatapply	（1＋企业当年发明专利申请量）的自然对数，代表创新质量
发明专利授权量	lninvpatlicen	（1＋企业当年发明专利授权量）的自然对数，代表创新质量
绿色专利授权量	lngreenpat	（1＋企业当年绿色发明专利授权量＋企业当年绿色实用新型专利授权量）的自然对数，代表绿色创新数量
绿色发明专利授权量	lngreeninvpat	（1＋企业当年绿色发明专利授权量）的自然对数，代表绿色创新质量
核心变量		
三重差分交互项	$treat_i \times post_t \times SEI_i$	是否在相应年份后碳试点地区的战略性新兴产业
其他控制变量		
企业净资产	lnnetasset	企业净资产的自然对数
企业员工数量	lnlabor	企业员工数量的自然对数
企业年龄	lnage	企业年龄的自然对数
企业托宾 Q 值	lntobin Q	企业托宾 Q 值的自然对数
企业负债水平	lndebt	企业负债的自然对数
企业两权分离率	seperation	企业两权分离率（%）
第一大股东持股比率	topone	第一大股东持股比率（%）

（二）动态时间窗检验

前面基准回归结果研究了碳交易试点政策的执行对于战略性新兴产业和传统产业创新的平均影响，并没有研究该试点政策对两种产业创新在不同时间段影响的差异。借鉴 Jacobson 等（1993）和任胜钢等（2019）使用事件研究法来研究试点政策的动态效应的做法，本章构建如下模型：

$$y_{it} = \beta_0 + \sum_{t=2006}^{2019} \beta_t treat_i \times post_t \times SEI_i + \gamma_3 post_t \times SEI_r + \rho X_{it} + u_i + \lambda_t + \varepsilon_{it} \tag{10.2}$$

其中，β_t表示 2004～2019 年的三重差分交互项一系列估计值。其他解释变量和控制变量定义与回归模型（10.1）一致。另外，模型估计控制了区域效应和行业效应，并采用地区聚类标准误。

（三）数据来源

选择我国沪深两市 A 股企业中的战略性新兴上市公司作为样本。具体战略性新兴上市公司名单见“中国工程院战略性新兴产业专业知识服务系统（http://sei.ckcest.cn/index.html)”。其他公司相关变量来自国泰安数据库（CSMAR）。

下面将对七大战略性新兴产业及其所对应的传统产业分别进行分析。

二、节能环保产业的实证结果

（一）描述性统计

变量的描述性统计见表10.2。企业研发支出（取对数）均值为14.185（约145万元），专利申请总量（取对数）均值为1.733，其中发明专利授权量（取对数）为1.181，占总专利申请量比重68%，绿色发明专利授权量（取对数）为0.133，占比7.7%，表明在2006~2019年，节能环保产业以及其所对应传统产业的企业在创新方面有较大的投入，取得一定的创新成效，具有较高的创新数量以及创新质量，然而绿色发明创新比重较低，说明企业在绿色技术创新方面还有较大的提升空间。

表10.2 描述性统计

VarName	Obs	Mean	SD	Min	Max
lnrd	3619	14.185	7.197	0	27.117
lnpatent	3619	1.733	1.644	0	6.978
lninvpatapply	3619	1.181	1.344	0	6.531
lninvpatlicen	3619	0.569	0.996	0	7.529
lngreenpat	3619	0.345	0.736	0	5.598
lngreeninvpat	3619	0.133	0.433	0	4.682
sei_treat_post	3619	0.080	0.272	0	1
lnnetasset	3619	21.118	1.026	15.879	25.253
lnlabor	3619	7.460	1.129	2.708	12.253
lntobin Q	3619	0.581	0.455	-0.371	3.991
lndebt	3619	20.743	1.421	15.460	25.866
seperation	3619	4.456	7.521	-18.085	44.641
topone	3619	34.713	14.289	6.210	86.490

（二）三重差分（DDD）实证结果

以模型（10.1）为基本检验模型，表10.3中的第（1）列~第（6）列分别研究了碳交易试点对于企业研发投入、专利申请总量、发明专利申请量、发明专利授权量、绿色专利授权量以及绿色发明专利授权量的影响。为了保证检验结果的严谨性，所有模型均对企业效应和年份效应进行控制。根据表 10.3 的检验结果，第（1）列和第（4）列三重差分核心变量 sei_treat_post 系数为负，没有通过显著性检验，表明碳交易政策对于节能环保产业中的企业研发投入、发明专利授权量没有显著影响；而第（2）列、第（3）列、第（5）列以及第（6）列三重差分核心变量 sei_treat_post 系数为正，同样不显著，表明碳交易政策对于节能环保产业中的企业专利申请总量、发明专利申请量、绿色专利授权量和绿色发明专利授权量影响效果并不明显。由此说明碳排放交易试点的实施对于节能环保产业企业创新努力、创新数量以及创新质量并没有显著影响。

表 10.3　　三重差分模型实证结果

	(1) lnrd	(2) lnpatent	(3) lninvpatapply	(4) lninvpatlicen	(5) lngreenpat	(6) lngreeninvpat
sei_treat_post	0.925 (0.899)	-0.119 (0.299)	-0.036 (0.249)	0.143 (0.178)	-0.056 (0.140)	-0.098 (0.109)
sei_post	-0.593 (0.453)	0.098 (0.158)	0.023 (0.138)	-0.055 (0.084)	0.122 (0.098)	0.115 (0.084)
treat_post	-0.213 (0.522)	-0.175 (0.238)	-0.185 (0.201)	-0.222 (0.156)	-0.049 (0.066)	-0.021 (0.054)
lnnetasset	0.977*** (0.318)	0.099 (0.080)	0.097 (0.066)	0.032 (0.050)	0.055* (0.031)	0.025 (0.019)
lnlabor	0.522** (0.235)	0.159* (0.089)	0.082 (0.071)	0.054 (0.052)	0.084** (0.033)	0.037** (0.018)
lnage	-3.623* (1.886)	-0.410 (0.645)	-0.295 (0.549)	-0.431 (0.341)	-0.120 (0.226)	0.053 (0.165)
lntobin Q	-0.192 (0.321)	0.010 (0.096)	-0.040 (0.081)	-0.047 (0.067)	-0.001 (0.028)	-0.017 (0.021)
lndebt	-0.312 (0.238)	0.069 (0.058)	0.044 (0.047)	0.052 (0.034)	0.006 (0.023)	-0.005 (0.014)
seperation	-0.001 (0.024)	0.008 (0.008)	0.009 (0.006)	0.002 (0.004)	0.003 (0.004)	0.001 (0.002)
topone	-0.005 (0.016)	0.001 (0.006)	0.001 (0.005)	-0.003 (0.004)	0.000 (0.002)	0.000 (0.001)
_cons	-7.741 (7.876)	-2.642 (2.335)	-2.346 (1.947)	-0.671 (1.352)	-1.409* (0.788)	-0.789 (0.510)
企业固定效应	Y	Y	Y	Y	Y	Y
年份固定效应	Y	Y	Y	Y	Y	Y
N	3619	3619	3619	3619	3619	3619
Adjusted R^2	0.651	0.153	0.143	0.232	0.115	0.058

注：*、** 和 *** 分别表示在 10%、5% 和 1% 的显著性水平上显著。

（三）三重差分模型稳健性检验

1. 平行趋势假设检验

与双重差分一样，三重差分估计同样需要满足平行趋势假设。在双重差分估计中，对照组和处理组需要具有相似的特征，即在政策实施之前，对照组和处理组具有相似的时间趋势。在本章的三种差分估计中，碳试点交易政策实行之前，节能环保产业的上市企业与传统产业的上市企业在专利申请和专利授权等指标上时间趋势是一致的。实行碳试点交易政策之后，平行趋势可能会由于该政策对于节能环保产业和传统产业的创新的影响存在差异而被打破。

图 10.1 为本章三重差分的平行趋势图，横轴代表年份，纵轴代表节能环保产业和传统产业企业层面平均专利申请量。2013 年作为碳交易政策试点的起始年份，2013～2018 年为政策的试点期，而 2006～2013 年为政策的非试点期。左图为试点地区，右图为非试点地区。图中的实线代表节能环保产业企业层面平均专利申请量，虚线代表传统产业企业层面平均专利申请量。图 10.1 右图表明，在非试点地区节能环保产业和传统产业的企业在专利申请上的时间趋势基本相同；右图表明，在 2013 年之前，这两种产业的企业在专利申请数量的时间趋势基本一致，在 2013 年之后，传统产业企业的专利平均申请量上升趋势更为明显。图 10.1 是企业创新数量的检验，图 10.2 是关于绿色创新质量的平行趋势的检验。图 10.2 纵轴表示不同类型企业平均绿色专利授权量。非试点地区节能环保产业和传统产业单位企业的绿色专利授权量的变化趋势基本一致，时间趋势基本满足。试点地区在 2013 年之前两种产业的变化趋势基本一致，2013 年之后出现了较大的不一致，节能环保产业先是下降后急剧增加，传统产业一直呈缓慢增加的状态。

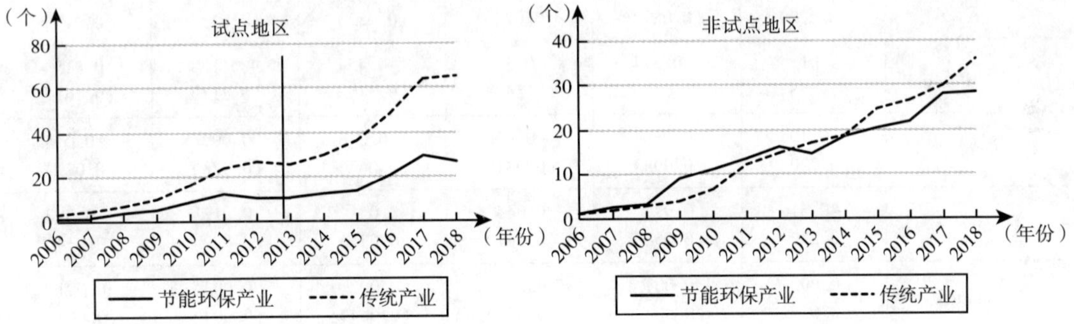

图 10.1　碳试点政策前后节能环保产业和传统产业企业层面平均专利申请量

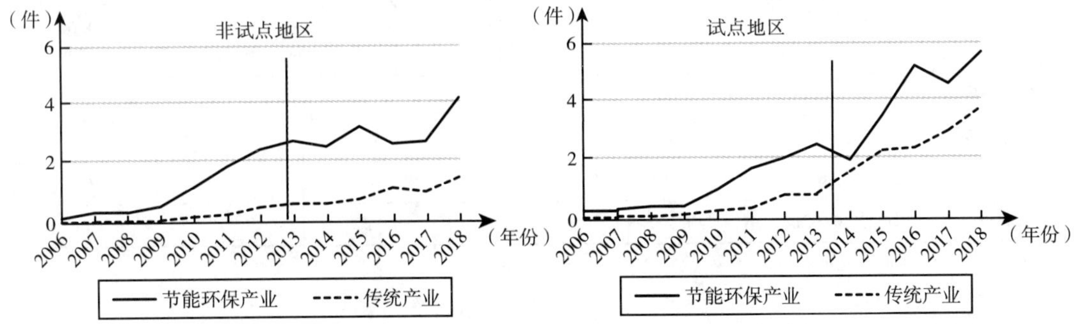

图 10.2　碳试点政策前后节能环保产业和传统产业企业层面平均绿色专利授权量

2. 政策干预时间的随机性检验

三重差分模型结果需要通过“证伪”试验，即政策干预时间的随机性检验。本章研究的碳试点政策从2013年开始实施，假设政策执行时间在2011年提前发生，重新进行三重差分估计。表10.4为节能环保产业的政策干预时间的随机性检验的结果，第（1）列~第（6）列的结果显示交乘项sei_treat_post的估计系数不显著，说明处理组和对照组在2006~2011年不满足平行性趋势的可能性很小，因此前面得到的结论是稳健的。

表10.4　　节能环保产业的政策干预时间的随机性检验（假设政策从2011年开始）

	(1) lnrd	(2) lnpatent	(3) lninvpatapply	(4) lninvpatlicen	(5) lngreenpat	(6) lngreeninvpat
sei_treat_post	-0.974 (1.520)	-0.122 (0.371)	-0.058 (0.320)	0.136 (0.210)	-0.253 (0.160)	-0.167 (0.131)
sei_post	-0.230 (0.966)	0.140 (0.255)	-0.010 (0.219)	-0.040 (0.147)	0.279** (0.130)	0.213* (0.119)
treat_post	0.494 (0.731)	-0.408 (0.254)	-0.306 (0.230)	-0.291* (0.169)	-0.091 (0.066)	-0.071* (0.042)
lnnetasset	0.964*** (0.318)	0.086 (0.079)	0.087 (0.066)	0.027 (0.050)	0.047 (0.031)	0.020 (0.019)
lnlabor	0.559** (0.222)	0.162* (0.087)	0.088 (0.070)	0.056 (0.052)	0.083** (0.033)	0.034** (0.017)
lnage	-3.815** (1.875)	-0.511 (0.641)	-0.344 (0.547)	-0.454 (0.346)	-0.188 (0.217)	0.015 (0.161)
lntobin Q	-0.195 (0.320)	0.016 (0.095)	-0.036 (0.081)	-0.046 (0.067)	0.002 (0.028)	-0.015 (0.021)
lndebt	-0.316 (0.239)	0.074 (0.058)	0.045 (0.047)	0.051 (0.034)	0.012 (0.022)	-0.000 (0.014)
seperation	0.005 (0.025)	0.007 (0.008)	0.008 (0.006)	0.002 (0.004)	0.003 (0.004)	0.001 (0.002)
topone	-0.005 (0.016)	0.001 (0.006)	0.001 (0.005)	-0.003 (0.004)	0.001 (0.002)	0.001 (0.001)
_cons	-7.324 (7.761)	-2.272 (2.328)	-2.124 (1.939)	-0.523 (1.357)	-1.214 (0.779)	-0.667 (0.508)
企业固定效应	Y	Y	Y	Y	Y	Y
年份固定效应	Y	Y	Y	Y	Y	Y
N	3619	3619	3619	3619	3619	3619
Adjusted R^2	0.651	0.157	0.146	0.232	0.121	0.065

注：*、**和***分别表示在10%、5%和1%的显著性水平上显著。

3. 试点地区的随机性检验

通过随机选取7个省份（四川、江苏、山东、河南、湖南、广西和河北）作为碳交易政策的试点地区，试点年份仍为 2013 年，和前面一样进行三重差分模型估计。结果如表 10.5 所示。

表 10.5　　　　试点地区的随机性检验

	(1) lnrd	(2) lnpatent	(3) lninvpatapply	(4) lninvpatlicen	(5) lngreenpat	(6) lngreeninvpat
sei_treat_post	1.483 (1.476)	0.783 (0.493)	0.434 (0.397)	0.067 (0.249)	0.100 (0.188)	-0.013 (0.164)
sei_post	-0.870 (0.907)	-0.142 (0.198)	-0.160 (0.172)	-0.027 (0.114)	0.111 (0.092)	0.118 (0.074)
treat_post	0.128 (0.888)	0.130 (0.241)	0.251 (0.226)	0.199 (0.168)	0.043 (0.069)	0.070 (0.057)
lnnetasset	0.941*** (0.316)	0.085 (0.080)	0.086 (0.065)	0.029 (0.050)	0.054* (0.031)	0.025 (0.019)
lnlabor	0.530** (0.230)	0.138 (0.092)	0.072 (0.074)	0.048 (0.054)	0.078** (0.033)	0.031* (0.018)
lnage	-4.015** (1.873)	-0.365 (0.634)	-0.258 (0.545)	-0.377 (0.342)	-0.083 (0.229)	0.092 (0.169)
lntobin Q	-0.209 (0.319)	-0.005 (0.096)	-0.052 (0.080)	-0.055 (0.067)	-0.004 (0.028)	-0.019 (0.021)
lndebt	-0.286 (0.237)	0.080 (0.058)	0.049 (0.048)	0.049 (0.034)	0.009 (0.023)	-0.004 (0.015)
seperation	0.002 (0.024)	0.007 (0.008)	0.008 (0.006)	0.002 (0.004)	0.003 (0.004)	0.000 (0.002)
topone	-0.006 (0.016)	0.001 (0.006)	0.001 (0.005)	-0.003 (0.004)	0.000 (0.002)	0.001 (0.001)
_cons	-6.741 (7.711)	-2.525 (2.305)	-2.258 (1.913)	-0.666 (1.348)	-1.478* (0.796)	-0.866* (0.513)
企业固定效应	Y	Y	Y	Y	Y	Y
年份固定效应	Y	Y	Y	Y	Y	Y
N	3619	3619	3619	3619	3619	3619
Adjusted R^2	0.652	0.156	0.147	0.231	0.116	0.059

注：*、** 和 *** 分别表示在 10%、5% 和 1% 的显著性水平上显著。

表 10.5 为碳交易政策的试点地区的随机性检验的结果，第（1）列～第（6）列中的三重交互项系数均不显著，说明三重差分的模型的回归结果十分稳健。

（四）政策的动态性效果（动态时间窗分析）

图 10.3 展示了 95% 的置信区间下 β_t 的估计结果。对于大部分创新指标，包括研发投

入（lnrd）、专利申请总量（lnpatent）、发明专利申请量（lninvpatapply）、绿色专利授权量（lngreenpat）以及绿色发明专利授权量（lngreeninvpat），在2013年之前，试点地区节能环保产业相较于传统产业有明显的时间增长效应，但是在试点政策执行之后，传统产业创新激励明显增强且创新的时间增长效应高于节能环保产业，反映了碳试点政策对于传统产业的上市企业的创新效应更加显著。

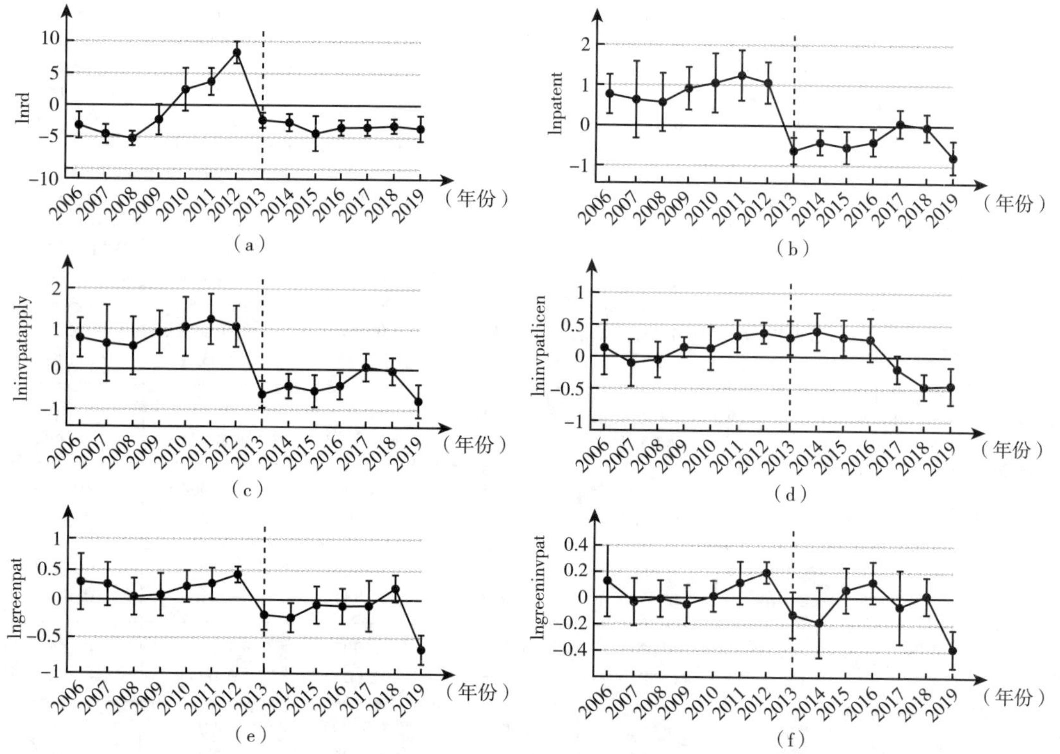

图10.3　碳交易试点政策对节能环保产业各创新类型的动态效应

三、新能源产业的实证结果

（一）描述性统计

变量的描述性统计如表10.6所示。企业研发支出（取对数）均值为13.771（约96万元），专利申请总量（取对数）均值为1.688，其中发明专利申请量（取对数）为1.152，占总专利申请量比重68%，绿色发明专利授权量（取对数）为0.107，占比6.3%，表明在2006～2019年，新能源产业以及其所对应传统产业的企业在创新方面有较大的投入，取得一定的创新成效，具有较高的创新数量以及创新质量，然而绿色发明创新比重较低，说明企业在绿色技术创新方面还有较大的提升空间。

表 10.6　　描述性统计

VarName	Obs	Mean	SD	Min	Max
lnrd	3811	13.771	7.540	0.000	27.496
lnpatent	3811	1.688	1.667	0.000	6.978
lninvpatapply	3811	1.152	1.370	0.000	6.531
lninvpatlicen	3811	0.561	1.017	0.000	7.529
lngreenpat	3811	0.277	0.674	0.000	5.598
lngreeninvpat	3811	0.107	0.404	0.000	4.682
sei_treat_post	3811	0.023	0.149	0.000	1.000
lnnetasset	3811	21.170	1.130	15.152	25.681
lnlabor	3811	7.591	1.170	2.708	12.253
lntobin Q	3811	0.560	0.462	-0.371	3.991
lndebt	3811	20.849	1.502	15.460	26.020
seperation	3811	5.046	7.879	-18.085	44.641
topone	3811	35.012	14.294	3.620	86.490

（二）三重差分（DDD）实证结果

以模型（10.1）为基本检验模型，表 10.7 中的第（1）列～第（6）列分别研究了碳交易试点对于企业研发投入、专利申请总量、发明专利申请量、发明专利授权量、绿色专利授权量以及绿色发明专利授权量的影响。为了保证检验结果的严谨性，所有模型均对企业效应和年份效应进行控制。根据表 10.7 的检验结果，第（1）列、第（3）列、第（6）列三重差分核心变量 sei_treat_post 系数为负，其中第（1）列在 5% 的置信水平上显著，通过显著性检验，表明碳交易政策对于新能源产业中的企业研发投入有显著影响；而第（2）列、第（4）列、第（5）列三重差分核心变量 sei_treat_post 系数为正，第（2）列、第（3）列、第（4）列、第（5）列、第（6）列不显著，表明碳交易政策对于新能源产业中的企业专利申请总量、发明专利申请量、发明专利授权量、绿色专利授权量和绿色发明专利授权量影响效果并不明显。由此说明碳排放交易试点的实施对于新能源产业企业创新努力、创新质量并没有显著影响，而对于新能源产业企业创新数量有显著影响。

表 10.7　　三重差分模型实证结果

	(1) lnrd	(2) lnpatent	(3) lninvpatapply	(4) lninvpatlicen	(5) lngreenpat	(6) lngreeninvpat
sei_treat_post	-2.636** (1.310)	0.117 (0.381)	-0.117 (0.340)	0.124 (0.209)	0.344 (0.252)	-0.026 (0.125)
sei_post	0.271 (0.510)	0.246 (0.190)	0.322* (0.171)	0.138 (0.106)	0.171** (0.085)	0.152** (0.065)

续表

	(1) lnrd	(2) lnpatent	(3) lninvpatapply	(4) lninvpatlicen	(5) lngreenpat	(6) lngreeninvpat
treat_post	0.465 (0.544)	-0.074 (0.200)	-0.077 (0.170)	-0.162 (0.130)	0.016 (0.060)	0.008 (0.046)
lnnetasset	0.757 ** (0.331)	0.060 (0.087)	0.049 (0.071)	0.061 (0.048)	0.009 (0.033)	-0.003 (0.016)
lnlabor	0.829 ** (0.335)	0.343 *** (0.108)	0.241 *** (0.083)	0.126 ** (0.058)	0.036 (0.033)	0.017 (0.016)
lnage	-3.580 * (2.116)	-0.665 (0.571)	-0.748 (0.461)	-0.690 ** (0.300)	-0.035 (0.229)	0.015 (0.172)
lntobin Q	-0.693 ** (0.308)	0.070 (0.090)	0.024 (0.076)	-0.037 (0.065)	-0.032 (0.028)	-0.030 * (0.017)
lndebt	-0.017 (0.237)	-0.012 (0.058)	-0.002 (0.048)	0.013 (0.035)	0.030 (0.023)	0.016 (0.014)
seperation	-0.019 (0.030)	0.012 * (0.007)	0.012 ** (0.005)	0.003 (0.004)	-0.000 (0.003)	0.001 (0.002)
topone	-0.008 (0.016)	-0.002 (0.006)	-0.002 (0.005)	-0.002 (0.004)	-0.001 (0.002)	0.002 (0.001)
_cons	-7.741 (7.876)	-2.642 (2.335)	-2.346 (1.947)	-0.671 (1.352)	-1.409 * (0.788)	-0.789 (0.510)
企业固定效应	Y	Y	Y	Y	Y	Y
年份固定效应	Y	Y	Y	Y	Y	Y
N	3811	3811	3811	3811	3811	3811
Adjusted R^2	0.651	0.153	0.143	0.232	0.115	0.058

注：*、** 和 *** 分别表示在 10%、5% 和 1% 的显著性水平上显著。

（三）三重差分模型稳健性检验

1. 平行趋势假设检验

与双重差分一样，三重差分估计同样需要满足平行趋势假设。在双重差分估计中，对照组和处理组需要具有相似的特征，即在政策实施之前，对照组和处理组具有相似的时间趋势。在本章的三种差分估计中，碳试点交易政策实行之前，新能源产业的上市企业与传统产业的上市企业在专利申请和专利授权等指标上时间趋势是一致的。实行碳试点交易政策之后，平行趋势可能会由于该政策对于新能源产业和传统产业的创新的影响存在差异而被打破。

图 10.4 为本章三重差分的平行趋势图，横轴代表年份，纵轴代表新能源产业和传统产业企业层面平均专利申请量。2013 年作为碳交易政策试点的起始年份，2013～2018 年为政策的试点期，而 2006～2013 年为政策的非试点期。左图为非试点地区，右图为试点地区。图中的实线代表新能源产业企业层面平均专利申请量，虚线代表传统产

业企业层面平均专利申请量。图 10.4 左图表明，在非试点地区新能源产业和传统产业的企业在专利申请上的时间趋势基本相同；右图表明，在 2013 年之前，这两种产业的企业在专利申请数量的时间趋势基本一致，在 2013 年之后，传统产业企业的专利平均申请量上升趋势更为明显。图 10.4 是企业创新数量的检验，图 10.5 是关于绿色创新质量的平行趋势的检验。图 10.5 纵轴表示不同类型企业平均绿色专利授权量。非试点地区新能源产业和传统产业单位企业的绿色专利授权量的变化趋势基本一致，时间趋势基本满足。试点地区在 2013 年之前两种产业的变化趋势基本一致，2013 年之后出现了较大的不一致，新能源产业先是增加后急剧下降，传统产业一直呈缓慢增加的状态，但幅度很小。

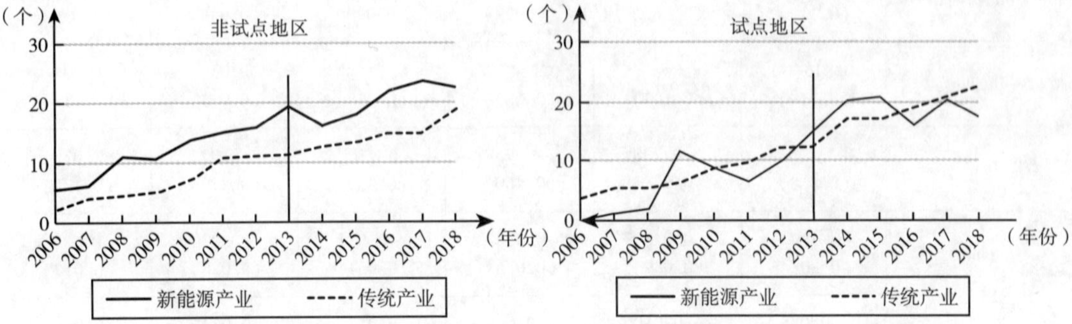

图 10.4 碳试点政策前后新能源产业和传统产业企业层面平均专利申请量

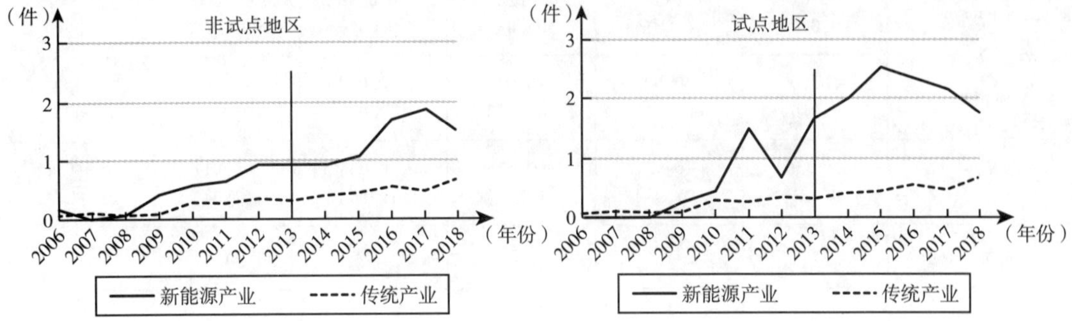

图 10.5 碳试点政策前后新能源产业和传统产业企业层面平均绿色专利授权量

2. 政策干预时间的随机性检验

三重差分模型结果需要通过“证伪”试验，即政策干预时间的随机性检验。本章研究的碳试点政策从 2013 年开始实施，假设政策执行时间在 2011 年提前发生，重新进行三重差分估计。表 10.8 为新能源产业的政策干预时间的随机性检验的结果，第（1）列的结果显示交乘项 sei_treat_post 的估计系数 1% 的置信水平上显著，第（2）列 ~ 第（6）列的结果显示交乘项 sei_treat_post 的估计系数不显著，说明处理组和对照组在 2006 ~ 2011 年不满足平行性趋势的可能性较小，因此前面得到的结论是比较稳健的。

表 10.8　新能源产业的政策干预时间的随机性检验（假设政策从 2011 年开始）

	(1) lnrd	(2) lnpatent	(3) lninvpatapply	(4) lninvpatlicen	(5) lngreenpat	(6) lngreeninvpat
sei_treat_post	-6.495*** (2.500)	0.039 (0.433)	-0.259 (0.354)	-0.182 (0.219)	0.362 (0.258)	-0.025 (0.099)
sei_post	2.290*** (0.802)	0.280 (0.244)	0.236 (0.220)	0.125 (0.150)	0.183* (0.110)	0.117 (0.072)
treat_post	1.738** (0.735)	-0.273 (0.212)	-0.180 (0.191)	-0.236* (0.140)	-0.027 (0.059)	-0.026 (0.038)
lnnetasset	0.756** (0.323)	0.051 (0.087)	0.041 (0.072)	0.053 (0.049)	0.006 (0.034)	-0.005 (0.016)
lnlabor	0.846*** (0.319)	0.358*** (0.107)	0.254*** (0.083)	0.141** (0.058)	0.038 (0.033)	0.020 (0.017)
lnage	-3.560* (2.118)	-0.738 (0.568)	-0.748 (0.460)	-0.716** (0.300)	-0.027 (0.232)	0.025 (0.176)
lntobin Q	-0.679** (0.305)	0.078 (0.089)	0.028 (0.076)	-0.031 (0.064)	-0.030 (0.028)	-0.030* (0.017)
lndebt	-0.045 (0.233)	-0.010 (0.059)	-0.000 (0.048)	0.014 (0.035)	0.034 (0.022)	0.018 (0.014)
seperation	-0.010 (0.030)	0.012* (0.007)	0.012** (0.005)	0.003 (0.004)	-0.000 (0.003)	0.000 (0.002)
topone	-0.009 (0.016)	-0.002 (0.006)	-0.002 (0.005)	-0.002 (0.004)	-0.000 (0.002)	0.002 (0.001)
_cons	-10.369 (8.164)	-0.931 (2.193)	-0.575 (1.795)	-0.437 (1.260)	-0.911 (0.804)	-0.511 (0.507)
企业固定效应	Y	Y	Y	Y	Y	Y
年份固定效应	Y	Y	Y	Y	Y	Y
N	3811	3811	3811	3811	3811	3811
Adjusted R^2	0.629	0.167	0.155	0.221	0.110	0.063

注：*、** 和 *** 分别表示在 10%、5% 和 1% 的显著性水平上显著。

3. 试点地区的随机性检验

通过随机选取 7 个省份（浙江、广西、山东、河北、河南、陕西、天津）作为碳交易政策的试点地区，试点年份仍为 2013 年，和前面一样进行三重差分模型估计。结果如表 10.9 所示。

表 10.9　　试点地区的随机性检验

	(1) lnrd	(2) lnpatent	(3) lninvpatapply	(4) lninvpatlicen	(5) lngreenpat	(6) lngreeninvpat
sei_treat_post	-0.176 (1.013)	0.156 (0.344)	0.312 (0.329)	0.179 (0.207)	0.023 (0.186)	0.154 (0.143)
sei_post	-0.258 (0.646)	0.223 (0.205)	0.198 (0.175)	0.112 (0.108)	0.240** (0.104)	0.096* (0.051)
treat_post	1.125* (0.622)	-0.094 (0.154)	-0.015 (0.133)	-0.042 (0.094)	-0.006 (0.055)	-0.029 (0.037)
lnnetasset	0.758** (0.336)	0.062 (0.086)	0.053 (0.069)	0.063 (0.048)	0.006 (0.032)	-0.002 (0.015)
lnlabor	0.779** (0.350)	0.342*** (0.107)	0.232*** (0.082)	0.121** (0.058)	0.043 (0.031)	0.015 (0.016)
lnage	-4.158** (2.080)	-0.608 (0.557)	-0.731 (0.448)	-0.619** (0.296)	-0.081 (0.231)	0.007 (0.175)
lntobin Q	-0.709** (0.307)	0.070 (0.088)	0.023 (0.075)	-0.039 (0.064)	-0.026 (0.028)	-0.029* (0.018)
lndebt	-0.003 (0.240)	-0.012 (0.059)	0.001 (0.048)	0.012 (0.036)	0.034 (0.022)	0.018 (0.014)
seperation	-0.024 (0.030)	0.013* (0.007)	0.012** (0.005)	0.003 (0.004)	-0.000 (0.004)	0.000 (0.002)
topone	-0.009 (0.016)	-0.002 (0.006)	-0.002 (0.005)	-0.002 (0.004)	-0.000 (0.002)	0.001 (0.001)
_cons	-9.352 (8.438)	-1.272 (2.176)	-0.683 (1.762)	-0.686 (1.241)	-0.810 (0.771)	-0.512 (0.484)
企业固定效应	Y	Y	Y	Y	Y	Y
年份固定效应	Y	Y	Y	Y	Y	Y
N	3811	3811	3811	3811	3811	3811
Adjusted R^2	0.625	0.165	0.157	0.218	0.109	0.069

注：*、** 和 *** 分别表示在 10%、5% 和 1% 的显著性水平上显著。

表 10.9 为碳交易政策的试点地区的随机性检验的结果，第（1）列 ~ 第（6）列中的三重交互项系数均不显著，说明三重差分的模型的回归结果十分稳健。

（四）政策的动态性效果（动态时间窗分析）

图 10.6 展示了 95% 的置信区间下 β_t 的估计结果。对于大部分创新指标，包括研发投入（lnrd）、专利申请总量（lnpatent）、发明专利申请量（lninvpatapply）、绿色专利授权量

（lngreenpat）以及绿色发明专利授权量（lngreeninvpat），在2013年之前，试点地区新能源产业相较于传统产业有明显的时间增长效应，但是在试点政策执行之后，传统产业创新激励明显增强且创新的时间增长效应高于新能源产业，反映了碳试点政策对于传统产业的上市企业的创新效应更加显著。

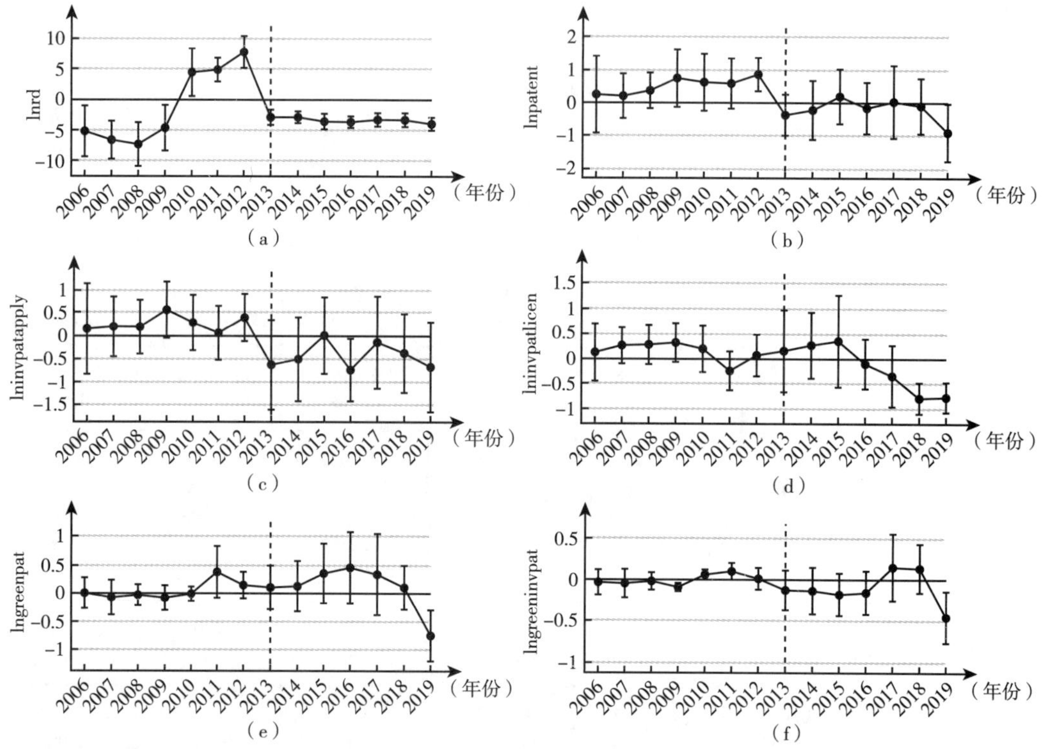

图 10.6　碳交易试点政策对新能源产业各创新类型的动态效应

四、新一代信息技术产业的实证结果

（一）描述性统计

变量的描述性统计见表10.10。企业研发支出（取对数）均值为14.663（约234万元），专利申请总量（取对数）均值为1.696，其中发明专利授权量（取对数）为1.265，占总专利申请量比重75%，绿色发明专利授权量（取对数）为0.129，占比7.6%，表明在2006～2019年，信息技术产业以及其所对应传统产业的企业在创新方面有较大的投入，取得一定的创新成效，具有较高的创新数量以及创新质量，然而绿色发明创新比重较低，说明企业在绿色技术创新方面还有较大的提升空间。

表 10.10　　描述性统计

VarName	Obs	Mean	SD	Min	Max
lnrd	5340	14.663	7.113	0.000	27.117
lnpatent	5340	1.696	1.677	0.000	6.978
lninvpatapply	5340	1.265	1.446	0.000	6.874
lninvpatlicen	5340	0.666	1.119	0.000	7.529
lngreenpat	5340	0.286	0.676	0.000	5.598
lngreeninvpat	5340	0.129	0.447	0.000	4.682
sei_treat_post	5340	0.195	0.396	0.000	1.000
lnnetasset	5340	21.091	1.107	15.346	26.502
lnlabor	5340	7.500	1.231	1.946	12.444
lntobin Q	5340	0.724	0.530	-0.371	7.461
lndebt	5340	20.511	1.538	13.033	26.678
seperation	5340	3.899	6.962	-18.240	44.641
topone	5340	32.731	13.864	4.150	88.550

（二）三重差分（DDD）实证结果

以模型（10.1）为基本检验模型，表 10.11 中的第（1）列～第（6）列分别研究了碳交易试点对于企业研发投入、专利申请总量、发明专利申请量、发明专利授权量、绿色专利授权量以及绿色发明专利授权量的影响。为了保证检验结果的严谨性，所有模型均对企业效应和年份效应进行控制。根据表 10.11 的检验结果，第（2）列三重差分核心变量 sei_treat_post 系数为负，没有通过显著性检验，表明碳交易政策对于专利申请总量没有显著影响；而第（1）列、第（3）列、第（4）列、第（5）列以及第（6）列三重差分核心变量 sei_treat_post 系数为正，同样不显著，表明碳交易政策对于信息技术产业中的企业研发投入、发明专利申请量、发明专利授权量、绿色专利授权量以及绿色发明专利授权量影响效果并不明显。由此说明碳排放交易试点的实施对于信息技术产业企业创新努力、创新数量以及创新质量并没有显著影响。

表 10.11　　三重差分模型实证结果

	(1) lnrd	(2) lnpatent	(3) lninvpatapply	(4) lninvpatlicen	(5) lngreenpat	(6) lngreeninvpat
sei_treat_post	0.838 (0.804)	-0.005 (0.301)	0.115 (0.261)	0.103 (0.203)	0.112 (0.100)	0.065 (0.083)
sei_post	-0.744 (0.561)	-0.020 (0.152)	-0.133 (0.139)	-0.048 (0.090)	-0.088 (0.071)	-0.050 (0.058)
treat_post	-0.393 (0.683)	-0.049 (0.270)	-0.132 (0.230)	-0.189 (0.184)	-0.098 (0.082)	-0.072 (0.072)

续表

	(1) lnrd	(2) lnpatent	(3) lninvpatapply	(4) lninvpatlicen	(5) lngreenpat	(6) lngreeninvpat
lnnetasset	0.503 ** (0.217)	0.124 ** (0.059)	0.094 * (0.050)	0.050 (0.037)	0.018 (0.023)	0.017 (0.018)
lnlabor	0.868 *** (0.200)	0.190 *** (0.053)	0.155 *** (0.049)	0.053 (0.039)	0.042 ** (0.020)	0.016 (0.011)
lnage	-4.041 *** (1.403)	0.329 (0.495)	0.460 (0.426)	0.343 (0.305)	0.383 (0.233)	0.187 (0.202)
lntobin Q	-0.967 *** (0.221)	-0.035 (0.069)	-0.051 (0.059)	-0.086 * (0.051)	-0.032 (0.022)	-0.023 (0.016)
lndebt	-0.314 ** (0.153)	0.085 * (0.044)	0.065 * (0.036)	0.050 * (0.029)	0.027 * (0.016)	0.016 (0.011)
seperation	-0.002 (0.021)	0.000 (0.007)	-0.000 (0.006)	0.001 (0.004)	0.001 (0.003)	0.000 (0.002)
topone	0.007 (0.014)	-0.001 (0.006)	-0.001 (0.005)	-0.002 (0.004)	0.000 (0.002)	0.001 (0.002)
_cons	0.183 (5.059)	-5.328 *** (1.693)	-4.796 *** (1.441)	-2.693 ** (1.059)	-2.021 ** (0.863)	-1.252 (0.783)
企业固定效应	Y	Y	Y	Y	Y	Y
年份固定效应	Y	Y	Y	Y	Y	Y
N	5340	5340	5340	5340	5340	5340
Adjusted R^2	0.687	0.149	0.134	0.220	0.099	0.066

注：*、** 和 *** 分别表示在 10%、5% 和 1% 的显著性水平上显著。

（三）三重差分模型稳健性检验

1. 平行趋势假设检验

与双重差分一样，三重差分估计同样需要满足平行趋势假设。在双重差分估计中，对照组和处理组需要具有相似的特征，即在政策实施之前，对照组和处理组具有相似的时间趋势。在本章的三种差分估计中，碳试点交易政策实行之前，信息技术产业的上市企业与传统产业的上市企业在专利申请和专利授权等指标上时间趋势是一致的。实行碳试点交易政策之后，平行趋势可能会由于该政策对于新一代信息技术产业和传统产业的创新的影响存在差异而被打破。

图 10.7 为本章三重差分的平行趋势图，横轴代表年份，纵轴代表信息技术产业和传统产业企业层面平均专利申请量。2013 年作为碳交易政策试点的起始年份，2013~2018 年为政策的试点期，而 2006~2013 年为政策的非试点期。左图为非试点地区，右

图为试点地区。图中的实线代表信息技术产业企业层面平均专利申请量，虚线代表传统产业企业层面平均专利申请量。图 10.7 左图表明，在非试点地区信息技术产业和传统产业的企业在专利申请上的时间趋势基本相同；右图表明，在 2013 年之前，这两种产业的企业在专利申请数量的时间趋势基本一致，在 2013 年之后，传统产业企业的专利平均申请量上升趋势更为明显。图 10.7 是企业创新数量的检验，图 10.8 是关于绿色创新质量的平行趋势的检验。图 10.8 纵轴表示不同类型企业平均绿色专利授权量。非试点地区信息技术产业和传统产业单位企业的绿色专利授权量的变化趋势基本一致，时间趋势基本满足。试点地区在 2013 年之前两种产业的变化趋势基本一致，2013 年之后出现了较大的不一致，传统产业出现先下降后平缓再增加的趋势，信息技术产业则呈先增加后平缓再下降的状态。

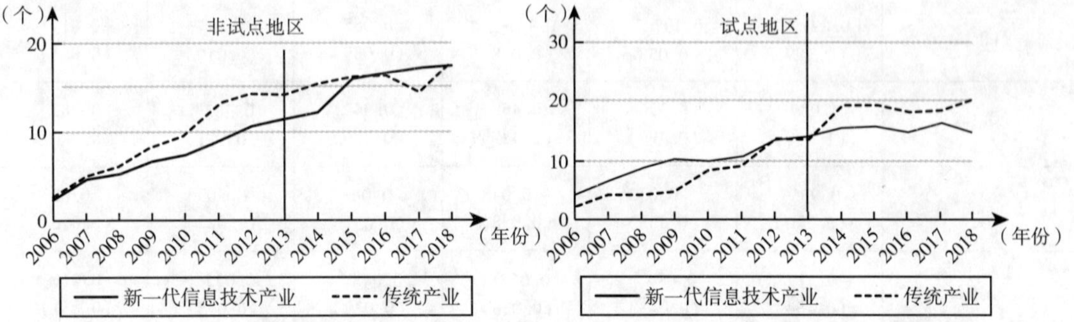

图 10.7　碳试点政策前后信息技术产业和传统产业企业层面平均专利申请量

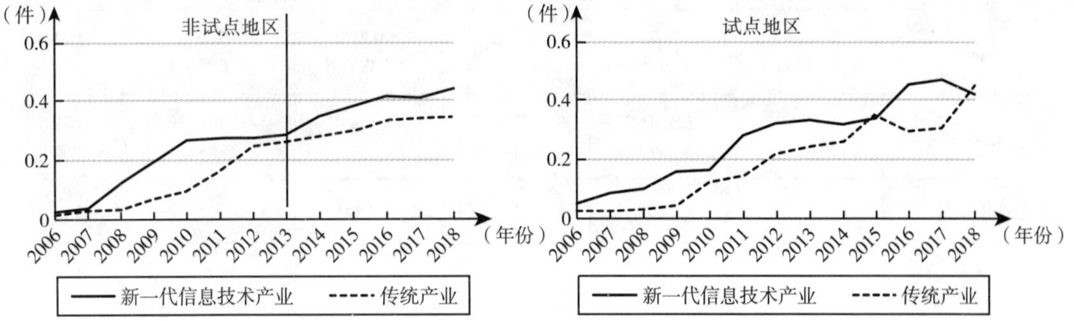

图 10.8　碳试点政策前后信息技术产业和传统产业企业层面平均绿色专利授权量

2. 政策干预时间的随机性检验

三重差分模型结果需要通过“证伪”试验，即政策干预时间的随机性检验。本章研究的碳试点政策从 2013 年开始实施，假设政策执行时间在 2012 年提前发生，重新进行三重差分估计。表 10.12 为信息技术产业的政策干预时间的随机性检验的结果，第（1）列 ~ 第（6）列的结果显示交乘项 sei_treat_post 的估计系数不显著，说明处理组和对照组在 2006 ~ 2011 年不满足平行性趋势的可能性很小，因此前面得到的结论是稳健的。

表 10.12　节能环保产业的政策干预时间的随机性检验（假设政策从 2012 年开始）

	(1) lnrd	(2) lnpatent	(3) lninvpatapply	(4) lninvpatlicen	(5) lngreenpat	(6) lngreeninvpat
sei_treat_post	0.971 (1.054)	0.128 (0.302)	0.248 (0.265)	0.191 (0.201)	0.169 (0.112)	0.109 (0.087)
sei_post	-1.040 (0.753)	-0.135 (0.167)	-0.266* (0.156)	-0.123 (0.105)	-0.125 (0.082)	-0.083 (0.070)
treat_post	-0.478 (0.898)	-0.077 (0.269)	-0.172 (0.233)	-0.228 (0.179)	-0.128 (0.092)	-0.115 (0.075)
lnnetasset	0.497** (0.217)	0.125** (0.058)	0.094* (0.050)	0.050 (0.037)	0.017 (0.022)	0.017 (0.018)
lnlabor	0.877*** (0.199)	0.191*** (0.053)	0.157*** (0.048)	0.055 (0.039)	0.043** (0.019)	0.017 (0.011)
lnage	-4.039*** (1.399)	0.326 (0.499)	0.458 (0.427)	0.342 (0.306)	0.382* (0.231)	0.183 (0.200)
lntobin Q	-0.955*** (0.220)	-0.032 (0.068)	-0.048 (0.058)	-0.085* (0.051)	-0.033 (0.022)	-0.023 (0.016)
lndebt	-0.317** (0.154)	0.084* (0.043)	0.063* (0.036)	0.048* (0.029)	0.025* (0.015)	0.015 (0.011)
seperation	-0.003 (0.021)	-0.000 (0.007)	-0.000 (0.005)	0.000 (0.004)	0.001 (0.003)	-0.000 (0.002)
topone	0.007 (0.014)	-0.001 (0.006)	-0.001 (0.005)	-0.002 (0.004)	0.000 (0.002)	0.001 (0.002)
_cons	0.275 (5.085)	-5.340*** (1.697)	-4.770*** (1.440)	-2.666** (1.059)	-1.991** (0.846)	-1.224 (0.762)
企业固定效应	Y	Y	Y	Y	Y	Y
年份固定效应	Y	Y	Y	Y	Y	Y
N	5340	5340	5340	5340	5340	5340
Adjusted R^2	0.687	0.150	0.135	0.220	0.100	0.067

注：*、** 和 *** 分别表示在 10%、5% 和 1% 的显著性水平上显著。

3. 试点地区的随机性检验

通过随机选取 7 个省份（浙江、广西、山东、河北、河南、陕西、天津）作为碳交易政策的试点地区，试点年份仍为 2013 年，和前面一样进行三重差分模型估计。结果如表 10.13 所示。

表 10.13 试点地区的随机性检验

	(1) lnrd	(2) lnpatent	(3) lninvpatapply	(4) lninvpatlicen	(5) lngreenpat	(6) lngreeninvpat
sei_treat_post	-0.863 (0.946)	0.282 (0.262)	0.141 (0.246)	0.129 (0.172)	0.018 (0.119)	0.080 (0.088)
sei_post	-0.222 (0.488)	-0.115 (0.165)	-0.140 (0.143)	-0.065 (0.107)	-0.045 (0.064)	-0.050 (0.059)
treat_post	0.023 (0.778)	-0.201 (0.205)	-0.088 (0.192)	-0.041 (0.139)	0.052 (0.093)	-0.025 (0.069)
lnnetasset	0.503** (0.217)	0.125** (0.059)	0.095* (0.050)	0.051 (0.037)	0.017 (0.023)	0.017 (0.018)
lnlabor	0.878*** (0.198)	0.189*** (0.053)	0.155*** (0.049)	0.052 (0.039)	0.042** (0.020)	0.015 (0.011)
lnage	-4.004*** (1.390)	0.371 (0.493)	0.493 (0.426)	0.377 (0.306)	0.388 (0.242)	0.202 (0.212)
lntobin Q	-0.961*** (0.220)	-0.035 (0.068)	-0.051 (0.059)	-0.087* (0.051)	-0.033 (0.022)	-0.024 (0.016)
lndebt	-0.314** (0.153)	0.083* (0.044)	0.063* (0.036)	0.047 (0.029)	0.026* (0.015)	0.015 (0.011)
seperation	-0.003 (0.021)	0.000 (0.007)	0.000 (0.006)	0.001 (0.004)	0.001 (0.003)	0.000 (0.002)
topone	0.008 (0.014)	-0.001 (0.006)	-0.000 (0.005)	-0.001 (0.004)	0.000 (0.002)	0.001 (0.002)
_cons	-0.030 (5.020)	-5.395*** (1.700)	-4.846*** (1.448)	-2.741** (1.067)	-2.010** (0.886)	-1.266 (0.805)
企业固定效应	Y	Y	Y	Y	Y	Y
年份固定效应	Y	Y	Y	Y	Y	Y
N	5340	5340	5340	5340	5340	5340
Adjusted R^2	0.687	0.150	0.134	0.219	0.099	0.066

注：*、** 和 *** 分别表示在 10%、5% 和 1% 的显著性水平上显著。

表 10.13 为碳交易政策的试点地区的随机性检验的结果，第（1）列～第（6）列中的三重交互项系数均不显著，说明三重差分的模型的回归结果十分稳健。

（四）政策的动态性效果（动态时间窗分析）

图 10.9 展示了 95% 的置信区间下 β_t 的估计结果。对于大部分创新指标，包括研发投入（lnrd）、专利申请总量（lnpatent）、发明专利申请量（lninvpatapply）、绿色专利授权量（lngreenpat）以及绿色发明专利授权量（lngreeninvpat），在 2013 年之前，试点地区信息技术产业相较于传统产业有明显的时间增长效应，但是在试点政策执行之后，传统产业创新激励明显增强且创新的时间增长效应高于信息技术产业，反映了碳试点政策对于传统产业的上市企业的创新效应更加显著。

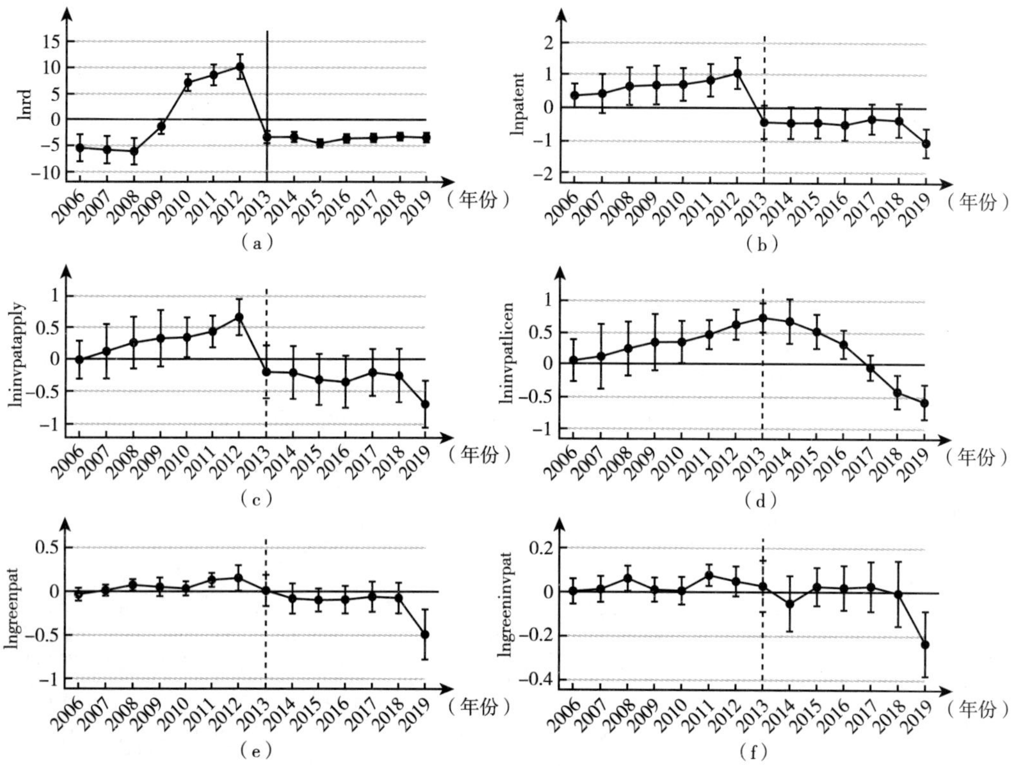

图 10.9　碳交易试点政策对信息技术产业各创新类型的动态效应

五、生物产业的实证结果

（一）描述性统计

变量的描述性统计见表 10.14。企业研发支出（取对数）均值为 11.022（约 6 万元），专利申请总量（取对数）均值为 1.066，其中发明专利申请量（取对数）为 0.792，占总专利申请量比重 74%，绿色发明专利授权量（取对数）为 0.043，占比 4.0%，表明在 2006～2019 年，生物产业以及其所对应传统产业的企业在创新方面有较大的投入，取得一定的创新成效，具有较高的创新数量以及创新质量，然而绿色发明创新比重较低，说明企业在绿色技术创新方面还有较大的提升空间。

表 10.14　　描述性统计

VarName	Obs	Mean	SD	Min	Max
lnrd	6197	11.022	8.501	0.000	27.117
lnpatent	6197	1.066	1.409	0.000	6.978
lninvpatapply	6197	0.792	1.149	0.000	6.221

续表

VarName	Obs	Mean	SD	Min	Max
lninvpatlicen	6197	0.409	0.825	0.000	6.004
lngreenpat	6197	0.095	0.350	0.000	4.190
lngreeninvpat	6197	0.043	0.233	0.000	4.190
sei_treat_post	6197	0.070	0.255	0.000	1.000
lnnetasset	6197	21.177	1.077	13.581	25.203
lnlabor	6197	7.515	1.176	2.079	11.350
lntobin Q	6197	0.646	0.486	-0.366	3.658
lndebt	6197	20.789	1.507	15.032	26.158
seperation	6197	5.328	8.000	-7.640	43.435
topone	6197	34.190	14.219	3.890	89.090

（二）三重差分（DDD）实证结果

以模型（10.1）为基本检验模型，表10.15中的第（1）列～第（6）列分别研究了碳交易试点对于企业研发投入、专利申请总量、发明专利申请量、发明专利授权量、绿色专利授权量以及绿色发明专利授权量的影响。为了保证检验结果的严谨性，所有模型均对企业效应和年份效应进行控制。根据表10.15的检验结果，6列三重差分核心变量sei_treat_post系数均为正，没有通过显著性检验，表明碳交易政策对于生物产业中的企业研发投入、发明专利授权量、企业专利申请总量、发明专利申请量、绿色专利授权量和绿色发明专利授权量均没有显著影响。由此说明碳排放交易试点的实施对于生物产业企业创新努力、创新数量以及创新质量并没有显著影响。

表10.15　　三重差分模型实证结果

	(1) lnrd	(2) lnpatent	(3) lninvpatapply	(4) lninvpatlicen	(5) lngreenpat	(6) lngreeninvpat
sei_treat_post	1.043 (0.953)	0.036 (0.178)	0.054 (0.164)	0.095 (0.126)	0.042 (0.036)	0.037 (0.030)
sei_post	2.301*** (0.564)	-0.082 (0.094)	-0.075 (0.087)	-0.197*** (0.060)	-0.092*** (0.025)	-0.054*** (0.017)
treat_post	-0.834 (0.764)	-0.058 (0.121)	-0.050 (0.109)	-0.085 (0.088)	-0.056* (0.032)	-0.033 (0.023)
lnnetasset	0.576** (0.261)	-0.003 (0.032)	-0.003 (0.029)	0.030 (0.023)	0.004 (0.009)	-0.005 (0.005)
lnlabor	0.333 (0.303)	0.085** (0.039)	0.073** (0.035)	0.026 (0.025)	0.004 (0.010)	-0.001 (0.006)
lnage	5.045** (2.177)	0.534 (0.354)	0.244 (0.319)	-0.187 (0.210)	0.148 (0.103)	0.086 (0.064)

续表

	(1) lnrd	(2) lnpatent	(3) lninvpatapply	(4) lninvpatlicen	(5) lngreenpat	(6) lngreeninvpat
lntobin Q	-0.280 (0.283)	-0.015 (0.054)	-0.015 (0.049)	-0.019 (0.041)	-0.033** (0.014)	-0.017** (0.007)
lndebt	-0.107 (0.184)	0.048 (0.032)	0.053* (0.028)	0.004 (0.021)	0.007 (0.008)	0.005 (0.005)
seperation	-0.026 (0.021)	-0.003 (0.004)	-0.005 (0.003)	-0.003 (0.003)	0.001 (0.001)	0.000 (0.001)
topone	-0.031* (0.018)	0.002 (0.003)	0.001 (0.002)	0.003 (0.002)	-0.001* (0.001)	-0.001 (0.000)
_cons	-21.043*** (6.906)	-2.156** (1.037)	-1.680* (0.943)	-0.205 (0.672)	-0.519 (0.330)	-0.168 (0.200)
企业固定效应	Y	Y	Y	Y	Y	Y
年份固定效应	Y	Y	Y	Y	Y	Y
N	6197	6197	6197	6197	6197	6197
Adjusted R^2	0.558	0.091	0.082	0.146	0.036	0.020

注：*、** 和 *** 分别表示在 10%、5% 和 1% 的显著性水平上显著。

(三) 三重差分模型稳健性检验

1. 平行趋势假设检验

与双重差分一样，三重差分估计同样需要满足平行趋势假设。在双重差分估计中，对照组和处理组需要具有相似的特征，即在政策实施之前，对照组和处理组具有相似的时间趋势。在本章的三种差分估计中，碳试点交易政策实行之前，生物产业的上市企业与传统产业的上市企业在专利申请和专利授权等指标上时间趋势是一致的。实行碳试点交易政策之后，平行趋势可能会由于该政策对于生物产业和传统产业的创新的影响存在差异而被打破。

图 10.10 为本章三重差分的平行趋势图，横轴代表年份，纵轴代表生物产业和传统产业企业层面平均专利申请量。2013 年作为碳交易政策试点的起始年份，2013～2018 年为政策的试点期，而 2006～2013 年为政策的非试点期。左图为非试点地区，右图为试点地区。图中的实线代表生物产业企业层面平均专利申请量，虚线代表传统产业企业层面平均专利申请量。图 10.10 左图表明，在非试点地区生物产业和传统产业的企业在专利申请上的时间趋势基本相同；右图表明，在 2013 年之前，这两种产业的企业在专利申请数量的时间趋势基本一致，在 2013 年之后，传统产业企业的专利平均申请量上升趋势更为明显。图 10.10 是企业创新数量的检验，图 10.11 是关于绿色创新质量的平行趋势的检验。图 10.11 纵轴表示不同类型企业平均绿色专利授权量。非试点地区生物产业和传统产业单位企业的绿色专利授权量的变化趋势基本一致，时间趋势基本满足。试点地区在 2013 年

之前两种产业的变化趋势基本一致，2013 年之后出现了较大的不一致，生物产业存在较大波动而平均绿色专利授权量保持基本稳定，传统产业呈现小幅波动缓慢增加的状态。

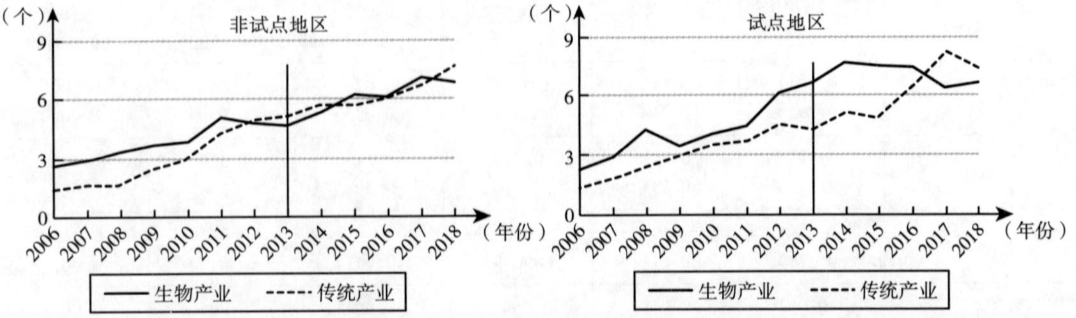

图 10.10　碳试点政策前后生物产业和传统产业企业层面平均专利申请量

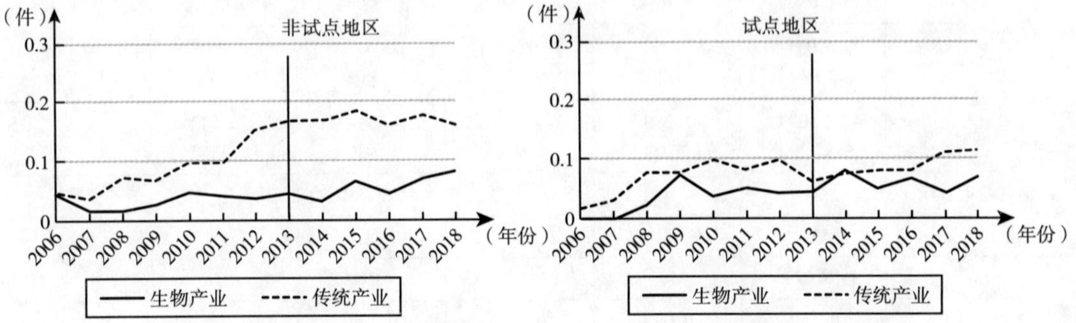

图 10.11　碳试点政策前后生物产业和传统产业企业层面平均绿色专利授权量

2. 政策干预时间的随机性检验

三重差分模型结果需要通过“证伪”试验，即政策干预时间的随机性检验。本章研究的碳试点政策从 2013 年开始实施，假设政策执行时间在 2011 年提前发生，重新进行三重差分估计。表 10.16 为生物产业的政策干预时间的随机性检验的结果，第（1）列～第（6）列的结果显示交乘项 sei_treat_post 的估计系数不显著，说明处理组和对照组在 2006～2011 年不满足平行性趋势的可能性很小，因此前面得到的结论是稳健的。

表 10.16　生物产业的政策干预时间的随机性检验（假设政策从 2011 年开始）

	(1) lnrd	(2) lnpatent	(3) lninvpatapply	(4) lninvpatlicen	(5) lngreenpat	(6) lngreeninvpat
sei_treat_post	1.663 (1.153)	0.043 (0.180)	0.038 (0.169)	0.071 (0.134)	-0.004 (0.049)	0.002 (0.037)
sei_post	3.887*** (0.673)	-0.101 (0.104)	-0.097 (0.093)	-0.196*** (0.064)	-0.084*** (0.026)	-0.055*** (0.018)
treat_post	-1.088 (0.995)	-0.148 (0.122)	-0.088 (0.119)	-0.127 (0.088)	-0.022 (0.046)	0.001 (0.036)

续表

	(1) lnrd	(2) lnpatent	(3) lninvpatapply	(4) lninvpatlicen	(5) lngreenpat	(6) lngreeninvpat
lnnetasset	0.497 * (0.258)	-0.002 (0.032)	-0.002 (0.029)	0.029 (0.023)	0.004 (0.009)	-0.005 (0.006)
lnlabor	0.261 (0.292)	0.084 ** (0.040)	0.073 ** (0.035)	0.026 (0.025)	0.006 (0.010)	0.000 (0.006)
lnage	5.444 ** (2.145)	0.492 (0.354)	0.220 (0.316)	-0.195 (0.208)	0.169 (0.104)	0.101 (0.063)
lntobin Q	-0.499 * (0.277)	-0.012 (0.054)	-0.011 (0.049)	-0.017 (0.041)	-0.033 ** (0.014)	-0.015 ** (0.007)
lndebt	-0.062 (0.184)	0.048 (0.031)	0.054 * (0.028)	0.002 (0.021)	0.005 (0.007)	0.004 (0.005)
seperation	-0.026 (0.020)	-0.003 (0.004)	-0.005 (0.003)	-0.003 (0.003)	0.001 (0.001)	0.000 (0.000)
topone	-0.031 * (0.017)	0.002 (0.003)	0.001 (0.002)	0.003 (0.002)	-0.001 * (0.001)	-0.001 (0.000)
_cons	-20.609 *** (6.779)	-2.080 ** (1.034)	-1.658 * (0.940)	-0.143 (0.670)	-0.543 (0.336)	-0.201 (0.206)
企业固定效应	Y	Y	Y	Y	Y	Y
年份固定效应	Y	Y	Y	Y	Y	Y
N	6197	6197	6197	6197	6197	6197
Adjusted R^2	0.569	0.092	0.082	0.146	0.035	0.020

注：*、** 和 *** 分别表示在 10%、5% 和 1% 的显著性水平上显著。

3. 试点地区的随机性检验

通过随机选取 7 个省份（浙江、广西、山东、河北、河南、陕西、天津）作为碳交易政策的试点地区，试点年份仍为 2013 年，和前面一样进行三重差分模型估计。结果如表 10.17 所示。

表 10.17　试点地区的随机性检验

	(1) lnrd	(2) lnpatent	(3) lninvpatapply	(4) lninvpatlicen	(5) lngreenpat	(6) lngreeninvpat
sei_treat_post	-0.656 (0.969)	-0.020 (0.167)	-0.049 (0.159)	-0.200 (0.126)	0.010 (0.039)	-0.017 (0.028)
sei_post	2.828 *** (0.545)	-0.065 (0.100)	-0.044 (0.090)	-0.108 * (0.061)	-0.082 *** (0.024)	-0.037 ** (0.017)
treat_post	0.031 (0.766)	-0.012 (0.115)	0.021 (0.112)	0.026 (0.085)	-0.004 (0.035)	0.008 (0.025)
lnnetasset	0.576 ** (0.260)	-0.003 (0.031)	-0.003 (0.028)	0.031 (0.023)	0.004 (0.009)	-0.005 (0.005)

续表

	(1) lnrd	(2) lnpatent	(3) lninvpatapply	(4) lninvpatlicen	(5) lngreenpat	(6) lngreeninvpat
lnlabor	0. 345 (0. 302)	0. 086 ** (0. 040)	0. 074 ** (0. 035)	0. 026 (0. 026)	0. 005 (0. 010)	-0. 000 (0. 006)
lnage	5. 469 ** (2. 169)	0. 575 (0. 350)	0. 267 (0. 314)	-0. 126 (0. 208)	0. 178 * (0. 106)	0. 100 (0. 064)
lntobin Q	-0. 299 (0. 283)	-0. 016 (0. 054)	-0. 016 (0. 049)	-0. 022 (0. 040)	-0. 034 ** (0. 014)	-0. 017 ** (0. 007)
lndebt	-0. 119 (0. 184)	0. 046 (0. 031)	0. 053 * (0. 028)	0. 000 (0. 020)	0. 006 (0. 008)	0. 005 (0. 005)
seperation	-0. 025 (0. 021)	-0. 003 (0. 004)	-0. 005 (0. 003)	-0. 003 (0. 003)	0. 001 (0. 001)	0. 000 (0. 001)
topone	-0. 031 * (0. 017)	0. 002 (0. 003)	0. 001 (0. 002)	0. 003 (0. 002)	-0. 001 * (0. 001)	-0. 001 (0. 000)
_cons	-21. 902 *** (6. 889)	-2. 230 ** (1. 049)	-1. 726 * (0. 944)	-0. 294 (0. 676)	-0. 584 * (0. 339)	-0. 199 (0. 199)
企业固定效应	Y	Y	Y	Y	Y	Y
年份固定效应	Y	Y	Y	Y	Y	Y
N	6197	6197	6197	6197	6197	6197
Adjusted R^2	0. 558	0. 090	0. 082	0. 147	0. 035	0. 019

注：*、** 和 *** 分别表示在 10%、5% 和 1% 的显著性水平上显著。

表 10. 17 为碳交易政策的试点地区的随机性检验的结果，第（1）列～第（6）列中的三重交互项系数均不显著，说明三重差分的模型的回归结果十分稳健。

（四）政策的动态性效果（动态时间窗分析）

图 10. 12 展示了 95% 的置信区间下 β_t 的估计结果。对于大部分创新指标，包括研发投入（lnrd）、专利申请总量（lnpatent）、发明专利申请量（lninvpatapply）、绿色专利授权量（lngreenpat）以及绿色发明专利授权量（lngreeninvpat），在 2013 年之前，试点地区生物产业相较于传统产业有明显的时间增长效应，但是在试点政策执行之后，传统产业创新激励明显增强且创新的时间增长效应高于生物产业，反映了碳试点政策对于传统产业的上市企业的创新效应更加显著。

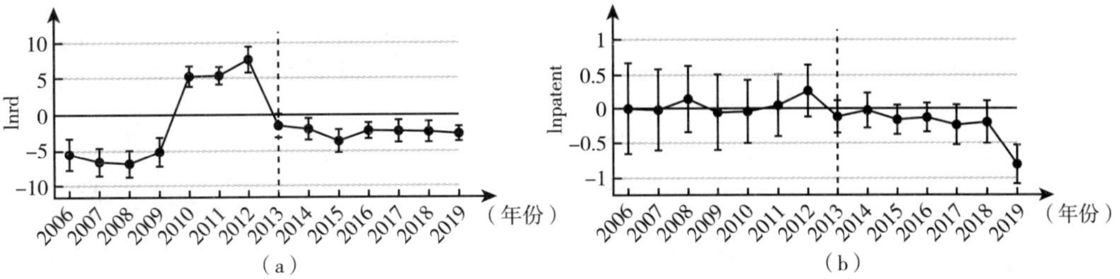

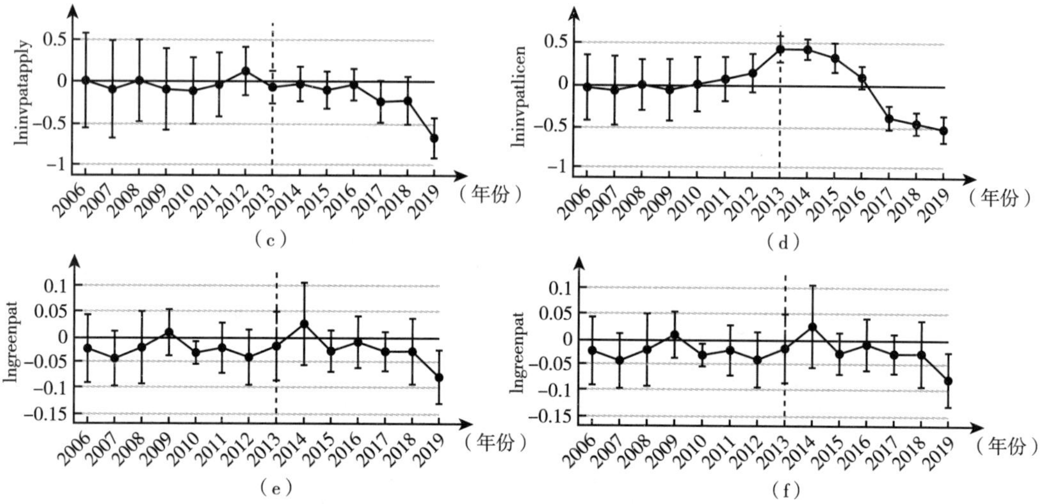

图 10.12　碳交易试点政策对生物产业各创新类型的动态效应

六、高端装备制造业的实证结果

（一）描述性统计

变量的描述性统计见表 10.18。企业研发支出（取对数）均值为 14.350（约 171 万元），专利申请总量（取对数）均值为 1.737，其中发明专利申请量（取对数）为 1.188，占总专利申请量比重 68%，绿色发明专利授权量（取对数）为 0.105，占比 6.0%，表明在 2006 ~ 2019 年，高端装备制造业以及其所对应传统制造业的企业在创新方面有较大的投入，取得一定的创新成效，具有较高的创新数量以及创新质量，然而绿色发明创新比重较低，说明企业在绿色技术创新方面还有较大的提升空间。

表 10.18　描述性统计

VarName	Obs	Mean	SD	Min	Max
lnrd	3674	14.350	7.201	0.000	27.117
lnpatent	3674	1.737	1.680	0.000	6.978
lninvpatapply	3674	1.188	1.395	0.000	6.531
lninvpatlicen	3674	0.578	1.039	0.000	7.529
lngreenpat	3674	0.278	0.671	0.000	5.598
lngreeninvpat	3674	0.105	0.396	0.000	4.682
sei_treat_post	3674	0.045	0.207	0.000	1.000
lnnetasset	3674	21.093	1.126	15.057	25.791
lnlabor	3674	7.577	1.193	2.708	12.253

续表

VarName	Obs	Mean	SD	Min	Max
lntobin Q	3674	0.613	0.502	-0.371	8.132
lndebt	3674	20.678	1.529	15.460	26.176
seperation	3674	5.002	7.964	-18.085	49.398
topone	3674	35.325	13.975	6.430	86.490

（二）三重差分（DDD）实证结果

以模型（10.1）为基本检验模型，表 10.19 中的第（1）列～第（6）列分别研究了碳交易试点对于企业研发投入、专利申请总量、发明专利申请量、发明专利授权量、绿色专利授权量以及绿色发明专利授权量的影响。为了保证检验结果的严谨性，所有模型均对企业效应和年份效应进行控制。根据表 10.19 的检验结果，第（1）列、第（2）列、第（3）列以及第（4）列三重差分核心变量 sei_treat_post 系数为负，没有通过显著性检验，表明碳交易政策对于高端装备制造业中的企业研发投入、企业专利申请总量、发明专利申请量、发明专利授权量没有显著影响；而第（5）列和第（6）列三重差分核心变量 sei_treat_post 系数为正，同样不显著，表明碳交易政策对于高端装备制造业中的绿色专利授权量和绿色发明专利授权量影响效果并不明显。由此说明碳排放交易试点的实施对于高端装备制造业企业创新努力、创新数量以及创新质量并没有显著影响。

表 10.19 三重差分模型实证结果

	(1) lnrd	(2) lnpatent	(3) lninvpatapply	(4) lninvpatlicen	(5) lngreenpat	(6) lngreeninvpat
sei_treat_post	-1.076 (1.097)	-0.319 (0.353)	-0.280 (0.296)	-0.177 (0.208)	0.027 (0.121)	0.008 (0.071)
sei_post	0.123 (0.462)	0.010 (0.208)	0.012 (0.193)	0.071 (0.128)	-0.037 (0.065)	0.007 (0.041)
treat_post	-0.057 (0.520)	-0.089 (0.205)	-0.188 (0.169)	-0.178 (0.131)	-0.048 (0.058)	-0.021 (0.047)
lnnetasset	0.486 (0.305)	0.050 (0.068)	0.036 (0.058)	0.025 (0.040)	-0.028 (0.022)	-0.020 (0.014)
lnlabor	0.695** (0.296)	0.219** (0.090)	0.160** (0.074)	0.089* (0.054)	0.050* (0.028)	0.023 (0.014)
lnage	-3.549** (1.672)	0.021 (0.649)	0.076 (0.537)	-0.226 (0.374)	-0.049 (0.209)	-0.056 (0.151)
lntobin Q	-0.452* (0.245)	0.013 (0.078)	-0.030 (0.065)	-0.018 (0.055)	-0.007 (0.023)	-0.030* (0.017)
lndebt	-0.052 (0.202)	0.074 (0.056)	0.045 (0.047)	0.058 (0.036)	0.056** (0.022)	0.033** (0.013)

续表

	(1) lnrd	(2) lnpatent	(3) lninvpatapply	(4) lninvpatlicen	(5) lngreenpat	(6) lngreeninvpat
seperation	-0.012 (0.032)	0.004 (0.008)	0.005 (0.006)	-0.002 (0.004)	0.001 (0.003)	0.002 (0.002)
topone	-0.009 (0.014)	-0.003 (0.006)	-0.003 (0.005)	-0.004 (0.004)	0.000 (0.002)	0.001 (0.001)
_cons	-4.706 (6.428)	-2.889 (2.133)	-2.279 (1.755)	-1.229 (1.248)	-0.680 (0.643)	-0.297 (0.429)
企业固定效应	Y	Y	Y	Y	Y	Y
年份固定效应	Y	Y	Y	Y	Y	Y
N	3674	3674	3674	3674	3674	3674
Adjusted R^2	0.712	0.132	0.121	0.216	0.096	0.051

注：*、** 和 *** 分别表示在 10%、5% 和 1% 的显著性水平上显著。

（三）三重差分模型稳健性检验

1. 平行趋势假设检验

与双重差分一样，三重差分估计同样需要满足平行趋势假设。在双重差分估计中，对照组和处理组需要具有相似的特征，即在政策实施之前，对照组和处理组具有相似的时间趋势。在本章的三种差分估计中，碳试点交易政策实行之前，高端装备制造业的上市企业与传统制造业的上市企业在专利申请和专利授权等指标上时间趋势是一致的。实行碳试点交易政策之后，平行趋势可能会由于该政策对于高端装备制造业和传统制造业的创新的影响存在差异而被打破。

图 10.13 为本章三重差分的平行趋势图，横轴代表年份，纵轴代表高端装备制造业和传统制造业企业层面平均专利申请量。2013 年作为碳交易政策试点的起始年份，2013～2018 年为政策的试点期，而 2006～2013 年为政策的非试点期。左图为非试点地区，右图为试点地区。图中的实线代表高端装备制造业企业层面平均专利申请量，虚线代表传统产业企业层面平均专利申请量。图 10.13 左图表明，在非试点地区高端装备制造业和传统产业的企业在专利申请上的时间趋势基本相同，但高端装备制造业的申请数量折线有一定波动；右图表明，在 2013 年之前，高端装备制造业的专利平均申请量相比于传统制造业更加突出，然而在 2013 年之后，高端装备制造业下降至与传统制造业的专利平均申请量相对持平。图 10.13 是企业创新数量的检验，图 10.14 是关于绿色创新质量的平行趋势的检验。图 10.14 纵轴表示不同类型企业平均绿色专利授权量。非试点地区高端装备制造业绿色专利授权量总体呈上升趋势，传统制造业单位企业的绿色专利授权量的变化趋势波动较大。试点地区在 2013 年前后两种产业的变化趋势差别都很大，高端装备制造业在 2013 年前波动较大，2013 年后趋于稳定状态，传统制造业一直保持较低绿色专利授权量水平的状态。

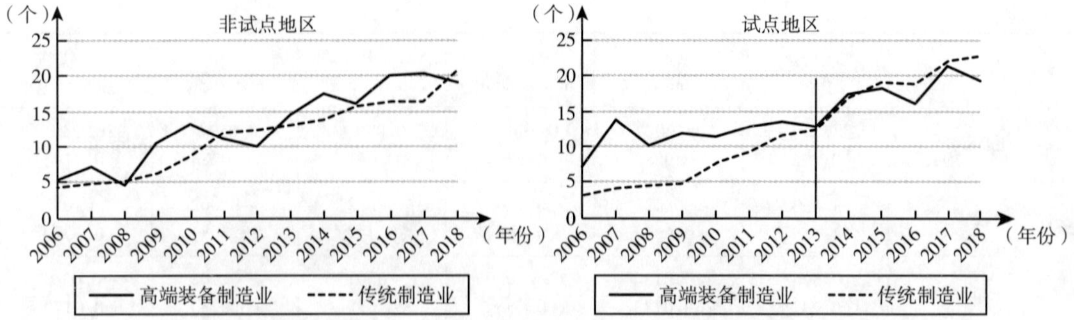

图 10.13 碳试点政策前后高端装备制造业和传统制造业层面平均专利申请量

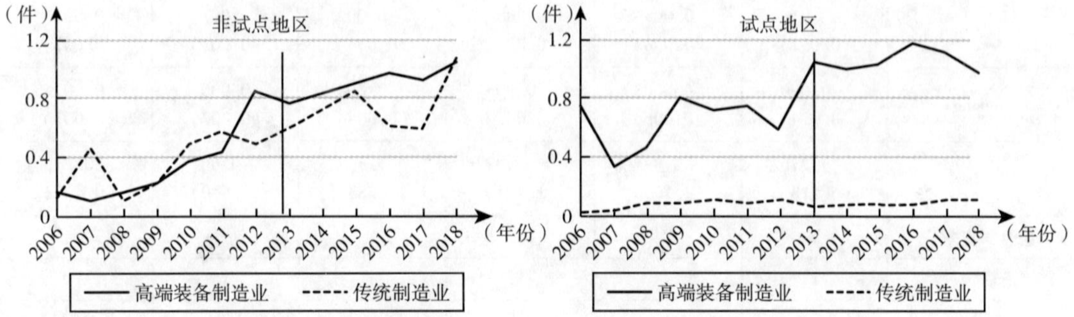

图 10.14 碳试点政策前后高端装备制造业和传统制造业层面平均绿色专利授权量

2. 政策干预时间的随机性检验

三重差分模型结果需要通过“证伪”试验，即政策干预时间的随机性检验。本章研究的碳试点政策从 2013 年开始实施，假设政策执行时间在 2011 年提前发生，重新进行三重差分估计。表 10.20 为高端装备制造业的政策干预时间的随机性检验的结果，第（1）列的结果显示交乘项 sei_treat_post 的估计系数在 10% 的置信水平上显著，第（2）列～第（6）列的结果显示交乘项 sei_treat_post 的估计系数不显著，说明处理组和对照组在 2006～2011 年不满足平行性趋势的可能性很小，因此前面得到的结论是稳健的。

表 10.20 高端装备制造业的政策干预时间的随机性检验（假设政策从 2011 年开始）

	(1) lnrd	(2) lnpatent	(3) lninvpatapply	(4) lninvpatlicen	(5) lngreenpat	(6) lngreeninvpat
sei_treat_post	-2.688* (1.492)	-0.188 (0.443)	-0.289 (0.367)	-0.113 (0.271)	-0.009 (0.201)	0.121 (0.141)
sei_post	1.659** (0.651)	-0.245 (0.218)	-0.214 (0.206)	-0.132 (0.140)	0.004 (0.085)	-0.022 (0.051)
treat_post	0.612 (0.691)	-0.282 (0.215)	-0.292 (0.190)	-0.243* (0.139)	-0.084 (0.059)	-0.060 (0.039)
lnnetasset	0.477 (0.308)	0.058 (0.068)	0.047 (0.058)	0.033 (0.040)	-0.029 (0.022)	-0.021 (0.014)

续表

	(1) lnrd	(2) lnpatent	(3) lninvpatapply	(4) lninvpatlicen	(5) lngreenpat	(6) lngreeninvpat
lnlabor	0.672** (0.296)	0.220** (0.088)	0.160** (0.072)	0.089* (0.053)	0.050* (0.028)	0.024* (0.014)
lnage	-3.460** (1.667)	-0.023 (0.662)	0.076 (0.546)	-0.221 (0.379)	-0.062 (0.208)	-0.081 (0.152)
lntobin Q	-0.506** (0.240)	0.014 (0.077)	-0.030 (0.065)	-0.017 (0.055)	-0.008 (0.023)	-0.030* (0.017)
lndebt	-0.087 (0.197)	0.070 (0.056)	0.039 (0.047)	0.055 (0.035)	0.054** (0.022)	0.033** (0.013)
seperation	-0.010 (0.032)	0.003 (0.008)	0.005 (0.006)	-0.002 (0.004)	0.001 (0.003)	0.001 (0.002)
topone	-0.009 (0.014)	-0.003 (0.006)	-0.003 (0.005)	-0.004 (0.004)	0.000 (0.002)	0.001 (0.001)
_cons	-3.776 (6.518)	-2.891 (2.154)	-2.407 (1.777)	-1.362 (1.283)	-0.601 (0.640)	-0.219 (0.422)
企业固定效应	Y	Y	Y	Y	Y	Y
年份固定效应	Y	Y	Y	Y	Y	Y
N	3674	3674	3674	3674	3674	3674
Adjusted R^2	0.713	0.135	0.126	0.217	0.096	0.053

注：*、** 和 *** 分别表示在 10%、5% 和 1% 的显著性水平上显著。

3. 试点地区的随机性检验

通过随机选取 7 个省份（浙江、广西、山东、河北、河南、陕西、天津）作为碳交易政策的试点地区，试点年份仍为 2013 年，和前面一样进行三重差分模型估计。结果如表 10.21 所示。

表 10.21　　试点地区的随机性检验

	(1) lnrd	(2) lnpatent	(3) lninvpatapply	(4) lninvpatlicen	(5) lngreenpat	(6) lngreeninvpat
sei_treat_post	0.213 (0.935)	0.478 (0.435)	0.460 (0.379)	0.156 (0.277)	0.084 (0.143)	0.150* (0.086)
sei_post	-0.315 (0.581)	-0.240 (0.183)	-0.221 (0.160)	-0.049 (0.110)	-0.051 (0.060)	-0.030 (0.032)
treat_post	0.263 (0.605)	-0.031 (0.169)	0.044 (0.149)	0.023 (0.105)	0.010 (0.062)	-0.009 (0.042)
lnnetasset	0.486 (0.307)	0.057 (0.069)	0.044 (0.059)	0.030 (0.040)	-0.026 (0.022)	-0.018 (0.014)
lnlabor	0.688** (0.302)	0.210** (0.090)	0.150** (0.074)	0.086 (0.055)	0.048* (0.028)	0.020 (0.014)

续表

	(1) lnrd	(2) lnpatent	(3) lninvpatapply	(4) lninvpatlicen	(5) lngreenpat	(6) lngreeninvpat
lnage	-3.797** (1.629)	0.050 (0.622)	0.102 (0.513)	-0.203 (0.362)	-0.030 (0.207)	-0.033 (0.146)
lntobin Q	-0.451* (0.245)	0.015 (0.078)	-0.028 (0.065)	-0.020 (0.055)	-0.007 (0.023)	-0.029* (0.017)
lndebt	-0.057 (0.201)	0.074 (0.056)	0.043 (0.047)	0.054 (0.036)	0.056** (0.022)	0.033** (0.013)
seperation	-0.011 (0.032)	0.004 (0.007)	0.006 (0.006)	-0.001 (0.004)	0.002 (0.003)	0.002 (0.002)
topone	-0.009 (0.014)	-0.004 (0.006)	-0.004 (0.005)	-0.004 (0.004)	0.000 (0.002)	0.000 (0.001)
_cons	-3.987 (6.416)	-3.004 (2.103)	-2.372 (1.723)	-1.278 (1.235)	-0.739 (0.650)	-0.379 (0.422)
企业固定效应	Y	Y	Y	Y	Y	Y
年份固定效应	Y	Y	Y	Y	Y	Y
N	3674	3674	3674	3674	3674	3674
Adjusted R^2	0.712	0.131	0.119	0.212	0.096	0.054

注：*、** 和 *** 分别表示在 10%、5% 和 1% 的显著性水平上显著。

表 10.21 为碳交易政策的试点地区的随机性检验的结果，第（1）列～第（5）列中的三重交互项系数不显著，仅有第（6）列结果说明在 10% 的置信水平上显著，说明三重差分的模型的回归结果较为稳健。

（四）政策的动态性效果（动态时间窗分析）

图 10.15 展示了 95% 的置信区间下 β_t 的估计结果。对于前三类创新指标，包括研发投入（lnrd）、专利申请总量（lnpatent）以及发明专利申请量（lninvpatapply），在 2013 年之前，试点地区高端装备制造业业相较于传统制造业有明显的时间增长效应；对于后三类创新指标，包括发明专利授权量（lninvpatlicen）、绿色专利授权量（lngreenpat）以及绿色发明专利授权量（lngreeninvpat），在试点政策执行之后，传统产业创新的时间增长效应与高端装备制造业相对持平，反映了碳试点政策对于两种类型企业的创新效应显著性影响较小。

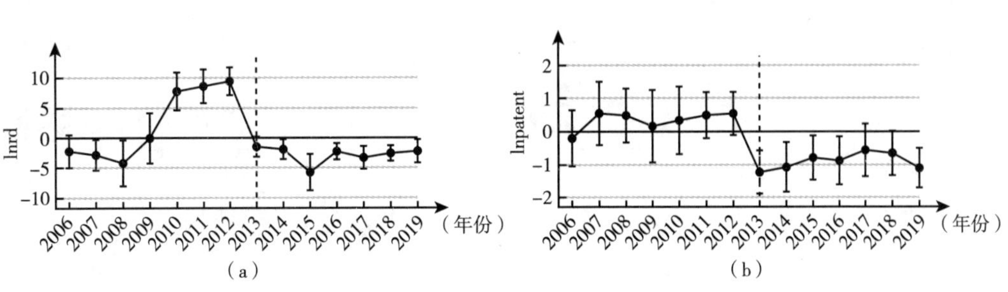

（a）（b）

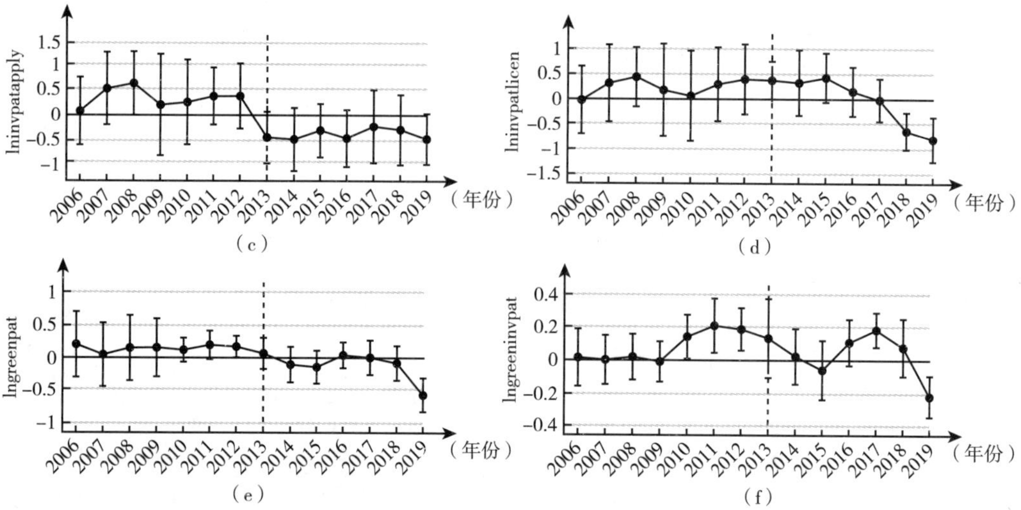

图 10.15　碳交易试点政策对高端装备制造业各创新类型的动态效应

七、新材料产业的实证结果

（一）描述性统计

变量的描述性统计见表 10.22。企业研发支出（取对数）均值为 12.926（约 41 万元），专利申请总量（取对数）均值为 1.353，其中发明专利申请量（取对数）为 1.034，占总专利申请量比重 76%，绿色发明专利授权量（取对数）为 0.087，占比 6.4%，表明在 2006～2019 年，新材料产业以及其所对应传统产业的企业在创新方面有较大的投入，取得一定的创新成效，具有较高的创新数量以及创新质量，然而绿色发明创新比重较低，说明企业在绿色技术创新方面还有较大的提升空间。

表 10.22　描述性统计

VarName	Obs	Mean	SD	Min	Max
lnrd	3838	12.926	7.854	0.000	22.967
lnpatent	3838	1.353	1.448	0.000	6.114
lninvpatapply	3838	1.034	1.250	0.000	6.531
lninvpatlicen	3838	0.514	0.903	0.000	5.659
lngreenpat	3838	0.189	0.473	0.000	4.190
lngreeninvpat	3838	0.087	0.320	0.000	4.190
sei_treat_post	3838	0.032	0.176	0.000	1.000
lnnetasset	3838	21.200	1.135	13.854	25.681
lnlabor	3838	7.659	1.156	2.708	12.253

续表

VarName	Obs	Mean	SD	Min	Max
lntobin Q	3838	0.561	0.457	-1.879	3.767
lndebt	3838	20.897	1.526	16.029	26.020
seperation	3838	5.709	8.268	-1.420	40.174
topone	3838	34.987	13.411	4.160	89.090

(二) 三重差分 (DDD) 实证结果

以模型 (10.1) 为基本检验模型，表 10.23 中的第 (1) 列 ~ 第 (6) 列分别研究了碳交易试点对于企业研发投入、专利申请总量、发明专利申请量、发明专利授权量、绿色专利授权量以及绿色发明专利授权量的影响。为了保证检验结果的严谨性，所有模型均对企业效应和年份效应进行控制。根据表 10.23 的检验结果，第 (1) 列和第 (4) 列三重差分核心变量 sei_treat_post 系数为正，没有通过显著性检验，表明碳交易政策对于新材料产业中的企业研发投入、发明专利授权量没有显著影响；而第 (2) 列、第 (3) 列、第 (5) 列以及第 (6) 列三重差分核心变量 sei_treat_post 系数为负，其中第 (2) 列、第 (3) 列、第 (6) 列不显著，表明碳交易政策对于新材料产业中的企业专利申请总量、发明专利申请量和绿色发明专利授权量影响效果并不明显，第 (5) 列在 10% 的置信水平上显著，通过显著性检验，表明碳交易政策对于新材料产业中的绿色专利授权量影响效果明显，由此说明碳排放交易试点的实施对于新材料产业企业创新数量以及创新质量并没有显著影响，而对于新材料产业企业创新努力有显著影响。

表 10.23　　三重差分模型实证结果

	(1) lnrd	(2) lnpatent	(3) lninvpatapply	(4) lninvpatlicen	(5) lngreenpat	(6) lngreeninvpat
sei_treat_post	0.068 (1.149)	-0.033 (0.265)	0.129 (0.213)	0.008 (0.176)	0.221* (0.124)	0.111 (0.068)
sei_post	-0.128 (0.551)	-0.054 (0.139)	-0.136 (0.112)	-0.075 (0.074)	-0.081** (0.038)	-0.085*** (0.026)
treat_post	-0.535 (0.723)	0.049 (0.140)	0.036 (0.119)	-0.100 (0.099)	0.046 (0.059)	0.022 (0.040)
lnnetasset	0.095 (0.267)	0.039 (0.036)	0.024 (0.032)	0.036 (0.025)	0.017 (0.017)	-0.005 (0.013)
lnlabor	1.176*** (0.311)	0.144*** (0.048)	0.127*** (0.042)	0.044 (0.035)	-0.009 (0.019)	0.002 (0.013)
lnage	-4.061* (2.279)	0.329 (0.443)	-0.398 (0.361)	-0.099 (0.267)	-0.148 (0.198)	-0.181 (0.139)
lntobin Q	-0.960*** (0.306)	-0.064 (0.060)	-0.074 (0.051)	-0.019 (0.044)	-0.034 (0.022)	-0.032** (0.014)

续表

	(1) lnrd	(2) lnpatent	(3) lninvpatapply	(4) lninvpatlicen	(5) lngreenpat	(6) lngreeninvpat
lndebt	-0.007 (0.227)	0.017 (0.039)	0.041 (0.034)	-0.009 (0.027)	0.021 (0.017)	0.015 (0.011)
seperation	-0.035 (0.028)	-0.009 (0.006)	-0.006 (0.005)	-0.003 (0.003)	0.002 (0.001)	0.001 (0.001)
topone	0.005 (0.018)	-0.005* (0.003)	-0.006** (0.003)	-0.001 (0.002)	-0.002* (0.001)	-0.001 (0.001)
_cons	0.574 (7.851)	-2.014 (1.274)	-0.644 (1.055)	-0.286 (0.808)	-0.261 (0.614)	0.231 (0.362)
企业固定效应	Y	Y	Y	Y	Y	Y
年份固定效应	Y	Y	Y	Y	Y	Y
N	3838	3838	3838	3838	3838	3838
Adjusted R^2	0.613	0.131	0.127	0.184	0.073	0.050

注：*、** 和 *** 分别表示在 10%、5% 和 1% 的显著性水平上显著。

（三）三重差分模型稳健性检验

1. 平行趋势假设检验

与双重差分一样，三重差分估计同样需要满足平行趋势假设。在双重差分估计中，对照组和处理组需要具有相似的特征，即在政策实施之前，对照组和处理组具有相似的时间趋势。在本章的三种差分估计中，碳试点交易政策实行之前，新材料产业的上市企业与传统产业的上市企业在专利申请和专利授权等指标上时间趋势是一致的。实行碳试点交易政策之后，平行趋势可能会由于该政策对于新材料产业和传统产业的创新的影响存在差异而被打破。

图 10.16 为本章三重差分的平行趋势图，横轴代表年份，纵轴代表新材料产业和传统产业企业层面平均专利申请量。2013 年作为碳交易政策试点的起始年份，2013～2018 年为政策的试点期，而 2006～2013 年为政策的非试点期。左图为非试点地区，右图为试点地区。图中的实线代表新材料产业企业层面平均专利申请量，虚线代表传统产业企业层面平均专利申请量。图 10.16 左图表明，在非试点地区新材料产业和传统产业的企业在专利申请上的时间趋势基本相同；右图表明，在 2013 年之前，这两种产业的企业在专利申请数量的时间趋势基本一致，在 2013 年之后，传统产业企业的专利平均申请量上升趋势更为明显。图 10.16 是企业创新数量的检验，图 10.17 是关于绿色创新质量的平行趋势的检验。图 10.17 纵轴表示不同类型企业平均绿色专利授权量。非试点地区新材料产业和传统产业单位企业的绿色专利授权量的变化趋势基本一致，时间趋势基本满足。试点地区在 2013 年之前两种产业的变化趋势基本一致，2013 年之后出现了较大的不一致，新材料产业趋势波折，先是增加后下降、后又急剧增加再急剧下降，传统产业一直呈缓慢增加的状态，在 2017 年急剧增加。

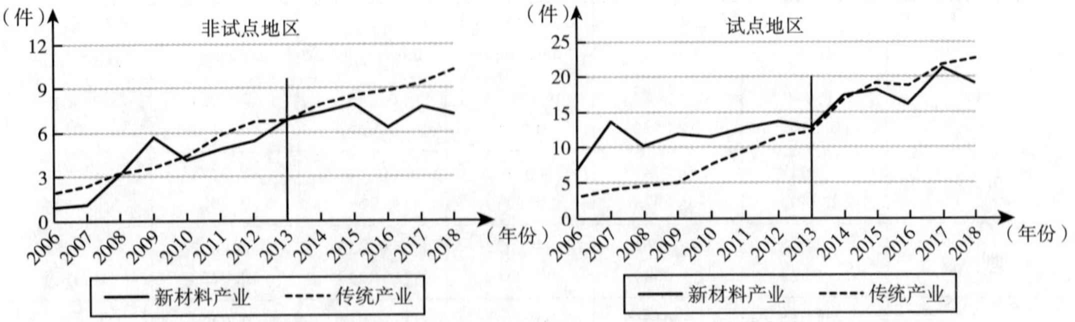

图 10.16　碳试点政策前后新材料产业和传统产业企业层面平均专利申请量

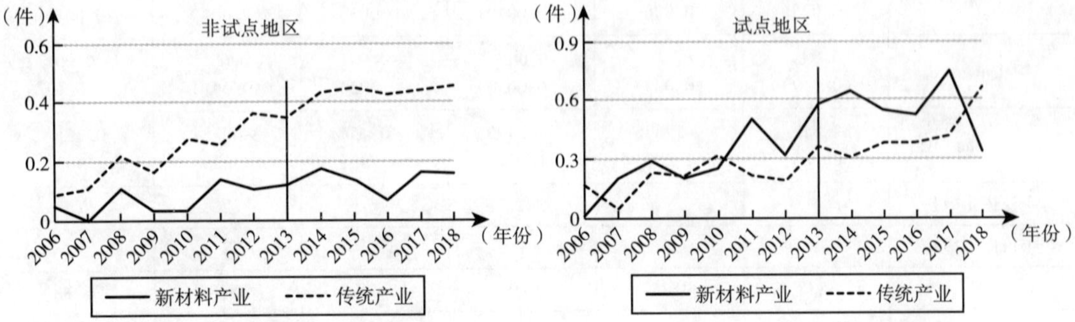

图 10.17　碳试点政策前后新材料产业和传统产业企业层面平均绿色专利授权量

2. 政策干预时间的随机性检验

三重差分模型结果需要通过“证伪”试验，即政策干预时间的随机性检验。本章研究的碳试点政策从 2013 年开始实施，假设政策执行时间在 2011 年提前发生，重新进行三重差分估计。表 10.24 为新材料产业的政策干预时间的随机性检验的结果，第（1）列～第（6）列的结果显示交乘项 sei_treat_post 的估计系数不显著，说明处理组和对照组在 2006～2011 年不满足平行性趋势的可能性很小，因此前面得到的结论是稳健的。

表 10.24　新材料产业的政策干预时间的随机性检验（假设政策从 2011 年开始）

	(1) lnrd	(2) lnpatent	(3) lninvpatapply	(4) lninvpatlicen	(5) lngreenpat	(6) lngreeninvpat
sei_treat_post	-1.586 (1.912)	0.250 (0.306)	0.427 (0.269)	0.221 (0.206)	0.259 (0.158)	0.077 (0.080)
sei_post	2.983*** (0.890)	-0.111 (0.171)	-0.145 (0.133)	-0.111 (0.083)	-0.100** (0.043)	-0.074*** (0.028)
treat_post	0.797 (1.109)	-0.080 (0.126)	-0.099 (0.113)	-0.204** (0.101)	0.058 (0.087)	0.034 (0.056)
lnnetasset	-0.008 (0.265)	0.039 (0.036)	0.020 (0.032)	0.037 (0.025)	0.015 (0.017)	-0.008 (0.013)

续表

	(1) lnrd	(2) lnpatent	(3) lninvpatapply	(4) lninvpatlicen	(5) lngreenpat	(6) lngreeninvpat
lnlabor	1.159*** (0.310)	0.146*** (0.049)	0.130*** (0.043)	0.045 (0.035)	-0.008 (0.019)	0.004 (0.013)
lnage	-4.021* (2.380)	0.278 (0.455)	-0.462 (0.367)	-0.140 (0.266)	-0.145 (0.202)	-0.178 (0.142)
lntobin Q	-1.045*** (0.307)	-0.061 (0.060)	-0.072 (0.051)	-0.020 (0.044)	-0.032 (0.022)	-0.031** (0.014)
lndebt	-0.011 (0.225)	0.015 (0.039)	0.040 (0.034)	-0.013 (0.026)	0.022 (0.016)	0.015 (0.010)
seperation	-0.026 (0.028)	-0.009 (0.006)	-0.006 (0.004)	-0.003 (0.003)	0.002 (0.001)	0.001 (0.001)
topone	0.003 (0.019)	-0.005* (0.003)	-0.006** (0.003)	-0.001 (0.002)	-0.002* (0.001)	-0.001 (0.001)
_cons	2.817 (8.060)	-1.876 (1.280)	-0.405 (1.054)	-0.154 (0.783)	-0.254 (0.626)	0.261 (0.369)
企业固定效应	Y	Y	Y	Y	Y	Y
年份固定效应	Y	Y	Y	Y	Y	Y
N	3838	3838	3838	3838	3838	3838
Adjusted R^2	0.617	0.131	0.127	0.184	0.072	0.048

注：*、**、*** 分别表示在10%、5%和1%的显著性水平上显著。

3. 试点地区的随机性检验

通过随机选取7个省份（江苏、湖南、山东、辽宁、河南、陕西、北京）作为碳交易政策的试点地区，试点年份仍为2013年，和前面一样进行三重差分模型估计。结果如表10.25所示。

表10.25　　试点地区的随机性检验

	(1) lnrd	(2) lnpatent	(3) lninvpatapply	(4) lninvpatlicen	(5) lngreenpat	(6) lngreeninvpat
sei_treat_post	-1.337 (1.050)	0.227 (0.256)	0.155 (0.211)	0.013 (0.160)	0.063 (0.083)	0.047 (0.058)
sei_post	0.300 (0.600)	-0.134 (0.146)	-0.153 (0.111)	-0.081 (0.073)	-0.043 (0.059)	-0.072** (0.034)
treat_post	0.607 (0.730)	-0.119 (0.131)	-0.082 (0.119)	-0.073 (0.092)	-0.059 (0.050)	-0.009 (0.041)
lnnetasset	0.098 (0.265)	0.040 (0.036)	0.022 (0.032)	0.037 (0.025)	0.013 (0.017)	-0.007 (0.013)
lnlabor	1.152*** (0.309)	0.147*** (0.048)	0.132*** (0.042)	0.041 (0.034)	-0.002 (0.019)	0.005 (0.013)

续表

	(1) lnrd	(2) lnpatent	(3) lninvpatapply	(4) lninvpatlicen	(5) lngreenpat	(6) lngreeninvpat
lnage	-3.719 (2.278)	0.294 (0.443)	-0.427 (0.356)	-0.038 (0.261)	-0.169 (0.211)	-0.201 (0.140)
lntobin Q	-0.993*** (0.305)	-0.061 (0.061)	-0.071 (0.052)	-0.024 (0.045)	-0.030 (0.022)	-0.029** (0.014)
lndebt	-0.001 (0.227)	0.015 (0.039)	0.041 (0.034)	-0.011 (0.026)	0.021 (0.017)	0.016 (0.011)
seperation	-0.035 (0.028)	-0.009 (0.006)	-0.006 (0.004)	-0.003 (0.003)	0.002 (0.001)	0.001 (0.001)
topone	0.007 (0.018)	-0.005* (0.003)	-0.006** (0.003)	-0.001 (0.002)	-0.002* (0.001)	-0.001 (0.001)
_cons	-0.277 (7.799)	-1.921 (1.268)	-0.553 (1.049)	-0.402 (0.803)	-0.170 (0.635)	0.285 (0.359)
企业固定效应	Y	Y	Y	Y	Y	Y
年份固定效应	Y	Y	Y	Y	Y	Y
N	3838	3838	3838	3838	3838	3838
Adjusted R^2	0.613	0.131	0.127	0.183	0.069	0.048

注：*、**、*** 分别表示在10%、5%和1%的显著性水平上显著。

表10.25为碳交易政策的试点地区的随机性检验的结果，第（1）列~第（6）列中的三重交互项系数均不显著，说明三重差分的模型的回归结果十分稳健。

（四）政策的动态性效果（动态时间窗分析）

图10.18展示了95%的置信区间下β_t的估计结果。对于大部分创新指标，包括研发投入（lnrd）、专利申请总量（lnpatent）、发明专利申请量（lninvpatapply）、绿色专利授权量（lngreenpat）以及绿色发明专利授权量（lngreeninvpat），在2013年之前，试点地区新材料产业相较于传统产业有明显的时间增长效应，但是在试点政策执行之后，传统产业创新激励明显增强且创新的时间增长效应高于新材料产业，反映了碳试点政策对于传统产业的上市企业的创新效应更加显著。

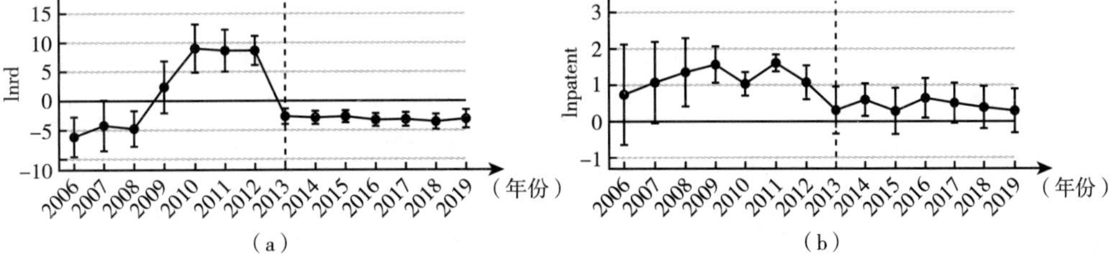

（a）　　（b）

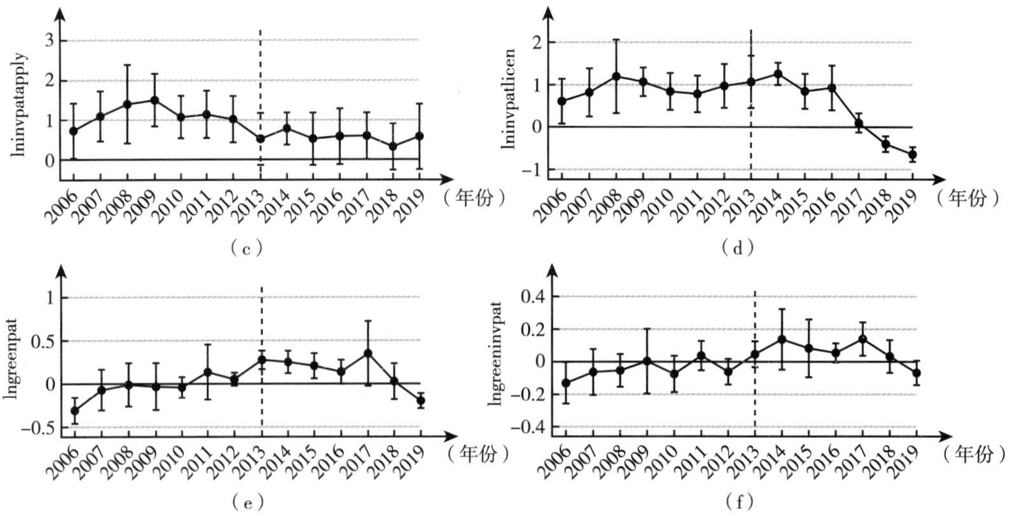

图 10.18　碳交易试点政策对新材料产业各创新类型的动态效应

八、新能源汽车产业的实证结果

（一）描述性统计

变量的描述性统计见表 10.26。企业研发支出（取对数）均值为 14.602（约 220 万元），专利申请总量（取对数）均值为 1.892，其中发明专利申请量（取对数）为 1.230，占总专利申请量比重 65%，绿色发明专利授权量（取对数）为 0.112，占比 5.9%，表明在 2006～2019 年，新能源汽车产业以及其所对应传统产业的企业在创新方面有较大的投入，取得一定的创新成效，具有较高的创新数量以及创新质量，然而绿色发明创新比重较低，说明企业在绿色技术创新方面还有较大的提升空间。

表 10.26　描述性统计

VarName	Obs	Mean	SD	Min	Max
lnrd	1648	14.602	6.973	0.000	27.117
lnpatent	1648	1.892	1.727	0.000	6.978
lninvpatapply	1648	1.230	1.365	0.000	6.221
lninvpatlicen	1648	0.633	1.077	0.000	7.529
lngreenpat	1648	0.303	0.728	0.000	5.598
lngreeninvpat	1648	0.112	0.423	0.000	4.682
sei_treat_post	1648	0.003	0.055	0.000	1.000
lnnetasset	1648	21.121	1.078	15.879	25.253
lnlabor	1648	7.563	1.151	3.045	11.651

续表

VarName	Obs	Mean	SD	Min	Max
lntobin Q	1648	0.573	0.435	-0.371	3.251
lndebt	1648	20.759	1.471	15.460	25.866
seperation	1648	4.947	8.176	-0.000	44.641
topone	1648	35.818	14.164	6.430	86.490

（二）三重差分（DDD）实证结果

以模型（10.1）为基本检验模型，表 10.27 中的第（1）列～第（6）列分别研究了碳交易试点对于企业研发投入、专利申请总量、发明专利申请量、发明专利授权量、绿色专利授权量以及绿色发明专利授权量的影响。为了保证检验结果的严谨性，所有模型均对企业效应和年份效应进行控制。根据表 10.27 的检验结果，第（1）列、第（2）列和第（4）列三重差分核心变量 sei_treat_post 的系数没有通过显著性检验，表明碳交易政策对于新能源汽车产业中的企业研发投入、企业专利申请总量、发明专利授权量没有显著影响；而第（3）列、第（5）列以及第（6）列三重差分核心变量 sei_treat_post 系数为正，在 10% 的置信水平上显著，表明碳交易政策对于新能源汽车产业中的发明专利申请量、绿色专利授权量和绿色发明专利授权量影响效果较为明显。由此说明碳排放交易试点的实施对于新能源汽车产业企业创新努力、创新数量并没有显著影响，但对创新质量有显著影响。

表 10.27　　三重差分模型实证结果

	(1) lnrd	(2) lnpatent	(3) lninvpatapply	(4) lninvpatlicen	(5) lngreenpat	(6) lngreeninvpat
sei_treat_post	-0.752 (0.699)	0.607 (0.491)	0.923* (0.510)	0.218 (0.355)	0.781* (0.421)	0.612* (0.367)
sei_post	0.686 (0.620)	-0.472 (0.319)	-0.587* (0.312)	-0.618** (0.263)	-0.336*** (0.113)	-0.150*** (0.052)
treat_post	-0.400 (0.479)	0.463*** (0.173)	0.130 (0.134)	-0.043 (0.107)	-0.049 (0.065)	-0.038 (0.036)
lnnetasset	0.718*** (0.182)	0.062 (0.067)	0.129*** (0.050)	0.192*** (0.041)	0.158*** (0.030)	0.103*** (0.021)
lnlabor	0.010 (0.144)	0.367*** (0.055)	0.255*** (0.041)	0.213*** (0.031)	0.106*** (0.022)	0.044*** (0.012)
lnage	-1.527*** (0.308)	-0.621*** (0.137)	-0.451*** (0.110)	-0.365*** (0.085)	-0.279*** (0.071)	-0.122*** (0.041)
lntobin Q	-0.357 (0.291)	-0.285*** (0.109)	-0.083 (0.084)	0.011 (0.062)	0.120*** (0.044)	0.073*** (0.028)
lndebt	-0.127 (0.126)	-0.070 (0.047)	-0.005 (0.036)	0.002 (0.028)	0.064*** (0.017)	0.032*** (0.010)

续表

	(1) lnrd	(2) lnpatent	(3) lninvpatapply	(4) lninvpatlicen	(5) lngreenpat	(6) lngreeninvpat
seperation	-0.024 (0.015)	-0.004 (0.005)	-0.000 (0.004)	-0.004 (0.003)	-0.002 (0.002)	-0.001 (0.001)
topone	0.003 (0.007)	0.011*** (0.003)	0.010*** (0.002)	0.008*** (0.002)	0.000 (0.001)	0.000 (0.001)
_cons	-7.421** (3.318)	-0.673 (1.247)	-2.705*** (0.982)	-4.210*** (0.822)	-4.323*** (0.659)	-2.647*** (0.470)
省份固定效应	Y	Y	Y	Y	Y	Y
行业固定效应	Y	Y	Y	Y	Y	Y
年份固定效应	Y	Y	Y	Y	Y	Y
N	1648	1648	1648	1648	1648	1648
Adjusted R^2	0.722	0.255	0.258	0.324	0.271	0.195

注：*、**、*** 分别表示在 10%、5% 和 1% 的显著性水平上显著。

（三）三重差分模型稳健性检验

1. 政策干预时间的随机性检验

三重差分模型结果需要通过“证伪”试验，即政策干预时间的随机性检验。本章研究的碳试点政策从 2013 年开始实施，假设政策执行时间在 2011 年提前发生，重新进行三重差分估计。表 10.28 为新能源汽车产业的政策干预时间的随机性检验的结果，第（2）列～第（6）列的结果显示交乘项 sei_treat_post 的估计系数不显著，第（1）列的结果显示在 1% 的置信水平上显著，仅有研发投入一项指标没有满足 2006～2011 年的平行性趋势，其他五项创新数量和创新质量指标都满足了随机性检验。

表 10.28　新能源汽车产业的政策干预时间的随机性检验（假设政策从 2011 年开始）

	(1) lnrd	(2) lnpatent	(3) lninvpatapply	(4) lninvpatlicen	(5) lngreenpat	(6) lngreeninvpat
sei_treat_post	-3.185*** (1.108)	0.141 (0.531)	0.564 (0.510)	0.033 (0.349)	0.650 (0.420)	0.540 (0.368)
sei_post	3.023*** (1.042)	0.063 (0.375)	-0.206 (0.311)	-0.433* (0.253)	-0.212** (0.102)	-0.083* (0.049)
treat_post	0.794** (0.330)	0.354 (0.217)	0.061 (0.157)	-0.135 (0.128)	0.007 (0.071)	-0.026 (0.039)
lnnetasset	0.702*** (0.180)	0.054 (0.067)	0.126** (0.050)	0.193*** (0.042)	0.159*** (0.030)	0.104*** (0.021)
lnlabor	-0.007 (0.144)	0.366*** (0.055)	0.255*** (0.041)	0.213*** (0.031)	0.105*** (0.022)	0.043*** (0.012)

续表

	(1) lnrd	(2) lnpatent	(3) lninvpatapply	(4) lninvpatlicen	(5) lngreenpat	(6) lngreeninvpat
lnage	-1.513*** (0.307)	-0.648*** (0.137)	-0.460*** (0.109)	-0.364*** (0.085)	-0.277*** (0.071)	-0.120*** (0.040)
lntobin Q	-0.384 (0.291)	-0.295*** (0.109)	-0.085 (0.084)	0.015 (0.062)	0.122*** (0.044)	0.074*** (0.028)
lndebt	-0.117 (0.124)	-0.063 (0.047)	-0.003 (0.036)	0.001 (0.028)	0.064*** (0.017)	0.032*** (0.010)
seperation	-0.022 (0.015)	-0.004 (0.005)	-0.000 (0.004)	-0.004 (0.003)	-0.002 (0.002)	-0.001 (0.001)
topone	0.003 (0.007)	0.010*** (0.003)	0.010*** (0.002)	0.008*** (0.002)	0.001 (0.001)	0.000 (0.001)
_cons	-9.710*** (3.276)	-0.758 (1.255)	-2.704*** (0.988)	-4.080*** (0.822)	-4.333*** (0.654)	-2.650*** (0.463)
企业固定效应	Y	Y	Y	Y	Y	Y
年份固定效应	Y	Y	Y	Y	Y	Y
N	1648	1648	1648	1648	1648	1648
Adjusted R^2	0.723	0.252	0.257	0.324	0.271	0.194

注：*、**、*** 分别表示在10%、5%和1%的显著性水平上显著。

2. 试点地区的随机性检验

通过随机选取7个省份（浙江、广西、山东、河北、河南、陕西、天津）作为碳交易政策的试点地区，试点年份仍为2013年，和前面一样进行三重差分模型估计。结果如表10.29所示。

表10.29　　试点地区的随机性检验

	(1) lnrd	(2) lnpatent	(3) lninvpatapply	(4) lninvpatlicen	(5) lngreenpat	(6) lngreeninvpat
sei_treat_post	0.000 (.)	0.000 (.)	0.000 (.)	0.000 (.)	0.000 (.)	0.000 (.)
sei_post	-1.418 (1.506)	-0.239 (0.898)	-0.301 (0.762)	-0.179 (0.378)	-0.078 (0.108)	-0.066 (0.077)
treat_post	1.174* (0.695)	0.200 (0.240)	0.176 (0.210)	0.040 (0.158)	0.132 (0.085)	0.019 (0.054)
lnnetasset	1.091** (0.543)	0.027 (0.135)	0.052 (0.112)	0.010 (0.086)	0.046 (0.040)	0.029 (0.026)

续表

	(1) lnrd	(2) lnpatent	(3) lninvpatapply	(4) lninvpatlicen	(5) lngreenpat	(6) lngreeninvpat
lnlabor	0.626* (0.360)	0.332* (0.188)	0.200 (0.144)	0.120 (0.124)	0.033 (0.053)	0.017 (0.020)
lnage	-5.510** (2.599)	-1.424 (1.107)	-0.876 (0.925)	-0.837 (0.536)	-0.204 (0.359)	0.038 (0.267)
lntobin Q	-0.321 (0.397)	0.094 (0.164)	0.043 (0.143)	-0.013 (0.133)	0.004 (0.040)	-0.014 (0.030)
lndebt	-0.091 (0.284)	0.108 (0.096)	0.084 (0.079)	0.124* (0.065)	0.033 (0.027)	0.020 (0.017)
seperation	-0.012 (0.034)	0.015 (0.011)	0.015* (0.008)	0.002 (0.007)	0.005 (0.006)	0.004 (0.003)
topone	0.006 (0.021)	0.014 (0.011)	0.014* (0.008)	0.007 (0.007)	0.002 (0.003)	0.002 (0.002)
_cons	-11.475 (10.113)	-1.548 (3.847)	-2.504 (3.124)	-1.639 (2.117)	-1.357 (1.165)	-1.255* (0.687)
企业固定效应	Y	Y	Y	Y	Y	Y
年份固定效应	Y	Y	Y	Y	Y	Y
N	1648	1648	1648	1648	1648	1648
Adjusted R^2	0.694	0.158	0.158	0.248	0.095	0.047

注：*、**、*** 分别表示在10%、5%和1%的显著性水平上显著。

表10.29为碳交易政策的试点地区的随机性检验的结果，第（1）列～第（6）列中的三重交互项系数均不显著，说明三重差分的模型的回归结果十分稳健。

九、小结

自2006～2019年以来，七大战略性新兴产业以及其所对应传统产业的企业在创新方面均有较大的投入，取得一定的创新成效，具有较高的创新数量以及创新质量，然而绿色发明创新比重较低，企业在绿色技术创新方面还有较大的提升空间。

本章主要以我国沪深两市A股企业中的2006～2019年上市公司作为样本，运用三重差分模型并在控制企业固定效应与年份固定效应的基础上，对七大战略性新兴产业及其所对应的传统产业就碳排放交易试点政策对于创新的影响及背后作用机制问题分别进行了实证研究。

三重差分（DDD）实证结果显示，碳排放交易试点的实施对于四大类战略性新兴产业（包括节能环保产业、信息技术产业、生物产业、高端装备制造业）企业创新努力、创新数量以及创新质量并没有显著影响，但对于新能源产业企业创新数量、新材料产业企业创新努力、新能源汽车产业企业创新质量有显著影响。说明碳排放交易试点政策的实施对创新的影响不具有产业上的普遍性，且影响产生的效应因产业而异。

就政策的动态性效果而言，除高端装备制造产业之外，碳试点政策对大多数战略性新兴产业所对应传统产业的上市企业的创新激励作用具有明显的时间增长效应，验证了碳试点政策主要通过刺激传统企业创新来提升整体的创新水平。此外，所有的模型估计均通过了一系列的稳健性检验，包括平行趋势假设检验、政策干预时间的随机性检验、试点地区的随机性检验，因此本章的实证结果具有可靠性。

第十一章　碳排放权交易政策、环境信息披露与战略性新兴企业创新——基于三重差分模型

前面几章，在考虑“五螺旋”环境因素时，我们主要使用了碳交易试点政策（即 ETS 制度）作为度量标准。不过对于微观企业来说，其环境因素还可以用是否进行环境信息披露来衡量。因此，在这一部分，我们同时把 ETS 政策、环境信息披露作为五螺旋因素的考虑，研究其对战略性新兴上市公司创新的影响。

合法性理论认为环境信息披露是企业应对环境监管规定和外部压力的重要方式。与此同时，环境信息披露有助于减少信息不对称性，缓解政府和社会公众对企业的不利评价，例如，有学者发现较为透明的环境信息可以帮助提升企业形象和企业价值。叶陈刚等（2015）考察了环境信息披露和融资成本的关系，发现环境披露可以显著降低股权融资成本，政府环境监管和媒体监督可以加重这种负向关系。田昕加和张广美（2020）基于信号传递理论，实证检验了环境信息披露对于企业绩效具有正向影响。可以发现，环境信息与企业经营绩效具有紧密的关系。

以往研究已证明碳排放权交易试点能够显著促进企业创新绩效（Borghesi et al.，2015；Calel & Dechezleprêtre，2016；Feng et al.，2017），但是鲜有文章从企业环境信息披露情况以及环境表现的角度来探究该政策对于战略性新兴企业创新行为影响的异质性。因此，本章将环境规制、环境信息披露和企业创新行为纳入同一分析框架，运用战略性新兴上市企业的面板数据，实证检验环境信息对于碳市场创新效应的调节作用。

为厘清三者之间作用机制，借鉴钱雪松等（2019）的做法，本章使用三重差分法展开实证研究。具体而言，第一重差分是对碳交易排放试点地区与非试点地区的企业创新行为进行比较；第二重差分是关于进行环境信息披露的企业与未进行环境披露的企业创新行为对比；第三重差分是碳交易排放试点政策实施前和实施后企业创新绩效的差异。

一、研究方法和数据

（一）三重差分（Difference in Difference in Difference）

在三重差分模型的基础上，本部分控制了企业固定效应与年份固定效应，有效解决了对于不随时间变化企业的遗漏变量问题，以及控制随时间变化的宏观经济冲击。模型具体设定如下：

$$y_{it} = \beta_0 + \beta_1 treat_i \times post_t \times env_{it} \times + \beta_2 treat_i \times post_i + \beta_3 post_t \times env_i + \rho X_{it} + u_i + \lambda_t + \varepsilon_{it} \quad (11.1)$$

其中，y_{it}为因变量，表示企业创新绩效，本章以研发投入（lnrd）、专利数据包括以专利申请总量（lnpatent）代表创新数量、以发明专利申请量（lninvpatapply）来度量创新质量。treat 表示位于碳排放交易试点地区企业赋值为 1，非试点地区的企业赋值为 0。post 为试点碳交易政策变量，将各地区碳交易试点后年份赋值为 1，试点前年份赋值为 0。env 表示企业是否进行环境信息披露，若是则取 1，否则取 0。u_i为企业固定效应，λ_t为年份固定效应，ε_{it}为随机误差项。X 表示控制变量合集，主要包括：企业净资产（lnnetasset）、企业年龄（lnage），企业托宾 Q 值（lntobin Q）、企业负债水平（lndebt）、第一大股东持股比率（topone）、企业性质（state）。为了进一步分析环境信息披露的质量对于创新的影响，本章还引入 env_cri 变量，对 env 进行替换，对于环境信息是否参照 GRI《可持续发展报告指南》进行考察。考察期设定为 2006~2019 年。具体变量定义见表 11.1。

表 11.1　变量定义

因变量	符号	定义
研发投入	lnrd	企业研发投入的自然对数
专利申请量	lnpatent	（1 + 企业当年专利申请总量）的自然对数，代表创新数量
发明专利申请量	lninvpatapply	（1 + 企业当年发明专利申请量）的自然对数，代表创新质量
核心变量		
是否披露环境信息	env	若企业进行环境信息披露则取 1，不进行环境信息披露则取 0
是否参照 GRI《可持续发展报告指南》	env_cri	若企业参照 GRI《可持续发展报告指南》进行环境信息披露时取 1，否则取 0
其他控制变量		
企业净资产	lnnetasset	企业净资产的自然对数
企业年龄	lnage	企业年龄的自然对数
企业托宾 Q 值	lntobin Q	企业托宾 Q 值的自然对数
企业负债水平	lndebt	企业负债的自然对数
第一大股东持股比率	topone	第一大股东持股比率（%）
企业性质	state	国有企业取 1，否则取 0

（二）数据来源

选择我国沪深两市 A 股企业中的战略性新兴上市公司作为样本。具体战略性新兴上市公司名单见“中国工程院战略性新兴产业知识服务系统（http://sei.ckcest.cn/index.html）”。其他公司相关变量来自国泰安数据库（CSMAR）。下面将对基于公众关注的视角分析碳交易政策对于试点地区［北京、上海、天津、广东（含深圳）、湖北、重庆］上市企业创新的影响。

二、节能环保产业的实证结果

（一）描述性统计

变量的描述性统计见表 11.2。本章的估计样本为 113 个节能环保产业企业 2006 ~ 2019 年面板数据，最终观测值为 943。企业研发支出（取对数）均值为 13.635（约 83 万元），专利申请总量（取对数）均值为 1.572（约 4.82 个专利），其中发明专利授权量（取对数）为 1.064（约 2.90 个专利），占总专利申请量比重约 22%。这表明在 2006 ~ 2019 年，节能环保产业的企业在创新方面有较大的投入，并获得了较高的创新绩效。943 个节能环保企业，每年约有 157 家企业进行环境披露，占比 16.6%。每年参考 GRI《可持续发展报告指南》进行环境信息披露的企业有大约 31 个，占所有环境披露企业总数的 19.9%。可以发现，总体上企业环境披露水平偏低，环境信息披露质量和规范也有待进一步改善。

表 11.2　　描述性统计

变量	观测值	均值	标准差	最小值	最大值
lnrd	943	13.635	7.361	0.000	20.508
lnpatent	943	1.572	1.572	0.000	5.749
lninvpatapply	943	1.064	1.212	0.000	5.338
env_disclo	943	0.166	0.373	0.000	1.000
env_cri	943	0.033	0.178	0.000	1.000
lnnetasset	943	21.261	0.910	17.038	24.063
lnage	943	2.785	0.350	1.386	4.127
lntobin Q	943	0.571	0.393	-0.223	2.340
lndebt	943	20.974	1.323	15.826	24.668
topone	943	32.091	14.200	6.210	75.100
state	943	0.353	0.478	0.000	1.000

（二）三重的实证结果——基于环境信息披露视角

表 11.3 报告了基于环境信息披露视角碳排放交易政策对于节能环保产业的上市企业创新的影响。根据表 11.3 的第（1）列的结果，三重差分项（env_treat_post）系数为 3.252，在 10% 的水平下显著，说明与不进行环境信息披露的企业相比，碳排放权交易试点对于 R&D 投入的促进作用对于披露环境信息的企业相对更大。此外，企业的净资产对于企业的 R&D 投入有明显促进作用，且在 1% 的水平下显著。而企业年龄对于 R&D 投入和创新绩效有显著的负向影响。企业的市场价值和重置资产比（Tobin'Q 值）对于 R&D 投

入有正向影响，表明 Tobin'Q 越高越利于企业继续进行技术研发投资。其原因可能 Tobin'Q 越大，企业成长性越高，越会增加投资。但是企业的 Tobin'Q 与发明专利呈显著负相关关系。相较于国有企业，非国有企业的研发支出水平提高更多，但是创新绩效水平表现一般。

表 11.3　碳排放交易政策对于企业创新影响的实证结果：基于环境信息披露视角

	(1) lnrd	(2) lnpatent	(3) lninvpatapply
env_treat_post	3.252* (1.817)	-0.179 (0.294)	-0.321 (0.383)
env_treat	-1.994 (1.649)	0.041 (0.176)	0.225 (0.246)
env_post	1.263* (0.713)	0.388** (0.173)	0.435* (0.225)
treat_post	-0.250 (0.367)	0.093 (0.113)	0.173 (0.142)
lnnetasset	1.136*** (0.322)	0.030 (0.067)	-0.007 (0.091)
lnage	-1.435*** (0.527)	-0.186 (0.132)	0.055 (0.193)
lntobin Q	1.258*** (0.389)	-0.107 (0.111)	-0.290** (0.147)
lndebt	-0.074 (0.186)	0.071 (0.045)	0.024 (0.060)
topone	-0.002 (0.010)	0.001 (0.003)	0.000 (0.004)
state	-1.072*** (0.364)	-0.048 (0.099)	-0.292** (0.129)
_cons	-14.273*** (5.208)	-2.377** (1.202)	-1.270 (1.653)
年份效应	固定	固定	固定
个体效应	固定	固定	固定
N	943	943	943
Adjusted R^2	0.731	0.360	0.367

注：*、**、*** 分别表示在 10%、5% 和 1% 的显著性水平上显著。

（三）三重的实证结果——基于环境披露质量视角

由 GRI 发布的《可持续发展报告指南》是全球范围内较为通用和标准的可持续报告框架，是国际上企业披露可持续发展信息的重要依据。我国上市企业环境信息披露信息主要以社科院编制的《中国企业社会责任报告编写指南》为分析框架（张长江等，2018），虽然近些年在环境信息披露数量方面有较大改善，但是披露质量仍有很大欠缺，报告的完整性、实证性和有效性还有待提升（丁相安等，2015）。因此，本章以企业是否参考 GRI《可持续发展报告指南》进行可持续发展信息披露作为环境披露质量的指标，来考察环境披露质量与碳市场政策对节能环保企业创新的影响。

表 11.4 报告了基于环境披露质量视角，碳排放交易政策对于节能环保产业的上市企业创新的影响。第（1）列表明碳市场对于企业研发投入的影响与企业的环境披露质量没有统计意义上显著的相关关系，第（2）列和第（3）列三重差分项系数为正，且分别在 5% 和 10% 的水平上显著，表明相对于不披露环境信息或者披露质量不高的企业，碳排放交易政策对于环境披露质量较高的企业整体创新和发明创新的促进作用更强。

表 11.4　　碳排放交易政策对于企业创新影响的实证结果：基于环境披露质量视角

	(1) lnrd	(2) lnpatent	(3) lninvpatapply
env_cri_treat_post	0.887 (0.782)	0.670** (0.272)	0.563* (0.290)
env_ cri_treat	-0.304 (0.933)	-0.149 (0.153)	-0.030 (0.196)
env_ cri_post	2.069*** (0.698)	0.303** (0.147)	0.318* (0.188)
treat_post	0.078 (0.379)	0.071 (0.106)	0.137 (0.134)
lnnetasset	1.077*** (0.320)	0.022 (0.067)	-0.012 (0.090)
lnage	-1.601*** (0.552)	-0.151 (0.131)	0.094 (0.191)
lntobin Q	1.301*** (0.394)	-0.101 (0.112)	-0.287* (0.147)
lndebt	-0.051 (0.186)	0.073 (0.045)	0.025 (0.060)
topone	-0.002 (0.010)	0.000 (0.003)	-0.000 (0.004)
state	-1.084*** (0.368)	-0.057 (0.099)	-0.300** (0.129)
_cons	-13.072** (5.146)	-2.337* (1.195)	-1.293 (1.640)
年份效应	固定	固定	固定
个体效应	固定	固定	固定
N	943	943	943
Adjusted R^2	0.729	0.363	0.368

注：*、**、*** 分别表示在 10%、5% 和 1% 的显著性水平上显著。

（四）三重差分模型稳健性检验

1. 政策干预时间的随机性检验

三重差分模型结果需要通过证伪试验，即政策干预时间的随机性检验。本章研究的碳排放权交易试点政策从 2013 年开始实施，假设政策执行时间在 2009 年提前发生，重新进行三重差分估计。表 11.5 为节能环保产业的政策干预时间的随机性检验的结果，第（1）列～第（3）列的结果显示交乘项 env_treat_post 的估计系数不显著，说明处理组和对照组在 2006～2009 年不满足平行性趋势的可能性很小，因此前面得到的结论是稳健的。

表 11.5　　政策干预时间的随机性检验（假设政策从 2009 年开始）

	(1) lnrd	(2) lnpatent	(3) lninvpatapply
env_treat_post	0.794 (0.873)	-0.215 (0.181)	-0.195 (0.227)
env_treat	0.000 (.)	0.000 (.)	0.000 (.)
env_post	0.651 (0.677)	0.398*** (0.142)	0.483*** (0.187)
treat_post	-0.373 (0.358)	0.182** (0.091)	0.298** (0.120)
lnnetasset	1.085*** (0.317)	0.025 (0.067)	-0.012 (0.090)
lnage	-1.494*** (0.574)	-0.259* (0.133)	-0.051 (0.193)
lntobin Q	1.272*** (0.396)	-0.114 (0.111)	-0.300** (0.146)
lndebt	0.016 (0.193)	0.070 (0.045)	0.021 (0.060)
topone	-0.001 (0.010)	0.000 (0.003)	-0.000 (0.004)
state	-1.090*** (0.369)	-0.043 (0.097)	-0.281** (0.128)
_cons	-14.893*** (5.156)	-2.083* (1.204)	-0.830 (1.652)
年份效应	固定	固定	固定
个体效应	固定	固定	固定
N	943	943	943
Adjusted R^2	0.726	0.363	0.372

注：*、**、*** 分别表示在 10%、5% 和 1% 的显著性水平上显著。

2. 试点地区的随机性检验

通过随机选取6个省份（四川、广西、山东、河南、湖南、河北）作为碳交易政策的试点地区，试点年份仍为2013年，和前面一样进行三重差分模型估计。结果如表11.6所示。

表11.6　　政策干预地区的随机性检验

	(1) lnrd	(2) lnpatent	(3) lninvpatapply
env_treat_post	0.181 (2.197)	0.477 (0.398)	0.196 (0.530)
env_treat	2.104 (2.202)	-0.640** (0.278)	-0.712* (0.374)
env_post	1.760*** (0.486)	0.334*** (0.129)	0.440*** (0.157)
treat_post	-0.419 (0.486)	-0.379** (0.148)	-0.261 (0.206)
lnnetasset	1.084*** (0.322)	0.015 (0.067)	-0.009 (0.090)
lnage	-1.639*** (0.554)	-0.142 (0.131)	0.126 (0.191)
lntobin Q	1.344*** (0.392)	-0.105 (0.112)	-0.293** (0.148)
lndebt	-0.049 (0.188)	0.080* (0.045)	0.031 (0.060)
topone	-0.001 (0.010)	0.001 (0.003)	0.001 (0.004)
state	-1.100*** (0.368)	-0.050 (0.098)	-0.283** (0.128)
_cons	-13.080** (5.101)	-2.413** (1.176)	-1.590 (1.607)
年份效应	固定	固定	固定
个体效应	固定	固定	固定
N	943	943	943
Adjusted R^2	0.730	0.366	0.371

注：*、**、***分别表示在10%、5%和1%的显著性水平上显著。

表11.6为碳交易政策的试点地区的随机性检验的结果，第（1）列~第（3）列中的三重交互项系数均不显著，说明三重差分的模型的回归结果十分稳健。

三、新一代信息技术产业的实证结果

（一）描述性统计

变量的描述性统计见表11.7。本章的估计样本为374个信息技术产业企业2006~2019年面板数据，最终观测值为3178。企业研发支出（取对数）均值为14.694（约240万元），专利申请总量（取对数）均值为1.648（约5.20个专利），其中发明专利授权量（取对数）为1.279（约3.59个专利），占总专利申请量比重约69%。这表明2006~2019年，信息技术产业的企业在创新方面有较大的投入，并获得了较高的创新绩效。3178个新一代信息技术企业，每年约有591家企业进行环境披露，占比18.6%。每年参考GRI《可持续发展报告指南》进行环境信息披露的企业有大约98个，占所有环境披露企业总数的16.67%。

表11.7 描述性统计

变量	观测值	均值	标准差	最小值	最大值
lnrd	3178	14.694	7.183	0.000	26.765
lnpatent	3178	1.648	1.673	0.000	6.800
lninvpatapply	3178	1.279	1.473	0.000	6.874
env_disclo	3178	0.186	0.389	0.000	1.000
env_cri	3178	0.031	0.173	0.000	1.000
lnnetasset	3178	21.115	1.042	15.424	25.514
lnage	3178	2.793	0.340	1.609	4.127
lntobin Q	3178	0.789	0.512	-0.226	5.184
lndebt	3178	20.414	1.503	15.504	25.936
topone	3178	30.592	13.459	3.000	88.550
state	3178	0.324	0.468	0.000	1.000

（二）三重的实证结果——基于环境信息披露视角

表11.8报告了基于环境信息披露视角碳排放交易政策对于信息技术产业的上市企业创新的影响。根据表11.8的第（1）列的结果，三重差分项（env_treat_post）不显著，说明不论企业进行环境信息披露与否，碳排放权交易试点对于R&D投入的作用没有显著区别。表11.8的第（2）列中双重交互项treat_post在10%的显著性水平下为负，表明碳市场政策可以阻碍试点地区企业进行创新；表11.8的第（3）列的结果证明环境信息披露和环境管制政策不能够形成互为补充的创新“激励”。此外，企业的净资产对于企业的R&D

投入、创新产出以及发明创新产出有明显促进作用，且均在1%的水平下显著。而企业年龄对于R&D投入和创新绩效有显著的负向影响。企业的市场价值和重置资产比（Tobin'Q值）对于R&D投入有负向影响，表明Tobin'Q越高越不利于企业继续进行技术研发投资。其原因可能Tobin'Q越大，企业越倾向投资固定资产，研发投入因此减少。但是企业的Tobin'Q与创新专利呈显著正相关关系。企业负债水平对于企业R&D投入有显著抑制作用，但不影响研发投入。创新专利申请量和发明创新专利申请量。相较于非国有企业，国有企业的创新绩效水平更高，但是研发投入无明显区别。

表11.8　　碳排放交易政策对于企业创新影响的实证结果：基于环境信息披露视角

	(1) lnrd	(2) lnpatent	(3) lninvpatapply
env_treat_post	0.955 (0.796)	-0.458* (0.271)	-0.197 (0.294)
env_treat	-0.585 (0.681)	0.148 (0.186)	0.072 (0.206)
env_post	0.535* (0.325)	0.517*** (0.149)	0.265* (0.159)
treat_post	0.105 (0.156)	-0.015 (0.068)	-0.083 (0.075)
lnnetasset	0.927*** (0.154)	0.375*** (0.037)	0.422*** (0.042)
lnage	-1.576*** (0.274)	-0.346*** (0.085)	-0.426*** (0.099)
lntobin Q	-0.652*** (0.207)	0.114* (0.061)	0.034 (0.068)
lndebt	-0.319*** (0.087)	-0.017 (0.025)	-0.043 (0.028)
topone	0.009 (0.006)	-0.000 (0.002)	0.000 (0.002)
state	-0.142 (0.205)	0.290*** (0.063)	0.278*** (0.070)
_cons	-5.474** (2.503)	-7.138*** (0.748)	-7.423*** (0.851)
年份效应	固定	固定	固定
个体效应	固定	固定	固定
N	3178	3178	3178
Adjusted R^2	0.711	0.192	0.216

注：*、**、*** 分别表示在10%、5%和1%的显著性水平上显著。

（三）三重差分的实证结果——基于环境披露质量视角

表 11.9 报告了基于环境披露质量视角，碳排放交易政策对于信息技术产业的上市企业创新的影响。第（1）列表明碳市场对于企业研发投入的影响与企业的环境披露质量没有统计意义上显著的相关关系。

表 11.9 碳排放交易政策对于企业创新影响的实证结果：基于环境披露质量视角

	(1) lnrd	(2) lnpatent	(3) lninvpatapply
env_cri_treat_post	1.116** (0.499)	0.116 (0.313)	-0.146 (0.334)
env_ cri_treat	-0.240 (0.421)	-0.084 (0.139)	-0.008 (0.151)
env_ cri_post	0.766** (0.327)	0.359*** (0.126)	0.212 (0.135)
treat_post	0.175 (0.161)	-0.068 (0.067)	-0.100 (0.074)
lnnetasset	0.892*** (0.158)	0.381*** (0.037)	0.428*** (0.042)
lnage	-1.587*** (0.274)	-0.347*** (0.085)	-0.425*** (0.099)
lntobin Q	-0.665*** (0.205)	0.130** (0.060)	0.038 (0.067)
lndebt	-0.325*** (0.087)	-0.018 (0.025)	-0.042 (0.028)
topone	0.009 (0.006)	-0.000 (0.002)	0.000 (0.002)
state	-0.112 (0.207)	0.297*** (0.063)	0.274*** (0.071)
_cons	-4.579* (2.643)	-7.265*** (0.742)	-7.568*** (0.840)
年份效应	固定	固定	固定
个体效应	固定	固定	固定
N	3178	3178	3178
Adjusted R^2	0.711	0.191	0.216

注：*、**、*** 分别表示在 10%、5% 和 1% 的显著性水平上显著。

（四）三重差分模型稳健性检验

1. 政策干预时间的随机性检验

表 11.10 为信息技术产业的政策干预时间的随机性检验的结果，第（1）列～第（3）列的结果显示交乘项 env_treat_post 的估计系数不显著，说明处理组和对照组在 2006～2009 年不满足平行性趋势的可能性很小，因此前面得到的结论是稳健的。

表 11.10　政策干预时间的随机性检验（假设政策从 2010 年开始）

	(1) lnrd	(2) lnpatent	(3) lninvpatapply
env_treat_post	-0.406 (1.612)	0.166 (0.444)	0.149 (0.557)
env_treat	0.305 (1.553)	-0.361 (0.414)	-0.261 (0.530)
env_post	0.630** (0.307)	0.416*** (0.119)	0.255** (0.129)
treat_post	0.055 (0.160)	-0.016 (0.057)	-0.055 (0.064)
lnnetasset	0.910*** (0.156)	0.380*** (0.037)	0.423*** (0.042)
lnage	-1.589*** (0.275)	-0.349*** (0.085)	-0.427*** (0.099)
lntobin Q	-0.705*** (0.208)	0.113* (0.061)	0.029 (0.068)
lndebt	-0.325*** (0.088)	-0.021 (0.025)	-0.046 (0.028)
topone	0.009 (0.006)	-0.000 (0.002)	0.000 (0.002)
state	-0.149 (0.207)	0.286*** (0.063)	0.274*** (0.070)
_cons	-4.861* (2.583)	-7.101*** (0.754)	-7.337*** (0.857)
年份效应	固定	固定	固定
个体效应	固定	固定	固定
N	3178	3178	3178
Adjusted R^2	0.711	0.192	0.217

注：*、**、*** 分别表示在 10%、5% 和 1% 的显著性水平上显著。

2. 试点地区的随机性检验

通过随机选取6个省份（贵州、广西、江西、河南、湖南、河北）作为碳交易政策的试点地区，试点年份仍为2013年，和前面一样进行三重差分模型估计。结果如表11.11所示。

表11.11 政策干预地区的随机性检验

	(1) lnrd	(2) lnpatent	(3) lninvpatapply
env_treat_post	-3.545 (2.287)	-0.482 (0.630)	-0.751 (0.691)
env_treat	0.967 (1.698)	0.560 (0.372)	0.798* (0.463)
env_post	0.920*** (0.224)	0.326*** (0.102)	0.186* (0.109)
treat_post	-0.050 (0.328)	-0.045 (0.158)	-0.098 (0.163)
lnnetasset	0.899*** (0.157)	0.380*** (0.037)	0.423*** (0.042)
lnage	-1.583*** (0.272)	-0.335*** (0.085)	-0.411*** (0.099)
lntobin Q	-0.688*** (0.206)	0.128** (0.060)	0.042 (0.067)
lndebt	-0.322*** (0.089)	-0.019 (0.025)	-0.044 (0.028)
topone	0.009 (0.006)	-0.000 (0.002)	0.000 (0.002)
state	-0.144 (0.201)	0.286*** (0.063)	0.273*** (0.070)
_cons	-4.750* (2.704)	-7.240*** (0.743)	-7.480*** (0.846)
年份效应	固定	固定	固定
个体效应	固定	固定	固定
N	3178	3178	3178
Adjusted R^2	0.712	0.191	0.217

注：*、**、***分别表示在10%、5%和1%的显著性水平上显著。

表11.11为碳交易政策的试点地区的随机性检验的结果，第（1）列～第（3）列中的三重交互项系数均不显著，说明三重差分的模型的回归结果十分稳健。

四、高端装备制造业的实证结果

（一）描述性统计

变量的描述性统计见表11.12。本章的估计样本为81个高端装备制造业企业2006~2019年面板数据，最终观测值为742。企业研发支出（取对数）均值为14.701（约242万元），专利申请总量（取对数）均值为1.705（约5.5个专利），其中发明专利授权量（取对数）为1.212（约3.4个专利），占总专利申请量比重约62%。这表明在2006~2019年，高端装备制造业的企业在创新方面有较大的投入，并获得了较高的创新绩效。742个高端装备制造业企业，每年约有176家企业进行环境披露，占比23.7%。每年参考GRI《可持续发展报告指南》进行环境信息披露的企业有大约20个，占所有环境披露企业总数的11.4%。

表11.12　　描述性统计

变量	观测值	均值	标准差	最小值	最大值
lnrd	742	14.701	7.235	0.000	23.230
lnpatent	742	1.705	1.767	0.000	6.120
lninvpatapply	742	1.212	1.479	0.000	5.380
env_disclo	742	0.237	0.426	0.000	1.000
env_cri	742	0.027	0.162	0.000	1.000
lnnetasset	742	21.346	1.233	15.927	25.791
lnage	742	2.744	0.363	1.099	3.689
lntobin Q	742	0.681	0.537	-0.051	8.132
lndebt	742	20.923	1.714	17.018	26.176
topone	742	33.744	13.130	7.410	69.120
state	742	0.519	0.500	0.000	1.000

（二）三重的实证结果——基于环境信息披露视角

表11.13报告了基于环境信息披露视角碳排放交易政策对于高端装备制造业的上市企业创新的影响。根据表11.13的第（1）列的结果，三重差分项（env_treat_post）系数为1.016，说明与不进行环境信息披露的企业相比，碳排放权交易试点对于披露环境信息的企业的R&D投入的有促进作用。表11.13的第（3）列中双重交互项treat_post在5%的显著性水平下为负，表明碳市场政策对于试点地区企业创新产出具有抑制作用；三重交互项（env_treat_post）在1%的显著性水平下为-0.878，表明环境信息披露本质上是对碳市场

政策的补充，能够提升非试点高端装备制造业企业创新水平。表 11.13 的第（3）列的结果同样可以证明环境信息披露和环境管制政策能够形成互为补充的创新“激励”。此外，企业的净资产对于企业的 R&D 投入、创新产出以及发明创新产出有明显促进作用。而企业年份对于 R&D 投入和创新绩效没有显著相关关系。企业的市场价值和重置资产比（Tobin'Q 值）对于 R&D 投入和发明专利有负向影响，与创新专利有正向相关关系，但均不显著。企业负债水平对于企业 R&D 投入有显著促进作用，但不影响创新专利申请量和发明创新专利申请量。相较于国有企业，非国有企业的研发支出水平提高更多，但是创新绩效水平表现一般。

表 11.13　碳排放交易政策对于企业创新影响的实证结果：基于环境信息披露视角

	(1) lnrd	(2) lnpatent	(3) lninvpatapply
env_treat_post	1.016 (1.331)	-0.878* (0.483)	-0.896* (0.542)
env_treat	0.289 (1.155)	0.336 (0.374)	0.253 (0.422)
env_post	0.567** (0.276)	0.360 (0.257)	0.408 (0.284)
treat_post	-0.659 (0.423)	-0.178 (0.159)	-0.378** (0.183)
lnnetasset	0.351** (0.176)	0.333*** (0.080)	0.292*** (0.094)
lnage	-0.544 (0.447)	0.134 (0.170)	-0.116 (0.203)
lntobin Q	-0.162 (0.192)	0.013 (0.086)	-0.034 (0.097)
lndebt	0.200* (0.114)	-0.026 (0.051)	-0.039 (0.064)
topone	-0.005 (0.009)	-0.006 (0.004)	-0.004 (0.005)
state	-0.475 (0.311)	0.072 (0.149)	0.103 (0.176)
_cons	-8.031*** (2.834)	-3.416** (1.466)	-1.127 (1.694)
年份效应	固定	固定	固定
个体效应	固定	固定	固定
N	742.000	742.000	742.000
Adjusted R^2	0.821	0.306	0.316

注：*、**、*** 分别表示在 10%、5% 和 1% 的显著性水平上显著。

（三）三重差分的实证结果——基于环境披露质量视角

表 11.14 报告了基于环境披露质量视角，碳排放交易政策对于高端装备制造业的上市企业创新的影响。第（1）列表明碳市场对于企业研发投入的影响与企业的环境披露质量没有统计意义上显著的相关关系，第（2）列和第（3）列三重差分项系数为负，且在 1% 的水平上显著，表明相对于不披露环境信息或者披露质量不高的企业，碳排放交易政策对于环境披露质量较高的企业整体创新的抑制作用更强。

表 11.14　　碳排放交易政策对于企业创新影响的实证结果：基于环境披露质量视角

	(1) lnrd	(2) lnpatent	(3) lninvpatapply
env_cri_treat_post	-1.670 (2.527)	-1.288*** (0.344)	-1.568*** (0.383)
env_ cri_treat	0.878 (0.587)	-0.062 (0.275)	-0.143 (0.304)
env_ cri_post	0.847** (0.366)	0.174 (0.218)	0.225 (0.243)
treat_post	-0.449 (0.422)	-0.281* (0.154)	-0.476*** (0.176)
lnnetasset	0.370** (0.179)	0.368*** (0.081)	0.333*** (0.093)
lnage	-0.670* (0.387)	0.035 (0.175)	-0.237 (0.211)
lntobin Q	-0.159 (0.192)	0.019 (0.086)	-0.026 (0.095)
lndebt	0.215** (0.109)	-0.017 (0.051)	-0.027 (0.064)
topone	-0.005 (0.009)	-0.006 (0.004)	-0.005 (0.005)
state	-0.521* (0.305)	0.058 (0.149)	0.084 (0.176)
_cons	-8.730*** (2.887)	-4.083*** (1.491)	-1.926 (1.722)
年份效应	固定	固定	固定
个体效应	固定	固定	固定
N	742.000	742.000	742.000
Adjusted R^2	0.821	0.307	0.320

注：*、**、*** 分别表示在 10%、5% 和 1% 的显著性水平上显著。

(四) 三重差分模型稳健性检验

1. 政策干预时间的随机性检验

表 11.15 为高端装备制造产业的政策干预时间的随机性检验的结果，第（1）列~第（3）列的结果显示交乘项 env_treat_post 的估计系数不显著，说明处理组和对照组在 2006~2009 年不满足平行性趋势的可能性很小，因此前面得到的结论是稳健的。

表 11.15 政策干预时间的随机性检验（假设政策从 2009 年开始）

	(1) lnrd	(2) lnpatent	(3) lninvpatapply
env_treat_post	-5.851 (5.413)	-2.274 (1.639)	-1.883 (1.764)
env_treat	6.627 (5.389)	1.929 (1.606)	1.529 (1.725)
env_post	0.492* (0.259)	0.208 (0.209)	0.267 (0.239)
treat_post	-0.512 (0.355)	-0.136 (0.130)	-0.410*** (0.154)
lnnetasset	0.385** (0.177)	0.348*** (0.081)	0.299*** (0.094)
lnage	-0.525 (0.427)	0.114 (0.168)	-0.144 (0.201)
lntobin Q	-0.159 (0.194)	0.016 (0.086)	-0.035 (0.095)
lndebt	0.191* (0.115)	-0.027 (0.051)	-0.040 (0.064)
topone	-0.006 (0.009)	-0.006 (0.004)	-0.005 (0.005)
state	-0.429 (0.302)	0.092 (0.148)	0.111 (0.177)
_cons	-8.706*** (2.990)	-3.479** (1.458)	-0.961 (1.675)
年份效应	固定	固定	固定
个体效应	固定	固定	固定
N	742.000	742.000	742.000
Adjusted R^2	0.822	0.304	0.316

注：*、**、*** 分别表示在 10%、5% 和 1% 的显著性水平上显著。

2. 试点地区的随机性检验

通过随机选取6个省份（陕西、广西、贵州、河南、湖南、河北）作为碳交易政策的试点地区，试点年份仍为2013年，和前面一样进行三重差分模型估计。结果如表11.16所示。

表11.16　　　　政策干预地区的随机性检验

	(1) lnrd	(2) lnpatent	(3) lninvpatapply
env_treat_post	-0.795 (0.748)	-0.349 (0.520)	-0.734 (0.618)
env_treat	-0.458 (0.575)	0.185 (0.328)	0.408 (0.431)
env_post	1.328*** (0.402)	-0.113 (0.194)	-0.159 (0.214)
treat_post	0.743** (0.322)	1.156*** (0.204)	1.571*** (0.226)
lnnetasset	0.348** (0.169)	0.316*** (0.080)	0.259*** (0.093)
lnage	-0.541 (0.443)	0.087 (0.162)	-0.177 (0.193)
lntobin Q	-0.135 (0.206)	0.081 (0.089)	0.046 (0.097)
lndebt	0.239** (0.116)	-0.016 (0.051)	-0.031 (0.063)
topone	-0.004 (0.009)	-0.008* (0.004)	-0.007 (0.005)
state	-0.575* (0.323)	0.001 (0.151)	0.009 (0.175)
_cons	-17.260*** (2.682)	-5.026*** (0.581)	-6.059*** (0.652)
年份效应	固定	固定	固定
个体效应	固定	固定	固定
N	742.000	742.000	742.000
Adjusted R^2	0.820	0.337	0.353

注：*、**、*** 分别表示在10%、5%和1%的显著性水平上显著。

表11.16为碳交易政策的试点地区的随机性检验的结果，第（1）列~第（3）列中的三重交互项系数均不显著，说明三重差分的模型的回归结果十分稳健。

五、生物产业的实证结果

（一）描述性统计

变量的描述性统计见表 11.17。本章的估计样本为 232 个生物产业企业 2006~2019 年面板数据，最终观测值为 2310。企业研发支出（取对数）均值为 12.677（约 32 万元），专利申请总量（取对数）均值为 1.125（约 3.08 个专利），其中发明专利授权量（取对数）为 0.890（约 2.44 个专利），占总专利申请量比重约 79%。这表明在 2006~2019 年，生物产业的企业在创新方面有较大的投入，并获得了较高的创新绩效。2310 个生物企业中每年约有 474 家企业进行环境披露，占比 20.5%。每年参考 GRI《可持续发展报告指南》进行环境信息披露的企业有大约 67 个，占所有环境披露企业总数的 14.1%。

表 11.17　　描述性统计

变量	观测值	均值	标准差	最小值	最大值
lnrd	2310	12.677	7.954	0.000	22.083
lnpatent	2310	1.125	1.351	0.000	6.100
lninvpatapply	2310	0.890	1.141	0.000	4.762
env_disclo	2310	0.205	0.404	0.000	1.000
env_cri	2310	0.029	0.167	0.000	1.000
lnnetasset	2310	21.190	1.095	13.581	24.623
lnage	2310	2.855	0.336	1.386	4.205
lntobin Q	2310	0.809	0.523	-0.145	2.685
lndebt	2310	20.546	1.451	15.829	26.076
topone	2310	32.431	14.612	3.890	85.230
state	2310	0.351	0.477	0.000	1.000

（二）三重的实证结果——基于环境信息披露视角

表 11.18 报告了基于环境信息披露视角碳排放交易政策对于生物产业的上市企业创新的影响。根据表 11.18 的第（1）列的结果，三重差分项（env_treat_post）不显著，说明不论企业进行环境信息披露与否，碳排放权交易试点对于 R&D 投入的作用没有显著区别。表 11.18 的第（2）列中双重交互项 treat_post 不显著，表明碳市场政策不可以促进试点地区企业进行创新；表 11.18 的第（3）列的结果同样可以证明环境信息披露和环境管制政策不能够形成互为补充的创新“激励”。此外，企业的净资产对于企业的 R&D 投入、创新产出以及发明创新产出有明显促进作用，且均在 1% 的水平下显著。而企业年龄对于 R&D

投入和创新绩效有显著的负向影响。企业的市场价值和重置资产比（Tobin'Q 值）对于 R&D 投入没有显著影响，但企业的 Tobin'Q 与创新专利尤其是发明专利呈显著正相关关系。企业负债水平不影响企业 R&D 投入以及创新专利申请量和发明创新专利申请量。相较于国有企业，非国有企业的研发支出水平提高更多，但是创新绩效水平表现一般。

表 11.18　碳排放交易政策对于企业创新影响的实证结果：基于环境信息披露视角

	(1) lnrd	(2) lnpatent	(3) lninvpatapply
env_treat_post	0.479 (0.818)	0.035 (0.200)	-0.034 (0.237)
env_treat	1.622*** (0.629)	-0.156 (0.129)	-0.263* (0.156)
env_post	-1.109*** (0.413)	0.090 (0.103)	0.231* (0.123)
treat_post	-0.247 (0.242)	0.040 (0.079)	0.018 (0.088)
lnnetasset	1.098*** (0.159)	0.291*** (0.033)	0.359*** (0.037)
lnage	-0.847** (0.425)	-0.357*** (0.082)	-0.378*** (0.102)
lntobin Q	0.111 (0.198)	0.170*** (0.056)	0.178*** (0.062)
lndebt	-0.156 (0.099)	0.003 (0.023)	-0.005 (0.026)
topone	-0.003 (0.007)	-0.001 (0.001)	-0.002 (0.002)
state	-0.419** (0.205)	0.027 (0.051)	0.010 (0.059)
_cons	-15.676*** (2.680)	-5.065*** (0.600)	-6.277*** (0.684)
年份效应	固定	固定	固定
个体效应	固定	固定	固定
N	2310	2310	2310
Adjusted R^2	0.737	0.206	0.257

注：*、**、*** 分别表示在 10%、5% 和 1% 的显著性水平上显著。

（三）三重差分的实证结果——基于环境披露质量视角

表 11.19 报告了基于环境披露质量视角，碳排放交易政策对于生物产业的上市企业创新的影响。第（1）列、第（2）列和第（3）列表明碳市场对于企业研发投入和创新绩效的影响与企业的环境披露质量有显著正相关关系，表明相对于不披露环境信息或者披露质

量不高的企业，碳排放交易政策对于环境披露质量较高的企业整体研发投入和创新的促进作用更强。

表 11.19 碳排放交易政策对于企业创新影响的实证结果：基于环境披露质量视角

	(1) lnrd	(2) lnpatent	(3) lninvpatapply
env_cri_treat_post	1.778** (0.695)	0.622** (0.251)	0.837*** (0.271)
env_ cri_treat	1.710*** (0.423)	-0.187* (0.102)	-0.342*** (0.121)
env_ cri_post	-1.062*** (0.361)	0.075 (0.090)	0.192* (0.107)
treat_post	-0.224 (0.235)	0.028 (0.073)	-0.011 (0.082)
lnnetasset	1.075*** (0.158)	0.285*** (0.032)	0.352*** (0.037)
lnage	-0.819* (0.421)	-0.344*** (0.082)	-0.358*** (0.102)
lntobin Q	0.110 (0.197)	0.171*** (0.056)	0.179*** (0.061)
lndebt	-0.163 (0.099)	0.000 (0.022)	-0.009 (0.026)
topone	-0.003 (0.007)	-0.001 (0.001)	-0.001 (0.002)
state	-0.388* (0.207)	0.037 (0.050)	0.022 (0.059)
_cons	-15.196*** (2.671)	-4.934*** (0.593)	-6.124*** (0.677)
年份效应	固定	固定	固定
个体效应	固定	固定	固定
N	2310	2310	2310
Adjusted R^2	0.738	0.209	0.260

注：*、**、*** 分别表示在 10%、5% 和 1% 的显著性水平上显著。

（四）三重差分模型稳健性检验

1. 政策干预时间的随机性检验

表 11.20 为生物产业的政策干预时间的随机性检验的结果，第（1）列～第（3）列的结果显示交乘项 env_treat_post 的估计系数不显著，说明处理组和对照组在 2006～2009 年不满足平行性趋势的可能性很小，因此前面得到的结论是稳健的。

表 11.20　　政策干预时间的随机性检验（假设政策从 2009 年开始）

	(1) lnrd	(2) lnpatent	(3) lninvpatapply
env_treat_post	1.657 (1.404)	0.109 (0.208)	-0.169 (0.270)
env_treat	0.377 (1.301)	-0.240 (0.165)	-0.160 (0.227)
env_post	-0.915** (0.394)	0.097 (0.086)	0.233** (0.103)
treat_post	-0.013 (0.257)	0.001 (0.066)	-0.014 (0.073)
lnnetasset	1.100*** (0.161)	0.289*** (0.033)	0.355*** (0.037)
lnage	-0.859** (0.428)	-0.352*** (0.083)	-0.374*** (0.103)
lntobin Q	0.138 (0.201)	0.165*** (0.056)	0.168*** (0.062)
lndebt	-0.149 (0.099)	0.001 (0.023)	-0.007 (0.026)
topone	-0.003 (0.007)	-0.001 (0.001)	-0.002 (0.002)
state	-0.415** (0.205)	0.025 (0.051)	0.008 (0.058)
_cons	-15.843*** (2.722)	-5.010*** (0.609)	-6.158*** (0.687)
年份效应	固定	固定	固定
个体效应	固定	固定	固定
N	2310	2310	2310
Adjusted R^2	0.737	0.206	0.257

注：*、**、*** 分别表示在 10%、5% 和 1% 的显著性水平上显著。

2. 试点地区的随机性检验

通过随机选取 6 个省份（四川、广西、山东、河南、湖南、河北）作为碳交易政策的试点地区，试点年份仍为 2013 年，和前面一样进行三重差分模型估计。结果如表 11.21 所示。

表 11.21　　政策干预地区的随机性检验

	(1) lnrd	(2) lnpatent	(3) lninvpatapply
env_treat_post	0.443 (1.485)	0.107 (0.262)	0.129 (0.366)
env_treat	-0.495 (1.242)	0.139 (0.171)	0.415 (0.264)
env_post	-0.263 (0.290)	0.016 (0.086)	0.038 (0.096)
treat_post	-0.582* (0.310)	0.256*** (0.089)	0.357*** (0.103)
lnnetasset	1.144*** (0.161)	0.290*** (0.032)	0.350*** (0.036)
lnage	-0.798* (0.426)	-0.347*** (0.082)	-0.369*** (0.101)
lntobin Q	0.160 (0.201)	0.162*** (0.056)	0.160*** (0.061)
lndebt	-0.141 (0.099)	-0.001 (0.022)	-0.010 (0.026)
topone	-0.002 (0.007)	-0.001 (0.001)	-0.001 (0.002)
state	-0.287 (0.205)	0.015 (0.050)	-0.010 (0.057)
_cons	-17.260*** (2.682)	-5.026*** (0.581)	-6.059*** (0.652)
年份效应	固定	固定	固定
个体效应	固定	固定	固定
N	2310	2310	2310
Adjusted R^2	0.735	0.212	0.268

注：*、**、*** 分别表示在 10%、5% 和 1% 的显著性水平上显著。

表 11.21 为碳交易政策的试点地区的随机性检验的结果，第（1）列～第（3）列中的三重交互项系数均不显著，说明三重差分的模型的回归结果十分稳健。

六、新材料产业的实证结果

（一）描述性统计

变量的描述性统计见表 11.22。本章的估计样本为 78 个新材料产业企业 2006～2019 年面板数据，最终观测值为 706。企业研发支出（取对数）均值为 14.112（约 135 万元），专利申请总量（取对数）均值为 1.452（约 4.27 个专利），其中发明专利授权量（取对数）为 1.137（约 3.12 个专利），占总专利申请量比重约 73%。这表明在 2006～2019 年，新材料产业的企业在创新方面有较大的投入，并获得了较高的创新绩效。706 个新材料企业，每年约有 184 家企业进行环境披露，占比 26.1%。每年参考 GRI《可持续发展报告指南》进行环境信息披露的企业有大约 15 个，占所有环境披露企业总数的 8%。

表 11.22 描述性统计

变量	观测值	均值	标准差	最小值	最大值
lnrd	706	14.112	7.148	0.000	20.842
lnpatent	706	1.452	1.465	0.000	5.513
lninvpatapply	706	1.137	1.265	0.000	5.338
env_disclo	706	0.261	0.439	0.000	1.000
env_cri	706	0.021	0.144	0.000	1.000
lnnetasset	706	21.210	0.927	13.854	23.615
lnage	706	2.736	0.307	1.946	3.296
lntobin Q	706	0.640	0.442	-1.879	2.068
lndebt	706	20.832	1.346	16.826	24.211
topone	706	34.940	12.085	9.440	72.670
state	706	0.384	0.487	0.000	1.000

（二）三重的实证结果——基于环境信息披露视角

表 11.23 报告了基于环境信息披露视角碳排放交易政策对于新材料产业的上市企业创新的影响。根据表 11.23 的第（1）列的结果，三重差分项（env_treat_post）系数为 -1.491，且不显著，说明碳排放权交易试点对披露环境信息的企业 R&D 投入没有显著相关关系。表 11.23 的第（2）列中双重交互项 treat_post 在 1% 的显著性水平下为正，表明碳市场政策可以促进试点地区企业进行创新；此外，企业的净资产对于企业的 R&D 投入、创新产出以及发明创新产出有明显促进作用，且均显著。而企业年龄对于发明专利有显著的负向影响，对 R&D 投入和创新专利影响不大。企业的市场价值和重置资产比（Tobin'Q 值）对于 R&D 投入、创新专利以及发明专利均有显著的负向影响，表明 Tobin'Q 越高越不利于企业继续进行技术研发投资。其原因可能 Tobin'Q 越大，企业越倾向投资固定资产，研发投入因此减少。企业负债水平对于企业 R&D 投入没有显著相关关系，但能显著促进企业的创新专利申请量和发明创新专利申请量。相较于国有企业，非国有企业的研发支出水平提高更多，但是创新绩效水平表现一般。

表 11.23 碳排放交易政策对于企业创新影响的实证结果：基于环境信息披露视角

	(1) lnrd	(2) lnpatent	(3) lninvpatapply
env_treat_post	-1.491 (0.971)	-0.563 (0.369)	-0.685 (0.449)
env_treat	2.474*** (0.793)	1.023*** (0.290)	1.322*** (0.364)
env_post	-0.455 (0.542)	0.325** (0.158)	0.355* (0.182)
treat_post	0.439 (0.268)	0.738*** (0.159)	0.735*** (0.175)
lnnetasset	0.801*** (0.260)	0.140** (0.065)	0.175** (0.079)
lnage	-1.055 (0.961)	-0.188 (0.237)	-0.563** (0.279)
lntobin Q	-0.930** (0.367)	-0.196* (0.115)	-0.225* (0.133)
lndebt	-0.097 (0.165)	0.151*** (0.046)	0.157*** (0.056)
topone	-0.004 (0.014)	0.006 (0.004)	0.003 (0.005)
state	-0.763* (0.417)	0.068 (0.120)	-0.346** (0.138)
_cons	-25.114*** (5.202)	-6.851*** (1.327)	-7.167*** (1.562)
年份效应	固定	固定	固定
个体效应	固定	固定	固定
N	706	706	706
Adjusted R^2	0.777	0.313	0.330

注：*、**、*** 分别表示在 10%、5% 和 1% 的显著性水平上显著。

(三) 三重差分的实证结果——基于环境披露质量视角

表 11.24 报告了基于环境披露质量视角，碳排放交易政策对于新材料产业的上市企业创新的影响。第（1）列和第（3）列表明碳市场对于企业研发投入和发明创新的影响与企业的环境披露质量没有统计意义上显著的相关关系，第（2）列三重差分项系数为正，且在 5% 的水平上显著，表明相对于不披露环境信息或者披露质量不高的企业，碳排放交易政策对于环境披露质量较高的企业整体创新的促进作用更强。

表 11.24　碳排放交易政策对于企业创新影响的实证结果：基于环境披露质量视角

	(1) lnrd	(2) lnpatent	(3) lninvpatapply
env_cri_treat_post	-0.147 (0.530)	0.540** (0.241)	-0.135 (0.248)
env_cri_treat	1.712*** (0.500)	0.632*** (0.214)	0.984*** (0.257)
env_cri_post	-0.665 (0.496)	0.216 (0.148)	0.262 (0.172)
treat_post	0.234 (0.261)	0.639*** (0.147)	0.644*** (0.163)
lnnetasset	0.796*** (0.260)	0.135** (0.065)	0.173** (0.079)
lnage	-1.021 (0.954)	-0.184 (0.237)	-0.546* (0.278)
lntobin Q	-0.933** (0.368)	-0.194* (0.115)	-0.226* (0.133)
lndebt	-0.089 (0.165)	0.150*** (0.046)	0.161*** (0.055)
topone	-0.004 (0.014)	0.006 (0.004)	0.003 (0.005)
state	-0.732* (0.414)	0.097 (0.120)	-0.333** (0.140)
_cons	-25.088*** (5.217)	-6.678*** (1.324)	-7.174*** (1.560)
年份效应	固定	固定	固定
个体效应	固定	固定	固定
N	706	706	706
Adjusted R^2	0.776	0.312	0.327

注：*、**、*** 分别表示在 10%、5% 和 1% 的显著性水平上显著。

（四）三重差分模型稳健性检验

1. 政策干预时间的随机性检验

表 11.25 为新材料产业的政策干预时间的随机性检验的结果，第（1）列~第（3）列的结果显示交乘项 env_treat_post 的估计系数不显著，说明处理组和对照组在 2006~2009 年不满足平行性趋势的可能性很小，因此前面得到的结论是稳健的。

表 11.25　　政策干预时间的随机性检验（假设政策从 2010 年开始）

	(1) lnrd	(2) lnpatent	(3) lninvpatapply
env_treat_post	-3.664 (3.568)	-0.805 (0.599)	-0.948 (0.943)
env_treat	4.536 (3.561)	1.152** (0.569)	1.450 (0.914)
env_post	0.135 (0.470)	0.298** (0.133)	0.362** (0.154)
treat_post	0.461 (0.335)	0.797*** (0.138)	0.834*** (0.155)
lnnetasset	0.758*** (0.258)	0.134** (0.064)	0.167** (0.078)
lnage	-1.053 (0.962)	-0.230 (0.232)	-0.607** (0.271)
lntobin Q	-0.936** (0.368)	-0.196* (0.114)	-0.229* (0.131)
lndebt	-0.129 (0.162)	0.146*** (0.047)	0.148*** (0.056)
topone	-0.005 (0.014)	0.006 (0.004)	0.003 (0.005)
state	-0.791* (0.422)	0.064 (0.117)	-0.353*** (0.135)
_cons	-161.749 (277.965)	40.277 (68.825)	26.328 (71.541)
年份效应	固定	固定	固定
个体效应	固定	固定	固定
N	706	706	706
Adjusted R^2	0.776	0.328	0.345

注：*、**、*** 分别表示在 10%、5% 和 1% 的显著性水平上显著。

2. 试点地区的随机性检验

通过随机选取 6 个省份（陕西、广西、贵州、河南、湖南、河北）作为碳交易政策的试点地区，试点年份仍为 2013 年，和前面一样进行三重差分模型估计。结果如表 11.26 所示。

表 11.26　　政策干预地区的随机性检验

	(1) lnrd	(2) lnpatent	(3) lninvpatapply
env_treat_post	-0.732 (1.933)	0.640 (0.399)	0.142 (0.461)
env_treat	-0.642 (1.468)	-0.858*** (0.256)	-0.519 (0.321)
env_post	-0.013 (0.428)	0.453*** (0.164)	0.565*** (0.187)
treat_post	-0.379 (0.294)	-0.269 (0.183)	0.054 (0.195)
lnnetasset	0.870*** (0.264)	0.152** (0.067)	0.189** (0.081)
lnage	-1.217 (0.963)	-0.271 (0.250)	-0.597** (0.295)
lntobin Q	-0.848** (0.368)	-0.128 (0.122)	-0.143 (0.138)
lndebt	-0.141 (0.167)	0.143*** (0.049)	0.148*** (0.057)
topone	-0.004 (0.015)	0.004 (0.004)	0.002 (0.005)
state	-0.588 (0.413)	0.221* (0.124)	-0.180 (0.142)
_cons	-26.050*** (5.233)	-7.151*** (1.338)	-7.589*** (1.556)
年份效应	固定	固定	固定
个体效应	固定	固定	固定
N	706	706	706
Adjusted R^2	0.775	0.259	0.272

注：*、**、*** 分别表示在 10%、5% 和 1% 的显著性水平上显著。

表 11.26 为碳交易政策的试点地区的随机性检验的结果，第（1）列 ~ 第（3）列中的三重交互项系数均不显著，说明三重差分的模型的回归结果十分稳健。

七、新能源产业的实证结果

（一）描述性统计

变量的描述性统计见表 11.27。本章的估计样本为 5 个新能源产业企业 2006 ~ 2019 年面板数据，最终观测值为 26。企业研发支出（取对数）均值为 14.303（约 162 万元），专利申请总量（取对数）均值为 1.553（约 4.73 个专利），其中发明专利授权量（取对数）为 1.083（约 2.95 个专利），占总专利申请量比重约 62%。这表明在 2006～2019 年，新能源产业的企业在创新方面有较大的投入，并获得了较高的创新绩效。26 个新能源企业，每年约有 0 家企业进行环境披露。每年参考 GRI《可持续发展报告指南》进行环境信息披露的企业有 0 个。可以发现，总体上企业环境披露水平非常低，环境信息披露质量和规范也需要大力改善。

表 11.27　　描述性统计

变量	观测值	均值	标准差	最小值	最大值
lnrd	26	14.303	7.151	0.000	19.079
lnpatent	26	1.553	1.035	0.000	3.296
lninvpatapply	26	1.083	0.945	0.000	3.296
env_disclo	26	0.000	0.000	0.000	0.000
env_cri	26	0.000	0.000	0.000	0.000
lnnetasset	26	20.881	0.769	19.678	22.297
lnage	26	2.743	0.323	2.197	3.219
lntobin Q	26	0.647	0.413	0.076	1.668
lndebt	26	20.179	0.994	18.015	22.346
topone	26	39.128	17.025	17.590	68.460
state	26	0.346	0.485	0.000	1.000

（二）三重的实证结果——基于环境信息披露视角（见表 11.28）

表 11.28　　碳排放交易政策对于企业创新影响的实证结果：基于环境信息披露视角

	(1) lnrd	(2) lnpatent	(3) lninvpatapply
env_treat_post	0.000 (.)	0.000 (.)	0.000 (.)
env_treat	0.000 (.)	0.000 (.)	0.000 (.)
env_post	0.000 (.)	0.000 (.)	0.000 (.)
treat_post	7.507 (6.389)	0.881 (1.240)	0.669 (1.400)
lnnetasset	1.737 (5.373)	-1.095 (1.094)	-1.041 (1.236)
lnage	12.391** (4.597)	2.515 (1.526)	3.186* (1.732)

续表

	(1) lnrd	(2) lnpatent	(3) lninvpatapply
lntobin Q	4.760* (2.378)	0.065 (0.426)	0.164 (0.402)
lndebt	-2.274 (1.549)	-0.053 (0.298)	-0.094 (0.308)
topone	-0.402 (0.268)	-0.019 (0.050)	-0.001 (0.055)
state	17.308 (13.018)	1.402 (2.426)	1.249 (2.731)
_cons	-4.876 (93.483)	18.187 (18.048)	15.802 (20.239)
年份效应	固定	固定	固定
个体效应	固定	固定	固定
N	26.000	26.000	26.000
Adjusted R^2	0.726	0.033	0.169

注：*、**、*** 分别表示在10%、5%和1%的显著性水平上显著。

由于样本量太少，在此不做分析。

（三）三重差分的实证结果——基于环境披露质量视角

表11.29报告了基于环境披露质量视角，碳排放交易政策对于新能源产业的上市企业创新的影响。第（1）列、第（2）列和第（3）列表明碳市场对于企业研发投入和发明创新的影响与企业的环境披露质量没有统计意义上显著的相关关系。

表11.29　碳排放交易政策对于企业创新影响的实证结果：基于环境披露质量视角

	(1) lnrd	(2) lnpatent	(3) lninvpatapply
env_cri_treat_post	0.000 (.)	0.000 (.)	0.000 (.)
env_ cri_treat	0.000 (.)	0.000 (.)	0.000 (.)
env_ cri_post	0.000 (.)	0.000 (.)	0.000 (.)
treat_post	-19.418 (18.838)	0.474 (4.554)	-3.180 (4.803)
lnnetasset	16.032 (14.589)	-2.400 (4.071)	-0.581 (4.612)

续表

	(1) lnrd	(2) lnpatent	(3) lninvpatapply
lnage	-27.019 (64.113)	4.051 (11.331)	-3.340 (8.935)
lntobin Q	-4.439 (4.297)	-0.690 (0.875)	-0.775 (0.733)
lndebt	-5.082 (4.597)	-0.094 (1.089)	-0.368 (1.132)
topone	0.240 (0.515)	0.004 (0.134)	0.001 (0.143)
state	-21.414 (23.211)	0.918 (7.367)	-0.609 (8.576)
_cons	-161.749 (277.965)	40.277 (68.825)	26.328 (71.541)
年份效应	固定	固定	固定
个体效应	固定	固定	固定
N	26.000	26.000	26.000
Adjusted R^2	0.759	0.294	0.410

注：*、**、*** 分别表示在 10%、5% 和 1% 的显著性水平上显著。

(四) 三重差分模型稳健性检验

1. 政策干预时间的随机性检验

表 11.30 为新能源产业的政策干预时间的随机性检验的结果，第（1）列~第（3）列的结果显示交乘项 env_treat_post 的估计系数不显著，说明处理组和对照组在 2006~2009 年不满足平行性趋势的可能性很小，因此前面得到的结论是稳健的。

表 11.30　　政策干预时间的随机性检验（假设政策从 2012 年开始）

	(1) lnrd	(2) lnpatent	(3) lninvpatapply
env_treat_post	0.000 (.)	0.000 (.)	0.000 (.)
env_treat	0.000 (.)	0.000 (.)	0.000 (.)
env_post	0.000 (.)	0.000 (.)	0.000 (.)
treat_post	-19.418 (18.838)	0.474 (4.554)	-3.180 (4.803)

续表

	(1) lnrd	(2) lnpatent	(3) lninvpatapply
lnnetasset	16.032 (14.589)	-2.400 (4.071)	-0.581 (4.612)
lnage	-27.019 (64.113)	4.051 (11.331)	-3.340 (8.935)
lntobin Q	-4.439 (4.297)	-0.690 (0.875)	-0.775 (0.733)
lndebt	-5.082 (4.597)	-0.094 (1.089)	-0.368 (1.132)
topone	0.240 (0.515)	0.004 (0.134)	0.001 (0.143)
state	-21.414 (23.211)	0.918 (7.367)	-0.609 (8.576)
_cons	-161.749 (277.965)	40.277 (68.825)	26.328 (71.541)
年份效应	固定	固定	固定
个体效应	固定	固定	固定
N	26.000	26.000	26.000
Adjusted R^2	0.759	0.294	0.410

注：*、**、*** 分别表示在10%、5%和1%的显著性水平上显著。

2. 试点地区的随机性检验

通过随机选取6个省份（陕西、广西、贵州、河南、湖南、河北）作为碳交易政策的试点地区，试点年份仍为2013年，和前面一样进行三重差分模型估计。结果如表11.31所示。

表11.31　　　　政策干预地区的随机性检验

	(1) lnrd	(2) lnpatent	(3) lninvpatapply
env_treat_post	0.000 (.)	0.000 (.)	0.000 (.)
env_treat	0.000 (.)	0.000 (.)	0.000 (.)
env_post	0.000 (.)	0.000 (.)	0.000 (.)
treat_post	0.000 (.)	0.000 (.)	0.000 (.)

续表

	(1) lnrd	(2) lnpatent	(3) lninvpatapply
lnnetasset	8.049 (15.272)	-2.205 (2.864)	-1.889 (3.162)
lnage	18.462 (41.020)	2.940 (8.288)	4.108 (10.072)
lntobin Q	-1.650 (1.970)	-0.758 (0.420)	-0.319 (0.318)
lndebt	-4.496 (5.085)	-0.108 (0.930)	-0.273 (1.010)
topone	0.096 (0.557)	0.008 (0.105)	-0.023 (0.136)
state	-4.303 (22.837)	0.500 (4.631)	2.193 (5.847)
_cons	-111.811 (313.435)	39.057 (57.577)	34.506 (67.990)
年份效应	固定	固定	固定
个体效应	固定	固定	固定
N	26.000	26.000	26.000
Adjusted R^2	0.764	0.433	0.472

注：*、**、*** 分别表示在10%、5%和1%的显著性水平上显著。

表11.31为碳交易政策的试点地区的随机性检验的结果，第（1）列~第（3）列中的三重交互项系数均不显著，说明三重差分的模型的回归结果十分稳健。

八、新能源汽车产业的实证结果

（一）描述性统计

变量的描述性统计见表11.32。本章的估计样本为79个新能源汽车产业企业2006~2019年面板数据，最终观测值为650。企业研发支出（取对数）均值为14.452（约189万元），专利申请总量（取对数）均值为1.926（约6.86个专利），其中发明专利授权量（取对数）为1.357（约3.88个专利），占总专利申请量比重约57%。这表明在2006~2019年，新能源汽车产业的企业在创新方面有较大的投入，并获得了较高的创新绩效。650个新能源汽车企业，每年约有143家企业进行环境披露，占比22%。每年参考GRI《可持续发展报告指南》进行环境信息披露的企业有大约6个，占所有环境披露企业总数的4%。

表 11.32　　描述性统计

变量	观测值	均值	标准差	最小值	最大值
lnrd	650	14.452	7.335	0.000	27.496
lnpatent	650	1.926	1.742	0.000	6.534
lninvpatapply	650	1.357	1.461	0.000	5.883
env_disclo	650	0.220	0.415	0.000	1.000
env_cri	650	0.009	0.096	0.000	1.000
lnnetasset	650	21.539	1.067	18.523	25.241
lnage	650	2.712	0.352	1.099	3.555
lntobin Q	650	0.525	0.398	-0.354	2.593
lndebt	650	21.408	1.548	17.483	25.965
topone	650	32.826	15.206	3.620	69.870
state	650	0.297	0.457	0.000	1.000

（二）三重的实证结果——基于环境信息披露视角

表 11.33 报告了基于环境信息披露视角碳排放交易政策对于新能源汽车产业的上市企业创新的影响。根据表 11.33 的第（1）列的结果，三重差分项（env_treat_post）系数为 1.419，说明与不进行环境信息披露的企业相比，碳排放权交易试点对于 R&D 投入的促进作用对于披露环境信息的企业相对更大。表 11.33 的第（2）列中双重交互项 treat_post 的显著性水平下为 -0.178，表明碳市场政策不能促进试点地区企业进行创新；三重交互项（env_treat_post）的显著性水平为 0.051，表明环境信息披露本质上是对碳市场政策的补充，对提升非试点新能源汽车企业创新水平有限。表 11.33 的第（3）列的结果同样可以证明环境信息披露和环境管制政策能形成互为补充的创新“激励”。此外，企业的净资产对于企业的 R&D 投入、创新产出以及发明创新产出有明显促进作用，且均在 1% 的水平下显著。而企业年龄对于 R&D 投入和创新绩效有显著的负向影响。企业的市场价值和重置资产比（Tobin'Q 值）对于 R&D 投入有负向影响，表明 Tobin'Q 越高越不利于企业继续进行技术研发投资。其原因可能 Tobin'Q 越大，企业越倾向投资固定资产，研发投入因此减少。但企业的 Tobin'Q 与创新专利尤其是发明专利呈显著正相关关系。企业负债水平对于企业 R&D 投入和创新绩效有显著抑制作用。相较于国有企业，非国有企业的研发支出水平提高更多，创新绩效水平表现好。

表 11.33 碳排放交易政策对于企业创新影响的实证结果：基于环境信息披露视角

	(1) lnrd	(2) lnpatent	(3) lninvpatapply
env_treat_post	1.419 (1.225)	0.051 (0.429)	-0.300 (0.480)
env_treat	-0.299 (1.016)	0.104 (0.224)	0.031 (0.241)
env_post	0.354 (0.565)	0.678*** (0.260)	0.816*** (0.292)
treat_post	-0.257 (0.464)	-0.178 (0.176)	0.358* (0.213)
lnnetasset	0.980*** (0.313)	0.437*** (0.089)	0.433*** (0.112)
lnage	-0.133 (0.732)	-0.650*** (0.220)	-0.739*** (0.267)
lntobin Q	-0.715 (0.505)	0.474*** (0.141)	0.615*** (0.172)
lndebt	-0.285 (0.190)	-0.110* (0.060)	-0.145* (0.074)
topone	0.020* (0.011)	-0.004 (0.004)	-0.004 (0.005)
state	-0.395 (0.388)	0.732*** (0.157)	0.839*** (0.180)
_cons	-13.436*** (4.643)	-5.502*** (1.530)	-4.870*** (1.844)
年份效应	固定	固定	固定
个体效应	固定	固定	固定
N	650	650	650
Adjusted R^2	0.771	0.273	0.261

注：*、**、*** 分别表示在 10%、5% 和 1% 的显著性水平上显著。

（三）三重差分的实证结果——基于环境披露质量视角

表 11.34 报告了基于环境披露质量视角，碳排放交易政策对于新能源汽车产业的上市企业创新的影响。第（2）列和第（3）列表明碳市场对于企业整体创新和发明创新的影响与企业的环境披露质量没有统计意义上显著的相关关系，第（1）列三重差分项系数为正，表明相对于不披露环境信息或者披露质量不高的企业，碳排放交易政策对于环境披露质量较高的企业研发投入促进作用更强。

表 11.34　　碳排放交易政策对于企业创新影响的实证结果：基于环境披露质量视角

	(1) lnrd	(2) lnpatent	(3) lninvpatapply
env_cri_treat_post	1.470 (1.124)	0.119 (0.364)	-0.289 (0.421)
env_ cri_treat	0.168 (0.749)	0.118 (0.226)	-0.069 (0.247)
env_ cri_post	0.557 (0.511)	0.684*** (0.229)	0.772*** (0.258)
treat_post	-0.057 (0.425)	-0.172 (0.160)	0.316* (0.191)
lnnetasset	0.990*** (0.318)	0.437*** (0.089)	0.431*** (0.112)
lnage	-0.149 (0.737)	-0.649*** (0.221)	-0.735*** (0.268)
lntobin Q	-0.709 (0.506)	0.474*** (0.141)	0.614*** (0.172)
lndebt	-0.300 (0.194)	-0.111* (0.060)	-0.142* (0.075)
topone	0.019* (0.011)	-0.004 (0.004)	-0.004 (0.005)
state	-0.386 (0.389)	0.732*** (0.157)	0.837*** (0.180)
_cons	-13.255*** (4.681)	-5.490*** (1.538)	-4.907*** (1.853)
年份效应	固定	固定	固定
个体效应	固定	固定	固定
N	650	650	650
Adjusted R^2	0.770	0.273	0.261

注：*、**、*** 分别表示在10%、5%和1%的显著性水平上显著。

（四）三重差分模型稳健性检验

1. 政策干预时间的随机性检验

表 11.35 为新能源汽车产业的政策干预时间的随机性检验的结果，第（2）列～第（3）列的结果显示交乘项 env_treat_post 的估计系数不显著，说明处理组和对照组在 2006～2009 年不满足平行性趋势的可能性很小，因此前面得到的结论是稳健的。

表 11.35　　政策干预时间的随机性检验（假设政策从 2012 年开始）

	(1) lnrd	(2) lnpatent	(3) lninvpatapply
env_treat_post	1.755 (1.526)	-0.322 (0.426)	-0.621 (0.480)
env_treat	-0.722 (1.382)	0.287 (0.237)	0.182 (0.262)
env_post	0.442 (0.492)	0.594** (0.237)	0.730*** (0.267)
treat_post	-0.268 (0.410)	-0.116 (0.167)	0.370* (0.202)
lnnetasset	0.967*** (0.314)	0.438*** (0.090)	0.429*** (0.113)
lnage	-0.163 (0.737)	-0.652*** (0.222)	-0.739*** (0.268)
lntobin Q	-0.755 (0.500)	0.457*** (0.142)	0.595*** (0.172)
lndebt	-0.287 (0.190)	-0.113* (0.060)	-0.145* (0.075)
topone	0.020* (0.011)	-0.004 (0.004)	-0.004 (0.005)
state	-0.411 (0.388)	0.743*** (0.157)	0.852*** (0.181)
_cons	-13.052*** (4.678)	-5.449*** (1.546)	-4.759** (1.864)
年份效应	固定	固定	固定
个体效应	固定	固定	固定
N	650	650	650
Adjusted R^2	0.771	0.268	0.259

注：*、**、*** 分别表示在 10%、5% 和 1% 的显著性水平上显著。

2. 试点地区的随机性检验

通过随机选取 6 个省份（陕西、广西、贵州、河南、湖南、河北）作为碳交易政策的试点地区，试点年份仍为 2013 年，和前面一样进行三重差分模型估计。结果如表 11.36 所示。

表 11.36　　政策干预地区的随机性检验

	(1) lnrd	(2) lnpatent	(3) lninvpatapply
env_treat_post	0.662 (1.742)	0.212 (0.879)	0.305 (1.003)
env_treat	0.628 (1.178)	0.358 (0.614)	0.428 (0.733)
env_post	0.387 (0.490)	0.488** (0.230)	0.521** (0.264)
treat_post	-0.763 (1.027)	0.496 (0.372)	0.357 (0.443)
lnnetasset	1.040*** (0.295)	0.489*** (0.083)	0.480*** (0.103)
lnage	-0.133 (0.719)	-0.596*** (0.216)	-0.670** (0.262)
lntobin Q	-0.684 (0.491)	0.466*** (0.142)	0.626*** (0.172)
lndebt	-0.312 (0.193)	-0.121** (0.057)	-0.146** (0.072)
topone	0.019* (0.011)	-0.003 (0.004)	-0.002 (0.005)
state	-0.384 (0.428)	0.596*** (0.143)	0.647*** (0.171)
_cons	-14.020*** (4.200)	-6.402*** (1.440)	-5.929*** (1.723)
年份效应	固定	固定	固定
个体效应	固定	固定	固定
N	650	650	650
Adjusted R^2	0.771	0.287	0.268

注：*、**、*** 分别表示在 10%、5% 和 1% 的显著性水平上显著。

表 11.36 为碳交易政策的试点地区的随机性检验的结果，第（1）列~第（3）列中的三重交互项系数均不显著，说明三重差分的模型的回归结果十分稳健。

九、小结

通过将 ETS 政策、环境信息披露作为五螺旋因素，并基于三重差分模型估计，本章探究碳排放交易政策和环境信息披露对沪深两市 A 股企业中的 2006~2019 年战略性新兴上市创新的影响。

实证结果表明：对于节能环保产业、高端装备制造业、新能源汽车产业，与不进行环境信息披露的企业相比，碳排放权交易试点政策对于 R&D 投入的促进作用对于披露环境信息的企业相对更大，而对于新一代信息技术产业、生物产业、新材料产业、新能源产业，不论企业进行环境信息披露与否，碳排放权交易试点政策对于 R&D 投入的作用没有显著区别。此外，是否进行信息披露对于大部分战略性新兴产业的企业创新技术专利的申请以及发明专利的申请没有明显的促进作用，表明环境信息披露和环境管制政策之间尚未形成互为补充的创新"激励"。

基于环境披露质量视角，碳市场对于节能环保企业、高端装备制造企业、新材料企业以及新能源企业的研发投入的影响与企业的环境披露质量没有统计意义上显著的相关关系；相较于不披露环境信息或者披露质量不高的企业，碳排放交易政策对于环境披露质量较高的节能环保企业和新材料企业整体创新和发明创新的促进作用更强，但对于环境披露质量较高的高端装备制造企业整体创新的抑制作用更强。对于生物产业，碳排放交易政策对于环境披露质量较高的企业整体研发投入和创新的促进作用更强。对于新能源汽车产业，碳排放交易政策对于环境披露质量较高的企业研发投入促进作用更强。

总体上，本章验证了包括 ETS 政策、环境信息披露在内的五螺旋因素对于战略性新兴上市企业创新投入和创新绩效具有显著影响。对于不同的类型的战略性新兴企业，是否进行环境披露以及环境披露的质量对于碳试点政策是否发挥创新促进效应的影响效果存在差异，因此在制订碳试点政策时应充分考虑环境信息披露等因素对于企业节能减排和创新的影响以及作用效果的异质性，最大化地发挥政策作用。

第十二章　碳排放交易试点政策、公众关注与战略性新兴产业创新——基于广义 DID 方法

在前面几章分析了单纯的 ETS 制度对战略性新兴产业创新的影响后，我们考虑将四螺旋因素（公众关注）和五螺旋因素（环境因素）一起纳入分析框架。

媒体作为公司治理的外部重要因素，会通过外部监督对企业决策产生影响。例如，于忠泊等（2011）发现大量的媒体关注会导致企业的管理者为了满足市场预期而做出对企业短期有利但对长期业绩形成损害的财务决策。企业创新研发项目通常具有周期长、风险高、不易给企业带来短期收益的特点，因此管理者很可能考虑短期效益而放弃具有未来潜力的研发项目。另外，媒体关注通过将企业信息传播给社会大众以及影响公众对被报道企业的评价来影响企业的环保行为（王云等，2017）。有研究认为媒体报道会影响政府部门的监管决策，引起环境规制部门对于违规环境规则企业的关注（郑路航，2012），因此本章认为媒体和公众关注会影响到碳试点政策对于战略性新兴企业创新的作用。

一、研究方法和数据

（一）广义 DID

传统的 DID 估计通常将一项政策视为准实验（quasi - experiment），通过比较受到政策影响的社会群体即处理组（treatment group）和没有受到政策影响的社会群体即对照组（control group）的差异得到该项政策所产生的效果（周黎安、陈烨，2005）。但是当某项政策在某个国家或者地区统一实行时，若以该国家或者地区的个体为全样本，此时只有处理组，并未有对照组，传统的 DID 将无法使用。Bai 和 Jia（2016）在研究废除科举制对于革命起义的影响时，将“科举配额占人口比重”作为政策对于各个地区的影响力度，来替代经典 DID 的虚拟变量$treat_i$，这种对于政策效应的因果评估方法被称为广义 DID（Generalized DID）。虽然所有个体均受到政策冲击，但是政策对于单个个体的影响力度（$intensity_i$）并不相同，政策影响效果也有所不同，只要寻找到合适的$intensity_i$变量就可以运用广义 DID 来进行政策评估。广义 DID 模型可以设定为：

$$y_{it} = \alpha + \delta\, intensity_i \times post_t + intensity_i + post_t + \eta' X_{it} + \varepsilon_{it} \tag{12.1}$$

其中，$intensity_i$代表政策对于个体影响程度，为连续变量；$post_t$代表时期 t 的虚拟变

量，政策发生后取 1，反之取 0；交乘项$intensity_i \times post_t$为核心解释变量，其系数 δ 是政策效应（treatment effect）；X_{it}为影响y_{it}的其他控制变量，ε_{it}为误差项。

当研究对象为面板数据时，一般使用标准估计方法为“双向固定效应模型”（two - way fixed effects），它既控制了“个体固定效应”（individual fixed effects），也控制了“时间固定效应”（time fixed effects），因此结合双向固定效应模型和广义 DID 估计方法，将模型（12.1）设定为：

$$y_{it} = \alpha + \delta\ intensity_i \times post_t + u_i + \lambda_t + \eta' X_{it} + \varepsilon_{it} \tag{12.2}$$

其中，u_i为个体固定效应，λ_t为时间固定效应，而交互项$intensity_i \times post_t$之前的系数 δ 依然是我们感兴趣的处理效应。显然，加入时间固定效应λ_t之后，就不必再放入处理期虚拟变量$post_t$；否则，将导致严格多重共线性，因为前者包含比后者更多的信息；而加入个体固定效应u_i之后，在一定程度上控制了不同个体政策影响力度的差异，因此就不必再放入变量 intensity。

本章采用的广义 DID 的模型设定为：

$$y_{it} = \alpha + \delta\ intensity_{i,k} \times post_t + u_i + \lambda_t + \eta' X_{it} + \varepsilon_{it} \tag{12.3}$$

其中，y_{it}表示企业 i 在 t 期的创新；$intensity_{i,k}$表示第 k 种类型的媒体关注，具体包括报刊新闻标题、内容，正面、中性、负面报道和网络新闻标题、内容，正面、中性、负面报道等 10 种；$post_t$代表时期 t 的虚拟变量，政策发生后取 1，反之取 0；交乘项$intensity_i \times post_t$为核心解释变量，其系数 δ 是政策效应（treatment effect）；X_{it}为影响y_{it}的其他控制变量，包括企业净资产、企业员工数量、企业年龄、企业托宾 Q 值和企业负债水平；u_i为个体固定效应，λ_t为时间固定效应，ε_{it}为误差项。本章将考察期设定为 2006 ~ 2019 年。具体变量定义如表 12.1 所示。

表 12.1　　变量定义

因变量	符号	定义
研发投入	lnrd	企业研发投入的自然对数
专利申请量	lnpatent	（1 + 企业当年专利申请总量）的自然对数，代表创新数量
发明专利申请量	lninvpatapply	（1 + 企业当年发明专利申请量）的自然对数，代表创新质量
核心变量		
双重差分交互项	$intensity_{i,k} \times post_t$	公众关注程度与时间虚拟变量的交乘项
标题出现新闻总数（报刊新闻）	lnnewsnum_title	（1 + 报刊新闻标题出现新闻总数）的自然对数
内容出现新闻总数（报刊新闻）	lngennewsnum_cont	（1 + 报刊新闻内容出现新闻总数）的自然对数
正面新闻总数（全部）（报刊新闻）	lnposnews_all	（1 + 报刊新闻正面新闻总数）的自然对数
中性新闻总数（全部）（报刊新闻）	lnneunews_all	（1 + 报刊新闻中性新闻总数）的自然对数

续表

因变量	符号	定义
负面新闻总数（全部）（报刊新闻）	lnnegnews_all	（1 + 报刊新闻负面新闻总数）的自然对数
标题出现新闻总数（网络新闻）	lnnewsnum_title_online	（1 + 网络新闻标题出现新闻总数）的自然对数
内容出现新闻总数（网络新闻）	lngennewsnum_cont_online	（1 + 网络新闻内容出现新闻总数）的自然对数
正面新闻总数（全部）（网络新闻）	lnposnews_all_online	（1 + 网络新闻正面新闻总数）的自然对数
中性新闻总数（全部）（网络新闻）	lnneunews_all_online	（1 + 网络新闻中性新闻总数）的自然对数
负面新闻总数（全部）（网络新闻）	lnnegnews_all_online	（1 + 网络新闻负面新闻总数）的自然对数
其他控制变量		
企业净资产	lnnetasset	企业净资产的自然对数
企业员工数量	lnlabor	企业员工数量的自然对数
企业年龄	lnage	企业年龄的自然对数
企业托宾 Q 值	lntobin Q	企业托宾 Q 值的自然对数
企业负债水平	lndebt	企业负债的自然对数

（二）数据来源

选择我国沪深两市 A 股企业中的战略性新兴上市公司作为样本。具体战略性新兴上市公司名单见“中国工程院战略性新兴产业专业知识服务系统（http：//sei. ckcest. cn/index. html）”。其他公司相关变量来自国泰安数据库（CSMAR）。下面将对基于公众关注的视角分析碳交易政策对于试点地区（北京、上海、天津、广东（含深圳）、湖北、重庆）上市企业创新的影响。

二、战略性新兴产业整体的实证结果

（一）描述性统计

变量的描述性统计见表 12.2。本章的估计样本为 939 个战略性新兴产业企业 2006 ~ 2019 年面板数据，最终观测值为 9101。企业研发支出（取对数）均值为 14.201（约 147 万元），专利申请总量（取对数）均值为 1.484（约 4.41 个专利），其中发明专利授权量（取对数）为 1.126（约 3.08 个专利），占总专利申请量比重约 70%。这表明在 2006 ~

2019 年，战略性新兴产业的企业在创新方面有较大的投入，并获得了较高的创新绩效。企业每年平均在报刊新闻的标题中被提到次数为 1.692，每年平均在报刊新闻的内容中被提到次数为 3.052，其中在所有报刊新闻中，被正面新闻报道了 2.357 次（取对数）、被中性新闻报道了 2.077 次（取对数）、被负面新闻报道了 1.700 次（取对数）。企业每年平均在网络新闻的标题中被提到次数（取对数）为 4.052，每年平均在网络新闻的内容中被提到次数（取对数）为 4.654。其中，在所有网络新闻中，被正面新闻报道了 3.979 次（取对数）、被中性新闻报道了 3.201 次（取对数）、被负面新闻报道了 3.526 次（取对数）。总体来看，网络新闻对于企业的报道多于报刊新闻，报道（或提到）企业次数的新闻内容多于新闻标题，对于企业正面报道多于中性或者负面报道。

表 12.2　　描述性统计

变量	观测值	均值	标准差	最小值	最大值
lnrd	9101	14.201	7.358	0.000	27.496
lnpatent	9101	1.484	1.582	0.000	6.800
lninvpatapply	9101	1.126	1.344	0.000	6.874
lnnewsnum_title	9101	1.692	1.148	0.000	6.911
lnnewsnum_cont	9101	3.052	1.372	0.000	9.274
lnposnews_all	9101	2.357	1.290	0.000	8.934
lnneunews_all	9101	2.077	1.246	0.000	8.064
lnnegnews_all	9101	1.700	1.166	0.000	7.390
lnnewsnum_title_online	9101	4.052	1.489	0.000	8.226
lnnewsnum_cont_online	9101	4.654	1.458	0.000	9.763
lnposnews_all_online	9101	3.979	1.401	0.000	8.841
lnneunews_all_online	9101	3.201	1.312	0.000	8.740
lnnegnews_all_online	9101	3.526	1.338	0.000	8.431
lnnetasset	9101	21.239	1.068	13.581	25.791
lnlabor	9101	7.554	1.143	2.079	12.342
lnage	9101	2.811	0.344	1.099	4.220
lntobin Q	9101	0.719	0.502	-1.879	8.132
lndebt	9101	20.708	1.513	15.504	26.176

（二）广义差分的实证结果——以报刊新闻关注作为解释变量

表 12.3a 和表 12.3b 报告了碳排放交易政策对于属于战略性新兴产业的上市企业创新的影响。表 12.3a 第（1）列表明碳排放交易政策对于企业 R&D 投入影响与以报刊新闻标题为衡量标准的媒体和社会关注度存在显著相关性，即报刊新闻标题带给企业的整体关注会促进碳交易试点发挥创新投入的增促效应；第（2）列和第（3）列表明碳排放交易政

策对于企业创新及发明创新的影响与以报刊新闻标题为衡量标准的媒体和社会关注度没有关系，说明报刊新闻标题带给企业的整体关注不会促进碳交易试点对于创新绩效的正向影响。企业的净资产对于企业的 R&D 投入有显著的促进作用，但与创新产出无明显的相关关系。企业员工数量均对企业的 R&D 投入和创新产出呈现显著的促进作用。企业年龄对于创新绩效有显著的正向影响，但不影响研发投入。企业的市场价值和重置资产比（Tobin'Q 值）不利于企业继续进行技术研发投资和高质量的发明专利技术产出，可能 Tobin'Q 越大，企业越倾向投资固定资产，研发投入因此减少。企业负债水平对于企业 R&D 投入有显著抑制作用，但对企业创新专利申请量和发明创新专利申请量产生显著的正向影响。

表 12.3b 第（1）列表明碳排放交易政策对于企业 R&D 投入的影响与以报刊新闻内容为衡量标准的媒体和社会关注度有正向相关性（在 1% 水平上显著）；第（2）列和第（3）列表明碳排放交易政策对于企业创新产出的影响与以报刊新闻内容为衡量标准的媒体和社会关注度存在相关性（在 10% 水平上显著），即碳排放交易政策不仅会显著促进在新闻报道内容中出现次数多的战略性新兴企业进行技术创新，还会激励其提高创新质量。因此，对于报刊新闻，内容比标题更能促进碳试点政策的创新效应。

表 12.3a　　碳排放交易政策对于企业创新影响的实证结果：基于报刊新闻标题整体报道

	(1) lnrd	(2) lnpatent	(3) lninvpatapply
lnnewsnum_title_post	0.339*** (0.081)	-0.007 (0.023)	-0.002 (0.021)
lnnetasset	0.621*** (0.170)	0.060 (0.038)	0.041 (0.032)
lnlabor	0.605*** (0.192)	0.112*** (0.032)	0.090*** (0.028)
lnage	-1.434 (1.113)	0.792*** (0.306)	0.760*** (0.270)
lntobin Q	-0.511*** (0.158)	-0.040 (0.038)	-0.062* (0.034)
lndebt	-0.388*** (0.110)	0.072** (0.029)	0.061*** (0.024)
_cons	-4.769 (3.929)	-4.370*** (1.004)	-3.817*** (0.894)
年份效应	固定	固定	固定
行业效应	固定	固定	固定
N	9101	9101	9101
Adjusted R^2	0.716	0.128	0.109

注：*、**、*** 分别表示在 10%、5% 和 1% 的显著性水平上显著。

表 12.3b　碳排放交易政策对于企业创新影响的实证结果：基于报刊新闻内容整体报道

	(1) lnrd	(2) lnpatent	(3) lninvpatapply
lnnewsnum_cont_post	0.408*** (0.088)	0.041* (0.022)	0.039* (0.020)
lnnetasset	0.613*** (0.169)	0.055 (0.038)	0.037 (0.032)
lnlabor	0.564*** (0.190)	0.107*** (0.032)	0.085*** (0.028)
lnage	-1.321 (1.097)	0.827*** (0.308)	0.791*** (0.270)
lntobin Q	-0.463*** (0.156)	-0.040 (0.038)	-0.061* (0.033)
lndebt	-0.398*** (0.109)	0.068** (0.029)	0.057** (0.024)
_cons	-4.379 (3.901)	-4.219*** (1.006)	-3.685*** (0.895)
年份效应	固定	固定	固定
行业效应	固定	固定	固定
N	9101	9101	9101
Adjusted R^2	0.717	0.129	0.110

注：*、**、*** 分别表示在 10%、5% 和 1% 的显著性水平上显著。

以上内容主要基于新闻报道整体层面来考察碳试点政策对于属于战略性新兴产业中的上市企业创新行为的影响，然而新闻媒体对于企业具体报道内容具有明显的异质性。例如，部分报道主要传递了企业的正面信息，像社会责任感、自主研发创新能力等；另外，有些报道从中性的角度对于企业进行介绍，如企业的地理位置、雇佣员工信息等；还有媒体会对企业负面信息进行报道，像环境污染、偷税漏税等方面的内容。不同类型的报道内容带给企业利益相关者的信息不同，对于企业的研发投资决策以及创新绩效可能也具有不同的影响。因此，本章将新闻标题和新闻内容关于企业的报道分为正面报道、中性报道和负面报道三种类型来分析碳试点政策对于企业创新的影响。

表 12.4a 报告了基于报刊新闻正面报道碳排放交易政策对于企业创新的影响，其中，表 12.4a 第（1）列表明碳排放交易政策对于企业 R&D 投入的影响与正面的媒体和社会关注度存在显著的相关性；第（2）列和第（3）列表明碳排放交易政策对于企业创新的影响与正面和中性的媒体和社会关注度有显著的相关性。这说明对于在报刊新闻报道被正面报道次数较多的战略性新兴企业，碳排放交易政策对于其创新投入和创新绩效具有显著的促进作用。

表 12.4b 报告了基于报刊新闻中性报道碳排放交易政策对于企业创新的影响，其中，表 12.4b 第（1）列表明碳排放交易政策对于企业 R&D 投入的影响与中性的媒体和社会关

注度具有显著的相关性（在1%的水平上显著）；第（2）列碳排放交易政策对于企业创新的影响与中性的媒体和社会关注度有正向相关性（在10%的水平上显著）；第（3）列表明碳排放交易政策对于企业发明创新产出的影响与中性的媒体和社会关注度具有相关性（在5%的水平上显著），说明对于在报刊新闻内容中被正面报道次数较多的战略性新兴企业，碳排放交易政策对于战略性新兴企业创新产生正向作用。从表12.4a和表12.4b的系数及显著性看，正面新闻比中性新闻更能促进碳试点政策的促进效应。

表12.4c报告了基于报刊新闻负面报道碳排放交易政策对于企业创新的影响，表12.4c第（1）列结果表明碳排放交易政策对于企业R&D投入的影响与负面的媒体和社会关注度具有显著的相关性，说明负面新闻同样可以对企业的创新投入有正向的促进作用；第（2）列和第（3）列结果表明碳排放交易政策对于企业创新产出的影响与负面的媒体和社会关注度没有显著相关性，说明当企业陷入负面新闻时，碳试点政策无法改变其创新效率和创新产出。

以上结果表明，传统报刊新闻内容比标题更能影响碳排放交易试点对企业创新的促进作用，关于企业的正面报道比中性、负面报道要更有助于企业在碳试点政策下获得较高的创新产出和创新质量。

表12.4a　　碳排放交易政策对于企业创新影响的实证结果：基于报刊新闻正面报道

	(1) lnrd	(2) lnpatent	(3) lninvpatapply
lnposnews_all_post	0.420*** (0.085)	0.056** (0.022)	0.052*** (0.020)
lnnetasset	0.604*** (0.170)	0.052 (0.038)	0.034 (0.032)
lnlabor	0.560*** (0.190)	0.105*** (0.031)	0.083*** (0.028)
lnage	-1.390 (1.093)	0.828*** (0.309)	0.791*** (0.271)
lntobin Q	-0.465*** (0.156)	-0.039 (0.038)	-0.060* (0.033)
lndebt	-0.395*** (0.109)	0.067** (0.029)	0.057** (0.024)
_cons	-4.078 (3.909)	-4.136*** (1.005)	-3.611*** (0.895)
年份效应	固定	固定	固定
行业效应	固定	固定	固定
N	9101	9101	9101
Adjusted R^2	0.717	0.130	0.111

注：*、**、***分别表示在10%、5%和1%的显著性水平上显著。

表 12.4b　　碳排放交易政策对于企业创新影响的实证结果：基于报刊新闻中性报道

	(1) lnrd	(2) lnpatent	(3) lninvpatapply
lnneunews_all_post	0.390 *** (0.087)	0.041 * (0.022)	0.044 ** (0.020)
lnnetasset	0.619 *** (0.170)	0.055 (0.038)	0.037 (0.032)
lnlabor	0.575 *** (0.191)	0.108 *** (0.032)	0.086 *** (0.028)
lnage	-1.336 (1.102)	0.827 *** (0.307)	0.794 *** (0.270)
lntobin Q	-0.458 *** (0.156)	-0.039 (0.038)	-0.060 * (0.033)
lndebt	-0.390 *** (0.109)	0.069 ** (0.029)	0.058 ** (0.024)
_cons	-4.692 (3.901)	-4.246 *** (1.004)	-3.698 *** (0.892)
年份效应	固定	固定	固定
行业效应	固定	固定	固定
N	9101	9101	9101
Adjusted R^2	0.717	0.129	0.110

注：*、**、*** 分别表示在 10%、5% 和 1% 的显著性水平上显著。

表 12.4c　　碳排放交易政策对于企业创新影响的实证结果：基于报刊新闻负面报道

	(1) lnrd	(2) lnpatent	(3) lninvpatapply
lnnegnews_all_post	0.358 *** (0.087)	0.012 (0.023)	0.002 (0.020)
lnnetasset	0.634 *** (0.169)	0.058 (0.038)	0.041 (0.032)
lnlabor	0.589 *** (0.191)	0.111 *** (0.032)	0.090 *** (0.028)
lnage	-1.350 (1.109)	0.805 *** (0.306)	0.763 *** (0.270)
lntobin Q	-0.479 *** (0.157)	-0.041 (0.038)	-0.062 * (0.034)
lndebt	-0.389 *** (0.110)	0.071 ** (0.029)	0.061 ** (0.024)
_cons	-5.076 (3.911)	-4.332 *** (1.007)	-3.807 *** (0.894)
年份效应	固定	固定	固定
行业效应	固定	固定	固定
N	9101	9101	9101
Adjusted R^2	0.716	0.128	0.109

注：*、**、*** 分别表示在 10%、5% 和 1% 的显著性水平上显著。

（三）广义差分的实证结果——以网络新闻关注作为解释变量

一般来说，报刊新闻具有信息量大、反复阅读、权威性强的特点，并且报纸容易被保存，便于受众反复浏览、阅读与传阅，其权威性得到大众的普遍认可（周芳洁，2015）。随着互联网的发展和全民普及，网络新闻逐渐成为人们了解时事的重要渠道，不同于传统新闻，网络新闻在传播时可以与受众进行互动，人们可以在阅读新闻之余能够对新闻进行评论。同时，网络新闻内容和来源繁杂无序，其真实性容易受到读者质疑。有鉴于网络新闻和传统新闻之间的巨大差异，接下来本章将从网络新闻报道的视角来考察碳排放交易试点政策对于战略性新兴产业上市企业创新的影响。

表 12.5a 和表 12.5b 报告了碳排放交易政策对于属于战略性新兴产业的上市企业创新的影响。表 12.5a 第（1）列表明碳排放交易政策对于企业研发投入的影响与以网络新闻标题为衡量标准的媒体和社会关注度具有显著的相关性，即网络新闻标题带给企业的整体关注会促进碳交易试点发挥创新的促进效应；第（2）列和第（3）列表明碳排放交易政策对于企业创新的影响与以网络新闻标题为衡量标准的媒体和社会关注度具有显著的负向影响，即网络新闻标题带给企业的整体关注会抑制碳交易试点的创新效应。

表 12.5b 第（1）列表明碳排放交易政策对于企业 R&D 投入的影响与以网络新闻内容为衡量标准的媒体和社会关注度具有显著的相关性；第（2）列和第（3）列表明目前没有证据表明碳排放交易政策对于企业创新的影响与以网络新闻内容有显著的相关性。因此，对于上市企业而言，在网络被媒体和公众关注对刺激该企业进行研发创新，尤其是在碳试点政策实行以后的战略性新兴产业的企业，但是这种曝光对于企业实际的创新产出反而会有负向影响。

表 12.5a　　碳排放交易政策对于企业创新影响的实证结果：基于网络新闻标题整体报道

	(1) lnrd	(2) lnpatent	(3) lninvpatapply
lnnewsnum_title_online_post	0.133* (0.078)	-0.064** (0.027)	-0.042* (0.023)
lnnetasset	0.644*** (0.172)	0.065* (0.038)	0.044 (0.032)
lnlabor	0.608*** (0.193)	0.114*** (0.032)	0.092*** (0.028)
lnage	-1.602 (1.125)	0.783*** (0.300)	0.753*** (0.267)
lntobin Q	-0.498*** (0.158)	-0.030 (0.039)	-0.055 (0.034)
lndebt	-0.371*** (0.111)	0.078*** (0.029)	0.065*** (0.024)

续表

	(1) lnrd	(2) lnpatent	(3) lninvpatapply
_cons	-5.247 (4.011)	-4.564*** (0.994)	-3.950*** (0.889)
年份效应	固定	固定	固定
行业效应	固定	固定	固定
N	9101	9101	9101
Adjusted R^2	0.715	0.130	0.110

注：*、**、*** 分别表示在 10%、5% 和 1% 的显著性水平上显著。

表 12.5b　碳排放交易政策对于企业创新影响的实证结果：基于网络新闻内容整体报道

	(1) lnrd	(2) lnpatent	(3) lninvpatapply
lnnewsnum_cont_post	0.443*** (0.106)	0.038 (0.030)	0.027 (0.026)
lnnetasset	0.608*** (0.170)	0.055 (0.038)	0.038 (0.032)
lnlabor	0.601*** (0.191)	0.111*** (0.032)	0.089*** (0.028)
lnage	-1.458 (1.103)	0.810*** (0.308)	0.772*** (0.271)
lntobin Q	-0.550*** (0.159)	-0.047 (0.039)	-0.066* (0.034)
lndebt	-0.416*** (0.110)	0.067** (0.029)	0.058** (0.024)
_cons	-3.882 (3.927)	-4.197*** (1.010)	-3.700*** (0.897)
年份效应	固定	固定	固定
行业效应	固定	固定	固定
N	9101	9101	9101
Adjusted R^2	0.716	0.129	0.109

注：*、**、*** 分别表示在 10%、5% 和 1% 的显著性水平上显著。

以上内容主要基于网络新闻报道整体层面来考察碳试点政策对于属于战略性新兴产业中的上市企业创新行为的影响，然而网络媒体对于企业具体报道内容具有明显的异质性。例如，网络新闻经常出现企业的正面信息，像社会责任感、自主研发创新能力等；中性的新闻，像企业的地理位置、雇佣员工信息等；负面新闻，像环境污染、偷税漏税等方面的内容。

表 12.6a 报告了基于网络新闻正面报道碳排放交易政策对于企业创新的影响。表 12.6a 所有结果均表明碳排放交易政策对于企业 R&D 投入和技术创新专利申请量以及发明创新专利申请量的影响与网络上正面的媒体和社会关注度具有显著的相关性。

表 12.6b 报告了基于网络新闻中性报道碳排放交易政策对于企业创新的影响，其中，表 12.6b 第（1）列表明碳排放交易政策对于企业 R&D 投入的影响与中性的媒体和社会关注度有显著的正相关性；第（2）列和第（3）列表明碳排放交易政策对于企业创新及发明创新的影响与中性的媒体和社会关注度没有显著的相关性。这说明对于在网络新闻报道被中性报道次数较多的战略性新兴企业，碳排放交易政策对于战略性新兴企业 R&D 产生正向作用但对于具体创新产出无影响。

表 12.6c 报告了基于网络新闻负面报道碳排放交易政策对于企业创新的影响。表 12.6c 所有结果均表明碳排放交易政策对于企业 R&D 投入和创新产出的影响与负面的媒体和社会关注度没有显著的相关性，说明当企业陷入网络负面新闻时，碳试点政策无法改变其在研发投资决策与创新效率。

表 12.6a　　碳排放交易政策对于企业创新影响的实证结果：基于网络新闻正面报道

	(1) lnrd	(2) lnpatent	(3) lninvpatapply
lnposnews_all_post	0.427*** (0.100)	0.062** (0.028)	0.051** (0.025)
lnnetasset	0.589*** (0.170)	0.049 (0.038)	0.033 (0.032)
lnlabor	0.596*** (0.191)	0.109*** (0.032)	0.088*** (0.028)
lnage	-1.500 (1.104)	0.815*** (0.309)	0.776*** (0.272)
lntobin Q	-0.567*** (0.160)	-0.054 (0.039)	-0.073** (0.034)
lndebt	-0.413*** (0.110)	0.064** (0.029)	0.055** (0.024)
_cons	-3.418 (3.957)	-4.021*** (1.012)	-3.542*** (0.901)
年份效应	固定	固定	固定
行业效应	固定	固定	固定
N	9101	9101	9101
Adjusted R^2	0.716	0.130	0.110

注：*、**、*** 分别表示在 10%、5% 和 1% 的显著性水平上显著。

表 12.6b 碳排放交易政策对于企业创新影响的实证结果：基于网络新闻中性报道

	(1) lnrd	(2) lnpatent	(3) lninvpatapply
lnneunews_all_post	0.354 *** (0.089)	0.031 (0.024)	0.024 (0.021)
lnnetasset	0.603 *** (0.170)	0.054 (0.038)	0.037 (0.032)
lnlabor	0.602 *** (0.192)	0.111 *** (0.032)	0.089 *** (0.028)
lnage	-1.441 (1.102)	0.812 *** (0.307)	0.774 *** (0.270)
lntobin Q	-0.525 *** (0.158)	-0.045 (0.039)	-0.065 * (0.034)
lndebt	-0.409 *** (0.109)	0.067 ** (0.029)	0.058 ** (0.024)
_cons	-3.955 (3.921)	-4.198 *** (1.010)	-3.696 *** (0.897)
年份效应	固定	固定	固定
行业效应	固定	固定	固定
N	9101	9101	9101
Adjusted R^2	0.716	0.129	0.109

注：*、**、*** 分别表示在 10%、5% 和 1% 的显著性水平上显著。

表 12.6c 碳排放交易政策对于企业创新影响的实证结果：基于网络新闻负面报道

	(1) lnrd	(2) lnpatent	(3) lninvpatapply
lnnegnews_all_post	0.063 (0.073)	-0.013 (0.020)	-0.012 (0.018)
lnnetasset	0.650 *** (0.170)	0.060 (0.038)	0.042 (0.032)
lnlabor	0.613 *** (0.194)	0.112 *** (0.032)	0.090 *** (0.028)
lnage	-1.601 (1.133)	0.790 *** (0.305)	0.756 *** (0.270)
lntobin Q	-0.498 *** (0.162)	-0.036 (0.039)	-0.058 * (0.035)
lndebt	-0.368 *** (0.109)	0.074 ** (0.029)	0.063 *** (0.024)
_cons	-5.434 (3.903)	-4.403 *** (0.998)	-3.859 *** (0.884)
年份效应	固定	固定	固定
行业效应	固定	固定	固定
N	9101	9101	9101
Adjusted R^2	0.715	0.128	0.109

注：*、**、*** 分别表示在 10%、5% 和 1% 的显著性水平上显著。

三、节能环保产业的实证结果

（一）描述性统计

变量的描述性统计见表12.7。本章的估计样本为114个节能环保产业企业2006～2019年面板数据，最终观测值为1004。企业研发支出（取对数）均值为13.885（约107万元），专利申请总量（取对数）均值为1.554（约4.73个专利），其中发明专利授权量（取对数）为1.063（约2.90个专利），占总专利申请量比重约61.3%。这表明在2006～2019年，节能环保产业的企业在创新方面有较大的投入，并获得了较高的创新绩效。企业每年平均在报刊新闻的标题中被提到次数为1.657，每年平均在报刊新闻的内容中被提到次数为2.980，其中在所有报刊新闻中，被正面新闻报道了2.302次（取对数）、被中性新闻报道了1.990次（取对数）、被负面新闻报道了1.624次（取对数）。企业每年平均在网络新闻的标题中被提到次数（取对数）为4.059，每年平均在网络新闻的内容中被提到次数（取对数）为4.597，其中在所有网络新闻中，被正面新闻报道了3.952次（取对数）、被中性新闻报道了3.116次（取对数）、被负面新闻报道了3.452次（取对数）。总体来看，网络新闻对于企业的报道多于报刊新闻，报道（或提到）企业次数的新闻内容多于新闻标题，对于企业正面报道多于中性或者负面报道。

表12.7　描述性统计

变量	观测值	均值	标准差	最小值	最大值
lnrd	1004	13.885	7.250	0.000	21.259
lnpatent	1004	1.554	1.551	0.000	5.749
lninvpatapply	1004	1.063	1.203	0.000	5.338
lnnewsnum_title	1004	1.657	1.110	0.000	5.011
lnnewsnum_cont	1004	2.980	1.349	0.000	9.274
lnposnews_all	1004	2.302	1.272	0.000	8.934
lnneunews_all	1004	1.990	1.246	0.000	7.865
lnnegnews_all	1004	1.624	1.118	0.000	6.258
lnnewsnum_title_online	1004	4.059	1.482	0.000	6.561
lnnewsnum_cont_online	1004	4.597	1.426	0.000	9.368
lnposnews_all_online	1004	3.952	1.373	0.000	8.597
lnneunews_all_online	1004	3.116	1.270	0.000	8.647
lnnegnews_all_online	1004	3.452	1.294	0.000	7.168
lnnetasset	1004	21.290	0.933	17.038	24.063
lnlabor	1004	7.293	1.030	3.526	11.474
lnage	1004	2.799	0.348	1.386	4.127
lntobin Q	1004	0.557	0.391	-0.223	2.340
lndebt	1004	21.034	1.338	15.826	24.668

（二）广义差分的实证结果——以报刊新闻关注作为解释变量

表 12.8a 和表 12.8b 报告了碳排放交易政策对于属于节能环保产业的上市企业创新的影响。表 12.8a 第（1）列表明碳排放交易政策对于企业 R&D 投入影响与以报刊新闻标题为衡量标准的媒体和社会关注度存在显著相关性，即报刊新闻标题带给企业的整体关注会促进碳交易试点发挥创新投入的增促效应；第（2）列和第（3）列表明碳排放交易政策对于企业创新及发明创新的影响与以报刊新闻标题为衡量标准的媒体和社会关注度没有关系，说明报刊新闻标题带给企业的整体关注不会促进碳交易试点对于创新绩效的正向影响。企业的净资产对于企业的 R&D 投入、发明创新专利申请有显著的促进作用，对企业创新专利申请量无明显的相关关系。企业员工数量、企业年龄均对企业的 R&D 投入和创新产出没有显著影响。企业的市场价值和重置资产比（Tobin'Q 值）对于企业的 R&D 投入有显著的促进作用，但与创新产出无明显的相关关系。企业负债水平对于企业 R&D 投入、企业创新专利申请量和发明创新专利申请量没有显著影响。

表 12.8b 第（1）列表明碳排放交易政策对于企业 R&D 投入的影响与以报刊新闻内容为衡量标准的媒体和社会关注度有正向相关性（在 5% 水平上显著）；第（2）列和第（3）列表明碳排放交易政策对于企业创新产出的影响与以报刊新闻内容为衡量标准的媒体和社会关注度不存在相关性，即碳排放交易政策不会显著促进在新闻报道内容中出现次数多的节能环保企业进行技术创新，也不会激励其提高创新质量。因此，对于报刊新闻，内容比标题更能促进碳试点政策的创新效应。

表 12.8a 碳排放交易政策对于企业创新影响的实证结果：基于报刊新闻标题整体报道

	(1) lnrd	(2) lnpatent	(3) lninvpatapply
lnnewsnum_title_post	0.346** (0.174)	0.013 (0.063)	0.036 (0.049)
lnnetasset	1.765*** (0.578)	0.166 (0.121)	0.159* (0.090)
lnlabor	0.492 (0.332)	-0.057 (0.092)	-0.098 (0.073)
lnage	-1.423 (3.388)	0.545 (0.822)	0.492 (0.830)
lntobin Q	1.465** (0.571)	-0.014 (0.128)	-0.081 (0.106)
lndebt	-0.729 (0.452)	0.106 (0.092)	0.064 (0.071)
_cons	-20.175 (16.232)	-5.394 (3.277)	-4.519 (2.849)
年份效应	固定	固定	固定
行业效应	固定	固定	固定
N	1004	1004	1004
Adjusted R^2	0.648	0.180	0.161

注：*、**、*** 分别表示在 10%、5% 和 1% 的显著性水平上显著。

表 12.8b　碳排放交易政策对于企业创新影响的实证结果：基于报刊新闻内容整体报道

	(1) lnrd	(2) lnpatent	(3) lninvpatapply
lnnewsnum_cont_post	0.437** (0.173)	0.010 (0.057)	0.031 (0.045)
lnnetasset	1.809*** (0.584)	0.168 (0.120)	0.164* (0.090)
lnlabor	0.386 (0.331)	-0.060 (0.095)	-0.107 (0.075)
lnage	-0.975 (3.448)	0.551 (0.831)	0.513 (0.837)
lntobin Q	1.526*** (0.565)	-0.011 (0.128)	-0.075 (0.106)
lndebt	-0.740 (0.458)	0.107 (0.093)	0.065 (0.070)
_cons	-21.131 (16.412)	-5.432* (3.272)	-4.627 (2.855)
年份效应	固定	固定	固定
行业效应	固定	固定	固定
N	1004	1004	1004
Adjusted R^2	0.649	0.180	0.161

注：*、**、*** 分别表示在 10%、5% 和 1% 的显著性水平上显著。

表 12.9a 报告了基于报刊新闻正面报道碳排放交易政策对于企业创新的影响，其中，表 12.9a 第（1）列表明碳排放交易政策对于企业 R&D 投入的影响与正面的媒体和社会关注度存在显著的相关性；第（2）列和第（3）列表明碳排放交易政策对于企业创新的影响与正面和中性的媒体和社会关注度没有显著的相关性。这说明对于在报刊新闻报道被正面报道次数较多的节能环保企业，碳排放交易政策对于其创新投入具有显著的促进作用，而对创新绩效没有显著作用。

表 12.9b 报告了基于报刊新闻中性报道碳排放交易政策对于企业创新的影响，其中，表 12.9b 第（1）列表明碳排放交易政策对于企业 R&D 投入的影响与中性的媒体和社会关注度不具有显著的相关性；第（2）列和第（3）列表明碳排放交易政策对于企业创新的影响与中性的媒体和社会关注度没有显著的相关性。这说明对于在报刊新闻内容中被中性报道次数较多的节能环保企业，碳排放交易政策对于节能环保企业创新没有产生作用。从表 12.9a 和表 12.9b 的系数及显著性看，正面新闻比中性新闻更能促进碳试点政策的促进效应。

表 12.9c 报告了基于报刊新闻负面报道碳排放交易政策对于企业创新的影响，表 12.9c 第（1）列结果表明碳排放交易政策对于企业 R&D 投入的影响与负面的媒体和社会关注度具有显著的相关性，说明负面新闻同样可以对企业的创新投入有正向的促进作用；第（2）列和第（3）列结果表明碳排放交易政策对于企业创新产出的影响与负面的

媒体和社会关注度没有显著相关性，说明当企业陷入负面新闻时，碳试点政策无法改变其创新效率和创新产出。

以上结果表明，传统报刊新闻内容比标题更能影响碳排放交易试点对企业创新的促进作用，关于企业的正面报道比负面报道对企业在碳试点政策下创新投入有促进作用，但是不影响企业的创新产出和创新质量。

表 12.9a　碳排放交易政策对于企业创新影响的实证结果：基于报刊新闻正面报道

	(1) lnrd	(2) lnpatent	(3) lninvpatapply
lnposnews_all_post	0.567*** (0.191)	0.061 (0.058)	0.058 (0.048)
lnnetasset	1.786*** (0.576)	0.164 (0.119)	0.161* (0.089)
lnlabor	0.357 (0.330)	-0.069 (0.095)	-0.112 (0.074)
lnage	-0.641 (3.433)	0.653 (0.835)	0.571 (0.837)
lntobin Q	1.519*** (0.562)	-0.013 (0.128)	-0.075 (0.106)
lndebt	-0.744 (0.457)	0.102 (0.092)	0.063 (0.070)
_cons	-21.163 (16.302)	-5.417* (3.252)	-4.623 (2.841)
年份效应	固定	固定	固定
行业效应	固定	固定	固定
N	1004	1004	1004
Adjusted R^2	0.651	0.182	0.163

注：*、**、*** 分别表示在 10%、5% 和 1% 的显著性水平上显著。

表 12.9b　碳排放交易政策对于企业创新影响的实证结果：基于报刊新闻中性报道

	(1) lnrd	(2) lnpatent	(3) lninvpatapply
lnneunews_all_post	0.248 (0.165)	-0.036 (0.057)	0.001 (0.044)
lnnetasset	1.810*** (0.583)	0.170 (0.119)	0.165* (0.090)
lnlabor	0.435 (0.335)	-0.054 (0.093)	-0.101 (0.074)

续表

	(1) lnrd	(2) lnpatent	(3) lninvpatapply
lnage	-1.389 (3.463)	0.479 (0.830)	0.459 (0.841)
lntobin Q	1.531*** (0.567)	-0.011 (0.127)	-0.074 (0.106)
lndebt	-0.717 (0.454)	0.112 (0.093)	0.069 (0.071)
_cons	-21.029 (16.424)	-5.486* (3.263)	-4.641 (2.857)
年份效应	固定	固定	固定
行业效应	固定	固定	固定
N	1004	1004	1004
Adjusted R^2	0.647	0.180	0.161

注：*、**、*** 分别表示在10%、5%和1%的显著性水平上显著。

表 12.9c　碳排放交易政策对于企业创新影响的实证结果：基于报刊新闻负面报道

	(1) lnrd	(2) lnpatent	(3) lninvpatapply
lnnegnews_all_post	0.470** (0.182)	-0.022 (0.060)	0.001 (0.048)
lnnetasset	1.869*** (0.582)	0.166 (0.123)	0.165* (0.092)
lnlabor	0.395 (0.329)	-0.055 (0.094)	-0.101 (0.074)
lnage	-1.053 (3.467)	0.500 (0.828)	0.459 (0.838)
lntobin Q	1.508*** (0.567)	-0.010 (0.127)	-0.074 (0.106)
lndebt	-0.747 (0.460)	0.111 (0.093)	0.069 (0.072)
_cons	-22.102 (16.468)	-5.403 (3.304)	-4.644 (2.881)
年份效应	固定	固定	固定
行业效应	固定	固定	固定
N	1004	1004	1004
Adjusted R^2	0.649	0.180	0.161

注：*、**、*** 分别表示在10%、5%和1%的显著性水平上显著。

（三）广义差分的实证结果——以网络新闻关注作为解释变量

有鉴于网络新闻和传统新闻之间的巨大差异，接下来本章将从网络新闻报道的视角来考察碳排放交易试点政策对于节能环保产业上市企业创新的影响。

表 12.10a 和表 12.10b 报告了碳排放交易政策对于属于节能环保产业的上市企业创新的影响。表 12.10a 第（1）列表明碳排放交易政策对于企业研发投入的影响与以网络新闻标题为衡量标准的媒体和社会关注度不具有显著的相关性，即网络新闻标题带给企业的整体关注不会促进碳交易试点发挥创新的促进效应；第（2）列和第（3）列表明碳排放交易政策对于企业创新的影响与以网络新闻标题为衡量标准的媒体和社会关注度不具有显著影响，即网络新闻标题带给企业的整体关注对抑制碳交易试点的创新效应没有影响。

表 12.10b 第（1）列表明碳排放交易政策对于企业 R&D 投入的影响与以网络新闻内容为衡量标准的媒体和社会关注度具有显著的相关性；第（2）列和第（3）列表明目前没有证据表明碳排放交易政策对于企业创新的影响与以网络新闻内容有显著的相关性。因此，对于上市企业而言，在网络被媒体和公众关注对刺激该企业进行研发创新，尤其是在碳试点政策实行以后的节能环保产业的企业，但是这种曝光对于企业实际的创新产出没有影响。

表 12.10a　　碳排放交易政策对于企业创新影响的实证结果：基于网络新闻标题整体报道

	(1) lnrd	(2) lnpatent	(3) lninvpatapply
lnnewsnum_title_online_post	0.099 (0.148)	-0.031 (0.063)	0.013 (0.047)
lnnetasset	1.811*** (0.577)	0.173 (0.121)	0.163* (0.090)
lnlabor	0.474 (0.334)	-0.062 (0.092)	-0.100 (0.072)
lnage	-1.692 (3.422)	0.513 (0.823)	0.466 (0.835)
lntobin Q	1.479** (0.576)	0.006 (0.135)	-0.081 (0.112)
lndebt	-0.699 (0.466)	0.112 (0.094)	0.067 (0.072)
_cons	-21.010 (16.584)	-5.547* (3.313)	-4.598 (2.869)
年份效应	固定	固定	固定
行业效应	固定	固定	固定
N	1004	1004	1004
Adjusted R^2	0.647	0.180	0.161

注：*、**、*** 分别表示在 10%、5% 和 1% 的显著性水平上显著。

表 12.10b 碳排放交易政策对于企业创新影响的实证结果：基于网络新闻内容整体报道

	(1) lnrd	(2) lnpatent	(3) lninvpatapply
lnnewsnum_cont_post	0.284* (0.157)	0.021 (0.059)	0.027 (0.049)
lnnetasset	0.284* (0.157)	0.021 (0.059)	0.027 (0.049)
lnlabor	0.284* (0.157)	0.021 (0.059)	0.027 (0.049)
lnage	0.284* (0.157)	0.021 (0.059)	0.027 (0.049)
lntobin Q	0.284* (0.157)	0.021 (0.059)	0.027 (0.049)
lndebt	0.284* (0.157)	0.021 (0.059)	0.027 (0.049)
_cons	-20.954 (16.537)	-5.408 (3.276)	-4.605 (2.861)
年份效应	固定	固定	固定
行业效应	固定	固定	固定
N	1004	1004	1004
Adjusted R^2	0.647	0.180	0.161

注：*、**、*** 分别表示在 10%、5% 和 1% 的显著性水平上显著。

以上内容主要基于网络新闻报道整体层面来考察碳试点政策对于属于节能环保产业中的上市企业创新行为的影响，然而网络媒体对于企业具体报道内容具有明显的异质性。例如，网络新闻经常出现企业的正面信息，像社会责任感、自主研发创新能力等；中性的新闻，像企业的地理位置、雇佣员工信息等；负面新闻，像环境污染、偷税漏税等方面的内容。

表 12.11a 报告了基于网络新闻正面报道碳排放交易政策对于企业创新的影响。表 12.11a 第（1）列表明碳排放交易政策对于企业 R&D 投入的影响与正面的媒体和社会关注度有显著的正相关性；第（2）列和第（3）列表明碳排放交易政策对于企业创新及发明创新的影响与正面的媒体和社会关注度没有显著的相关性。

表 12.11b 报告了基于网络新闻中性报道碳排放交易政策对于企业创新的影响，表 12.11b 第（1）列表明碳排放交易政策对于企业 R&D 投入的影响与中性的媒体和社会关注度有显著的正相关性；第（2）列和第（3）列表明碳排放交易政策对于企业创新及发明创新的影响与中性的媒体和社会关注度没有显著的相关性。这说明对于在网络新闻报道被中性报道次数较多的节能环保企业，碳排放交易政策对于节能环保企业 R&D 产生正向作用但对于具体创新产出无影响。

表 12.11c 报告了基于网络新闻负面报道碳排放交易政策对于企业创新的影响。表 12.11c 所有结果均表明碳排放交易政策对于企业 R&D 投入和创新产出的影响与负面的媒体和社会关注度没有显著的相关性，说明当企业陷入网络负面新闻时，碳试点政策无法改变其在研发投资决策与创新效率。

表 12.11a 碳排放交易政策对于企业创新影响的实证结果：基于网络新闻正面报道

	(1) lnrd	(2) lnpatent	(3) lninvpatapply
lnposnews_all_post	0.324** (0.159)	0.055 (0.055)	0.052 (0.047)
lnnetasset	1.786*** (0.571)	0.161 (0.119)	0.159* (0.089)
lnlabor	0.453 (0.332)	-0.059 (0.093)	-0.102 (0.073)
lnage	-1.536 (3.434)	0.570 (0.826)	0.493 (0.840)
lntobin Q	1.400** (0.590)	-0.034 (0.132)	-0.096 (0.110)
lndebt	-0.723 (0.461)	0.101 (0.093)	0.063 (0.071)
_cons	0.324** (0.159)	0.055 (0.055)	0.052 (0.047)
年份效应	固定	固定	固定
行业效应	固定	固定	固定
N	1004	1004	1004
Adjusted R^2	0.647	0.181	0.162

注：*、**、***分别表示在10%、5%和1%的显著性水平上显著。

表 12.11b 碳排放交易政策对于企业创新影响的实证结果：基于网络新闻中性报道

	(1) lnrd	(2) lnpatent	(3) lninvpatapply
lnneunews_all_post	0.284* (0.147)	-0.008 (0.055)	0.003 (0.043)
lnnetasset	1.808*** (0.580)	0.169 (0.121)	0.165* (0.090)
lnlabor	0.466 (0.331)	-0.058 (0.093)	-0.101 (0.073)
lnage	-1.447 (3.446)	0.524 (0.827)	0.460 (0.839)
lntobin Q	1.475** (0.563)	-0.009 (0.128)	-0.075 (0.106)
lndebt	-0.718 (0.462)	0.109 (0.093)	0.069 (0.071)
_cons	-21.072 (16.484)	-5.445* (3.278)	-4.640 (2.864)
年份效应	固定	固定	固定
行业效应	固定	固定	固定
N	1004	1004	1004
Adjusted R^2	0.647	0.180	0.161

注：*、**、***分别表示在10%、5%和1%的显著性水平上显著。

表 12.11c　　碳排放交易政策对于企业创新影响的实证结果：基于网络新闻负面报道

	(1) lnrd	(2) lnpatent	(3) lninvpatapply
lnnegnews_all_post	0.005 (0.267)	-0.052 (0.047)	-0.023 (0.044)
lnnetasset	1.827*** (0.578)	0.167 (0.121)	0.165* (0.091)
lnlabor	0.460 (0.336)	-0.057 (0.092)	-0.101 (0.073)
lnage	-1.755 (3.434)	0.519 (0.813)	0.451 (0.832)
lntobin Q	1.532*** (0.578)	0.011 (0.132)	-0.064 (0.111)
lndebt	-0.686 (0.455)	0.114 (0.093)	0.072 (0.072)
_cons	-21.350 (16.361)	-5.517* (3.281)	-4.678 (2.858)
年份效应	固定	固定	固定
行业效应	固定	固定	固定
N	1004	1004	1004
Adjusted R^2	0.646	0.181	0.161

注：*、**、*** 分别表示在10%、5%和1%的显著性水平上显著。

四、新能源产业的实证结果

（一）描述性统计

变量的描述性统计见表12.12。本章的估计样本为81个新能源产业企业2006～2019年面板数据，最终观测值为698。企业研发支出（取对数）均值为14.696（约241万元），专利申请总量（取对数）均值为1.893（约6.64个专利），其中发明专利授权量（取对数）为1.343（约3.83个专利），占总专利申请量比重约57%。这表明在2006～2019年，新能源产业的企业在创新方面有较大的投入，并获得了较高的创新绩效。企业每年平均在报刊新闻的标题中被提到次数为1.744，每年平均在报刊新闻的内容中被提到次数为3.172，其中在所有报刊新闻中，被正面新闻报道了2.494次（取对数）、被中性新闻报道了2.193次（取对数）、被负面新闻报道了1.679次（取对数）。企业每年平均在网络新闻的标题中被提到次数（取对数）为4.075，每年平均在网络新闻的内容中被提到次数（取对数）为4.682，其中在所有网络新闻中，被正面新闻报道了3.996次（取对数）、被中性新闻报道了3.291次（取对数）、被负面新闻报道了3.496次（取对数）。总体来看，网络新闻对于企业的报道多于报刊新闻，报道（或提到）企业次数的新闻内容多于新闻标题，对于企业正面报道多于中性或者负面报道。

表 12.12 描述性统计

变量	观测值	均值	标准差	最小值	最大值
lnrd	698	14.696	7.177	0.000	27.496
lnpatent	698	1.893	1.718	0.000	6.534
lninvpatapply	698	1.343	1.444	0.000	5.883
lnnewsnum_title	698	1.744	1.210	0.000	4.860
lnnewsnum_cont	698	3.172	1.351	0.000	6.960
lnposnews_all	698	2.494	1.284	0.000	5.720
lnneunews_all	698	2.193	1.239	0.000	6.116
lnnegnews_all	698	1.679	1.153	0.000	5.796
lnnewsnum_title_online	698	4.075	1.497	0.000	7.105
lnnewsnum_cont_online	698	4.682	1.384	0.000	7.738
lnposnews_all_online	698	3.996	1.345	0.000	6.942
lnneunews_all_online	698	3.291	1.276	0.000	6.565
lnnegnews_all_online	698	3.496	1.293	0.000	7.037
lnnetasset	698	21.559	1.061	18.523	25.241
lnlabor	698	7.646	1.116	3.829	10.426
lnage	698	2.731	0.353	1.099	3.584
lntobin Q	698	0.512	0.394	-0.354	2.593
lndebt	698	21.448	1.533	17.483	25.965

（二）广义差分的实证结果——以报刊新闻关注作为解释变量

表 12.13a 和表 12.13b 报告了碳排放交易政策对于属于新能源产业的上市企业创新的影响。表 12.13a 第（1）列表明碳排放交易政策对于企业 R&D 投入影响与以报刊新闻标题为衡量标准的媒体和社会关注度不存在显著相关性，即报刊新闻标题不会带给企业的整体关注会促进碳交易试点发挥创新投入的增促效应；第（2）列和第（3）列表明碳排放交易政策对于企业创新及发明创新的影响与以报刊新闻标题为衡量标准的媒体和社会关注度没有关系，说明报刊新闻标题带给企业的整体关注不会促进碳交易试点对于创新绩效的正向影响。企业的净资产对于企业的 R&D 投入有显著的促进作用，但与创新产出无明显的相关关系。企业员工数量对企业的 R&D 投入呈现显著的负向作用，但对创新产出有明显正相关关系。企业年龄对于研发投入有显著的正向影响，但不影响创新绩效。企业的市场价值和重置资产比（Tobin'Q 值）不利于企业继续进行技术研发投资，可能 Tobin'Q 越大，企业越倾向投资固定资产，研发投入因此减少。企业负债水平对于企业 R&D 投入产

生显著的正向影响，但对企业创新专利申请量和发明创新专利申请量没有显著作用。

表 12.13b 第（1）列表明碳排放交易政策对于企业 R&D 投入的影响与以报刊新闻内容为衡量标准的媒体和社会关注度有正向相关性；第（2）列和第（3）表明碳排放交易政策对于企业创新产出的影响与以报刊新闻内容为衡量标准的媒体和社会关注度不存在相关性，即碳排放交易政策不会显著促进在新闻报道内容中出现次数多的新能源企业进行技术创新。因此，对于报刊新闻，内容对标题更能影响碳排放交易试点对企业创新的促进作用。

表 12.13a　　碳排放交易政策对于企业创新影响的实证结果：基于报刊新闻标题整体报道

	(1) lnrd	(2) lnpatent	(3) lninvpatapply
lnnewsnum_title_post	0.068 (0.238)	-0.074 (0.074)	-0.030 (0.072)
lnnetasset	0.991* (0.576)	0.090 (0.274)	0.108 (0.232)
lnlabor	-0.831 (0.860)	0.610** (0.292)	0.377* (0.223)
lnage	2.254 (4.022)	-0.297 (0.946)	-0.382 (0.836)
lntobin Q	-0.622 (0.701)	0.008 (0.173)	-0.050 (0.162)
lndebt	0.195 (0.331)	-0.069 (0.136)	-0.037 (0.104)
_cons	-22.348 (15.041)	-3.657 (5.159)	-2.979 (4.523)
年份效应	固定	固定	固定
个体效应	固定	固定	固定
N	698.000	698.000	698.000
Adjusted R^2	0.702	0.252	0.215

注：*、**、***分别表示在 10%、5%和 1%的显著性水平上显著。

表 12.13b　　碳排放交易政策对于企业创新影响的实证结果：基于报刊新闻内容整体报道

	(1) lnrd	(2) lnpatent	(3) lninvpatapply
lnnewsnum_cont_post	0.231 (0.226)	-0.028 (0.068)	0.045 (0.068)
lnnetasset	0.960* (0.567)	0.082 (0.270)	0.094 (0.228)
lnlabor	-0.843 (0.851)	0.601** (0.294)	0.368 (0.223)

续表

	(1) lnrd	(2) lnpatent	(3) lninvpatapply
lnage	2.186 (4.046)	-0.378 (0.988)	-0.454 (0.863)
lntobin Q	-0.593 (0.699)	0.007 (0.176)	-0.043 (0.162)
lndebt	0.204 (0.328)	-0.062 (0.136)	-0.030 (0.103)
_cons	-21.608 (14.802)	-3.390 (5.072)	-2.600 (4.436)
年份效应	固定	固定	固定
个体效应	固定	固定	固定
N	698.000	698.000	698.000
Adjusted R^2	0.702	0.250	0.216

注：*、**、*** 分别表示在 10%、5% 和 1% 的显著性水平上显著。

表 12.14a 报告了基于报刊新闻正面报道碳排放交易政策对于企业创新的影响，其中，表 12.14a 第（1）列表明碳排放交易政策对于企业 R&D 投入的影响与正面的媒体和社会关注度存在显著的相关性；第（2）列和第（3）列表明碳排放交易政策对于企业创新的影响与正面和中性的媒体和社会关注度没有显著的相关性。这说明对于在报刊新闻报道被正面报道次数较多的新能源企业，碳排放交易政策对于其创新投入和创新绩效的促进作用有限。

表 12.14b 报告了基于报刊新闻中性报道碳排放交易政策对于企业创新的影响，其中，表 12.14b 第（1）列表明碳排放交易政策对于企业 R&D 投入的影响与中性的媒体和社会关注度具有显著的相关性；第（2）列碳排放交易政策对于企业创新的影响与中性的媒体和社会关注度没有相关性；第（3）列表明碳排放交易政策对于企业发明创新产出的影响与中性的媒体和社会关注度不具有相关性，说明对于在报刊新闻内容中被中性报道次数较多的新能源企业，碳排放交易政策对于新能源企业创新产生正向作用。从表 12.14a 和表 12.14b 的系数及显著性看，中性新闻比正面新闻更能促进碳试点政策的促进效应。

表 12.14c 报告了基于报刊新闻负面报道碳排放交易政策对于企业创新的影响，表 12.14c 第（1）列结果表明碳排放交易政策对于企业 R&D 投入的影响与负面的媒体和社会关注度不具有相关性，说明负面新闻同样对企业的创新投入没有作用；第（2）列和第（3）列结果表明碳排放交易政策对于企业创新产出的影响与负面的媒体和社会关注度没有显著相关性，说明当企业陷入负面新闻时，碳试点政策无法改变其创新效率和创新产出。

以上结果表明，传统报刊新闻内容比标题更能影响碳排放交易试点对企业创新的促进作用，关于企业的中性报道比正面、负面报道更有助于企业在碳试点政策下获得较高的创新产出和创新质量。

表 12.14a　碳排放交易政策对于企业创新影响的实证结果：基于报刊新闻正面报道

	(1) lnrd	(2) lnpatent	(3) lninvpatapply
lnposnews_all_post	0.129 (0.215)	-0.033 (0.070)	0.044 (0.069)
lnnetasset	0.980* (0.571)	0.083 (0.271)	0.095 (0.228)
lnlabor	-0.834 (0.857)	0.602** (0.294)	0.368 (0.222)
lnage	2.204 (4.070)	-0.361 (0.978)	-0.471 (0.870)
lntobin Q	-0.611 (0.701)	0.007 (0.175)	-0.045 (0.161)
lndebt	0.192 (0.326)	-0.062 (0.136)	-0.032 (0.103)
_cons	-21.886 (15.036)	-3.471 (5.111)	-2.537 (4.486)
年份效应	固定	固定	固定
个体效应	固定	固定	固定
N	698.000	698.000	698.000
Adjusted R^2	0.702	0.251	0.216

注：*、**、*** 分别表示在 10%、5% 和 1% 的显著性水平上显著。

表 12.14b　碳排放交易政策对于企业创新影响的实证结果：基于报刊新闻中性报道

	(1) lnrd	(2) lnpatent	(3) lninvpatapply
lnneunews_all_post	0.297 (0.216)	-0.000 (0.067)	0.043 (0.069)
lnnetasset	0.949* (0.569)	0.077 (0.267)	0.095 (0.227)
lnlabor	-0.825 (0.845)	0.599** (0.292)	0.372* (0.223)
lnage	2.302 (4.054)	-0.397 (0.997)	-0.429 (0.858)
lntobin Q	-0.600 (0.696)	0.011 (0.175)	-0.046 (0.163)
lndebt	0.206 (0.327)	-0.060 (0.136)	-0.031 (0.104)
_cons	-21.768 (14.757)	-3.258 (5.015)	-2.680 (4.404)
年份效应	固定	固定	固定
个体效应	固定	固定	固定
N	698.000	698.000	698.000
Adjusted R^2	0.703	0.250	0.216

注：*、**、*** 分别表示在 10%、5% 和 1% 的显著性水平上显著。

表 12.14c　　碳排放交易政策对于企业创新影响的实证结果：基于报刊新闻负面报道

	(1) lnrd	(2) lnpatent	(3) lninvpatapply
lnnegnews_all_post	-0.058 (0.286)	-0.077 (0.078)	-0.034 (0.075)
lnnetasset	1.012* (0.577)	0.089 (0.269)	0.108 (0.227)
lnlabor	-0.811 (0.867)	0.611** (0.295)	0.378* (0.226)
lnage	2.405 (4.030)	-0.321 (0.978)	-0.389 (0.858)
lntobin Q	-0.637 (0.708)	-0.007 (0.179)	-0.057 (0.167)
lndebt	0.182 (0.331)	-0.067 (0.136)	-0.036 (0.104)
_cons	-23.009 (15.076)	-3.641 (5.069)	-2.989 (4.456)
年份效应	固定	固定	固定
个体效应	固定	固定	固定
N	698.000	698.000	698.000
Adjusted R^2	0.702	0.252	0.215

注：*、**、*** 分别表示在 10%、5% 和 1% 的显著性水平上显著。

（三）广义差分的实证结果——以网络新闻关注作为解释变量

有鉴于网络新闻和传统新闻之间的巨大差异，接下来本章将从网络新闻报道的视角来考察碳排放交易试点政策对于新能源上市企业创新的影响。

表 12.15a 和表 12.15b 报告了碳排放交易政策对于属于新能源的上市企业创新的影响。表 12.15a 第（1）列表明碳排放交易政策对于企业研发投入的影响与以网络新闻标题为衡量标准的媒体和社会关注度具有显著的相关性，即网络新闻标题带给企业的整体关注会促进碳交易试点发挥创新的负效应；第（2）列和第（3）列表明碳排放交易政策对于企业创新的影响与以网络新闻标题为衡量标准的媒体和社会关注度具有显著的负向影响，即网络新闻标题带给企业的整体关注会抑制碳交易试点的创新效应。

表 12.15b 第（1）列表明碳排放交易政策对于企业 R&D 投入的影响与以网络新闻内容为衡量标准的媒体和社会关注度具有显著的相关性；第（2）列和第（3）列表明目前没有证据表明碳排放交易政策对于企业创新的影响与以网络新闻内容有显著的相关性。因此，对于上市企业而言，在网络被媒体和公众关注对刺激该企业进行研发创新，尤其是在碳试点政策实行以后的新能源的企业，但是这种曝光对于企业实际的创新产出反而会有负向影响。

表 12.15a　　碳排放交易政策对于企业创新影响的实证结果：基于网络新闻标题整体报道

	(1) lnrd	(2) lnpatent	(3) lninvpatapply
lnnewsnum_title_online_post	-0.192 (0.234)	-0.162* (0.092)	-0.081 (0.075)
lnnetasset	1.062* (0.582)	0.126 (0.273)	0.127 (0.231)
lnlabor	-0.802 (0.846)	0.614** (0.286)	0.381* (0.220)
lnage	2.633 (4.045)	-0.157 (0.952)	-0.302 (0.836)
lntobin Q	-0.608 (0.707)	0.024 (0.173)	-0.042 (0.162)
lndebt	0.155 (0.319)	-0.087 (0.134)	-0.047 (0.104)
_cons	-24.061 (15.155)	-4.386 (5.079)	-3.383 (4.476)
年份效应	固定	固定	固定
个体效应	固定	固定	固定
N	698.000	698.000	698.000
Adjusted R^2	0.702	0.260	0.218

注：*、**、*** 分别表示在10%、5%和1%的显著性水平上显著。

表 12.15b　　碳排放交易政策对于企业创新影响的实证结果：基于网络新闻内容整体报道

	(1) lnrd	(2) lnpatent	(3) lninvpatapply
lnnewsnum_cont_post	0.217 (0.394)	-0.023 (0.093)	0.031 (0.093)
lnnetasset	0.969* (0.576)	0.081 (0.272)	0.098 (0.228)
lnlabor	-0.853 (0.865)	0.602** (0.293)	0.368 (0.223)
lnage	2.133 (4.062)	-0.375 (0.987)	-0.454 (0.856)
lntobin Q	-0.634 (0.700)	0.012 (0.174)	-0.050 (0.162)
lndebt	0.198 (0.332)	-0.062 (0.135)	-0.032 (0.103)
_cons	-21.509 (15.155)	-3.383 (5.139)	-2.643 (4.478)
年份效应	固定	固定	固定
个体效应	固定	固定	固定
N	698.000	698.000	698.000
Adjusted R^2	0.702	0.250	0.215

注：*、**、*** 分别表示在10%、5%和1%的显著性水平上显著。

以上内容主要基于网络新闻报道整体层面来考察碳试点政策对于属于新能源产业中的上市企业创新行为的影响，然而网络媒体对于企业具体报道内容具有明显的异质性。例如，网络新闻经常出现企业的正面信息，像社会责任感、自主研发创新能力等；中性的新闻，像企业的地理位置、雇佣员工信息等；负面新闻，像环境污染、偷税漏税等方面的内容。

表 12.16a 报告了基于网络新闻正面报道碳排放交易政策对于企业创新的影响。表 12.16a 所有结果均表明碳排放交易政策对于企业 R&D 投入和技术创新专利申请量以及发明创新专利申请量的影响与网络上正面的媒体和社会关注度没有显著的相关性。

表 12.16b 报告了基于网络新闻中性报道碳排放交易政策对于企业创新的影响，其中，表 12.16b 第（1）列表明碳排放交易政策对于企业 R&D 投入的影响与中性的媒体和社会关注度没有显著的正相关性；第（2）列和第（3）列表明碳排放交易政策对于企业创新及发明创新的影响与中性的媒体和社会关注度没有显著的相关性。这说明对于在网络新闻报道被中性报道次数较多的新能源企业，碳排放交易政策对于新能源企业 R&D 和具体创新产出均无影响。

表 12.16c 报告了基于网络新闻负面报道碳排放交易政策对于企业创新的影响。表 12.16c 所有结果均表明碳排放交易政策对于企业 R&D 投入和创新产出的影响与负面的媒体和社会关注度没有显著的相关性，说明当企业陷入网络负面新闻时，碳试点政策无法改变其在研发投资决策与创新效率。

表 12.16a　碳排放交易政策对于企业创新影响的实证结果：基于网络新闻正面报道

	(1) lnrd	(2) lnpatent	(3) lninvpatapply
lnposnews_all_post	0.150 (0.329)	0.015 (0.082)	0.080 (0.079)
lnnetasset	0.976* (0.576)	0.074 (0.270)	0.088 (0.227)
lnlabor	-0.842 (0.862)	0.596** (0.291)	0.361 (0.222)
lnage	2.185 (4.086)	-0.414 (1.005)	-0.510 (0.874)
lntobin Q	-0.647 (0.710)	0.008 (0.175)	-0.061 (0.163)
lndebt	0.195 (0.331)	-0.059 (0.135)	-0.029 (0.102)
_cons	-21.797 (15.174)	-3.162 (5.114)	-2.324 (4.457)
年份效应	固定	固定	固定
个体效应	固定	固定	固定
N	698.000	698.000	698.000
Adjusted R^2	0.702	0.250	0.217

注：*、**、*** 分别表示在 10%、5% 和 1% 的显著性水平上显著。

表 12.16b 碳排放交易政策对于企业创新影响的实证结果：基于网络新闻中性报道

	(1) lnrd	(2) lnpatent	(3) lninvpatapply
lnneunews_all_post	0.093 (0.319)	0.027 (0.070)	0.056 (0.071)
lnnetasset	0.986* (0.583)	0.072 (0.269)	0.092 (0.228)
lnlabor	-0.834 (0.861)	0.595** (0.291)	0.365 (0.223)
lnage	2.263 (4.094)	-0.421 (1.006)	-0.473 (0.868)
lntobin Q	-0.629 (0.702)	0.009 (0.174)	-0.052 (0.161)
lndebt	0.193 (0.331)	-0.059 (0.135)	-0.030 (0.103)
_cons	-22.194 (15.368)	-3.107 (5.099)	-2.503 (4.470)
年份效应	固定	固定	固定
个体效应	固定	固定	固定
N	698.000	698.000	698.000
Adjusted R^2	0.702	0.250	0.216

注：*、**、*** 分别表示在 10%、5% 和 1% 的显著性水平上显著。

表 12.16c 碳排放交易政策对于企业创新影响的实证结果：基于网络新闻负面报道

	(1) lnrd	(2) lnpatent	(3) lninvpatapply
lnnegnews_all_post	0.005 (0.267)	-0.052 (0.047)	-0.023 (0.044)
lnnetasset	1.827*** (0.578)	0.167 (0.121)	0.165* (0.091)
lnlabor	0.460 (0.336)	-0.057 (0.092)	-0.101 (0.073)
lnage	-1.755 (3.434)	0.519 (0.813)	0.451 (0.832)
lntobin Q	1.532*** (0.578)	0.011 (0.132)	-0.064 (0.111)
lndebt	-0.686 (0.455)	0.114 (0.093)	0.072 (0.072)
_cons	-21.350 (16.361)	-5.517* (3.281)	-4.678 (2.858)
年份效应	固定	固定	固定
个体效应	固定	固定	固定
N	1004	1004	1004
Adjusted R^2	0.646	0.181	0.161

注：*、**、*** 分别表示在 10%、5% 和 1% 的显著性水平上显著。

五、新一代信息技术产业的实证结果

（一）描述性统计

变量的描述性统计见表 12.17。本章的估计样本为 374 个新一代信息技术产业企业 2006～2019 年面板数据，最终观测值为 3401。企业研发支出（取对数）均值为 14.930（约 305 万元），专利申请总量（取对数）均值为 1.621（约 5.06 个专利），其中发明专利授权量（取对数）为 1.265（约 3.54 个专利），占总专利申请量比重约 70%。这表明在 2006～2019 年，新一代信息技术产业的企业在创新方面有较大的投入，并获得了较高的创新绩效。企业每年平均在报刊新闻的标题中被提到次数为 1.614，每年平均在报刊新闻的内容中被提到次数为 2.924，其中在所有报刊新闻中，被正面新闻报道了 2.233 次（取对数）、被中性新闻报道了 1.956 次（取对数）、被负面新闻报道了 1.587 次（取对数）。企业每年平均在网络新闻的标题中被提到次数（取对数）为 4.077，每年平均在网络新闻的内容中被提到次数（取对数）为 4.706，其中在所有网络新闻中，被正面新闻报道了 4.035 次（取对数）、被中性新闻报道了 3.240 次（取对数）、被负面新闻报道了 3.553 次（取对数）。总体来看，网络新闻对于企业的报道多于报刊新闻，报道（或提到）企业次数的新闻内容多于新闻标题，对于企业正面报道多于中性或者负面报道。

表 12.17　描述性统计

变量	观测值	均值	标准差	最小值	最大值
lnrd	3401	14.930	7.044	0.000	26.765
lnpatent	3401	1.621	1.658	0.000	6.800
lninvpatapply	3401	1.265	1.462	0.000	6.874
lnnewsnum_title	3401	1.614	1.138	0.000	6.911
lnnewsnum_cont	3401	2.924	1.337	0.000	8.881
lnposnews_all	3401	2.233	1.278	0.000	7.968
lnneunews_all	3401	1.956	1.211	0.000	8.064
lnnegnews_all	3401	1.587	1.129	0.000	7.390
lnnewsnum_title_online	3401	4.077	1.476	0.000	8.226
lnnewsnum_cont_online	3401	4.706	1.434	0.000	9.763
lnposnews_all_online	3401	4.035	1.399	0.000	8.841
lnneunews_all_online	3401	3.240	1.304	0.000	8.740
lnnegnews_all_online	3401	3.553	1.312	0.000	8.431
lnnetasset	3401	21.144	1.060	15.424	25.672
lnlabor	3401	7.517	1.202	2.833	12.342
lnage	3401	2.812	0.341	1.609	4.127
lntobin Q	3401	0.784	0.514	-0.226	5.184
lndebt	3401	20.462	1.510	15.504	26.018

（二）广义差分的实证结果——以报刊新闻关注作为解释变量

表 12.18a 和表 12.18b 报告了碳排放交易政策对于属于新一代信息技术产业的上市企业创新的影响。表 12.18a 第（1）列表明碳排放交易政策对于企业 R&D 投入影响与以报刊新闻标题为衡量标准的媒体和社会关注度存在正相关性，即报刊新闻标题带给企业的整体关注会促进碳交易试点发挥创新投入的增促效应；第（2）列和第（3）列表明碳排放交易政策对于企业创新及发明创新的影响与以报刊新闻标题为衡量标准的媒体和社会关注度没有关系，说明报刊新闻标题带给企业的整体关注不会促进碳交易试点对于创新绩效的正向影响。企业的净资产对于企业的 R&D 投入没有有显著的促进作用，与创新产出无明显的相关关系。企业员工数量均对企业的 R&D 投入呈现显著的促进作用。企业年龄对于研发投入有显著的负向影响，对创新绩效的影响小。企业的市场价值和重置资产比（Tobin'Q 值）不利于企业继续进行技术研发投资和高质量的发明专利技术产出，可能 Tobin'Q 越大，企业越倾向投资固定资产，研发投入因此减少。企业负债水平对于企业 R&D 投入有显著抑制作用，但还对企业创新专利申请量和发明创新专利申请量没有明显的相关性。

表 12.18b 第（1）列表明碳排放交易政策对于企业 R&D 投入的影响与以报刊新闻内容为衡量标准的媒体和社会关注度有正向相关性；第（2）列和第（3）列表明碳排放交易政策对于企业创新产出的影响与以报刊新闻内容为衡量标准的媒体和社会关注度不存在相关性，即碳排放交易政策不仅会显著促进在新闻报道内容中出现次数多的新一代信息技术企业进行技术创新，还会激励其提高创新质量。因此，对于报刊新闻，内容比标题更能促进碳试点政策的创新效应。

表 12.18a　　碳排放交易政策对于企业创新影响的实证结果：基于报刊新闻标题整体报道

	(1) lnrd	(2) lnpatent	(3) lninvpatapply
lnnewsnum_title_post	0.301** (0.153)	0.003 (0.040)	-0.004 (0.036)
lnnetasset	0.276 (0.226)	0.158** (0.063)	0.123** (0.055)
lnlabor	1.117*** (0.253)	0.161*** (0.050)	0.156*** (0.048)
lnage	-2.762* (1.597)	0.649 (0.539)	0.927** (0.464)
lntobin Q	-1.237*** (0.256)	-0.048 (0.073)	-0.049 (0.062)
lndebt	-0.542*** (0.167)	0.089* (0.050)	0.068 (0.042)

续表

	(1) lnrd	(2) lnpatent	(3) lninvpatapply
_cons	5. 131 (5. 453)	-6. 645*** (1. 723)	-6. 475*** (1. 489)
年份效应	固定	固定	固定
行业效应	固定	固定	固定
N	3401. 000	3401. 000	3401. 000
Adjusted R^2	0. 705	0. 145	0. 127

注：*、**、*** 分别表示在 10%、5% 和 1% 的显著性水平上显著。

表 12.18b　碳排放交易政策对于企业创新影响的实证结果：基于报刊新闻内容整体报道

	(1) lnrd	(2) lnpatent	(3) lninvpatapply
lnnewsnum_cont_post	0. 386** (0. 159)	0. 064 (0. 043)	0. 049 (0. 040)
lnnetasset	0. 247 (0. 226)	0. 149** (0. 064)	0. 115** (0. 055)
lnlabor	1. 081*** (0. 253)	0. 153*** (0. 049)	0. 149*** (0. 048)
lnage	-2. 593 (1. 573)	0. 727 (0. 550)	0. 993** (0. 472)
lntobin Q	-1. 210*** (0. 255)	-0. 051 (0. 072)	-0. 052 (0. 062)
lndebt	-0. 566*** (0. 167)	0. 080 (0. 051)	0. 061 (0. 043)
_cons	6. 037 (5. 519)	-6. 413*** (1. 746)	-6. 287*** (1. 510)
年份效应	固定	固定	固定
行业效应	固定	固定	固定
N	3401. 000	3401. 000	3401. 000
Adjusted R^2	0. 706	0. 147	0. 128

注：*、**、*** 分别表示在 10%、5% 和 1% 的显著性水平上显著。

表 12.19a 报告了基于报刊新闻正面报道碳排放交易政策对于企业创新的影响，其中，表 12.19a 第（1）列表明碳排放交易政策对于企业 R&D 投入的影响与正面的媒体和社会关注度存在相关性；第（2）列和第（3）列表明碳排放交易政策对于企业创新的影响与正面和中性的媒体和社会关注度没有相关性。这说明对于在报刊新闻报道被正面报道次数较多的新一代信息技术企业，碳排放交易政策对于其创新投入具有一定的促进作用。

表 12.19b 报告了基于报刊新闻中性报道碳排放交易政策对于企业创新的影响，其中，

表 12. 19a 第（1）列表明碳排放交易政策对于企业 R&D 投入的影响与中性的媒体和社会关注度具有相关性；第（2）列碳排放交易政策对于企业创新的影响与中性的媒体和社会关注度没有相关性；第（3）列表明碳排放交易政策对于企业发明创新产出的影响与中性的媒体和社会关注度不具有相关性，这说明对于在报刊新闻内容中被正面报道次数较多的新一代信息技术企业，碳排放交易政策对于新一代信息技术企业创新产生一定正向作用。从表 12. 19a 和表 12. 19b 的系数及显著性看，正面新闻比中性新闻更能促进碳试点政策的促进效应。

表 12. 19c 报告了基于报刊新闻负面报道碳排放交易政策对于企业创新的影响，表 12. 19c 第（1）列结果表明碳排放交易政策对于企业 R&D 投入的影响与负面的媒体和社会关注度具有显著的相关性，说明负面新闻同样可以对企业的创新投入有正向的促进作用；第（2）列和第（3）列结果表明碳排放交易政策对于企业创新产出的影响与负面的媒体和社会关注度没有显著相关性，说明当企业陷入负面新闻时，碳试点政策无法改变其创新效率和创新产出。

以上结果表明，传统报刊新闻内容比标题更能影响碳排放交易试点对企业创新的促进作用，关于企业的正面报道比中性、负面报道更有助于企业在碳试点政策下获得较高的创新产出和创新质量。

表 12. 19a　　碳排放交易政策对于企业创新影响的实证结果：基于报刊新闻正面报道

	(1) lnrd	(2) lnpatent	(3) lninvpatapply
lnposnews_all_post	0. 370** (0. 159)	0. 086* (0. 044)	0. 069* (0. 041)
lnnetasset	0. 239 (0. 228)	0. 143** (0. 064)	0. 110** (0. 055)
lnlabor	1. 080*** (0. 254)	0. 149*** (0. 049)	0. 146*** (0. 048)
lnage	-2. 670* (1. 577)	0. 741 (0. 555)	1. 007** (0. 475)
lntobin Q	-1. 205*** (0. 254)	-0. 051 (0. 072)	-0. 053 (0. 061)
lndebt	-0. 558*** (0. 166)	0. 079 (0. 050)	0. 059 (0. 042)
_cons	6. 242 (5. 549)	-6. 272*** (1. 745)	-6. 165*** (1. 515)
年份效应	固定	固定	固定
行业效应	固定	固定	固定
N	3401. 000	3401. 000	3401. 000
Adjusted R^2	0. 706	0. 149	0. 130

注：*、**、*** 分别表示在 10%、5% 和 1% 的显著性水平上显著。

表 12.19b　　碳排放交易政策对于企业创新影响的实证结果：基于报刊新闻中性报道

	(1) lnrd	(2) lnpatent	(3) lninvpatapply
lnneunews_all_post	0.452 *** (0.162)	0.053 (0.043)	0.051 (0.039)
lnnetasset	0.241 (0.224)	0.151 ** (0.064)	0.115 ** (0.055)
lnlabor	1.084 *** (0.251)	0.155 *** (0.049)	0.150 *** (0.048)
lnage	-2.533 (1.577)	0.709 (0.545)	0.993 ** (0.471)
lntobin Q	-1.201 *** (0.254)	-0.049 (0.072)	-0.051 (0.062)
lndebt	-0.569 *** (0.167)	0.083 (0.051)	0.061 (0.042)
_cons	6.081 (5.496)	-6.479 *** (1.741)	-6.301 *** (1.503)
年份效应	固定	固定	固定
行业效应	固定	固定	固定
N	3401.000	3401.000	3401.000
Adjusted R^2	0.706	0.147	0.128

注：*、**、*** 分别表示在 10%、5% 和 1% 的显著性水平上显著。

表 12.19c　　碳排放交易政策对于企业创新影响的实证结果：基于报刊新闻负面报道

	(1) lnrd	(2) lnpatent	(3) lninvpatapply
lnnegnews_all_post	0.298 * (0.166)	0.021 (0.041)	-0.006 (0.037)
lnnetasset	0.279 (0.226)	0.156 ** (0.064)	0.123 ** (0.055)
lnlabor	1.118 *** (0.253)	0.160 *** (0.050)	0.156 *** (0.048)
lnage	-2.701 * (1.588)	0.673 (0.541)	0.924 ** (0.465)
lntobin Q	-1.216 *** (0.256)	-0.049 (0.073)	-0.049 (0.062)
lndebt	-0.549 *** (0.167)	0.086 * (0.051)	0.068 (0.043)
_cons	5.051 (5.447)	-6.618 *** (1.737)	-6.476 *** (1.493)
年份效应	固定	固定	固定
行业效应	固定	固定	固定
N	3401.000	3401.000	3401.000
Adjusted R^2	0.705	0.145	0.127

注：*、**、*** 分别表示在 10%、5% 和 1% 的显著性水平上显著。

(三) 广义差分的实证结果——以网络新闻关注作为解释变量

有鉴于网络新闻和传统新闻之间的巨大差异，接下来本章将从网络新闻报道的视角来考察碳排放交易试点政策对于新一代信息技术产业上市企业创新的影响。

表 12.20a 和表 12.20b 报告了碳排放交易政策对于属于新一代信息技术产业的上市企业创新的影响。表 12.20a 第（1）列表明碳排放交易政策对于企业研发投入的影响与以网络新闻标题为衡量标准的媒体和社会关注度不具有显著相关性，即网络新闻标题带给企业的整体关注会促进碳交易试点发挥创新的促进效应弱；第（2）列和第（3）列表明碳排放交易政策对于企业创新的影响与以网络新闻标题为衡量标准的媒体和社会关注度具有的负向影响，即网络新闻标题带给企业的整体关注会抑制碳交易试点的创新效应。

表 12.20b 第（1）列表明碳排放交易政策对于企业 R&D 投入的影响与以网络新闻内容为衡量标准的媒体和社会关注度具有相关性；第（2）列和第（3）列表明目前没有证据表明碳排放交易政策对于企业创新的影响与以网络新闻内容有显著的相关性。因此，对于上市企业而言，在网络被媒体和公众关注对刺激该企业进行研发创新，尤其是在碳试点政策实行以后的新一代信息技术产业的企业，但是这种曝光对于企业实际的创新产出反而会有负向影响。

表 12.20a　碳排放交易政策对于企业创新影响的实证结果：基于网络新闻标题整体报道

	(1) lnrd	(2) lnpatent	(3) lninvpatapply
lnnewsnum_title_online_post	0.136 (0.136)	-0.029 (0.044)	-0.016 (0.037)
lnnetasset	0.293 (0.227)	0.161** (0.063)	0.124** (0.055)
lnlabor	1.114*** (0.254)	0.164*** (0.050)	0.157*** (0.049)
lnage	-3.055* (1.624)	0.641 (0.533)	0.929** (0.464)
lntobin Q	-1.207*** (0.256)	-0.043 (0.073)	-0.047 (0.062)
lndebt	-0.522*** (0.165)	0.091* (0.050)	0.069 (0.042)
_cons	5.039 (5.531)	-6.739*** (1.704)	-6.517*** (1.489)
年份效应	固定	固定	固定
行业效应	固定	固定	固定
N	3401.000	3401.000	3401.000
Adjusted R^2	0.704	0.146	0.127

注：*、**、*** 分别表示在 10%、5% 和 1% 的显著性水平上显著。

表 12.20b　　碳排放交易政策对于企业创新影响的实证结果：基于网络新闻内容整体报道

	(1) lnrd	(2) lnpatent	(3) lninvpatapply
lnnewsnum_cont_post	0.595*** (0.192)	0.074 (0.053)	0.055 (0.046)
lnnetasset	0.231 (0.225)	0.149** (0.064)	0.115** (0.055)
lnlabor	1.115*** (0.250)	0.159*** (0.050)	0.154*** (0.048)
lnage	-2.699* (1.573)	0.693 (0.553)	0.967** (0.473)
lntobin Q	-1.301*** (0.256)	-0.061 (0.075)	-0.060 (0.063)
lndebt	-0.606*** (0.171)	0.078 (0.051)	0.059 (0.043)
_cons	7.128 (5.514)	-6.338*** (1.747)	-6.234*** (1.517)
年份效应	固定	固定	固定
行业效应	固定	固定	固定
N	3401.000	3401.000	3401.000
Adjusted R^2	0.707	0.147	0.128

注：*、**、*** 分别表示在 10%、5% 和 1% 的显著性水平上显著。

以上内容主要基于网络新闻报道整体层面来考察碳试点政策对于属于新一代信息技术产业中的上市企业创新行为的影响，然而网络媒体对于企业具体报道内容具有明显的异质性。例如，网络新闻经常出现企业的正面信息，像社会责任感、自主研发创新能力等；中性的新闻，像企业的地理位置、雇佣员工信息等；负面新闻，像环境污染、偷税漏税等方面的内容。

表 12.21a 报告了基于网络新闻正面报道碳排放交易政策对于企业创新的影响。表 12.21a 所有结果均表明碳排放交易政策对于企业 R&D 投入和技术创新专利申请量以及发明创新专利申请量的影响与网络上正面的媒体和社会关注度没有显著的相关性。

表 12.21b 报告了基于网络新闻中性报道碳排放交易政策对于企业创新的影响，其中，表 12.21b 第（1）列表明碳排放交易政策对于企业 R&D 投入的影响与中性的媒体和社会关注度有正相关性；第（2）列和第（3）列表明碳排放交易政策对于企业创新及发明创新的影响与中性的媒体和社会关注度没有显著的相关性。这说明对于在网络新闻报道被中性报道次数较多的战略性新兴企业，碳排放交易政策对于新一代信息技术企业 R&D 产生正向作用但对于具体创新产出无影响。

表 12.21c 报告了基于网络新闻负面报道碳排放交易政策对于企业创新的影响。表 12.21c 所有结果均表明碳排放交易政策对于企业 R&D 投入和创新产出的影响与负面的媒体和社会关注度没有显著的相关性，说明当企业陷入网络负面新闻时，碳试点政策无法改变其研发投资决策与创新效率。

表 12.21a　　碳排放交易政策对于企业创新影响的实证结果：基于网络新闻正面报道

	(1) lnrd	(2) lnpatent	(3) lninvpatapply
lnposnews_all_post	0.560*** (0.190)	0.091* (0.051)	0.072 (0.045)
lnnetasset	0.200 (0.227)	0.141** (0.063)	0.109** (0.055)
lnlabor	1.099*** (0.251)	0.156*** (0.050)	0.151*** (0.048)
lnage	-2.736* (1.572)	0.702 (0.556)	0.976** (0.475)
lntobin Q	-1.322*** (0.258)	-0.069 (0.075)	-0.067 (0.064)
lndebt	-0.597*** (0.171)	0.076 (0.051)	0.057 (0.043)
_cons	7.776 (5.623)	-6.136*** (1.745)	-6.060*** (1.524)
年份效应	固定	固定	固定
行业效应	固定	固定	固定
N	3401.000	3401.000	3401.000
Adjusted R^2	0.707	0.148	0.129

注：*、**、***分别表示在10%、5%和1%的显著性水平上显著。

表 12.21b　　碳排放交易政策对于企业创新影响的实证结果：基于网络新闻中性报道

	(1) lnrd	(2) lnpatent	(3) lninvpatapply
lnneunews_all_post	0.504*** (0.163)	0.061 (0.044)	0.044 (0.040)
lnnetasset	0.212 (0.226)	0.147** (0.064)	0.114** (0.056)
lnlabor	1.119*** (0.249)	0.159*** (0.049)	0.154*** (0.048)
lnage	-2.718* (1.567)	0.690 (0.549)	0.963** (0.471)
lntobin Q	-1.259*** (0.254)	-0.056 (0.073)	-0.056 (0.063)
lndebt	-0.598*** (0.170)	0.079 (0.051)	0.060 (0.043)
_cons	7.384 (5.504)	-6.315*** (1.752)	-6.227*** (1.520)
年份效应	固定	固定	固定
行业效应	固定	固定	固定
N	3401.000	3401.000	3401.000
Adjusted R^2	0.707	0.147	0.128

注：*、**、***分别表示在10%、5%和1%的显著性水平上显著。

表 12.21c 碳排放交易政策对于企业创新影响的实证结果：基于网络新闻负面报道

	(1) lnrd	(2) lnpatent	(3) lninvpatapply
lnnegnews_all_post	-0.011 (0.104)	0.005 (0.037)	0.002 (0.033)
lnnetasset	0.305 (0.226)	0.158** (0.063)	0.122** (0.055)
lnlabor	1.130*** (0.255)	0.161*** (0.050)	0.155*** (0.048)
lnage	-3.087* (1.660)	0.650 (0.540)	0.933** (0.468)
lntobin Q	-1.184*** (0.257)	-0.049 (0.075)	-0.050 (0.064)
lndebt	-0.512*** (0.165)	0.088* (0.050)	0.067 (0.042)
_cons	4.585 (5.392)	-6.637*** (1.720)	-6.463*** (1.482)
年份效应	固定	固定	固定
行业效应	固定	固定	固定
N	3401.000	3401.000	3401.000
Adjusted R^2	0.704	0.145	0.127

注：*、**、*** 分别表示在 10%、5%和 1%的显著性水平上显著。

六、高端装备制造业的实证结果

（一）描述性统计

变量的描述性统计见表 12.22。本章的估计样本为 82 个高端装备制造业企业 2006～2019 年面板数据，最终观测值为779。企业研发支出（取对数）均值为 14.895（约 294 万元），专利申请总量（取对数）均值为 1.682（约 5.38 个专利），其中发明专利授权量（取对数）为 1.202（约 3.33 个专利），占总专利申请量比重约 62%。这表明在 2006～2019 年，高端装备制造业的企业在创新方面有较大的投入，并获得了较高的创新绩效。企业每年平均在报刊新闻的标题中被提到次数为 1.585，每年平均在报刊新闻的内容中被提到次数为 2.909，其中在所有报刊新闻中，被正面新闻报道了 2.250 次（取对数）、被中性新闻报道了 1.994 次（取对数）、被负面新闻报道了 1.507 次（取对数）。企业每年平均在网络新闻的标题中被提到次数（取对数）为 3.909，每年平均在网络新闻的内容中被提到次数（取对数）为 4.595，其中在所有网络新闻中，被正面新闻报道了 3.973 次（取对数）、被中性新闻报道了 3.145 次（取对数）、被负面新闻报道了 3.364 次（取对数）。总体来看，网络新闻对于企业的报道多于报刊新闻，报道（或提到）企业次数的新闻内容多于新闻标题，对于企业正面报道多于中性或者负面报道。

表 12.22　　描述性统计

变量	观测值	均值	标准差	最小值	最大值
lnrd	779	14.895	7.118	0.000	23.230
lnpatent	779	1.682	1.750	0.000	6.120
lninvpatapply	779	1.202	1.466	0.000	5.380
lnnewsnum_title	779	1.585	1.149	0.000	5.756
lnnewsnum_cont	779	2.909	1.405	0.000	7.841
lnposnews_all	779	2.250	1.334	0.000	6.956
lnneunews_all	779	1.994	1.281	0.000	6.904
lnnegnews_all	779	1.507	1.126	0.000	6.215
lnnewsnum_title_online	779	3.909	1.543	0.000	8.172
lnnewsnum_cont_online	779	4.595	1.459	0.000	9.361
lnposnews_all_online	779	3.973	1.426	0.000	8.422
lnneunews_all_online	779	3.145	1.354	0.000	8.074
lnnegnews_all_online	779	3.364	1.300	0.000	8.294
lnnetasset	779	21.368	1.222	15.927	25.791
lnlabor	779	7.777	1.315	4.060	12.139
lnage	779	2.757	0.362	1.099	3.689
lntobin Q	779	0.671	0.531	-0.051	8.132
lndebt	779	20.950	1.697	17.018	26.176

（二）广义差分的实证结果——以报刊新闻关注作为解释变量

表 12.23a 和表 12.23b 报告了碳排放交易政策对于属于高端装备制造业的上市企业创新的影响。表 12.23a 第（1）列表明碳排放交易政策对于企业 R&D 投入影响与以报刊新闻标题为衡量标准的媒体和社会关注度没有关系，即报刊新闻标题带给企业的整体关注不会促进碳交易试点发挥创新投入的增促效应；第（2）列和第（3）列表明碳排放交易政策对于企业创新及发明创新的影响与以报刊新闻标题为衡量标准的媒体和社会关注度存在负面相关性，说明报刊新闻标题带给企业的整体关注不会促进碳交易试点对于创新绩效的正向影响。企业的净资产对于企业的 R&D 投入有较小的抑制作用，但与创新产出无明显的相关关系。企业员工数量均对企业的 R&D 投入和创新产出无明显的相关关系。企业年龄对于创新绩效有较为显著的正向影响。企业的市场价值和重置资产比（Tobin'Q 值）不利于企业继续进行技术研发投资和高质量的发明专利技术产出，可能 Tobin'Q 越大，企业越倾向投资固定资产，研发投入因此减少。企业负债水平对于企业创新专利申请量有较显

著的促进作用，还对企业 R&D 投入和发明创新专利申请量产生较小的正向影响。

表 12.23b 第（1）列表明碳排放交易政策对于企业 R&D 投入的影响与以报刊新闻内容为衡量标准的媒体和社会关注度有正向相关性但不显著；第（2）列和第（3）列表明碳排放交易政策对于企业创新产出的影响与以报刊新闻内容为衡量标准的媒体和社会关注度存在负向相关性，即碳排放交易政策会抑制在新闻报道内容中出现次数多的高端装备制造业企业进行技术创新，还会对其创新质量产生负面影响。因此，对于报刊新闻，标题比内容更能促进碳试点政策的创新效应。

表 12.23a　碳排放交易政策对于企业创新影响的实证结果：基于报刊新闻标题整体报道

	(1) lnrd	(2) lnpatent	(3) lninvpatapply
lnnewsnum_title_post	0.177 (0.180)	-0.158* (0.085)	-0.149* (0.076)
lnnetasset	-0.131 (0.644)	0.049 (0.114)	0.045 (0.099)
lnlabor	0.692 (0.667)	0.056 (0.073)	0.064 (0.066)
lnage	-0.486 (2.410)	1.795** (0.896)	1.554** (0.772)
lntobin Q	-0.258 (0.228)	0.039 (0.079)	-0.022 (0.066)
lndebt	0.002 (0.323)	0.161** (0.078)	0.058 (0.072)
_cons	-0.798 (10.674)	-7.291** (3.034)	-5.125* (2.622)
年份效应	固定	固定	固定
个体效应	固定	固定	固定
N	779	779	779
Adjusted R^2	0.789	0.137	0.101

注：*、**、*** 分别表示在 10%、5% 和 1% 的显著性水平上显著。

表 12.23b　碳排放交易政策对于企业创新影响的实证结果：基于报刊新闻内容整体报道

	(1) lnrd	(2) lnpatent	(3) lninvpatapply
lnnewsnum_cont_post	0.208 (0.183)	-0.050 (0.075)	-0.042 (0.066)
lnnetasset	-0.132 (0.638)	0.054 (0.117)	0.050 (0.102)
lnlabor	0.677 (0.653)	0.056 (0.071)	0.063 (0.065)

续表

	(1) lnrd	(2) lnpatent	(3) lninvpatapply
lnage	-0.485 (2.325)	1.751* (0.908)	1.511* (0.778)
lntobin Q	-0.231 (0.236)	0.045 (0.079)	-0.015 (0.066)
lndebt	-0.001 (0.320)	0.157** (0.078)	0.054 (0.073)
_cons	-0.602 (10.560)	-7.223** (3.035)	-5.051* (2.612)
年份效应	固定	固定	固定
个体效应	固定	固定	固定
N	779	779	779
Adjusted R^2	0.789	0.128	0.090

注：*、**、*** 分别表示在 10%、5% 和 1% 的显著性水平上显著。

表 12.24a 报告了基于报刊新闻正面报道碳排放交易政策对于企业创新的影响，其中，表 12.24a 第（1）列表明碳排放交易政策对于企业 R&D 投入的影响与正面的媒体和社会关注度无明显相关性；第（2）列和第（3）列表明碳排放交易政策对于企业创新的影响与正面媒体和社会关注度无明显相关关系。这说明高端装备制造业被报刊新闻报道的正面报道次数与碳排放交易政策对于其创新投入和创新绩效无显著的影响。

表 12.24b 报告了基于报刊新闻中性报道碳排放交易政策对于企业创新的影响，其中表 12.24a 第（1）列、第（2）列和第（3）列表明碳排放交易政策对于企业 R&D 投入、创新以及发明创新产出的影响与中性的媒体和社会关注度均没有明显相关关系。

表 12.24c 报告了基于报刊新闻负面报道碳排放交易政策对于企业创新的影响，表 12.24c 第（1）列、第（2）列和第（3）列结果表明碳排放交易政策对于企业 R&D 投入和企业创新产出的影响与负面的媒体和社会关注度没有显著相关性，说明当企业陷入负面新闻时，碳试点政策无法改变其创新投入、创新效率和创新产出。

以上结果表明，传统报刊新闻标题比内容更能影响碳排放交易试点对企业创新的促进作用，关于企业的正面报道、中性和负面报道对于企业在碳试点政策下的创新产出和创新质量均无明显影响。

表 12.24a　　碳排放交易政策对于企业创新影响的实证结果：基于报刊新闻正面报道

	(1) lnrd	(2) lnpatent	(3) lninvpatapply
lnposnews_all_post	0.204 (0.183)	-0.035 (0.067)	-0.026 (0.060)
lnnetasset	-0.133 (0.639)	0.055 (0.116)	0.051 (0.101)

续表

	(1) lnrd	(2) lnpatent	(3) lninvpatapply
lnlabor	0.677 (0.655)	0.055 (0.071)	0.062 (0.065)
lnage	-0.497 (2.337)	1.748* (0.911)	1.508* (0.781)
lntobin Q	-0.237 (0.234)	0.049 (0.079)	-0.011 (0.065)
lndebt	0.005 (0.318)	0.155* (0.078)	0.053 (0.073)
_cons	-0.676 (10.563)	-7.185** (3.020)	-5.013* (2.594)
年份效应	固定	固定	固定
个体效应	固定	固定	固定
N	779	779	779
Adjusted R^2	0.789	0.127	0.089

注：*、**、*** 分别表示在 10%、5% 和 1% 的显著性水平上显著。

表 12.24b　碳排放交易政策对于企业创新影响的实证结果：基于报刊新闻中性报道

	(1) lnrd	(2) lnpatent	(3) lninvpatapply
lnneunews_all_post	0.223 (0.162)	-0.044 (0.078)	-0.027 (0.069)
lnnetasset	-0.140 (0.643)	0.056 (0.117)	0.052 (0.101)
lnlabor	0.683 (0.657)	0.054 (0.071)	0.061 (0.065)
lnage	-0.495 (2.319)	1.750* (0.908)	1.507* (0.778)
lntobin Q	-0.235 (0.239)	0.048 (0.078)	-0.011 (0.065)
lndebt	0.004 (0.321)	0.155* (0.078)	0.053 (0.073)
_cons	-0.566 (10.570)	-7.213** (3.026)	-5.024* (2.596)
年份效应	固定	固定	固定
个体效应	固定	固定	固定
N	779	779	779
Adjusted R^2	0.789	0.127	0.089

注：*、**、*** 分别表示在 10%、5% 和 1% 的显著性水平上显著。

表 12.24c　　碳排放交易政策对于企业创新影响的实证结果：基于报刊新闻负面报道

	(1) lnrd	(2) lnpatent	(3) lninvpatapply
lnnegnews_all_post	0.215 (0.203)	-0.035 (0.084)	-0.048 (0.081)
lnnetasset	-0.124 (0.640)	0.053 (0.115)	0.048 (0.100)
lnlabor	0.687 (0.660)	0.053 (0.072)	0.062 (0.065)
lnage	-0.531 (2.354)	1.753* (0.909)	1.523* (0.778)
lntobin Q	-0.247 (0.235)	0.051 (0.078)	-0.012 (0.065)
lndebt	-0.006 (0.320)	0.157** (0.077)	0.055 (0.073)
_cons	-0.626 (10.590)	-7.191** (3.015)	-5.054* (2.611)
年份效应	固定	固定	固定
个体效应	固定	固定	固定
N	779	779	779
Adjusted R^2	0.789	0.127	0.090

注：*、**、*** 分别表示在 10%、5% 和 1% 的显著性水平上显著。

（三）广义差分的实证结果——以网络新闻关注作为解释变量

有鉴于网络新闻和传统新闻之间的巨大差异，接下来本章将从网络新闻报道的视角来考察碳排放交易试点政策对于高端装备制造业上市企业创新的影响。

表 12.25a 和表 12.25b 报告了碳排放交易政策对于属于高端装备制造业的上市企业创新的影响。表 12.25a 第（1）列表明碳排放交易政策对于企业研发投入的影响与以网络新闻标题为衡量标准的媒体和社会关注度没有显著相关性，即网络新闻标题带给企业的整体关注对于碳交易试点发挥创新效应影响不大；第（2）列和第（3）列表明碳排放交易政策对于企业创新的影响与以网络新闻标题为衡量标准的媒体和社会关注度具有显著的负向影响，即网络新闻标题带给企业的整体关注会抑制碳交易试点的创新效应。

表 12.25b 第（1）列表明碳排放交易政策对于企业 R&D 投入的影响与以网络新闻内容为衡量标准的媒体和社会关注度没有显著关系；第（2）列和第（3）列表明目前没有证据表明碳排放交易政策对于企业创新的影响与以网络新闻内容有显著的相关性。因此，对于上市企业而言，网络媒体和公众关注会刺激该企业进行研发创新，尤其是在碳试点政策实行以后的高端装备制造业的企业，但是这种曝光对于企业实际的创新产出反而会有负向影响。

表 12.25a 碳排放交易政策对于企业创新影响的实证结果：基于网络新闻标题整体报道

	(1) lnrd	(2) lnpatent	(3) lninvpatapply
lnnewsnum_title_online_post	-0.026 (0.138)	-0.327*** (0.094)	-0.294*** (0.079)
lnnetasset	-0.142 (0.647)	0.008 (0.099)	0.009 (0.085)
lnlabor	0.698 (0.672)	0.060 (0.076)	0.067 (0.065)
lnage	-0.412 (2.537)	1.813** (0.820)	1.568** (0.716)
lntobin Q	-0.279 (0.231)	0.030 (0.077)	-0.029 (0.063)
lndebt	0.014 (0.328)	0.202*** (0.076)	0.095 (0.067)
_cons	-0.989 (10.870)	-7.297** (2.775)	-5.123** (2.390)
年份效应	固定	固定	固定
个体效应	固定	固定	固定
N	779	779	779
Adjusted R^2	0.788	0.185	0.151

注：*、**、*** 分别表示在10%、5%和1%的显著性水平上显著。

表 12.25b 碳排放交易政策对于企业创新影响的实证结果：基于网络新闻内容整体报道

	(1) lnrd	(2) lnpatent	(3) lninvpatapply
lnnewsnum_cont_post	0.110 (0.165)	-0.154 (0.115)	-0.131 (0.105)
lnnetasset	-0.132 (0.654)	0.047 (0.116)	0.044 (0.100)
lnlabor	0.691 (0.675)	0.060 (0.072)	0.066 (0.066)
lnage	-0.489 (2.452)	1.834** (0.913)	1.582** (0.784)
lntobin Q	-0.267 (0.231)	0.042 (0.080)	-0.018 (0.067)
lndebt	-0.006 (0.324)	0.176** (0.078)	0.071 (0.072)
_cons	-0.598 (10.643)	-7.665** (3.129)	-5.425** (2.703)
年份效应	固定	固定	固定
个体效应	固定	固定	固定
N	779	779	779
Adjusted R^2	0.788	0.134	0.095

注：*、**、*** 分别表示在10%、5%和1%的显著性水平上显著。

以上内容主要基于网络新闻报道整体层面来考察碳试点政策对于属于高端装备制造业中的上市企业创新行为的影响，然而网络媒体对于企业具体报道内容具有明显的异质性。例如，网络新闻经常出现企业的正面信息，像社会责任感、自主研发创新能力等；中性的新闻，像企业的地理位置、雇佣员工信息等；负面新闻，像环境污染、偷税漏税等方面的内容。

表 12.26a 报告了基于网络新闻正面报道碳排放交易政策对于企业创新的影响。表 12.26a 所有结果均表明碳排放交易政策对于企业 R&D 投入和技术创新专利申请量以及发明创新专利申请量的影响与网络上正面的媒体和社会关注度没有显著的相关性。

表 12.26b 报告了基于网络新闻中性报道碳排放交易政策对于企业创新的影响。表 12.26b 所有结果均表明碳排放交易政策对于企业 R&D 投入和技术创新专利申请量以及发明创新专利申请量的影响与网络上中性的媒体和社会关注度没有显著的相关性。

表 12.26c 报告了基于网络新闻负面报道碳排放交易政策对于企业创新的影响。表 12.26c 所有结果均表明碳排放交易政策对于企业 R&D 投入和创新产出的影响与负面的媒体和社会关注度没有显著的相关性，这说明当企业陷入网络负面新闻时，碳试点政策无法改变其在研发投资决策与创新效率。

表 12.26a　碳排放交易政策对于企业创新影响的实证结果：基于网络新闻正面报道

	(1) lnrd	(2) lnpatent	(3) lninvpatapply
lnposnews_all_post	0.213 (0.169)	-0.134 (0.116)	-0.122 (0.106)
lnnetasset	-0.139 (0.651)	0.056 (0.118)	0.052 (0.103)
lnlabor	0.681 (0.669)	0.061 (0.072)	0.068 (0.067)
lnage	-0.530 (2.401)	1.805** (0.907)	1.562** (0.778)
lntobin Q	-0.263 (0.232)	0.047 (0.081)	-0.014 (0.067)
lndebt	-0.020 (0.324)	0.173** (0.078)	0.069 (0.071)
_cons	-0.020 (10.704)	-7.733** (3.155)	-5.523** (2.729)
年份效应	固定	固定	固定
个体效应	固定	固定	固定
N	779	779	779
Adjusted R^2	0.789	0.132	0.095

注：*、**、*** 分别表示在 10%、5% 和 1% 的显著性水平上显著。

表 12.26b　　碳排放交易政策对于企业创新影响的实证结果：基于网络新闻中性报道

	(1) lnrd	(2) lnpatent	(3) lninvpatapply
lnneunews_all_post	0.120 (0.152)	-0.128 (0.079)	-0.086 (0.071)
lnnetasset	-0.131 (0.654)	0.048 (0.117)	0.046 (0.101)
lnlabor	0.693 (0.674)	0.056 (0.072)	0.062 (0.065)
lnage	-0.500 (2.420)	1.821** (0.912)	1.556* (0.783)
lntobin Q	-0.261 (0.228)	0.039 (0.080)	-0.017 (0.067)
lndebt	-0.010 (0.323)	0.175** (0.079)	0.066 (0.072)
_cons	-0.540 (10.557)	-7.596** (3.079)	-5.287** (2.628)
年份效应	固定	固定	固定
个体效应	固定	固定	固定
N	779	779	779
Adjusted R^2	0.788	0.135	0.093

注：*、**、*** 分别表示在 10%、5% 和 1% 的显著性水平上显著。

表 12.26c　　碳排放交易政策对于企业创新影响的实证结果：基于网络新闻负面报道

	(1) lnrd	(2) lnpatent	(3) lninvpatapply
lnnegnews_all_post	-0.148 (0.219)	-0.082 (0.061)	-0.050 (0.058)
lnnetasset	-0.146 (0.651)	0.052 (0.116)	0.049 (0.100)
lnlabor	0.708 (0.679)	0.057 (0.071)	0.063 (0.065)
lnage	-0.439 (2.556)	1.723* (0.897)	1.491* (0.771)
lntobin Q	-0.264 (0.241)	0.064 (0.082)	-0.001 (0.067)
lndebt	0.041 (0.317)	0.171** (0.077)	0.063 (0.073)
_cons	-1.472 (10.445)	-7.406** (3.006)	-5.144** (2.570)
年份效应	固定	固定	固定
个体效应	固定	固定	固定
N	779	779	779
Adjusted R^2	0.788	0.129	0.090

注：*、**、*** 分别表示在 10%、5% 和 1% 的显著性水平上显著。

七、新材料产业的实证结果

（一）描述性统计

变量的描述性统计见表12.27。本章的估计样本为100个新材料产业企业2006～2019年面板数据，最终观测值为752。企业研发支出（取对数）均值为14.342（约169万元），专利申请总量（取对数）均值为1.414（约4.11个专利），其中发明专利授权量（取对数）为1.114（约3.05个专利），占总专利申请量比重约74%。这表明在2006～2019年，新材料产业的企业在创新方面有较大的投入，并获得了较高的创新绩效。企业每年平均在网络新闻的标题中被提到次数为1.616，每年平均在报刊新闻的内容中被提到次数为2.849，其中在所有报刊新闻中，被正面新闻报道了2.183次（取对数）、被中性新闻报道了1.844次（取对数）、被负面新闻报道了1.520次（取对数）。企业每年平均在网络新闻的标题中被提到次数（取对数）为4.107，每年平均在网络新闻的内容中被提到次数（取对数）为4.546，其中在所有网络新闻中，被正面新闻报道了3.904次（取对数）、被中性新闻报道了3.047次（取对数）、被负面新闻报道了3.423次（取对数）。总体来看，网络新闻对于企业的报道多于报刊新闻，报道（或提到）企业次数的新闻内容多于新闻标题，对于企业正面报道多于中性或者负面报道。

表12.27　　描述性统计

变量	观测值	均值	标准差	最小值	最大值
lnrd	752	14.342	7.021	0.000	20.881
lnpatent	752	1.414	1.457	0.000	5.513
lninvpatapply	752	1.114	1.256	0.000	5.338
lnnewsnum_title	752	1.616	1.004	0.000	4.248
lnnewsnum_cont	752	2.849	1.098	0.000	5.565
lnposnews_all	752	2.183	1.028	0.000	4.615
lnneunews_all	752	1.844	0.958	0.000	5.342
lnnegnews_all	752	1.520	0.952	0.000	4.043
lnnewsnum_title_online	752	4.107	1.372	0.000	6.654
lnnewsnum_cont_online	752	4.546	1.315	0.000	7.894
lnposnews_all_online	752	3.904	1.251	0.000	6.729
lnneunews_all_online	752	3.047	1.177	0.000	7.361
lnnegnews_all_online	752	3.423	1.234	0.000	6.417
lnnetasset	752	21.244	0.936	13.854	23.791
lnlabor	752	7.673	0.936	5.226	11.174
lnage	752	2.756	0.311	1.946	3.332
lntobin Q	752	0.632	0.441	-1.879	2.068
lndebt	752	20.870	1.356	16.826	24.545

（二）广义差分的实证结果——以报刊新闻关注作为解释变量

表 12.28a 和表 12.28b 报告了碳排放交易政策对于属于新材料产业的上市企业创新的影响。表 12.28a 第（1）列、第（2）列和第（3）列表明碳排放交易政策对于企业 R&D 投入、创新及发明创新影响与以报刊新闻标题为衡量标准的媒体和社会关注度不存在显著相关性，说明报刊新闻标题带给企业的整体关注不会促进碳交易试点对于创新投入和创新绩效的正向影响。企业的净资产对于企业的 R&D 投入和创新绩效均有显著的促进作用。企业员工数量与企业的 R&D 投入和创新产出均没有显著相关性。企业年龄对于研发投入和发明创新均没有显著相关性，但对企业创新有显著的负向影响。企业的市场价值和重置资产比（Tobin'Q 值）不利于企业继续进行技术研发投资和高质量的发明专利技术产出，可能 Tobin'Q 越大，企业越倾向投资固定资产，研发投入因此减少。企业负债水平对于企业 R&D 投入无明显相关性，但对企业创新专利申请量和发明创新专利申请量产生显著的正向影响。

表 12.28b 第（1）列表明碳排放交易政策对于企业 R&D 投入的影响与以报刊新闻内容为衡量标准的媒体和社会关注度没有显著相关性；第（2）列表明碳排放交易政策对于企业创新的影响与以报刊新闻内容为衡量标准的媒体和社会关注度存在相关性（在 10% 水平上显著）；第（3）列表明碳排放交易政策对于企业发明创新的影响与以报刊新闻内容为衡量标准的媒体和社会关注度存在相关性（在 5% 水平上显著），即碳排放交易政策不仅会显著促进在新闻报道内容中出现次数多的新材料产业进行技术创新，还会激励其提高创新质量。因此，对于报刊新闻，内容比标题更能促进碳试点政策的创新效应。

表 12.28a　　碳排放交易政策对于企业创新影响的实证结果：基于报刊新闻标题整体报道

	(1) lnrd	(2) lnpatent	(3) lninvpatapply
lnnewsnum_title_post	-0.003 (0.160)	-0.104 (0.083)	-0.114 (0.074)
lnnetasset	0.925*** (0.279)	0.257*** (0.089)	0.208*** (0.077)
lnlabor	-0.094 (0.300)	0.013 (0.107)	-0.021 (0.094)
lnage	-0.754 (0.855)	-0.556** (0.278)	-0.327 (0.238)
lntobin Q	-0.736** (0.359)	-0.092 (0.138)	-0.048 (0.114)
lndebt	-0.155 (0.205)	0.143** (0.064)	0.199*** (0.055)

续表

	(1) lnrd	(2) lnpatent	(3) lninvpatapply
_cons	-27.093*** (5.728)	-8.651*** (1.693)	-8.591*** (1.485)
年份效应	固定	固定	固定
行业效应	固定	固定	固定
N	752	752	752
Adjusted R^2	0.769	0.262	0.227

注：*、**、*** 分别表示在10%、5%和1%的显著性水平上显著。

表 12.28b　碳排放交易政策对于企业创新影响的实证结果：基于报刊新闻内容整体报道

	(1) lnrd	(2) lnpatent	(3) lninvpatapply
lnnewsnum_cont_post	0.172 (0.161)	0.140* (0.072)	0.156** (0.065)
lnnetasset	0.903*** (0.276)	0.226*** (0.087)	0.174** (0.074)
lnlabor	-0.107 (0.301)	0.002 (0.107)	-0.034 (0.094)
lnage	-0.782 (0.853)	-0.569** (0.283)	-0.342 (0.243)
lntobin Q	-0.759** (0.359)	-0.150 (0.138)	-0.112 (0.115)
lndebt	-0.175 (0.206)	0.116* (0.066)	0.170*** (0.057)
_cons	-26.102*** (5.763)	-7.377*** (1.723)	-7.184*** (1.508)
年份效应	固定	固定	固定
行业效应	固定	固定	固定
N	752	752	752
Adjusted R^2	0.769	0.264	0.230

注：*、**、*** 分别表示在10%、5%和1%的显著性水平上显著。

表12.29a报告了基于报刊新闻正面报道碳排放交易政策对于企业创新的影响，其中，表12.29a第（1）列表明碳排放交易政策对于企业R&D投入的影响与正面的媒体和社会关注度不存在显著的相关性；第（2）列和第（3）列表明碳排放交易政策对于企业创新的影响与正面的媒体和社会关注度有显著的相关性。这说明对于在报刊新闻报道被正面报道次数较多的新材料产业，碳排放交易政策对于其创新投入和创新绩效具有显著的促进作用。

表 12.29b 报告了基于报刊新闻中性报道碳排放交易政策对于企业创新的影响，其中，表 12.29a 第（1）列表明碳排放交易政策对于企业 R&D 投入的影响与中性的媒体和社会关注度不具有显著的相关性；第（2）列和第（3）列表明碳排放交易政策对于企业创新和发明创新产出的影响与中性的媒体和社会关注度有正向相关性（在 5% 的水平上显著），说明对于在报刊新闻内容中被正面报道次数较多的新材料产业，碳排放交易政策对于新材料产业创新产生正向作用。从表 12.29a 和表 12.29b 的系数及显著性看，正面新闻比中性新闻更能促进碳试点政策的促进效应

表 12.29c 报告了基于报刊新闻负面报道碳排放交易政策对于企业创新的影响，表 12.29c 第（1）列、第（2）列和第（3）列结果表明碳排放交易政策对于企业 R&D 投入和创新产出的影响与负面的媒体和社会关注度没有显著相关性，说明当企业陷入负面新闻时，碳试点政策无法改变其创新投入、创新效率和创新产出。

以上结果表明，传统报刊新闻内容比标题更能影响碳排放交易试点对企业创新的促进作用，关于企业的正面报道比中性、负面报道更有助于企业在碳试点政策下获得较高的创新产出和创新质量。

表 12.29a　碳排放交易政策对于企业创新影响的实证结果：基于报刊新闻正面报道

	(1) lnrd	(2) lnpatent	(3) lninvpatapply
lnposnews_all_post	0.147 (0.152)	0.144** (0.068)	0.170*** (0.061)
lnnetasset	0.905*** (0.275)	0.224*** (0.086)	0.171** (0.074)
lnlabor	-0.112 (0.302)	-0.005 (0.107)	-0.042 (0.094)
lnage	-0.748 (0.852)	-0.540* (0.280)	-0.310 (0.241)
lntobin Q	-0.765** (0.356)	-0.159 (0.139)	-0.124 (0.116)
lndebt	-0.169 (0.205)	0.119* (0.066)	0.172*** (0.057)
_cons	-26.286*** (5.721)	-7.394*** (1.703)	-7.148*** (1.486)
年份效应	固定	固定	固定
行业效应	固定	固定	固定
N	752	752	752
Adjusted R^2	0.769	0.265	0.232

注：*、**、*** 分别表示在 10%、5% 和 1% 的显著性水平上显著。

表 12.29b 碳排放交易政策对于企业创新影响的实证结果：基于报刊新闻中性报道

	(1) lnrd	(2) lnpatent	(3) lninvpatapply
lnneunews_all_post	0.145 (0.157)	0.164** (0.077)	0.169** (0.069)
lnnetasset	0.909*** (0.279)	0.226*** (0.087)	0.176** (0.075)
lnlabor	-0.098 (0.300)	0.008 (0.107)	-0.027 (0.094)
lnage	-0.796 (0.856)	-0.594** (0.285)	-0.366 (0.244)
lntobin Q	-0.744** (0.363)	-0.139 (0.138)	-0.100 (0.115)
lndebt	-0.170 (0.207)	0.115* (0.066)	0.171*** (0.057)
_cons	-26.369*** (5.846)	-7.370*** (1.717)	-7.240*** (1.509)
年份效应	固定	固定	固定
行业效应	固定	固定	固定
N	752	752	752
Adjusted R^2	0.769	0.265	0.230

注：*、**、*** 分别表示在 10%、5% 和 1% 的显著性水平上显著。

表 12.29c 碳排放交易政策对于企业创新影响的实证结果：基于报刊新闻负面报道

	(1) lnrd	(2) lnpatent	(3) lninvpatapply
lnnegnews_all_post	-0.018 (0.179)	-0.018 (0.179)	0.013 (0.073)
lnnetasset	0.926*** (0.278)	0.926*** (0.278)	0.192** (0.076)
lnlabor	-0.093 (0.300)	-0.093 (0.300)	-0.023 (0.094)
lnage	-0.750 (0.851)	-0.750 (0.851)	-0.318 (0.243)
lntobin Q	-0.734** (0.357)	-0.734** (0.357)	-0.094 (0.115)
lndebt	-0.153 (0.205)	-0.153 (0.205)	0.187*** (0.057)
_cons	-27.159*** (5.683)	-27.159*** (5.683)	-8.012*** (1.506)
年份效应	固定	固定	固定
行业效应	固定	固定	固定
N	752	752	752
Adjusted R^2	0.769	0.769	0.224

注：*、**、*** 分别表示在 10%、5% 和 1% 的显著性水平上显著。

（三）广义差分的实证结果——以网络新闻关注作为解释变量

有鉴于网络新闻和传统新闻之间的巨大差异，接下来本章将从网络新闻报道的视角来考察碳排放交易试点政策对于新材料产业上市企业创新的影响。

表 12.30a 和表 12.30b 报告了碳排放交易政策对于属于新材料产业的上市企业创新的影响。表 12.30a 第（1）列、第（2）列和第（3）列表明碳排放交易政策对于企业研发投入和企业创新的影响与以网络新闻标题为衡量标准的媒体和社会关注度没有显著相关性，即网络新闻标题带给企业的整体关注对于促进碳交易试点发挥创新的促进效应无明显关系。

表 12.30b 第（1）列表明碳排放交易政策对于企业 R&D 投入的影响与以网络新闻内容为衡量标准的媒体和社会关注度没有有显著的相关性；第（2）列表明碳排放交易政策对于企业创新的影响与以网络新闻内容有显著的相关性（在 10% 的水平上显著）；第（3）列表明碳排放交易政策对于企业创新的影响与以网络新闻内容有显著的相关性（在 5% 的水平上显著），即网络新闻内容带给企业的整体关注会促进碳交易试点发挥创新的促进效应。

表 12.30a　碳排放交易政策对于企业创新影响的实证结果：基于网络新闻标题整体报道

	(1) lnrd	(2) lnpatent	(3) lninvpatapply
lnnewsnum_title_online_post	-0.008 (0.192)	-0.050 (0.080)	-0.082 (0.072)
lnnetasset	0.924 *** (0.276)	0.245 *** (0.088)	0.195 ** (0.076)
lnlabor	-0.094 (0.299)	0.010 (0.107)	-0.025 (0.094)
lnage	-0.757 (0.859)	-0.567 ** (0.281)	-0.351 (0.239)
lntobin Q	-0.734 ** (0.350)	-0.109 (0.142)	-0.056 (0.117)
lndebt	-0.154 (0.206)	0.139 ** (0.065)	0.199 *** (0.056)
_cons	-27.102 *** (5.613)	-8.316 *** (1.667)	-8.300 *** (1.470)
年份效应	固定	固定	固定
行业效应	固定	固定	固定
N	752	752	752
Adjusted R^2	0.769	0.261	0.226

注：*、**、*** 分别表示在 10%、5% 和 1% 的显著性水平上显著。

表 12.30b　　碳排放交易政策对于企业创新影响的实证结果：基于网络新闻内容整体报道

	(1) lnrd	(2) lnpatent	(3) lninvpatapply
lnnewsnum_cont_post	0.089 (0.225)	-0.160* (0.094)	-0.163** (0.083)
lnnetasset	0.917*** (0.274)	0.255*** (0.089)	0.206*** (0.077)
lnlabor	-0.100 (0.304)	0.023 (0.107)	-0.011 (0.093)
lnage	-0.739 (0.857)	-0.572** (0.277)	-0.344 (0.237)
lntobin Q	-0.776** (0.353)	-0.063 (0.141)	-0.021 (0.116)
lndebt	-0.162 (0.204)	0.146** (0.065)	0.202*** (0.056)
_cons	-26.720*** (5.582)	-8.820*** (1.684)	-8.728*** (1.489)
年份效应	固定	固定	固定
行业效应	固定	固定	固定
N	752	752	752
Adjusted R^2	0.769	0.263	0.228

注：*、**、*** 分别表示在 10%、5% 和 1% 的显著性水平上显著。

以上内容主要基于网络新闻报道整体层面来考察碳试点政策对于属于新材料产业中的上市企业创新行为的影响，然而网络媒体对于企业具体报道内容具有明显的异质性。例如，网络新闻经常出现企业的正面信息，像社会责任感、自主研发创新能力等；中性的新闻，像企业的地理位置、雇佣员工信息等；负面新闻，像环境污染、偷税漏税等方面的内容。

表 12.31a 报告了基于网络新闻正面报道碳排放交易政策对于企业创新的影响。其中，表 12.31a 第（1）列和第（2）列表明碳排放交易政策对于企业 R&D 投入和创新的影响与正面的媒体和社会关注度没有显著相关性；第（3）列表明碳排放交易政策对于企业发明创新专利申请量的影响与网络上正面的媒体和社会关注度有显著的相关性（在 10% 的水平上显著），这说明对于在网络新闻报道被正面报道次数较多的新材料产业，碳排放交易政策对于新材料产业具体创新产生正向作用，但对于 R&D 产出无影响。

表 12.31b 报告了基于网络新闻中性报道碳排放交易政策对于企业创新的影响，其中，表 12.31b 第（1）列、第（2）列和第（3）列表明碳排放交易政策对于企业 R&D 投入、创新及发明创新的影响与中性的媒体和社会关注度均没有显著的相关性。这说明对于在网络新闻报道被中性报道次数较多的新材料产业，碳排放交易政策对于新材料产业 R&D 和具体创新产出均无影响。

表 12.31c 报告了基于网络新闻负面报道碳排放交易政策对于企业创新的影响。其中，表 12.31c 第（1）列和第（3）列表明碳排放交易政策对于企业 R&D 投入和创新的影响与

负面的媒体和社会关注度没有显著相关性；第（2）列表明碳排放交易政策对于企业 R&D 投入和创新产出的影响与负面的媒体和社会关注度有显著的负向相关性，说明当企业陷入网络负面新闻时，会大大抑制碳试点政策在其在研发投资决策与创新效率的作用。

表 12.31a　　碳排放交易政策对于企业创新影响的实证结果：基于网络新闻正面报道

	(1) lnrd	(2) lnpatent	(3) lninvpatapply
lnposnews_all_post	0.230 (0.207)	-0.121 (0.091)	-0.136* (0.081)
lnnetasset	0.906*** (0.273)	0.253*** (0.089)	0.204*** (0.077)
lnlabor	-0.113 (0.304)	0.022 (0.108)	-0.011 (0.094)
lnage	-0.693 (0.858)	-0.577** (0.278)	-0.352 (0.237)
lntobin Q	-0.840** (0.351)	-0.078 (0.142)	-0.032 (0.116)
lndebt	-0.171 (0.204)	0.141** (0.065)	0.198*** (0.056)
_cons	-26.150*** (5.611)	-8.662*** (1.684)	-8.617*** (1.490)
年份效应	固定	固定	固定
行业效应	固定	固定	固定
N	752	752	752
Adjusted R^2	0.769	0.262	0.227

注：*、**、*** 分别表示在 10%、5% 和 1% 的显著性水平上显著。

表 12.31b　　碳排放交易政策对于企业创新影响的实证结果：基于网络新闻中性报道

	(1) lnrd	(2) lnpatent	(3) lninvpatapply
lnneunews_all_post	-0.049 (0.140)	-0.053 (0.069)	-0.059 (0.061)
lnnetasset	0.930*** (0.278)	0.250*** (0.088)	0.200*** (0.076)
lnlabor	-0.091 (0.301)	0.015 (0.107)	-0.019 (0.094)
lnage	-0.750 (0.851)	-0.542* (0.279)	-0.312 (0.240)
lntobin Q	-0.716** (0.353)	-0.108 (0.141)	-0.066 (0.116)
lndebt	-0.150 (0.205)	0.137** (0.065)	0.194*** (0.056)

续表

	(1) lnrd	(2) lnpatent	(3) lninvpatapply
_cons	-27.335*** (5.717)	-8.445*** (1.688)	-8.373*** (1.493)
年份效应	固定	固定	固定
行业效应	固定	固定	固定
N	752	752	752
Adjusted R^2	0.769	0.261	0.225

注：*、**、*** 分别表示在10%、5%和1%的显著性水平上显著。

表 12.31c　碳排放交易政策对于企业创新影响的实证结果：基于网络新闻负面报道

	(1) lnrd	(2) lnpatent	(3) lninvpatapply
lnnegnews_all_post	-0.164 (0.192)	-0.206*** (0.071)	-0.025 (0.046)
lnnetasset	0.937*** (0.277)	0.260*** (0.089)	-0.026 (0.069)
lnlabor	-0.080 (0.304)	0.030 (0.105)	-0.122 (0.089)
lnage	-0.756 (0.851)	-0.549** (0.278)	-0.102 (1.156)
lntobin Q	-0.621* (0.362)	0.015 (0.144)	-0.026 (0.090)
lndebt	-0.128 (0.204)	0.166** (0.065)	0.163** (0.063)
_cons	-28.065*** (5.538)	-9.410*** (1.682)	-2.361 (3.417)
年份效应	固定	固定	固定
行业效应	固定	固定	固定
N	752	752	752
Adjusted R^2	0.769	0.270	0.146

注：*、**、*** 分别表示在10%、5%和1%的显著性水平上显著。

八、生物产业的实证结果

（一）描述性统计

变量的描述性统计见表12.32。本章的估计样本为232个生物产业企业2006～2019年面板数据，最终观测值为2440。企业研发支出（取对数）均值为12.905（约40.2万元），专利申请总量（取对数）均值为 1.102（约 3.01 个专利），其中发明专利授权量（取对数）为 0.875（约 2.40 个专利），占总专利申请量比重约 80%。这表明在 2006~2019 年，生物产业的企业在创新方面有较大的投入，并获得了较高的创新绩效。企业每年平均在报刊新闻的标题中被提到次数为 1.858，每年平均在报刊新闻的内容中被提到次数为 3.338，其中在所有报刊新闻中，被正面新闻报道了 2.605 次（取对数）、被中性新闻报道了 2.350 次（取对数）、被负面新闻报道了 2.013 次（取对数）。企业每年平均在网络新闻的标题中被提到次数（取对数）为 4.034，每年平均在网络新闻的内容中被提到次数（取对数）为 4.649，其中在所有网络新闻中，被正面新闻报道了 3.932 次（取对数）、被中性新闻报道了 3.221 次（取对数）、被负面新闻报道了 3.611 次（取对数）。总体来看，网络新闻对于企业的报道多于报刊新闻，报道（或提到）企业次数的新闻内容多于新闻标题，对于企业正面报道多于中性或者负面报道。

表 12.32　　描述性统计

变量	观测值	均值	标准差	最小值	最大值
lnrd	2440	12.905	7.869	0.000	22.083
lnpatent	2440	1.102	1.338	0.000	6.100
lninvpatapply	2440	0.875	1.131	0.000	4.762
lnnewsnum_title	2440	1.858	1.181	0.000	6.054
lnnewsnum_cont	2440	3.338	1.453	0.000	8.020
lnposnews_all	2440	2.605	1.336	0.000	7.054
lnneunews_all	2440	2.350	1.317	0.000	7.330
lnnegnews_all	2440	2.013	1.250	0.000	6.521
lnnewsnum_title_online	2440	4.034	1.527	0.000	7.309
lnnewsnum_cont_online	2440	4.649	1.561	0.000	8.102
lnposnews_all_online	2440	3.932	1.464	0.000	7.666
lnneunews_all_online	2440	3.221	1.369	0.000	7.578
lnnegnews_all_online	2440	3.611	1.437	0.000	7.335
lnnetasset	2440	21.219	1.099	13.581	24.623
lnlabor	2440	7.585	1.090	2.079	10.774
lnage	2440	2.871	0.337	1.386	4.220
lntobin Q	2440	0.796	0.524	-0.177	2.685
lndebt	2440	20.582	1.460	15.829	26.076

（二）广义差分的实证结果——以报刊新闻关注作为解释变量

表 12.33a 和表 12.33b 报告了碳排放交易政策对于属于生物产业的上市企业创新的影响。表 12.33a 第（1）列表明碳排放交易政策对于企业 R&D 投入影响与以报刊新闻标题

为衡量标准的媒体和社会关注度存在显著相关性，即报刊新闻标题带给企业的整体关注会促进碳交易试点发挥创新投入的增促效应；第（2）列和第（3）列表明碳排放交易政策对于企业创新及发明创新的影响与以报刊新闻标题为衡量标准的媒体和社会关注度存在显著相关性，说明报刊新闻标题带给企业的整体关注会促进碳交易试点对于创新绩效的正向影响。企业的净资产对于企业的R&D投入有显著的促进作用，但与创新产出无明显的相关关系。企业员工数量均与企业的R&D投入和创新产出无明显的相关关系。企业年龄对于企业创新有显著的正向影响，但不影响研发投入及发明创新。企业的市场价值和重置资产比（Tobin'Q值）与R&D投入和创新产出无明显的相关关系。企业负债水平对于企业R&D投入、企业创新专利申请量和发明创新专利申请量无明显影响。

表12.33b第（1）列表明碳排放交易政策对于企业R&D投入的影响与以报刊新闻内容为衡量标准的媒体和社会关注度有正向相关性（在1%水平上显著）；第（2）列和第（3）列表明碳排放交易政策对于企业创新产出的影响与以报刊新闻内容为衡量标准的媒体和社会关注度存在相关性（在1%水平上显著），即碳排放交易政策不仅会显著促进在新闻报道内容中出现次数多的生物企业进行技术创新，还会激励其提高创新质量。因此，对于报刊新闻，内容比标题更能促进碳试点政策的创新效应。

表12.33a　　碳排放交易政策对于企业创新影响的实证结果：基于报刊新闻标题整体报道

	(1) lnrd	(2) lnpatent	(3) lninvpatapply
lnnewsnum_title_post	0.519*** (0.152)	0.080** (0.039)	0.080** (0.036)
lnnetasset	0.750** (0.322)	-0.026 (0.032)	-0.023 (0.033)
lnlabor	-0.060 (0.396)	0.016 (0.050)	0.010 (0.042)
lnage	-1.024 (2.746)	0.880* (0.458)	0.546 (0.445)
lntobin Q	-0.274 (0.339)	-0.070 (0.066)	-0.058 (0.065)
lndebt	-0.284 (0.245)	-0.026 (0.041)	0.001 (0.037)
_cons	-6.099 (7.902)	-0.457 (1.217)	-0.374 (1.300)
年份效应	固定	固定	固定
个体效应	固定	固定	固定
N	2440	2440	2440
Adjusted R^2	0.730	0.088	0.075

注：*、**、***分别表示在10%、5%和1%的显著性水平上显著。

表 12.33b 碳排放交易政策对于企业创新影响的实证结果：基于报刊新闻内容整体报道

	(1) lnrd	(2) lnpatent	(3) lninvpatapply
lnnewsnum_cont_post	0.639*** (0.196)	0.113*** (0.038)	0.092*** (0.034)
lnnetasset	0.752** (0.320)	-0.027 (0.032)	-0.022 (0.033)
lnlabor	-0.101 (0.389)	0.008 (0.048)	0.004 (0.041)
lnage	-1.090 (2.620)	0.870* (0.450)	0.536 (0.438)
lntobin Q	-0.213 (0.329)	-0.060 (0.065)	-0.049 (0.063)
lndebt	-0.302 (0.236)	-0.031 (0.041)	-0.000 (0.037)
_cons	-5.280 (7.712)	-0.253 (1.197)	-0.286 (1.281)
年份效应	固定	固定	固定
个体效应	固定	固定	固定
N	2440	2440	2440
Adjusted R^2	0.732	0.094	0.077

注：*、**、*** 分别表示在 10%、5% 和 1% 的显著性水平上显著。

表 12.34a 报告了基于报刊新闻正面报道碳排放交易政策对于企业创新的影响，其中，表 12.34a 第（1）列表明碳排放交易政策对于企业 R&D 投入的影响与正面的媒体和社会关注度存在显著的相关性；第（2）列和第（3）列表明碳排放交易政策对于企业创新的影响与正面媒体和社会关注度有显著的相关性。这说明对于在报刊新闻报道被正面报道次数较多的生物企业，碳排放交易政策对于其创新投入和创新绩效具有显著的促进作用。

表 12.34b 报告了基于报刊新闻中性报道碳排放交易政策对于企业创新的影响，其中，表 12.34b 第（1）列表明碳排放交易政策对于企业 R&D 投入的影响与中性的媒体和社会关注度具有显著的相关性（在 1% 的水平上显著）；第（2）列碳排放交易政策对于企业创新的影响与中性的媒体和社会关注度有正向相关性（在 1% 的水平上显著）；第（3）列表明碳排放交易政策对于企业发明创新产出的影响与中性的媒体和社会关注度具有相关性（在 1% 的水平上显著），这说明对于在报刊新闻内容中被中性报道次数较多的生物企业，碳排放交易政策对于生物企业创新产生正向作用。从表 12.34a 和表 12.34b 的系数及显著性看，正面新闻比中性新闻更能促进碳试点政策的促进效应。

表 12.34c 报告了基于报刊新闻负面报道碳排放交易政策对于企业创新的影响，其中，表 12.34c 第（1）列结果表明碳排放交易政策对于企业 R&D 投入的影响与负面的媒体和社会关注度具有显著的相关性，说明负面新闻同样可以对企业的创新投入有正向的促进作用；第（2）列和第（3）列结果表明碳排放交易政策对于企业创新产出的影响与负面的

媒体和社会关注度有显著相关性，说明当企业陷入负面新闻时，碳试点政策会提高创新效率和创新产出。

以上结果表明，传统报刊新闻内容比标题更能影响碳排放交易试点对企业创新的促进作用，关于企业的正面报道比中性、负面报道更有助于企业在碳试点政策下获得较高的创新产出和创新质量。

表 12.34a　碳排放交易政策对于企业创新影响的实证结果：基于报刊新闻正面报道

	(1) lnrd	(2) lnpatent	(3) lninvpatapply
lnposnews_all_post	0.695*** (0.176)	0.112*** (0.037)	0.098*** (0.034)
lnnetasset	0.735** (0.319)	-0.029 (0.032)	-0.024 (0.033)
lnlabor	-0.113 (0.387)	0.008 (0.048)	0.003 (0.041)
lnage	-1.292 (2.587)	0.838* (0.450)	0.507 (0.437)
lntobin Q	-0.215 (0.329)	-0.061 (0.065)	-0.049 (0.063)
lndebt	-0.302 (0.239)	-0.030 (0.040)	-0.000 (0.037)
_cons	-4.373 (7.699)	-0.165 (1.201)	-0.168 (1.276)
年份效应	固定	固定	固定
个体效应	固定	固定	固定
N	2440	2440	2440
Adjusted R^2	0.732	0.093	0.078

注：*、**、*** 分别表示在 10%、5% 和 1% 的显著性水平上显著。

表 12.34b　碳排放交易政策对于企业创新影响的实证结果：基于报刊新闻中性报道

	(1) lnrd	(2) lnpatent	(3) lninvpatapply
lnneunews_all_post	0.555*** (0.194)	0.118*** (0.037)	0.094*** (0.033)
lnnetasset	0.772** (0.320)	-0.025 (0.032)	-0.020 (0.033)
lnlabor	-0.099 (0.393)	0.007 (0.048)	0.003 (0.041)
lnage	-0.981 (2.686)	0.893** (0.450)	0.554 (0.439)
lntobin Q	-0.202 (0.331)	-0.058 (0.064)	-0.047 (0.063)

续表

	(1) lnrd	(2) lnpatent	(3) lninvpatapply
lndebt	-0.265 (0.243)	-0.027 (0.040)	0.004 (0.037)
_cons	-6.725 (7.802)	-0.439 (1.188)	-0.442 (1.276)
年份效应	固定	固定	固定
个体效应	固定	固定	固定
N	2440	2440	2440
Adjusted R^2	0.731	0.095	0.078

注：*、**、*** 分别表示在 10%、5%和 1%的显著性水平上显著。

表 12.34c　碳排放交易政策对于企业创新影响的实证结果：基于报刊新闻负面报道

	(1) lnrd	(2) lnpatent	(3) lninvpatapply
lnnegnews_all_post	0.639*** (0.160)	0.100** (0.040)	0.079** (0.036)
lnnetasset	0.774** (0.317)	-0.022 (0.033)	-0.018 (0.033)
lnlabor	-0.083 (0.387)	0.013 (0.048)	0.008 (0.041)
lnage	-0.970 (2.683)	0.889* (0.456)	0.550 (0.445)
lntobin Q	-0.205 (0.330)	-0.059 (0.065)	-0.048 (0.064)
lndebt	-0.290 (0.245)	-0.027 (0.041)	0.003 (0.037)
_cons	-6.401 (7.752)	-0.501 (1.225)	-0.495 (1.300)
年份效应	固定	固定	固定
个体效应	固定	固定	固定
N	2440	2440	2440
Adjusted R^2	0.731	0.091	0.075

注：*、**、*** 分别表示在 10%、5%和 1%的显著性水平上显著。

（三）广义差分的实证结果——以网络新闻关注作为解释变量

有鉴于网络新闻和传统新闻之间的巨大差异，接下来本章将从网络新闻报道的视角来考察碳排放交易试点政策对于生物产业上市企业创新的影响。

表 12.35a 和表 12.35b 报告了碳排放交易政策对于属于生物产业的上市企业创新的影

响。表 12.35a 第（1）列表明碳排放交易政策对于企业研发投入的影响与以网络新闻标题为衡量标准的媒体和社会关注度不具有显著的相关性，即网络新闻标题带给企业的整体关注不会促进碳交易试点发挥创新的促进效应；第（2）列和第（3）列表明碳排放交易政策对于企业创新的影响与以网络新闻标题为衡量标准的媒体和社会关注度不具有显著影响，即网络新闻标题带给企业的整体关注对碳交易试点的创新效应无影响。

表 12.35b 第（1）列表明碳排放交易政策对于企业 R&D 投入的影响与以网络新闻内容为衡量标准的媒体和社会关注度具有显著的相关性；第（2）列和第（3）列表明碳排放交易政策对于企业创新的影响与以网络新闻内容有显著的相关性。因此，对于上市企业而言，在网络被媒体和公众关注对刺激该企业进行研发创新，尤其是在碳试点政策实行以后的生物产业的企业，但是这种曝光对于企业实际的创新产出反而会没有明显影响。

表 12.35a　碳排放交易政策对于企业创新影响的实证结果：基于网络新闻标题整体报道

	(1) lnrd	(2) lnpatent	(3) lninvpatapply
lnnewsnum_title_online_post	0.211 (0.189)	0.001 (0.042)	0.015 (0.037)
lnnetasset	0.785 ** (0.328)	-0.017 (0.033)	-0.015 (0.033)
lnlabor	-0.048 (0.401)	0.019 (0.051)	0.012 (0.043)
lnage	-1.010 (2.801)	0.869 * (0.464)	0.541 (0.452)
lntobin Q	-0.253 (0.346)	-0.061 (0.067)	-0.052 (0.066)
lndebt	-0.244 (0.255)	-0.015 (0.042)	0.010 (0.038)
_cons	-7.741 (8.315)	-0.863 (1.259)	-0.710 (1.307)
年份效应	固定	固定	固定
个体效应	固定	固定	固定
N	2440	2440	2440
Adjusted R^2	0.728	0.083	0.069

注：*、**、*** 分别表示在 10%、5% 和 1% 的显著性水平上显著。

表 12.35b　碳排放交易政策对于企业创新影响的实证结果：基于网络新闻内容整体报道

	(1) lnrd	(2) lnpatent	(3) lninvpatapply
lnnewsnum_cont_post	0.520 ** (0.230)	0.111 ** (0.053)	0.082 * (0.048)
lnnetasset	0.744 ** (0.318)	-0.031 (0.033)	-0.024 (0.033)

续表

	(1) lnrd	(2) lnpatent	(3) lninvpatapply
lnlabor	-0.052 (0.388)	0.017 (0.049)	0.011 (0.042)
lnage	-0.907 (2.741)	0.910** (0.460)	0.565 (0.451)
lntobin Q	-0.293 (0.343)	-0.077 (0.066)	-0.061 (0.065)
lndebt	-0.304 (0.240)	-0.035 (0.042)	-0.002 (0.038)
_cons	-5.909 (7.768)	-0.261 (1.256)	-0.337 (1.313)
年份效应	固定	固定	固定
个体效应	固定	固定	固定
N	2440	2440	2440
Adjusted R^2	0.730	0.090	0.073

注：*、**、*** 分别表示在 10%、5% 和 1% 的显著性水平上显著。

以上内容主要基于网络新闻报道整体层面来考察碳试点政策对于属于生物产业中的上市企业创新行为的影响，然而网络媒体对于企业具体报道内容具有明显的异质性。例如，网络新闻经常出现企业的正面信息，像社会责任感、自主研发创新能力等；中性的新闻，像企业的地理位置、雇佣员工信息等；负面新闻，像环境污染、偷税漏税等方面的内容。

表 12.36a 报告了基于网络新闻正面报道碳排放交易政策对于企业创新的影响。其中，表 12.36a 第（1）列表明碳排放交易政策对于企业 R&D 投入的影响与正面的媒体和社会关注度有显著的正相关性；第（2）列和第（3）列表明碳排放交易政策对于企业创新及发明创新的影响与正面的媒体和社会关注度有显著的相关性。这说明对于在网络新闻报道被正面报道次数较多的生物企业，碳排放交易政策对于生物企业 R&D 以及企业创新绩效产生正向作用。

表 12.36b 报告了基于网络新闻中性报道碳排放交易政策对于企业创新的影响，其中，表 12.36b 第（1）列表明碳排放交易政策对于企业 R&D 投入的影响与中性的媒体和社会关注度有显著的正相关性；第（2）列表明碳排放交易政策对于企业创新的影响与中性的媒体和社会关注度有显著的相关性；第（3）列表明碳排放交易政策对于企业发明创新的影响与中性的媒体和社会关注度没有显著的相关性。这说明对于在网络新闻报道被中性报道次数较多的生物企业，碳排放交易政策对于生物企业 R&D 以及企业创新产生正向作用但对于发明创新产出无影响。

表 12.36c 报告了基于网络新闻负面报道碳排放交易政策对于企业创新的影响。表 12.36c 所有结果均表明碳排放交易政策对于企业 R&D 投入和创新产出的影响与负面的媒体和社会关注度没有显著的相关性，说明当企业陷入网络负面新闻时，碳试点政策无法改变其在研发投资决策与创新效率。

表 12.36a　碳排放交易政策对于企业创新影响的实证结果：基于网络新闻正面报道

	(1) lnrd	(2) lnpatent	(3) lninvpatapply
lnposnews_all_post	0.469** (0.200)	0.136*** (0.050)	0.111** (0.046)
lnnetasset	0.725** (0.319)	-0.041 (0.033)	-0.033 (0.033)
lnlabor	-0.045 (0.388)	0.018 (0.050)	0.011 (0.042)
lnage	-0.984 (2.751)	0.902** (0.456)	0.562 (0.447)
lntobin Q	-0.313 (0.345)	-0.089 (0.066)	-0.072 (0.065)
lndebt	-0.296 (0.244)	-0.040 (0.042)	-0.008 (0.038)
_cons	-5.538 (7.873)	0.064 (1.269)	-0.023 (1.322)
年份效应	固定	固定	固定
个体效应	固定	固定	固定
N	2440	2440	2440
Adjusted R^2	0.729	0.093	0.077

注：*、**、*** 分别表示在10%、5%和1%的显著性水平上显著。

表 12.36b　碳排放交易政策对于企业创新影响的实证结果：基于网络新闻中性报道

	(1) lnrd	(2) lnpatent	(3) lninvpatapply
lnneunews_all_post	0.424** (0.196)	0.084** (0.042)	0.060 (0.038)
lnnetasset	0.734** (0.320)	-0.032 (0.033)	-0.024 (0.033)
lnlabor	-0.068 (0.391)	0.014 (0.049)	0.009 (0.042)
lnage	-0.872 (2.738)	0.913** (0.460)	0.567 (0.451)
lntobin Q	-0.288 (0.343)	-0.075 (0.066)	-0.060 (0.065)
lndebt	-0.292 (0.239)	-0.031 (0.042)	0.001 (0.038)
_cons	-5.919 (7.719)	-0.307 (1.245)	-0.385 (1.309)
年份效应	固定	固定	固定
个体效应	固定	固定	固定
N	2440	2440	2440
Adjusted R^2	0.730	0.088	0.072

注：*、**、*** 分别表示在10%、5%和1%的显著性水平上显著。

表 12.36c 碳排放交易政策对于企业创新影响的实证结果：基于网络新闻负面报道

	(1) lnrd	(2) lnpatent	(3) lninvpatapply
lnnegnews_all_post	0.184 (0.155)	0.008 (0.030)	0.003 (0.028)
lnnetasset	0.639** (0.318)	-0.006 (0.037)	-0.003 (0.037)
lnlabor	0.030 (0.377)	0.020 (0.058)	0.007 (0.048)
lnage	0.128 (2.932)	0.810 (0.502)	0.469 (0.450)
lntobin Q	-0.381 (0.365)	-0.061 (0.070)	-0.057 (0.069)
lndebt	-0.245 (0.229)	-0.012 (0.050)	0.015 (0.045)
_cons	-11.198 (7.703)	-2.308 (1.413)	-2.129 (1.379)
年份效应	固定	固定	固定
个体效应	固定	固定	固定
N	2440	2440	2440
Adjusted R^2	0.743	0.081	0.066

注：*、**、*** 分别表示在10%、5%和1%的显著性水平上显著。

九、新能源汽车产业的实证结果

（一）描述性统计

变量的描述性统计见表 12.37。本章的估计样本为 100 个新能源汽车产业企业 2006～2019 年面板数据，最终观测值为 27。企业研发支出（取对数）均值为 14.434（约 186 万元），专利申请总量（取对数）均值为 1.618（约 5.04 个专利），其中发明专利授权量（取对数）为 1.148（约 3.15 个专利），占总专利申请量比重约 60%。这表明在 2006～2019 年，新能源汽车产业的企业在创新方面有较大的投入，并获得了较高的创新绩效。企业每年平均在报刊新闻的标题中被提到次数为 1.724，每年平均在报刊新闻的内容中被提到次数为 2.752，其中在所有报刊新闻中，被正面新闻报道了 1.953 次（取对数）、被中性新闻报道了 1.834 次（取对数）、被负面新闻报道了 1.559 次（取对数）。企业每年平均在网络新闻的标题中被提到次数（取对数）为 4.304，每年平均在网络新闻的内容中被提到次数（取对数）为 4.494，其中在所有网络新闻中，被正面新闻报道了 3.848 次（取对数）、被中性新闻报道了 3.095 次（取对数）、被负面新闻报道了 3.452 次（取对数）。总体来看，网络新闻对于企业的报道多于报刊新闻，报道（或提到）企业次数的新闻内容多于新闻标题，对于企业正面报道多于中性或者负面报道。

表 12.37　　描述性统计

变量	观测值	均值	标准差	最小值	最大值
lnrd	27	14.434	7.046	0.000	19.079
lnpatent	27	1.618	1.069	0.000	3.296
lninvpatapply	27	1.148	0.986	0.000	3.296
lnnewsnum_title	27	1.724	1.145	0.000	4.094
lnnewsnum_cont	27	2.752	1.209	0.000	5.247
lnposnews_all	27	1.953	1.084	0.000	4.078
lnneunews_all	27	1.834	1.097	0.000	4.454
lnnegnews_all	27	1.559	1.154	0.000	4.344
lnnewsnum_title_online	27	4.304	1.281	0.000	6.174
lnnewsnum_cont_online	27	4.494	1.398	0.000	6.510
lnposnews_all_online	27	3.848	1.204	0.000	5.787
lnneunews_all_online	27	3.095	1.243	0.000	4.970
lnnegnews_all_online	27	3.452	1.236	0.000	5.762
lnnetasset	27	20.909	0.768	19.678	22.297
lnlabor	27	7.151	0.752	6.161	8.335
lnage	27	2.762	0.332	2.197	3.258
lntobin Q	27	0.657	0.408	0.076	1.668
lndebt	27	20.223	1.001	18.015	22.346

（二）广义差分的实证结果——以报刊新闻关注作为解释变量

表 12.38a 和表 12.38b 报告了碳排放交易政策对于属于新能源汽车产业的上市企业创新的影响。表 12.38a 第（1）列表明碳排放交易政策对于企业 R&D 投入影响与以报刊新闻标题为衡量标准的媒体和社会关注度存在显著相关性，即报刊新闻标题带给企业的整体关注会使碳交易试点发挥创新投入的负效应；第（2）列和第（3）列表明碳排放交易政策对于企业创新及发明创新的影响与以报刊新闻标题为衡量标准的媒体和社会关注度具有显著相关性，说明报刊新闻标题带给企业的整体关注会促进碳交易试点对于创新绩效的负向影响。企业的净资产对于企业的 R&D 投入有显著的促进作用，但与创新产出无明显的相关关系。企业员工数量均对企业的 R&D 投入和创新产出呈现显著的促进作用。企业年龄对于创新绩效和研发投入有显著的正向影响。企业的市场价值和重置资产比（Tobin'Q 值）利于企业继续进行技术研发投资和高质量的发明专利技术产出。企业负债水平对于企业 R&D 投入、企业创新专利申请量和发明创新专利申请量产生显著的正向影响。

表 12.38b 第（1）列表明碳排放交易政策对于企业 R&D 投入的影响与以报刊新闻内容为衡量标准的媒体和社会关注度有负向相关性；第（2）列和第（3）列表明碳排放交易政策对于企业创新产出的影响与以报刊新闻内容为衡量标准的媒体和社会关注度存在相关性，即碳排放交易政策不仅不会促进在新闻报道内容中出现次数多的新能源汽车企业进行技术创新，还会阻碍其提高创新质量。因此，对于报刊新闻，内容比标题都不能促进碳试点政策的创新效应。

表 12.38a　　碳排放交易政策对于企业创新影响的实证结果：基于报刊新闻标题整体报道

	(1) lnrd	(2) lnpatent	(3) lninvpatapply
lnnewsnum_title_post	-1.030 (1.639)	-1.043* (0.470)	-0.735 (0.601)
lnnetasset	5.360 (8.996)	0.818 (2.232)	-0.387 (2.697)
lnlabor	3.938 (7.501)	0.465 (1.943)	0.489 (2.179)
lnage	1.484 (18.296)	5.306 (6.155)	0.542 (7.003)
lntobin Q	0.128 (1.435)	0.862 (0.876)	0.393 (1.061)
lndebt	-4.446 (4.281)	-0.650 (0.566)	-0.235 (0.714)
_cons	-46.096 (152.107)	-18.026 (41.311)	7.778 (48.701)
年份效应	固定	固定	固定
行业效应	固定	固定	固定
N	27	27	27
Adjusted R^2	0.744	0.254	-0.274

注：*、**、*** 分别表示在 10%、5% 和 1% 的显著性水平上显著。

表 12.38b　　碳排放交易政策对于企业创新影响的实证结果：基于报刊新闻内容整体报道

	(1) lnrd	(2) lnpatent	(3) lninvpatapply
lnnewsnum_cont_post	-1.197 (1.716)	-2.140* (0.913)	-2.037 (1.125)
lnnetasset	7.537 (10.552)	4.574* (2.201)	3.143 (2.256)
lnlabor	3.455 (7.043)	0.657 (1.992)	1.012 (2.089)
lnage	-0.250 (20.481)	2.585 (6.116)	-1.925 (6.372)

续表

	(1) lnrd	(2) lnpatent	(3) lninvpatapply
lntobin Q	1.299 (2.905)	3.279* (1.450)	2.798 (1.756)
lndebt	-4.875 (4.930)	-1.684* (0.678)	-1.305 (0.814)
_cons	-73.580 (165.427)	-67.098 (37.725)	-38.900 (38.461)
年份效应	固定	固定	固定
行业效应	固定	固定	固定
N	27	27	27
Adjusted R^2	0.738	0.446	0.167

注：*、**、***分别表示在10%、5%和1%的显著性水平上显著。

表12.39a报告了基于报刊新闻正面报道碳排放交易政策对于企业创新的影响，其中，表12.39a第（1）列表明碳排放交易政策对于企业R&D投入的影响与正面的媒体和社会关注度存在显著的相关性；第（2）列和第（3）列表明碳排放交易政策对于企业创新的影响与正面的媒体和社会关注度有显著的负相关性。这说明对于在报刊新闻报道被正面报道次数较多的新能源汽车企业，碳排放交易政策对于其创新投入具有显著的促进作用，但对于创新绩效有显著负作用。

表12.39b报告了基于报刊新闻中性报道碳排放交易政策对于企业创新的影响，其中，表12.39b第（1）列表明碳排放交易政策对于企业R&D投入的影响与中性的媒体和社会关注度具有显著的负相关性；第（2）列表明碳排放交易政策对于企业创新的影响与中性的媒体和社会关注度有负向相关性；第（3）列表明碳排放交易政策对于企业发明创新产出的影响与中性的媒体和社会关注度具有相关性，说明对于在报刊新闻内容中被中性报道次数较多的新能源汽车企业，碳排放交易政策对于新能源汽车企业创新产生负向作用。从表12.39a和表12.39b的系数及显著性看，正面新闻比中性新闻更能促进碳试点政策的促进效应。

表12.39c报告了基于报刊新闻负面报道碳排放交易政策对于企业创新的影响，表12.39c第（1）列结果表明碳排放交易政策对于企业R&D投入的影响与负面的媒体和社会关注度具有显著的负相关性，说明负面新闻同样可以对企业的创新投入有负作用；第（2）列和第（3）列结果表明碳排放交易政策对于企业创新产出的影响与负面的媒体和社会关注度有显著相关性，说明当企业陷入负面新闻时，碳试点政策会改变其创新效率和创新产出。

以上结果表明，传统报刊新闻标题比内容更能影响碳排放交易试点对企业创新的促进作用，关于企业的正面报道比中性、负面报道更有助于企业在碳试点政策下获得较高的创新产出和创新质量。

表 12.39a　　碳排放交易政策对于企业创新影响的实证结果：基于报刊新闻正面报道

	(1) lnrd	(2) lnpatent	(3) lninvpatapply
lnposnews_all_post	0.716 (1.937)	-0.280 (1.027)	-0.311 (1.121)
lnnetasset	4.445 (9.692)	1.424 (3.520)	0.214 (2.404)
lnlabor	2.688 (6.009)	-0.960 (2.706)	-0.533 (2.589)
lnage	1.573 (19.568)	4.585 (8.906)	-0.057 (8.711)
lntobin Q	-1.008 (2.427)	0.718 (1.398)	0.406 (1.560)
lndebt	-3.990 (4.192)	-0.345 (0.841)	-0.037 (0.780)
_cons	-28.776 (162.796)	-24.903 (62.509)	0.167 (45.820)
年份效应	固定	固定	固定
行业效应	固定	固定	固定
N	27	27	27
Adjusted R^2	0.736	-0.214	-0.527

注：*、**、*** 分别表示在 10%、5% 和 1% 的显著性水平上显著。

表 12.39b　　碳排放交易政策对于企业创新影响的实证结果：基于报刊新闻中性报道

	(1) lnrd	(2) lnpatent	(3) lninvpatapply
lnneunews_all_post	-3.776 (2.954)	-1.307 (1.500)	-0.982 (1.609)
lnnetasset	11.148 (11.493)	2.940 (3.576)	1.199 (3.270)
lnlabor	7.630 (7.675)	0.835 (3.735)	0.830 (3.801)
lnage	-2.362 (19.393)	3.649 (9.954)	-0.679 (9.525)
lntobin Q	4.099 (3.447)	1.957 (2.120)	1.236 (2.328)
lndebt	-7.733 (6.135)	-1.558 (1.552)	-0.933 (1.538)
_cons	-111.383 (169.157)	-40.678 (60.098)	-9.229 (55.656)
年份效应	固定	固定	固定
行业效应	固定	固定	固定
N	27	27	27
Adjusted R^2	0.772	-0.036	-0.428

注：*、**、*** 分别表示在 10%、5% 和 1% 的显著性水平上显著。

表 12.39c　　碳排放交易政策对于企业创新影响的实证结果：基于报刊新闻负面报道

	(1) lnrd	(2) lnpatent	(3) lninvpatapply
lnnegnews_all_post	-0.584 (1.307)	-0.584 (1.307)	-1.207* (0.505)
lnnetasset	6.276 (9.422)	6.276 (9.422)	1.269 (2.134)
lnlabor	2.527 (6.265)	2.527 (6.265)	-0.583 (1.418)
lnage	2.139 (18.328)	2.139 (18.328)	2.557 (4.443)
lntobin Q	0.210 (1.806)	0.210 (1.806)	1.130 (0.718)
lndebt	-4.272 (4.298)	-4.272 (4.298)	-0.343 (0.585)
_cons	-59.597 (153.421)	-59.597 (153.421)	-20.043 (36.513)
年份效应	固定	固定	固定
行业效应	固定	固定	固定
N	27	27	27
Adjusted R^2	0.737	0.737	0.361

注：*、**、*** 分别表示在 10%、5% 和 1% 的显著性水平上显著。

（三）广义差分的实证结果——以网络新闻关注作为解释变量

有鉴于网络新闻和传统新闻之间的巨大差异，接下来本章将从网络新闻报道的视角来考察碳排放交易试点政策对于新能源汽车产业上市企业创新的影响。

表 12.40a 和表 12.40b 报告了碳排放交易政策对于属于新能源汽车产业的上市企业创新的影响。表 12.40a 第（1）列表明碳排放交易政策对于企业研发投入的影响与以网络新闻标题为衡量标准的媒体和社会关注度具有显著的相关性，即网络新闻标题带给企业的整体关注会促进碳交易试点发挥创新的负效应；第（2）列和第（3）列表明碳排放交易政策对于企业创新的影响与以网络新闻标题为衡量标准的媒体和社会关注度具有显著的负向影响，即网络新闻标题带给企业的整体关注会抑制碳交易试点的创新效应。

表 12.40b 第（1）列表明碳排放交易政策对于企业 R&D 投入的影响与以网络新闻内容为衡量标准的媒体和社会关注度具有显著的负相关性；第（2）列和第（3）列表明碳排放交易政策对于企业创新的影响与以网络新闻内容有显著的负相关性。因此，对于上市企业而言，在网络被媒体和公众关注对刺激该企业进行研发创新，尤其是在碳试点政策实行以后的新能源汽车产业的企业，但是这种曝光对于企业实际的创新产出反而会有负向影响。

表 12.40a　　碳排放交易政策对于企业创新影响的实证结果：基于网络新闻标题整体报道

	(1) lnrd	(2) lnpatent	(3) lninvpatapply
lnnewsnum_title_online_post	-0.807 (1.697)	-0.612 (1.004)	-0.113 (1.163)
lnnetasset	5.790 (9.226)	1.189 (2.653)	-0.225 (2.880)
lnlabor	3.649 (7.830)	-0.102 (2.653)	-0.334 (2.727)
lnage	-0.691 (21.676)	3.533 (8.660)	-0.043 (8.919)
lntobin Q	0.383 (2.057)	0.948 (1.190)	0.189 (1.288)
lndebt	-4.442 (4.367)	-0.559 (0.761)	-0.037 (0.859)
_cons	-47.977 (156.637)	-19.469 (49.076)	7.474 (52.423)
年份效应	固定	固定	固定
行业效应	固定	固定	固定
N	27	27	27
Adjusted R^2	0.737	-0.122	-0.558

注：*、**、*** 分别表示在 10%、5% 和 1% 的显著性水平上显著。

表 12.40b　　碳排放交易政策对于企业创新影响的实证结果：基于网络新闻内容整体报道

	(1) lnrd	(2) lnpatent	(3) lninvpatapply
lnnewsnum_cont_post	-0.544 (1.870)	-1.059 (0.835)	-0.553 (0.968)
lnnetasset	5.877 (9.219)	1.661 (2.251)	0.086 (2.613)
lnlabor	2.701 (6.625)	-0.670 (2.351)	-0.356 (2.491)
lnage	0.810 (20.138)	4.449 (7.412)	0.005 (8.062)
lntobin Q	0.088 (2.037)	1.174 (1.111)	0.479 (1.233)
lndebt	-4.207 (4.277)	-0.508 (0.672)	-0.097 (0.745)
_cons	-51.277 (152.706)	-28.045 (43.106)	2.536 (48.661)
年份效应	固定	固定	固定
行业效应	固定	固定	固定
N	27	27	27
Adjusted R^2	0.734	-0.004	-0.487

注：*、**、*** 分别表示在 10%、5% 和 1% 的显著性水平上显著。

以上内容主要基于网络新闻报道整体层面来考察碳试点政策对于属于新能源汽车产业中的上市企业创新行为的影响，然而网络媒体对于企业具体报道内容具有明显的异质性。例如，网络新闻经常出现企业的正面信息，像社会责任感、自主研发创新能力等；中性的新闻，像企业的地理位置、雇佣员工信息等；负面新闻，像环境污染、偷税漏税等方面的内容。

表 12.41a 报告了基于网络新闻正面报道碳排放交易政策对于企业创新的影响。表 12.41a 所有结果均表明碳排放交易政策对于企业 R&D 投入和技术创新专利申请量以及发明创新专利申请量的影响与网络上正面的媒体和社会关注度没有显著的相关性。

表 12.41b 报告了基于网络新闻中性报道碳排放交易政策对于企业创新的影响，其中，表 12.41b 第（1）列表明碳排放交易政策对于企业 R&D 投入的影响与中性的媒体和社会关注度有显著的负相关性；第（2）列和第（3）列表明碳排放交易政策对于企业创新及发明创新的影响与中性的媒体和社会关注度有显著的负相关性。这说明对于在网络新闻报道被中性报道次数较多的新能源汽车企业，碳排放交易政策对于新能源汽车企业 R&D 产生正向作用但对于具体创新产出产生负面影响。

表 12.41c 报告了基于网络新闻负面报道碳排放交易政策对于企业创新的影响。表 12.41c 结果表明碳排放交易政策对于企业 R&D 投入产生正向影响，但碳排放交易政策对创新产出的影响与负面的媒体和社会关注度有显著的负相关性，说明当企业陷入网络负面新闻时，碳试点政策会改变其在研发投资决策与创新效率。

表 12.41a　碳排放交易政策对于企业创新影响的实证结果：基于网络新闻正面报道

	(1) lnrd	(2) lnpatent	(3) lninvpatapply
lnposnews_all_post	0.051 (1.509)	-0.643 (1.264)	-0.207 (1.356)
lnnetasset	5.527 (9.847)	1.117 (2.672)	-0.222 (2.680)
lnlabor	2.554 (6.617)	-0.657 (2.612)	-0.401 (2.657)
lnage	1.086 (21.928)	3.675 (8.865)	-0.172 (9.057)
lntobin Q	-0.324 (1.837)	0.861 (1.178)	0.230 (1.261)
lndebt	-4.096 (4.287)	-0.369 (0.738)	-0.011 (0.733)
_cons	-46.139 (166.262)	-18.444 (50.345)	7.617 (50.492)
年份效应	固定	固定	固定
行业效应	固定	固定	固定
N	27	27	27
Adjusted R^2	0.733	-0.150	-0.552

注：*、**、*** 分别表示在 10%、5% 和 1% 的显著性水平上显著。

表 12.41b　　碳排放交易政策对于企业创新影响的实证结果：基于网络新闻中性报道

	(1) lnrd	(2) lnpatent	(3) lninvpatapply
lnneunews_all_post	-3.969 (3.930)	-2.779* (1.089)	-2.047 (1.422)
lnnetasset	13.113 (12.994)	6.302* (2.478)	3.647 (3.130)
lnlabor	3.896 (6.747)	0.009 (1.646)	0.197 (2.100)
lnage	0.493 (18.477)	4.459 (4.794)	-0.066 (6.429)
lntobin Q	2.282 (2.583)	2.239* (0.991)	1.421 (1.378)
lndebt	-6.063 (5.206)	-1.675* (0.703)	-1.001 (0.907)
_cons	-164.381 (195.994)	-100.862* (41.100)	-53.238 (51.830)
年份效应	固定	固定	固定
行业效应	固定	固定	固定
N	27	27	27
Adjusted R^2	0.765	0.452	-0.122

注：*、**、*** 分别表示在 10%、5% 和 1% 的显著性水平上显著。

表 12.41c　　碳排放交易政策对于企业创新影响的实证结果：基于网络新闻负面报道

	(1) lnrd	(2) lnpatent	(3) lninvpatapply
lnnegnews_all_post	0.513 (1.647)	-0.675 (0.702)	-0.349 (0.766)
lnnetasset	5.854 (11.006)	0.579 (2.421)	-0.477 (2.384)
lnlabor	2.655 (5.983)	-1.020 (2.362)	-0.538 (2.498)
lnage	-0.207 (17.498)	6.393 (7.494)	1.013 (7.987)
lntobin Q	-0.787 (2.265)	1.091 (1.155)	0.433 (1.226)
lndebt	-4.274 (4.491)	-0.073 (0.698)	0.129 (0.756)
_cons	-46.741 (171.185)	-17.342 (46.933)	8.120 (48.146)
年份效应	固定	固定	固定
行业效应	固定	固定	固定
N	27	27	27
Adjusted R^2	0.735	-0.060	-0.506

注：*、**、*** 分别表示在 10%、5% 和 1% 的显著性水平上显著。

十、小结

本章主要以我国沪深两市 A 股企业中的 2006 ~ 2019 年战略性新兴上市公司作为样本，运用广义 DID 估计方法并在控制企业固定效应与年份固定效应的基础上，对媒体和公众关注是否会影响到碳试点政策对于战略性新兴企业创新的作用以及不同类型的媒体和公众关注对其影响是否存在异质性分别进行了实证研究。

实证结果表明，从新闻报道的整体性来看，对于报刊新闻，新闻内容比标题更能促进碳试点政策的创新效应；而网络新闻标题和内容报道均能刺激碳试点政策对于战略性新兴企业进行研发投入作用，尤其是在碳试点政策实行以后的战略性新兴企业，但是这种曝光对于企业实际的创新产出反而会有负向影响。从新闻性质包括正面报道、中性报道和负面报道来看，对于报刊新闻，关于企业的正面报道比中性、负面报道要更有助于企业在碳试点政策下获得较高的创新产出和创新质量；对于网络新闻，正面报道会正向促进碳排放交易政策对于企业创新的作用，中性的媒体和社会关注度会正向影响碳排放交易政策对于企业创新的作用，负面报道与碳试点政策对于企业研发投资决策与创新效率的影响没有显著相关性。

对不同的战略性新兴产业分别进行实证检验发现，媒体报道对碳排放交易试点创新效应的影响具有明显的产业类型异质性。对于部分产业（如节能环保产业、新能源产业），报刊新闻和网络新闻对于碳试点政策对战略性新兴企业 R&D 投入的影响有正向促进作用，但是对于创新绩效没有显著相关性，正面新闻报道和负面新闻报道均能对碳试点政策对于企业的研发效应产生正向影响，对创新绩效无显著影响；对于新一代信息技术产业和生物产业而言，报刊新闻不仅对研发有正向影响，对于总体技术创新产出和发明专利产业也均有正向影响；对于新材料产业，报刊新闻有助于碳试点政策促进此类企业技术创新水平的提升，但媒体报道的正面新闻和负面新闻对于创新具有负向影响；对于高端设备制造业，报刊新闻对于碳试点对于创新绩效的作用甚至产生负向影响。

由此说明，在碳试点推行过程中，应该积极利用媒体新闻报道对于政策效果的推动作用，促进企业加大研发投资力度并且提升创新产出水平，同时注意根据不同的产业性质，引导合适的新闻媒体工具对于战略性新兴企业进行报道，最大限度地激励其技术创新水平的提升。

第十三章 “五螺旋视角”下汽车产业绿色创新发展——基于智能体的仿真建模与分析

一、引言

本章的研究目标是将三螺旋、四螺旋（公众关注）、五螺旋（环境压力）作为产业创新的重要推动力，并以汽车产业为例，使用智能体模型探究在动态演进过程中“五螺旋”的各主体协同对企业创新的作用。

由于企业创新行为具有复杂性特征，各主体间的相互影响、相互博弈最后形成的均衡状态决定了汽车制造企业创新能力的产生。因此，为了解开这种复杂性，本章基于智能体模型，研究的具体问题为：(1) 政府这一主体通过提供不同额度补贴对汽车制造企业自主创新的影响程度；(2) 通过三螺旋模型即产学研协同的情景，分析各主体对汽车制造企业进行创新选择的影响作用及大小；(3) 在前述基础上添加公众关注这一主体，构成四螺旋系统，用以探究公众关注对于汽车制造企业创新的影响；(4) 从五螺旋视角探究不同主体尤其是环境压力对汽车制造企业进行不同创新类型的选择和相应的影响程度。

二、文献综述

(一) 汽车产业的绿色创新

近年来，世界范围内汽车行业市场份额迅速增长，与此同时也带来了若干环境问题，如碳排放，全球变暖等。在这种情况下，汽车制造产业面临着双重压力，一是保护环境，二是保持企业长期绩效。企业的可持续发展已逐渐成为管理人员关心的一个关键问题，以至于 Esty 和 Winston (2006) 强调“当今世界上的任何一家公司，无论规模大小，无论是国内市场还是全球经营，在制造或服务方面都不能忽视环境问题”。绿色创新可能是提高汽车产业的环境效率和可持续性的第一步（Antonio L. Leal - Rodríguez et al.，2017）。绿色创新能够增加生产者和消费者的价值，同时减少环境影响。很多研究表明，汽车产业创新转型不仅取决于企业开发新技术的意愿，还取决于汽车购买者、汽车制造商、政策制定者和公众舆论之间关系的动态演化（Penna and Geels, 2015）。因此，从动态视角研究企业与相关主体、环境交互过程中创新行为的演变十分重要。

（二）三螺旋理论下的企业创新

在政府和企业创新的关系方面，Jianghua Zhou 和 Jizhen Li（2018）基于对文化和创意产业（CCI）相关的中国创新企业面板数据的实证研究，区分了两种类型的 GFP：中央政府资助项目（CGFPs）和地方政府资助的研究项目（LGFPs），发现 CGFPs 对 CCI 中企业的激进创新和渐进性创新具有倒“U”形效应，而 LGFPs 则对企业的渐进性创新有倒“U”形影响，但其对企业的激进创新没有显著影响。至于如何衡量企业的创新绩效，国内外则主要是通过专利数据进行分析（余江和陈凯华，2012；刘艳梅等，2014；Guerzoni M，2014）。

在大学与企业创新的关系方面，很多研究表明大学作为高素质人才培养和尖端科学研究的集中地，通过人才供应和科研成果转化积极促进企业创新。Deste（2007）实证分析了意大利新大学建立带来的高质量科学研究对于区域创新活动的促进作用。Snyder（2016）针对创新服务业，发现企业成功创新与大学等外部资源的获取之间存在因果关系，表明企业对大学在知识发展中所起作用的认可。Szucs（2018）发现大学学术质量的提高对合作公司的所有创新指标产生了积极而显著的影响，并提出涉及学术合作的项目总能够获得更高的知识溢出效应。

基于文献综述，本章提出以下假设：

H13－1a：政府投入对汽车产业绿色渐进性创新的作用效果为倒“U”形，政府投入先促进企业创新，达到门槛值后作用效果降低。

H13－1b：政府投入对汽车产业绿色突破性创新的作用效果为倒“U”形，但作用效果与渐进性创新相比更弱。

H13－2a：高校合作对汽车产业绿色渐进性创新有正向的作用。

H13－2b：高校合作对汽车产业绿色突破性创新有正向的作用。

（三）四螺旋（公众和媒体）对企业创新的影响

社交媒体的使用通过关注公众的声音增强了企业的创新警觉性，从而促进更大前瞻性的发展（Chakravarty，2013）。研究结果还表示，相比负面报道，正面报道对于创新的促进作用更明显。Wenping Zhang 和 Lele Kang（2018）研究了来自社交媒体的用户生成内容（UGC）的效价和数量如何影响企业的创新战略，发现社交媒体 UGC 的价值与企业的创新投资呈“U”形关系。与中性 UGC 相比，负面和正面内容都会带来更多的创新投资。并且随着 UGC 体积的增加即社会关注度增长到一定程度时，这种曲线关系才得以缓解。南楠（2016）进一步证实，真实深入的负面报道促进了企业创新，但不深入的负面报道却可能抑制企业创新，从侧面凸显了媒体负责、客观、详实报道的重要性。

Popp David（2011）使用专利数据观测五个主要造纸国漂白技术的演变，发现在国家引入环境政策之前，受消费者和广大公众的压力，相关企业就进行了大量创新，降低纸张的氯含量。通过2008~2014年中国100家上市公司的370个观察样本，Saunila（2017）证实规范性压力会对绿色创新产生积极影响，指出不断提高公众、消费者、社区居民和其他利益相关者对环境监管的参与度，有助于使媒体监督在协同创新方面发挥更大的作用。

基于以上分析，本章提出假设：

H13-3a：公众对环境问题的关注促进汽车产业进行绿色渐进性创新。

H13-3b：公众对环境问题的关注促进汽车产业进行绿色突破性创新。

（四）五螺旋（环境压力）对企业创新的影响

随着环境的日益恶化、人们环保意识逐步增强，政府出台相关环境规制借此来推动企业实施低碳技术创新的步伐，包括能源行业（Sun，2018）、第三方物流行业（Chu，2012）、制造业（Yuan Bao-long Ren，2016）等。李平（2013）利用中国29个地区的面板数据，研究表明环境规制强度与技术创新之间存在三重门槛效应，规制强度较低时规制对创新的影响表现为一种潜动力，不足以引发创新活动的开展，在最优规制水平显著促进创新；强度过高时促进作用减弱，即企业采纳绿色技术的程度与环境规制政策强度呈现倒“U”形关系。张倩（2013）进一步考虑企业的边际减排成本等异质性，证实企业采纳绿色技术的程度与环境规制政策之间的关系会呈现更为复杂的非单调关系，可能存在倒“W”形。王锋正等（2018）分析我国30个省级行政区的2000~2011年的面板数据，得出结论为环境规制显著影响企业绿色产品创新和绿色工艺创新。

基于以上分析，本章提出假设：

H13-4a：环境压力对汽车产业绿色渐进性创新具有倒“U”形影响，压力值超过临界点后，企业的创新活动受其抑制开始减少。

H13-4b：环境压力对汽车产业绿色突破性创新具有倒“U”形影响，且作用效果与渐进性创新相比更强。

以上假设的作用如图13.1所示。

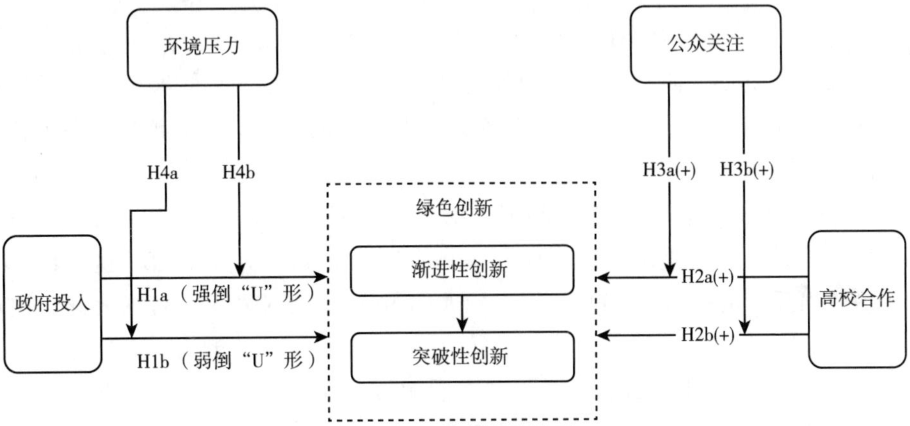

图13.1　研究假设关系

这种复杂适应系统的最终效果在很大程度上是不可预测的：政府投入能从多大程度上以及如何影响企业创新？这如何反映企业在系统环境中的选择过程？三螺旋、四螺旋以及五螺旋对企业创新战略选择分别有什么影响？不断演变的系统环境决定着智能体的行为和交互，传统的微分方程研究方法有其不可避免的局限性：（1）对微分方程特别是非线性微分方程，每增加一个变量将会使方程变得极其复杂甚至无法求解，而影响企业创新的因素很多，显然，微分方程无法一一描述，从而影响了对企业创新影响机制研究的精确度甚至是正确性；（2）尽管利用微分方程也能从一定程度上揭示企业创新机制，但无法看出各因素影响主体的具体作用方式。更合适的分析方法是基于智能体的仿真方法，本章将利用该方法尝试解决以上问题。

三、模型介绍

（一）智能体建模回顾

当前，基于智能体建模的研究主要采用的理论基础有创新扩散（Muhammad Adeel Zaffar et al.，2019；Raul A. Borracci，2018）、路径依赖（Abar，2017）和 MLP、消费者行为（Fernández - Márquez et al.，2017），协同演化（Rodrigues，2003；Haurand，2018）。其中，复杂适应系统（Complex Adaptive System，CAS）理论在协同演化的智能体建模中应用最为广泛。其最基本概念是具有适应能力的、主动的个体即智能体，在与环境的交互作用中能够根据行为的效果修改自己的行为规则，以便更好地在客观环境中生存。由这样的智能体组成的系统，将在主体之间以及主体与环境的相互作用中发展，表现出宏观系统中的分化、涌现等种种复杂的演化过程。

（二）智能体模型介绍

当前智能体这一术语还没有明确且规范的定义，受到普遍认同的一种说法是：智能体是指驻留在某一环境下，能持续自主地发挥作用的计算实体。它能够感知外界环境的变化，并迅速适应环境变化，进一步影响甚至改变其所在的环境。一般说来，智能体有以下五个不同的基本特征：

（1）自治性（Autonomy）：自我管理、自我调节的能力，不是被动地接受外界的刺激，而是根据外界环境的变化，自主地调整自身行为和状态。（2）反应性（Reactive）：对外界刺激作出反应的能力。（3）主动性（Proactive）：针对外界环境的变化，主动采取行动的能力。（4）社会性（Social）：与其他智能体协调合作的能力，不同的智能体可根据各自的意图与其他智能体进行交互，以达到解决问题的目的。（5）智能性（Intelligent）：积累、学习经验和知识的能力，并据此修改自身行为以适应环境。

具体而言，汽车制造企业创新的五螺旋模型可以被视为具有三个基本特征的复杂适应系统：(1) 它由相互作用的智能体组成，分别是政府、高校、企业、公众和环境；(2) 这些智能体是目标导向的——各主体都能通过消息机制与其他主体交互，继而根据反馈信息调整行为以实现目标；(3) 系统表现出相关性；即智能体的行为决策受系统环境影响产生，而非单个主体自身的属性。

四、模型设置

(一) 方法及参数汇总

为了确保稳健的模拟结果，本章总结国内外学者经验，将相关实证研究结果做一定处理后总结出所有参数，如表 13.1 所示。因为部分主体参数的随机性，模拟结果通常不是确定性的。在进行 150 次重复模拟实验并加以识别模型行为的不同轨迹后，最终呈现结果具有高度稳定性。

本章调查的时间范围是 30 个时间步长，相当于 30 年的时间跨度。每个时间步长对应一年。在现实世界中，一年也是汽车制造企业评估绩效、制订战略、选择是否自主创新以及如何创新的重要时间节点。

表 13.1 重要参数汇总表

参数	值	描述	来源	指标
Initial number of companies	150	初始企业数量	参照中国国家统计局 http://data.stats.gov.cn/search.htm?s=汽车制造行业规模，将其以一定比例标准化	N_C
Initial number of universities	26	初始高校数量	参考统计数据 http://data.stats.gov.cn/search.htm?s=全国高校数量将其同一比例标准化处理	N_U
Initial number of media	22	初始媒体数量	将中国知网 2016~2018 年报纸等媒体报道数量作平均化后标准化处理。参考 http://kns.cnki.net/kns/brief/result.aspx?dbprefix=CCND	N_M
Initial number of government	1	政府数量	实验模拟相同政府环境下企业行为的场景	N_G
Govern_input	557073 * (1+0.15)^n	政府投入，会直接加入企业的资金之中	政府初始投入数据来源国泰安数据库 2016~2018 年汽车制造上市企业政府补贴情况	G^n
Increase_percent	0.15	政府投入增长率	参考陈玲（2016）	β

续表

参数	值	描述	来源	指标
Innovate_more	0.5	政府对于创新企业多投入的百分点	作者假设	α
Fund_trans_prob	0.545 * U（0.2，0.6）	政府投入导致企业进行（渐进性）创新的概率	参考包勉（2018）以及 Gourville（2006）	TF_i^n
Fund_trans_super	0.012	政府投入导致企业由渐进性转变为突破性创新的概率	参考包勉（2018）	STF_i^n
Environment_norm	Dynamic	企业的环境指标，可以理解为二氧化碳排放量	汽车制造企业的一项基本指标	E_i^n
Environment_trans_prob	0.034，0.6768，0.1439 * U（0.2，0.6）	环境压力导致企业创新的概率	参考李平，慕绣如（2013）	TE_i^n
Environment_trans_super_prob	0.00316	环境压力导致企业由渐进性转变为突破性创新的概率	该值等于环境驱动渐进性创新与资金驱动渐进及突破创新之和的比例	STE_i^n
environment_normal_increase	U（0.3，0.5）	普通企业对于 environment_norm 的增量	作者假设	$\omega^C\omega^I$
environment_trans_increase	U（0.1，0.15）	创新企业对于 environment_norm 的增量	作者假设	ϑ
Tech_profit	U（-0.025，0.058）	创新技术带来的利润加成，假设突破性创新企业为两倍	由中经统计、RESSET 相关数据整理得到	γ^{IM}
Normal_profit	U（-0.011，0.0304）	普通技术带来的利润	由中经统计、RESSET 相关数据整理得到	γ^C
Authority	Maximum = 2	媒体权威性	作者假设	M_j^n
Environment_flag	80	作为媒体报道企业是否正确的标准，若超过标准则报道正确，authority 值增加，否则减少	作者假设	θ
Fund_flag	500	作为自身资本比较强的企业，其媒体带来的负面影响要高于正面影响，通过此标准区分大企业与小企业	作者假设	F^{flag}
Environment_flag	80	作为企业环境指标标准值，用来与实际指标值比较以区分媒体报道正确与否	作者假设	E_{flag}
Environment_postive_report_prob	0.075；0	媒体正面报道的影响	参考杨道广、陈汉文等（2017）（0 表示无影响）	WR_{ji}^n
Media_impact	-0.072；-0.165	媒体负面报道的影响（后者为正确情况下的影响水平，抑制不明显，前者为错误情况更明显的抑制作用）	参考杨道广、陈汉文等（2017）	$-WR_{ji}^n$

续表

参数	值	描述	来源	指标
whether_connect	30	高校对企业的知识溢出效应，该范围内产学合作概率为 connect_prob，超出该范围合作概率为 unconnect_pro	作者假设	D_{flag}
send_student	Dynamic	产学合作关系确定后，高校以一定比率每年一次为其输送人力资源	作者假设	$\mu^{UC}\mu^{CU}$
max_capity	Maximum = 2.5	高校自身能力	作者假设	U_k^n
University_impact	0.012	科研人员投入对于企业的影响（知识溢出、人才转移等）	参考包勉（2018）	U_{ki}^n
Fund_tech_input_table	0.03603	企业研发强度	参考邵慰（2018）	Fi_i^n
Fund	U（30000，40000）	企业资本，初始资本为 init_fund	由中国国家统计局汽车制造企业数量及汽车制造行业总资产计算得出	F_i^n
Fund_back_to_prob	0.1	因为创新失败、资金短缺导致企业破产的概率	作者假设	De_i^n
State_company	-1；0；1；2	-1 表示死亡企业，0 为普通企业，1 为创新企业，2 为突破式创新企业	作者假设	C_i^n

（二）智能体变化规则

根据前面的描述与分析，汽车制造企业创新支持体系的建模过程可以表述为：汽车企业智能体与系统中的其他智能体进行信息交互、资源协调，并通过适应性学习机制的作用，实现主体功能的优化（如创新能力提高、企业利润增加等）。最后，各投入主体共同作用，适应汽车制造企业创新市场的变化，相互之间达到一个均衡。为简化模型复杂性但又不失问题的一般性，下面建模过程中仅对主体之间的关键交互机制或规则进行分析。

1. 企业

本模型中企业具有三种存在状态，分别是普通企业、渐进性创新企业和突破性创新企业。渐进性创新策略预期风险相对较小，研发的成本也较低，并且有前期技术作为支撑，但这种创新策略想获得技术优势比较困难，技术更容易被淘汰。而激进式创新风险相对较大，多数企业不敢尝试，但这种创新策略一旦成功，企业将获得较大的技术优势（Zhou，2020）。另外，企业创新活动屡次失败并造成资金短缺时，一定比例的企业会破产并退出市场。

（1）普通企业转化为渐进性创新企业概率：

$$T_i^n = TF_i^n + TE_i^n \tag{13.1}$$

（2）普通企业转化为突破性创新企业概率：

$$ST_i^n = STF_i^n + STE_i^n \quad (13.2)$$

（3）企业破产概率：

$$De_i^n = D\_F\ (F_i^n) \quad (13.3)$$

其中，D_F 代表转化关系为表函数，以下 F_U、S_F_E 等类似形式均同。

所有汽车制造企业均具有一定初始资本，且政府投入、高校合作、公众关注对企业创新的影响及企业净利润都能够最终增加企业资本。作为进行创新投入的关键主体，企业研发投入力度主要受到企业当前资本影响。

（4）高校合作对于企业资本的影响：

$$Fu_i^n = F\_U(\sum_{k \in N_U} U_{ki}^n) \quad (13.4)$$

（5）公众关注对于企业资本的影响：

$$Fm_i^n = F\_M(\sum_{j \in N_M} M_{ji}^n) \quad (13.5)$$

（6）企业资本（AL_i^n代表企业是否存活，1 表示存活，0 表示死亡）：

$$F_i^n = \begin{cases} F_i^{n-1}(1+Fm_i^n)(1+Fu_i^n)(1-Fi_i^n)(1+\gamma^C+\gamma^{IM}C_i^n)+G_i^n, AL_i^n=1; \\ 0, AL_i^n=0; \end{cases} \quad (13.6)$$

（7）企业研发投入：

$$Fi_i^n = F\_I\ (F_i^n) \quad (13.7)$$

2. 政府

由于汽车制造企业创新技术具有公共产品属性，造成技术市场上存在市场“失灵”现象，需要政府干预。通过补贴、专项资金等方式，政府投入能够直接增加企业资本。另外，针对不同的汽车制造企业规模及类型，政府投入也不相同，一般来说，政府投入对普通企业创新绩效的作用效果呈现倒“U”形，即政府投入先是促进企业创新，而当投入强度达到一个临界点后，作用效果就会降低，高额度的投入甚至会抑制创新。而对于已采取渐进性创新的企业，政府投入比例会增大并有机会促进其进行突破性创新活动。

（1）政府总投入：

$$G^n = (1+\beta)G^{n-1}(\forall n \in N_Y) \quad (13.8)$$

（2）政府对单个企业 i 的投入：

$$G_i^n = \frac{G^n}{\sum_{i \in N_C} F_i AL_i^n(1+\alpha C_i^n)} AL_i^n(1+\alpha C_i^n)(\forall i \in N_C, n \in N_Y) \quad (13.9)$$

（3）政府对企业创新的影响：

渐进性：

$$TF_i^n = T\_F\ (F_i^n) \quad (13.10)$$

突破性：

$$STE_i^n = S\_F\_E\ (E_i^n) \quad (13.11)$$

3. 高校

大学作为企业高素质人才和创新技术的重要来源，其“知识溢出”的影响可以显著提升与其合作企业的科技创新能力。模型中假设，在与高校地理距离较近或曾有过合作关系的情况下，产学协同的概率较高（RobinCowan，2013）。

（1）初始时高校与企业之间关系：其中，p^{near}为企业连接距离D_{flag}范围内合作概率，p^{far}为超出该范围的概率。

$$Pu_{ki}=\begin{cases}p^{far},D_{ki}\geq D_{flag};\\ p^{near},D_{ki}<D_{flag}\end{cases}(\forall i\in N_C,k\in N_U) \tag{13.12}$$

（2）高校与企业之间的连接矩阵：

$$A_{ki}=\begin{cases}1,P(Pu_{ki})=1;\\ 0,P(Pu_{ki})=0\end{cases}(\forall i\in N_C,k\in N_U) \tag{13.13}$$

（3）高校对于企业创新的影响：

$$U_{ki}^{n}=\begin{cases}Pu_{ki}\mu^{UC}U_k^n,A_{ki}=1;\\ 0,A_{ki}=0\end{cases}(\forall i\in N_C,k\in N_U,n\in N_Y) \tag{13.14}$$

（4）高校影响力：

$$U_k^n=U_k^{n-1}+\sum_{i\in N_c}A_{ki}AL_i^nC^n\mu^{CU}(\forall i\in N_C,k\in N_U,n\in N_Y) \tag{13.15}$$

4. 公众

社会公众的关注通过媒体显现出来，在汽车制造企业创新过程中起着重要推动和监督作用。媒体权威度代表其舆论影响力的大小，决定其是否能够赢得受众、代表公众发声、为其获得最佳社会效益。媒体选择性地对市场中现存企业进行报道，企业碳排放强度越低，媒体对此的正面报道概率越大。模型中设定了标准碳排放强度，低于该值则媒体应进行正面报道以提高媒体自身权威度，反之权威度降低。

（1）媒体是否报道：

$$\theta_{ji}^{n}=\theta\ AL_i^n \tag{13.16}$$

其中，概率函数 $P(\theta_{ji}^{n})=1$ 时报道，其余不报道。

（2）媒体正面报道的概率：

$$Pm_i^n=En\_R\ (E_i^n)\ (\forall i\in N_C,\ n\in N_Y) \tag{13.17}$$

（3）媒体对企业报道情况（1 为正面，-1 为负面，0 为不报道）：

$$R_{ji}^{n}=\begin{cases}1,P(\theta_{ji}^{n})=1\text{ and }P(Pm_i^n)=1;\\ -1,P(\theta_{ji}^{n})=1\text{ and }P(Pm_i^n)=0;\\ 0,P(\theta_{ji}^{n})=0\end{cases}(\forall i\in N_C,j\in N_M,n\ N_Y) \tag{13.18}$$

（4）报道真实与否：

$$V_{ji}^{n}=\begin{cases}0, R_{ji}^{n}=0; \\ 1, (E_{i}^{n}-E^{flag}) R_{ji}^{n} \geqslant 0 \text{ and } R_{ji}^{n} \neq 0; \\ -1, else\end{cases} \tag{13.19}$$

（5）媒体权威度（m^{true}代表媒体报道真实，m^{false}为媒体报道有误）：

$$M_{j}^{n}=M_{j}^{n-1}+\sum_{V_{ji}^{n}=1} m^{true}+\sum_{V_{ji}^{n}=-1} m^{flase}(j \in N_{M}, n \in N_{Y}) \tag{13.20}$$

具体来说，媒体对汽车制造企业创新的影响还可分为四种场景（Nan Nan，2016）：①真实的正面报道促进企业创新并提高媒体权威度；②不真实的正面报道对企业创新无影响但有损媒体公信力并降低权威度；③不真实的负面报道抑制企业创新并降低媒体权威度；④真实的负面报道对企业创新抑制作用不明显，并提高媒体权威度。另外，作为自身资本比较强的企业，媒体带来的负面影响要高于正面影响，因此区分大企业或小企业十分重要。

（6）媒体对企业创新的影响（w 代表不同情况下媒体报道的影响系数）：

$$M_{ji}^{n}=\begin{cases}(R_{ji}^{n}=0): 0; \\ (R_{ji}^{n}=1): \begin{cases}w^{pbt} M_{j}^{n} Pm_{i}^{n}, F_{i}^{n} \geqslant F^{flag} \text{and } E_{i}^{n} \leqslant E^{flag}; \\ w^{pbf} M_{j}^{n} Pm_{i}^{n}, F_{i}^{n} \geqslant F^{flag} \text{and } E_{i}^{n}>E^{flag}; \\ w^{pst} M_{j}^{n} Pm_{i}^{n}, F_{i}^{n}<F^{flag} \text{and } E_{i}^{n} \leqslant E^{flag}; \\ w^{psf} M_{j}^{n} Pm_{i}^{n}, F_{i}^{n}<F^{flag} \text{and } E_{i}^{n}>E^{flag};\end{cases} \\ (R_{ji}^{n}=-1): \begin{cases}w^{nbt} M_{j}^{n}(1-Pm_{i}^{n}), F_{i}^{n} \geqslant F^{flag} \text{and } E_{i}^{n} \leqslant E^{flag}; \\ w^{nbf} M_{j}^{n}(1-Pm_{i}^{n}), F_{i}^{n} \geqslant F^{flag} \text{and } E_{i}^{n}>E^{flag}; \\ w^{nst} M_{j}^{n}(1-Pm_{i}^{n}), F_{i}^{n}<F^{flag} \text{and } E_{i}^{n} \leqslant E^{flag}; \\ w^{nsf} M_{j}^{n}(1-Pm_{i}^{n}), F_{i}^{n}<F^{flag} \text{and } E_{i}^{n}>E^{flag}\end{cases}\end{cases} \tag{13.21}$$

5. 环境

如前所述，汽车制造企业的环境指标由其碳排放强度衡量，企业的碳排放强度越高，则其环境压力越大。相关企业在环境压力作用下首先会增加创新投入，直到环境压力达到一个临界值，企业出于风险规避等考虑，将逐渐减少创新活动。

（1）企业碳排放强度：

$$E_{i}^{n}=\begin{cases}0, AL_{i}^{n}=0; \\ \vartheta E_{i}^{n-1}, C_{i}^{n-1}=1 \text{and } C_{i}^{n}>C_{i}^{n-1}; \\ E_{i}^{n-1}+\omega^{C}, C_{i}^{n-1}=1 \text{and } C_{i}^{n-1}=C_{i}^{n} \\ E_{i}^{n-1}+\omega^{I}, else\end{cases} \tag{13.22}$$

（2）环境压力对企业创新的影响：

渐进性：

$$TE_i^n = T\_E\ (E_i^n) \qquad (13.23)$$

突破性：

$$STE_i^n = S\_F\_E\ (E_i^n) \qquad (13.24)$$

五、仿真结果

（一）三螺旋场景

本节主要描述三螺旋情境下，企业创新行为的演化过程。由于政府补贴对于企业创新行为具有极重要意义（Jue Wang，2018）。因此，首先设置初始值为1，其值为政府对汽车产业平均补贴值（标准补贴额），在补贴投入前6年内（实验中前6个步长）渐进性创新企业比率呈现大幅增长，峰值大约为28.0%，该比值略低于研究政府补贴对汽车企业渐进性创新的比率，而突破性创新型企业在实验进行到第15个步长后趋于稳定，其稳定比例值在1.8%左右。之后，模型减少了政府补贴量，当政府补贴设置为0.6倍初始值时，政府补贴对汽车制造企业选择渐进性创新的显著促进区间延长至7个步长，且由于模型假设中当期补贴款与基期补贴额度的相关性，使创新补贴在整体水平上较低，体现在渐进性创新型企业的比例最大减少至25.0%，突破性创新企业比例也降低到1.4%。最后，提高政府补贴至0.8倍初始值时，政府对于企业创新的促进作用相比0.6倍初始补贴额略有显现，但不如整倍投入的促进效果明显，模型结果说明随着政府补贴的减少，企业创新动力明显不足。

随着政府补贴的增加，由初始投入1增至1.2时，实验中各时间段的渐进性创新企业均出现一定增长，幅度约为1.4%，突破性创新企业比例略有减少，即政府补贴增加20%，对企业进行渐进性创新的促进作用更加明显。接着，政府初始补贴进一步提升到1.4倍初始值，此时突破性创新企业的比例进一步降低，幅度约为5.2%，渐进性创新企业数量减少到与政府补贴标准额度时作用效果相当。当政府补贴设置为1.6倍初始值后，渐进性创新企业的比例下降到等同于0.6倍补贴初始值时的水平，而突破式企业比例大于政府补贴0.6倍时的水平。由此可以得出，政府补贴对于汽车制造企业不同类型创新的作用效果具有异质性，对于企业的渐进性创新具有明显的倒“U”形影响，随着政府补贴的投入强度提高，作用效果降低（JingJing Zhang and JianchengGuana，2018），但对企业突破性创新影响不大（见图13.2）。

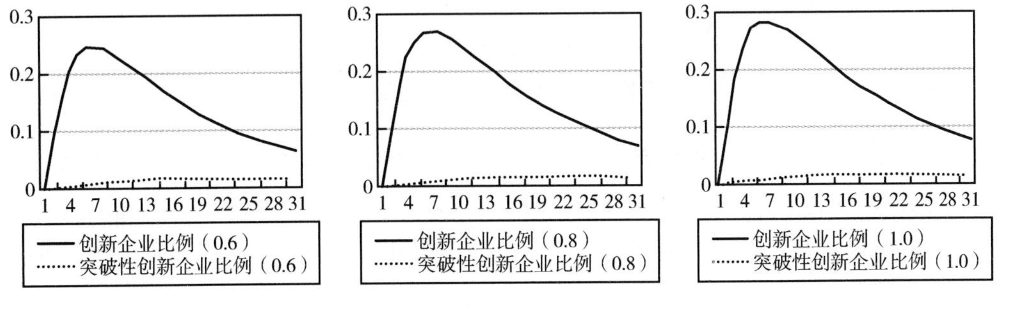

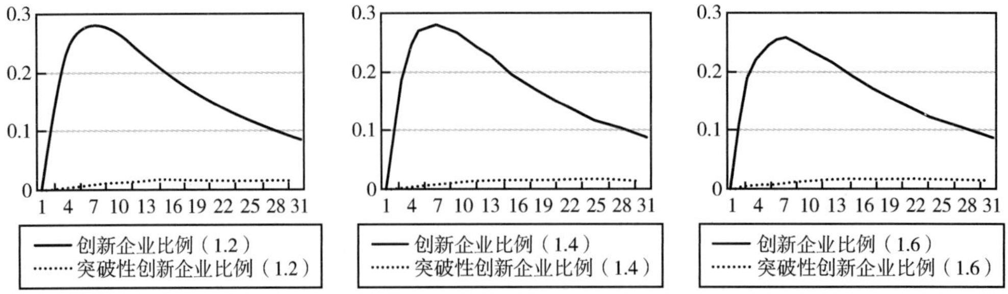

图 13.2　不同额度政府投入下创新企业比例

从前面可以看出，汽车产业市场中进行突破性创新的企业数量远小于渐进性创新企业。为了更清楚地看出政府补贴对企业不同类型创新行为的选择的影响，得到各类创新具体的门槛值以验证假设 H13 - 1a、H13 - 1b。重复多次模拟实验，结果如图 13.3 和图 13.4 所示。其中，渐进性企业创新的最优政府补贴额为该产业平均补贴额的 1.15 倍，而突破性创新企业的该值为 1.10 倍。鉴于企业进行突破性创新的比例一直在 2% 以下，误差较大，故本章不对图 13.2 中的次高点进行准确评价。

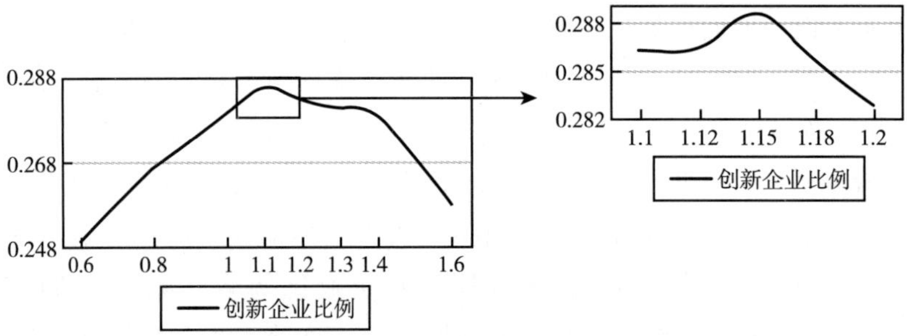

图 13.3　渐进性创新企业门槛值

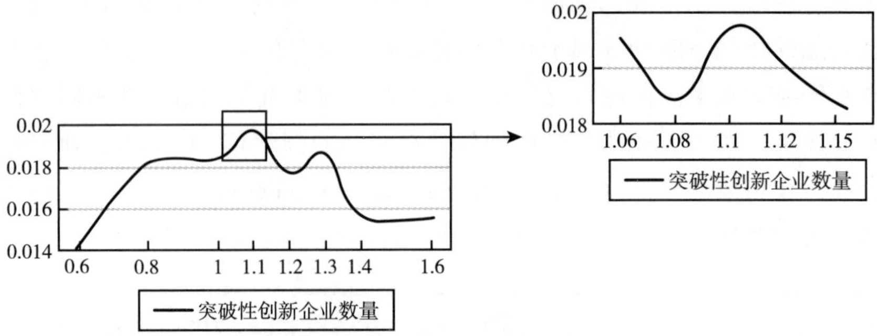

图 13.4　突破性创新企业门槛值

以上只分析了政府对企业创新的作用，下面在模型中添加了政府、企业、高校三个主体，仿真结果如图 13.5 所示，产学研合作能够较好地促进汽车制造企业创新，但与五螺旋共同作用相比，其在短期内促进渐进性创新的作用效果较弱，渐进性创新企业比例的增长区间延长至约 8 个步长，且最大创新比例值 27.4% 也明显低于五螺旋协同情景，体现在仿真结果曲线中为实验前期的坡度更加平缓。实验结束时渐进性创新企业比例下降到 6.0%，仍然低于五螺旋共同作用的情况。

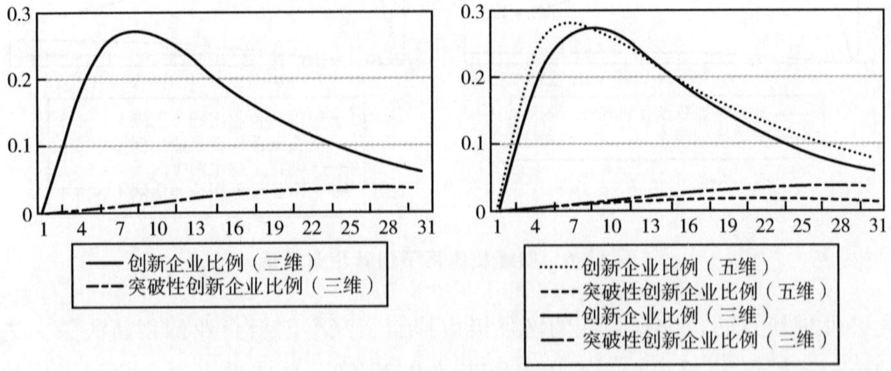

图 13.5 三螺旋作用下创新企业数量

突破性创新方面，实验开始时五螺旋的创新促进效果略强于三螺旋场景。但当实验进行到第 10 个步长时，产学研协同作用下汽车制造企业进行渐进性创新的比例开始超出五螺旋场景下的比例，并且直到实验结束时，该比例值仍保持增长态势，达到 3.8%。而在五螺旋作用下，突破性创新企业的比例最高也仅为 1.8%，且实验后期出现了略微下降，导致实验结束时三螺旋作用下突破性创新企业比例超出五螺旋 129.6%。这是否在一定程度上说明，外界压力（环境压力和公众压力）对于汽车制造企业进行具有前瞻性的突破性创新存在一定程度上的抑制作用？为了进一步探究公众关注和环境压力对汽车制造企业创新的异质性影响，本章进行了以下实验。

（二）四螺旋场景

为了强调社会环境即公众关注对汽车制造企业创新的作用，本模型添加公众的主要发声人——媒体为影响汽车制造企业创新过程中的第四个主体。由于媒体影响力和公信力的不同，其对企业的创新促进效果也存在差异。为了区分不同媒体的影响，模型设定媒体权威性最大值为 2，即权威性媒体在最大程度上可以加倍一般性媒体对企业创新的促进或抑制影响。另外，由于公众的评价倾向决定了企业创新能力受到促进/抑制，故媒体正负向报道的影响方式和程度大小也在模型构建的考虑范围内。

四螺旋模型结果表明，公众关注在产学研协作基础上并没有继续促进企业创新，相反出现了抑制作用。如图 13.6 所示，与三螺旋相比，公众关注的增加使促进汽车制造企业进行渐进性创新的区间缩短至 7 个步长，在此之后，渐进性创新企业比例开始下降。创新比例最大值由 27.4% 减少至 22.8%，下降 4.6%，说明公众关注在一定程度上抑制了企业的渐进性创新活动。但实验结束后，两种情形下渐进性汽车创新企业比例趋同，均为 6.0%，说明随着公众关注程度的增加，其影响程度减弱。

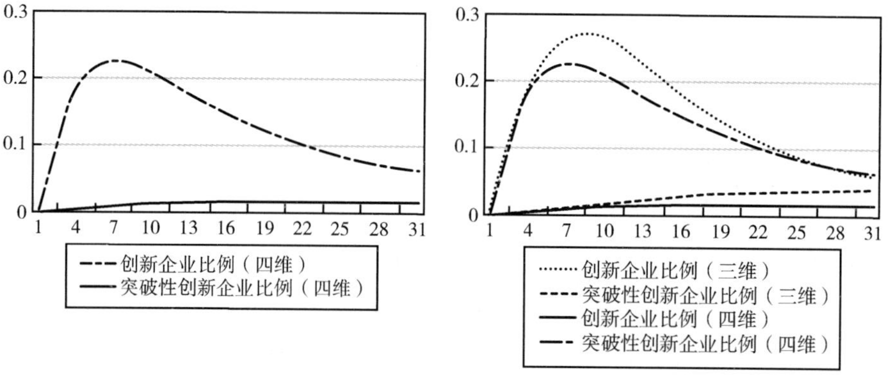

图 13.6　四螺旋作用下创新企业数量

在突破性创新方面，公众关注的增加极大抑制了汽车创新企业的创新决策，进行突破性创新的企业比例仅为 13.9%，下降为原来的 0.37 倍。总体看来，公众和媒体的关注使企业各类创新活动均受到抑制。这可能是因为媒体基于自身生存空间的考虑，偏离真实客观的准则进行报道以迎合受众需求，通过过分渲染和炒作一些热点问题而制造出失实新闻，以追求报道的爆炸性、丑闻性以及情绪性效果从而引起受众更广泛的关注。与活跃的资本市场一样，更高的媒体关注给管理者带来了巨大的压力，导致他们宁愿牺牲净现值为正的长期创新项目来满足短期的市场预期，印证了媒体的"市场压力假说"。

（三）五螺旋场景

技术创新是权衡政府规制与企业经济绩效的重要因素，因此探究环境规制压力对创新的影响机理，对充分发挥环境压力的创新效应从而实现经济发展和环境保护的双赢具有重大意义。为探究环境规制压力对创新的影响机理，本次实验在四螺旋基础上又增加了环境主体。

实验结果表明，在五螺旋的共同作用下，汽车制造企业进行渐进性创新的显著增长区间减少了约 1 个步长，为 6 个步长的时间。另外，渐进性创新企业比例的峰值增加到 28.0%，每年平均增速为 4.7%。与创新企业数量在四螺旋情境下的年增长速度 3.3%，峰值仅为 22.8% 的渐进性创新企业比例相比，可以看出：与未考虑环境压力时相比，更多企业愿意在更短时间内选择渐进性创新。这意味着在五螺旋协同作用下，一定强度的环境压力对汽车制造企业进行渐进性创新具有促进作用（见图 13.7）。

突破性创新方面，从前面得出五螺旋的促进效果明显低于三螺旋，但本次实验结果显示，五螺旋协同作用下突破性创新企业比例始终高于四螺旋情景，差值为 0.26% ~0.4%。这说明环境压力在一定程度上能够抵消媒体负面报道给企业管理者带来的压力，促进汽车制造企业进行突破性创新，而公众关注在相当大的程度上抑制了汽车制造企业选择进行突破性创新，与前述结论一致。

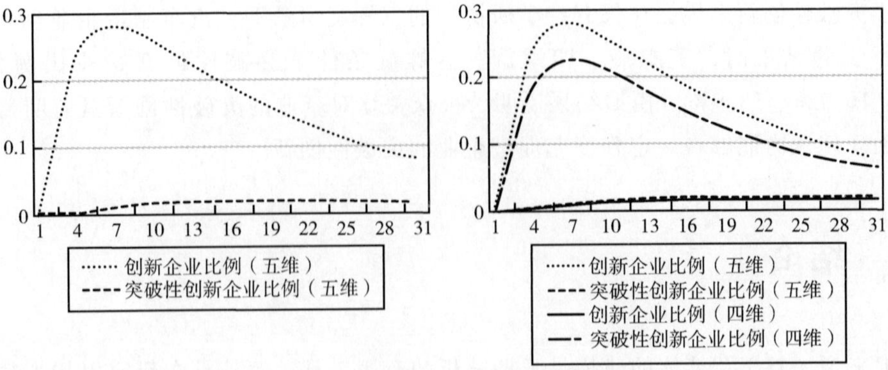

图 13.7 五螺旋作用下创新企业数量

（四）总结

进一步对比，研究发现不同外部环境对企业的创新方式影响显著。如图 13.8 所示，在渐进性创新方面，实验开始时五螺旋的促进作用效果明显强于三螺旋和四螺旋。具体来说，在实验的第 6 个步长时，五螺旋环境下的渐进性创新企业比例高达 28.0%，而其他两者的比例分别为 22.5%、25.2%。实验结束时，五螺旋、四螺旋、三螺旋环境下渐进性创新企业比例分别为 7.8%、6.0%、6.0%。实验结果表明，公众关注对于汽车制造企业的渐进性创新产生了抑制作用，但这种抑制性影响会随着时间延长或关注程度增大而削弱。环境压力在实验开始的前 7 个步长能够显著促进汽车制造企业的渐进性创新行为，这可能与其与政府补贴等政策的结合有关。实验中后期环境对企业渐进性创新的促进作用效果减弱，验证了较高的环境压力可能导致企业“逃避”，对其创新行为产生负面影响。

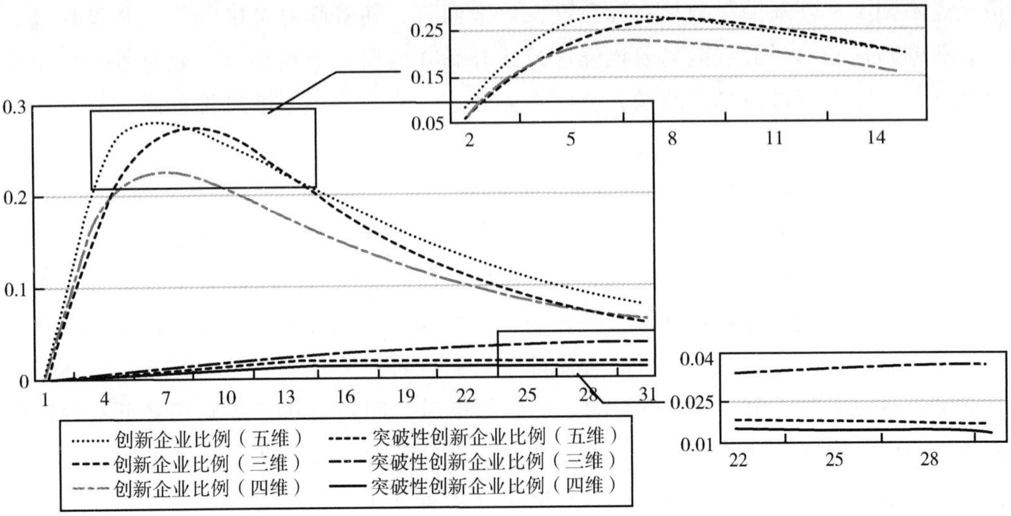

图 13.8 三螺旋、四螺旋、五螺旋下创新企业数量对比

对于突破性创新来说，在仅有产学研协同的三螺旋情景下，汽车制造企业创新活动更为活跃。实验结束时，三螺旋、四螺旋、五螺旋条件下突破性创新企业比例分别为：38.0%、16.5%、13.9%。模型结果说明，公众关注对企业的突破性创新具有明显的负面作用，而环境压力能够在一定程度上促进企业的突破性创新。

六、结论

一般来说，基于智能体的建模是长期分析的有用工具，尤其是在研究以相当复杂的行为（如新颖性、不确定性、适应性行为）为特征的系统时。研究利用基于智能体且具有复杂适应系统特征的模型，通过仿真模拟政府、高校、公众及环境等主体与汽车制造企业这一主体之间的作用方式，探究出汽车制造企业创新行为的具体演化过程，即汽车制造企业在与外界环境交互过程中，其创新倾向的变化趋势及创新类型的选择。另外，本章还探究了政策干预（政府补贴）在汽车制造企业创新过程中可能发挥的作用，并为政策实施提供参考。

研究结果表明，在所有情况下企业进行突破性创新的倾向都明显低于渐进性创新，可能因为前者在实际上需要远高于后者的资金及技术投入，短期内无法实现资本增值，甚至因为创新失败，使企业可能面临已投入资本无法收回的困境，因此企业在创新的类型选择上倾向于渐进性的做法。

政府在促进企业创新方面具有重要意义。在政府投入低于预期值时，进行突破性创新和渐进性创新的企业数量均明显减少，且后者更为明显。随着政府投入的增加，其对企业两类创新的促进作用均增强，但当政府补贴设置为初始值的 1.15 倍后，渐进性创新型企业的比例开始明显降低，而突破性创新的该值为 1.10。由此可以得出，政府补贴对于汽车制造企业不同类型创新的影响具有异质性。一般而言，随着政府补贴的投入强度提高，有利于企业创新活动的开展，但随着该强度持续升高并达到一个临界点，政府投入的作用效果将降低。而本章还可以得出的是，突破性创新这一临界点小于渐进性创新，其往往需要更多激励政策，包括企业自身建设。

在分析多个主体的协同创新效果时，本章进行了三次实验，分别是三螺旋、四螺旋、五螺旋作用下的企业创新场景。结果显示，在渐进性创新方面，五螺旋的促进作用效果在实验前期明显强于三螺旋，且三螺旋高于四螺旋，即环境压力可以在更短时间内（峰值为第 6 个步长）促进更多企业选择渐进性创新。但是实验后期五螺旋作用效果略有减弱，说明环境压力如果长期持续下去，可能会使部分企业“逃避”压力并放弃创新，即环境压力对企业渐进性创新存在倒“U”形影响。实验结束时，四螺旋和三螺旋场景下渐进性创新企业比例相同，说明公众关注的加入使企业渐进性创新行为在短期内受到抑制，但这种抑制作用长期会降低直至消失。同样地，在突破性创新方面，三螺旋对于企业创新的作用更加明显，但五螺旋略高于四螺旋。结果说明，环境压力能够在一定程度上促进企业进行突破性创新，而公众或媒体关注只能起到相反效果。

综合来说，本章基于复杂适应系统理论，通过构建由大学、产业、政府、公民社会、自然环境构成的多主体模型和模拟仿真，以识别各主体对于汽车行业创新驱动的作用，据此构建合理的创新发展路径，促进汽车产业创新转型。结果显示：（1）政府投入对企业创新存在倒“U”形影响，对于渐进性创新来说，该门槛值为政府对汽车产业平均补贴值的1.15倍，而突破性创新受政府投入影响较弱，门槛值为1.10；（2）公众关注方面，受媒体报道的负面性影响，企业面临巨大“市场压力”，突破性创新企业比例降低2.4%；（3）从时间角度看，环境压力在中短期内更能够促进企业进行渐进性创新，长期的环境压力可能导致企业“逃避”。在传统产学研协同创新基础上，加上公众参与、环境压力作为汽车企业创新生态系统中第四、五螺旋，进一步拓展了企业创新驱动因素的研究视角。同时，研究结合实证数据，基于智能体建模的方法仿真出汽车企业创新行为复杂的演化过程，相较传统微分方程，更准确地得出了各主体影响创新的具体作用方式。

第十四章　主要结论及政策建议

一、主要结论

本书共 14 章内容，除了第一章绪论和第十四章结论之外，主要内容可以分为两部分："现状描述"与"实证研究"。主要逻辑是首先要了解本书研究的各种主体，对其现状进行深入的探讨，然后对主体之间可能存在的关系进行实证研究。

"现状描述"部分包括第二章至第六章的内容，分别从 5 个方面对本书研究的各种主体进行了现状分析，包括：战略性新兴产业经济发展现状（第二章）、战略性新兴产业创新发展现状（第三章）、战略性新兴产业中的"三螺旋"因素现状（第四章）、战略性新兴产业中的"四螺旋"因素现状（第五章）和战略性新兴产业中的"五螺旋"因素现状（第六章）。该部分有助于对于本书研究的各种主体有更全面的了解，对战略性新兴产业的发展状况有更丰富的认识。

"实证研究"部分包括第七章至第十三章的内容，具体有四螺旋因素对微观企业创新的影响（第七章）、五螺旋因素影响省级创新（第八章）、五螺旋因素影响微观企业创新（战略性新兴内部，第九章；战略性新兴产业 VS 传统产业，第十章）、两种五螺旋因素影响微观企业创新（第十一章）、四螺旋五螺旋因素共同影响微观企业创新（第十二章）以及三四五螺旋对创新的共同作用机制（第十三章）。该部分是对战略性新兴产业发展过程中存在的各种影响因素与影响主体之间可能存在的关系进行考察，以便识别各种因素对于战略性新兴企业以及传统企业创新的作用效果及作用机制，从而为相关政策的制定提供依据。

下面就得到的结论进行介绍。

（一）战略性新兴产业经济发展现状

此部分重点介绍战略性新兴产业建设概况及其相关的经济效益指标，其中，建设情况又分为战略性新兴产业园区建设概况和重点企业建设情况，经济效益分析从规模以上工业企业经济效益和上市公司经济效益两个角度进行分析。得到如下结论。

1. 战略性新兴产业建设方面

（1）产业园区领域分布：新材料产业的产业园区数量最多，达到 1466 个，其次为高端装备制造产业、生物产业、新一代信息技术产业、新能源产业、新能源汽车产业以及数量最少的节能环保产业，产业园数量分别为 1296、1177、646、625、327 和 275 个。

（2）产业园区类型分布：战略性新兴产业的产业园区主要可以被概括为经济技术开发区、工业园区、高新技术产业开发区、海关特殊监管区、产业聚集区、边境/跨境经济合作区、示范园区和其他类型开发区等八大类别，其中经济技术开发区数量最多。

（3）批准年份分布：各年产业园区的批准数量整体呈上升趋势，特别是在 2010 年国务院颁布《关于加快培育和发展战略性新兴产业的决定》之后，产业园区的批准数量增长速度明显增快。

（4）批准单位分布：在各个批准单位中，国务院批准的产业园区数量最多。

（5）重点企业领域分布：新一代信息技术产业中的重点企业数量最多，为 195 家企业，然后是相关服务业、高端装备制造产业、新材料产业、新能源产业、生物产业、节能环保产业，拥有的重点企业数目分别为 169、73、61、9、5 和 3 家。

2. 规模以上战略性新兴工业企业经济效益方面

（1）主营业务收入：2012～2016 年，各类战略性新兴产业规模以上工业企业主营业务收入走势相对平稳，总体上呈上升趋势，不同产业之间主营业务收入差距较大，2016 年节能环保产业的主营业务收入最高，达到 48.1 万亿元。

（2）利润总额：2012～2016 年，节能环保产业规模以上工业企业利润总额最高但呈现波动下降的趋势，利润由 2012 年的 3.1 万亿元下降到 2016 年的 2.5 万亿元，其余六个产业均呈上升趋势。

3. 战略性新兴产业上市公司经济效益方面

（1）营业收入：2010～2019 年，上市公司七大产业营业收入均值总体呈上升情况，2016 年各战略性新兴产业上市公司营业收入总值由高到低分别为新一代信息技术产业、生物产业、高端装备制造业、新能源产业、节能环保产业、新材料产业以及新能源汽车产业，而从营业收入均值对比情况可以看出，高端装备制造产业的营业收入均值较为领先。

（2）利润总额：上市公司七大产业利润总值总体呈现出先上升后下降的趋势，较多的产业在 2017 年达到利润总值的最大值，而随后呈下降趋势，并且自 2017 年生物产业取代新一代信息技术成为上市企业利润最高的产业，2019 年生物产业上市企业利润总值表现得最为突出，超过 1200 亿元，说明生物产业是在所有战略性新兴产业中发展迅速、经济效益最高的产业。

（二）战略性新兴产业创新现状

本部分从战略性新兴产业专利概况、战略性新兴产业论文发表（其中用 SCI 和 CSCD 论文发表代表基础研究能力，用 SSCI 和 CSSCI 论文发表代表社会科学方面理论创新）、微观上市公司创新现状 3 个角度对战略性新兴产业创新层面发展现状进行分析。

1. 战略性新兴产业专利方面

（1）发明专利授权总量：2008～2016 年，我国战略性新兴产业发明专利授权总量总体呈逐年上升趋势，从 2008 年的 2.4 万件发明专利授权量上升为 2016 年的 15.8 万件，其中新一代信息技术产业和生物产业的专利授权数量最多，专利授权数量均过万件，节能环保、新材料被授权专利数量较多，而高端装备制造业、新能源和新能源汽车领域被授权专利数最少，多数年份被授权专利数目仅在 2000 以下。

（2）发明专利地域分布：2011～2014 年，我国 31 个省级行政区（港澳台地区除外）战略性新兴产业专利授权数量均呈逐年上升趋势，各省区市战略性新兴产业发明专利授权数量存在较大的差异性，北京、上海、广东、江苏、浙江等省市战略性新兴产业专利授权总量较多，而内蒙古、宁夏、海南、西藏、青海、新疆、云南等省区战略性新兴产业专利授权总量很少，多数年份在两位数以下。

2. 战略性新兴产业论文发表方面

（1）基础研究能力：2009～2020 年，沿海和内陆发达省市被 CSCD 和 SCI 收录的论文数量较多且呈一定的上升趋势，其余地区各个年份的论文数量较少且无明显波动特征，北京是发文量最多的地区。新一代信息技术产业和高端装备制造业是发表 CSCD 和 SCI 论文数量最多的两个产业，并且增长速度非常快，说明这两个产业是当前研究者重点探索的领域。同时相较于 CSCD 论文，中国内地高校、科研机构和企业发表战略性新兴产业相关的 SCI 论文更多，说明中国自然科学研究者更多地将战略性新兴产业的科研成果发表在国际期刊，表明中国的新兴产业基础研究能力的提升有助于全世界科学技术的共同进步。

（2）社会科学理论创新：2009～2020 年，各个战略性新兴产业被 CSSCI 和 SSCI 收录的文章数量整体上呈波动上升趋势，沿海和内陆发达省市如北京、上海、四川、天津、山东、广东、江苏、浙江、湖北、陕西等被收入论文数量较多，其余地区各个年份的论文数量较少。此外，新一代信息技术产业和高端装备制造业被 CSSCI 与 SSCI 收录的论文数量最多，反映出这两个产业对于社会经济影响较大，并且新一代信息技术产业的 SSCI 发文量高于 CSSCI 发文量，这体现出中国在信息技术领域的研究不仅在国内有较多的应用创新，对于国际上社会创新的应用也具有较大的推动作用。

3. 微观上市公司创新现状

（1）研发投入：在七大战略性新兴产业中，研发投入的上市企业具有稳步增加的趋势，2005～2019 年，中国战略性新兴企业发展处在一个创新的大环境中，绝大部分战略性新兴企业都积极做出了创新努力。

（2）专利情况：2005～2019 年，各个战略性新兴产业上市企业的专利申请总量、发明专利申请量、发明专利授权量、绿色专利授权量、绿色发明专利授权量总体上呈现先上升后下降的趋势，并且约有 50% 的企业在专利申请数量上出现了较大波动，有相当一部分企业没有任何发明专利授权数量，有半数以上的企业绿色专利授权总量始终为 0。除此之外，生物产业的创新质量显著低于其他产业，而新能源产业的绿色创新质量高于其他产业。

综上所述，在创新努力上，绝大多数战略性新兴企业都趋向于增加创新投入，但是在专利申请和授权方面，大部分企业在近年间出现了疲软状态，对于绿色创新方面重视度仍旧有待提高。

（三）战略性新兴产业中的“三螺旋”因素现状

1. 高校论文发表情况

（1）2009～2020 年 7 月，高校相比企业和研究机构，在战略性新兴产业方面参与发表的 CSCD 和 CSSCI 论文数量最多，分别达到 48766 篇和 14924 篇，远远超过其他主体。

（2）在高校参与发表的 CSCD 论文中，新能源产业的数量最多，达到 11378 篇，占比 23.33%，新一代信息技术产业的论文数量次之，为 10960 篇，占比 22.47%。

（3）在高校参与发表的 CSSCI 论文中，新一代信息技术产业的论文数量最多，达到 8824 篇，占比 59.13%；节能环保产业论文数量次之，为 2451 篇，占比 16.42%。

2. 机构论文发表情况

（1）2009～2020 年 7 月，研究机构在战略性新兴产业方面参与发表的 CSCD 和 CSSCI 论文数量仅次于高校，分别为 22170 篇和 4236 篇。

（2）在机构参与发表的 CSCD 论文中，高端装备制造业的数量最多，达到 5403 篇，占比 23.92%；新能源产业的论文数量次之，为 5144 篇，占比 23.20%。

（3）在机构参与发表的 CSSCI 论文中，新一代信息技术产业的论文数量最多，达到 2108 篇，占比 23.11%；节能环保产业论文数量次之，为 979 篇，占比 23.11%。

3. 企业论文发表情况

（1）2009～2020 年 7 月，研究机构在战略性新兴产业方面参与发表的 CSCD 和 CSSCI 论文数量低于高校和研究机构，分别为 14820 篇和 1085 篇。

（2）在企业参与发表的 CSCD 论文中，节能环保的论文数量最多，达到 5387 篇，占比 36.35%；新能源产业的论文数量次之，为 4425 篇，占比 29.86%。

（3）在企业参与发表的 CSSCI 论文中，新一代信息技术产业的论文数量最多，达到 901 篇，占比 83.04%；新能源产业的论文数量次之，为 63 篇，占比 5.81%。

4. 高校、机构、企业协同合作论文情况

对于不同的战略性新兴产业，三个主体相互协作关系及紧密程度具有差异。

（1）对于生物产业、高端装备制造产业以及新一代信息技术等产业，从二维互信息来看，高校与机构的协同创新关系一直最为紧密，但紧密关系始终呈现加强与减弱的波动状

态；从三维互信息来看，互信息值先减小后增大，说明三方合作关系先紧密后松散。

（2）对于新能源汽车产业、新能源产业以及新材料等产业，从二维互信息来看，高校与机构、高校与企业、机构与企业之间协同创新关系的紧密程度持续波动，并且它们的位次不断变化；从三维互信息来看，三方合作关系处于加强与减弱的波动状态，但后期与前期相比关系更为紧密。

（3）对于节能环保产业，从二维互信息来看，高校与企业的协同创新关系除个别年份外一直最紧密，且紧密程度不断加强；从三维互信息来看，互信息值总体上呈增加趋势，说明三方合作关系的紧密程度逐步减弱。

5. 分省份的各主体论文发表情况

（1）对于高校参与发表的战略性新兴产业主题的 CSCD 论文，2009～2020 年 7 月北京市的论文数量最多，达到 8438 篇，占比 17.30%；江苏省的论文数量次之，为 5473 篇，占比 11.22%。

（2）对于机构参与发表的战略性新兴产业主题的 CSCD 论文，北京市的论文数量最多，达到 7589 篇，占比 34.23%；上海市的论文数量次之，为 1726 篇，占比 7.79%。

（3）就企业参与发表的战略性新兴产业主题的 CSCD 论文而言，北京市的论文数量最多，达到 3003 篇，占比 20.26%；广东省的论文数量次之，为 1967 篇，占比 13.27%。

（4）对于高校参与发表的战略性新兴产业主题的 CSSCI 论文，北京市的论文数量最多，达到 2971 篇，占比 19.91%；江苏省的论文数量次之，为 1477 篇，占比 9.90%。

（5）对于机构参与发表的战略性新兴产业主题的 CSSCI 论文，北京市的论文数量最多，达到 1730 篇，占比 40.84%；上海市的论文数量次之，为 336 篇，占比 7.93%。

（6）对于企业参与发表的战略性新兴产业主题的 CSSCI 论文，北京市的论文数量最多，达到 332 篇，占比 30.60%；广东省的论文数量次之，为 115 篇，占比 10.60%。

总体来看，在战略性新兴产业的社会科学理论创新和基础研究方面，高校是最主要的研究主体，科研机构和企业与高校互相补充，进行协同创新。对于战略性新兴产业主题的 CSCD 论文和 CSSCI 论文，北京和江苏的高校参与最为积极，北京和上海的科研机构参与积极，此外，北京和广东的企业也做出了重要贡献。

（四）战略性新兴产业中的“第四螺旋”因素现状

在三螺旋分析的基础上，本书进一步分析四螺旋因素（社会公众）在战略性新兴产业发展过程中的参与情况。对于四螺旋的测度，主要从与战略性新兴产业中相关的政策、中国标准、媒体报道以及网络搜索四个方面进行描述。具体结论如下。

1. 政策方面

（1）2010～2019 年，战略性新兴产业相关的政策发布的数量年际波动起伏较大、增长速度变化明显，尤其在 2012 年前后有较大波动的急升急降，总体上数量呈现增加趋势。

（2）从各产业之间横向比较来看，节能环保产业领域政策发布的数量显著多于其余六大产业，紧接着就是新能源汽车产业、新一代信息技术产业以及新能源产业，高端装备制造产业、生物产业、新材料产业的政策发布数量最少。

（3）从各领域年动态分析来看，新能源汽车产业、新材料产业、高端装备制造产业、新一代信息技术产业、节能环保产业于2011～2018年均呈上升趋势，而生物产业与新能源产业上升下降波动较大。

2. 中国标准方面

（1）2011～2019年，与战略性新兴产业相关的中国标准发布的数量总体呈下降趋势，在2014年下降幅度较大。

（2）从各产业之间横向比较来看，中国标准在新材料产业领域发布的政策数量最多，紧接着是新一代信息技术产业和高端装备制造产业，新能源产业、生物产业、节能环保产业和新能源汽车产业发布的政策数量相对较少；从各领域年动态分析来看，各个战略性新兴产业均呈下降趋势。

3. 报纸媒体报道方面

（1）战略性新兴公司和非战略性新兴公司在报纸新闻上年际变动趋势基本相同，大多数公司在2013年达到最值，之后开始逐渐回落，并且战略性新兴公司在报纸新闻上的公众关注度低于非战略性新兴公司。

（2）在所有报纸媒体对于战略性新兴产业的报道中（包括标题和内容），正面新闻总数高于中性新闻总数，也高于负面新闻总数，说明在战略新兴产业的发展中，社会环境上赞成的声音比反对的声音更为广泛。

（3）不同类型战略性新兴产业公司受到报纸新闻上公众关注不同，新一代信息技术产业的公众关注度最高，10年来新一代信息技术公司在新闻报道内容出现过11337次，其次是生物产业、节能环保产业、高端装备产业、新能源产业以及新能源汽车产业。

4. 网络媒体报道方面

（1）战略性新兴公司和非战略性新兴公司总体上年际波动趋势基本相同，在前期均呈缓慢波动上升的趋势，2015年是两者共同的峰值，之后有所回落。

（2）战略性新兴公司内部七种产业的正面新闻总数、中性新闻总数和负面新闻总数出现的比例约为2∶1∶1，体现出社会上对于战略性新兴公司多持正面积极态度。

（3）从不同产业对比来说，新一代信息技术产业和生物产业在网络新闻上获取的公共关注最多；而高端装备、新能源和新材料产业在网络新闻上获取的公共关注较少，且三者相对持平；新能源汽车产业在网络新闻上获取的公共关注是最少的。

5. 搜索指数方面

（1）战略性新兴公司和非战略性新兴公司在网络搜索指数上的情况，整体年际变动趋势基本相同，均在2015年达到最大值，之后开始缓慢下降，且非战略性新兴公司的绝对值略高于战略性新兴公司。

（2）从各产业网络搜索指数统计对比来看，在网络搜索指数中，新一代信息技术产业尤为突出，指数明显大于其余产业，其次是生物产业、节能环保产业、新材料产业、高端装备制造业、新能源产业以及新能源汽车产业。

（五）战略性新兴产业中的“第五螺旋”因素现状

在对三、四螺旋分别进行介绍后，本书进一步将五螺旋因素（环境）纳入战略性新兴产业分析中。从战略性新兴产业上市公司环境信息披露角度对环境因素进行分析，得到如下结论：

（1）战略性新兴上市公司近年来披露环境和可持续发展信息的占比基本都在95%上，呈现出较高的市场披露水平。

（2）就不同的战略性新兴产业上市公司而言，新材料、高端装备制造以及节能环保产业的上市公司中能够进行环境信息披露的比例达到100%，而新一代信息技术产业上市公司中进行环境信息披露的公司所占比例仅为78.20%，远低于其他产业上市公司中进行环境信息披露的比例。

（3）在环境得分方面，战略性新兴上市公司的环境得分呈现出增减波动频繁态势，就不同战略性新兴产业上市公司而言，新材料、新能源以及高端装备制造产业上市公司的平均环境得分较高，而新一代信息技术产业和新能源汽车产业上市公司平均环境得分偏低。

（六）四螺旋因素对微观企业创新的影响

本书在实证分析的第一部分（第七章）是以汽车产业为研究对象，通过分析公众关注对于中国汽车企业绿色创新的影响，从微观的视角验证了四螺旋因素对于创新作用。

采用的数据与方法具体为：首先，对中国工业企业数据库和国家专利数据库的数据进行匹配，得到了151家从2003～2013年至少申请过一次汽车节能技术的汽车企业数据；其次，采用了转移概率矩阵（TPM）来分析公司创新的持续性；再次，采用了面板随机Probit模型分析了公众关注对企业绿色创新的影响；最后，采用生命周期模型（DILC模型）来分析公众关注对产业绿色创新的影响是否存在时间的异质性。

得到实证结果如下。

1. 企业绿色创新转变的概率及持续概率

（1）不同规模的企业绿色创新转变方面，进入创新的概率随着公司规模由小到大持续上升，退出创新的概率随着公司规模由小到大持续下降。

（2）不同规模的企业绿色创新持续性方面，创新持续性随着公司规模由小到大持续上升，非创新状态的持续性随着公司规模由小到大持续下降。

（3）对于不同性质的企业而言，非国有公司保持创新状态的概率和保持非创新状态的概率都高于国有公司，而国有公司比非国有公司更可能进入创新，也更可能退出创新。

2. 公众关注对于企业绿色创新的影响

（1）从企业规模来看，中型公司和大型公司的创新状态具有持续性，公众关注只影响中型公司和大型公司的持续创新，小公司不会因公众关注而增加其持续创新的概率，但公众关注能促进所有不同规模的公司突破创新门槛进行绿色创新。

（2）从不同所有制来看，国有公司的创新行为一旦开始，其创新状态便具有持续性，公众关注能监督国有公司进行持续创新，也能使国有公司进行突破，加快绿色创新的步伐。

（3）公众关注对于创新的影响有时间异质性。2007～2012 年，公司的创新状态不具有持续性，可能与金融危机的发生有关，公司资金总量减少，在上一期创新的情况下，可能在当期不会再进行创新，而公众关注会使公司在削减创新资金时更缓和，仍能监督公司进行持续创新，并且促进企业绿色创新。而对于 2002～2007 年和 2012～2013 年这两个阶段来说，公司的创新状态具有持续性，且企业研发起显著作用，但是公众关注的作用也微乎其微。

（七）五螺旋因素对创新的影响

本书在实证研究的第二部分（第八章至第十章）使用碳排放交易制度（ETS）作为五螺旋因素的代表，重点分析了五螺旋因素对于创新的影响，包括 ETS 对于试点省份创新的影响、ETS 对于微观战略性新兴上市公司创新的影响、ETS 对于战略性新兴企业与非战略性新兴企业创新影响的差异性。该部分既从中观层面又从微观企业的视角，验证了五螺旋因素对于创新影响作用。接下来对不同的实证研究及研究结论进行详细介绍。

1. ETS 制度对于试点省份创新的影响

基于 2006～2018 年 31 个省级行政区的数据，通过采用广义合成控制法和双向固定效应模型来对 ETS 制度创新效应进行估计，得到如下结论：

（1）在研发投入方面，如果把试点地区作为一个整体，碳试点政策对试点地区的研发支出不管是从整体上还是每年的效果上，都没有显著的影响；但对各个试点进行单独研究发现，碳试点政策对北京、天津的研发投入有显著性的正向影响，对于湖北、广东的研发投入有显著负向影响，对重庆、上海的研发投入无显著影响。

（2）在专利申请方面，碳试点政策自实行后的 1～4 年（2014～2017 年）对于试点地区的专利申请具有显著的正向影响；对各个试点进行单独研究发现，碳试点政策只对北京、广东的战略性新兴产业的专利申请量有显著影响。

（3）在发明专利申请方面，碳市场自政策实行后的 1～6 年（2014～2019 年）对于试点地区的发明专利申请具有显著的正向影响，细分来看，碳市场只对北京、广东、上海的发明专利申请有影响。

（4）人均 GDP、城镇化、外商直接投资对研发投入有正向显著影响，而金融发展对研发投入有负向显著影响；城镇化水平、外商直接投资对发明专利申请量有显著正向影响，工业增加值对发明专利申请量有显著负向影响。

2. ETS 制度对微观战略性新兴上市公司创新的影响

采用沪深两市 A 股企业中的战略性新兴上市公司作为研究对象，运用异时 DID 和 PSM - DID 研究方法，考察了碳交易试点政策对于战略性新兴企业创新绩效的影响，实证结果如下：

（1）对于不同的战略性新兴产业，碳试点政策对于企业创新的影响具有显著的异质性。具体表现为 EST 制度对节能环保企业的研发投入、创新质量和数量均具有显著的正向影响，而对节能环保企业绿色创新数量和质量有一定的负向影响；ETS 制度对新能源和新材料企业的创新质量和数量以及绿色创新数量和质量均具有显著的正向影响，而对企业研发投入有一定的负向影响；ETS 制度对于新一代信息技术、生物医药和高端装备制造企业的研发投入、创新质量和数量均具有一定的负向影响。

（2）从政策的动态性效果来看，在碳市场政策实行的最初阶段新一代信息技术产业和新材料产业研发投入水平受到碳市场政策的负面影响，随着该政策的逐步推行，节能环保产业、新能源产业创新绩效得到显著的改善，但是其他产业对于碳市场的创新激励反应依旧是消极的。

（3）当前的市场形势有利于战略性新兴产业进行创新型投资，企业净资产增加、企业的规模越大经营时间越长可以推动企业进行绿色创新，此外，一定的债务压力促进了企业的研发投入和创新，通过推动创新来降低生产成本、增加收益。

3. ETS 对于战略性新兴企业与非战略性新兴企业创新影响的差异性

通过运用三重差分估计模型和双重固定效应模型分析 2006 ~ 2019 年碳试点政策对于七大战略性新兴产业及其所对应的传统产业创新的影响，得出以下结论：

（1）碳排放交易试点的实施对于四大类战略性新兴产业（包括节能环保产业、信息技术产业、生物产业、高端装备制造业）与传统产业企业创新努力、创新数量以及创新质量的影响并没有显著差异，但是碳试点政策对于新能源企业创新数量、新材料企业创新努力以及新能源汽车企业创新质量与碳试点对于传统企业的政策创新激励具有显著的差异。说明碳排放交易试点政策的实施对创新的影响不具有产业上的普遍性，且影响产生的效应因产业而异。

（2）就政策的动态性效果而言，除高端装备制造产业之外，相较于战略性新兴企业，碳试点政策对大多数传统产业的上市企业的创新激励作用具有明显的时间增长效应，验证了碳试点政策主要通过刺激传统企业创新来提升整体的创新水平。

（八）两种五螺旋因素对微观战略性新兴企业创新的影响

本书在实证研究的第三部分将微观企业创新和两种五螺旋因素——碳排放权交易政策

和环境信息披露——纳入同一分析框架，考察了两种五螺旋因素对于创新的影响。

基于我国沪深两市 A 股企业中的 2006 ~ 2019 年战略性新兴上市公司作为样本，运用三重差分估计方法并在控制企业固定效应与年份固定效应的基础上，本书得出以下实证研究发现：

（1）总体上，ETS 政策、环境信息披露双五螺旋因素的存在对于战略性新兴上市企业创新投入和创新绩效具有显著影响。对于不同类型的战略性新兴企业，是否进行环境披露以及环境披露的质量对于碳试点政策是否发挥创新促进效应的影响效果存在差异。

（2）对于节能环保产业、高端装备制造业、新能源汽车产业，相较于不披露环境信息的企业，ETS 制度对于 R&D 投入的促进作用对于披露环境信息的企业相对更大，而对于新一代信息技术产业、生物产业、新材料产业、新能源产业，不论企业进行环境信息披露与否，ETS 制度对于 R&D 投入的作用没有显著区别。此外，是否进行信息披露对于大部分战略性新兴产业的企业创新技术专利的申请以及发明专利的申请没有明显的促进作用，表明环境信息披露和环境管制政策之间尚未形成互为补充的创新“激励”。

（3）基于环境披露质量视角，ETS 制度对于节能环保企业、高端装备制造企业、新材料企业以及新能源企业的研发投入的影响与企业的环境披露质量没有统计意义上显著的相关关系；相较于不披露环境信息或者披露质量不高的企业，碳排放交易政策对于环境披露质量较高的节能环保企业和新材料企业整体创新和发明创新的促进作用更强，但对于环境披露质量较高的高端装备制造企业整体创新的抑制作用更强；对于生物产业，碳排放交易政策对于环境披露质量较高的企业整体研发投入和创新的促进作用更强；对于新能源汽车产业，碳排放交易政策对于环境披露质量较高的企业研发投入促进作用更强。

（九）四螺旋、五螺旋因素对微观战略性新兴企业创新的共同影响

本书在实证研究的第四部分主要分析了在四螺旋因素（社会公众）和五螺旋因素（碳排放交易试点政策）共同作用下微观战略性新兴上市企业创新受到的影响，重点检验了公众关注是否会影响到碳试点政策对于战略性新兴企业创新的作用。通过运用广义 DID 的估计方法对 2006 ~ 2019 年战略性新兴上市公司数据进行实证分析，得出以下研究结论：

（1）从新闻报道的整体性来看，对于报纸新闻，新闻内容比标题更能促进碳试点政策的创新效应；而在网络新闻标题和内容报道均能刺激碳试点政策对于战略性新兴企业进行研发投入作用，尤其是在碳试点政策实行以后的战略性新兴企业，但是这种曝光对于企业实际的创新产出反而会有负向影响。

（2）从新闻性质包括正面报道、中性报道和负面报道来看，对于报纸新闻，关于企业的正面报道比中性、负面报道要更有助于企业在碳试点政策下获得较高的创新产出和创新质量；对于网络新闻，正面报道会正向促进碳排放交易政策对于企业创新的作用，中性的媒体和社会关注度会正向影响碳排放交易政策对于企业创新的作用，负面报道与碳试点政策对于企业研发投资决策与创新效率的影响没有显著相关性。

（3）媒体报道对碳排放交易试点创新效应的影响具有明显的产业类型异质性，对于部

分的产业（如节能环保产业、新能源产业），报纸新闻和网络新闻对于碳试点政策对战略性新兴企业 R&D 投入的影响有正向促进作用，但是对于创新绩效没有显著相关性，而正面新闻报道和负面新闻报道均能对碳试点政策对于企业的研发效应产生正向影响，对创新绩效无显著影响；对于新一代信息技术产业和生物产业而言，报纸新闻不仅对研发有正向调节效应，对于碳试点对其总体技术创新产出和发明专利产出均有促进作用；对于新材料产业，报纸新闻有助于碳试点政策促进此类企业技术创新水平的提升，但媒体报道的正面新闻和负面新闻对于创新具有负向调节影响；对于高端装备制造业，报纸新闻对于碳试点对于创新绩效的作用甚至产生负向影响。

（十）三螺旋、四螺旋、五螺旋对创新的共同作用机制

本书在实证研究的最后一个部分主要重点分析了三螺旋因素（政府、高校）、四螺旋因素（公众）与五螺旋因素（环境压力）对于微观企业创新的作用机制。

基于复杂适应系统理论，通过构建由大学、产业、政府、社会、自然环境构成的多主体模型和模拟仿真，本书识别各主体对于汽车行业创新驱动的作用，并据此构建合理的创新发展路径，具体研究结论如下：

（1）政府投入对企业创新存在倒“U”形影响，对于渐进性创新来说，该门槛值为政府对汽车产业平均补贴值的 1.15 倍，而突破性创新受政府投入影响较弱，门槛值为 1.10；公众关注方面，受媒体报道的负面性影响，企业面临巨大“市场压力”，突破性创新企业比例降低 2.4%；环境压力在中短期内更能够促进企业进行渐进性创新，长期的环境压力可能导致企业“逃避”。

（2）企业进行突破性创新的倾向都明显低于渐进性创新，可能因为前者在实际上需要远高于后者的资金及技术投入，短期内无法实现资本增值，甚至因为创新失败，使企业可能面临已投入资本无法收回的困境，因此企业在创新的类型选择上倾向于渐进性的做法。

（3）政府在促进企业创新方面具有重要意义。在政府投入低于预期值时，进行突破性创新和渐进性创新的企业数量均明显减少，且后者更为明显；同时，政府补贴对于汽车制造企业不同类型创新的影响具有异质性，一般而言，随着政府补贴的投入强度提高，有利于企业创新活动的开展，但随着该强度持续升高并达到一个临界点，政府投入的作用效果将降低；此外，突破性创新这一临界点小于渐进性创新，往往需要更多激励政策，包括企业自身建设等。

二、政策建议

（一）认清各战略性新兴产业目前发展特点差异，提供有针对性的政策工具

新一代信息技术产业的特点是能力完备，亮点颇多。一是其基础研究和应用研究能力

强，是发表 CSCD 和 SCI 论文数量最多的产业，且同时是发明专利授权数量最多的产业，年均过万件。二是其被指定建设的重点企业数量最多，为 195 家企业；三是其利润率高，在 2017 年前，其上市公司是利润最高的产业（2017 年之后被生物产业超过之后一直维持在第二的水平）。从以上三个方面看，该产业从“基础研究——应用研究——商业化”都做得很好。政府可以在企业不违背国家基本准则的情况下多放手，让其充分发挥目前的路径优势。只在遇到市场“失灵”状态时（如近期以美国为首的西方国家对于我国 5G 技术、重点互联网企业等的“攻击”），发挥国家协调引领、保驾护航的作用，使该产业能可持续地稳定发展。

节能环保产业和新材料产业的特点均为经济方面表现优秀但创新表现一般。首先，两者拥有规模以上工业企业数目最多，到 2016 年分别约 15 万家和 6.5 万家；其次，两者资产总计和工业销售产值也在七大战略性新兴产品中排名前 2。但创新方面，基础研究的论文发表以及专利水平两者都居于中间水平。在这种情况下，政府可以考虑一方面逐步加强环境规制强度，激发企业创新动力；另一方面选择针对企业创新行为的“税收优惠”政策，如实行流转税的退税优惠并允许企业自主选择研发支出税前处理方式等。从而促进这两个产业将经济优势转化为创新优势，促进其健康可持续发展。

生物产业的特点是上市公司经济表现亮眼，创新总量大但创新质量不高。从经济上看，自 2017 年起，生物产业取代新一代信息技术产业成为上市企业利润最高的产业。2019 年生物产业上市企业利润总值和净利润分别超过 1200 亿元和接近 1000 亿元，说明生物产业是在所有战略性新兴产业中发展最迅速、经济效益最高的产业。从创新水平看，生物产业发明专利授权数量年均过万件（仅次于新一代信息技术产业）。但如果用“发明专利授权量/所有专利授权量”来代表创新质量，生物产业上市公司的创新质量显著低于其他产业。这种情况一方面是该产业“创新周期长、前期投入高、不确定大”的特点导致的；另一方面，也说明在掌握核心技术方面该产业还有很长的路要走。因为目前国际形势不确定性高，即使表面上经济收益高但没有核心技术容易成为别国“一击必中”的目标。国家层面可以考虑出台相关政策，促进中小型生物企业兼并重组，并对央企、国企等企业规定基础研究支出占总收入的最低比重，促进企业尽快实现技术突破。

高端装备制造产业的特点是建设基础好，但是经济产出和创新产出仍有较大空间。该产业园区数量（仅次于新材料产业）和指定的重点企业数量（仅次于新一代信息技术产业）都较多。但从经济上看，其规模以上工业企业资产总计和销售产值在七个战略性新兴产业中都排名靠后，不过其上市公司的营业收入均值较为领先。从创新水平看，高端装备制造业的发明专利年均授权量仅在 2000 以下，远低于战略性新兴产业平均水平，但其基础研究能力（用发表 CSCD 和 SCI 论文数量代表）较强（仅次于新一代信息技术产业）。说明目前高端装备制造产业应用研究能力较弱，但是基础研究能力强，为未来的发展奠定了基础。另外，由于更靠近大众生活以及媒体宣传原因，该产业有不少亮点，也由此带动起上市公司表现不俗。但是整体上看，尤其是相比于其他六个战略性新兴产业，其仍然处于“培育阶段”。建议政府能充分发挥目前其产业园区多、指定建设的重点企业数量多、基础研究能力较强等优势，由“点”带“面”，构建具有我国特色的开放式创新网络，考虑通过搭建共同创新平台等方式发挥技术的“溢出效应”和协同创新效应，在巩固亮点的同时，发挥细分子产业及技术的带动作用，促进规模以上工业企业的进步。

新能源、新能源汽车产业的特点是中规中矩，在与其他战略性新兴产业比较中表现一般。两个产业不管是从建设层面的产业园区数量和重点企业建设情况，还是从经济层面的规模以上工业企业资产总计和工业销售产值，抑或是创新层面的发明专利数量和基础研究能力，在与其他战略性新兴产业比较后，都处在中下水平。考虑到这两个产业，尤其是新能源产业，其子产业太阳能、风能等装机容量我国都处在世界领先水平，但依然不能让其与其他战略性新兴产业比较中表现突出。可能的原因一是其他战略性新兴产业发展更好，虽然两个产业也是正增长，但是“一山更有一山高”；但更重要的原因是在新能源行业和新能源汽车发展初期，其发电成本（制造成本）高于传统能源（传统汽车产业），且风险较大，很多都需要政府提供支持和补助才能维系。短期内经济表现不突出也实属正常。但是，让人担心的是其基础研究能力和应用研究能力的较低水平。国家财政的补贴很难具有持续性，最终仍需要行业形成自我可持续发展能力。因此如何提高这两个产业的技术水平，推动其“由大到强”转变，是亟待要解决的问题。新能源汽车产业主要还是市场起主导作用的产业，这方面可以考虑从提高企业创新激励入手，如针对研发行为的税收优惠政策，并加强社会对新能源汽车的广泛认同等。新能源产业主要是国家主导的产业，且前期基础设施投资已经耗费巨大，短期内可以从提高其应用效率入手。可以依托“新基建”战略，搭载融合大数据、人工智能等新技术，提高电能转化率等。

（二）思想引领+疏通技术转化通道，促进相关产业将基础研究优势转化为商业化优势

目前，我国发表的基础研究论文（用 CSCD 和 SCI 论文数量代表）逐年增加，尤其是新一代信息技术产业和高端装备制造业是基础研究论文最多的两个产业，并且增长速度非常快，说明这两个产业是当前研究者重点探索的领域。另外，国内地高校、科研机构和企业发表战略性新兴产业相关的 SCI 论文更多，说明中国自然科学研究者更多地将战略性新兴产业的科研成果发表在国际期刊，表明中国的新兴产业基础研究能力的提升是得到世界承认的。

在这种背景下，我们认为一方面要加强思想政治引领，使科研人员充分认识到“科学是无国界的，但是科学家是有祖国的”，在百年未有之大变局的背景下把个人的理想与祖国的命运，把个人的志向与民族的振兴联系一起，自觉自愿地为实现中华民族的伟大复兴贡献力量；另一方面要进一步疏通技术转化通道，对科技人员有充分的激励措施，科技人员有更强的动力将在国际上有优势的基础研究能力转化为应用研究，并最终商业化。这会极大地促进我国的产业结构升级，并能反馈到基础研究能力的进一步加强，形成良性循环。

（三）通过多种方式增强公众的环境意识，利用外部压力推动企业的绿色转型

公众关注是企业绿色创新的重要动力，能够缓和公司在面临资金压力时对创新的不利影响，监督企业进行持续创新。因此，政府可以通过多种方式引导公众对环境问题的关注转化为通过各种措施购买绿色产品。当绿色消费者以更加负责任的态度意识到环境的恶化时，其购买策略就会受到影响，绿色产品市场的扩大不仅能够平摊企业的研发费用，还会为企业绿色技术创新提供持续动力。因此，政府或者企业通过电子媒体和平面媒体提供环保信息，并定期举办环保活动，将提高消费者对绿色产品的意识。并且随着绿色产品逐渐被消费者所接受，具有绿色创新能力的企业能够获得良好的宣传，从而获得竞争优势。

（四）分阶段分地区分产业施策，发挥碳试点政策对产业创新的积极作用

碳试点的设立能够显著改善试点地区以及试点地区的战略性新兴企业创新水平，但政策实施效果存在较大的地域以及产业类型异质性。

在中国经济向高质量发展转变的重要阶段，为更好地发挥低碳试点政策对于新产业创新的推动作用，中央政府应该把握整体的发展规律，合理布局，地方政府应高度重视低碳试点工作的推进，促进低碳试点扩容，并不断总结推广试点城市成功经验，扩大试点政策实施范围。

根据异质性对城市进行不同的政策组合设计，针对不同城市的发展情况和地理位置情况，分阶段实施低碳试点政策，同时避免设立统一标准。在低碳试点政策的完善过程中，对于东部沿海发达省份，应加强碳排放监管力度，优先培育新兴技术产业。针对中西部欠发达城市，应配合人才引进、教育条件完善和技术创新培养。此外，既要加大研发投入强度，也应引导研发要素向特定区域集聚。在配置研发资源时也应有所倾斜，为没有跨越最低研发资金投入门槛和研发劳动投入门槛的地区的科研活动提供财政支持，推动引进科研人才，推动地区创新能力的提高。鼓励企业参与基础研究，推动跨国企业研究本土化。同时，政府应鼓励企业参与相关研究的计划和项目，通过税收和财政补贴等政策支持大企业加大基础研究投入，并支持建立产学研联盟，建立协同创新的长效机制。为跨国公司研发活动的本土化提供政策支持，设立研发机构完善配套环境，加强国内相关科研机构与跨国公司研发机构的交流与合作，充分利用跨国公司领先的研发技术来提高我国创新能力。

（五）进一步加强上市公司环境信息披露程度

环境信息披露和碳排放权交易政策的协同作用有助于促进战略性新兴企业研发投入以及创新绩效的提高。因此，在制订碳试点政策时应充分考虑环境信息披露等因素对于企业节能减排和创新的影响，进一步鼓励战略性新兴企业尤其是节能环保、高端装备制造、新

能源汽车企业扩大其环境信息披露程度，最大限度地发挥政策的创新激励效应。

例如，在建立全国统一碳市场时，对积极披露环境信息的企业适当增加碳配额总量；鼓励行业标杆和国有企业发挥领头作用，增强企业环境信息披露意识，提高企业碳资产管理能力；建设并优化相关的环境数据报送系统，制订详尽的环境披露质量行业标准；规范环境披露内容，同时对环境披露质量较高的企业给予适当的税收优惠，即从碳配额、碳资产、税收优惠等方面积极引导碳试点企业进行环境信息披露，同时严格把关环境披露内容的质量。

（六）加强媒体行业监管，保证新闻报道内容的真实性和客观性

媒体作为公司治理的外部重要因素，会通过外部监督的形式对企业创新决策产生影响。研究表明，不同性质的媒体报道的内容会在碳试点对于战略性新兴企业创新努力、创新产出和创新质量的影响方面产生完全相反的调节作用。新闻报道的正面性、负面性以及中性会影响到政策对于企业创新的作用。因此，在推行战略性新兴产业政策与碳试点政策的同时，需要建立并加强媒体行业监管，保证新闻报道内容的真实性和客观性。通过完善诉讼赔偿制度以及增大对违规违法媒体的惩处力度，开展媒体专项整治活动，依法依规从严惩处违法违规个人和单位，来遏制媒体乱象，努力营造风清气正、积极向上、健康有序的信息传播空间。媒体行业应加大对媒体人员基本素质考量，严格考核制度，促使媒体人始终秉持真实、客观报道的精神，在小心求证、详尽调查的基础上还原整个事件的来龙去脉，以形成良好的媒体生态环境，服务国家创新战略。

（七）充分了解五螺旋因素的协同创新机制，以系统化思维助力战略性新兴产业发展

政府投入、环境压力以及公众关注对于企业自主创新水平的影响存在门限性与异质性，因此需要在一定限度内以及考虑创新发展的条件来利用政府、环境与社会因素对于创新的积极作用。首先，改变政府传统发展理念，创新的选择往往需要面临巨大风险压力。在前期，政府除了要给予最大政策性支持外，还必须为相关项目发展提供强大经费支持。而随着创新市场逐渐成熟，整体的创新水平得到提升，企业之间形成良性的竞争，政府可以适当减少补贴强度。其次，建立良好的媒体生态环境。当前整个媒体行业不惜编造新闻以迎合公众心理的现象并不少见，而这些来自负面报道的压力将会导致企业或经理人更加短视，从而放弃风险大但价值也高的创新投资项目（即“市场压力假说”）。相关部门整顿媒体业态、保证报道的客观准确性，使媒体监督在公司创新中发挥出更大积极作用。最后，提高环境规制强度和合理性，完善信息公开制度。只有相关信息透明度越高，企业参与的成本越低，相关部门才能在企业对外公布污染排放和环境治理现状时，使其面临更大环境压力，从而激发企业创新。

参考文献

[1] 包勉．政府补贴对创新效率影响研究［D］. 杭州：浙江工商大学，2018.

[2] 陈玲，杨文辉．政府研发补贴会促进企业创新吗？——来自中国上市公司的实证研究［J］. 科学学研究，2016，34（3）：433－442.

[3] 丁相安，张巧良，孙蕊娟．全球报告倡议组织《可持续发展报告指南》的改进与启示［J］. 兰州商学院学报，2015，31（3）：21－29.

[4] 黄曼，朱桂龙，刘芳，等．基于三螺旋模型的产学研协同创新机制研究——以潜水设备行业为例［J］. 华南理工大学学报（社会科学版），2020，22（1）：72－81.

[5] 李大元，宋杰，陈丽，张璐．舆论压力能促进企业绿色创新吗？［J］. 研究与发展管理，2018，30：23－33.

[6] 李平，慕绣如．波特假说的滞后性和最优环境规制强度分析——基于系统 GMM 及门槛效果的检验［J］. 产业经济研究，2013（4）：21－29.

[7] 李苏秀，刘颖琦．新能源汽车产业公众意识培育策略——北京数据与国际经验［J］. 北京理工大学学报（社会科学版），2017（3）.

[8] 李寅龙．基于创新环境类型的企业年龄与创新绩效关系研究［J］. 企业经济，2015（8）：30－35.

[9] 李煜华，王月明，胡瑶瑛．基于结构方程模型的战略性新兴产业技术创新影响因素分析［J］. 科研管理，2015，36（8）：10－17.

[10] 刘艳梅，余江，张越，等．七大战略性新兴产业技术创新态势的国际比较［J］. 中国科技论坛，2014（12）：68－74.

[11] 南楠，陈程，袁晓星．媒体报道、风险承担与企业创新——来自中国上市公司的经验证据［J］. 社会科学家，2016（11）：98－101.

[12] 聂辉华，谭松涛，王宇锋．创新、企业规模和市场竞争：基于中国企业层面的面板数据分析［J］. 世界经济，2008（7）：57－66.

[13] 宁金辉．公众环境诉求促进了企业创新吗［J］. 现代经济探讨，2020（4）：75－83.

[14] 钱雪松，唐英伦，方胜．担保物权制度改革降低了企业债务融资成本吗？——来自中国《物权法》自然实验的经验证据［J］. 金融研究，2019（7）：115－134.

[15] 任胜钢，郑晶晶，刘东华，等．排污权交易机制是否提高了企业全要素生产率——来自中国上市公司的证据［J］. 中国工业经济，2019（5）：5－23.

[16] 邵慰，孙阳阳，刘敏．研发补贴促进新能源汽车产业创新了吗？［J］. 财经论丛，2018（10）：11－18.

［17］眭纪刚，陈芳．新兴产业技术与制度的协同演化［J］．科学学研究，2016，34（2）：186－193.

［18］田昕加，张广美．环境信息披露、环境规制与企业经营绩效［J］．会计之友，2020（6）：43－49.

［19］王锋正，姜涛，郭晓川．政府质量、环境规制与企业绿色技术创新［J］．科研管理，2018，39（1）：26－33.

［20］王建明．环境信息披露、行业差异和外部制度压力相关性研究——来自我国沪市上市公司环境信息披露的经验证据［J］．会计研究，2008（6）：54－62，95.

［21］王少永，霍国庆，孙皓，等．战略性新兴产业的生命周期及其演化规律研究——基于英美主导产业回溯的案例研究［J］．科学学研究，2014，32（11）：1630－1638.

［22］王晓祺，胡国强．绿色创新、企业声誉与盈余信息含量［J］．北京工商大学学报：社会科学版，2020（1）：50－63.

［23］王云，李延喜，马壮，等．媒体关注、环境规制与企业环保投资［J］．南开管理评论，2017，20（6）：83－94.

［24］武建龙，王宏起．战略性新兴产业突破性技术创新路径研究——基于模块化视角［J］．科学学研究，2014，32（4）：508－518.

［25］杨道广，陈汉文，刘启亮．媒体压力与企业创新［J］．经济研究，2017，52（8）：125－139.

［26］杨华国．论环境治理中的公众监督：基于新范式的分析［J］．环境保护，2020（3）：37－41.

［27］叶陈刚，王孜，武剑锋，等．外部治理、环境信息披露与股权融资成本［J］．南开管理评论，2015，18（5）：85－96.

［28］游达明，杨金辉．公众参与下政府环境规制与企业生态技术创新行为的演化博弈分析［J］．科技管理研究，2017，37（12）：1－8.

［29］于忠泊，田高良，齐保垒，等．媒体关注的公司治理机制——基于盈余管理视角的考察［J］．管理世界，2011（9）：127－140.

［30］余江，陈凯华．中国战略性新兴产业的技术创新现状与挑战——基于专利文献计量的角度［J］．科学学研究，2012，30（5）：682－695.

［31］张长江，翁婷，许一青．可持续发展信息披露与公司价值——来自A股重污染行业上市公司的经验证据［J］．生态经济，2018，34（2）：109－114.

［32］张成，于同申．环境规制会影响产业集中度吗?：一个经验研究［J］．中国人口资源与环境，2012，22（3）：98－103.

［33］张倩，曲世友．环境规制对企业绿色技术创新的影响研究及政策启示［J］．中国科技论坛，2013（7）：11－17.

［34］赵映慧，高鑫，姜博．东北三省城市百度指数的网络联系层级结构［J］．经济地理，2015（5）：32－37.

［35］郑路航．媒体监督与公司治理——来自中国上市公司的经验证据［J］．财会通

讯, 2012 (12): 73 -75, 129.

[36] 种大双, 孙娜, 孙绍荣, 等. 传统产业、战略性新兴产业研发投入与补贴政策 [J]. 科技管理研究, 2020, 40 (4): 164 -172.

[37] 周黎安, 陈烨. 中国农村税费改革的政策效果: 基于双重差分模型的估计 [J]. 经济研究, 2005 (8): 44 -53.

[38] ABADIE A, DIAMOND A, HAINMUELLER J. Synthetic Control Methods for Comparative Case Studies: Estimating the Effect of California's Tobacco Control Program [J]. Journal of the American Statistical Association, 2010, 105 (490): 493 -505.

[39] ABAR S, THEODOROPOULOS G K, LEMARINIER P, et al. Agent Based Modelling and Simulation tools: A review of the state - of - art software [J]. Computer Science Review, 2017, 24: 13 -33.

[40] BAI J. Panel Data Models With Interactive Fixed Effects [J]. Econometrica, 2009, 77 (4): 1229 -1279.

[41] BAI Y, JIA R. Elite Recruitment and Political Stability: The Impact of the Abolition of China's Civil Service Exam [J]. Econometrica, 2016, 84 (2): 677 -733.

[42] BARTH T D. The Idea of a Green New Deal in a Quintuple Helix Model of Knowledge, Know - How and Innovation [J]. International Journal of Social Ecology and Sustainable Development, 2011, 2 (1): 1 -14.

[43] BERMAN E, BUI L T. Environmental regulation and productivity: evidence from oil refineries [J]. Review of Economics and Statistics, 2001, 83 (3): 498 -510.

[44] BORGHESI S, CAINELLI G, MAZZANTI M. Linking emission trading to environmental innovation: Evidence from the Italian manufacturing industry [J]. Research Policy, 2015, 44 (3): 669 -683.

[45] BORRACCI R A, GIORGI M A. Agent - based computational models to explore diffusion of medical innovations among cardiologists [J]. International Journal of Medical Informatics, 2018, 112: 158 -165.

[46] BRUNNERMEIER S B, COHEN M A. Determinants of environmental innovation in US manufacturing industries [J]. Journal of environmental economics and management, 2003, 45 (2): 278 -293.

[47] CALEL R, DECHEZLEPRêTRE A. Environmental Policy and Directed Technological Change: Evidence from the European Carbon Market [J]. The Review of Economics and Statistics, 2016, 98 (1): 173 -191.

[48] CARAYANNIS E G, CAMPBELL D F J. Triple Helix, Quadruple Helix and Quintuple Helix and How Do Knowledge, Innovation and the Environment Relate To Each Other? : A Proposed Framework for a Trans - disciplinary Analysis of Sustainable Development and Social Ecology [J]. International Journal of Social Ecology and Sustainable Development, 2010, 1 (1): 41 -69.

[49] CARAYANNIS E G, CAMPBELL D F J. 'Mode 3' and 'Quadruple Helix': toward a 21st century fractal innovation ecosystem [J]. International Journal of Technology Management, 2009, 46: 201 -234.

[50] CEFIS E, MARSILI O. Crossing the innovation threshold through mergers and acquisitions [J]. Research Policy, 2015, 44 (3): 698 -710.

[51] CEFIS E, ORSENIGO L. The persistence of innovative activities: A cross - countries and cross - sectors comparative analysis [J]. Research Policy, 2001, 30 (7): 1139 -1158.

[52] CEFIS E. Is there persistence in innovative activities? [J]. International Journal of Industrial Organization, 2003, 21 (4): 489 -515.

[53] CHAKRAVARTY A K, GREWAL R, SAMBAMURTHY V. Information Technology Competencies, Organizational Agility, and Firm Performance: Enabling and Facilitating Roles [J]. Information Systems Research, 2013, 24 (4): 976 -997.

[54] CHEN H H, PANG C. Organizational forms for knowledge management in photovoltaic solar energy industry [J]. Knowledge Based Systems, 2010, 23 (8): 924 -933.

[55] CHEN LINZAN W B. Evaluate the efficiency of demand - side innovation policies on new energy vehicles [J]. SCIENCE OF SCIENCE AND MANAGEMENT OF S & T, 2015, 36 (11): 15 -24.

[56] CHOI S B, LEE S H, WILLIAMS C. Ownership and firm innovation in a transition economy: Evidence from China [J]. Research Policy, 2011, 40 (3): 441 -452.

[57] CHU Z, WANG Q. Drivers of Relationship Quality in Logistics Outsourcing in China [J]. Journal of Supply Chain Management, 2012, 48 (3): 78 -96.

[58] CLAUSEN T, POHJOLA M, SAPPRASERT K, et al. Innovation strategies as a source of persistent innovation [J]. Industrial and Corporate Change, 2012, 21 (3): 553 -585.

[59] COWAN R, ZINOVYEVA N. University effects on regional innovation [J]. Research Policy, 2013, 42 (3): 788 -800.

[60] DECHEZLEPRêTRE A, NEUMAYER E, PERKINS R. Environmental regulation and the cross - border diffusion of new technology: Evidence from automobile patents [J]. Research Policy, 2015, 44 (1): 244 -257.

[61] DESTE P, PATEL P. University - industry linkages in the UK: What are the factors underlying the variety of interactions with industry? [J]. Research Policy, 2007, 36 (9): 1295 -1313.

[62] DUGUET E, MONJON S. Creative destruction and the innovative core: is innovation persistent at the firm level? [J]. 2002.

[63] EVANGELISTA R, PERANI G, RAPITI F, et al. Nature and impact of innovation in manufacturing industry: some evidence from the Italian innovation survey [J]. Research policy, 1997, 26 (4 -5): 521 -536.

[64] FENG C, SHI B, KANG R. Does Environmental Policy Reduce Enterprise Innova-

tion? —Evidence from China [J]. Sustainability, 2017, 9 (6): 1 –24.

[65] FENGBO L, JIANLAN R. On the necessity and governance model of the construction of China's low – carbon transportation system [J]. Energy Procedia, 2011, 5: 1502 –1507.

[66] FERNáNDEZ – MáRQUEZ C M, FATAS – VILLAFRANCA F, VáZQUEZ F J. A computational consumer – driven market model: statistical properties and the underlying industry dynamics [J]. Computational and Mathematical Organization Theory, 2017, 23 (3): 319 –346.

[67] FREEMAN C, PEREZ C. Structural crises of adjustment, business cycles and investment behaviour [J]. Technology, Organizations and Innovation: Theories, Concepts and Paradigms, 2000, 871.

[68] FREEMAN C. The "National System of Innovation" in historical perspective [J]. Cambridge Journal of economics, 1995, 19 (1): 5 –24.

[69] GEELS F W, PENNA C C R. Societal problems and industry reorientation: Elaborating the Dialectic Issue LifeCycle (DILC) model and a case study of car safety in the USA (1900 –1995) [J]. Research Policy, 2015, 44 (1): 67 –82.

[70] GEELS F W. Analysing the breakthrough of rock 'n' roll (1930 –1970) Multi – regime interaction and reconfiguration in the multi – level perspective [J]. Technological Forecasting and Social Change, 2007, 74 (8): 1411 –1431.

[71] GEELS F W. Multi – level perspective on system innovation: relevance for industrial transformation [M]. Understanding Industrial Transformation. Springer. 2006: 163 –186.

[72] GEELS F W. Ontologies, socio – technical transitions (to sustainability), and the multi – level perspective [J]. Research Policy, 2010, 39 (4): 495 –510.

[73] GEELS F W. Processes and patterns in transitions and system innovations: refining the co-evolutionary multi – level perspective [J]. Technological forecasting and social change, 2005, 72 (6): 681 –696.

[74] GEELS F W. Reconceptualising the co – evolution of firms – in – industries and their environments: Developing an inter – disciplinary Triple Embeddedness Framework [J]. Research Policy, 2014, 43 (2): 261 –277.

[75] GEELS F W. Technological transitions as evolutionary reconfiguration processes: a multi-level perspective and a case – study [J]. Research policy, 2002, 31 (8): 1257 –1274.

[76] GEELS F W. The dynamics of transitions in socio – technical systems: a multi – level analysis of the transition pathway from horse – drawn carriages to automobiles (1860 –1930) [J]. Technology analysis & strategic management, 2005, 17 (4): 445 –476.

[77] GEELS F W. The multi – level perspective on sustainability transitions: Responses to seven criticisms [J]. Environmental innovation and societal transitions, 2011, 1 (1): 24 –40.

[78] GEROSKI P A, VAN REENEN J, WALTERS C F. How persistently do firms innovate? [J]. Research Policy, 1997, 26 (1): 33 –48.

[79] GEROSKI P A. The growth of firms in theory and in practice [J]. Competence, gov-

ernance and entrepreneurship, 2002, 1: 168 – 186.

[80] GOSENS J, LU Y. Prospects for global market expansion of China's wind turbine manufacturing industry [J]. Energy Policy, 2014, 67 (1): 301 – 318.

[81] GOURVILLE J T. Eager sellers and stony buyers : Understanding the psychology of new – product adoption [J]. Harvard Business Review, 2006, 84 (6): 98.

[82] GUERZONI M, ALDRIDGE T, AUDRETSCH D B, et al. A New Industry Creation and Originality: Insight from the Funding Sources of University Patents [J]. Research Policy, 2014, 43 (10): 1697 – 1706.

[83] GUO D, GUO Y, JIANG K. Government – subsidized R&D and firm innovation: Evidence from China [J]. Research Policy, 2016, 45 (6): 1129 – 1144.

[84] HAURAND M D, STUMMER C. Stakes or garlic? Studying the emergence of dominant designs through an agent – based model of a vampire economy [J]. Central European Journal of Operations Research, 2018, 26 (2): 373 – 394.

[85] HE K B, HUO H, ZHANG Q, et al. Oil consumption and CO_2 emissions in China's road transport: current status, future trends, and policy implications [J]. Energy Policy, 2005, 33 (12): 1499 – 1507.

[86] HENRY G T, GORDON C S. Tracking Issue Attention: Specifying the Dynamics of the Public Agenda [J]. Public Opinion Quarterly, 2001, 65 (2): 157 – 177.

[87] HU M, PHILLIPS F. Technological evolution and interdependence in China's emerging biofuel industry [J]. Technological Forecasting and Social Change, 2011, 78 (7): 1130 – 1146.

[88] HUERGO E, JAUMANDREU J. Firms' age, process innovation and productivity growth [J]. International Journal of Industrial Organization, 2004, 22 (4): 541 – 559.

[89] JACOBSON L, LALONDE R J, SULLIVAN D G. Earnings losses of displaced workers [J]. The American Economic Review, 1992, 83 (4): 685 – 709.

[90] JIE WANG B L. Environmental regulation and enterprises' TFP – an empirical analysis based on China's industrial enterprises data [J]. China Industrial Econoimics, 2014, 3: 44 – 56.

[91] KOUSOULIDOU M, NTZIACHRISTOS L, MELLIOS G, et al. Road – transport emission projections to 2020 in European urban environments [J]. Atmospheric Environment, 2008, 42 (32): 7465 – 7475.

[92] LEALRODRIGUEZ A L, ARIZAMONTES A, MORALESFERNANDEZ E J, et al. Green innovation, indeed a cornerstone in linking market requests and business performance. Evidence from the Spanish automotive components industry [J]. Technological Forecasting and Social Change, 2017, 129: 185 – 193.

[93] LI SUXIU L Y, WANG JINGYU, ZHANG LEI. China's new energy vehicle industry development policy: based on the market performance [J]. China Population, Resouces and Environment 2016, 26 (9): 158 – 167.

[94] LOO B P Y, LI L. Carbon dioxide emissions from passenger transport in China since 1949: Implications for developing sustainable transport [J]. Energy Policy, 2012, 50: 464 - 476.

[95] PENNA C C R, GEELS F W. Climate change and the slow reorientation of the American car industry (1979 - 2012): An application and extension of the Dialectic Issue LifeCycle (DILC) model [J]. Research Policy, 2015, 44 (5): 1029 - 1048.

[96] PENNA C C R, GEELS F W. Multi - dimensional struggles in the greening of industry: A dialectic issue lifecycle model and case study [J]. Technological Forecasting and Social Change, 2012, 79 (6): 999 - 1020.

[97] PETERS B. Persistence of innovation: stylised facts and panel data evidence [J]. The Journal of Technology Transfer, 2009, 34 (2): 226 - 243.

[98] POPP D, HAFNER T, JOHNSTONE N. Environmental policy vs. public pressure: Innovation and diffusion of alternative bleaching technologies in the pulp industry [J]. Research Policy, 2011, 40 (9): 1253 - 1268.

[99] RAYMOND W, MOHNEN P, PALM F, et al. Persistence of Innovation in Dutch Manufacturing: Is It Spurious? [J]. The Review of Economics and Statistics, 2010, 92 (3): 495 - 504.

[100] RIPBERGER J T. Capturing Curiosity: Using Internet Search Trends to Measure Public Attentiveness [J]. Policy Studies Journal, 2011, 39 (2): 239 - 259.

[101] RODRIGUES S B, CHILD J. Co - evolution in an Institutionalized Environment [J]. Journal of Management Studies, 2003, 40 (8): 2137 - 2162.

[102] SAUNILA M, UKKO J, RANTALA T. Sustainability as a driver of green innovation investment and exploitation [J]. Journal of Cleaner Production, 2017, 179: 631 - 641.

[103] SNYDER H, WITELL L, GUSTAFSSON A, et al. Identifying categories of service innovation: A review and synthesis of the literature [J]. Journal of Business Research, 2016, 69.

[104] SUN Y, WENG C, LIAO Z. Product innovation and sustainable marketing: effects on consumer innovativeness [J]. Technology Analysis & Strategic Management, 2018, 31: 1 - 11.

[105] SZUCS F. Research subsidies, industry - university cooperation and innovation [J]. Research Policy, 2018, 47 (7): 1256 - 1266.

[106] WANG J. Innovation and government intervention: A comparison of Singapore and Hong Kong [J]. Research Policy, 2018, 47 (2): 399 - 412.

[107] XIANG W, MING C. Implementing extended producer responsibility: vehicle remanufacturing in China [J]. Journal of Cleaner Production, 2011, 19 (6): 680 - 686.

[108] XIONG YONGQING C M. Study of the new energy vehicles demand market's cultivated policy orientation: supply side or demand side [J]. China Population, resources and environment, 2016, 26 (5): 129 - 141.

[109] XU Y. Generalized Synthetic Control Method: Causal Inference with Interactive Fixed Effects Models [J]. Political Analysis, 2017, 25 (1): 57 -76.

[110] YUAN B - L, REN S - G, HU X, et al. The Difference Effect of Environmental Regulation on Two Stages of Technology Innovation in China's Manufacturing Industry [J]. Frontiers of Engineering Management, 2016, 3 (1): 24 -29.

[111] ZAFFAR M A, KUMAR R L, ZHAO K. Using agent - based modelling to investigate diffusion of mobile - based branchless banking services in a developing country [J]. decision support systems, 2019, 117: 62 -74.

[112] ZHANG J, GUAN J. The time - varying impacts of government incentives on innovation [J]. Technological Forecasting and Social Change, 2018, 135: 132 -144.

[113] ZHANG W, KANG L, JIANG Q, et al. From buzz to bucks: The impact of social media opinions on the locus of innovation [J]. Electronic Commerce Research and Applications, 2018, 30.

[114] ZHOU J, LI J, JIAO H, et al. The more funding the better? The moderating role of knowledge stock on the effects of different government - funded research projects on firm innovation in Chinese cultural and creative industries [J]. Technovation, 2020: 92 -93.

[115] ZHU Q, SARKIS J, LAI K - H. Green supply chain management: pressures, practices and performance within the Chinese automobile industry [J]. Journal of cleaner production, 2007, 15 (11): 1041 -1052.